U1004867

上海市精品课程

上海财经大学精品课程

上海财经大学会计专业系列教材

中级财务会计

第四版

钱逢胜　叶建芳◎编著

上海财经大学出版社

图书在版编目(CIP)数据

中级财务会计/钱逢胜主编. —4版. —上海：
上海财经大学出版社,2019.8
上海财经大学会计专业系列教材
ISBN 978-7-5642-3309-9/F.3309

Ⅰ.①中… Ⅱ.①钱… Ⅲ.①财务会计-高等学校-
教材 Ⅳ.①F234.4

中国版本图书馆CIP数据核字(2019)第145117号

□ 责任编辑 王 芳
□ 封面设计 张克瑶

中级财务会计
(第四版)
钱逢胜 叶建芳 编著

上海财经大学出版社出版发行
(上海市中山北一路369号 邮编200083)
网 址:http://www.sufep.com
电子邮箱:webmaster @ sufep.com
全国新华书店经销
上海新文印刷厂印刷装订
2019年8月第4版 2019年8月第1次印刷

787mm×1092mm 1/16 40.5印张 986千字
印数:45 501—50 500 定价:88.00元

总　序

本套"上海财经大学会计专业系列教材"是上海财经大学会计学院编写的第四套会计系列教材(2002年版)的修订版。它包括《基础会计》《中级财务会计》《高级财务会计》《成本会计》《管理会计》《审计》和《会计信息系统》七种。

随着经济全球化和会计国际趋同的发展趋势,从2005年开始,财政部在总结我国会计改革经验的基础上,顺应我国市场经济发展对会计提出的要求,全面启动了企业会计准则体系和审计准则体系的建设,在"十一五"规划的开局之年,我国企业会计准则体系和审计准则体系正式发布,2007年1月1日起在上市公司范围内实施。从2008年1月1日起,企业会计准则体系的实施范围也逐步扩大到所有金融企业、中央大中型企业及部分地方企业,会计师事务所则执行审计准则体系,实现与国际财务报告准则和国际审计准则的实质趋同。同时,互联网的迅速普及和应用,可扩展的企业报告语言(XBRL)的开发,为会计的国际趋同提供了技术支持。

为了适应会计、审计领域中出现的重大变化,建立一套内容新颖、结构合理、体系科学、切合实际的会计、审计系列教材,既是当前经济发展的必然要求,也是培养会计、审计人才所必需的,因此,上海财经大学会计学院又开始了新一轮的会计系列教材的修订工作。

综观这套系列教材,我感到具有以下几个显著特点:

一是新颖性和前瞻性——本系列教材既密切联系中国实际,又反映会计理论与实务在世界范围的现状和可能的发展变化;既立足于当前,又着眼于未来。

二是科学性——本系列教材力求材料充实,方法多样,论理透彻。在展现各种会计方法和手段时,注意从理论上进行解释,引导学生从根本上去认识和把握。

三是先进性——本系列教材配有应用软件,既能供教师授课演示之用,又能满足学生练习之需,从而使学生能够熟练地运用电脑辅助系统处理会计业务。

四是通用性——本系列教材的内容打破了行业、所有制的界限,适用于各行业和各种企业组织形式。因此,它不仅适用于高等院校会计教学,对于从事不同层次会计教学工作的教师、从事会计实务的管理人员,乃至从事经济管理工作的干部来说,都是适用的。

五是全面性——本系列教材每一章都配有富有启发性的复习思考题和练习题,帮助学生进一步消化所学的内容,"学"与"思"相结合。另外,还配有学习指导书。指导书包括学习每章的内容提要、应掌握的学习要点、复习思考题和案例分析等,使学生更多地接触实际问题,锻炼学生综合分析问题和解决问题的能力。

本套丛书的编写,先后进行了反复讨论,力求减少错误,但也极有可能还有考虑不够周到以及安排和表述不妥当的地方,甚至有些失误恐亦难以避免,恳请读者批评指正。

王松年

2019 年 5 月

第四版前言

明代陈第说，“时有古今，地有南北，字有更革，音有转移，亦势所必也”，短短数字，凿破鸿蒙，一切都在变，会计也不例外。

从本书第三版付梓以来，短短几年，会计准则的变化如移形换步，令人目不暇接，除新增《公允价值计量》（第 39 号）、《合营安排》（第 40 号）、《在其他主体中权益的披露》（第 41 号）、《持有待售的非流动资产、处置组和终止经营》（第 42 号）等准则和若干会计解释外，还修改了包括基本会计准则的若干会计准则，如《长期股权投资》（第 2 号）、《职工薪酬》（第 9 号）、《收入》（第 14 号）、《政府补助》（第 16 号）、《租赁》（第 21 号）、《金融工具确认和计量》（第 22 号）、《金融资产转移》（第 23 号）、《套期会计》（第 24 号）、《财务报表列报》（第 30 号）、《合并财务报表》（第 33 号）、《金融工具列报》（第 37 号）等，同时还有若干会计准则的修订正在征求意见。

但凡会计规范的变化，究其原因，无外乎以下几种：

一是经济业务发生了新的变化，会计规范必须与时俱进。以收入会计准则为例，步入 21 世纪以来，商业模式或盈利模式发生了巨大的变化，产生了诸如客户选择权、返利、优惠券、付费入场、通道或渠道商之类的新的经营模式，会计规范就应吐故纳新，必须及时地将其纳入其体系之中。

二是人们对经济业务本质有了更好的理解。仍以收入会计准则为例，以前根据不同的收入类型进行会计规范，如对商品销售、提供服务以及他人使用本企业资产，颁布了《收入》会计准则予以规范；对建造合同，则颁布了《建造合同》会计准则予以规范，但随着人们对收入确认这一概念认识的提高，发现无论企业的收入类型如何，其收入的确认均可以采用相同的基础，即企业应当在客户取得相关商品控制权时确认收入。

三是会计准则本身存在瑕疵。如修订前的金融工具会计准则，企业以公允价值计量的金融负债，因自身的信用条件恶化导致了负债账面价值下降，计入了当期损益，按复式记账原理，公允价值的下跌计入了企业的收益，这肯定是一个十分荒唐的结果。修订后的金融工具准则，则将其纳入了其他综合收益，并且不得重分类计入企业的损益。

四是为了抑制会计政策选择中的机会主义行为。如修订前的金融工具会计准则，对金融工具投资的分类存在着一些主观的判断，为企业的会计政策选择打开了方便之门，甚至出现 2018 年 3 月雅戈尔(600177)增持 1 000 份股份,利润暴增 93 亿净利润的咄咄怪事。修订后的金融工具会计准则则将这个增加额直接结转至留存收益,不再计入当期损益,因此,至少能部分地抑制这种机会主义行为。

"其势所必也",教材的修订也是如此。

本书是在第三版的基础上,结合近年来会计规范和会计实践的发展,进行了进一步的完善和增删。将原"投资"章节中的"长期股权投资"单列一章,原"现金流量表"章节与"资产负债表"和"利润表"合并为一章,原"会计循环"和"单利与复利"章节移至附录中。

本书由钱逢胜、叶建芳编写,其中,第六章、第九章、第十章与第十二章由叶建芳编写,其余各章由钱逢胜编写。在完成初稿之后,由钱逢胜总纂。

诚如第三版前言所言,面向本科教育的教材不是对现行会计规范的诠释,尽管会计规范一直在变化之中,但财务报告的目标长久以来没有发生变化,在学习的过程中,希望读者能够从财务报告的目标角度,思考目前会计处理的适当性,去努力洞见会计规范的未来变化。

十分感谢上海财经大学出版社王芳老师的督促,使作者能够静下心来完成本教材的编写;也感谢编辑们的辛勤工作,使本教材能够以尽可能少的疏漏面世。

钱逢胜

2019 年 5 月 1 日

于上海财经大学会计学院

目　录

第二篇　资　　产

第三篇　负　　债

第四篇 收入、费用和利润

第五篇 所有者权益

第六篇 财务报告

附 录

第一篇

基本概念与基本理论

第一章

绪　论

学习提要

会计是反应性的。会计离不开它所处的环境，同时也对环境具有一定的影响。经济越发展，会计越重要，会计信息是建立社会主义市场经济大厦的基石。

从社会属性上讲，会计是一种管理活动；而从自然属性上讲，会计是一门计量的技术和信息系统。

根据会计所服务的对象，会计可分为财务会计、成本会计、管理会计等类别。本书讨论的是财务会计部分，即讨论对外提供信息的确认、计量与报告问题。

会计具有多种职能，随着时代的进步、技术的发展，会计的职能会愈发清晰。

由于会计具有很强的经济后果，因此，世界各国都强调会计的规范。由于历史和文化的差异，在世界范围内存在两种主要的规范体系，即大陆法系和英美法系。我国的会计规范体系有其自身的特点，主要由法律、法规、规章制度等层次构成。

随着经济的发展，我国的会计法规体系将变得更为完善。

通过本章学习，读者应对会计与社会经济环境之间的关系、会计的本质、会计的分类及会计规范体系有较清晰的认识和理解。

第一节　会计与社会经济环境的相互关系

就像任何人不能完全超脱自己所处的环境一样，会计从本质上说是反应性的。会计总是存在于一定的社会经济环境之中，不可避免地受到环境的影响和制约。会计信息是在一定的前提下编制、提供，并主要提供给处在相同环境里的人们使用，达到一定的目的，发挥一定作用的；反之，会计果真达到了目的，发生了作用，就必然会促进所处社会经济环境的发展，并产生一定的影响。

社会经济环境并非凝固不变，而是不断地运动着，新陈代谢，吐故纳新，不断地演变着向前发展。会计既受其影响，又要为其服务，就不存在所谓的箴规懿训，就必然要不断地演变革新、与时俱进，以满足环境对它的要求。唯有这样，会计才会具有生命力，才不至于枯萎败落。20 世纪 90 年代初期，我国加快了建立社会主义市场经济的改革步伐，触发了一场空前未见、影响深远、带有根本性质的会计改革，这已是有目共睹的事实。步入 21 世纪后，经济全球化、知识经济的浪潮深刻地影响了经济的发展。如果经济环境发生了变化,而会计依然故我,无所举措,倒是完全不能想象的。

2006 年,我国财政部颁布了《企业会计准则》,标志着我国走上与国际会计准则持续趋同的道路。

一、社会经济的发展对会计的影响

社会经济的发展对会计有影响,其具体产生影响的因素和会计的演变可扼要阐述如下:

(一) 经营管理要求的提高对会计发展的影响

来自社会经济环境的影响,首先是经营管理要求的提高,虽说这是一个渐进的过程,但将两者的发展过程加以比较,不难发现,它们是同步的,管理要求提高了,新的、先进的会计方法和程序便会应运而生。

试以 18 世纪以来的史略为证。产业革命以后,集中在工厂用机器进行的大工业生产,取代了分散的手工工场生产。企业组织机构也开始复杂健全起来,产品生产和生产消费的管理,成为企业管理的重要课题。这一形势孕育了成本会计,并推动着它不断地发育、成长。分期摊销固定资产的折旧,逐渐被认为是计算产品成本不可缺少的步骤,折旧是产品成本不可漏列的重大项目,而不是隐匿秘密公积的手段。与此同时,因为竞争激烈,定期计算实际成本逐渐成为制造厂商迫切要求的资料,这又进一步要求及时知悉生产中的节约和消费。相应地,标准成本会计也从萌芽状态逐渐走向成熟。第二次世界大战以后,因为通信交通事业的发达,经济活动日益扩大范围,跨越国界,出现了庞大的跨国公司;跨国公司一般资本雄厚、规模庞大,它们实行多种经营,不仅生产和销售产品,还涉足运输、保险、金融、咨询等许多部门。于是国际会计出现了,并且丰富了财务会计的内容。

(二) 科学技术的进步对会计发展的影响

最显著的事例是电子计算技术在会计实务中的应用。随着电子计算机的日益普及及其制造技术的日益进步,体积小、运算快、功能多、性能高、操作简易、价格低廉的电子计算机已经问世,电算化会计也日益发展成熟。手工操作的会计信息系统还来不及全盘机械化,就已迅速被电算化所取代。步入 21 世纪,很多大型企业进入了 ERP(Enterprise Resource Planning)阶段。

最近几年,财务云(cloud)开始为人们所接受。财务云,是将集团企业财务共享管理模式与云计算、移动互联网、大数据等计算机技术有效融合,实现财务共享服务、财务管理、资金管理三中心合一,建立集中、统一的企业财务云中心,支持多终端接入模式,实现"核算、报账、资金、决策"在全集团内的协同应用。

会计信息化、人工智能等新技术对会计工作模式、会计核算操作流程、会计监管等均产生了深远影响。一旦会计信息系统与整个企业其他管理信息系统对口联网,成为企业整体管理信息系统的一个子系统,会计服务于经济管理的作用将愈益加强、愈益显著。

(三) 货币价值的变动对会计发展的影响

会计用货币量度计量和记录财产物资的增减变化,并以变化的结果来评价企业生产经营的成败得失。计量是会计的一个基本环节。计量要用货币单位,即某一国家、地区法定流通的货币单位,所以,实际上会计计量表现为货币计量。例如,某一资产项目,账上登记为××(人民币、港、日、澳、美等)元,且会计历来习惯地把某一要素项目(如生产设备)的货币计量称为价值,又由此演化为实际价值、库存价值、账面价值等用语。实际上,这里的所谓“价值”,仅是数量与单位价格的乘积,又称为“价格积数”。除此之外,别无其他的含义。它与政治经济学中的“价值”一词,含义是不相同的。

既然会计计量实际上是货币计量,把货币单位视为计量的尺度,一个令人困扰的关键问题就产生了,即货币或单位货币的价值是否稳定。要得到正确的计量结果,用作计量的尺度,其本身应当是不变的。不幸的是,虽然货币单位被人们普遍用于会计计量,但它的价值实际上是不稳定的,长期不变或少有变动极为罕见,多数是变动的,有时甚至变动剧烈。作为计量尺度并不稳定,这是症结所在。

严格地讲,通过传统的会计方法,用价值变动着的货币计量的结果,会计信息是不真实的,势必把信息用户引入歧途。

针对物价上涨、币值下降,会计应该采取什么办法加以补救,这是尚未很好解决的一个世界性会计难题。迄今已有不少学者分析并研究了这一课题,并撰写了不少论著,提出了若干解决问题的方案,但在实务中依然悬而未决。

(四)知识经济的发展对会计发展的影响

所谓“知识经济”,是指建立在知识和信息的生产、分配和使用之上的经济。这里所谓的知识包括人类迄今为止所创造的所有知识,其中,科学技术、管理和行为科学的知识是最重要的部分。在知识经济年代之前,人们所看重的主要是金融资产及实物资产;而在知识经济年代,最重要的资产是诸如技术、技能、管理、专利等之类的“软资产”。相应地,会计上以前将这些方面的支出直接计列为费用,而现在已经开始有选择地将其纳入资产并对其计价的范畴了。

二、会计对社会经济的影响

会计信息的有用性,是会计的立足之本,是会计赖以生存的命脉。有用,必然会对它为之服务的对象——社会经济的发展产生影响。会计对社会经济的影响,可以从许多侧面去观察,千丝万缕,头绪很多,但可用一句话概括,就是促使社会经济繁荣兴旺。

应该指出,社会经济繁荣是多种因素综合作用的结果,并非会计一家之功。诚然,社会经济繁荣、蒸蒸日上的局面,非会计一枝独秀所能罗致,我们不能夸大,贪他功为己功,但其中有一份会计的贡献,则必须恰如其分地得到承认。至于贡献大小、多少,则是另外一个问题了。

会计促使社会经济繁荣兴旺的影响,可以扼要阐述如下:

(一)用于宏观国民经济的管理

会计信息用于宏观国民经济的管理,可以确保国民经济在正确的轨道上运行,各部门每年适度地增长,经济资源配置合理,总需求与总供给平衡,国民经济逐渐壮大。

(二)优化企业内部管理

会计信息用于微观经济管理,可以提高企业管理水平,实现增产节支的目标。在确保产品质量的条件下,降低成本,扩大营业收入,降低生产经营占用的资金,就会直接增加盈利。正确运用会计信息,可以出现经营精明、管理妥帖的局面。

(三)支持经济法制,使社会经济生活得以有序地进行

在经济生活中,存在着错综复杂的经济关系,包括买卖关系、租赁关系、借贷关系、货币结算关系等。经济法制是用来规范人们经济生活中各种活动的,而会计的影响则是支持经济法制,促使社会经济生活得以有序地进行。没有法规,会计的反映是盲目的,不知道合法的界限在哪里,会计监督更无所依据。而若无会计,则没有数据来证明事实的真相,法规亦难以贯彻执行。社会学家马克斯·韦伯(Max Weber)曾经说过,会计能使经济具有有限理性,没有合理的簿记,资本主义企业的现代合理的组织可能是不会存在的。没有会计信息的支撑,任何分配都缺少了基础。下面用工资和证券为例加以说明。

先说工资。工资是劳动的报酬。完成了劳动任务,依法就有取得工资的权利。要计量工资,或者是固定工资,或者是计件工资,都必须有账可据、可查。账上要说明每位工资接受者的应得款和实发数的详细内容。可以看出,计算、分发工资,会计工作显然不可缺少。

再说证券。证券可以依法在证券交易市场上公开买卖。它之所以成为买卖的标的物,是因为它代表一定的资财,持券人还可以凭券得到一定的报酬。而证券价格与偿付报酬的能力,都必须有合法的会计账簿为之证明。

按证券交易方面有关法规的规定,股票上市的公司必须在上市时以及上市以后,每个年度公开发布足以说明其财务状况和经营成果的财务报告。财务报告不仅由公司盖以公章、公司负责人签章,还必须附有会计师事务所的注册会计师审计报告。这一系列的要求,都是为了防止弄虚作假,防止当事人利用职权,利用公司内幕消息,非法牟利。这里含有大量的会计工作,需要调动会计监督的职能。可以说,证券交易和交易的管理都离不开会计。会计确保证券交易公开、公平地进行,而这正是促使经济生活有序进行的一个重要方面。

截至 2019 年 4 月 30 日,沪深两市 3 626 家上市公司总市值近 56 万亿元。全国中小企业股份转让系统("新三板")挂牌公司总数达 10 162 家。此外,科创板股票交易也正在全面展开。

(四) 繁荣涉外经济

实行现代化的、与国际会计准则大致相同的会计标准,有利于促进国际贸易,增多国际经济交往。会计是国际结算不可缺少的手段,它把国际间的借款、贷款结算清楚,使其来龙去脉一目了然,使双方交易而退,各得其所。所以,会计有利于国际间经济繁荣。2006 年我国会计准则达成了与国际会计准则的趋同,就是一个很好的说明。

上述种种影响,与其他因素一起,拧成一股力量,最终导致社会经济繁荣兴旺、健康有序。

第二节　会计的含义

1966 年,美国会计学会(American Accounting Association, AAA)将会计定义为"为使信息使用者作出有依据的判断和决策所进行确认、计量和传递经济信息的程序"。

1970 年,美国注册会计师协会(AICPA)下设的会计原则委员会(APB)认为:"会计是一种服务性的活动,其功能是向使用者提供有关经济实体的数量化信息,特别是财务信息,以使使用者作出明智的决策。"

我国会计界一般认为,会计是以货币为主要计量单位,反映和监督一个单位经济活动的一种经济管理工作。

可以看出，人们对会计的含义存在着不同的观点。

一、会计是一种管理活动

在现代社会里，会计的特点是主要用货币量度对经济过程中占用的财产物资和发生的劳动耗费进行系统的计算、记录、分析和检查。会计人员借助这些手段，充分了解企业的资金占用情况和劳动耗费水平，并利用会计资料，分析得失，探究经济效益高低的原因；趋利避害，从一个特定的岗位管好一家企业的生产和经营。同时，为在更大的范围内，如一个地区、一个产业部门或一个国家管好经济提供必要的资料。所以，会计的实质是管理，会计是一种管理活动。

企业的各项经济资源是由债权人和所有者提供的，企业管理层对这些经济资源负有管理责任。

例如，企业因其性质的不同而拥有各种各样不同的仓储物资。这些仓储物资，在商品流通企业就是商品储备，可以随时提取，上柜应市；在制造企业就是原材料、在产品和中间产品(包括零件、部件、组装件)、产成品以及消耗材料，备供领用，投入生产。仓储物资由仓库管理人员保管，负责物资的安全完整，防止盗窃和灾害性损失。

对上述仓储物资而言，健全的会计要求仓库有收、发、存的正确记录。实存与账存相符，可以考核管理层是否尽了其经手保管的责任，即受托责任(stewardship)。

企业管理层受企业所有者的委托，负责经营。他们应当有效地运用企业拥有和控制的资财，悉心经营，以期取得最优利润。他们主持业务，领导职工，协调产销，总揽全局。他们制定并执行经营方针，负责把企业引向兴旺发达。所以，他们的责任不仅止于保管经济资源，更重要的还在于操作经营，我们称这种责任为经管责任(accountability)。会计账册所载资料，反映了企业完整的经营过程。毫无疑问，同时也可藉以考核、评价各管理层尽其操作经管责任的成绩。从这一点看，会计又是落实经管责任的手段。

二、会计是一门计量的技术

要反映财务状况，就要计量一定日期的资产、负债和所有者权益。要计算确定某一时期的经营成果，就要计量收入、费用和成本。计量有两个方面：一是实物的计量，二是价值的计量。实物计量是价值计量的基础，没有实物，有些资产就不存在价值问题。实物计量要表明报告期的购进、售出或生产消耗及库存各种物资的数量。价值计量在会计学中有其特定的含义，就是购入数量和购置(单位)价格、售出数量和售出(单位)价格，或库存材料数量和库存(单位)价格相乘。这个单价和数量的乘积，在购入资产时，构成资产的成本；在发行长期债券时，构成长期负债；在发行股票时，构成企业的所有者权益；在售出产品时，构成营业收入；在发生各种经营耗费时，构成生产经营的费用、成本。当资产、负债、所有者权益出现转移、消失、分配和摊提时，都需要计量。若不计量，既无法记账、转账、结账，也无法编制会计报表。

收入和费用在前后几个会计期间进行分摊，也需要计量，计量各期获得的收入和应承担的费用，才符合权责发生制会计的要求，才能进行正确的配比。

可以说，计量在会计中无所不在，是会计的核心问题之一。从这一点看，也可以说，会计是一门计量的技术。

三、会计是一个信息系统

会计对象经过会计处理,最后形成会计报表。会计报表是用会计语言向对企业生产经营活动利益攸关和负责管理的各个方面传输信息的手段,而这种信息是依照会计准则,有条不紊地经过收集、整理、分类、加工、汇总等程序而得到的。它们有据可查,翔实可靠,其真实性可予复核。从这一点看,也可以说,会计是一个信息系统。

第三节　会计的分类与职能

一、会计的分类

(一) 会计的分类

1. 按照会计管理的范围分,主要可分为财务会计和管理会计两种

会计要实现管理的职能,首先要掌握情况,其次要制定管理目标,并对实际业绩和预定目标进行比较,借以检查经济活动的有效性和合法性。预测、计划、记账、计算、分析、控制、检查、监督和反馈,是会计工作的各个环节。会计综合地利用货币量度,并交叉地通过各个工作环节实现其管理职能。

会计管理的内容主要包括两个方面:一是资金,二是成本。这就是上面说的企业生产经营业务中的两个特定方面。管理资金就是要保证生产经营发展和技术改造所需要的资金,具体掌握各类资金的分布和占用情况,努力加速资金的周转,挖掘资金占用的潜力,提高资金利用的经济效益。管理成本就是要计算确定各种产品、各种作业的劳动耗费,挖掘节省劳动耗费的潜力,分析、研究降低成本的途径和措施,达到产量高、消耗低的目标,提高经济效益。资金的会计管理,构成财务会计的主要内容;而成本的会计管理,则构成包括成本会计在内的管理会计的主要内容。由此可见,财务会计和包括成本会计在内的管理会计的侧重面不同,管理目标也各不相同。通常把财务会计和包括成本会计在内的管理会计看成是会计的两个主要分支。

由上可知,财务会计和成本会计、管理会计的客观对象虽不相同,但都是为了在生产经营过程中尽可能多地实现经济效益。综合地以货币计量、用会计语言来表述的这部分经济效益,就是利润。具体地说,假定其他条件不变,压缩资金占用,降低劳动消耗,其结果必然是利润增加;反之,则利润减少。利润虽然是会计工作中一项极重要的指标,但它并不是会计的一个独立的客观对象。

企业应根据国家财政制度和税收条例的规定,如期、足额地申报并缴纳包括所得税在内的各种税款。所得税是根据企业实现的利润并进行适当调整后计算缴纳的。利润的应缴、留存、应付投资者,以及应缴所得税中的预缴、多缴、少缴、欠缴、补缴等业务,都属于资金调度和运用的结算问题,应严格遵照有关规定办理。

经济效益这一概念,在内涵和外延上都比利润宽广。新技术的开发利用,市场的开拓,能源的代替和节约,职工职业技能的培养,以及提高管理素质、管好资金和成本等,都会导致经济效益。已实现的经济效益用价值的货币形式表现,均为利润。

通常认为,成本控制(它是成本会计的中心内容)、企业内部工作成绩的评价和考核(包括内部转移价格的制定)以及决策选择等部分,是管理会计的主要内容。

2. 按照会计应用的范围分,可分为工业会计、农业会计、商业会计、施工企业会计、交通运输会计、金融会计等

在这一分类基础上,还可进一步分类,如工业可再分为机电、化工、电子、冶金等工业会计,交通运输则可再分为公路运输、海运、内河航运、空运、铁道运输会计等。

以上是会计的基本分类。如果按照会计所处理的特定范围内业务的性质划分,则可分为租赁会计、寄销会计、外贸业务会计、税务会计、破产清算会计等。

国际会计是一门新兴的会计学科。如果把国际会计视为一个独立的会计门类,则显而易见,它是按会计所反映监督的经济活动是否超越国界为标准的。既然存在国际会计,那么不言而喻,国际会计以外,可以统称国内会计了,只是实务中不需要使用这一名词而已。国际会计的内容,主要是探讨外汇业务的处理、国际内部转移价格的作用和制定、国际税务、国际合并财务报表的编制以及国际会计准则等,实质上是财务会计的延伸部分,而更确切地表述,则是国际运用的财务会计与管理会计的一个混合体。

(二) 财务会计与管理会计的比较

应当指出,上文提到,财务会计管资金,成本会计管成本,两者的界限比较明确。然而,在财务会计与管理会计之间,却没有可以截然划分的界限。从总的目标来说,财务会计和管理会计都是为了进行管理,提高经济效益。在实际工作中也存在这样的情况,管资金的会计工作和管成本的会计工作虽然容易区别,但要严格区分哪一项工作属于财务会计,哪一项工作属于管理会计,则很难划分清楚。尽管如此,财务会计与管理会计仍然有各自的特点,这些特点有:

(1) 财务会计控制资金的占用,管理会计控制成本的发生。

(2) 财务会计遵循"凭证→账户(簿)→报表"这一会计基本模式。管理会计所用的会计方法比较灵活,视需要而定,除成本会计外,并不遵循定型的会计模式;管理会计要利用财务会计所提供的资料,资料不足时还要另辟资料来源。

(3) 财务会计提供的资料具有较大的概括性,既供企业内部经营管理之用,也供企业的上级领导部门、财政银行系统以及关心企业财务状况的各方面利用。管理会计提供的资料具有较强的针对性,它主要是满足企业在经营管理上解决某些特定问题的需要。

(4) 财务会计对数据的正确性要求比较严格,各项数据之间存在着勾稽关系。管理会计较多强调数据的决策有用性,对数据正确性和勾稽关系的要求不如财务会计那样严格。

二、会计的职能

会计的职能是指作为管理经济的一种活动,客观上能为管理好经济做些什么,能发挥什么功用。职能是会计的本质属性,不以人们意志为转移。

会计的职能有三项:一是反映,二是监督,三是参与经营决策。这三项职能在财务会计里可表述如下:

(一) 反映生产经营过程中资金使用和周转的情况

资金是企业用于生产经营活动的财产物资的货币表现,包括直接以货币形态存在的资金在内。财务会计通过连续、系统的记录和计算,反映企业经营资金的各种取得来源、资金

在生产经营过程中的分布和占用情况，以及资金的使用和周转情况。

企业根据生产经营的具体需要，总是把资金投放在各种财产物资上面，表现为企业所拥有的各种资产。财务会计反映资金占用的增减变化。资金占用的增减变化既是生产经营的手段，也是生产经营的结果。

企业的资金在生产经营过程中不是处于静止状态，而是随着经济活动的进行不断地循环周转着。财务会计通过资金分析，对企业生产经营资金的使用和周转作出评价。合理使用资金，加速资金的周转，都会使经济效益有所提高。

(二) 监督企业取得和使用资金的合法性和合规性，管好企业的资金

国有企业取得和使用资金是否符合国家各项财经方针、政策、法律和制度，是一个严肃的财务纪律问题，需要认真对待。取得和使用资金在非国有企业也必须合法，必须符合公司章程、董事会的决议等。

(三) 预测企业经营前景，在压缩资金占用额、提高经济效益方面参与企业的经营决策

财务会计汇总经济活动过程中资金方面的资料，从而掌握资金的动态，并运用这些信息，组织和控制经济活动，处理好各方面的经济关系。财务会计通过对资金结构、资金趋势、资金利用效果等的分析，通过对资金的控制、供应和调配，把管理资金职能渗透到经济活动的各个环节中去。管理资金一方面要积极为生产服务，从生产实际出发，积极组织资金供应，保证生产经营活动中的资金需要；另一方面又要坚持勤俭节约原则，千方百计节约生产消耗，节省费用开支，合理使用资金，压缩资金占用，充分挖掘资金潜力。如果生产出同样的产值而减少了资金的占用，或者如果不增加资金的占用而实现了产值的增长，都会加快资金的周转，提高资金的使用效果，最终提高经济效益，使企业利润增加。

为此，财务会计要根据当前的资金使用情况，预测企业经营前景；从节约物资消耗、减少资金占用着眼，提出企业在供应、生产和销售活动各阶段所需要资金的预算；围绕资金的使用，提出切实可行的压缩资金占用的方案，提出合理使用资金、提高经济效益的措施，为企业经营献计献策。

第四节　会 计 规 范

会计规范是指制约会计实务的法律、法规、准则和制度等的总称，它既是约束会计行为的标准，也是对会计工作进行评价的依据。由于会计信息的重要性，每个国家都有一整套约束会计行为的会计规范体系。

企业会计规范的制定和实施往往与其实行的法律体制有着密切的关系。其中，最具代表性的是以法国、德国、日本为代表的大陆法系(即成文法系)国家和以英国、美国为代表的英美法系(即习惯法系)国家。

一、大陆法系国家的会计规范

以法国、德国、日本等国家为代表的大陆法系国家，企业会计工作主要受政府制定的各项法规的制约。例如，法国的企业会计事务主要受政府控制，除商法、税法等法律对企业的会计处理和财务报告有明确的要求和规定外，其会计规范是 1949 年由财政和经济事务部组建的一个“标准化委员会”所制定的统一会计制度,该制度不仅规定了企业财务会计所使用账户的统一名称,还提供了详细的会计操作指南。

在德国,依据德国的法律和惯例编制的财务报表体现了德国著名的国家性特征,即正确性和对法律的服从。

在日本,早在1949年7月就产生了企业会计原则,1951年9月改由大藏省(证券局)领导下的“企业会计审议会”加以修订,所制定的企业会计原则必须充分考虑商法和证券法的有关规定,并由大藏大臣批准公布。

在大陆法系国家,一些民间会计职业团体虽然也制定和公布会计实务指南或公告,但这些指南或公告对财务会计实务通常没有正式的约束力。

二、英美法系国家的会计规范

与大陆法系不同的是以英国、美国为代表的英美法系国家,这些国家的会计规范一般由民间会计职业团体制定,即实行以民间自律为主的会计准则制定机制,但其实施往往需要得到政府机构的支持或法制的认可。

在美国,制约企业财务会计的规范统称为“公认会计原则”(GAAP),包括财务会计准则、会计原则委员会意见书、会计研究公报等,这些文件都是由民间会计职业团体[先后由会计程序委员会(CAP)、会计原则委员会(APB)和财务会计准则委员会(FASB)三个民间机构]制定的。

在英国,会计准则是由会计准则理事会(ASB)负责制定的,主要包括ASB的前身会计准则委员会(ASC)所制定的《标准会计实务公告》(SSAP)和ASB制定的《财务报告准则》(FRS)。

这些由民间机构制定的公告,早期是作为会计职业团体成员自觉遵守的职业道德规范而发挥作用的,并作为具有强制性的审计依据。为了加强注册会计师的责任和地位,提高会计准则的权威性,以减少推行的阻力,自20世纪70年代以来,这些貌似独立、超然的民间准则制定机构都开始谋求政府机构或法律的支持。美国证券交易管理委员会在FASB成立的1973年,曾专门发表了一份会计文告,声称:“财务会计准则委员会通过其公告和解释性文件所颁布的原则、标准和实务将由本委员会作为具有重要的官方支持来加以考虑,而那些与财务会计准则委员会公告相对立的意见将不被认为具有这方面的支持。”在英国,1989年的公司法就以法律的形式对会计准则的地位给予了保证。

三、我国的会计规范

我国的会计规范体系主要由《中华人民共和国会计法》(以下简称《会计法》)、企业会计准则和企业会计制度等组成,并已形成以《会计法》为核心、以企业会计准则和企业会计制度为基本内容的一个比较完整的规范体系。

(一) 会计法

对会计法的理解,有广义和狭义之分。广义的会计法是指国家权力机关和行政机关制定的各种会计规范性文件的总称,包括会计法律(指由人大颁布)、会计行政法规(指由国务院颁布)、会计规章(指由财政部颁布)等。狭义的会计法仅指国家最高权力机关通过一定立法程序颁发施行的会计法律,即《会计法》。

我国是文明古国,会计发展源远流长,会计法也具有悠久的发展历史。我国最早的一部完整的封建法典——战国时期的《法经》,即对会计问题作出了相关规定;之后的秦律、唐代的《唐律疏议》、明代的《大明律》、清代的《大清律》等都对会计问题作出了具体的规定。北洋政府于1912年起先后两次拟就《会计法草案》;1913年3月公布《会计法条例》,同年10月2日重新修订改称《会计法》,共9章、37条。这是中国独立进行会计立法的首次尝试。1926年8月14日,国民政府重新发布了《会计法》,共10章、127条。我国台湾地区现行的“会计法”有两部:一部是1935年8月14日公布的“《会计法》”,适用于预算单位;另一部是1948年1月7日公布的“《商业会计法》”,适用于以营利为目的的商业单位。

中华人民共和国成立之后,主要以制定国家统一的会计制度为起点,逐步建立起以规范会计行为为主要内容的会计法规体系。1985年1月21日,我国第一部《会计法》诞生,这是我国社会主义会计立法取得的重大成果,标志着我国的会计工作进入了社会主义法制化的新时期。

1993年12月29日,第八届全国人大常委会第五次会议通过了《关于修改〈中华人民共和国会计法〉的决定》,自公布之日起施行。

由于会计所处社会经济环境的变化,原有的《会计法》已不能适应社会主义市场经济的需要,为此,1999年10月31日,第九届全国人大常委会第十二次会议通过了重新修订的《会计法》。重新修订的《会计法》共7章、52条,自2000年7月1日起施行。

重新修订的《会计法》对我国会计工作的主要方面做了规定,突出了《会计法》的立法宗旨是规范会计行为,保证会计资料的真实性和完整性,强调了单位负责人对本单位的会计工作和会计资料的真实性和完整性负责,完善了会计记账规则和会计核算制度,强化了会计监督制度,实行了会计从业资格管理制度,加大了对违法会计行为的惩治力度。

2017年11月4日,第十二届全国人民代表大会常务委员会第三十次会议决定,通过对《中华人民共和国会计法》作出修改,自2017年11月5日起施行。

《会计法》是调整我国经济生活中会计关系的总的法律规范,是会计法律制度中层次最高的法律规范,是制定其他会计法规的依据,也是指导会计工作的最高准则。

(二)财务会计报告条例

为了规范企业财务会计报告,保证财务会计报告的真实和完整,2000年6月21日,国务院发布了第287号令《企业财务会计报告条例》。这是我国有关财务会计报告的行政法规。该条例共6章、46条,对企业财务会计报告的构成、编制、对外提供及法律责任等问题作出了说明。

(三)企业会计准则

企业会计准则也称企业财务会计准则或会计准则,是企业处理会计对象的标准,是进行会计工作的规范,是评价会计工作质量的准绳。

一般认为,会计准则具有以下几个方面的作用:

(1)会计准则是反映经济活动、确认产权关系、规范收益分配的会计技术标准,是生成和提供会计信息的重要依据。

(2)会计准则是资本市场的重要游戏规则之一,是实现社会资源优化配置的重要依据。

(3)会计准则是国家社会规范乃至强制性规范的重要组成部分,是政府规范经济秩序、从事国际经济交往等的重要手段。

纵观世界各国会计规范的现状,会计准则大多由权威部门负责制定修改,用于指导和规范会计工作,具有很强的约束力。我国的企业会计准则由财政部负责制定和修订。

会计准则体系作为技术规范,有着严密的结构和层次。我国企业会计准则体系由以下四部分内容构成:

第一层次:基本准则。基本准则是指适用面最广、对会计工作具有普遍指导意义的准则,在整个准则体系中起统驭作用。其内容主要包括财务会计报告的目标、会计假设、会计信息质量要求、会计要素的定义与确认标准、会计计量和财务报告等。

第二层次:具体准则。具体准则主要规范企业发生的具体交易或事项的会计处理。例如,存货、固定资产、收入、企业合并、合并财务报表、关联方关系等。

第三层次:会计准则应用指南。应用指南是对具体准则相关条款细化和对相关重点问题提供操作性规定,它还包括会计科目、主要账务处理等。

第四层次:企业会计准则解释。企业会计准则解释主要针对企业准则实施中遇到的问题作出解释。

我国会计准则的制定始于 1988 年,于 1992 年 11 月发布了我国第一个会计准则,即《企业会计准则——基本准则》,并自 1993 年 7 月 1 日起开始施行。《企业会计准则——基本准则》是根据《会计法》制定的,适用于设在中国境内的所有企业;即使是我国投资、设在境外的企业,向国内有关部门编报财务报告时,也应按照准则办理。

《企业会计准则——基本准则》颁布实施后,财政部于 1994 年起陆续分批推出了 31 份具体会计准则征求意见稿,加快了我国具体会计准则制定的步伐。1997 年 5 月 22 日,为了适应我国社会主义市场经济发展的需要,特别是规范上市公司的相关会计信息披露,财政部颁布了我国第一个具体会计准则——《关联方的关系及其交易的披露》,该会计准则自 1997 年 1 月 1 日起首先在上市公司开始施行。

随着我国市场经济的发展和国际化程度的提高,为了使我国的会计准则与国际会计准则达到本质上的趋同,财政部于 2006 年 2 月 15 日颁布了《企业会计准则》,其中包括 1 个基本准则和 38 个具体会计准则。

截至 2018 年 12 月 31 日,财政部共颁布了 42 个具体会计准则。

2006 年 2 月 15 日颁布的《企业会计准则——基本准则》共 11 章、50 条,规范了我国会计工作最基本的各个方面。

具体会计准则的内容大致包括总则、确认和初始计量、后续计量及披露等内容。

2006 年 10 月 30 日,财政部颁布了《企业会计准则——应用指南》,对所发布的 38 个具体准则的若干问题进行了说明,并对会计科目和主要账务处理以附录的方式做了说明。

2007 年 11 月 16 日,财政部颁布了《企业会计准则解释第 1 号》。截至 2018 年 9 月 30 日,财政部共颁布了 12 个《企业会计准则解释》。

为了规范小企业会计确认、计量和报告行为,促进小企业可持续发展,发挥小企业在国民经济和社会发展中的重要作用,2011 年 10 月 18 日,财政部颁布了《小企业会计准则》,并自 2013 年 1 月 1 日起在小企业范围内施行。

(四)企业会计制度

每一个会计主体,必有它的会计制度。会计制度是进行会计工作所应遵循的规则、方法、程序的总称。有了制度,会计人员就会知道某项业务应做怎样的会计处理,会计机构才能正常运转,才能定期编制出合格的会计报表。否则,会计资料就如一盘散沙,杂乱无章,就无法据以编制出高质量的会计报表,或者根本无从编起。

在我国,会计制度有广义和狭义两种含义。广义的会计制度是指国家制定的会计方面所有规范的总称,包括会计核算、会计监督、会计机构和会计人员及会计工作管理等。狭义的会计制度仅指国家财政部门制定的会计核算行为规范,即会计核算制度。

例如,《会计法》(2017 年修订,下同)第 8 条规定:"国家实行统一的会计制度。国家统一会计制度由国务院财政部门根据本法制定并公布。"《会计法》第 50 条规定:"国家统一会计制度,是指国务院财政部门根据本法制定的关于会计核算、会计监督、会计机构和会计人员及会计工作管理的制度。"可见,我国《会计法》所指的会计制度是广义的会计制度,其中的会计核算制度包括了会计准则。但为叙述方便,本书采用狭义的会计制度概念,即会计核算制度。

中华人民共和国成立以后,我国基本上采用的是分行业、分所有制的会计制度,直到 2000 年 12 月财政部颁布了《企业会计制度》,才使我国的会计制度真正步入国家统一会计制度的轨道。根据财政部的部署,国家统一会计制度包括《企业会计制度》《金融保险企业会计制度》《小企业会计制度》以及《行政事业单位会计制度》四大部分。

会计制度的内容有详有简,但不论简化到什么程度,以下内容是不可或缺的:(1) 会计凭证的种类、格式、填制和审核;(2) 账户名称一览表,包括账户编号和账户名称(会计科目)以及各账户的内容;(3) 所设账簿的分类、名称以及账簿的组织和记账方法;(4) 账务处理程序;(5) 财务报表的种类、格式、内容和报送程序等。

较为详尽完备的会计制度,则除以上基本项目外,还把会计机构的组织、会计工作岗位的设置与职责、会计资料的分析与利用、会计检查的方法和程序,以及会计资料的存档和会计档案的管理等,部分或全部纳入会计制度。

2000 年 12 月财政部颁布的《企业会计制度》包括总制度、会计科目和会计报表两个部分,以及诸如会计事项分录举例等附录。

随着我国会计准则体系的进一步完善,在不久的将来,会计制度将慢慢退出历史舞台。

会计规范除前述显性的会计准则之外,还包括得到广泛认可和普遍使用的一般惯例或行业惯例。

四、国际会计规范

第二次世界大战以后,由于交通通信事业迅速发展,跨越国界的经济活动日见频繁,跨国公司迅速崛起,国际市场上寻求资本的企业急剧增加。这些变化迫切需要在世界范围内具有可比的财务报告信息。

1973 年 6 月 29 日,由澳大利亚、加拿大、法国、联邦德国、日本、墨西哥、荷兰、英国和美国 9 个国家的 16 个会计职业团体在伦敦发起成立了国际会计准则委员会(International Accounting Standards Committee, IASC)。国际会计准则委员会是一个纯粹的民间组织,它没有得到官方或国际组织的明确支持或赋予它特定准则的法律权力,但得到了世界各主要国家会计职业团体的支持。截至 2019 年 4 月 30 日,全球共有 144 个国家或地区要求采用国际财务报告准则(International Financial Reporting Standards, IFRS),12 个国家或地区允许采用国际财务报告准则,即全球共有 156 个国家或地区要求或允许采用国际财务报告准则。另外，还有一些国家或地区处于国际财务报告的趋同过程中。

此外，具有官方性质的证券委员会国际组织（International Organization of Security Commissions, IOSCO）的参与，更加大了它的权威性。

我国于1997年7月加入了国际会计准则委员会。

20世纪末，国际会计准则委员会进行了重大战略改组，于2001年4月1日以国际会计准则理事会（International Accounting Standards Board, IASB）正式取代了原国际会计准则委员会（IASC），开始行使制定国际会计准则的职责，并决定将其制定的准则更名为“国际财务报告准则”（International Financial Reporting Standards, IFRS）。国际财务报告准则是一项全球公认的易于各国在跨国经济往来时可以执行一个标准的制度，是用于规范全世界范围内的企业或其他经济组织会计运作的指导性原则，它能使各国的经济利益可在一个标准上得到保护，不至于因参差不一的准则导致不一样的计算方式而产生不必要的经济损失。

国际会计准则理事会的目标包括：(1) 制定单一的一套高质量的、可理解的全球会计准则；(2) 促进准则的使用；(3) 使国家会计准则与国际会计准则趋同。

国际会计准则理事会（IASB）发布的准则称为国际财务报告准则（IFRS），其前身国际会计准则委员会（IASC）发布的会计准则称为国际会计准则（IAS），目前经修正仍然有效的有29个准则。

国际财务报告准则也是一种会计规范，尽管不具备约束力，但对于协调各国会计准则，发挥着重要作用。

跨国公司的发展以及全球性筹资的需要，要求提高国际间财务报表的可比性。步入21世纪后，越来越多的国家或地区以国际会计准则（国际财务报告准则）为依据制定自己国家的会计准则。证券委员会国际组织（IOSCO）就允许其成员国在跨国公司发行股票和挂牌交易时采用这些准则编制财务报表。例如，欧盟（EU）的所有成员国的上市公司在2005年年底就全部执行了国际会计准则。

2005年11月，我国财政部与IASB就若干实质性问题进行了一系列讨论、研究、分析、谈判，在重大问题上既立足国情，又实现国际趋同，较好地解决了财务报告的国际性差异问题，并在此框架下于2006年2月颁布了新的《企业会计准则》，达成了国家会计准则与国际会计准则的趋同。

为进一步深化会计改革，推动我国会计准则建设及其持续国际趋同，2010年4月2日，财政部发布了《中国企业会计准则与国际财务报告准则持续趋同路线图》，该报告明确指出，中国企业会计准则与国际财务报告准则已经实现了趋同，该报告还表示，中国企业会计准则将保持与国际财务报告准则的持续趋同，持续趋同的时间安排与IASB的进度保持同步。

思考题

1. 试设想，如果不进行会计工作，没有会计资料，证券交易和证券交易市场将会是一个什么情况？
2. 试分析学术界对会计概念的不同观点，提出自己的见解，分析自我辩护的理由。
3. 会计可分为宏观会计、微观会计、社会会计、企业会计等，试举出例子。
4. 试阐明会计准则与会计制度的联系和区别。
5. 试说明会计准则制定的必要性。会计准则应由谁来制定？

6. 在我国现阶段,是制定会计准则恰当,还是制定会计制度恰当?

7. 什么是国际财务报告准则(IFRS)?它与我国会计实务有什么关系?

8. 为什么说会计准则的国际趋同是无法抗拒的历史潮流?

9. 你知道会计学在学科门类中是如何分类的?有人认为,会计学应当列为一级学科,你是怎样认为的?

10. 简述我国会计规范的体系。

阅读材料

1. 财政部:《企业会计准则——基本会计准则》,2014 年。
2. 财政部:《企业会计准则》,2006 年。

第二章

财务会计的基本理论

学习提要

本章阐明财务会计赖以存在和发展的基本理论。先探讨什么是会计理论,而后分五个方面论述财务会计的特征、前提、要素、对会计信息的质量要求以及确认、计量、报告的基本原则等。除以上所举的会计特征偏重财务会计外,前提、要素、质量要求和确认、计量、报告的基本原则理论,适用范围不仅以财务会计为限。

会计理论是构建会计概念框架的基础。会计理论体系的建立,首先必须解决会计的目标问题。财务会计报告的目标是向财务会计报告使用者提供与企业财务状况、经营成果和现金流量等有关的会计信息,以反映企业管理层受托责任的履行情况,有助于财务会计报告使用者作出经济决策。

会计理论与实务离不开具体的环境,而环境又是变化不定的。因此,必须对现存的会计环境作出假定,它是会计核算的前提,包括会计主体、持续经营、权责发生制、会计期间和货币计量等。

会计信息必须具备一定的质量。相关性和可靠性是会计信息的主要质量;会计信息还必须保持可比性、及时性,会计信息还应当清晰明了,便于理解和使用;同时,在提供会计信息时,还应当考虑重要性、实质重于形式及谨慎性等因素。

作为有用的会计信息,主要包括企业一定时点上的财务状况(资产负债表)、一定期间的经营成果(利润表)及现金流量的变动(现金流量表)。这其中就涉及会计要素的界定。反映企业一定时点财务状况的会计要素有资产、负债和所有者权益,反映企业财务成果的会计要素有收入、费用和利润。其中每一组会计要素形成恒等关系,这些恒等关系构成了复式记账的基础,也为会计信息的审验提供了依据。

确认、计量和报告一直是财务会计的核心所在。确认解决何时记账和记入什么项目的问题,对特定要素的确认必须遵循一定的原则,这是财务会计中最主要的问题。计量涉及计量尺度和计量属性的选择。现行实务中可以选择的计量属性包括历史成本、重置成本、可变现净值、现值和公允价值等。

本章内容在财务会计中占有极其重要的地位,通过本章学习,读者应当对财务会计的概念和框架结构有一个整体性的了解,对会计的目标、会计要素、会计前提、会计信息质量特征等内容应当有较好的理解。

第一节 财务会计基本理论体系

要较好地理解和掌握本章内容,首先要明确会计理论是什么。

什么是会计理论?最通俗地加以解释,会计理论是记账、算账、编制财务报告的道理。账,何以要这样记?何以有了总分类账,还要有明细分类账?报表何以要依照一定规格编制——要有表首部分,还要有报表基本部分,还常常需要有附注?账目何以要调整?为什么要在结账以前调整账目?如此等等。回答这些,以及诸如此类的问题所阐明的道理,都是会计理论的组成部分。可以说,会计理论是指导和评价现行会计实务的。在道理上说通,令人信服,这就成为会计理论。这当然是一种通俗的、简单化的说法,但是至少指出了会计理论的一个重要侧面,就是能合乎逻辑地说明实务,足以使会计人员不仅能知其然,还能知其所以然,明白依照现在这样做下去,会得到什么预期的效果。

会计实务,诸如记一笔账、编一张表,是实实在在的工作,看得见,摸得着,而会计理论却是抽象的,它既是对过去会计实践的成功经验和失败教训的总结,又是会计工作的指导思想。它以理服人,引导会计工作走上合理之路,迈向成功的目标。例如,会计信息要相关、可靠、可比较以及及时等,它为会计工作指引了正确的发展方向。

同样是企业,不同企业可以采用不同的会计程序。同样的一笔业务,可以有各种不同确认(入账)、计量的方法。各种程序、方法是在不同的思想指导之下产生的。如果单从程序方法角度来看,一种程序、方法体现着一种思想。也就是说,在它们的背后,总有着一种思想,纵然是无形的,却在起着取舍好恶的作用。从这一侧面来看,会计理论又可以说就是会计的指导思想。各种会计程序、方法,莫不有其指导思想,而会计理论集其大成,是会计整体的指导思想。

会计理论反映出会计的内在规律。这是经过长期的实践,从实践中获得认识,再实践、再认识,反复进行,千锤百炼,从而得出的对客观实践的高度抽象又高度理性化的认识。且举两则具体的规律加以说明。例如,记账报账的最根本的模式是:

凭证→账(簿、户)→报表

上述模式反映了记账报账规律。会计用手工操作适用,机械化操作也适用,到了电算化时代依然适用。尽管会计所处的社会经济环境发生了极其重大的变化,这个记账报账模式虽然简单,但生命力极强,依然岿然不动。它的生命力如此强盛,以致没有人敢于尝试去把它推翻,另起炉灶。谁要是试图把它颠倒过来,反其道而行之,从表到账,从账到凭证,势必碰壁。

会计对象分为六个要素,我们用资产、负债和所有者权益这三个要素表明企业在一定时期的财务状况,用收入、费用和利润这三个要素表明企业在报告期内的经营成果,这也是会计规律性现象的发现和运用。之所以说是规律,是因为古今中外,不论工业、农业、财贸,谁要是想表达一家企业的财务状况,都免不了要借助资产、负债、所有者权益这三个要素,尽管名称不同,排列也各式各样,但它们在实质上并无区别。我国旧式会计称资产为“存”、负债为“该”即是一例。谁要是想表述一家企业的经营成果,也离不开收入、费用和利润这三个要素，尽管大类中的细目，运算上不完全相同。例如，销售中的现金折扣，可以从营业收入中列减，也可以列为财务费用；又如，公允价值变动，既可以直接增加或减少当期损益，也可以纳入其他综合收益。如何运算的内容可以不同，但“收入－费用＝利润”公式所反映的规律不变，所以，不管怎样运算，最终结果，盈与亏，应是一致的。至于具体项目的处理，作为六个要素中任何一个要素的增加项或冲减项，则属于具体个别会计理论，不属于基本会计理论范围了。

所以，从这一特定的侧面来看，会计理论又可以说是会计内在规律的反映。

会计理论还可以说是非约束性的会计标准。解释针对现状，标准表述期望。研究会计理论，毫无疑问，要从现实出发，否则难免空中楼阁，不着边际，但是会计理论可以并且应当带有一定的前瞻性，不限于解释现在，而且陈述应该是怎样的。这恰好说明了会计理论和会计准则的关系——会计准则是国家或地区的权力机构，或由权力机构授权委托的机构制定的会计规范。它对准则施行范围里所有的会计主体都具有约束力，必须遵守准则的规定。而会计理论仅仅是会计学术研究的成果，是学者阐述的某些见解、主张，对会计实践只具有影响力而无强制力。会计理论的某些内涵，一经权力机构采纳认可，纳入准则，就有了约束力。但这里要明白认清，有约束力的依然是准则，不是会计理论。

总之，会计理论就是一套前后一致的假设性、概念性和实用性的原则，是一个旨在探究会计本质的总体性参考框架。

会计学的各个分支，既有共同的理论，又有各自专用的理论。共同的理论一般称为基本理论或通用理论，覆盖整个会计学，适用于会计的任何一个分支，具有普适性。本章阐述的基本理论，大多属于这一类。例如，会计要素的划分，以及各种会计要素确认、计量、报告的理论，运用于会计的各个分支。专用理论是专门或主要用于会计某一分支的理论。例如，指导和解释银行存款调节表和现金流量表编制的理论，是专用于财务会计的。

除上述外，基本理论还有会计的本质、对象、职能、任务、作用等重大课题。解答这些课题所持的观点和所得的结论，对其他基本理论和专用理论都有影响，会渗透到会计的其他部分。

会计是一门务实的经济科学，但会计理论是抽象的，有时候甚至是相当高度地抽象的。但把抽象的理论孤立于实务之外，不相结合，就不大好理解，不大容易正确、全面地掌握它们。所以，本书力求结合实务，指出有关的理论，并从理论上进行解释。本章把财务会计基本理论中与操作关系较紧密的内容提纲挈领地向读者展示，以便在接触后续各章时，对照思索，可以理解得更加透彻一点。

会计各分支需要拥有反映其本身特点、处理其独特经济业务的理论，这就是会计各分支的理论。可以有企业会计理论，又有政府会计理论；有成本会计理论，又有责任会计理论；有固定资产及其折旧的会计理论，又有租赁业务的会计理论；如此等等。这些个别的理论，或者适用于某一经济组织，或者适用于处理某一类经济业务，它们虽然彼此是独立的，但又是相互联系的，因为既然都是会计理论，就不能不在会计基本理论的覆盖之下，受其影响。

一套内容完整、逻辑一致的高层次概念构成的财务报告理论体系，称为财务报告概念框架(conceptual framework for financial reporting)。

概念框架最早由美国财务会计准则委员会(Financial Accounting Standards Board，FASB)提出，该委员会认为，财务会计概念框架“是一部章程、一套目标与基本原理组成的、互相关联的内在逻辑体系。这个体系能够导致前后一贯的会计准则,并指出财务会计和财务报表的性质、作用与局限性”。

2018 年 3 月 29 日,国际会计准则理事会(International Accounting Standards Board, IASB)发布了最新的《财务报告概念框架》,用于指导财务报告准则的制定,以及准则没有规定或者允许进行政策选择的情况下,帮助报表编制者制定前后一致的会计政策等。

图 2-1 列示了财务报告概念框架的基本内容。

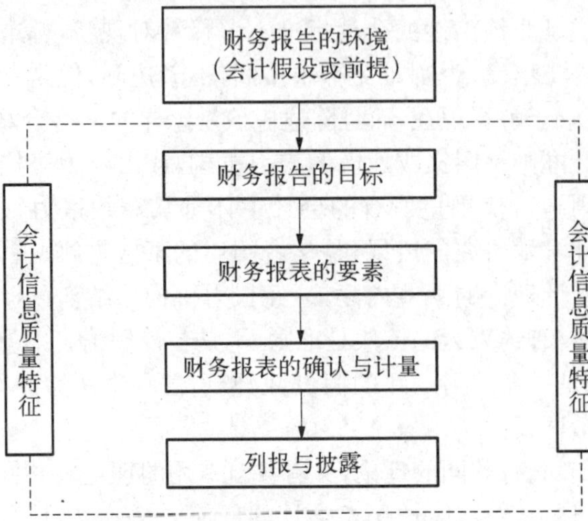

图 2-1 财务报告概念框架的基本内容

第二节 财务会计的基本前提

会计的前提是指一般在会计实践中长期奉行,无须证明便为人们所接受,是从事会计工作、研究会计问题的前提条件。会计的各项前提集合起来总称什么,虽然在国际会计以及各国、各地区的会计用语中有不同的名称,如在有些国家称为假设,但其内容却是大体上一致的。

我国财政部在制定会计准则时,从我国会计实践的经验出发,研究比较了国际和各国、各地区的准则,在《企业会计准则——基本准则》中明文规定了我国会计的五个前提。

一、会计主体

会计主体或报告主体(entity)是一个重要的会计概念,指的是会计工作特定的空间范围。具体地说,会计工作总是在某一特定单位里进行。这个单位单独进行生产经营或业务活动,在经济上独立或相对独立。如果是营利性质的,就是一家企业,如公司、工厂、商店等;如果是非营利性质的,就是一个事业、机关、团体等单位,如学校、医院、科研单位、妇女团体等。会计处理的数据和提供的信息,严格地限于这一特定的空间范围,而不是漫无边际的。换言之,信息属于某一特定的企业,而不属于另一家企业,也不属于企业的所有者。

企业都有资产、负债和所有者权益,并从经营过程中取得营业收入,发生成本、费用。对比营业收入与费用、成本，就可以确定利润或亏损。发生利润（亏损），相应地必然会发生资产、负债、所有者权益的增减变动，导致新的财务状况的出现。

以会计主体作为开展企业会计工作的前提条件，就是不仅要把特定个体的经济业务和其他特定会计主体的经济业务严格分开，而且要和企业所有者的经济活动划分清楚。但是，作为特定个体的企业，可能组织很复杂，规模很庞大。大型企业的内部，往往分设分厂、分部。在这种场合，除企业本身是一个个体外，也不排斥将这些不具有法人资格的分厂、分部也视为会计主体。所以，会计主体不一定是法人，会计工作的空间范围与法人是截然不同的两个概念。

需要注意的是，确定会计主体时应本着实质重于形式的原则，如在企业集团的背景下，我国会计准则中的会计主体一般指的是合并主体，而不是指法律主体。

我国《企业会计准则——基本准则》第 5 条规定："企业应当对其本身发生的交易或者事项进行会计确认、计量和报告。"

二、持续经营

作为财务会计的一个前提条件，持续经营（going concern）指的是进行一切会计工作，其共识是，一个企业的生产经营活动，在可以预见的将来，将会长期地按其现时的形式和现时的目的方向，持续不断地经营下去。因此，企业将按预期的用途使用其现有的资产，同时也将按照现时承诺的条件去清偿其债务。一句话，会计的出发点是企业的经营现状将不会改变。

进一步阐述，持续经营是指企业现在不面临破产的威胁，不会被迫清算，各种资产不需要削价变现。持续经营就是情况正常。既然正常，则现存的资产自然会按照原来的购买意图，正常地予以仓储、投产、运用，从而各项资产不能用清算价格计价，就应当用正常的实际成本或价值来计价。相应地，各项负债和企业所有者权益，也要按照正常情况计价处理。

显而易见，持续经营虽是一种假设、一种预见，但它是唯一可行的办法，因而为会计人员所广泛接受，成为一个前提条件。因为在任何一个时点上，企业的前景只有两种可能，即持续经营和停业清算，非此即彼，没有第三种可能。在登记账册、编制报表之际，企业营业正常，财务健全，职工稳定，产品适销，对其前景的推测，持续经营是完全合乎情理的，推测企业清算倒闭倒有悖情理。

持续经营并不要求生搬硬套。在持续经营这一前提下，一旦有迹象表明企业经营欠佳，处于难以自拔的逆境，维持经营现状将有困难，就要改取从实际出发的立场，即放弃持续经营这一前提，而改以营业期限届满的自动歇业，对部分资产重新估价，或因资不抵债而宣告破产、被迫清理等为会计的前提；但自动歇业、破产清理等毕竟不是常见的现象。

有人认为，持续经营这一提法有片面性，只见到经营而见不到停业。据上所述，可见这种指责很难成立，因为这种指责源于对持续经营的完整含义理解得不够充分。

我国《企业会计准则——基本准则》第 6 条规定："企业会计确认、计量和报告应当以持续经营为前提。"

三、会计分期

企业自创立之日起，直到解散停业为止，其生产经营活动是连绵延续的，犹如长江滚滚流水,奔腾向东,没有停歇的时候。企业在其存在期内财务状况不断变化,一直到停业之日才停止变动,凝固下来。企业的经营成果是盈是亏,到停业之日,方能正确无误、实实在在地确定下来;然而,一切成了定局,此时提供会计信息,对于管理人员、企业所有者、债权人以及其他利益相关方面已经时过境迁,一无用处了。

于是,企业就必须在创业以后、停业以前这段时间里,随着生产经营活动的进行,在合适的时点归纳、汇总、概括账上的资料,编成报表,及时传输给各类信息用户。这个问题的焦点是时间问题,灼然可见。会计分期的概念由此产生。

在会计工作中,人为地在时间上把连续不断的企业生产经营活动及其结果用起讫日期加以划分,形成会计期间(accounting period),这就是会计分期的概念。按年划分的称为会计年度,年度以内,还可分季、分月。要分别计算报告各期的经营成果和财务状况,以便考核,进行对比,改善经营状况。会计年度可采用历年制,即与日历年度保持一致,也可采用非历年制。非历年制常见的有营业年制,即每年以营业最清淡的时期为年度结束期,以利账务的总结。例如,食品业的水果罐头厂,生产的季节性很强。草莓罐头的生产,必须以草莓成熟大量采摘上市时开始,到落令为止。

分期的会计信息,有利于提高会计信息的及时性,满足宏观、微观经济管理的需要,满足投资者的需要。

我国《企业会计准则——基本准则》第 7 条规定:"企业应当划分会计期间,分期结算账目和编制财务会计报告。会计期间分为年度和中期。中期是指短于一个完整的会计年度的报告期间。"

四、货币计量

货币计量(monetary measurement)假设,是指我们能够使用货币单位来表示交易或事项。

会计如何计量它的对象,即各种资产、负债和所有者权益,以及收入、费用和利润,这是一个涉及把会计制度建立在什么基础之上、要求它传输出怎样的会计信息的根本问题。

会计的对象包括各种财产物资。各种财产物资各有其不同的物质表现形态,其计量单位亦各不相同,如钢材、房屋、汽车、船舶等。钢材以吨计,房屋以幢计,汽车以辆计,船舶以艘计。在会计工作中,人们早已发现用具有一般等价物特性的货币来统一计量,可使不同质的财物相加、相减,可使收入和费用、成本相互配比,因而是可行的,也是可能的。把货币计量当作一条会计前提来认识,是因为在现代社会,要计量一家企业的财务状况及经营成果——资产和权益的增减变化,收入对比费用的盈利或亏损,货币是必须使用的计量手段。如果没有货币计量这个手段,会计工作就无法进行,或至少无法按照现在的模式进行下去。货币计量是唯一可用的手段,舍此别无选择。

倒是货币计量有一个附带的要求,更加是会计工作的前提条件,即货币作为一种特殊商品,它本身的价值应当稳定不变,或者即使有所变动,其变动幅度也应是微不足道的,因为货币在这里是当作像度量衡器具一样的手段来使用的。例如量体裁衣,所用米尺长度若无标准,今天以 0.99 米为 1 米,明天又用 1.1 米作为 1 米,那么量体不准,所裁制的服装势必不会合身。但是很不幸,货币本身的价值并非总是稳定不变的。固然特定国家、地区的币值存在着或存在过稳定或相对稳定的局面,但币值不稳定的局面并非罕见。世界上某些国家,目前正被剧烈的通货膨胀、物价迅速上升所困扰。

币值不稳时,以货币计量的会计信息,其可信赖的程度就大大下降。如何处理、消除货币贬值对会计信息的影响,已受到中外会计学者的重视,有关论著已出版不少,但众说纷纭,迄今尚无妥善的解决办法。如我国《企业会计准则第19号——外币折算》规定,企业对处于恶性通货膨胀经济中的境外经营的财务报表,资产负债表和利润表项目都应当运用一般物价指数予以重述,再按照最近资产负债表日的即期汇率进行折算。

货币计量还有一个缺陷,就是它把那些不能用货币去计量的因素,纵然它们能传输的信息很重要、很有用,一概排除在会计系统之外了,如管理水平、人力资源、社会责任等。

我国《企业会计准则——基本准则》第8条规定:"企业会计应当以货币计量。"

五、权责发生制

权责发生制(accrual basis)又称应计制,是企业用来确认报告期内的收入和费用的基础之一。权责发生制的目的是把经营成果或损失归入导致发生收入或支出的那个报告期,而不归入实际收付现金的那个报告期。它的操作规则是:凡属本期已获得的收入,不管其款项是否收到,都应作为本期的收入处理;凡属本期应负担的费用,不管款项是否付出,都应作为本期的费用处理。反之,凡是不应归属于本期的收入,即使款项已经收到并入账,都不作为本期的收入处理;凡是不应归属本期的费用,即使其款项已经付出并入账,都不作为本期的费用处理。由上可知,实行权责发生制,必须辨明收入和费用的归属期间和收支期间。收入和费用的应归属期间,是指应获得收入即创造收入的会计期间,以及应负担费用即费用受益的会计期间。收入和费用的收支期间,是指收入收到了现款和费用付出了现金的会计期间。

把企业与企业的所有者之间的交往排除在外,则企业收入必有资产的增加或负债的减少伴随,支出则必有资产的减少或负债的增加伴随。所以,权责发生制不仅影响收入和费用,同时也影响资产和负债。

权责发生制解决收入和费用何时予以确认、确认多少的问题。

与权责发生制相对应的是现金制或收付实现制,即以现金的实际收付作为当期的收入和费用,并以其差额列为利润或亏损的计量模式。

尽管预测未来现金流量是会计的目标之一,但我们假定最能达到该目标的模式是权责发生制。

一般认为,根据权责发生制编制出来的财务报告更加可靠和相关。

美国财务会计准则委员会(FASB)(1978)认为:"权责发生制下的盈余比现金观念下的盈余,更能提供企业未来现金流量更好的信息。"

我国《企业会计准则——基本准则》第9条规定:"企业应当以权责发生制为基础进行会计确认、计量和报告。"

第三节 财务报告的基本目标

诚如第一章所述,会计深受所处社会经济环境的影响,相应地,财务会计和财务报告的目标自然也受到社会经济环境的影响。从一定意义上讲,财务报告的目标密切依存于财务报告使用者的信息需要。在不同的经济环境中,财务报告使用者的信息需要不尽相同,财务会计的目标也是在不断变化着的,会计之所以具有顽强的生命力,与它尽可能地适应环境变化的需要有着很大的关系。

在我国,财务报告的目标主要有反映受托责任与决策有用。

一、受托责任

财务报告的首要目标是反映企业管理层受托责任的履行情况。

受托责任(stewardship)或经管责任(accountability),是指因宪法、法律、合同、组织的规则、风俗习惯甚至口头合约而产生的,一家企业对其股东、债权人、雇员、客户、政府或有关联的公众承担的责任。

企业所拥有的经济资源均由权益持有者(债权人和所有者)提供,企业管理层对这些经济资源履行管理的责任(即受托责任),同时,还应对这些经济资源予以妥善地运用并使其产生良好的业绩(即经管责任)。

会计原来是生产经营活动的附带部分,随着所有权与经营权的分离,会计慢慢演变成一项单独的服务活动。所有权与经营权分离后,所有者与经营者之间就存在委托代理关系,经营者即受托人负有向所有者即委托人提供信息的责任,受托人对所经管的资源负有向资源的委托人进行解释、说明其活动及其结果的义务。

实际上,从某种程度上讲,会计的很多技术方法就代表了这种关系。例如,用一笔银行存款购买原材料,贷记的银行存款所代表的是责任的解除,借记的原材料代表的是责任的接受。如此等等,不一而足。

受托责任不仅要求管理层向所有者提供说明其经营活动及其结果的会计信息,还要求向管理层提供证明这些会计信息是否合法与公允的审计报告。

二、决策有用

财务报告的第二个目标有助于财务报告的使用者作出经济决策。

在市场经济条件下,一般认为,财务会计应向财务报告的使用者提供有用信息,以使其将稀缺资源在资本或其他市场上进行有效分配。

企业的财务报告应为现在及潜在的投资者、债权人以及其他用户提供有用信息,以便他们作出合理的投资、信贷和类似的决策。

企业所提供的会计信息应当能够反映企业未来现金流量的金额、时间及不确定性。这样的信息就能为现在及潜在的投资者、债权人以及其他用户就诸如购买或持有或出售证券等经济决策提供判断的依据。

至于如何提供以及提供何种信息,有人认为,财务报告所披露的信息使用何种形式并不重要,只要说明清楚,信息使用者都可以针对不同来源的信息解读出它包含的信息含量,这种观点称为决策有用性的信息观(information perspective),如历史信息就是这一观点下的产物。

但由于存在着信息不对称,财务报告的编制者具有信息上的优势,有人认为,他们理应能够得出一个有关信息的最佳量度,这便是决策有用性的计量观(measurement perspective)。在计量观下，公允价值是资产与负债的最佳量度。

可以看出，信息观要求财务报告的编制者提供尽可能多的信息，以帮助财务报告的主要使用者自己做出经济决策；计量观要求财务报告编制者要主动将公允价值计量资产与负债，而非由使用者自己去计量公允价值。

无论如何，企业所提供的会计信息应当能够反映企业有关经济资源，包括经济资源的状况，对这些资源的权利以及引起资源和资源上权利变动的各种交易、事项和情况的影响。如果会计提供了这些信息，财务报告的使用者就可以发现企业财务上的优、缺点，并能对企业的流动性和偿债能力进行评价。

企业所提供的会计信息应当能够反映企业一定期间内的经营成效，包括效果、效率及质量等。这样的信息能够让财务报告的使用者评价企业的盈利能力，从而为他们的决策提供依据。

以上目标要求就形成了财务会计的三张最主要报表，即现金流量表、资产负债表和利润表。

需要强调的是，会计信息的结果不代表信息提供者的判断，做决策判断的仍然是财务报告的使用者。

要实现财务报告的目标，必须有一套前后一贯的概念体系、具有广泛约束力的准则或制度，以及一套可检验的信息生成系统。

我国《企业会计准则——基本准则》第 4 条规定："企业应当编制财务会计报告（又称财务报告）。财务会计报告的目标是向财务会计报告使用者提供与企业财务状况、经营成果和现金流量等有关的会计信息，反映企业管理层受托责任履行情况，有助于财务报告的使用者作出经济决策。"

第四节　会计信息的质量特征

既然财务会计的目标在于提供信息以帮助报表使用者作出经济决策，满足这种需要便成为编制财务报告的基本目标。换言之，信息的有用性，必须联系其用途来评价。因此，编制财务报告的目的，其焦点在会计信息对决策的用处。正因为如此，会计人员自应研究如何提高会计信息的质量，以便更好地实现会计的目标。要想提高信息的质量，首先要了解良好的信息应具备哪些品质。美国财务会计准则委员会(FASB)在其《论财务会计概念》第二辑即《会计信息的质量特征》中提出了良好会计信息应具备的质量特征(qualitative characteristics)。2010 年 9 月，美国财务会计准则委员会(FASB)和国际会计准则理事会(IASB)联合发布的《财务报告的概念框架》中，将其称为"qualitative characteristics of useful financial information"。

国际会计准则理事会(IASB)将会计信息的质量特征区分为两个部分，即基本质量特征(fundamental qualitative characteristics)与提升性质量特征(enhancing qualitative characteristics)。其中，基本质量特征包括相关性与如实反映，提升性质量特征包括可比性、可验证性、及时性与可理解性。

提供会计信息的主要目标在于帮助报表使用者作出经济决策。但诚如前述，不同的使用者会面临不同的问题，并将采用不同的决策方法。因此，在决定会计信息应具备哪些质量时,会计信息的使用者及其特点应优先加以确定。

信息如不能为使用者所理解,即使质量再好,也只是无用之物。信息能否对决策者的决策有用,取决于决策者是否能理解该信息,故有“可理解性”(understandability)作为决策者和决策有用性的连结点。信息是否能被使用者所理解,取决于信息本身是否易懂和决策者的能力。因此,“可理解性”不仅是信息的一项质量,也是一项与使用者有关的质量。会计人员应尽可能使会计信息易于被人理解,而使用者也应设法提高理解信息的能力,会计信息才能发挥最大的功能。

会计信息的最高质量是“决策有用性”。如果对决策无所助益,就不值得提供该项信息。但决策有用性是一个十分笼统而广泛的名词或概念,在评估信息的效用时,仍应考察其主要质量、次要质量及一些修正性的惯例。

兹将我国《企业会计准则——基本准则》所定义的会计信息质量要求分述如下:

一、会计信息的主要质量

会计信息应具备两项主要质量——可靠性和相关性。如果能同时增进最为理想,但有时提高可靠性会降低相关性,反之亦然。两者如何权衡,应当视决策者对两者重要性的评价而定。但如果其中之一完全缺乏,则该信息即无用处。

(一) 可靠性

所谓“可靠性”(reliability),是指确保信息能免于错误及偏差,并能忠实反映它意欲反映的现象或状况的质量。信息如果不可靠,不仅无助于决策,而且还可能造成错误的决策。因此,可靠性也构成信息的主要质量。一项信息是否可靠,可就其三个组成因素加以衡量,即反映真实性、可核性和中立性。

1. 反映真实性

反映真实性(faithful representation)或称如实反映,是指一项计量或叙述,与其所要表达的现象或状况一致或吻合。

会计计量如不能真实反映其要计量的经济事项,即不具有可靠性。要想反映真实,必须选用正确的计量方法或计量制度。如果所选用的计量方法不适当,则不论会计人员如何审慎无误地计量,所得出的结果仍是不正确的。反映真实性的品质,旨在减少计量方法的偏差,它会使信息更能表达经济活动的真实情况,从而使其更具可靠性。

反映真实性的最大困难在于,一项业务时过境迁之后,如何保证其反映的真实性。例如,当购入一台设备时,按当时所发生的实际成本予以计量确实能真实地反映这一资产的量度,但在使用若干年后,该设备的价值量为多少,应如何真实反映?对于这一问题,反映真实性就会遭到别人的批评。因此,反映真实性要求按既定的计量制度,本例中为折旧制度,然后再视其可否验证即可核性来评价是否满足反映真实性的要求。

2. 可核性

可核性或称可验证性(verifiability)是指具有相近背景的不同个人,分别采用同一计量方法,对同一事项加以计量,就能得出相同或相似的结果。换言之,可核性确保计量者(会计人员)正确而无偏差地使用其所选择的方法加以计量;不论该方法是否适当,计量者已正确地使用,并未掺杂其个人的偏见。

可核性的困难在于,即使存在一项外部交易,对该项交易的计量还有赖于计量者(会计人员)的判断。这样,在计量主体和客体之间应如何连接,便成为可核性首先需要解决的问题。在可核性概念的形成过程中,从最初对证据的倚重已转向屈从于计量者的偏好。

3. 中立性

中立性(neutral)的含义是,在制定或实行各项准则时,应当主要关心所得信息的相关性和可靠性,而不是偏重新规则对特定利益者的影响。会计人员不能为了得到想要得到的结果,或诱致特定行为的发生,而将信息加以歪曲或选用不适当的会计政策。

中立性与无偏见(free from bias)是紧密联系在一起的,但两者之间还是有些区别。中立性意味着对预知的结果不掺杂偏向。

我国《企业会计准则——基本准则》第 12 条规定:"企业应当以实际发生的交易或者事项为依据进行会计确认、计量和报告,如实反映符合确认和计量要求的各项会计要素及其他相关信息,保证会计信息真实可靠、内容完整。"

国际会计准则理事会将这一质量要求直接定义为反映真实性。

(二) 相关性

相关性(relevance)有各种各样的定义,但就其最基本的定义而言,所谓"相关性",是指与决策有关,具有改变决策或导致决策差异的能力。相关信息则是指与正在处理中的事项具有某种关联的信息。信息的这种关联性至少表现为三种方式:影响目标、影响理解和影响决策,且每种表现方式都为相关性提供了一个定义。

第一种表现方式是目标相关性,是指能恰到好处地帮助用户实现其目标的信息。这种相关性的最大困难在于如何恰到好处地帮助用户,因为目标是主观的而难以得到验证。

第二种表现方式是语义相关性,是指信息用户能够正确理解所呈报信息意欲表达的含义。不过,这只是一个起码的目标,而不是终极目标。

第三种表现方式是决策相关性,是指有利于用户恰当地作出决策的信息。

一项信息是否具有相关性,主要由两个因素决定,即预测价值和反馈价值。

1. 预测价值

如果一项信息能帮助决策者预测现在及未来事项的可能结果,则此项信息就具有预测价值。决策者可以根据预测的可能结果,作出最佳决策。因此,预测价值(predictive value)或确证价值(confirmatory value)是相关性的重要因素,它具有改变决策的能力。

投资者及债权人要能预测其投资及信贷的现金流量的金额、时间及不确定性,才能决定是否购买、持有或出售其投资或债权。而投资者或债权人的现金流量又取决于企业的现金流量。因此,财务报表应有助于预测企业的现金流量,才能对投资者和债权人有所帮助。

会计信息的预测性概念尽管对财务报告未来的潜在发展很有帮助,但目前还存在许多制约因素。主要的困难在于缺少一个经过检验的、标准式的投资决策模式。由于并不知道需要输入哪些信息,从而使一厢情愿地提供的会计信息可能没有任何用处。

会计信息的预测性概念的另一个困难是人们很难找到一个代表未来现金流量的替代变量。诚如前述,我们只是假定,权责发生制下的利润是未来现金流量的最好替代,它要优于现金制下的利润概念。这是一个难以验证的命题。

2. 反馈价值

一项信息如能使决策者证实或更正过去决策时的预期结果,即具有反馈价值(feedback value)。把过去决策所产生的实际结果反馈给决策者,使之与当初做决策时所预期的结果相比较,即知过去的预期是否有误,将来再做同样决策时可将其作为参考。因此,反馈价值也有助于决策者的决策。

反馈价值与预测价值往往同时并存或交互影响。例如,一家公司所提供的季报,对于该季的业绩具有反馈价值,而对该年度的业绩则具有预测价值。

由于认为会计信息的预测价值存在诸多困难,因此,人们一般认为信息的反馈价值是相关性中最重要的质量特征。

我国《企业会计准则——基本准则》第 13 条规定:"企业提供的会计信息应当与财务会计报告使用者的经济决策需要相关,有助于财务会计报告使用者对企业过去、现在或者未来的情况作出评价或者预测。"

二、会计信息的次要质量

社会经济资源的配置及投资方向的选择,需要比较不同投资方案的优劣。如果不同企业之间的会计信息或同一企业不同期间的会计信息可以互相比较,那么,会计信息将更为有用,因此,可比性亦为良好会计信息应具备的质量。此外,会计信息的提供应当及时,如果不及时,再可靠的信息可能也就不能相关了。这些品质并非信息本身的质量,而是两项信息之间的关系所应具备的质量,因此将其称为次要和交互影响的质量。

(一) 可比性

可比性(comparability)是指能使信息使用者从两组经济情况中区别其异同的质量特征。当经济情况相同时,会计信息应能显示相同的情况;反之,当经济情况不同时,会计信息亦应能反映其差异。为了达到可比性,相同的经济事项应采用相同的会计政策,而不同的经济事项应采用不同的会计政策。

可比性包括横向可比和纵向可比。横向可比是指不同企业发生的相同或者相似的交易或事项,应当采用相同的会计政策,确保会计信息口径一致、相互可比。这是狭义上的可比性。纵向可比是指同一企业不同时期发生的相同或者相似的交易或事项,应当采用一致的会计政策,不得随意变更。这是狭义上的一致性。

但是,横向方面的可比性并不要求各企业均采用相同的会计政策,而应该按各企业实际情况选用适当的会计政策,以反映真实性为依据。只有真实反映的信息,才能使其真正具有可比性。正因为如此,在财务会计理论结构中,可比性是信息质量的次要品质。然而,对会计准则制定机构来说,可比性是所需考虑的主要问题。

在跨期使用会计政策时,纵向方面的可比性是不可或缺的。企业的财务报表,若能前后各期加以比较,分析其变动趋势,对未来获利能力及财务状况的预测更有助益。但是,做这种比较的先决条件是,报表的编制基础必须一致。只有在编制报表的基础相同的前提下,方可进行有意义的比较。例如,在各年度会计政策不一致的情况下,今年的收益较去年为高这一现象,可能并不能说明今年的经营业绩较去年为佳。在这种情况下,对比前后各期财务报表的趋势于事无补,甚至还会导致错误的决策。因此,会计上要求企业对会计政策的选择应当慎重,一旦选用后,除非有正当理由,不得任意变更,以防止企业通过变更会计政策操纵各期损益来蒙蔽投资者。

纵向方面的可比性并不意味着企业绝对不能变更会计政策。当原有会计方法所赖以存在的客观环境变化之后,或者新的方法能够提供更精确、更有用的信息时,应适时变更会计政策，一致性不应成为阻止会计政策变更的借口。

会计变更包括会计政策变更、会计估计变更和会计主体变更。除非新方法被认为更合理，否则会计政策就应保持不变。如果发生了变更，应在报表附注中将变更的性质及理由，连同此项变动对损益的影响，加以披露；并且，在特定的条件下，还应追溯调整重编以前年度的财务报表，以使财务报表的使用者在其决策模型中考虑这一变更的影响。

（二）及时性

及时性（timeliness）是指信息应在失去影响决策的能力之前提供给决策者，它是附属于相关性的。信息只具备及时性，不能成为相关的信息，但是倘若不及时，相关的信息则肯定会变为不相关。因此，任何信息如果要想影响决策，必须在决策前提供。

三、修正性惯例

以上分析了良好会计信息应具备的质量特征，但那是一座人们无法企及的“圣杯”。因此，人们认为，在提供会计信息时，可以存在一些恰当的缓冲，从而对良好的意愿做一些修正。

（一）重要性

对于会计信息而言，所谓“重要性”（materiality），是指当一项会计信息被遗漏或错误地表达时，可能影响依赖该信息的人所作出的判断；换言之，该项信息的重要性大到足以影响决策。

重要性与相关性极为相似，都足以影响决策，但两者仍可加以区别。相关性是一种质量上的要求，重要性则是一种数量上的要求。决定不提供某种信息，可能是决策者对那些信息没有兴趣（不相关），也可能虽有兴趣（相关），但其金额太小而不足以对决策产生任何差异（不重要）。

一项信息是否重要，应否单独提供或披露，应视其本身的性质及相关情况而定。也就是说，重要性原则的使用具有一定的主观性。例如，10 万元的损失在小公司可能非常重大，而在大公司则可能并不重要。如果该损失是因自然灾害而发生的，可能不重要，但倘若是由员工挪用公款而发生的，则十分重要。宋代罗大经在《鹤林雨露》一书中记载，宋朝崇阳县令张乖崖，对库吏监守自盗判斩首示众，称“一日一钱，千日千钱，绳锯木断，水滴石穿”。可见从性质的角度看，即便一枚铜钱的盗窃，仍属重要。

此外，重要性也可被认为是特定用户在处理大量数据而无能为力时所设定的一个取舍条件。在一般人看来，提供的信息越多，会计人员就越尽责，其实不然。与过少的信息一样，过多的信息也会产生误导。信息超载，即呈报的信息太多时，真正相关的项目就可能被掩盖，冗长而又充斥诸多无关紧要细节的信息，也会影响报表使用者的预测和决策。

可以看出，重要性是决定会计信息应否提供的关键。通过重要性的检验，才须考虑相关性及可靠性，也才需要单独呈报此项信息，故重要性也被称为“承认质量的起端”或“确认的门槛”。

我国《企业会计准则——基本准则》第 17 条规定：“企业提供的会计信息应当反映与企业财务状况、经营成果和现金流量等有关的所有重要交易或者事项。”

（二）谨慎

企业经营业务，处处有风险。因此，需要进行会计处理的交易或事项也不总是那么肯定确切的,常常会出现一些游移不定、变幻莫测的情况。例如,企业持有的交易性投资,将暂时闲置不用的资金投放在有价证券上,希望获得一些投资收益。但在期末市场陡变,证券市价下泻,已低于它的实际成本。这时在报表上应如何计价?如以原始成本计价,编表时的市价明明已跌到成本以下,损失已经潜伏;如按市价计价,则将来证券脱手,可能市价已回升。又如产品质量保证,期末有大量保证质量的产品在用户手里,如何估计用户质量索赔债务?

谨慎表现为对以下两种情况如何进行处理的一种指导思想:一是指对不确定的结果,应确认可能的损失,而不确认可能的收益;二是指对确定的结果,如果存在两种或两种以上的方法,应当选择使资产或者收益低、负债或费用高的方法。

但是,谨慎原则的使用必须合理,要审时度势,谨慎小心,从保护企业的前途出发,而不是为了蓄意多计费用、少计利润以及建立“秘密准备”寻找借口。

在西方国家的会计里,谨慎原则是在早期风行的稳健原则基础上发展而来的。稳健本是一个褒义词,表述老成持重、稳稳当当这样一种状态,并无贬义。但它在西方会计中的原词为 conservatism[国际财务准则理事会将其称为审慎(prudence)],我国会计学者习惯于将其译成稳健原则,而不称保守主义,这就在中国会计人员心目中,替它抹上了一层保护油彩,似乎它无可非议了。在西方会计中,普遍认为稳健原则(其实是保守主义)的信条是:“损失要算足,而无视可能的利益。”其典型的表现就是存货按“成本与市价孰低法”计价和为各项资产计提减值或跌价准备。流弊所及,逐渐演变为多计费用、成本,少计利润,为建立“秘密准备”制造遁词。

我国《企业会计准则——基本准则》第 18 条规定:“企业对交易或者事项进行会计确认、计量和报告应当保持应有的谨慎,不应高估资产或者收益、低估负债或者费用。”

(三) 实质重于形式

实质重于形式(substance over form)要求企业应当按照交易或事项的经济实质进行会计核算,如实反映企业的财务状况、经营成果和现金流量等信息。

在会计实务中,有诸多的交易或事项需要进行会计判断。然而,大多数交易或事项具有相同的形式,却具有不同的实质。例如,同样是租赁合同,就需要判断出这项合同到底是价值低或期限短的经营租赁还是应列为承租方资产和负债的租赁业务;又如,同样是销售的形式,有些销售是真实的销售,而有些销售的实质却是融资。编制合并财务报表、长期股权投资成本法与权益法、关联方关系都是实质重于形式原则的具体体现。

第五节 财务报表中的基本要素

会计的对象是指在市场经济条件下,在每一个会计主体范围内,财务会计能够反映和控制的经济事项与经济行为。可以看出,会计的对象是独立于会计系统之外的客体,但尽管如此,会计还是可以运用其特定的程序和方法,用文字和金额对其进行反映。一般认为,会计的对象是指会计主体的资金及其运动。具体地说,会计对象既包括会计主体占有和使用的资源以及资源的所有权,还包括会计主体由于资源的使用而产生的收入和发生的费用以及由此而产生的净收益或发生的净亏损等。

会计要素是对会计对象的基本分类,这种分类的基础应该服从于财务报表的目标。从另一方面讲，会计的目标是为了提供相关信息，而表达信息的工具或信息的载体是财务报表，对财务报表构成内容的基本分类就构成会计要素的基本内容。之所以将其称为基本分类，是因为如果分得过细，就会导致同种性质的项目可能划归为两个不同的会计要素，从而使其不具有严密的概念特征。对会计要素的充分揭示则可以通过再分类的方式进行，即可以将会计要素细分为账户（会计科目）和报表项目。不过，账户（会计科目）的分类应从属于报表项目，仅是为了记账方便才将某一报表项目细分为不同的账户（会计科目）。换言之，编制财务报表的过程在某种程度上就是将账户（会计科目）转换为财务报表项目的过程。

我国《企业会计准则》将会计要素分为资产、负债、所有者权益、收入、费用和利润六类。

一、反映企业财务状况的要素

财务会计用资产、负债及所有者权益这三个会计要素反映企业在一定日期的财务状况，其关系如下：

资产＝负债＋所有者权益

上式中的三个会计要素，兹分述如下：

（一）资产

资产是指企业过去的交易或者事项形成、由企业拥有或者控制、预期会给企业带来经济利益的资源。

这个定义强调了资产的三个特征：

（1）资产的实质是具有服务潜力，能为企业所利用，把潜力释放出来，就为企业带来未来的经济利益。带来未来经济利益主要指企业获得现金净流入。

（2）导致企业取得或实际上能支配某些经济资源的交易或者事项已经发生。

（3）具有以上特征的资源，属于企业所有或处于实际支配之下。

这一定义扩大了人们的视野，纠正了传统的概念，即资产不限于所有权属于企业的财产权利，还包括实际归企业支配的财产。它的实质是能为企业带来未来经济利益，但导致取得或控制的交易或者事项必须已经完成。

资产是第一个会计要素。

（二）负债

负债是指企业过去的交易或者事项形成、预期会导致经济利益流出企业的现时义务。

借债要还，这是人尽皆知的常识。偿还债务必然要支用现金或交付货品（如预收货款）或提供劳务等。总之，负债会使资产减少，所以负债又称负资产，它是资产的反面。

负债是第二个会计要素。

（三）所有者权益

所有者权益是指企业资产扣除负债后，由所有者享有的剩余权益。

对股份有限公司而言，所有者权益又称股东权益。

负债权益持有者人格化为债权人，企业所有者人格化为股份公司的股东、合伙企业的合伙人或独资企业的业主。他们都曾把资财投入企业，供企业在生产经营中运用。他们都是投资者，希冀从投资中得到经济利益，具体表现为债券利息或股票上的股利，并且希望将来能收回投入的本金。债权人有定期收回债券本金的权利，股东则要到企业解散时才能收回与股份数相当的剩余资产。

所有者权益是第三个会计要素。

企业在一定日期的资产、负债和所有者权益,集合起来反映企业在一定日期的财务状况,并进而能够反映企业的偿债能力。

二、确定企业经营成果的要素

财务会计用收入、费用和利润这三个会计要素计算确定企业在一定时期内的经营成果,其关系如下:

收入－费用＝利润

收入未必一定大于费用。如果按照上式计算得到的是负数,便是亏损。

上式中的三个会计要素,兹分述如下:

(一) 收入

收入有广义和狭义之分。狭义的收入是指营业收入,指企业在日常活动中形成、会导致所有者权益增加、与所有者投入资本无关的经济利益的总流入。它包括商品销售收入、劳务收入、利息收入、使用费收入、租金收入、股利收入等。广义的收入除包括狭义的收入外,还包括非日常活动中形成的经济利益的流入,即利得。本书此处所言的收入指的是狭义的收入。

收入是第四个会计要素。

根据收入的定义,收入具有两个本质特征:一是收入应源自企业日常活动,二是收入可以重复且持续发生。例如,百货商店出售食品的收入被认为是日常活动所产生的收入,而其出售固定资产则被认为是偶发的业务,其出售固定资产的净所得不能称为收入而称为利得。

(二) 费用

费用也有狭义和广义之分。狭义的费用是指营业费用,指企业在日常活动中发生、会导致所有者权益减少、与向所有者分配利润无关的经济利益的总流出。它包括与销售商品等所产生的收入直接相关的销售成本以及与具体收入无关但与一定期间总收入相关的期间,如管理费用、财务费用和销售费用等。广义的费用除包括狭义的费用外,还包括非日常活动中所形成的、与向所有者分配利润无关的经济利益的流出,即损失。本书此处所言的费用指的是狭义的费用。

费用是第五个会计要素。

费用与成本概念既有区别,又有联系。它们各自的含义,应予界定。简言之,费用是资财的耗费,成本是取得资财的代价,或是对象化的费用。

例如,商品流通企业购入一项存货,所耗支出就构成存货的成本,但企业将其售出时,则就成了费用。因此,对于某一特定对象,如果其尚未耗用,在满足重要性的质量要求下,应将其列为资产,而在这一对象所引发的收入确认时,将其确认为一项费用。

企业为生产产品、提供劳务以及他人使用本企业资产等发生的可归属于产品成本、劳务成本等的费用,应当在确认产品销售收入、劳务收入或使用费收入等时,将已销售产品、已提供劳务的成本等作为费用计入当期损益。

(三) 利润

利润是指企业在一定会计期间的经营成果。利润包括收入减去费用后的净额以及直接计入当期利润的利得和损失等。

如前所述，本书所列收入与费用是狭义上的收入与费用，即营业收入和营业费用，这两者之间需要通过配比程序计算得出后方能计入当期利润，而非日常活动所发生的经济利益的流入或流出则在发生时直接计入当期利润，其中流入量称为利得，流出量称为损失。因此，直接计入当期利润的利得和损失是指应当计入当期损益、会导致所有者权益发生增减变动、与所有者投入资本或者向所有者分配利润无关的利得或者损失。

在我国，人们习惯将利得称为营业外收入，而将损失称为营业外支出。本书对这些称谓不做仔细的区分。

将企业一定期间的营业收入与费用、成本配比的余额，表明企业的经营成果。因为配比结果有正数和负数两种可能，故又可命名为损益。从正面命名，显然是指正常情况、大多数情况下当是如此。

利润是第六个会计要素。

以上分两组阐明了六个会计要素。在这两组要素之间，客观地存在着勾稽关系。每届期末，就是在一定日期之后，如果没有所有者投入资本方面的变化，利润额必然与净资产的增加数，即所有者权益的本期增加数相等；反之，则亏损额必然与净资产的减少数，即所有者权益的本期减少数相等。

在有些国家，会计准则把营业外收入（利得）和营业外支出（损失）分别列为两个独立的会计要素。这样的划分，显然是认为营业外收入与营业外支出都有能相当地左右最终经营成果的重要性，需要单独予以披露。在采用狭义的收入和费用概念下，将利得和损失单独作为独立的会计要素是合理的。我国《企业会计准则》不取这种观点，即没有将利得和损失另行作为两个单独的会计要素，但在利润表中，将营业外收入和营业外支出单独列示为两个项目进行反映，与营业利润区别对待，以期影响报表使用者的决策。

企业或因业务上的需要，或因有多余的闲散资金在经营上暂时还不需要投入营运，往往用于对外投资。以对外投资收入减去投资损失的余额为投资净收益，这是确定利润的又一个调整因素。不过，如果投资是企业的日常经济业务，则投资所产生的利息收入或股利收入应纳入收入范畴。

以上六个会计要素，第一、第二、第三个要素是构成资产负债表的组件，第四、第五、第六个要素是构成利润表的组件。本书后面各章将对这六个会计要素的内容，分别进行深入的论述。

国际会计准则委员会（IASC）在其 1989 年 7 月发布的《编制和呈报财务报表的结构》中，将财务报表要素分为资产、负债、权益、收益和利得（income-revenue and gains）、费用和损失（expenses and losses）及资本保全调整（capital maintenance adjustments）六类。2018 年 3 月，国际会计准则理事会（IASB）发布的财务报告概念框架中，将财务报表要素分为资产、负债、权益、收入与费用五类。美国财务会计准则委员会（FASB）在其《论财务会计概念》第三辑即《财务报表的各要素》中，将会计要素分为资产、负债、权益（或净资产）、业主投资、派给业主款、综合收益、营业收入、费用、利得和损失共十项。上述十项要素，可以分成两大类。前三项属于存量指标，代表特定的资源及对资源的求偿权，它构成了资产负债表的主要内容；后七项属于流量指标，说明交易或事项在一定期间对于企业的影响，其中，业主投资及派给业主款是业主权益变动表的主要内容，营业收入、费用、利得和损失则为利润表的主要内容。

现将有代表性的会计要素分述如下：

(1) 权益或净资产，是以某一个体的资产减除其负债的剩余部分。在企业，权益就是业主利益。非营利组织和企业不同，不存在业主权益，其净资产根据是否存在出资人限定的用途分为三类：永久限定、暂时限定和未限定的基金。

(2) 业主投资，是在特定企业里权益的增加，是由于其他个体转入有价值的资财以便在其中取得或增加业主利益(或权益)的结果。业主投资最常见的形式是投入资产，但投入的标的物也可以包括劳务或抵偿的、转换的本企业的负债。

(3) 派给业主款，是在特定企业里权益的减少，是企业向业主转交资产、提供劳务或承担债务的结果。派给业主款减少了一家企业的业主利益(或权益)。

(4) 综合收益(comprehensive income)，是企业在报告期内，对业主以外的交易，以及其他事项和情况中所产生的权益变化。它包括报告期内除业主投资和派给业主款外，一切权益上的变化。

(5) 利得(gains)，或称溢余，是某一个体来自营业收入或业主投资以外，来自边缘性或偶发性交易，以及来自一切其他交易和其他事项与情况的权益(净资产)的增加。

(6) 损失(losses)，是某一个体除费用或派给业主款以外，出于边缘性或偶发性交易，以及出于一切其他交易和其他事项与情况的权益(净资产)的减少。

在上述会计要素中，净收益或净损失的计算公式如下：

净收益或净损失＝收入－费用＋利得－损失

综合收益是由美国财务会计准则委员会于1980年新创的名词，泛指所有业主投资及派给业主款之外的业主权益的变动。

20世纪90年代，报表使用者对那些绕过利润表直接调整资产负债表权益项目的数字显示出异乎寻常的关注。为减轻压力以及一些重要项目的影响(如衍生工具按公允价值计价所引起的利得或损失等)，美国财务会计准则委员会(FASB)于1997年6月发布了第130号准则公告——《综合收益》(comprehensive income)，并于1997年12月15日开始实施。美国财务会计准则委员会认为，如果使用其他财务报表的信息，再佐之以综合收益信息，就能使报表使用者更好地评价企业的财务业绩以及产生未来现金流量的时间及金额。

第130号准则公告要求所有符合综合收益概念的项目应在其确认时反映在财务报表中。从其定义中可以看出，综合收益包括净收益和其他综合收益(other comprehensive income, OCI)两个部分，其中净收益的概念一如前述，其他综合收益主要包括外币项目、最低养老金负债的调整以及特定证券投资中的未实现损益等。

2009年6月，我国财政部发布了《企业会计准则解释第3号》，要求企业在利润表中增列“其他综合收益”和“综合收益总额”项目。其中，“其他综合收益”项目反映企业根据企业会计准则规定未在损益中确认的各项利得和损失扣除所得税影响后的净额；“综合收益总额”项目反映企业净利润与其他综合收益的合计金额。“其他综合收益”和“综合收益总额”项目的序号在原有基础上顺延。同时，企业还应当在附注中详细披露其他综合收益各项目及其所得税影响，以及原计入其他综合收益、当期转入损益的金额等信息。

三、经济交易或事项对会计要素的影响

企业所发生的经济交易或事项会影响一个或多个财务报表中的会计要素。经济交易或

事项有外部和内部之分，一般认为，交易是两个不同主体之间资源的变化，事项是一个主体内部资源的变化，前者通常会伴随损益的产生，后者表现为资财形态的变化。外部交易如向其他企业购入存货等，内部事项如企业领用原材料制造产品等。经济交易或者事项对企业财务报表要素的影响如图 2-2 所示。

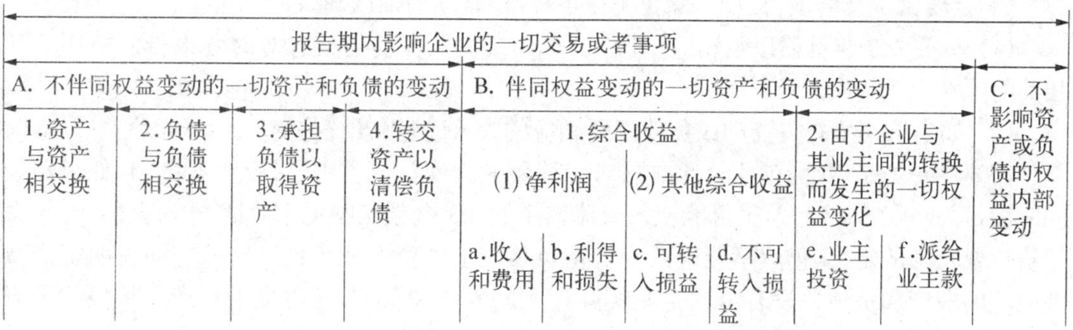

说明：综合收益中还应包括诸如特定证券公允价值变动引起的其他综合收益，但为了叙述方便，此内容未包括在内。

图 2-2　影响企业财务报表要素的交易或者事项

第六节　财务会计要素的确认与计量

一、财务会计要素的确认

所谓“确认”(recognition)，是将某一项目作为一项资产、负债、所有者权益、收入、费用或其他要素正式地列入财务报表的过程。一个已被确认的项目，要同时以文字和数字加以描述，其金额包括在报表总计之中。例如，对于一项资产或负债，不仅要记录该项目的取得或发生，还要记录其后发生的变动，包括从财务报表中予以消除即终止确认的变动。

广义上的确认概念则将会计上的记录、计量和在财务报表上的报告这三个过程都包括在内。它的主要特点在于：第一，何时和以何种金额并通过什么要素记录(具体表现为记账)；第二，何时以何种金额并通过什么要素列入财务报表(具体表现为结账和编制财务报表)。

确认时间的选择涉及判断，其中最具代表性的当属收入的确认。同时，确认还涉及计量问题，倘若某一项目符合定义但无法计量，也就无从确认。此外，确认还涉及人们对会计信息质量的倚重。例如，当重视会计信息的可靠性时，就会采用实现和权责发生制为确认标准，无论平时记录还是财务报表上披露的量度都按历史成本来表现。也就是说，必须按一个确定性的时间、金额来确认一项要素。当重视会计信息的相关性时，就有可能撇开实现原则，而确认价格变动的影响，其结果又反过来影响到计量基础的选择。

美国财务会计准则委员会(FASB)在其《论财务会计概念》第五辑即《企业财务报表项目的确认和计量》中，要求确认一个项目和有关的信息，要符合四个基本的确认标准。凡符合这四个标准的，均应在效益大于成本以及重要性这两个前提下予以确认。这四个标准是：

(1) 符合定义;(2) 可计量性;(3) 相关性;(4) 可靠性。从这四个标准中可以看出,美国财务会计准则委员会(FASB)是将确认与计量以及人们对会计信息的倚重情况一并讨论的。

国际会计准则理事会(IASB)在其发布的《财务报告的概念框架》(2018)中,提出了确认的标准:

"满足要素定义的项目,如果满足了以下标准,就应当加以确认:

(1) 有关资产或负债以及相应的收入、费用或权益变动的信息对财务报告的使用者是相关的;

(2) 如实反映了有关资产或负债以及相应的收入、费用或权益变动的情况。"

需要注意的是,我国企业会计准则对会计要素的确认要求中,对资产或负债,如果不能同时满足——① 经济利益很可能流入或流出企业;② 金额能够可靠计量——即使它们符合了资产或负债的定义,仍然不能确认为资产负债表上的资产或负债。这一方面说明资产负债表上的资产和负债并没有穷尽企业实际存在的资产和负债,同时也为资产负债表的未来扩展提供了基础。

二、财务会计要素的计量

计量(measurement)是指为了在资产负债表和利润表中确认和计列有关财务报表的要素而确定其货币金额的过程。这一过程涉及具体计量基础的选择。计量过程包括两方面内容:第一,某一项目的实物数量;第二,项目的货币表现,即金额。金额取决于两个因素:计量单位和计量属性。

计量问题是财务会计的核心问题。从基本概念来说,计量主要由计量单位和计量属性(基础)两个方面的内容构成,它们之间的不同组合形成了不同的计量模式。

(一) 计量单位

在计量过程中,货币一直充当着记账的单位或通用标准。然而,货币具有的两重特性,给会计计量带来了一个需要解决的问题,即货币购买力的变动。相应地,计量单位(measurement unit)就存在两种选择:一是名义货币,二是货币的购买力。当一国通货膨胀率居高不下时,如果无视货币购买力的变化,就会严重扭曲会计信息。为此,西方主要国家曾要求在较高通货膨胀率下,应补充编制不变货币购买力的财务信息。由于需要考虑成本与效益的比较,按照国际会计惯例,只要物价变动不达到恶性通货膨胀的程度(其主要标志是3年累计通货膨胀率接近或超过100%),一般都以各国法定的名义货币为计量单位,而不考虑其购买力的变化对企业财务信息产生的影响。

(二) 计量属性

计量属性(measurement attribute)是指计量对象所具有的性质和特征。例如,购买一项生产用固定资产,其特征应当是使用;而购买一项投资性房地产,其特征应当是出售或出租。对于前者,人们关注的是使用价值的问题,对价值的变动可能不太关心;而对于后者,人们的关注重点则是价值变动。因此,要对某一会计要素进行计量,就必须考虑计量对象的属性,即计量属性。

可以选择的计量属性有历史成本、重置成本、可变现净值、现值和公允价值等。

1. *历史成本*

在历史成本(historical cost)计量下,资产是按照购置它们所付出的现金或现金等价物的金额，或是按照购置资产时所付出对价的公允价值加以记录的。负债是按照因承担现时义务而实际收到的款项或者资产的金额，或者承担现时义务的合同金额，或者按照日常活动中为偿还负债预期需要支付的现金或者现金等价物的金额加以记录的。

2. 重置成本

重置成本(replacement cost)也称现时成本(current cost)。在重置成本计量下，资产是按照目前购买相同或类似资产所需支付的现金或现金等价物的金额加以记录的，负债则是按照目前偿付该项债务所需支付的现金或现金等价物的金额加以记录的。

3. 可变现净值

在可变现净值[net realisable (settlement) value]计量下，资产是按照目前其正常对外销售所能收到现金或现金等价物的金额，并扣减该资产至完工时估计将来发生的成本、估计的销售费用以及相关税费后的金额加以记录的。

4. 现值

在现值(present value)计量下，资产按照预计从其持续使用和最终处置中所产生的未来净现金流入量的折现金额计量，负债按照预计期限内需要偿还的未来净现金流出量的折现金额计量。

5. 公允价值

公允价值(fair value)是指市场参与者在计量日发生的有序交易中，出售一项资产所收到或转移一项负债所需支付的价格。在公允价值计量下，资产和负债按照计量日市场参与者之间的有序交易中，出售一项资产所收到或转让一项负债所支付的对价这一金额进行计量。

计量属性的选择取决于财务报告使用者的信息需要。由于各种不同类型的使用者对信息的需求情况不可能完全相同，因此，对计量属性的选择也就存在差别。传统上，会计一直把历史成本作为其基本的计量基础。会计的持续经营与分期假设，以货币为计量单位并认定货币币值不变的假设，实际上都是为选择历史成本铺陈道路的。并且，历史成本计量属性在使用中确实也具有其他计量属性所不可比拟的优点。它不但比较可靠，而且比较简便。在历史成本计量属性下，可以不必确认任何价值变动所产生的损益。

然而，由于历史成本在相关性等方面存在明显的缺陷，特别是对某些金融资产，人们十分在意其公允价值的变化情况，因此，自20世纪末期开始，计量属性开始有了从历史成本向公允价值变化的趋势。

在上述各计量属性中，明显可以看出可靠性和相关性的权衡。例如，历史成本十分可靠，但缺乏相关性；公允价值十分相关，但可靠性程度不够。作为会计信息的首要质量，在对两者进行权衡时，人们更关心的是可靠性。因此，企业在对会计要素进行计量时，一般应当采用历史成本，而在采用重置成本、可变现净值、现值或公允价值计量时，应当保证所确定的会计要素金额能够取得并能可靠计量。

(三) 计量模式

计量单位与计量属性的不同组合，形成了不同的计量模式。计量模式主要有：(1) 历史成本/名义货币；(2) 历史成本/不变购买力；(3) 现时成本/名义货币；(4) 现时成本/不变购买力。

计量模式的选择是与不同的资本保全(capital maintenance)概念密切相关的。

1. 财务资本保全

根据这一概念,只有当期末净资产的财务或货币金额在调整了这一期间对所有者的分配和所有者的投资以后超过期初净资产的财务或货币金额时,才算赚得了利润。财务资本保全既可以用名义货币单位计量,也可以用不变购买力单位计量。

根据财务资本保全概念,当资本按名义货币单位定义时,利润代表了这一期间内名义货币资本的增加。因此,在这一期间内所持有资产在价格上的提高,通常称为持有利得,在概念上是利润。然而,只有到发生交换业务使得资产被处置时,才能确认这种利润。这一保全概念导致了历史成本/名义货币计量模式,这是目前大多数国家所采用的计量模式。当财务资本保全概念根据不变购买力单位定义时,利润代表了这一期间投入购买力的增加。因此,在资产价格提高中,只有超过价格一般水平的部分,才能看作是利润,其余部分应作为资本保全调整数从而作为权益的一部分进行处理。这一保全概念导致了历史成本/不变购买力计量模式。

2. 实物资本保全

根据这一概念,只有当企业期末的实物生产能力或营运能力在调整了这一期间对所有者的分配和所有者的投入以后超过期初的实物生产能力时,才算赚得了利润。

实物资本保全概念要求采用现时成本计量基础。其计量单位既可以是名义货币,也可以是不变购买力。前者的计量模式称为现时成本/名义货币,后者的计量模式称为现时成本/不变购买力。

根据实物资本保全概念,当资本按实物生产能力定义时,利润代表了这一期间实物资本的增加。所有影响企业资产和负债的价格变动,都被认为是企业实物生产能力计量上的变动,因此,它们应作为权益中的一部分进行资本保全调整处理,而不作为利润处理。

对计量基础和资本保全概念的选择,将决定在编制财务报表中会计模式的使用。不同的会计模式表现出不同程度的相关性和可靠性,如同在其他方面一样,企业管理层必须在相关性和可靠性之间作出权衡。

本书所采用的计量基础主要是财务资本保全概念。

第七节 列示与披露

企业财务报告的发展已经有了几百年的历史,而这种发展现在还在继续着。尽管我们认为会计应当提供与财务报告使用者相关的信息,但必须通过一种承载或传载这些信息的媒介来完成。这一媒介便是财务会计报告。

财务会计报告,简称财务报告(financial reporting),是指企业对外提供的反映企业某一特定日期的财务状况和某一会计期间的经营成果、现金流量等会计信息的文件。

财务报告包括财务报表及其附注和其他应当在财务报告中披露的相关信息和资料。

一、列示

将确认的要素列于财务报表上,称为列示(presentation)。

财务报表是对企业财务状况、经营成果和现金流量的结构性表述。财务报表主要包括资产负债表、利润表、现金流量表以及所有者权益变动表等。

财务报表的列报要遵循一定的要求，主要包括：

(1) 以持续经营为基础，根据实际发生的交易和事项，按照会计准则的规定进行确认和计量，在此基础上编制财务报表。

(2) 财务报表项目的列报应当在各个会计期间保持一致，不得随意变更。

(3) 性质或功能不同的项目，应当在财务报表中单独列报，但不具有重要性的项目除外。

(4) 财务报表中的资产项目和负债项目的金额、收入项目和费用项目的金额不得相互抵销，但其他会计准则另有规定的除外。

(5) 当期财务报表的列报，至少应当提供所有列报项目上一可比会计期间的比较数据，以及与理解当期财务报表相关的说明，但其他会计准则另有规定的除外。

二、披露

将相关信息列于财务报表附注中，称为披露(disclosure)。

企业财务报表的附注，通常应当按顺序披露如下信息：

(1) 财务报表的编制基础。

(2) 遵循企业会计准则的声明。

(3) 重要会计政策的说明，包括财务报表项目的计量基础和会计政策的确定依据等。

(4) 重要会计估计的说明，包括下一会计期间内很可能导致资产、负债账面价值重大调整的会计估计的确定依据等。

(5) 会计政策和会计估计变更以及差错更正的说明。

(6) 对已在资产负债表、利润表、现金流量表和所有者权益变动表中列示的重要项目的进一步说明，包括终止经营税后利润的金额及其构成情况等。

(7) 或有和承诺事项、资产负债表日后非调整事项、关联方关系及其交易等需要说明的事项等。

图 2-3 列出了财务报告的一般构成，具体内容将在以后章节中详细说明。

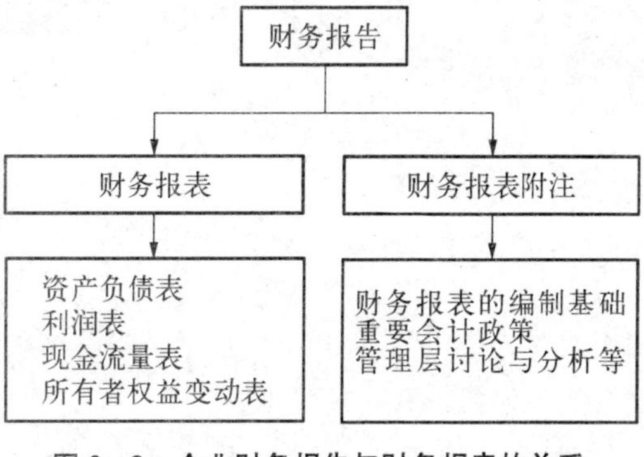

图 2-3 企业财务报告与财务报表的关系

思考题

1. 有人说："会计不过是一面算盘一支笔，几本账簿几张表，雕虫小技。有什么理论可言？"试加评论。

2. "会计主体"与"法人"两个词，含义上有什么相同、相异之处？

3. 查找资料，简述国际会计准则理事会(IASB)有关财务报告概念框架的基本内容。

4. 怎样判别相关性和可靠性的质量要求？假定××公司招聘产品质量部经理，一位应征面试者，带来一张三年前某大学会计专业四年制的毕业成绩单。你作为公司人事部主管，要作出录用与否的决定。你认为成绩单上的信息跟你要做的决定是相关的吗？信息是可靠的吗？试陈述你的观点和理由。

5. 我国《企业会计准则》采纳了会计六要素说。你能在此基础上添加一两个和删减一两个要素吗？

6. 年终结算,有的企业打算并可以继续经营下去,而有的企业则不打算也不可能继续经营。这是现实经济生活中常见的正常现象。持续经营这一前提,是脱离了还是未脱离现实呢?试做解释。

7. 试从本章内容中,找出下列各项的理论依据:

(1) 将资产分为流动资产和非流动资产,把负债分为流动负债和非流动负债;

(2) 固定资产折旧;

(3) 设置"主营业务收入"与"营业外收入"账户;

(4) 记账要以经过审核的原始凭证为依据。

8. 什么是财务报告?财务报告包括哪些内容?

9. 什么是列报?财务报表有哪些?财务报表的列报应当遵循哪些要求?

10. 什么是披露?企业应当按顺序在财务报表附注中披露哪些信息?

阅读材料

1. 财政部:《企业会计准则——基本准则》,2014 年。

2. 财政部:《企业会计准则第 30 号——财务报表列报》,2014 年。

3. 国际会计准则理事会:《国际财务报告概念框架》,2018 年。参见钱逢胜、乔元芳译,《新会计》2018 年第 5～12 期。

4. 美国财务会计准则委员会:《财务会计概念公告》,1978～2011 年。参见美国财务会计准则委员会,娄尔行译:《论财务会计概念》,中国财政经济出版社 1992 年版。

第二篇

资　　产

第三章
货币资金

学习提要

货币资金是指企业生产经营过程中直接以货币形态存在的资产，包括库存现金、银行存款和其他货币资金等。

现金是资产中流动性最强的货币性资产，具有货币性、通用性与无限制可流通性等基本特征。现金有广义与狭义之分，广义的现金包括库存现金、银行存款以及其他货币资金，狭义的现金仅指库存现金。

此外，像现金流量表中的现金，还包括现金等价物。

库存现金的管理须有完善的内部控制制度予以保证，包括收入控制、支出控制及日常内部流动控制等。对库存现金的收支，需要进行必要的会计处理。

银行存款是企业存放在银行或其他金融机构的货币资金。企业应根据相关规定，在银行开立账户，办理存款、收款和转账等结算。根据现行制度，银行存款账户分为基本存款账户、一般存款账户、临时存款账户和专用存款账户。

企业通过银行办理支付结算时，必须认真执行国家关于银行支付结算的各项结算纪律。

其他货币资金是企业除库存现金、银行存款之外，为准备某些特有的结算业务而存放在银行或其他金融机构中的货币资金以及在途货币资金的总称。包括银行汇票存款、银行本票存款、信用证存款、信用卡存款等。

企业应保证货币资金账实相符，包括库存现金的盘点、银行存款余额的调节等。

通过本章学习，读者应当了解货币资金的类别及相应的管理要求，熟悉货币资金增减变动的会计处理。

货币资金是指直接以货币形态存在的资金，是一般工商企业资金循环的起点与终点，即企业的资金循环自货币资金开始，至收到货币资金结束。从更广泛的角度讲，企业设立之时，通常也是从货币资金开始，继而用其购置设备、生产资料，开始生产经营，俟清算之时，所有资产均需变现清算。因此，货币资金是企业资金的重要存在方式。

货币资金包括库存现金、银行存款和其他货币资金。由于这三种形态的资金在企业日常收付结算、管理控制和账务处理上略有不同，兹分述如下：

第一节 库存现金

一、库存现金的性质与范围

现金(cash)是资产中流动性最强的货币性资产,货币性、通用性与无限制可流通性是它具有的基本特征。现金的货币性体现在它是交易的媒介、价值衡量的尺度和会计记录的货币单位;作为支付的手段,现金资产的通用性使其可以直接用于购买各项物品、支付各项费用以及清偿各项债务;现金不受任何约定的限制,可以在一国或他国自由流动。如果受法律或约定的限制,或者其他国货币不能在本国自由流通,则不属于现金。

根据我国的会计惯例,企业的库存现金、存放在银行及其他金融机构的存款以及因结算方式、存放地点和用途不同而产生的外埠存款、银行本票存款、银行汇票存款、信用证存款、在途资金等其他货币资金,这三种资金平时是分开核算的,但在资产负债表编制日,则将其合并列入资产负债表中的"货币资金"项目。

现金有狭义和广义之分,狭义的现金概念仅指通常存放于企业财会部门、由出纳人员经管的货币,即库存现金。广义的现金还包括一切具有购买力的、可以自由流通与转让的交易媒介,如银行支票存款账户余额以及被银行接受的并可以随时转换成立刻购买力的可转让凭单等,包括企业持有的个人支票、旅行支票、银行汇票、邮政汇票、信用卡、本票和银行存款等。

如不加说明,本书所述现金均指库存现金。

不能列为现金范围的有:出纳员或备用金管理员保管的邮票、借据、暂借差旅费收据、可以从职工工资中扣除的垫付款、存款不足支票,以及非即期可支用的汇票、本票、远期支票等。邮票、暂付差旅费应列为预付费用;借据、暂借差旅费收据、为职工垫付款项应列为其他应收款;存款不足支票、非即期可使用的汇票、本票、远期支票应归为应收账款或应收票据。

二、库存现金管理制度

根据国务院 1988 年 8 月发布的《现金管理暂行条例》(其中部分条款 2011 年 1 月 8 日被中华人民共和国国务院令第 588 号发布的《国务院关于废止和修改部分行政法规的决定》所删除)以及中国人民银行 1988 年 9 月发布的《现金管理暂行条例实施细则》的规定,现金管理制度主要包括以下内容:

(一) 现金的使用范围

企业可用现金支付的款项有:

(1) 职工工资、津贴;

(2) 个人劳务报酬;

(3) 根据国家规定颁发给个人的科学技术、文化艺术、体育等各种奖金;

(4) 各种劳保、福利费用以及国家规定的对个人的其他支出;

(5) 向个人收购农副产品和其他物资的款项;

(6) 出差人员必须随身携带的差旅费;

(7) 结算起点以下的零星支出；

(8) 中国人民银行确定需要支付现金的其他支出。

除上述情况可以用现金支付外，其他款项的支付应通过银行转账结算。

(二) 现金的限额

现金的限额是指为了保证企业日常零星开支的需要，允许单位留存现金的最高数额。这一限额由开户银行根据单位的实际需要核定，一般按照单位3～5天日常零星开支的需要确定，边远地区和交通不便地区开户单位的库存现金限额，可按多于5天但不超过15天的日常零星开支的需要确定。核定后的现金限额，开户单位必须严格遵守，超过部分应于当日终了前存入银行。需要增加或减少现金限额的单位，应向开户银行提出申请，由开户银行核定。

(三) 现金收支的规定

开户单位收入现金应于当日送存开户银行，当日送存确有困难的，由开户银行确定送存时间；开户单位支付现金，可以从本单位库存现金中支付或从开户银行提取，不得从本单位的现金收入中直接支付，即不得"坐支"现金，因特殊情况需要坐支现金的单位，应事先报经有关部门审查批准，并在核定的范围和限额内进行；同时，收支的现金必须入账。开户单位从开户银行提取现金时，应如实写明提取现金的用途，由本单位财会部门负责人签字盖章，并经开户银行审查批准后予以支付。因采购地点不确定、交通不便、抢险救灾及其他特殊情况必须使用现金的单位，应向开户银行提出书面申请，由本单位财会部门负责人签字盖章，并经开户银行审查批准后予以支付。此外，不准用不符合会计制度的凭证顶替库存现金，即不得"白条顶库"；不准谎报用途套取现金；不准用银行账户代其他单位和个人存入或支取现金；不准用单位收入的现金以个人名义存入储蓄；不准保留账外公款，即不得"公款私存"，不得设置"小金库"等。银行对于违反上述规定的单位，将按照违规金额的一定比例予以处罚。

三、库存现金的内部控制

企业的现金流动有三种形式：现金流入、现金流出及现金的内部流动。现金流入的主要来源是企业向客户销售商品或提供服务收到的款项。现金流出的主要构成是企业各种生产要素的付款，如支付工资、购买原材料、缴纳税款等。现金的内部流动是指企业的内部现金流动，如现金从分公司与总公司之间临时性地流入与流出。要使现金流动能满足正常的经营活动需要，保持其合理流动以及将闲置现金做获利更大的投资，保护现金的安全性以防止挪用与侵吞，企业管理部门应该从现金的流入、流出及内部流动三个方面加强现金的有效规划与控制。

现金的内部控制会因企业具体情况各异，可以采用不同的方法，但基本上应从收、支及内部流动三个方面严格加以控制。

(一) 现金收入的内部控制

现金收入方面的内部控制原则包括：

(1) 职能分开。如经手现金的与记录现金的职能分离，这样可以避免发生从事这种职能的人挪用现金以及通过做假账隐藏现金的行为。

(2) 明确责任。即经手现金的与记录现金的职能应确保对现金流入做连续不断的记录与清点，如随时清点，随时入账，收到的现金及时送存银行。

(3) 加强监督。即对所有经手现金的与记录现金的职能进行密切的、不断的监督，包括经常性与突击性的部门审计以及报告每天的现金收入、支出与结存等信息。

根据现金收入控制原则,其控制程序如图 3-1 所示。

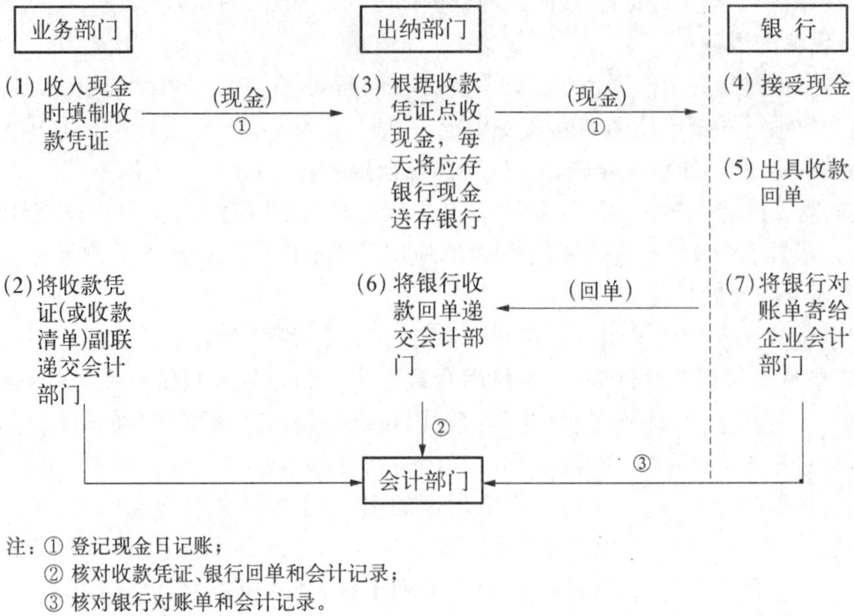

图 3-1 现金收入的内部控制流程

(二) 现金支出的内部控制

现金支出方面的内部控制原则包括:

(1) 职能分工。现金付款凭证、支票填写、支票签名与批准、支票邮寄与支票记录的职能应分离。

(2) 少用现钞。除小额的零用现金外,尽可能少用纸币、硬币,用支票付款。

(3) 保证有效支付。只有经过适当的授权程序之后才能签发支票,并要附有确凿的原始凭证,以保证有效支付。

(4) 加强监督。对所有的现金支出与相关的会计记录做不定期的、严格的突击检查。

根据现金支出控制原则,其控制程序如图 3-2 所示。

(三) 现金内部流动的控制

现金内部流动的控制涉及如何有效地使用银行账户以及加快收账速度、减少收账浮存等问题。所谓"收账浮存",是指客户邮寄支票与企业收到支票存入银行两者之间的时间延迟。一般而言,小企业通常在同一家银行开一至两个账户就够了,而大企业因经营点广泛,就需要在不同的地区开设多个银行账户。为控制现金的内部流动,企业可以利用每个月开户银行寄来的银行对账单核对银行余额与企业账列余额是否一致,寻找产生差异的原因,此为一种方法。

在目前电子结算的环境下,很多企业都使用资金库的方式,尽量提高企业内部的现金利用效率。

企业应当定期和不定期地进行现金盘点,确保现金账面余额与实际库存相符。发现不符,应及时查明原因并作出处理。

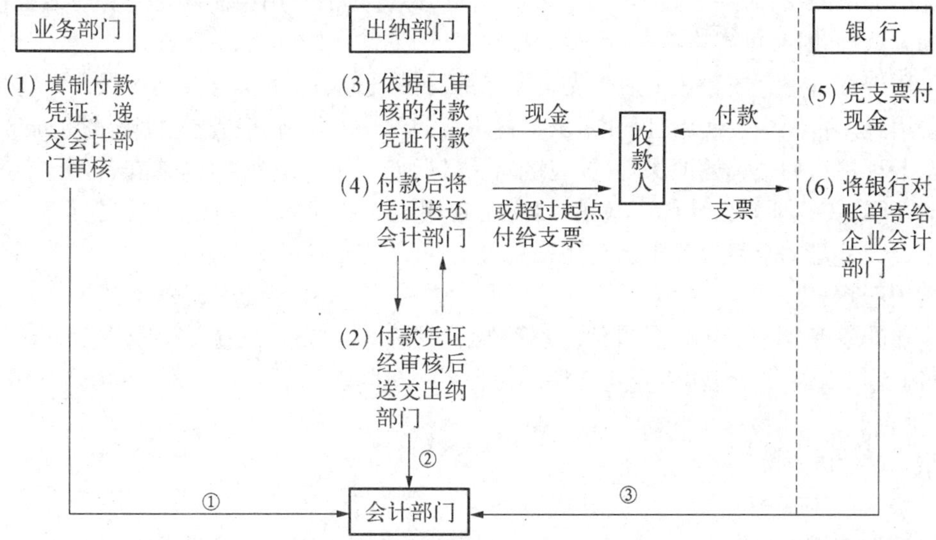

注：① 审核付款凭证，转交出纳部门；
② 凭已付款的凭证登记现金日记账；
③ 核对银行对账单和会计记录。

图 3－2　现金支出的内部控制流程

四、库存现金的会计处理

为了总括地反映企业库存现金的收入、支出和结存情况，企业应当设置“库存现金”账户，借方登记库存现金的增加，贷方登记库存现金的减少，期末余额在借方，反映企业实际持有的库存现金的金额。企业内部各部门周转使用的备用金，可以单独设置“其他应收款”或“备用金”账户进行核算。

企业应当设置库存现金总账和库存现金日记账，分别进行企业库存现金的总分类核算和明细分类核算。

现金日记账由出纳人员根据收付款凭证，按照业务发生顺序逐笔登记。每日终了，应当在现金日记账上计算出当日的现金收入合计额、现金支出合计额和结余额，并将现金日记账的账面结余额与实际库存现金额相核对，保证账款相符；月度终了，现金日记账的余额应当与现金总账的余额核对，做到账账相符。

有时为了简化记账工作，可以按汇总记账凭证或科目汇总表等账务处理程序将现金业务定期或按月记入“库存现金”账户。收到现金时，借记“库存现金”账户，贷记“营业收入”等有关账户；支付现金时，借记“原材料”“库存商品”等账户，贷记“库存现金”账户。

五、备用金与库存现金溢缺

有效严格的现金管理与控制制度应该是将每天收到的现金及时、全额地存入银行，对每一笔现金支出都应该经严格的审批程序后再予以支付。然而，在日常生产经营过程中，企业如果对一些小额的零星开支，如出租车费、邮电费、报刊费等杂项支出，每次都到银行提现再支付是不经济的,有时甚至是不切实际的。为此,建立定额备用金制度是一种有效控制现金支出的方法,同时又可省略重复、烦琐的日常审批、签发支票、记账等工作。

采用定额备用金的企业一般事先由会计部门根据实际的零星开支情况拨出一笔固定金额的备用金。备用金在使用过程中,负责备用金的管理人员将其所支付事项的凭证收据、发票以及各种用途的报销凭证保管,按规定间隔日期如一周或一个季度,或在备用金金额不敷周转时,凭有关凭证向会计部门报销,以补足备用金。会计部门在核实报销凭证后,一次补足备用金。补足的金额应等于已动用备用金支付的各项零星费用的总和,并汇总借记各相关的费用账户。

企业的备用金一般应通过"其他应收款"账户核算,也可单独设置"备用金"账户进行核算。

【例 1】 2019 年年初,甲企业会计部门为第一车间建立了 5 000 元的备用金。建立备用金时,甲企业应编制会计分录如下:

借:其他应收款——备用金　　5 000

　贷:库存现金　　5 000

备用金管理人员持有 5 000 元备用金,并设置"备用金登记账簿"(见表 3-1),以记录各项零星支出,保留所有的报销凭证。会计部门定期报销和补足备用金时,直接借记相关的费用账户,贷记"库存现金"账户,但不贷记"其他应收款——备用金"账户。

表 3-1　　**第一车间备用金登记簿**

2019 年		收 入	支 出					余 额
月	日		办公费	报刊费	交通费	差旅费	其 他	

续【例 1】 甲企业每 10 天补足一次备用金,至 1 月 10 日,备用金管理人员支付了差旅费 2 500 元,报刊费 1 800 元,文具用品费 200 元,备用金剩余 500 元。备用金管理人员将这些凭证提交会计部门予以补足时,会计部门应编制会计分录如下:

借:制造费用——第一车间(差旅费)　　2 500

　　　　　——第一车间(报刊费)　　1 800

　　　　　——第一车间(办公费)　　200

　贷:库存现金　　4 500

当企业需要增减备用金定额时,再借记或贷记"其他应收款——备用金"账户。如果企业撤销备用金制度,应将备用金定额予以转回。

续【例 1】 甲企业第一车间在最后一次报销时差旅费为 2 300 元,备用金余额 2 700 元。经研究决定,取消第一车间的定额备用金。甲企业会计部门应编制会计分录如下:

借:制造费用——第一车间(差旅费)　　2 300

　　库存现金　　2 700

　贷:其他应收款——备用金　　5 000

期末,“其他应收款——备用金”账户余额应列入资产负债表“货币资金”项目中;同时,甲企业的现金盘点应当包括对未用备用金的盘点。

在支付备用金或找零时发生现金多付或少付的差错是难免的,但有些差错则是现金管理人员舞弊所致。所以,企业应当定期对库存现金进行清查。

企业应当按规定进行现金的清查,一般采用实地盘点法,对于清查的结果应当编制现金盘点报告单。如果有挪用现金、白条顶库的情况,应及时予以纠正;对于超限额留存的现金,应及时送存银行。如果账款不符,发现有待查明原因的现金短缺或溢余,应先通过“待处理财产损溢”账户核算。按管理权限报经批准后,分别以下情况处理:

(1) 如为现金短缺,属于应由责任人赔偿或保险公司赔偿的部分,计入其他应收款;属于无法查明的其他原因,计入管理费用。

对现金短缺(短款)的处理结果,可用会计分录直观地表述如下:

借:其他应收款(责任人,如经手人、保险公司等)　　×××
　　管理费用(企业承担)　　×××
　　营业外支出(自然灾害等不可抗拒原因造成的损失)　　×××
　贷:待处理财产损溢——待处理流动资产损溢　　×××

(2) 如为现金溢余,属于应支付给有关人员或单位的,计入其他应付款;属于无法查明原因的,计入营业外收入。

对现金溢余(长款)的处理结果,可用会计分录直观地表述如下:

借:待处理财产损溢——待处理流动资产损溢　　×××
　贷:其他应付款(有主款项)　　×××
　　营业外收入(无主款项)　　×××

第二节 银行存款

一、银行存款账户的开设和使用

银行存款是企业存放在银行或其他金融机构的货币资金。企业除按照《现金管理暂行条例》的规定留取现金用于日常支出外,应根据中国人民银行 1997 年 9 月 19 日颁布的《支付结算办法》的规定,在银行开立账户,办理存款、收款和转账等结算。

为了规范银行账户的开立和使用,维护金融秩序,企业开立存款账户时,必须遵守中国人民银行 2003 年 4 月颁布的《人民币银行账户管理办法》。该办法规定,银行存款账户分为基本存款账户、一般存款账户、临时存款账户和专用存款账户。

基本存款账户是企业办理日常转账结算和现金收付的账户。企业发放工资、奖金等现金的支取,只能通过该账户办理。企业一般只能开立一个基本存款账户,不得在多家银行机构开立基本存款账户。一般存款账户是企业在基本存款账户以外的银行借款转存、与基本存款账户的企业不在同一地点的附属非独立核算单位的账户。存款人可以通过一般存款账户办理转账结算和现金缴存,但不能办理现金的支取。存款人不得在同一家银行的几个分支机构开立一般存款账户。临时存款账户是企业因临时经营活动需要开立的账户。存款人可以通知临时存款账户办理转账结算和根据国家现金管理的规定办理现金收付。专用存款账户是存款人因特定用途需要开立的账户。

企业通过银行办理支付结算时,必须认真执行国家关于银行支付结算的各项结算纪律:不准签发没有资金保证的票据和远期支票,套取银行信用;不准签发、取得和转让没有真实交易和债权债务的票据,套取银行和他人资金;不准无理拒绝付款,任意占用他人资金;不准违反规定开立和使用账户。

二、银行存款业务与银行存款余额调节表

(一) 银行存款业务的记录程序与银行存款余额调节项目

对企业收入的款项,都应于当日存入银行,一切支出除前述国家规定可以使用现金结算的以外,必须通过银行办理转账结算,转账结算就是通过银行划拨进行往来结算。目前银行转账结算主要包括银行汇票、银行本票、支票、商业汇票、汇兑、委托收款、托收承付、信用卡和信用证九种支付结算办法。为全面反映银行存款的收支结存情况,在会计核算上企业应设置"银行存款"账户,根据银行收付款凭证登记银行存款的增加与减少。企业在银行开设的往来账户,除了详细记录与各银行的收付往来外,还可设置"银行往来登记簿"(见表3-2),作为银行存款的辅助记录。

表3-2　　银行往来登记簿

2019年		中国银行			中国工商银行			××银行			本日合计		
月	日	存入	支取	余额	存入	支取	余额	存入	支取	余额	存入	支取	余额

银行对于存款企业,一般会在每月月初向存款企业提供一张列示开户人当月存取金额及结存金额的"银行对账单"。大多数情况下,银行对账单余额与企业的账上往来银行的余额不符。主要原因是由于会计凭证在传递过程中存在时间差,或者是由于银行与企业一方的会计差错,致使两者的存取金额和结余额不相等。因此,为控制与检查银行与企业间所做存款记录的准确性,可以通过编制银行存款余额调节表来调节两者的差异,计算正确的银行存款余额。需要调节的项目如下:

1. 企业已记账而银行未记账业务

包括:(1)企业已记为存款增加而银行尚未记作增加。例如,在途存款。接近月末,企业把收到的现金或票据已记为存款增加,但因邮局的时间延迟或送存时超过银行的营业与清算时间,因此,当月的银行对账单就不会出现这笔存款。(2)企业已记为存款支出而银行尚未记作减少。例如,未兑现支票。企业因购买商品或劳务而签发支票,在签发时,即记为企业存款减少,但持票人尚未向银行提出兑现,以致银行未将该笔支出从企业存款账户中划出。

2. 银行已记账而企业未记账业务

包括:(1)银行已记企业存款的增加,而企业尚未记作增加。例如,银行代企业托收的

款项，或应支付给企业的利息，因企业不知道银行已将这些项目记为企业存款账户的增加，故产生差异。(2) 银行已记为企业存款的减少，而企业尚未记作减少。例如，银行代企业付款的项目，或应向企业收费的项目，以及客户存款不足而遭退回的支票等，这些业务同样因企业没有得到银行的通知而使双方存款余额产生差异。

3. 银行或企业的某一方因错误而使对账单余额与企业账存款余额不一致

例如，银行误将其他企业的支票存款记入本企业账户或将本企业的存款记入其他企业账户；还有如果企业有几个开户银行时，也可能会产生划账错误；或者银行、企业在记账时产生数字错误，如将 311 元误记为 113 元等。

(二) 银行存款余额调节释例

大多数企业调节银行存款余额的方法是把银行存款余额与企业账面余额都调整到正确余额，格式见表 3-3。这一调节方法是把银行存款余额调节表分为上、下两个部分，上半部分列示银行对账单余额以及调节企业已记账而银行尚未记账的项目或更正银行误记的项目，下半部分列示企业原账面余额以及调节银行已记账和企业尚未记账或更正企业误记的项目。经过调节，使上、下两部分均为正确余额。

【例 2】 2019 年 4 月 30 日，甲企业银行存款账面余额为 680 200 元，而同一天其开户的工商银行账上的存款余额为 743 840 元。经核对发现以下账项需要调节：

(1) 甲企业收到乙未偿还的 5 400 元转账支票一张，委托银行办理收款，并已根据银行退回的收款凭证入账，但银行因尚未办妥内部手续而未入账。

(2) 甲企业 4 月 20 日开出的 #1294 支票 15 100 元，4 月 23 日开出的 #1076 支票 20 780 元和 #1122 支票 6 540 元，持票人迄今尚未向银行兑现。

(3) 4 月 28 日，因采购材料开给丙企业的 #1325 支票计 18 740 元，入账时误记为 19 460 元。

(4) 4 月 29 日，甲企业委托银行代收的丁企业货款 33 520 元，银行已经收到，但企业尚未收到银行的收款凭证，未及时入账。

(5) 银行应给甲企业的存款利息为 300 元，应扣除结算手续费 420 元，已在甲企业的存款账户中登记。

(6) 4 月 30 日，甲企业汇给银行的存款 7 500 元，银行尚未收到。

根据上述资料，甲企业编制 2019 年 4 月 30 日银行存款余额调节表，如表 3-3 所示。

表 3-3　　甲企业银行存款余额调节表

2019 年 4 月 30 日　　单位：元

银行对账单余额		743 840
加：企业已收银行未收的款项		
(1) 银行尚未入账的甲企业货款	5 400	
(2) 4 月 30 日在途存款	7 500	12 900
小计		756 740
减：企业已付银行未付的款项		
(1) 企业已开出，收款人尚未向银行兑现的支票		

续 表

① ＃1294	15 100	
② ＃1076	20 780	
③ ＃1122	6 540	(42 420)
银行存款应有余额		714 320
企业账面余额		680 200
加：银行已收企业未收的款项		
(1) 银行已收到企业尚未入账的丙货款	33 520	
(2) 企业开出的＃1325 支票 19 460 元的差额部分 720 元	720	
(3) 银行存款利息	300	34 540
小计		714 740
减：银行已付企业未付的款项		
(1) 银行服务费		(420)
(2) ……		
银行存款应有余额		714 320

银行存款余额调节表是用来核对企业与银行间往来账目是否正确的核对工具，而不是记账的凭证，因此，除发现错误需要更正外，对未达账项，企业月末不需要编制调整分录。因为本月份调节表上反映的差额，到下月账证到达时，会计部门收到银行结算凭证后将会自动调节。如果企业在月末对未达账项编制调整分录，则下月初必须做相反或转回的记录，否则会产生重复记账。如上例所示，甲企业月末对未达账项不编制调整分录，只要将＃1325 支票多记支出 720 元(19 460－18 740)加以更正即可。对此，甲企业应编制会计分录如下：

借：银行存款　　720

　贷：应付账款　　720

银行存款余额调节表除了表 3－3 分别将企业银行存款账面余额与银行对账单余额都调整到正确的余额这种调节方法外，还有其他的调节方法。例如，可以直接从银行对账单余额调整到企业账面余额，或直接将企业账面余额调整到银行对账单余额，对此不做详述。

第三节　其他货币资金

其他货币资金是企业除库存现金、银行存款之外，为准备某些特有的结算业务存放在银行或其他金融机构中的货币资金以及在途货币资金的总称。

其他货币资金就其性质而言，同库存现金和银行存款一样均属于货币资金，但由于其存放地点和用途不同于库存现金和银行存款，因而在会计上需要分别核算。

其他货币资金包括外埠存款、银行汇票存款、银行本票存款、在途货币资金、信用卡或信用证存款等。

为了单独反映企业的各种其他货币资金，企业应设置“其他货币资金”账户，并按照其他货币资金的种类，设置“外埠存款”“银行汇票存款”“银行本票存款”“在途货币资金”“信用卡存款”“信用证存款”等明细账户，反映其他货币资金的具体内容。

一、外埠存款

外埠存款(deposit in other cities)是指企业到外地进行临时或零星采购时，汇往采购地银行开立采购专户的款项。

【例3】 企业委托当地开户银行汇出60 000元给采购地银行开立专户用于采购商品时，应编制会计分录如下：

借：其他货币资金——外埠存款	60 000	
贷：银行存款		60 000

企业收到采购员交来的供应单位的增值税专用发票账单，发票价格为50 000元，增值税税额为8 000元，需编制会计分录如下：

借：库存商品	50 000	
应交税费——应交增值税(进项税额)	8 000	
贷：其他货币资金——外埠存款		58 000

采购员完成了采购任务将多余的外埠存款转回当地银行时，根据银行的收账通知，转销“其他货币资金——外埠存款”账户，企业应编制会计分录如下：

借：银行存款	2 000	
贷：其他货币资金——外埠存款		2 000

二、银行汇票存款

银行汇票(bank draft)是指由出票银行签发的，由其在见票时按照实际结算金额无条件付给收款人或者持票人的票据。

银行汇票是目前异地结算中较为广泛采用的一种结算方式。这种结算方式不仅适用于在银行开户的单位、个体经济户和个人，而且适用于未在银行开立账户的个体经济户和个人。凡是各单位、个体经济户和个人需要在异地进行商品交易、劳务供应和其他经济活动及债权债务的结算，都可以使用银行汇票。并且，银行汇票既可以用于转账结算，也可以支取现金。

【例4】 企业要求银行办理银行汇票80 000元，企业在填送“银行汇票委托书”时将80 000元从企业一般存款账户中划出，取得银行汇票后，根据银行盖章的委托书存根联，应编制会计分录如下：

借：其他货币资金——银行汇票存款	80 000	
贷：银行存款		80 000

企业使用银行汇票后，应根据发票账单及开户行转来的银行汇票有关副联等凭证，经核对无误后编制会计分录如下：

借：库存商品	50 000	
应交税费——应交增值税(进项税额)	8 000	
贷：其他货币资金——银行汇票存款		58 000

银行汇票使用完毕,企业应销记“其他货币资金——银行汇票存款”账户。

借:银行存款　　22 000

　贷:其他货币资金——银行汇票存款　　22 000

如果上述 80 000 元的银行汇票因超过付款期限或其他原因未曾使用而退还款项时,则会计分录为:

借:银行存款　　80 000

　贷:其他货币资金——银行汇票存款　　80 000

图 3-3 列示了银行汇票结算方法的一般流程。

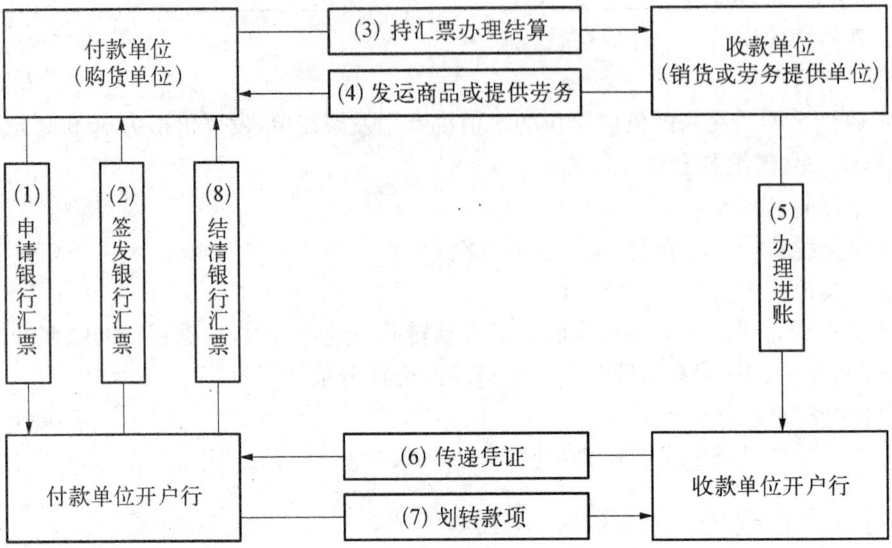

图 3-3　银行汇票结算的一般流程

三、银行本票存款

银行本票(cashier's cheque)是指银行签发的,承诺自己在见票时无条件支付确定的金额给收款人或者持票人的票据。无论单位或个人,在同一票据交换区域内支付各种款项,都可以使用银行本票。

银行本票分为定额本票和不定额本票。定额本票面值分别为 1 000 元、5 000 元、10 000 元和 50 000 元。

银行本票可以用于转账,注明“现金”字样的银行本票只能向出票银行支取现金,且可以作成“委托收款”背书,委托他人向出票银行提示付款。存款是指企业为取得银行本票按照规定存入银行的款项。根据相关规定,银行本票存款适用于同城结算。

【例 5】 企业申请办理银行本票 100 000 元,在企业向银行提交“银行本票申请书”并将款项交存银行,取得银行本票时,应根据银行盖章退回的原申请书存根联,编制会计分录如下:

借:其他货币资金——银行本票存款　　100 000

　贷:银行存款　　100 000

企业付出银行本票后,应根据发票账单等有关凭证,编制会计分录如下:

借：存货等　　　　　　　　　　　　　　　　　　　　100 000

　　贷：其他货币资金——银行本票存款　　　　　　　　　　　100 000

由于银行本票提示付款期限自出票日起最长不得超过2个月，如企业因本票超过付款期等原因未曾使用而要求银行退款时，应填制进账单一式两联，连同本票一并交给银行，然后根据银行收回本票时盖章退回的一联进账单，编制会计分录如下：

借：银行存款　　　　　　　　　　　　　　　　　　　100 000

　　贷：其他货币资金——银行本票存款　　　　　　　　　　　100 000

图3-4列示了银行本票结算方法的一般流程。

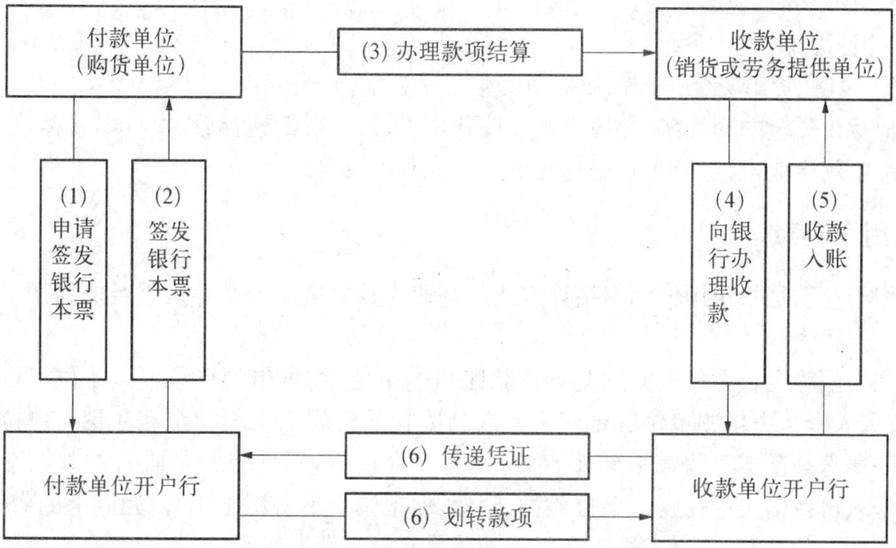

图3-4　银行本票结算的一般流程

四、信用证存款

信用证存款(L/C deposit)，也称信用证保证金存款(L/C guarantee deposits)，是指采用信用证结算方式的企业为取得信用证而按规定存入银行信用证保证金专户的款项。企业向银行申请开立信用证，应按规定向银行提交开证申请书、信用证申请人承诺书和购销合同。

【例6】　企业要求银行对境外供货单位开出信用证200 000元时，根据开户银行盖章退回的由企业提交的“信用证委托书”的回单，编制会计分录如下：

借：其他货币资金——信用证存款　　　　　　　　　　200 000

　　贷：银行存款　　　　　　　　　　　　　　　　　　　200 000

企业收到境外供货单位信用证结算凭证及所附发票账单，经核对无误后，需编制会计分录如下：

借：存货等　　　　　　　　　　　　　　　　　　　　200 000

　　贷：其他货币资金——信用证存款　　　　　　　　　　　200 000

企业如有未用完的信用证保证金余额1 000元转回开户银行，其会计分录为：

借：银行存款　　　　　　　　　　　　　　　　　　　　1 000

　　贷：其他货币资金——信用证存款　　　　　　　　　　　　1 000

五、在途货币资金

在途货币资金(cash in transit)是指企业所属单位之间和上下级之间的汇、解款项,在月末时如有未达到的汇入款项,应作为在途货币资金处理。

【例7】 企业根据下属企业通知,已汇出款项30 000元,则汇入单位在收到对方单位的汇出通知时,应编制会计分录如下:

借:其他货币资金——在途货币资金　　30 000

　贷:其他应收款(或有关账户)　　30 000

在汇款收到时,应编制会计分录如下:

借:银行存款　　30 000

　贷:其他货币资金——在途货币资金　　30 000

其他货币资金的明细账,外埠存款应按开户银行,银行汇票存款、银行本票存款、信用证存款应按收款企业,在途货币资金应按汇出企业分别设置。

六、信用卡存款

信用卡存款是指采用信用卡结算方式的企业为签发信用卡而存入银行的信用卡账户的款项。

凡在中国境内金融机构开立基本存款账户的单位,均可申领单位卡。单位卡可申领若干张,持卡人资格由申领单位法定代表人或其委托的代理人书面指定和注销。单位卡账户的资金一律从其基本存款账户转账存入,不得交存现金,不得将销货收入的款项存入其账户。持卡人可持信用卡在特约单位购物、消费,但单位卡不得用于10万元以上的商品交易、劳务供应款项的结算,不得支取现金。特约单位在每日营业终了,应将当日受理的信用卡签购单汇总,计算手续费和净计金额,并填写汇(总)计单和进账单,连同签购单一并送交收单银行办理进账。

信用卡按是否向发卡银行交存备用金,分为贷记卡、准贷记卡两类。贷记卡是指发卡银行给予持卡人一定的信用额度,持卡人可在信用额度内先消费、后还款的信用卡。准贷记卡是指持卡人须先按发卡银行要求交存一定金额的备用金,当备用金账户余额不足支付时,可在发卡银行规定的信用额度内透支的信用卡。

准贷记卡的透支期限最长为60天,贷记卡的首月最低还款额不得低于其当月透支余额的10%。

企业应填制"信用卡申请表",连同支票和有关资料一并送存发卡银行,根据银行盖章退回的进账单第一联,借记"其他货币资金——信用卡"账户,贷记"银行存款"账户;企业用信用卡购物或支付有关费用时,根据开户银行转来的信用卡存款的付款凭证及所附发票账单,借记"管理费用"等账户,贷记"其他货币资金——信用卡"账户;企业信用卡在使用过程中,需要向其账户续存资金的,借记"其他货币资金——信用卡"账户,贷记"银行存款"账户;企业的持卡人如不需要继续使用信用卡时,应持信用卡主动到发卡银行办理销户,销卡时,单位卡科目余额转入企业基本存款户,不得提取现金,借记"银行存款"账户,贷记"其他货币资金——信用卡"账户。

【例8】 某企业欲申办信用卡,经银行审核同意后,从其基本存款账户开出转账支票

50 000 元转入信用卡账户，企业应根据支票存根和进账单编制会计分录如下：

借：其他货币资金——信用卡存款　　50 000

　贷：银行存款　　50 000

企业持卡向特约单位购进一批办公用具 18 000 元，特约单位在签购单上压卡后经银行间结算，根据信用卡签购单第一联和银行转来的付款通知等相关单证，企业应编制会计分录如下：

借：管理费用——办公费用　　18 000

　贷：其他货币资金——信用卡存款　　18 000

思考题

1. 货币资金有哪些特点？它包括哪些范围？
2. 现金管理制度有哪些？
3. 简述现金内部控制的要点与意义。
4. 企业为何要设置备用金制度？对备用金，企业应当如何进行会计处理？
5. 为何要编制银行余额调节表？企业一般会采用哪些方法进行调节？
6. 编制银行存款余额调节表之后，需要对哪些项目编制调整分录？
7. 其他货币资金包括哪些内容？它们的会计处理有哪些不同？
8. 查找资料，用图 3－3 的方式列出委托收款、汇兑、托收承付、支票结算方式下的一般流程。

阅读材料

1.《现金管理暂行条例》，中华人民共和国国务院令第 12 号，1988 年 8 月 16 日颁布，2011 年 1 月 8 日，中华人民共和国国务院令第 588 号修订。

2. 中国人民银行：《现金管理暂行条例实施细则》，1988 年 9 月 23 日颁布。

3. 中国人民银行令(2003)第 5 号：《人民币银行结算账户管理办法》。

4. 中国人民银行：《支付结算办法》，银发[1997]393 号。

练习题

练习一

一、目的：练习库存现金和备用金的账务处理。

二、资料：1 月份，甲企业有关业务如下：

(1) 3 日，出纳人员签发现金支票一张，提取现金 800 元。

(2) 5 日，采购员张平出差借款 5 000 元，以现金支付。

(3) 7 日，经研究决定，拨付给一车间备用金 12 000 元，实行定额管理；拨付给二车间备用金 6 000 元，实行非定额管理。当即从银行存款提取现金分别拨付给两个车间。

(4) 20 日，采购员张平报销差旅费 4 500 元，多余 500 元现金如数交回。

(5) 25 日，一车间报账，共支付市内差旅费 520 元，其他办公费用 500 元，用现金补足其备用金。

(6) 27 日，二车间报账，共支付零星开支 1 300 元，冲减其备用金数额。

(7) 30 日，职工吴山因私事使用长途电话，交来电话费 28 元现金。

三、要求：根据上述业务，为甲企业编制会计分录。

练习二

一、目的：练习银行存款余额调节表的编制。

二、资料：7 月 31 日，甲企业银行存款账户余额为 29 320 元，同日收到银行开来的对账单，余额为 31 900 元。经查对双方均无错账，发现 7 月份有如下未达款项：

(1) 26 日，企业委托银行代收的销货款 2 000 元，银行已收妥入账，企业尚未接到银行收款通知。

(2) 28 日，为购买材料，企业开出＃718 支票 3 500 元，持票人尚未向银行兑现。

(3) 31 日，企业存入银行的其他企业转账支票一张计 2 600 元，银行尚未入账。

(4) 31 日，企业送存银行的销货现金 1 750 元，银行尚未入账。

(5) 31 日，银行代企业支付电费 600 元、水费 400 元，企业未接付款通知，尚未入账。

(6) 31 日，银行收到保险公司赔偿本企业的火灾损失款 2 430 元，但企业尚未收到银行的收款通知。

三、要求：用以下两种方法编制银行存款余额调节表：

(1) 将双方账面余额调节至正确余额。

(2) 将银行对账单余额调节至公司账面余额。

练习三

一、目的：练习银行存款余额调节表的编制。

二、资料：12 月 31 日，甲企业银行存款日记账的余额为 5 400 000 元，银行转来对账单的余额为 8 300 000 元。经逐笔核对，发现 12 月份有如下未达账项：

(1) 企业送存转账支票 6 000 000 元，并已登记银行存款增加，但银行尚未记账。

(2) 企业开出转账支票 4 500 000 元，但持票单位尚未到银行办理转账，银行尚未记账。

(3) 企业委托银行代收某公司购货款 4 800 000 元，银行已收妥并登记入账，但企业尚未收到收款通知，尚未记账。

(4) 银行代企业支付水电费 400 000 元，银行已登记企业银行存款减少，但企业未收到银行付款通知，尚未记账。

三、要求：为甲企业编制截至 12 月 31 日的银行存款余额调节表。

练习四

一、目的：练习银行存款余额调节表的编制。

二、资料：12 月 31 日，甲企业与往来银行进行面对面对账后，发现以下一些情况：

(1) 银行对账单 12 月 31 日的余额为 39 640 元，企业的银行存款日记账余额为 34 120 元。

(2) 企业 12 月 30 日签发但时至今日尚未向银行兑现的支票计有两张，分别是：＃8253 支票，6 000 元；＃8254 支票，2 500 元。

(3) 银行在 12 月 12 日误将乙企业的销货款 2 100 元记在甲企业的账上。

(4) 企业在 12 月 15 日送存银行的销货款 5 240 元，记账时误记为 5 420 元。

(5) 企业在 12 月 18 日向丁企业购买材料签发的＃8229 支票 1 200 元，丁企业向银行兑现时，银行发现印鉴模糊而拒付，于是，丁企业交来后由甲企业重盖印鉴再向银行兑现。

(6) 12 月 25 日，银行将乙企业向丙企业收取的加工费 400 元，误记在本企业的账上。

(7) 12 月 30 日，企业收到丙企业为偿还货款而支付的 1 200 元支票一张，向银行兑付时因丙企业存款不足由银行退回。企业当即向丙企业发出了催款通知。

(8) 企业在 12 月 31 日存入银行的当天销货现金 3 400 元，银行尚未入账。

(9) 银行已在年末收到保险公司赔偿本企业的火灾损失款 3 000 元，但企业尚未收到银行的收款通知。

(10) 银行已在本企业的账上扣除结算后的银行借款利息 924 元，代付 12 月份水电费 1 976 元。

三、要求：为甲企业编制截至 12 月 31 日的银行存款余额调节表。

练习五

一、目的：练习其他货币资金的会计处理。

二、资料：甲企业某月有关其他货币资金业务如下：

(1) 9 日，汇出 700 000 元，在乙企业所在地的开户银行设立采购专户。

(2) 15 日，收到采购员寄来发票一张，共购煤炭 1 000 吨，每吨 550 元，另附一张运费 50 000 元，由企业承付。

(3) 20 日，甲企业将 25 000 元存入银行，办理银行汇票，银行审核后，开给企业银行汇票一张。

(4) 25 日，乙企业发来的 1 000 吨煤炭，经验收合格，采购业务至此结束，撤销采购专户。

三、要求：假定不考虑相关税费，为甲企业编制相关的会计分录。

第四章
应收款项

学习提要

应收款项泛指企业在生产经营业务中因销售商品或提供劳务，应尽的义务本质上已经履行时，取得的向其他企业单位或个人收取货币、财物或得到劳务补偿的要求权。

企业的应收款项一般包括应收票据、应收账款、预付账款、合同资产及其他非经营性质的应收款项，如应收利息、应收股利及其他应收款等。

应收票据是指商业汇票，是由出票人签发的、委托付款人在指定日期无条件支付确定的金额给收款人或者持票人的票据。应收票据原则上应当采用现值计价，但基于重要性原则的考虑，对于流动性质的应收票据，也可以面值入账。若为附息票据，应在结账日将应计利息计入财务费用。

应收票据可以贴现和转让。贴现所得与票据账面价值之差，应计入财务费用。

应收账款应在商品控制权转移给购货方时确认，并应按商品售价、税金及代垫运杂费等计价。

应收账款的计价涉及现金折扣、销售退回、折让以及坏账等因素。

对现金折扣，有总价法和净价法可资选择。

对销售退回及折让，一般应冲减退回及折让当期的营业收入，但也存在一些特殊的情况。

合同资产是指企业已向客户转让商品而有权收取对价的权利，且该权利取决于时间流逝之外的其他因素，如企业的履约情况等。

企业应当在资产负债表日对应收款项的账面价值进行检查，应当始终按照相当于整个存续期内预期信用损失的金额计量其损失准备；如有客观证据表明应收款项不能收回时，应当销记应收款项。

通过本章学习，读者应当掌握应收款项的构成内容、确认与计价，应熟练掌握应收票据的贴现及应收账款减值损失等内容的计算与会计处理。

第一节　应收款项概述

应收款项（receivables）泛指企业在生产经营业务中因销售商品或提供劳务，应尽的义务本质上已经履行时，取得的向其他企业单位或个人收取货币、财物或得到劳务补偿的要求权。这种要求权有的来自企业的经营活动，有的则来自企业经营活动之外。前者包括应收账款、应收票据、预付账款、合同资产等项目；后者则有各种其他应收和暂付款项，如应收的各种赔款和罚款、应收股利和利息、应向职工收取的各种垫付款项、应向股东收取的认股款项等。

本章主要说明因生产经营活动而产生的应收款项，即应收票据、应收账款、预付账款与合同资产。

应收票据是指企业因销售商品或提供劳务等持有的、尚未到期兑现的票据。有时票据在销售产品或商品时直接收到，有时则在抵付应收账款时收到。

应收账款是企业因销售商品或提供劳务等原因，应向购货客户或接受劳务的客户收取的款项和代垫的运杂费的要求权。应收账款不包括应收的非销货账款。通常，凡是不超过1年或一个营业周期的应收账款，在资产负债表上列为流动资产，否则应列示为长期应收款。

由企业经营活动以外产生的其他各种应收、暂付款项，如应收的各种赔款、罚款，应向职工收取的各种垫付款项，应收股利和利息，应向股东收取的认股款项等，虽然也是企业的应收款项和流动资产，但在会计处理上一般另外设立一些账户加以反映，不与"应收账款"账户混淆在一起。至于企业出口商品应收境外客户和以外币结算的货款、利息、进口佣金、进口索赔等外汇账款，可以另外设应收账款的明细账进行核算。

应收款项是企业的重要流动资产。其中，企业由于经营活动而取得的应收票据和应收账款等项目，又在应收项目中占有极大比重。所以，在会计处理上除了应正确确认和计量这类流动资产的价值外，还需要根据不同的购货企业或接受劳务的企业设置"应收账款"明细账户，分户进行明细登记；并设置"应收票据备查簿"，逐笔登记每一应收票据的种类、号数、出票日期、票面金额、交易合同编号和付款人、承兑人、背书人、票据到期日、利率、贴现日期、贴现率、贴现所得额、收款日期、收回金额、票据注销日期等详细资料，以完善对该类流动资产的内部控制与管理。

第二节　应收票据

一、应收票据的计价

票据(notes)是证明债权债务信用契约的存在而依一定形式做成的书面文件，它是出票人在特定日期无条件支付一定金额给持票人的书面承诺。企业的应收票据大部分是因销售商品或提供劳务而收到的商业汇票，如接受客户要求延长应收账款的付款期而开具票据，或因销货数额与风险很大而开具票据，包括银行承兑汇票(banker's acceptance bill)与商业承兑汇票(commercial acceptance bill)。此外，还有非因提供商品或劳务而产生的票据，如贷款给附属或往来公司，或者贷款给企业职工以及因出售厂房设备等产生的票据。

我国相关制度规定，签发商业汇票，必须有商品交易。

企业应设置"应收票据"(notes receivable)账户，核算所发生的应收票据业务。

从理论上讲,资产应以交易发生时所收到或支付的现金或现值计量,该原则应用于应收票据的价值确定,即应当以某一特定日所收到的现金流量(即到期值)按交易发生时的市场利率折现的价值(即现值)计量。

然而,票据有附息与不附息之分,其价值的确定便存在着一些区别。

(一) 附息票据

附息票据是指票据上注明利率的票据,这个利率称为票面利率。

【例1】 2019年10月1日,甲企业因出售商品接受客户一张面值100 000元、期限1年、票面利率和市场利率均为6%的商业票据。

根据资料,可以计算出该票据的现值:

$$\text{票据现值}=\frac{\text{票据到期值}}{(1+\text{市场利率})^n}=\frac{100\,000+100\,000\times 6\%}{(1+6\%)^1}=100\,000(\text{元})$$

可以看出,当市场利率等于票面利率时,附息票据的现值应等于面值,应收票据以现值或面值计价都是一样的。根据货币时间价值的一般概念,当市场利率大于票面利率时,票据的现值会低于票据的面值;而当市场利率小于票面利率时,票据的现值会大于票据的面值。

对该项业务,甲企业应编制会计分录如下:

(1) 2019年10月1日,收到客户出具商业票据时的分录(假定不考虑增值税)如下:

借:应收票据	100 000	
贷:营业收入		100 000

(2) 2019年12月31日,应计票据利息时:

借:应收票据	1 500	
贷:财务费用——利息收入(100 000×6%×3/12)		1 500

(3) 2020年9月30日,票据到期,收到本金与利息时:

借:银行存款	106 000	
贷:应收票据		101 500
财务费用——利息收入(100 000×6%×9/12)		4 500

(二) 不附息票据

不附息票据是指票据上未注明利率的票据。未注明利率的票据往往有隐含利率或实际利率。虽然给予这样的描述是不太确切的,但对所有的商业票据而言,不论它是否注明利率,均要求债务人支付使用代表货币时间价值的成本,即利息。因此,尽管不附息票据形式上不注明利率,但实际上,其面值同时包括了票据到期日所收到或支付的本金与利息,即它的到期值等于其面值,它的现值即为到期值按交易发生日的市场利率折现的价值,到期值(面值)与现值的差异即为不附息票据所隐含的利息。

【例2】 2019年10月1日,甲企业收到客户购买该企业商品而开具的一张不附息票据,该票据面值为106 000元,期限为1年。若交易日同等信用风险的市场利率为6%,则该票据的现值为:

$$\text{票据现值}=\frac{\text{票据到期值}}{(1+\text{市场利率})^n}=\frac{106\,000}{(1+6\%)^1}=100\,000(\text{元})$$

从上面的计算中可知,不附息票据的现值小于面值,面值中隐含的利率实际上为5.66%

[(106 000−100 000)/106 000]。由于现值小于面值,若会计上应收票据以面值计价,就会虚记应收票据的价值,因此,从理论上讲,应以现值入账,会计记录可采用现值法或面值法。应收票据分别按现值法和面值法计价的会计处理如表 4-1 所示。

表 4-1　应收票据分别按现值法和面值法计价的会计处理　单位:元

	交易或事项	现值法	面值法
1	2019 年 12 月 31 日,收到票据时(假定不考虑增值税)	借:应收票据 100 000 贷:营业收入 100 000	借:应收票据 106 000 贷:营业收入 106 000
2	2019 年 12 月 31 日,结账时	借:应收票据 1 500 贷:财务费用 1 500	
3	2020 年 9 月 30 日,票据到期时	借:应收票据 4 500 贷:财务费用 4 500 借:银行存款 106 000 贷:应收票据 106 000	借:银行存款 106 000 贷:应收票据 106 000

如上所述,不论票据是否附息,理论上按现值入账最为正确。但在实务中,由于销售商品或提供劳务产生的应收票据到期日一般不会太长,如我国的商业汇票的承兑期限由交易双方商定,一般为 3 个月至 6 个月,最长不得超过 6 个月(电子银行承兑汇票的期限有 3 个月、6 个月及 1 年),因此,现值与面值的差异并不太大,即应收票据不具有重大融资成分。根据重要性原则,因提供商品或提供劳务等营业活动而产生的应收票据,期限小于 1 年的不必采用现值而直接按面值计价,附息应收票据在期末计提的利息,增加应收票据的账面余额。但是,因借贷交易而产生的票据或营业所产生的超过 1 年的票据,均按现值计价。

应收票据虽然是企业的债权,也有可能像应收账款一样因债务人发生财务困难而使应收票据持有人到期无法变现。企业应当根据预期损失法,对应收票据进行减值测试,并根据测试结果计提相应的坏账准备。

二、应收票据贴现

(一) 应收票据贴现的性质

应收票据贴现(discount)又称银行贴现,是指银行买入未到期的票据,预先扣除自贴现日起至票据到期日止的利息,而将余额付给贴现者的一种交易行为。就银行方面而言,是银行买入未到期的票据所载金额的债权,贷出现金以达到获利的目的,因此,贴现是银行贷款的一种方式。对贴现者而言,贴现实际上不是以票据做担保向银行借款的交易,而是一种将经背书(endorse)后的票据金额转让给银行,以换取现金并贴以利息的交易。票据贴现有有无追索权之分,如果银行对贴现票据无追索权,则所有的兑现风险与报酬在贴现时即转移给银行。然而,在票据贴现交易中,无追索权的票据贴现较为少见,大多数承担贴现业务的银行有追索权,即在到期日出票人如果违约,银行将向贴现者提示票据,贴现者负连带付款的责任。

(二) 贴现票据的程序及贴现额的计算

贴现者向银行申请贴现时,先要填写贴现申请书,连同贴现用途说明书及有关商业行为的证明文件一并送交银行,经银行详细审核与调查之后,拟订贴现额度、期限与利率,再经银行主管审核后,由贴现人将票据背书,转让给银行,银行即按票面金额依约定条款计算并扣除贴现息,余款再付给贴现者。贴现额的计算会因票据是否附息而略有不同。

1. 不附息票据贴现额的计算

不附息票据贴现额的计算公式如下:

贴现息=票据到期值(即面值)×贴现率×贴现期限

贴现额=票据面值-贴现息

2. 附息票据贴现额的计算

附息票据贴现额的计算公式如下:

贴现息=票据到期值(即终值)×贴现率×贴现期限

贴现额=票据到期值-贴现息

式中:

票据到期值(即终值)=票据面值+票据利息

【例3】 2019年6月30日,甲企业收到客户签发的一张面值为1 000 000元、票面利率为6%、3个月到期的商业票据,用于抵充甲企业的应收账款。7月31日,甲企业持有这张票据向银行贴现,银行接受这张有追索权的票据,年贴现率为9%。票据到期值、贴现息、贴现额、账面价值及贴现票据的损益计算如下:

票据面值	1 000 000
票据附息(1 000 000×6%×3/12)	15 000
到期值(终值)	1 015 000
减:贴现息(1 015 000×9%×2/12)	15 225
贴现额	999 775
贴现日票据账面价值[1 000 000+(1 000 000×6%×1/12)]	1 005 000
贴现损失	5 225

票据贴现的会计程序需视票据是否附息而有所区别。如果是不附息票据,则将票据面值大于贴现值的差额,记作财务费用的加项(即贴现损失);票据面值小于贴现值的差额,记作财务费用的减项(即贴现利益)。如果是附息票据,则应将票据的账面价值(面值加应计利息)与贴现额比较,票据账面价值大于贴现值的差额,记作财务费用的借项(即贴现损失);票据账面价值小于贴现值的差额,记作财务费用的贷项(即贴现利益)。

对上述业务,甲企业应编制相关会计分录如下:

(1) 6月30日,因应收账款到期,收到客户要求延期付款的票据时:

借:应收票据　　1 000 000

　贷:应收账款　　1 000 000

(2) 7月31日,贴现日,甲企业记录已实现的利息收入(6月30日至7月31日)时:

借:应收票据　　5 000

　贷:财务费用——利息收入(1 000 000×6%×1/12)　　5 000

(3) 7月31日,记录应收票据贴现时:

借：银行存款　　999 775

　　财务费用——利息费用　　5 225

　　贷：应收票据　　1 005 000

有些企业在贴现日并不记录附息票据已实现的利息收入，这样，企业就直接与应收票据的账面价值与贴现所得之间的差额全部作为贴现损益。本例中，如果7月31日不确认应收票据已实现的利息收入，则贴现日应收票据的账面价值即为面值1 000 000元，与收到的贴现额999 775元之间的差额即225元作为贴现损失（利息费用）。

在票据到期日，如果出票人违约，则贴现者应承担连带付款责任。

续【例3】 9月30日票据到期，因出票人的银行账户不足支付，甲企业在收到银行退回的应收票据、支款通知和拒绝付款理由书或付款人未付票款通知书时，按所付本息共计1 015 000元，编制会计分录如下：

借：应收账款　　1 015 000

　　贷：银行存款　　1 015 000

如果甲企业本身的银行存款账户余额不足，则银行将其作为逾期贷款处理。甲企业此时应按转作贷款的本息，借记"应收账款"账户，贷记"短期借款"账户。

期末，企业应该在财务报告附注中，对已贴现商业承兑汇票形成的或有负债，披露其形成的原因、预计产生的财务影响，以及获得补偿的可能性等信息。

在编制现金流量表时，应收票据贴现形成的财务费用（利息收入或利息费用）应归类为经营活动，不应归类为筹资活动。

第三节　应收账款

一、应收账款的确认

应收账款(accounts receivable, A/R)是应收项目的重要组成部分，是企业因销售商品或提供劳务而形成的债权，包括应该向购货客户收取的款项及代垫运杂费等。

市场经济是信用经济，建立在买卖双方信用基础上的应收账款是买方向卖方所做的口头或书面付款承诺，由于这种承诺具有不确定性，因此，就会产生应收账款应在何时确认以及应确认多少数额这样的会计问题。

应收账款的确认与收入的确认标准密切相关。按照收入确认标准，企业在其履行履约义务，即将商品或服务的控制权转移给客户的时点（或过程中）确认收入。控制权可能在某个时点上或一段时间内转移。由于大多数一般商品的销售在交易发生时就具备了确认收入的条件，因此，销售成立时应收账款和销售收入同时增加。但在有些情况下，因所销商品或产品在质量、品种、规格等方面存在问题，或者销售的是一些特殊商品，如房地产、长期合同工程等，应收账款与销售收入的确认就要复杂得多。

二、应收账款的会计处理

应收账款通常应按实际发生额计价入账。企业应当设置"应收账款"账户，反映应收账款的增减变动情况。“应收账款”账户的借方登记企业因赊销商品和提供劳务等而应向购货方收取的款项,包括按专用发票上注明的增值税销项税额,企业代购货单位垫付的包装费、运杂费等;该账户的贷方登记收到的货款和代垫的费用;该账户的余额一般在借方,表示企业尚未收回的赊销款。

【例 4】 甲企业为增值税一般纳税人(如不加说明,后文中均假定企业为增值税一般纳税人),根据与乙企业订立的赊销合同发出一批商品,价款计 100 000 元,增值税税率为 13%,同时还为乙企业垫付运费 7 000 元。甲企业在办妥托收承付手续后,应编制会计分录如下:

借:应收账款——乙企业	120 000	
贷:营业收入		100 000
应交税费——应交增值税(销项税额)		13 000
银行存款		7 000

收到货款时,甲企业应编制会计分录如下:

借:银行存款	120 000	
贷:应收账款——乙企业		120 000

尽管应收账款应按实际发生额计价,但在商业信用中由于存在现金折扣、销售退回与折让、坏账等,从而会影响应收账款的计价。

(一) 现金折扣

在商品交易中,存在着两种折扣,即商业折扣(trade discounts)和现金折扣(cash discounts)。商业折扣是卖方视买方购货数量的多少而给予买方的售价上的优惠。卖方在出售商品时,价目单上往往标明各种商品的价格,客户按价目单上的定价扣除卖方允许的商业折扣后的净额付款,因此对应收账款和营业收入均不产生影响,会计记录只按商品定价扣除商业折扣后的净额入账。

现金折扣是卖方为鼓励客户尽早付款而给予的价格优惠,折扣的多少由客户付款时间的早晚决定,它通常表示为 2/10、*n*/30,读作“如果在 10 天之内付款,可享受 2%的折扣,超过 10 天付款,则无折扣”。由于现金折扣发生于交易成立之后,那么在交易日,应收账款与营业收入是以总额入账,还是以扣除现金折扣后的净额入账?对此,通常有总价法、净价法和备抵法三种处理方法,其中备抵法可以参照存货章节的说明,本章只说明总价法和净价法。

1. 总价法

总价法(gross method)是指应收账款与营业收入均按总价入账,若客户享受折扣,则销货折扣列为营业收入的减项或直接计入财务费用。

2. 净价法

净价法(net method)是指应收账款与营业收入均按净价入账,若客户未享受折扣,则作为财务费用的贷项。

【例 5】 甲企业为增值税一般纳税人,增值税税率为 13%。甲企业向乙企业赊销货品,开出的增值税专用发票中载明的价格为 10 000 元,增值税税额为 1 300 元。现金折扣条件为 2/10、*n*/30。双方约定,现金折扣不涉及增值税。

甲企业采用总价法与净价法的会计记录如表 4 - 2 所示。

表 4-2　　现金折扣总价法与净价法的会计记录举例　　单位：元

	交易与事项	总价法	净价法
1	销货发生时	借：应收账款　11 300 　贷：营业收入　10 000 　　应交税费　1 300	借：应收账款　11 100 　贷：营业收入　9 800 　　应交税费　1 300
2	如果乙企业在折扣期10天内付款	借：银行存款　11 100 　财务费用　200 　贷：应收账款　11 300	借：银行存款　11 100 　贷：应收账款　11 100
3	如果乙企业超过折扣期付款	借：银行存款　11 300 　贷：应收账款　11 300	借：银行存款　11 300 　贷：财务费用　200 　　应收账款　11 100

3. 总价法与净价法的比较

从实务上看，总价法由于在销货时直接按发票总额入账而使记账工作简便，缺点是在期末结账时，如果有的应收账款未满折扣期，客户有可能在次年享受折扣，则上年的应收账款与营业收入可能虚记。

从理论上看，净价法较为合理，因为它把客户推迟付款而丧失的折扣视为卖方提供信用而获取的利息收入，避免了应收账款与营业收入的虚记。但实务操作上却比较烦琐，如果客户超过了折扣期，会计人员需要再分析审阅原来的账册，比较费时。

（二）销售退回与折让

销售退回(sales returns)与折让(allowance)是指企业售出的商品，由于质量、品种不符合要求等原因而发生的退货(销售退回)，或者由此而在价格上给予的减让(销售折让)。

发生销售折让时，一般按实际发生额冲减当年的营业收入，如果按规定允许扣减当年销项税额的，应同时用红字冲减该项目。

需要注意的是，销售折让只是价格上的减让，不涉及已售商品的退回，即发生折让时不调整已销售商品的营业成本。

发生销售退回时，需要根据收入是否已经确认以及退回时间进行不同的会计处理。

如果当年已确认收入的商品在当年退回，则冲减相应的营业收入、营业成本、折扣与税费账户。如果退回的商品是以前年度且已确认收入的，则必须区分以下两种情况分别处理：(1) 在资产负债表日与财务报告批准报出日之间发生的退货，应当作为资产负债表日后事项中的调整事项处理，具体详见以后章节的说明；(2) 不在这个期间内发生的退货，则与当年退货的处理方式相同，即直接调整退货年度的营业收入、营业成本、折扣与税费账户。

对于附有销售退回条款的销售，企业应当在客户取得相关商品的控制权时，按照因向客户转让商品而预期有权收取的对价金额确认收入，按照预期因销售退回将退还的金额确认负债；同时，按照预期将退回商品转让时的账面价值，扣除收回该商品预计发生的成本后余额，确认为一项资产，按照所转让商品转让时的账面价值，扣除上述资产成本的净额结转成本。

【例 6】　2019 年 11 月 15 日，甲企业向乙企业销售商品 100 件，每件成本 5 000 元，销售价格 10 000 元，增值税税率为 13%。在销售时，该商品的控制权已经转移，但货款尚未收到。

根据双方签订的合同,乙企业应于2019年12月31日之前支付全部货款,在2020年1月31日之前有权退还商品。在退还商品时,甲企业应同步退还所收取的货款。

根据以往的数据,甲企业估计该商品的退货率约为20%。

对此项销售业务,甲企业应编制会计分录如下:

(1) 根据合同向乙企业销售商品时:

借:应收账款	1 130 000	
贷:营业收入(10 000×100×80%)		800 000
预计负债——应付退货款(10 000×100×20%)		200 000
应交税费——应交增值税(销项税额)(10 000×100×16%)		130 000
借:营业成本(5 000×100×80%)	400 000	
应收退货成本(5 000×100×20%)	100 000	
贷:库存商品		500 000

(2) 2019年12月31日收到货款时:

借:银行存款	1 130 000	
贷:应收账款		1 130 000

(3) 每一资产负债表日,企业应当重新估计未来销售退回情况,如有变化,应当作为会计估计变更采用未来适用法进行会计处理。

2019年12月31日,甲企业对该项销售退回情况进行了重新评估,认为只有10%的退货可能性。

借:预计负债——应付退货款(10 000×100×10%)	100 000	
贷:营业收入		100 000
借:营业成本	50 000	
贷:应收退货成本(5 000×100×10%)		50 000

(4) 2020年1月28日,乙企业实际退回该商品8件。根据合同约定,甲企业向乙企业支付了退货款项。

借:预计负债——应付退货款(10 000×100×10%)	100 000	
应交税费——应交增值税(销项税额)(10 000×8×13%)	10 400	
贷:营业收入(10 000×2)		20 000
银行存款[10 000×8×(1+16%)]		90 400
借:营业成本(5 000×2)	10 000	
库存商品(5 000×8)	40 000	
贷:应收退货成本(5 000×100×10%)		50 000

资产负债表日,"应收退货成本"账户余额应当根据是否在1年或一个正常营业周期内出售,在"其他流动资产"或"其他非流动资产"项目中填列。

(三) 应收账款的让售

企业将其按照销售商品、提供劳务的销售合同所产生的应收账款出售给银行等金融机构的交易,称为应收账款的让售(factors)。

企业应当根据应收账款上有关风险和报酬实质上是否已经发生转移等,对应收账款的让售进行正确的会计处理。

当应收账款上的有关风险和报酬实质上转移给了受让方，则企业即让售方应当将出售所得与让售的应收账款差额确认为让售损益，计入当期损益(财务费用)；否则，就应当以质押取得借款的方式进行会计处理，被质押的应收账款保留在企业的账面上，并在资产负债表日判断其是否发生减值，决定是否计提坏账准备。

【例 7】 2019 年 8 月 31 日，甲企业将成本为 60 000 元的一批商品销售给乙企业，开出的增值税专用发票上注明的销售价款为 100 000 元，增值税税额为 13 000 元。款项尚未收到。双方约定的付款日期为 2020 年 4 月 15 日。因甲企业资金周转出现困难，2020 年 4 月 5 日，经与工商银行商议后约定，甲企业将应收乙企业的货款以 8 折的价格全部出售给工商银行，在乙企业不能支付货款时，工商银行对甲企业没有追索权。甲企业根据以往的经验，预计约有 10%的销售退回。2020 年 4 月 10 日，甲企业收到乙企业退回的商品，价款为 5 650 元(含增值税税额 650 元)，退回的商品成本为 3 000 元。假定不考虑其他因素，甲企业应编制与让售应收账款相关的会计分录如下：

(1) 2020 年 4 月 5 日，出售应收账款时：

借：银行存款	90 400	
财务费用——利息费用	11 300	
其他应收款	11 300	
贷：应收账款		113 000

(2) 2020 年 4 月 10 日，甲企业收到乙企业退回的商品时：

借：营业收入	5 000	
应交税费——应交增值税(进项税额)	650	
财务费用——利息费用	5 650	
贷：其他应收款		11 300
借：库存商品	3 000	
贷：营业成本		3 000

如果企业在让售应收账款时，金融机构随有追索权，应收账款的坏账风险由让售应收账款的企业承担，则企业应当按照以应收债权为质押借款(secured borrowing)进行核算，即在收到银行存款时，借记“银行存款”账户，贷记“短期借款”账户。

应收账款的坏账处理详见本章第七节的说明。

第四节　合同资产

一、合同资产的概念

合同资产(contract assets)，是指企业已向客户转让商品而有权收取对价的权利，且该权利取决于时间流逝之外的其他因素。

前述应收账款是企业无条件收取合同对价的权利，即企业仅仅随着时间流逝即可收款。但企业在销售商品或提供劳务的过程中，还会发生已向客户转让商品或提供劳务而有向客户收取对价的权利，但该收款的权利还取决于时间流逝之外的因素，如还需要履行其他义务才能最终收到合同对价。

可以看出,应收账款仅承担客户的信用风险,但合同资产除信用风险外,还可能承担其他风险,如企业的履约风险等。

很显然,此类收取客户对价的权利有别于前述应收账款这类仅随时间流逝即可收取客户对价的权利,为了更好地反映此类收款权利上的风险,企业应当设置"合同资产"账户反映此类收款权利的增减变动。

二、合同资产的会计处理

企业应在向客户转让商品而有权收取对价的权利,但还需履行其他义务时确认合同资产,并在其他履约义务履行完成,即可以无条件收取合同对价权利时,将其结转至应收账款。

【例 8】 甲企业与乙企业签订了一份销售合同,向乙企业销售 A 与 B 两种商品,两种商品的单独售价分别为 40 000 元和 50 000 元,增值税税率为 13%。合同约定,甲企业在交付 A 商品后的两个月后再向乙企业交付 B 商品,只有当 A、B 两种商品全部交付之后,甲企业才有权收到全部的货款。

A、B 两种商品构成可以明确区分的合同及可以单独履行的履约义务,其控制权均在交付时转移给乙企业。

对上述业务,甲企业应编制会计分录如下:

(1) 向乙企业交付 A 商品时:

借:合同资产	45 200	
贷:营业收入		40 000
应交税费——应交增值税(销项税额)		5 200

(2) 向乙企业交付 B 商品时:

借:应收账款	101 700	
贷:营业收入		50 000
应交税费——应交增值税(销项税额)		6 500
合同资产		45 200

合同资产的减值、列报与披露,应按照金融工具会计准则的要求进行会计处理。

第五节 预付款项

一、预付账款的概念

预付款项是企业按照购货合同规定预付给供应单位的款项,如预付的材料、商品采购货款以及预先发放的农副产品预购定金等。

对购货企业来说,预付账款是一项流动资产,在预付货款时应记入"预付账款"账户的借方,等到以后收到预购的材料或商品时,贷记该账户。"预付款项"明细账户的借方余额表示企业预付的货款。

二、预付账款的会计处理

预付款项与应收账款虽然都是企业的流动资产，但两者性质不同。应收账款是企业应收销售客户的账款，预付款项是企业预付给购货客户的账款，所以，应该分别设置账户进行核算。

【例 9】 甲企业预付给乙企业购买材料的货款共 8 000 元，应编制会计分录如下：

借：预付账款	8 000	
贷：银行存款		8 000

后收到乙企业发来的材料并验收入库，发票价格为 6 000 元，增值税进项税额为 780 元，余款通过银行转回。甲企业应编制会计分录如下：

借：原材料	6 000	
应交税费——应交增值税（进项税额）	780	
银行存款	1 220	
贷：预付账款		8 000

但有些企业基于职务分工的要求，通常直接以“应付账款”账户的借方反映预付的货款。在这种情况下，在编制资产负债表时，企业应当将“应付账款”明细账户的借方余额填列到资产负债表的“预付账款”项目中。

预付账款众多的企业，需要为每一个供应企业设置明细账，列明预付日期、采购货品的规格及数量、预付金额、到货及注销日期等。

企业的预付账款，如有确凿证据表明其不符合预付款项性质，或者因供货单位破产、撤销等原因已无望再收到所购货物的，应当将原计入预付款项的金额转入其他应收款，并按规定确定减值损失，计提坏账准备。

第六节　非营业的应收款项

企业除了因营业，如出售商品、产品或提供劳务产生应收账款与应收票据以外，还有一些非营业的流动性项目，如向职工收取的各种垫付款、存出保证金、应收股利、应收利息、应收租金等其他各种应付暂付款项。

在会计上，应设置“其他应收款”或“应收股利”“应收利息”等账户来记录这些业务。当这些业务发生时，借记“其他应收款”等账户，贷记“银行存款”等账户；收回时，再借记“银行存款”账户，贷记“其他应收款”等账户，并按企业、单位或个人设置的明细账，进行明细记录。

第七节　坏账、坏账损失与坏账准备

一、坏账的概念与确认

企业向客户提供商业信用虽然能使销货增加，但也承担客户因某种原因而不付款所造成的损失。企业无法收回或收回的可能性极小的应收款项,称为坏账。因发生坏账而产生的损失,称为坏账损失。

一般而言,企业的应收款项,包括应收账款、合同资产、预付账款、其他应收款、应收利息等,符合下列条件之一的,应确认为坏账:

(1) 债务人依法宣告破产、关闭、解散、被撤销,或者被依法注销、吊销营业执照,其清算财产不足清偿的。

(2) 债务人死亡,或者依法被宣告失踪、死亡,其财产或者遗产不足清偿的。

(3) 债务人逾期3年以上未清偿,且有确凿证据证明已无力清偿债务的。

二、坏账损失的确认

对发生的坏账损失,存在两种不同的确认方法,即直接转销法(direct write-off method)和备抵法(allowance method)。

(一) 直接转销法

直接转销法是指在企业确认不能收回应收款项时,在销记应收款项时,直接作为当期损失的方法。

直接转销法的优点是以实际发生而不以估计为依据作为会计处理的基础,减少了盈余管理行为,也为现行税法所支持。

2011年10月,财政部发布的《小企业会计准则》要求应当按照直接转销法核算应收及预付款项的坏账损失。小型企业的标准可参见2011年6月由工业和信息化部、国家统计局、国家发展改革委员会、财政部共同发布的《中小企业划型标准规定》。

但直接转销法却存在着理论上的不足,即直接转销法未能真实反映资产负债表日应收款项的实际状况,未能及时地反映企业应收款项上信用风险的变化。

我国《企业会计准则》要求采用备抵法核算坏账损失。

(二) 备抵法

1. 备抵法的概念

应收款项的备抵法是指在应收款项发生信用风险时确认坏账损失的方法。

信用风险,是指金融工具的一方不履行义务,造成另一方发生财务损失的风险。

企业应当以预期信用损失为基础,对应收款项进行减值会计处理,并确认损失准备。

信用损失,是指企业按照原实际利率折现的、根据合同应收所有合同现金流量与预期收取的所有合同现金流量之间的差额,即全部现金短缺的现值。

预期信用损失(expected credit loss, ECL),是指以发生违约的风险为权重的金融工具信用损失的加权平均值。

预期信用损失的计量应当采用"三阶段法",但由于应收款项应收周期一般较短,准则允许采用简易方法,即不需要区分"三阶段",而是应当始终按照相当于整个存续期内预期信用损失的金额计量其损失准备。

确定预期信用损失的"三阶段法",详见金融资产章节的说明。

确认的信用损失,记入"信用减值损失"账户。

2. 坏账损失与坏账损失准备的计量

企业可以对单项应收款项进行减值测试,也可以与经单独测试后未减值的应收款项一起按类似信用风险特征划分为若干组，再按这些应收款项组合在资产负债表日预期可收回价值与账面余额的差额计算确定减值损失，计提损失准备。

(1) 对单项金额重大的应收账款，应当单独计量预期信用损失，计提损失准备。单项金额重大的应收账款判断依据或标准通常是应收账款的前5名。

此外，对于单项金额虽不重大，但应收款项的未来现金流量现值与以账龄为信用风险特征的应收款项组合的未来现金流量现值存在显著差异，也应当单项计提坏账准备。

(2) 对于不是重大的应收账款，可以按照应收账款的组合计提减值损失。不属于重大的应收款项确定组合的依据，通常认为相同账龄(aging)的应收款项具有类似信用风险特征。

(3) 对数据众多、金额较小的应收款项，根据重要性原则，通常采用更为简易的余额百分比法确认坏账损失，即不论账龄长短，也不论客户的信用水平，均按照相同的风险水平计提坏账准备。

经过对信用风险的度量，如果发现应收款项出现了减值损失，应当将应收款项的账面价值减记至应收款项预计未来现金流量的现值，其中折现率应当采用当期的市场实际利率。

以前的历史经验数据通常是未来预期信用损失的较好的替代变量，企业可以在历史经验数据的基础上进行一些前瞻性的调整，以确定某项或某类应收款项的减值损失。

例如，工程机械制造行业的兴衰与一个国家的固定资产投资规模问题显著相关，在固定资产投资扩张时期，客户的信用风险较固定资产投资收缩时可能会有所降低，企业可以在历史经验数据的基础上，考虑该期间固定资产投资规模的变动情况，前瞻性地计算预期信用损失。

三、备抵法下坏账的会计处理

如前所述，对单项金额重大的应收账款，应当单独计量预期信用损失，计提损失准备。

【例10】 2018年12月1日，甲企业向乙企业销售商品一批，价税合计为116 000元，合同约定2019年6月30日乙企业向甲企业一次性支付货款。该商品销售的收入已经确认。2018年12月31日，甲企业发现乙企业所处行业出现了增长率显著下滑现象，估计在约定的收款日期只能收到货款515 000元。假定同期市场利率为6%。

从本例中可以看出，该应收账款的预计未来现金流量为515 000元，预计未来现金流量的现值为500 000元，应计提的减值损失为660 000元。计算如下：

预计未来现金流量的现值$=\dfrac{515\,000}{1+3\%}=500\,000$(元)

应收账款减值额$=(1\,000\,000+160\,000)-500\,000=660\,000$(元)

根据计算结果，甲企业应编制会计分录如下：

借：信用减值损失　　660 000

　贷：坏账准备　　660 000

由于短期应收账款的预计未来现金流量与其现值相差很小，根据重要性原则，在确定应收账款减值损失时，可不对其预计未来现金流量进行折现，直接计提应收账款减值损失

645 000元(1 160 000－515 000)。

【例 11】 甲企业向大量经销商和个人销售商品,两类销售对象的信用风险存在着显著的差别,甲企业将经销商与个人这两类客户区分为两个不同的特征组。

对其中的经销商客户,甲企业无法也没有必要对每一笔应收账款的信用风险进行单独跟踪,因此,甲企业根据以前的历史经验数据,判断"账龄"是该应收账款组合的重要信用风险特征,并使用账龄构造计量信用风险较常用的一种方法——信用风险迁徙矩阵(credit rating transition matrix)。

表 4－3 列示了甲企业过去 4 年资产负债表日的账龄分析情况。

表 4－3　　甲企业最近 4 年的账龄分析情况　　单位: 万元

账　龄	2016 年 12 月 31 日	2017 年 12 月 31 日	2018 年 12 月 31 日	2019 年 12 月 31 日
1 年以内	500	600	650	700
1～2 年	100	40	90	104
2～3 年	50	60	32	63
3 年以上	10	40	54	32
其中: 上年末账龄为 3 年以上的,本年继续迁徙的部分		10	40	54
合　计	660	740	826	899

根据表 4－3,可以计算出甲企业该类应收账款的迁徙率如表 4－4 所示。

表 4－4　　甲企业应收账款迁徙率计算表

账　龄	风险特征	2016 年至 2017 年迁徙率	2017 年至 2018 年迁徙率	2018 年至 2019 年迁徙率	3 年平均迁徙率
1 年以内	A	8%	15%	16%	13%
1～2 年	B	60%	80%	70%	70%
2～3 年	C	80%	90%	100%	90%
3 年以上	D	100%	100%	100%	100%

表 4－4 中的迁徙率,是指上年年末应收账款至本年年末依然未收回的金额占上年年末应收账款金额的百分比。如 1 年内 2016 年至 2017 年的迁徙率即为 2017 年 1～2 年的应收账款余额 40 万元占 2016 年年末 1 年内到期应收账款余额 500 万元的百分比。其余迁徙率的计算以此类推。

实务中,账龄 3 年以上的应收账款,除正在进行债务重组以及关联方之间的应收账款外,通常按 100%计提,如有确凿证据表明不能收回时,应直接销记该项应收账款。

根据表 4－4 可以计算出该类应收账款的历史损失率。即账龄 1 年之内的历史损失率为表 4－4 最后一列所有迁徙率的乘积。具体计算如表 4－5 所示。

表 4－5　　甲企业应收账款历史损失率的计算

账　龄	3 年平均迁徙率		历史损失率计算	历史损失率
1 年以内	A	13%	A×B×C×D	8.19%
1～2 年	B	70%	B×C×D	63%
2～3 年	C	90%	C×D	90%
3 年以上	D	100%	100%	100%

因近年来甲企业相关产品的市场不景气，为保住市场，甲企业放宽了信用条件，据估计，2019 年年末，账龄 3 年之内的应收账款的预期信用损失比历史损失率要高出 10%。甲企业根据此项估计，对应收账款的信用损失进行了前瞻性调整，经调整之后的损失率及 2019 年 12 月 31 日应当计提的坏账准备如表 4－6 所示。

表 4－6　　2019 年 12 月 31 日甲企业应收账款坏账准备计算表　　单位：万元

账　　龄	应收账款余额	历史损失率	预期损失率	预期损失准备
	(1)	(2)	(3)＝(2)×(1＋10%)	(4)＝(1)×(3)
1 年以内	700	8.19%	9%	63
1～2 年	104	63%	69.3%	72.072
2～3 年	63	90%	99%	62.37
3 年以上	32	100%	100%	32
合　计	899	—		229.442

根据表 4－6，可知甲企业该类应收账款坏账准备的余额应为 229.442 万元，假定 2017 年是以历史损失率为依据计提了坏账准备，即计提了约 192.735 万元(650×8.19%＋90×63%＋32×90%＋54×100%)的坏账准备，2019 年 12 月 31 日，甲企业应确认的坏账损失应为 36.707 万元(229.442－192.735)，编制会计分录如下：

借：信用减值损失　　367 070

　贷：坏账准备　　367 070

由于信用风险迁徙矩阵等风险度量方法较为专业，实务中，企业通常采用账龄/逾期天数这些简易指标作为应收账款风险特征，即按账龄分析法来确定应收款项的坏账损失大小。

【例 12】　甲企业根据以往的经验，发现应收账款的减值与应收账款的账龄长短有明显的关系，具有相类似的信用风险特征，管理层决定按应收账款账龄的长短作为不同的应收账款的组合，并以信用部门认可的应收账款发生坏账的可能性(概率)作为计提比例确定应收账款减值损失，计提减值准备。根据企业会计准则的要求，根据账龄长短作为应收账款的组合中，不包括单项金额重大的应收账款。此外，根据重要性原则，甲企业在确定应收账款减值损失时，不对其预计未来现金流量进行折现。表 4－7 是甲企业信用部编制的应收账款账龄分析表及预期发生坏账的概率。

表 4-7　　甲企业应收账款账龄分析表

2019 年 12 月 31 日　　单位：元

客户名称	金　额	未过信用期	逾期30天	逾期60天	逾期90天	逾期180天	逾期360天	逾期1年以上
A公司	30 000	10 000	15 000	2 000	3 000			
B公司	10 000		5 000	3 000	1 000	1 000		
C公司	55 000			23 000	12 000	6 000	10 000	4 000
合　计	95 000	10 000	20 000	28 000	16 000	7 000	10 000	4 000
发生减值的概率		2%	5%	10%	20%	30%	50%	80%
应确认的减值准备	17 500	200	1 000	2 800	3 200	2 100	5 000	3 200

表 4-7 中应收账款余额为 95 000 元，按账龄长短分别估计减值损失后，2019 年 12 月 31 日“坏账准备”账户的应有余额为 17 500 元。再将坏账准备原有余额调整至 2019 年年末的应有余额，即为当期应确认的减值损失。

实务中，对一些数量较大、金额较小的应收款项，根据重要性原则，不论其账龄长短及客户特征，均假定其具有相同的风险特征，按相同的概率确定坏账损失，人们将这种方法称为余额百分比法(percentage-of receivables approach)。

四、坏账损失的转回

企业在确认应收账款减值损失后，如有客观证据表明应收账款的可收回价值已经恢复，且客观上与确认减值损失后发生的事项有关(如债务人信用评级已提高)，原确认的减值损失应当予以转回，计入当期损益。但是，转回的应收账款减值损失仅以原计提的减值损失为限。

五、转销及收回坏账

根据前述确认坏账的标准，经企业董事会等权力机构批准后，企业应当将应收款项作为坏账予以销记。转销坏账时，在按应收款项相似风险特征组合计提减值准备的情况下，企业应当借记“坏账准备”账户，贷记“应收账款”等账户。在按单项应收款项计提减值准备的情况下，企业应当借记“坏账准备”账户，贷记“应收账款”等账户，两者之差直接借记或贷记“信用减值损失”账户。

如果以前期间作为坏账予以转销的应收款项又得以收回，企业应当重新建立应收账款账户记录，借记“应收账款”等账户，贷记“坏账准备”账户；然后再借记“银行存款”账户，贷记“应收账款”等账户。这一处理程序能从一个方面反映出该客户的信用恢复情况。

【例 13】 甲企业对某类应收账款采用余额百分比法确认坏账损失，坏账计提比例为 10%。2018 年 12 月 31 日，此类“应收账款”账户余额为 300 000 元。2019 年度，此类应收账款增加了 200 000 元，确认了一项 10 000 元的坏账。收到了 2018 年度已经销记的坏账 20 000 元。

对此项业务，甲企业应编制会计分录如下：

(1) 确认坏账。

借：坏账准备　　10 000

　贷：应收账款　　10 000

(2) 收回上年度销记的应收账款。

借：应收账款　　20 000

　贷：坏账准备　　20 000

借：银行存款　　20 000

　贷：应收账款　　20 000

(3) 确认2019年度的坏账损失。

2019年12月31日，应收账款余额=300 000+200 000−10 000=490 000(元)

2019年12月31日，坏账准备的应用余额=490 000×10%=49 000(元)

确认坏账损失前，坏账准备已有余额=300 000×10%−10 000+20 000=40 000(元)

本期应确认的坏账准备=49 000−40 000=9 000(元)

借：信用减值损失　　9 000

　贷：坏账准备　　9 000

第八节　应收款项的列示与披露

一、列示

在资产负债表上，应收项目按其流动性列于货币资金及交易性金融资产项目之下。应收项目营业活动产生的应收票据及应收账款应与非营业活动的应收项目分开列示。非营业活动的应收款项在报表上列示的详细程度取决于它们的相对重要程度。应收款项应以账面价值(即扣除坏账准备后的余额)列示。对已有追索权的已贴现应收票据及已让售应收账款，应在报表附注中揭示或有负债。

【例14】　表4-8列示了甲企业于2019年12月31日资产负债表中的部分资产。

表4-8　甲企业资产负债表(部分)

2019年12月31日　　单位：元

资　产	期末余额	年初余额
流动资产：		
货币资金		
交易性金融资产		
衍生金融资产		
应收票据		
应收账款		
预付账款		

续 表

资　　产	期末余额	年初余额
其他应收款		
存货		
合同资产		
……		

表4-8中的“其他应收款”项目根据“其他应收款”“应收利息”“应收股利”等账户余额减去相应的坏账准备之后的余额填列。

二、披露

企业应当在财务报表附注中,披露应收款项的最大信用风险敞口(risk exposure)。企业应收款项的账面价值(应收款项的账面余额减去坏账准备后的余额)即为其最大的信用风险敞口。

表4-9列示了某企业的最大风险敞口。

表4-9　　最大风险敞口的披露　　单位:元

	2019年12月31日	2018年12月31日
应收款项账面余额	600 000	500 000
坏账准备	30 000	25 000
账面价值	570 000	475 000
应付客户的金额	200 000	180 000

本企业与客户签订协议,只有在客户发生拖欠情况下,应付客户的金额才能与应收客户的金额相互抵销,因此,本企业在每一资产负债表日面临的最大风险敞口即为应向客户收取的总金额减去坏账准备之后的金额。由于应付客户的金额在资产负债表内不可抵销,因此,该最大风险敞口中未包含应付客户的金额。

企业还应按类披露在资产负债表日已逾期或已减值的应收款项的下列信息:(1)已逾期未减值的应收款项的账龄分析;(2)已发生单项减值的应收款项的分析,包括判断该项应收款项发生减值所考虑的因素。

表4-10列示了某企业已逾期未减值的应收款项的账龄分析表。

表4-10　　某企业已逾期未减值的应收款项账龄分析表　　单位:百万元

应收款项项目	应收款项账面余额总额	按逾期账龄划分的已逾期但未减值的应收款项的账面余额					
		少于30天	31～60天	61～90天	91～120天	超过120天	合　计
应收账款	7 800	548	75	42	24	96	785
其他应收款	2 000	—	—	—	1	2	3
合　计	9 800	548	75	42	25	98	788

需要注意的是,“已逾期”与“已减值”之间存在差别。当合同到期而客户未支付时,则应

收款项视为“已逾期”，但这并不一定等同于“已减值”。

对于已减值应收款项的披露，应当包括对已发生减值的应收款项的分析。这些分析包括判断该应收款项发生减值所考虑的因素。这些因素主要包括：扣除减值之前的应收款项的账面金额、相关减值损失的金额、可利用的担保物以及已取得其他信用增级的性质和公允价值等。

思考题

1. 应收款项包括哪些范围？
2. 简述应收票据贴现的含义及相应的会计处理。
3. 影响应收账款计价的因素有哪些？
4. 现金折扣的账务处理方法有哪几种？试评价其优缺点。
5. 企业对附有追索权的应收账款让售应当如何进行账务处理？
6. 什么是合同资产？它与应收账款有什么不同？
7. 企业应当如何确定应收账款的减值损失？
8. 对已经作为坏账销记应收账款，后来又收到时，企业应当如何进行会计处理？
9. 应收款项在财务报告中应当如何列示与披露？

阅读材料

1. 财政部：《企业会计准则第 14 号——收入》，2017 年。
2. 财政部：《企业会计准则第 22 号——金融工具确认和计量》，2017 年。
3. 财政部：《企业会计准则第 37 号——金融工具列报》，2017 年。
4. 财政部：《小企业会计准则》，2011 年。

练习题

练习一

一、目的：练习应收票据的会计处理。

二、资料：甲企业的有关资料如下：

(1) 6 月 30 日，A 企业向甲企业购买商品，向甲企业签发了一张面值为 240 000 元、票面利率为 9%、90 天到期的商业汇票。

(2) 7 月 15 日，B 企业签发了一张面值为 165 000 元、票面利率为 8%、60 天到期的商业汇票给甲企业，以支付 4 月 20 日的购货款。

(3) 7 月 30 日，甲企业持上述两张票据向银行贴现，票据的贴现率为 10%。

(4) 9 月 15 日，银行通知甲企业，B 企业的票据已付款。

(5) 9 月 30 日，银行通知甲企业，A 企业的票据拒付，并已将本金、利息及拒绝证书费 50 元记入甲企业的“银行存款”账户。

三、要求：根据上述业务，为甲企业编制相关会计分录。

练习二

一、目的：练习应收账款的会计处理。

二、资料：甲企业 3～4 月份发生如下经济业务：

(1) 3月10日,向A企业销售商品5 000元,付款条件为2/10、1/20、n/30。

(2) 3月15日,向B企业销售商品7 000元,付款条件为2/10、1/20、n/30。

(3) 3月16日,收到A企业退回的部分商品,发票价格为200元。

(4) 3月19日,收到A企业支票一张,以偿付其全部账款。

(5) 3月30日,收到B企业支票一张,计3 960元,以偿付其部分账款。甲企业的营业政策,对于顾客的部分付款,也允许给予现金折扣。

(6) 4月10日,收到B企业支票一张,以偿付其所欠的账款。

三、要求:假定不考虑增值税,根据上述资料,为甲企业编制相关会计分录。

练习三

一、目的:练习应收账款让售的会计处理。

二、资料:甲企业有一笔账面余额为116万元的应收账款,已计提坏账准备30万元。由于资金周转困难,将其让售给A银行。A银行收取的手续费为账面余额的1%,预计销货退回的比例为10%,如若发生销货退回,该款项还须支付给A银行。该债权的出售价格为账面余额的60%。A银行在扣除手续费后将款项划转给了甲企业。A银行对甲企业所出售的债权没有追索权。

三、要求:分别下列情况,为甲企业编制相关会计分录:

(1) 实际发生销货退回的比例为10%。

(2) 未发生销货退回。

练习四

一、目的:练习附退货条款销售的会计处理。

二、资料:11月30日,甲企业向乙企业销售商品200件,每件成本1 000元,销售价格20 000元,增值税税率为13%。在销售时,该商品的控制权已经转移,但货款尚未收到。

根据双方签订的合同,乙企业应于当年12月31日之前支付全部货款,在次年1月31日之前有权退还商品。在退还商品时,甲企业应同步退还所收取的货款。

根据以往的数据,甲企业估计该商品的退货率约为20%。

三、要求:

(1) 11月30日,甲企业在销售商品时,应当确认多少件商品的销售收入?说明原因,并根据确认的收入,为甲企业编制相关的会计分录。

(2) 编制12月31日收到货款时的会计分录。

(3) 12月31日,甲企业重新评估的退货可能性为10%,为甲企业编制相关的会计分录。

(4) 次年1月30日,乙企业的实际退货为15件,甲企业按合同约定退还所收取的货款,为甲企业编制相关的会计分录。

(5) 若次年1月30日,乙企业的实际退货为25件,甲企业按合同约定退还所收取的货款,为甲企业编制相关的会计分录。

(6) 应收退货成本在资产负债表上应当如何列报?

练习五

一、目的:练习合同资产的会计处理。

二、资料:甲企业与乙企业签订了一份销售合同,向乙企业销售A与B两种商品,两种商品的单独售价分别为100 000元和500 000元,增值税税率为13%。合同约定,甲企业在交付A商品后的2个月后再向乙企业交付B商品,只有当A、B两种商品全部交付之后,甲企业才有权收到全部的货款。

A、B两种商品构成可以明确区分的合同及可以单独履行的履约义务,其控制权均在交付时转移给乙企业。

三、要求:根据上述业务,为甲企业编制下列业务的会计分录:

(1) 向乙企业交付 A 商品时,假定 A 商品的成本为 50 000 元。

(2) 向乙企业交付 B 商品时,假定 B 商品的成本为 300 000 元。

(3) 收到包含增值税税额在内的 A、B 商品的销售款项。

练习六

一、目的：练习应收账款信用减值损失的计算方法。

二、资料：下列资料摘自甲企业 2019 年年初的会计记录：

应收账款(2019 年 1 月 1 日)	157 500
坏账准备	3 000(贷方余额)

2019 年度,甲企业的赊销金额为 1 437 500 元,应收账款收现 1 393 500 元。另有 6 500 元因无法收现而作为坏账予以转销。

2019 年 12 月 31 日,根据以往的经验及前瞻性估计,甲企业账面上的应收账款大约会发生 4%的减值损失。

三、要求：

(1) 计算甲企业 2019 年度估计的应收账款减值损失,并编制相应的会计分录。

(2) 列示甲企业 2019 年 12 月 31 日资产负债表中的应收账款项目。

练习七

一、目的：练习应收账款减值损失的确定。

二、资料：甲企业决定按照应收账款账龄结构作为确定应收账款减值损失的组合,以企业信用部门估计的不能收回的应收账款作为减值损失的百分比。相关分析资料如下(单位：元)：

应收账款余额	应收账款的账龄	估计不能收现的百分比
192 000	30 天以内	0.5%
114 000	31～90 天	2%
73 000	91～120 天	6%
41 000	121～240 天	12%
27 000	241～360 天	25%
19 000	超过 360 天	60%
466 000		

三、要求：

(1) 计算甲企业应收账款的减值损失。

(2) 假设甲企业在计算本期坏账准备之前,"坏账准备"账户的余额分别是 16 800 元(借方余额)和 9 600 元(贷方余额),为甲企业编制计提本期坏账准备的会计分录。

练习八

一、目的：练习应收账款信用风险损失的计量。

二、资料：甲企业某类应收账款最近 4 年资产负债表日的账龄分析情况见表 4-11。

表 4-11　甲企业某类应收账款最近 4 年的账龄分析情况　　单位：万元

账　龄	2016 年 12 月 31 日	2017 年 12 月 31 日	2018 年 12 月 31 日	2019 年 12 月 31 日
1 年以内	200	300	400	400
1～2 年	200	100	120	120

续 表

账 龄	2016年12月31日	2017年12月31日	2018年12月31日	2019年12月31日
2~3年	100	70	50	60
3年以上	20	60	35	35
其中:上年末账龄为3年以上的,本年继续迁徙的部分		10	20	20
合 计	500	530	605	600

2018年12月31日,甲企业按历史损失率计提了此类应收账款的信用损失。

2019年,由于经营方针发生变化,甲企业提高了信用审核标准,估计信用损失要比2018年度下降10%。

三、要求:

(1) 列表计算甲企业最近3年该类应收账款的迁徙率。

(2) 列表计算甲企业应收账款历史损失率。

(3) 列表计算甲企业2019年年末坏账准备的余额。

(4) 编制计提2019年度此类应收账款信用减值损失的会计分录。

(5) 假定2018年年度甲企业核销了一笔10 000元的应收账款,但在2019年因客户经营状况好转,甲企业收到了这笔已作为坏账核销的应收款项。为甲企业编制收到已作为坏账核销的应收款项10 000元时的会计分录。

第五章
存　货

学习提要

存货是指企业在日常活动中持有以备出售的产成品或商品、处在生产过程中的在产品、在生产过程或提供劳务过程中耗用的材料和物料等。

企业存货的认定以企业对存货是否具有控制权为标准。

存货成本是存货数量和单位成本的积数。

确定存货的数量的制度有两种：定期盘存制和永续盘存制。

存货应按实际成本计价。

在实际成本基础下，存货的计价有个别认定法、平均法、先进先出法等，它们分别依据不同的存货成本流转假设。

选择存货计价方法需考虑的因素包括资产计价、收益确定、现金流转、所得税、对企业管理人员业绩的评价等。

为简化账务处理，实务中，很多企业采用计划成本对存货进行日常核算。

为使账实相符，存货应当进行定期与不定期的清查。

存货除以实际成本为基础外，还可以采用不以实际成本为基础的方法进行计价，如期末存货可以采用成本与可变现净值孰低法、重置成本法等进行计价。

在某些特定条件下，或出于某些特殊需要，存货也可以采用估计法，估计法下有毛利法和零售价格法等。

存货应当在财务报告中进行充分的披露。

第一节　存货的性质、分类与认定

一、存货的性质

存货(inventory)是企业在日常生产经营过程中持有以备出售，或者仍然处在生产过程，或者在生产或提供劳务过程中将消耗的材料或物料等。存货是这些资产的总称。

商品流通企业的存货主要是库存商品。

制造企业的存货主要包括原材料、在产品、库存商品、周转材料、委托加工物资等。

需要说明的是,本章所述及的存货,不包括农、林、牧等企业的消耗性生物资产以及建筑安装企业建造合同的存货。

企业的一项资产是不是企业的存货,主要看其是否在1年或一个经营周期内将出售或耗用而转换成另外一项新的资产。

存货的概念是相对的。例如,房屋及建筑物,在房地产企业是一项存货,因为它是房地产企业在一个经营周期内将出售的资产。而对其他企业来讲,通常则归类为固定资产。因此,在确定一项资产是不是企业的存货时,要视企业的性质而定,绝不可以一概而论。

资产负债表中的“存货”项目,在实际工作中,主要是通过“原材料”“生产成本”“库存商品”“周转材料”“委托加工物资”“合同履约成本”等账户进行核算的,存货是上述各账户的总称。由于不同的存货项目,其会计处理大体一致,为了简便起见,如不加说明,本章及以后各章将直接用资产负债表上的“存货”项目作为账户名称来代替存货的所有项目,不再一一列举说明某一存货账户的处理。

二、存货的分类

存货的类别应视企业的性质而定。

商品流通企业的主要存货是库存商品(merchandise inventory),如超市,通常购买商品用于销售,即为库存商品。这些商品在转手销售之前是不会改变实物形态的。除了库存商品以外,商业企业的存货还有少量的物料用品。

服务性行业的企业,如会计师事务所、咨询机构、宾馆等,既不生产产品,也不经销产品。这些企业的存货主要为各种物料用品,如办公用品、家具等,供企业业务活动使用。

制造业的存货,虽然企业各不相同,生产的产品各种各样,有鞋业、钢铁业、汽车业等,但它们的存货构成内容并无多大差别,主要包括:

(1) 原材料(raw materials)。指通过采购和其他方式获得的、直接或间接用于生产产品并构成产品实体的各种物质。一般包括各种原材料及主要材料、辅助材料、外购半成品(外购件)、修理用备件(备品备件)、燃料等。

(2) 在产品(work in process)。指完工和销售之前需要进一步加工的物品。

(3) 库存商品(finished goods)。也称产成品,是指完成全部生产过程,经检验可供销售的产品,包括库存产成品及存放于门市部备售的产成品。

(4) 周转材料(circulation materials)。指企业能够多次使用、逐渐转移其价值但仍保持原有形态、不确认为固定资产的材料。主要包括低值易耗品、包装物以及建筑企业中的模板、脚手架等。

低值易耗品(low cost and short lived articles)是指不能作为固定资产的各种用具物品,是低值品和易耗品的简称,如工具、管理用具、玻璃用具以及在经营过程中周转使用的包装容器等。

包装物(container)是指为了包装本单位商品而储备的各种包装容器,如桶、箱、瓶、坛、袋等。但各种包装材料,如纸、绳、铁丝、铁皮等,不属于包装物,通常将其归为原材料。用于储存和保管产品、材料而不对外出售的包装物,应按价值的大小和使用年限的长短,将其归为固定资产或低值易耗品。

(5) 委托加工物资。指企业委托外单位加工的各种物资。

(6) 杂项存货。指金额较小、使用期限较短的物料用品。根据重要性原则,这一类物品的成本可在购入时直接作为费用处理，而不作为企业的存货。

商业企业存货的目的是为了出售；制造企业的存货是为了生产出产品，然后再进行销售。因此，商业企业与工业企业的存货流转有些不同，具体流转程序如图 5－1 所示。

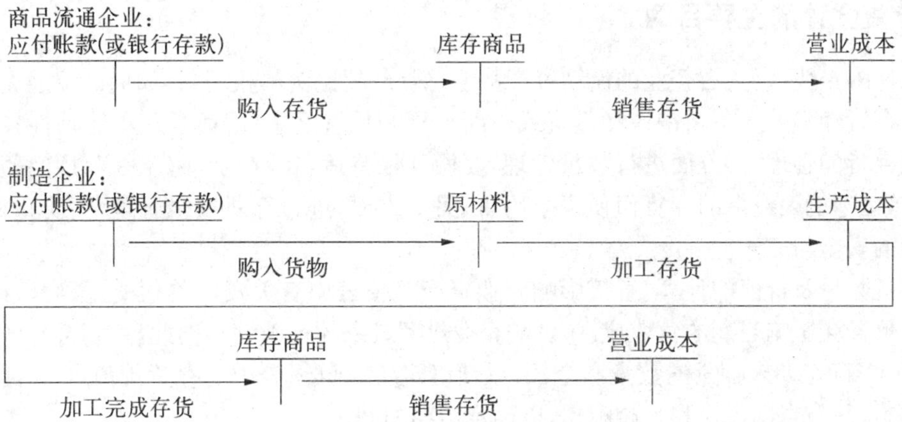

图 5－1　存货成本流转图

三、存货的认定

存货的认定应以企业对存货是否拥有存货的控制权为标准。在判断企业是否已取得商品控制权时，企业应当考虑下列迹象：

(1) 企业就该存货负有现时付款义务。

(2) 企业已拥有该存货的法定所有权。

(3) 企业已实物占有该存货。

(4) 企业已取得或保留该存货所有权上的主要风险和报酬。

(5) 企业已接受该存货。

(6) 其他表明企业已取得存货控制权的迹象。

拥有存货法定所有权是认定存货的主要形式。此外，存货所有权上的风险和报酬的转移也是一种重要的认定标准。

存货所有权上的风险和报酬的转移一般会伴随着所有权凭证的转移或实物的交付而转移。若企业商品所有权上的主要风险和报酬并未转移到购入方，如企业购入的商品在质量、品种、规格等方面不符合合同规定的要求，销售方仍未根据正常的保证条款予以弥补，因而销售方仍负有责任，则商品所有权上的主要风险和报酬尚未转移。

例如，甲企业于 4 月 15 日从乙企业购入商品一批，甲企业已预付部分货款给乙企业，甲企业在收到商品后，发现商品质量没有达到合同规定的要求，立即根据合同的有关条款与销售方乙企业交涉，要求乙企业在价格上给予一定的减让，否则予以退货。但双方没有达成一致意见，乙企业仍未采取任何弥补措施。该项业务中，因甲企业尚未正式接受商品，商品所有权上的风险和报酬仍归属于乙企业。对乙企业来讲，不能确认营业收入；对甲企业来讲，不能确认存货。

因此，存货的认定要视企业对存货是否拥有控制权为标准。例如，委托代销商品、出租及出借包装物、委托加工材料、分期收款发出商品、售后回购等物资，虽然不在本企业的仓库,但它们是企业的存货。又如,受托代销商品、租入或借入的包装物等,虽然存放在本企业的仓库,但不应作为企业的存货。

对于不属于企业但存放在企业的存货,会计上一般在备查簿上登记,而不做会计分录。

四、存货会计的主要目的

在许多企业,存货占企业的流动资产甚至总资产的比例都相当大,如商品流通企业就是如此。存货经常处于不断销售和重置或不断耗用和重置之中,因而是一项流动性较强的资产。对存货的管理,一方面进行数量管理,要做到保持适当的存货,避免因存货的短缺而影响生产,也不能因过多的存货而使资金闲置;另一方面,进行存货安全管理,要防止偷窃,保证存货的安全与完整。

存货数量及价值的计算,直接影响企业资产负债表中有关资产价值的正确性;同时,存货的计价又会影响当期的营业成本,影响企业经营成果的正确性。据此,存货会计的主要目的是:(1) 确定期末存货的数量和金额,以便确定资产负债表中的存货价值;(2) 计算确定营业成本,并与当期营业收入相配比,以确定当期利润。

第二节　存货的初始计量

当企业取得存货时,哪些成本应包括在存货的成本中,即存货实际成本的构成,是存货的重要内容。如前所述,存货的计价及其列入财务报表的金额,对于确定和反映企业的财务状况和经营成果有着重大的影响。

存货应当根据历史成本计价。

根据历史成本计量的要求,企业取得存货应当按照成本进行计量,即存货应以取得时的实际投入和实际应支付的金额作为其入账金额,存货成本包括采购成本、加工成本和使存货达到目前场所和状态所发生的其他成本等,即所有使存货到达指定地点和指定状况的必要支出均应构成存货的入账价值。

企业的存货会有不同的增加途径,但其主要途径是外购和自制两种。下面针对不同的情况,论述存货入账价值的确定。

一、外购存货的成本

企业外购存货主要包括原材料和商品。外购存货的成本即存货的采购成本一般包括采购价格、进口关税和其他税金(企业随后从税务部门获得的退税除外,也不包括可以抵扣的增值税进项税额)、运输费、装卸费、保险费以及其他可直接归属于存货采购的费用。

外购存货的入账价格主要应考虑的因素有三个:(1) 现金折扣;(2) 附带成本;(3) 外购存货的在途损耗。

(一) 现金折扣

现金折扣是企业为了鼓励购买者尽早付款,通常允许购买者在规定的期限内提前付款而给予购买者一定的折扣优惠,这种折扣就称为现金折扣。例如,A 企业出售商品给 B 企业,A 企业给予 B 企业的付款条件是 1/10、n/30。即表示给予 B 企业的信用期为 30 天,若在购货后的10天内付款，则A企业会给予B企业货款1%的现金折扣。在这种情况下，购货方付款的金额就会出现实际付款与发票价格不一致的情况，就产生了对现金折扣如何进行会计处理的问题。

购货现金折扣的会计处理有总价法、净价法和备抵法三种方法可供选用。这三种方法的会计处理如表6-1所示(假设采用永续盘存制)。

1. 总价法

总价法也称总额法。在总价法下，存货和应付账款都按总额记账。企业享受的现金折扣作为理财收入，记入“财务费用”账户。不过也有人认为，企业享受的现金折扣应作为存货的减少。但若作为存货的减少，此笔分录很容易让人误解为是购货的退回。

2. 净价法

净价法也称净额法。在净价法下，存货和应付账款都按发票价格扣减现金折扣后的金额记账。对于期末未能在折扣期内付款而丧失的购货折扣，表明卖方为了尽快收回现金而允诺给予的厚利，买方没有能力接受而放弃。对买方来讲，厚利的丧失，反映出财务管理的不力，应记入“财务费用”账户的借方。

例如，某一购货业务的付款条件为1/10，n/30。实际上，在付款期限内付款，所得利息的年利息率约为18%[1%×360/20÷(1−1%)]。若银行贷款年利率低于18%，即便向银行借款归还这笔货款，企业也是得益的。对于销售方，给予购货方现金折扣，可促使购货方提前付款，减少坏账和收账成本。

3. 备抵法

备抵法的观点与净价法基本相同，即存货以净额来表示，应付账款的净额以“应付账款”账户的总额减去“备抵购货折扣”账户来反映。“备抵购货折扣”账户的期末借方余额在资产负债表中列为“应付账款”项目的减项。

备抵法在实务中鲜有使用，尽管净价法在理论上具有诸多优点，但我国现行会计实务要求采用总价法核算现金折扣。

【例1】 甲企业购入5 000元存货，付款条件是1/10，n/30，即甲企业有30天的信用期，若甲企业在购货后的10天内付款，则可获得1%的现金折扣。假定不考虑增值税，采用以上三种方法分别进行的会计处理如表5-1所示。

表5-1 现金折扣的会计处理 单位：元

经济业务	总价法	净价法	备抵法
1. 购货	借：存货 5 000 贷：应付账款 5 000	借：存货 4 950 贷：应付账款 4 950	借：存货 4 950 备抵购货折扣 50 贷：应付账款 5 000
2. 折扣期内付款	借：应付账款 5 000 贷：财务费用 50 银行存款 4 950	借：应付账款 4 950 贷：银行存款 4 950	借：应付账款 5 000 贷：备抵购货折扣 50 银行存款 4 950
3. 超过折扣期付款	借：应付账款 5 000 贷：银行存款 5 000	借：应付账款 4 950 财务费用 50 贷：银行存款 5 000	借：应付账款 5 000 贷：银行存款 5 000 借：财务费用 50 贷：备抵购货折扣 50

需要注意的是,有些企业在销售时可能还会提供商业折扣,即对标出的价格扣除一定的折扣作为最终交易价格。由于商业折扣不涉及实际的收付行为,因此,购货折扣的会计处理仅涉及现金折扣。

(二) 附带成本

企业购入的各种存货,除购买价格外,在购入、保管过程中,还会发生其他一些费用,如采购过程中发生的运输费、装卸费、保险费、包装费、仓储费,运输中发生的合理损耗,入库前的挑选整理费用等,这些费用统称为存货的附带成本。仓储费用不应当包括在外购存货的成本中,而应当在其发生时确认为当期费用。

从理论上来讲,只要这些附带成本与存货有特定的直接关系,那么这些附带成本(不包括可以抵扣的增值税)均应构成外购存货成本的一部分。然而,在实际业务中,确定附带成本与存货的关系程度并不容易,而且有可能工作量繁重。附带成本是否计入存货的成本,要视具体情况及附带成本的重要性而定,但在同一企业,各会计期间采用的方法要求一致。

在商品流通企业,商品品种繁多。企业购入商品时发生的附带成本,可能与几种存货有关,还可能涉及销售费用,因此很难将一笔购货附带成本合理且准确地分配到特定的存货中去。因此,原则上,商品流通企业在采购商品过程中发生的运输费、装卸费、保险费、包装费以及其他可以归属于存货采购成本的费用等进货费用,应当计入采购成本,也可以先进行归集,期末根据所购商品的存销情况进行分摊。对于已售商品的进货费用,计入当期损益;对于未售商品的进货费用,计入期末存货成本。企业采购商品的进货费用金额较小的,可以在发生时直接计入当期销售费用。

对外购商品的需先进行归集再进行分配的进货费用,企业可以设置"进货费用"账户,归集所发生的进货费用,到期末根据存货情况,采用直接成本等方法对其进行分配,应由已销商品负担的进货费用,结转至当期营业成本;应由期末存货负担的进货费用,结转至库存商品成本。该账户期末应无余额。

在制造加工企业,存货入库前发生的附加费用比较多。这类支出,如包装费、运输费、装卸费等,大多计入存货成本。至于金额较小的市内运杂费,可作为管理费用处理。

对于存货入库后至发出前所发生的存储保管费用,理论上应构成存货成本,但在会计实务中缺乏可操作性。一般情况下,为了简化核算手续,将存货的存储保管费列作期间费用处理,不计入存货成本。

我国企业会计准则要求,仓储费用(不包括在生产过程中为达到下一个生产阶段所必需的费用)以及不能归属于使存货达到目前场所和状态的其他支出,不计入存货成本。

总之,存货的附带成本是否应为存货成本的一部分,并没有绝对的标准。须视企业的具体情况及附带成本的重要性而定,各企业并不一致,但对某一企业来讲,应保持前后一致。

(三) 外购存货的在途损耗

外购存货会因各种原因使存货的实收数和应收数不符,两者之差,即为在途损耗。外购品的运输途中的损耗,应分不同情况加以处理。

属于合理损耗的部分,应包括在存货的成本中,使得存货总成本不变,单位成本上升。

属于供货单位或运输部门责任的，应将短缺数冲减存货成本，会计分录如下：

借：其他应收款　　×××

　贷：存货　　×××

属于意外灾害发生的损失，应先暂借记“待处理财产损溢”账户，贷记“存货”账户。经查明应由供应单位、运输机构、保险机构或其他人赔偿的损失，借记“其他应收款”账户，贷记“待处理财产损溢”账户。

属于自然灾害损失的，扣除存货残值作价及可由保险公司赔偿的部分，其余作为营业外支出处理。

属于无法收回的超定额损耗的，其会计处理与存货合理损耗的会计处理相同。

二、自制存货的成本

在制造企业，费用分为三大类：直接费用、间接费用、期间费用。直接费用是指生产存货过程中发生的直接材料费用和直接人工费用。它与存货的形成有直接的联系。间接费用即制造费用，是指所有不能判明与产品之间有直接联系的制造成本。期间费用是指企业行政管理部门为组织和管理生产经营活动而发生的管理费用、财务费用等。自制存货的成本应包括哪些费用、计入存货成本的程度如何，这个问题涉及成本会计的研究对象，此处仅列出几种可供选择的方法。

（一）全部成本计算法

在全部成本计算法下，在产品与产成品包括原材料成本、人工成本、制造费用和期间费用。这是一种传统的自制存货计价方法。需要注意的是，那些损失性的、通常不属于正常经营范围之内的费用，不宜计入存货成本之中。

（二）制造成本法

在制造成本法下，存货的加工成本包括直接材料、直接人工以及按照一定方法分配的制造费用。期间费用作为当期损益，直接在利润表中列示。企业根据制造费用的性质，合理选择分配方法。可选用的分配方法通常有按生产工人工资、按生产工人工时、按机器工时、按耗用原材料的数量或成本、按直接成本（原材料、燃料、动力等）以及按产成品产量等。在同一生产过程中，如果同时生产两种或两种以上的产品，如联产品、主产品和副产品，并且每种产品的加工成本不能直接区分，则这些加工成本应当按照合理的方法在各种产品之间进行分配。联产品的加工成本可选用的分配方法通常有售价法、实物数量法等。在分配主产品和副产品的加工成本时，通常先确定副产品的加工成本，将其差额确定为主产品的加工成本。非正常消耗的直接材料、直接人工及制造费用不应当包括在存货成本中，而应当在其发生时确认为当期费用。

我国企业会计准则要求按照制造成本法核算存货的加工成本。自制存货成本包括直接材料、直接人工和制造费用，其中直接人工和制造费用也称为加工成本。不过，非正常消耗的直接材料、直接人工和制造费用不应计入存货成本。

（三）变动成本法

变动成本法是指在产品与产成品成本仅包括那些随产品产量而变动的成本。对于那些不随产量变动的固定成本，则作为期间费用，将其列入利润表。

这种方法有利于成本分析，但对那些兼有固定和变动双重性质的制造费用，却存在着如何正确划分的问题。

(四) 标准成本法

标准成本法是指以标准成本为基础计算在产品和产成品实际成本的方法,与一般的成本计算方法不同。标准成本法的基本特征在于将日常发生的成本计算和形成的差异相结合、成本控制和成本计算相结合。日常发生的成本分解为标准成本和成本差异两部分。这样有利于及时查明差异的原因和责任,采取措施,实现成本的有效控制。

此外,如果自制存货的周期较长,可以将符合资本化条件的借款费用计入存货生产成本。借款费用的内容将在第三篇"负债"的相关章节中说明。

三、其他方式取得存货的成本

(一) 委托外单位加工的存货

委托加工存货的实际成本包括加工过程中耗用的材料或半成品的实际成本、加工费和往返运杂费及应负担的税金等。

(二) 接受捐赠的存货

接受捐赠的存货的成本,应当分别以下情况确定存货的实际成本:

(1) 捐赠方提供了有关凭据的,按凭据上标明的金额加上应支付的相关税费确定;

(2) 捐赠方没有提供有关凭据的,应当参照同类或类似存货的市场价格估计的金额,加上应支付的相关税费确定。

(三) 投资者投入的存货

投资者投入的存货按投资合同或协议约定的价值或者评估确认的价值作为实际成本,但合同或协议约定价值不公允的除外。在投资合同或协议约定价值不公允的情况下,按照该项存货的公允价值作为其入账价值。

(四) 企业接受债务人以非现金资产抵偿债务方式取得的存货

以资产清偿债务方式进行债务重组的,债权人收到的存货的成本,包括放弃债权的公允价值和使该资产达到当前位置和状态所发生的可直接归属于该资产的税金、运输费、装卸费、保险费等其他成本。

(五) 盘盈的存货

盘盈的存货按同类或类似存货的重置成本作为实际成本入账,在按管理权限报经批准后,冲减当期管理费用。

第三节 发出存货的计量

存货是不断流动的物资,有流入,也有流出。购入或生产完工入库时,即为流入;销售或耗用时,即为流出。存货流入成本的确定在上一节中已经进行了阐述,本节将阐述存货流出或发出的实际成本的确定。

存货发出成本是发出存货数量和单位成本的乘积。要计算发出存货的成本,首先必须确定发出存货的数量。

一、存货数量的盘存方法

确定存货数量的方法有定期盘存制和永续盘存制两种。

(一) 定期盘存制

定期盘存制(periodic inventory system)又称实地盘存制，是指期末通过盘点来确定存货品的数量，据以计算库存品成本和发出(销售或耗用)成本的一种方法。这种存货的盘存方法，用于商品流通企业时，又称“以存计销制”或“盘存计销制”；用于制造企业时，又称“以存计耗制”或“盘存计耗制”。在这种方法下，存货的购入记入“购货”账户，发出存货则不结转销售成本。按照这种方法，先确定期末存货的数量，然后据此确定发出的数量，再据以结转销售成本。其计算公式如下：

期末存货成本＝实际存货数量×单位成本

本期销售(或耗用)成本＝期初存货成本＋本期购货成本－期末存货成本

对定期盘存制，关键在于确定期末存货数量。确定期末存货数量，可分以下两个步骤：

1. 盘点库存实物数量

盘点库存实物数量的时间一般为期末，盘点的方法包括点数、称重、丈量，以及其他规定的方法，以确定期末存货。对盘点的结果，企业应填制“存货盘点表”。

2. 调整库存数量

通常情况下，库存实物数量不等于期末库存品数量。应按照存货的法定所有权和企业是否拥有存货所有权上的主要风险和报酬为原则，对存货的数量进行调整。因为出库数不等于售出数，有些是“已出库未销”，有些是“已销未出库”。其计算公式如下：

期末存货数量＝库存实有数＋已出库未销数－已销未出库数

(二) 永续盘存制

永续盘存制(perpetual inventory system)又称账面盘存制，是按存货的品种规格逐一设明细账、逐笔登记收入和发出数量、随时记列其结存数量的一种存货核算方法。采用这种方法，不是根据期末盘点确定期末存货数量，而是发出时逐笔点数，逐笔记录数量，计算出剩余的期末结存数量。为验证明细账记录的正确性，每年至少应对存货进行一次实地盘点。如果盘点数与账面数不相符合，应根据具体情况做出相应的会计处理。采用这一方法，盘点一般不定期进行，通常在营业或生产活动的间隙盘点一部分存货。盘点时，根据内部控制职责分离的要求，记录存货和保管存货的人员一般不参与盘点。

在账务处理上，定期盘存制和永续盘存制也不尽相同。在永续盘存制下，应直接通过“存货”账户反映存货的收入、发出及结存的情况。兹以表 5－2 说明定期盘存制和永续盘存制下会计处理的不同(假定不考虑增值税因素)。

从表 5－2 中可以看出，两种盘存制度，除会计处理有所不同外，定期盘存制下的毛利比永续盘存制下的毛利少 400 元。究其原因，是因为定期盘存制将非销售减少的存货挤进了营业成本，而在永续盘存制下，存货盘盈、盘亏数先记入“待处理财产损溢”这一暂记账户，并在期末视情况再进行处理。

表 5-2　　不同盘存制下存货的会计处理　　单位：元

经济业务	定期盘存制	永续盘存制
1. 以银行存款购入商品 4 000 元	借：购货　4 000 　贷：银行存款　4 000	借：存货　4 000 　贷：银行存款　4 000
2. 售出该商品一批，成本 3 000 元，收到货款 5 000 元	借：银行存款　5 000 　贷：营业收入　5 000	借：银行存款　5 000 　贷：营业收入　5 000 借：营业成本　3 000 　贷：存货　3 000
3. 期末盘点该商品的库存金额为 900 元，并结转成本。期初存货为 300 元	借：存货(期末)　900 　营业成本　3 400 　贷：购货　4 000 　　存货(期初)　300	借：待处理财产损溢　400 　贷：存货　400
销售毛利	5 000－3 400＝1 600	5 000－3 000＝2 000

(三) 两种盘存制的比较

作为确定存货数量的两种方法，定期盘存制和永续盘存制各有其有缺点和适用性。

定期盘存制的主要优点有：(1) 账户设置简单。只设“存货”一个总分类账户，或只按大类设几个二级账，不需按品种规格设明细账。进货量和单价可在月末根据凭证直接计算(期初数在账上，期末结存靠盘点，销售成本靠计算)。(2) 记账简单。平时只记购货；销售或耗用成本到月末汇总计算得出，一次登记账簿。

定期盘存制虽然具有账务处理简便易行的优点，但因此也带来了其明显的缺点，主要有：(1) 由于平时不随时结转成本，不对存货的收入、发出和结存做明细记录，因而不能随时反映各种存货的收发存动态，不利于加强对存货的管理。(2) 由于定期盘存制以期末结存倒算出销售或耗用成本，因而掩盖了各种损失。将各种非销售或非生产耗用的损耗、浪费、差错甚至偷窃等原因而造成的存货损失，全部混进了销售或者耗用成本之中。它影响了报表的正确性，也削弱了存货的库存管理。(3) 会计期末进行定期盘点，加大了企业会计期末的工作量，影响了企业正常的生产经营活动。

定期盘存制较适合于存货的品种规格繁多且存货单位价值较低的企业，如一些没有采用计算机财务软件进行记账的一些商业企业。对于这些企业，要建立永续盘存记录通常太费时、费力。

与定期盘存制相反，永续盘存制的优点主要有：(1) 及时提供每种存货的收入、发出和结存信息，有利于及时采取购销活动，有利于企业的存货管理。(2) 明细账账面结存数，可以通过不定期的实地盘点，将实际盘存数与账面数相核对，进而可以查明溢余或短缺的原因，以保证账面有关数据的正确性，如存货、销售成本、销售毛利。

永续盘存制也存在着缺点，如存货明细记录的工作量大，存货品种规格繁多的企业更是如此。

我国现行会计规范要求企业采用永续盘存制对存货进行核算。

二、存货发出单位成本的确定方法

发出存货的单位成本的确定涉及对存货流转(flow)的理解，存货流转包括实物流转和成本流转两个方面。

存货的实物流转是企业存货实物在实际生产经营过程中的流转。实物流转的方式由企业管理人员根据存货的特点与管理控制的需求决定。有些企业为防止存货变质而采用先进先出方式，而有些企业则可能采用后进先出的存货流转方式等。

存货的成本流转方式是指购入或自制存货的成本流入及发出存货时的成本流出。企业的存货成本的流转方式要与实物的流转方式一致并非易事。一方面，由于外购或自制存货的单位成本多变，而且实物的流转也不一定有规律，因此，必须采用某种存货成本流转的假设，在期末存货与销售成本之间分配。只有这样，才能减少人为操纵的可能性，提高会计信息的可靠性。不过，如果所采用的成本流转方式与实物流转方式大相径庭，则与会计原则背道而驰。因此，企业选择的存货成本流转方式应与存货的实物流转方式大致相同。

存货成本流转的假设(cost flow assumption)有以下几种，兹分述之。

(一) 个别认定法

个别认定法(specific identification)要求对每项存货都编制一定的编号，这样，在售出或耗用存货时，就能确知售出或耗用存货的单位成本。这种方法乍看十分合理，它把实物流转与成本流转统一起来，因而最能反映这些业务的真实性，并且这一方法在定期盘存制和永续盘存制下均可使用，但这种方法有它的不足之处。一方面，若产品繁多，为每一存货设置记录，十分不易；如果各个存货或各批存货彼此难以分清，这种方法在实务中就更难以操作。另一方面，这一方法容易被人为利用，虚构利润。如果营业状况不佳，估计利润不高，管理人员就可以将低成本的货品作为发出存货，以提高利润。

对于不能替代使用的存货、为特定项目专门购入或制造的存货以及提供的劳务，如房屋、飞机、珠宝等贵重、批量较少的存货，通常采用个别认定法确定发出存货的成本。

(二) 平均法

在平均法(average-cost)下，期末存货或发出成本的单价根据期初存货和本期进货存货的平均单位成本计价。平均法下有简单平均法、加权平均法和移动平均法三种。

1. 简单平均法

简单平均法也称算术平均法，是指用期初存货及本期进货的单位成本的算术平均数作为期末存货的单位成本计价。

简单平均法的优点是简单，但这种方法在计算平均单位成本时，并没有考虑各批进货数量所占的权重，而且，在这种方法下，只有在期末才能计算出存货单位成本，因此，这种方法只适用于定期盘存制。

【例 2】 甲企业 3 月份存货资料如表 5-3 所示。

表 5-3　　甲企业 3 月份存货收发存资料

日　期	经济业务	数量(件)	单位成本(元)	总成本(元)
3 月 1 日	期初存货	400	10	4 000
3 月 5 日	销　售	100		
3 月 10 日	购　入	200	11	2 200
3 月 18 日	销　售	300		
3 月 28 日	购　入	100	12	1 200

期末存货盘点的数量为 300 件。

甲企业 3 月份期末存货的计算如下：

$$单位成本=\frac{10+11+12}{3}=11(元)$$

期末存货成本=300×11=3 300(元)

2. 加权平均法

加权平均法(weighted-average method)是指用期初成本和各批进货成本进行加权平均以计算单位成本的方法。

加权平均单位成本的计算公式如下：

$$加权平均单位成本=\frac{期初存货成本+本期进货成本}{期初存货数量+本期进货数量}$$

续【例 2】 采用加权平均法计算甲企业期末存货成本如下：

$$加权平均单位成本=\frac{4\,000+2\,200+1\,200}{400+200+100}=10.57(元)$$

期末存货成本=300×10.57=3 171(元)

采用这种方法，加权成本单价只需在月末一次计算，简单方便。而且，加权平均法所确定的存货成本受各批进货数量的影响，因此它纠正了简单平均法的缺点，数据比较客观。但在这种方法下，只能在月末结算出期末存货和发出成本，只能用于定期盘存制，不利于加强存货的管理。

3. 移动平均法

移动平均法(moving-average method)是指在每次进货时，对库存货品进行一次加权平均，计算出新的加权平均单位成本，并据以计算出发出成本和库存货品。移动平均单位成本的计算公式如下：

$$移动平均单位成本=\frac{原有库存货品成本+本次进货成本}{原有库存货品数量+本次进货数量}$$

续【例 2】 按移动平均法下的存货成本计算如表 5-4 所示。

表 5-4 **存货明细账**

(移动平均法)

存货类别：　　　　计量单位：件

存货编号：　　　　最高存量：

存货名称及规格：　　　　最低存量：

2019 年		凭证编号	摘　要	收　入			发　出			结　存		
月	日			数量	单价	总成本	数量	单价	总成本	数量	单价	总成本
3	1		期　初							400	10	4 000
	5		销　售				100	10	1 000	300	10	3 000
	10		购　入	200	11	2 200				500	10.4[①]	5 200
	18		销　售				300	10.4	3 120	200	10.4	2 080

续　表

2019年		凭证编号	摘　要	收　入			发　出			结　存		
月	日			数量	单价	总成本	数量	单价	总成本	数量	单价	总成本
	28		购　入	100	12	1 200				300	10.93②	3 280
3	31		本期发生额及期末余额	300	—	3 400	400	—	4 120	300		3 280

注：①$=\frac{3\,000+2\,200}{300+200}=10.4$(元)，②$=\frac{2\,080+1\,200}{200+100}=10.93$(元)。

移动平均法被认为是一种较为客观、不易受主观因素影响的存货计价方法。而且，移动平均法可以随时提供存货的收入、发出和结存的情况，便于管理人员及时了解存货的结存情况，加强管理。此方法适合于计算机环境下或在手工操作情况下存货品种较少或收发次数较少的企业。对于业务量较多而且采用手工操作的企业，此种方法显得计算比较复杂、工作量太大。

移动平均法不适用于定期盘存制。

(三) 先进先出法

先进先出法(first-in, first-out, FIFO)是指发出的存货按最近入库的那批单价进行计价的一种方法。这种方法的成本流转假设是先入库的存货先发出，如果发出的批量超过最先入库的那一批时，超过部分要依次按下一批入库的单价计算。

续【例 2】 甲企业按先进先出法计算的存货明细账如表 5-5 所示。

表 5-5　　**存货明细账**

(先进先出法)

存货类别：　　计量单位：件

存货编号：　　最高存量：

存货名称及规格：　　最低存量：

2019年		凭证编号	摘　要	收　入			发　出			结　存		
月	日			数量	单价	金额	数量	单价	金额	数量	单价	金额
3	1		期　初							400	10	4 000
	5		出　售				100	10	1 000	300	10	3 000
	10		购　入	200	11	2 200				300 200	10 11	3 000 2 200
	18		出　售				300	10	3 000	200	11	2 200
	28		购　入	100	12	1 200				200 100	11 12	2 200 1 200
3	31		本期发生额及期末余额	300		3 400	400		4 000	200 100	11 12	2 200 1 200

先进先出法的优点在于：定期盘存制和永续盘存制下都可运用；期末存货的价值比较接近现行成本；存货的成本流转和通常情况下存货的实物流转一致；存货数据客观，不易受

主观因素影响。

但其构成销售成本的是先前入库的存货,这样,就产生了与现行收入相对应的不是现行成本的问题。当物价上涨时,其销售成本偏低,利润偏高。采用先进先出法下的实际销售成本与现行销售成本之间的差额而引起的利润的差额,即为存货持产利润。采用先进先出法一般会产生存货持产利润。

(四) 后进先出法

后进先出法(last-in, first-out, LIFO)是指假定后入库的存货实物先发出的一种存货计价方法。如果发货批量超过最后入库的那批批量,则超过部分要依次按上一批入库的单位成本计算。这种方法下,与当期销售收入相对应的是最近入库的存货成本。

后进先出概念又分为单位成本后进先出法与货币价值后进先出法,本书只阐述单位成本后进先出法,即每种货品都是用其数量乘以单位成本来计算。

续【例 2】 若甲企业采用定期盘存制,期末存货和销售成本计算如下(单位:元):

期初存货	4 000
加:本期购入	3 400
本期可供销售成本	7 400
减:期末存货(300 件×10)	3 000
本期销售成本	4 400

可以看出,在定期盘存制下,要先计算出期末存货,再倒算出销售成本。

在永续盘存制下,销售成本随时结转。续用上例,其销售成本和期末存货计算如表 5-6 所示。

表 5-6　存货明细账

(后进先出法)

存货类别:　　　　计量单位:件

存货编号:　　　　最高存量:

存货名称及规格:　　　　最低存量:

2019 年		凭证编号	摘要	收入			发出			结存		
月	日			数量	单价	金额	数量	单价	金额	数量	单价	金额
3	1		期初							400	10	4 000
	5		出售				100	10	1 000	300	10	3 000
	10		购入	200	11	2 200				300 200	10 11	3 000 2 200
	18		出售				200 100	11 10	2 200 1 000	200	10	2 200
	28		购入	100	12	1 200				200 100	10 12	2 000 1 200
3	31		本期发生额及期末余额	300		3 400	400		4 200	200 100	10 12	2 000 1 200

根据计算可以看出，两种盘存制度下计算出的期末存货和销售成本并不相同，均相差200元。原因在于定期盘存制是先算出期末存货，期末存货按最先入库的存货的数量及单价计算，销售成本按最后购入的存货的数量及单价计算，它不考虑购销的时间因素。永续盘存制先计算销售成本，销售成本是对已购入存货按后进先出法计算，它考虑时间因素，因此，销售成本是已入库成本的一部分。由于两种方法下的成本计算时间不同，其销售成本来自不同的存货层，造成了这种差异。

赞成后进先出法的主要理由有：(1) 在物价上涨时，按后进先出法计算的销售成本高，税前利润较低，所得税赋较少，所得税现金支出较少。(2) 它符合配比原则，现行收入和现行成本相配比。

单位成本后进先出法存在以下问题：(1) 如果一家企业有许多存货项目，那么，要保持对每一存货项目进行记录的工作量太大。(2) 资产负债表上的存货以先前的、过时的单位成本反映。(3) 它受到人为控制的影响，如在物价迅速上升时期，企业可以通过在年末大量购货达到降低报告收益的目的。(4) 成本流转通常与实物流转不相一致。(5) 它还存在着存货层的清算问题。如表5-6所列，3月5日出售的货品100件，其单位成本使用的就是期初的单位成本10元，金额1 000元，这便产生了存货层的清算问题。由此计算所得的存货与销售成本，与后进先出法的基本观点——以最近存货取得成本与当期收入相配比相违背。

为了缓解单位成本后进先出法的存货层清算问题和减少存货记录的工作量，会计上产生了用存货组合或称存货组，而不是用每一个存货项目，来计算后进先出存货成本及销售成本的一种方法。但它也存在问题：一方面，很多企业经常改变存货的构成。如一家纺织企业，它原先用棉花作为原料，而现在改用合成纤维。这家企业就要重新设置原先的存货组，这样，费时又费力。另一方面，这种方法没有根本性地解决存货层的清算问题，因为原有存货组中的货品可能被其他货品临时或永久地替代。

由于后进先出法很少与存货的实物流转相一致，并且与当今重视资产负债表资产计价的主流思想不相一致，我国企业会计准则取消了后进先出法，只要求采用个别认定法、先进先出法和加权平均法作为发出存货成本的确定方法。当然，在特殊情况下，后购入商品放置在先购入商品的上面或前面，就可能让后购入商品在先购入商品前出售。

（五）其他计价方法

存货的计价方法除了上述个别认定法、加权平均法、先进先出法及后进先出法等方法以外，还有诸如最后进价法、基本存量法、次进先出法等其他计价方法。

1. 最后进价法

最后进价法(list-in method)也称最近进价法，是指存货的期末存货以本期最近一次购货的单价计算，从而倒轧出存货发出成本的一种方法。在这种方法下，期末存货比较接近市价，从而使资产负债表中的存货项目具有较大的现实意义。它的缺点在于平时只登记存货发出的数量，到期末才倒算出销售成本，从而影响了成本计算和结账工作的及时性，而且容易被管理层采用控制最近一次购价，操纵销售成本及其利润。

续【例2】 按最后进价法，其存货明细账见表5-7。

很多商品批发企业在采用毛利率法核算库存商品成本时，对一个季度的前两个月的期末存货成本的计算就采用了最后进价法。

表 5-7　　存货明细账

（最后进价法）

存货类别：　　　　计量单位：件

存货编号：　　　　最高存量：

存货名称及规格：　　　　最低存量：

2019 年		凭证编号	摘　要	收　入			发　出			结　存		
月	日			数量	单价	总成本	数量	单价	总成本	数量	单价	总成本
3	1		期　初							400	10	4 000
	5		销　售				100					
	10		购　入	200	11	2 200						
	18		销　售				300					
	28		购　入	100	12	1 200						
3	31		本期发生额及期末余额	300	—	3 400	400	—	3 800	300	12	3 600

2. 基本存量法

基本存量法(basic stock method)又称正常存量法，它认为企业必须始终保持一个正常的最低储备量，即基本存量。这个基本存量的存货是企业永久拥有的资产，其性质就如同固定资产一样。因此，应按正常或不变的价格计算，其价值在账面上应保持不变。至于超过正常最低储备量的存货，可按先进先出法或加权平均法等方法计算。这种方法不是一种独立的方法，它只有与其他方法结合使用时才成为一种方法。这种方法既可用于永续盘存制，又可用于定期盘存制。

这种方法下，使得采用先进先出法与后进先出法计算出的存货价值相差不远。但因基本存量存货金额不变，基本存量存货的价值随着时间的推移与现行价值的差距越来越远。

续【例 2】 假设甲企业采用基本存量法，发出存货按定期盘存制下先进先出法计算，存货的基本存量为 200 件，单位成本为 9 元，期末存货与销售成本的计算如表 5-8 所示。

表 5-8　　基本存量法下期末存货与销售成本的计算

	数量(件)	单位成本	总成本(元)
基本存量	200	9	1 800
正常存量	200	11	2 200
期初存货总额	400		4 000
本期购货			
第一次购货(3 月 10 日)	200	11	2 200
第二次购货(3 月 28 日)	100	12	1 200
可供销售货品的存货成本	700		7 400
期末存货(300 件)			

续 表

	数量(件)	单位成本	总成本(元)
基本存量	200	9	1 800
正常存量(3月28日购入)	100	12	1 200
期末存量总额	300		3 000
销售成本	400		4 400

3. 次进先出法

次进先出法(next-in, first-out)是指存货都按下一批购货的单位成本计算的方法,也就是按存货重置成本计价的方法。采用这一方法,使得当期收入尽量与现行市价的销售成本相配比。在物价变动时,此方法所用发出存货的单价接近重置成本。

续【例 2】 按次进先出法,其存货明细账如表 5-9 所示。

表 5-9 **存货明细账**

(次进先出法)

存货类别: 计量单位:件

存货编号: 最高存量:

存货名称及规格: 最低存量:

2019年		凭证编号	摘要	收入			发出			结存		
月	日			数量	单价	总成本	数量	单价	总成本	数量	单价	总成本
3	1		期初							400	10	4 000
	5		销售				100	11	1 100	300		2 900
	10		购入	200	11	2 200				500		5 100
	18		销售				300	12	3 600	200		1 500
	28		购入	100	12	1 200				300		2 700
3	31		本期发生额及期末余额	300	—	3 400	400	—	4 700	300		2 700

在次进先出法下,利润容易被操纵。此外,还会产生期末存货为负数的奇怪现象。在上例中,如果3月28日的单价为17元,3月20日的存货就为0元;如果3月28日的单价超过17元,3月20日的存货就为负数。

此外,这种方法不适合定期盘存制。

(六) 存货计价方法的比较

我国《企业会计准则第1号——存货》规定:"企业应当采用先进先出法、加权平均法或者个别计价法确定发出存货的实际成本。对于性质和用途相似的存货,应当采用相同的成本计算方法确定发出存货的成本。对于不能替代使用的存货、为特定项目专门购入或制造的存货以及提供劳务的成本,通常采用个别计价法确定发出存货的成本。"

各种方法计算出的期末存货及销售成本的不同,是因物价变动而产生的。下面以物价上涨为前提,评价各种存货计价方法。为方便比较,存货计价方法的比较中包括了后进先出法。

1. 从资产计价的角度看

采用先进先出法,期末存货的单价按后期进价单价计算,比较接近资产负债表编制日的重置成本,使资产(存货)计价较为合理。但在后进先出法下,期末存货的单价按前期进价单价计算,特别是通货膨胀时期,资产(存货)计价偏低,报表分析的正确性也受影响。

2. 从利润确定的角度看

采用后进先出法,最近的进货成本可与最近的销售收入相配比,产生较为准确的利润数据,以恰当地解释、评价、预测企业的经营成果。而采用先进先出法,则以早期的存货成本与现在的销售收入相配比,就会虚计利润,会产生存货持产利润。

3. 从纳税和现金流量的角度看

后进先出法下的销售成本为最近的进货成本,一般情况下,其销售成本较高,利润较低,因而应缴纳的所得税较少。就现金流量而言,因应缴纳的所得税较少而使现金的流出减少。先进先出法则相反。但若从长远的角度看,企业的存货总归要销售,最终均转化为销售成本。因此,无论采用何种方法,几个会计期的销售成本总额、税前利润总额、所得税费用总额、税后利润总额、现金流量总额均为一致。但货币有时间价值,前面少缴税,后期多缴税,这等于政府对企业给予一笔若干年的免息贷款。需要注意的是,存货计价方法对采购或生产存货的现金支付没有任何影响,影响的只是所得税的现金支付。

4. 从管理者业绩评价的角度看

从管理者角度看,管理者为显示其经营业绩,总希望采用能使利润最大化的方法,因为企业的奖励机制一般根据业绩来评价。管理者往往乐于采用先进先出法,这样,利润金额高,企业的股票价格通常也会上涨,管理者不仅可以得到较高的奖金,而且管理者可以通过出售所持股份获益。

第四节 计划成本法

在存货品种、规格和数量繁多的企业,如果采用个别认定法、加权平均法、先进先出法等对存货进行核算,日常工作量很大,难免就会影响到提供消息的及时性,会计核算成本也过高。为了简化会计核算手续、加强成本管理、提高会计信息的管理有效性,有些企业采用计划成本(或售价,下同)反映企业存货的收入、发出以及结存业务。

一、计划成本法的基本原理

计划成本法是企业采用计划成本核算存货的收发业务,即平时用计划成本记录收入和发出的存货,每到期末,将库存和发出的存货由计划成本调整为实际成本的一种核算方法。对于实际成本与计划成本的差额,另行设置“存货成本差异”账户反映,待期末再将发出的存货由计划成本调整为实际成本。调整公式如下:

发出存货的实际成本=发出存货的计划成本±应负担的存货成本差异

计划成本法适用于制造企业。

计划成本法下外购存货业务(以原材料为例)的账务处理流程如图 5-2 所示。

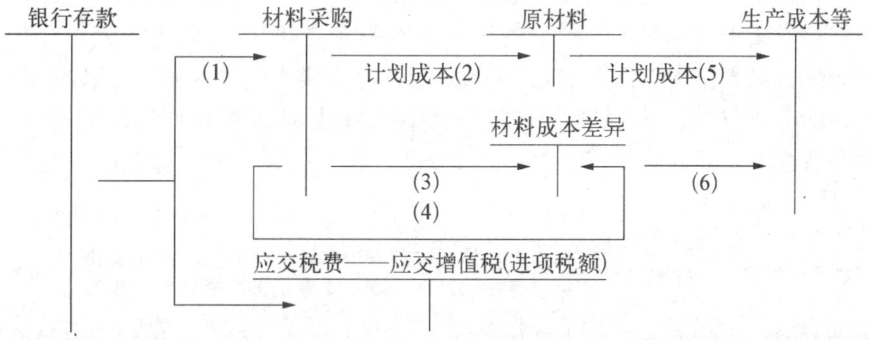

说明：(1) 购进原材料(实际成本)；(2) 材料验收入库(计划成本)；(3) 结转入库材料形成的超支差异；(4) 结转入库材料形成的节约差异；(5) 发出材料的计划成本；(6) 发出材料应负担的材料成本差异(节约用红字金额转出)；(7) 在编制资产负债表时，原材料计划成本余额±材料成本差异余额，即为按实际成本列示。

图 5-2　计划成本法下外购存货业务(以原材料为例)的账务处理流程

可以看出，计划成本并没有脱离实际成本计价原理。存货虽以计划成本反映，但由于还有“存货成本差异”反映存货的实际成本与计划成本的差异，将其合二为一即为实际成本。

二、计划成本的制定

采用计划成本进行存货日常核算的企业，应对每一品种、规格的存货制定计划成本。存货计划成本的组成内容应与实际成本完全一致，也要包括存货的采购成本、运输费用以及入库前的挑选整理费用等。企业应当根据正常的供需条件，制定计划采购价格，在采购价格的基础上，考虑必要的运输费、运输途中的合理损耗等，制定计划成本。

存货的计划成本，一般由企业的存货采购部门会同会计部门共同制定。存货的计划成本应尽量结合实际，如果计划成本太低，那么，采购部门无论如何努力，都无法实现，使得计划成本不能发挥考核和控制的作用；如果计划成本太高，采购部门轻而易举达到目的，则缺乏鞭策作用，不利于改进采购工作。如果企业以计划成本作为考核采购部门业绩的依据，计划成本制定是否合理将影响企业内部利益分配关系。

企业存货制定的计划成本，在年度内一般不予调整，但若发生特殊情况，致使存货采购成本或运费发生重大变化除外，如市场供求关系突变、国家统一市场限价等。

三、存货成本差异的形成与分配

存货的实际成本与计划成本之间的差额，即为存货成本的差异。当实际成本大于计划成本时，即为超支；当实际成本小于计划成本时，即为节约。

在某一个会计期间，除期初存货成本差异外，存货成本差异主要产生于：

(1) 外购存货采购成本与计划成本的差异；

(2) 自制存货的实际成本与计划成本之间的差异；

(3) 委托外单位加工入库存货的实际成本与计划成本的差异；

(4) 调整计划成本而产生的成本差异；

(5) 其他单位投资转入存货的实际成本与计划成本的差异；

(6) 盘盈存货的实际成本与计划成本的差异等。

存货成本的差异因存货的增加而形成,存货成本的差异随着存货的领用、出售等减少而减少。期初存货成本差异和本期形成的存货成本差异之和,应在期末存货和本期发出存货之间进行分配。对于已发出的存货,其应当负担的存货成本差异也随之结转到相应的账户;剩余未转销的存货成本差异,为期末存货的调整数额,是期末存货计划成本的减少或附加。对于期末存货成本差异的分配,通常在期末通过计算本期存货成本差异率进行。存货成本差异率的计算公式如下:

$$本期存货成本差异率=\frac{月初结存存货的成本差异+本期增加存货的成本差异}{月初结存存货的计划成本+本期增加存货的计划成本}\times 100\%$$

其中,节约数以负数表示,超支数以正数表示。本期发出存货应负担的差异的计算公式如下:

$$本期发出存货应负担的差异=发出存货的计划成本\times 本期存货成本差异率$$

以本月存货成本差异率计算本月发出存货应负担的差异,调整后的实际成本比较正确;缺点是不能在会计期内调整差异,不能随时了解存货的实际消耗成本,同时,成本差异率在月末计算,也使期末会计工作过于集中。因此,在实际工作中,也有些企业按上月的成本差异率计算本月发出材料应负担的差异数额。这一分配方法的结果不太符合实际,但能满足及时提供信息的需要。在存货成本差异不大的情况下,采用这种方法可减轻期末存货成本计算的工作量。

四、计划成本法下存货业务例示

存货的核算在计划成本法下,与直接采用实际成本法核算相比较,具有较大差异。现以外购材料业务为例,说明计划成本法下存货业务的核算。

在计划成本法下,为了正确计算各批材料的采购成本,确定其实际成本与计划成本之间的差异,除了设置"原材料"账户外,还需要设置"材料采购"和"材料成本差异"账户。

"原材料"账户是用来反映企业材料的增加、减少和结存情况的账户。无论材料的增加、减少及其结存,无论是总账还是明细账,"原材料"账户均应按计划成本入账。该账户的借方反映入库材料的计划成本,贷方反映发出材料的计划成本,期末余额在借方,反映结存材料的计划成本。

"材料采购"账户用来核算材料采购过程所发生的全部实际成本。其借方归集存货采购过程中的实际成本,包括材料采购价格、存货运费、入库前的挑选整理费和进口存货应由买方负担的关税等;其贷方反映入库材料的计划成本;期末余额一般在借方,反映在途材料的实际成本。剔除在途材料的实际成本后,该账户借贷方的差异即为已入库材料实际采购成本和计划成本的差异,应转入"材料成本差异"账户。"材料采购"账户的明细分类账通常按材料的种类或品种规格设置。

"材料成本差异"账户反映已入库材料实际成本和计划成本的差异。该账户是"原材料"账户的调整账户,是"原材料"账户的备抵或附加账户——当"材料成本差异"账户余额在借方时,该账户是"原材料"账户的附加账户,即"原材料"账户余额加上"材料成本差异"账户余额等于原材料的实际成本;当"材料成本差异"账户余额在贷方时,该账户是"原材料"账户的备抵账户，即“原材料”账户余额减去“材料成本差异”账户余额等于原材料的实际成本。该账户的借方登记从“材料采购”账户贷方转入的材料成本超支的差异；贷方登记从“材料采购”账户借方转入的材料成本节约的差异，以及随着材料发出而转出的材料成本差异，超支为蓝字、节约为红字。“材料成本差异”明细账应根据管理的要求设置，为便于反映各种或各类材料的实际成本，材料成本差异也需设置明细分类账，并应与材料采购明细账一致。其明细账设置既不能设置得太细，也不能设置得太粗。明细账设置得细，核算实际成本的精确程度高，但核算的工作量大；反之，则影响产品成本计算的准确性，不能为管理提供有用信息。

【例 3】 甲企业是增值税一般纳税人，购货的增值税税率为 13%，运杂费的增值税税率为 9%。

甲企业采用计划成本法对原材料进行日常核算。2019 年 8 月 1 日，“原材料”账户余额为 40 000 元，“材料成本差异”账户余额为 1 700 元（贷方），原材料计划单位成本为每件 80 元。本月材料收入业务如表 5－10 所示。

表 5－10 **甲企业本月材料收入业务** 单位：元

收货单号	数 量（件）	实 际 成 本				承付日	验收日
		发票价格	运杂费	增值税	合 计		
045	500	38 000	1 000	5 840	44 840	8 月 8 日	8 月 10 日
046	300	24 500	640	3 242.6	28 382.6	8 月 20 日	8 月 23 日

本月材料发出记录如下：8 月 5 日，生产车间领用材料 400 件，用于生产。8 月 18 日，生产车间又领用材料 600 件，用于生产。

根据上述资料，甲企业的账务处理如下：

(1) 8 月 5 日，生产车间领用材料 400 件时：

借：生产成本（400×80） 32 000

  贷：原材料 32 000

(2) 8 月 8 日，用银行存款购入原材料 500 件时：

借：材料采购 39 000

  应交税费——应交增值税（进项税额） 5 840

  贷：银行存款 44 840

(3) 8 月 10 日，原材料验收入库时：

借：原材料（500×80） 40 000

  贷：材料采购 40 000

借：材料采购 1 000

  贷：材料成本差异 1 000

(4) 8 月 18 日，生产车间领用原材料 600 件时：

借：生产成本（600×80） 48 000

  贷：原材料 48 000

(5) 8 月 20 日，用银行存款购入材料 300 件时：

借：材料采购　　25 140
　　应交税费——应交增值税(进项税额)　　3 242.6
　贷：银行存款　　28 382.6

(6) 8月23日，原材料验收入库时：

借：原材料(300×80)　　24 000
　贷：材料采购　　24 000

借：材料成本差异　　1 140
　贷：材料采购　　1 140

(7) 8月31日，分摊领用原材料应负担的成本差异，计算如下：

$$本月材料成本差异率=\frac{-1\,700-1\,000+1\,140}{40\,000+40\,000+24\,000}\times100\%=-1.5\%$$

本月耗用材料应负担的成本差异额=(32 000+48 000)×(−1.5%)=−1 200(元)

借：生产成本　　1 200
　贷：材料成本差异　　1 200

将上述会计分录过入“原材料”“材料采购”和“材料成本差异”账户后，在“T”形账户中的记录如下：

原材料

借方		贷方	
期初余额	40 000	(1)	32 000
(3)	40 000	(4)	48 000
(6)	24 000		
期末余额	24 000		

材料成本差异

借方		贷方	
(6)	1 140	期初余额	1 700
		(3)	1 000
		(7)	(1 200)
		期末余额	360

期末(月末)编制资产负债表时，存货项目中的原材料存货，应当根据“原材料”账户的余额24 000元减去“材料成本差异”账户的贷方余额360元，即以23 640元列示。

在实际工作中，实际成本与计划成本的差异也可不在验收入库时结转，平时只记录存货入库，不逐笔结转成本差异，期末将“材料采购”账户借贷之间的差额一次转入“材料成本差异”账户。这种方法简化了平时记账工作，但缺点是不能随时了解材料成本差异，不利于控制。

五、计划成本法的评价

存货用计划成本法核算，不仅可用于材料，也适合用于其他存货业务。它的优点主要包括以下几点：

1. 简化会计处理工作

在计划成本法下，材料明细账可以只记收入、发出和结存的数量，将数量乘以计划成本，随时求得材料收、发、存的金额，通过“材料成本差异”账户计算和调整发出和结存材料的实际成本，简便易行。

2. 有利于考核采购部门的业绩

有了合理的计划成本之后，将实际成本与计划成本对比，可以对采购部门进行考核，促使其降低采购成本，节约支出。

存货采用计划成本法进行日常核算,也有其不足之处。主要是在物价变动频繁、升降幅度较大的情况下,计划成本会因此明显地脱离实际。若要经常变动计划成本,工作量太大,而且对数据的相互比较带来了许多不便。因此,计划成本法适合于在一定的期限内,实际成本相对比较稳定、存货外购价格不发生大幅度升降的企业。

第五节 估计法

存货按实际成本计价,符合企业会计准则的规定,被广泛采用。但在一些特殊的情况下,按实际成本计价所耗成本太大,有时根本无法得到有关实际成本的数据,存货不得不采用估计的方法来计价,即估计法。常见的估计法有毛利法和零售价格法等。

一、毛利法

(一) 毛利法的基本原理

毛利法(gross margin method)也称毛利率法,是指用过去的销售毛利率,即销售毛利除以销售收入,或用估计毛利率来估计期末存货和本期销售成本的一种方法。这种方法基于毛利率在前后各期大致相同,即上期或前几期计算所得的毛利率在短期内基本保持不变。若影响毛利率的因素发生变化,则应调整毛利率;对毛利率不同的存货要分类核算。

以毛利法估计期末存货价值,其步骤如下:

第一步,根据上一期或前几期的毛利率估计本期毛利率。毛利率的公式为:

$$毛利率=\frac{销售毛利}{销售净额}\times 100\%$$

$$销售毛利=销售净额-销售成本$$

第二步,估计本期销售成本,即从本期销售净额减除估计销售毛利。估计销售毛利是本期的销售收入乘以估计的本期毛利率。

第三步,估计期末存货,即以本期可供销售货品总额(即期初存货+本期购货)减去估计销售成本。

【例 4】 假定甲企业当期有关资料如下(单位:元):

期初存货(原始成本)	12 000
本期购货净额	68 000
本期销售收入净额	90 000
估计销售毛利率(根据以前的毛利率估计)	30%

本期期末存货估计如表 5-11 所示。

表 5-11 毛利法的应用 单位:元

	期初存货成本		12 000
	本期购货成本净额		68 000
	可供销售商品成本总额		80 000

续 表

	销售收入净额		90 000
第一步	估计销售毛利		
	(90 000×30%)	27 000	
第二步	估计销售成本总额		63 000
第三步	估计期末存货总额		17 000

采用毛利法估计存货成本的关键取决于毛利率的正确与否。前面提到毛利率是根据上期或前几期计算所得的毛利率确定的，如果影响毛利率的因素发生变化，则应当调整毛利率。可能影响毛利率变动的因素包括：商品或产品成本、售价的升降，商品或产品的销售结构发生变化等。

需要注意的是，由于毛利法毕竟只是一种估计的方法，因此，这种方法在具体运用时，通常以一个季度作为一个调整周期，即每一季度的前两个月采用毛利法估计期末存货成本，到季度末了的第三个月，在确定期末存货数量后，以最后进价法作为单位成本，确定期末存货的价值，并将上两个月的一些估计差异全部调整至本期的营业成本。

(二) 毛利法的适用范围

用估计的毛利率计算和结转本期商品销售成本，并结出期末存货成本，这种做法简化了计算工作。但是，由于过去的毛利率与本期实际的毛利率并不可能完全一致，用过去的毛利率计算本期销售毛利与按实际成本计算的销售毛利就不完全一致，它一方面违背了实际成本原则，另一方面，其可靠性受到影响。因此，这种方法在实际工作中并不常见。它主要适合于以下几种情况：

(1) 采用定期盘存制的企业，当需要编制中期报表，及时了解商品进、销、存情况，估计一段时间内的毛利和利润总额时，可用毛利法。

(2) 企业遭受火灾、水灾等意外灾害时，可借助毛利法，估计灾害损失的程度，以便较为准确地估计灾害损失额，为向保险公司索赔提供依据。

【例 5】 某企业发生火灾，火灾烧毁了其中大部分存货及会计档案。经过努力，整理出下列资料：

期初存货成本为 14 000 元，本期购货净额为 66 000 元，本期销售净额为 100 000 元，该企业估计毛利率为 40%，火灾抢救出的未损存货标价为 4 000 元，受损商品标价为 2 000 元，估计可按四折出售。用毛利法可计算出估计要求索赔数为 16 800 元左右。计算如表 5-12 所示。

表 5-12　　毛利法的应用　　单位：元

期初存货成本		14 000
本期购货成本净额		66 000
可供销售商品成本总额		80 000
销售收入净额		100 000
估计销售毛利		40 000
估计销售成本总额		60 000

续 表

估计期末存货总额		20 000
减：未损商品成本(4 000×60%)	2 400	
受损商品可变现价值(2 000×40%)	800	3 200
估计火灾损失		16 800

(3) 审计人员在进行分析性程序时经常会利用毛利法估计企业的销售成本和期末存货，并与企业财务报表中的相应数据相核对，检查财务报表的整体合理性。若估计数与报告数差异较大，又没有充分的理由，便可实施进一步审计程序。

(4) 实行预算控制的企业，可利用毛利法编制销售预算、成本预算、采购预算、现金预算等，并借助毛利法检查、控制预算执行的情况。

二、零售价格法

与毛利法一样，零售价格法(retail inventory method)是利用期末存货的零售价估计期末存货成本的方法，也是用来估计期末存货金额的一种方法。然而，与毛利法比较，零售价格法更能提供准确的期末存货估计数。

零售价格法通常用于零售商业企业，一般销售商品品种繁多、进销频繁，且相当多的商品价格较低。在这种情况下，很难使用永续盘存制，在一年内也不可能对存货进行几次全面的盘点。对于这样的企业，零售价格法不失为一种恰当的存货计价方法。

零售价格法的基本程序如下：

第一步，记录期初存货和本期购货的成本与零售价，进而求得可供销售商品成本与零售价总额。

第二步，计算售价成本率。

第三步，从本期可供销售商品零售价总额中减去已售商品零售价总额，得出期末存货零售价总额。

第四步，将期末存货零售价乘以售价成本率，估计期末存货成本。

【例 6】 甲企业采用零售价格法对期末存货进行估计，其具体程序见表 5-13。

表 5-13　零售价格法的应用　　单位：元

	成　本	零售价
期初存货	6 000	8 000
本期购货	40 000	45 000
可供销售商品	46 000	53 000
售价成本率 $=\frac{46\,000}{53\,000}\times 100\%=86.8\%$		
减：销售收入		47 000
按零售价计算的期末存货		6 000
估计期末存货成本(6 000×86.8%)	5 208	

第六节　其他计价基础

以非实际成本为基础对存货进行计价，除了估计法和后面将要述及的成本与可变现净值孰低法外，还有重置成本法和可变现净值法等。

一、重置成本法

企业的有些存货，由于损失、陈旧、过时、回收等原因而不能按正常的条件销售。这些存货应按照它们的现行状况，重新确定一个可靠的成本。在这种情况下，为存货计价的目的，如果在市场上能找到这些存货项目在现行状况下可靠的重置成本，则可以用重置成本替代实际成本对这些存货进行计价。

存货的重置成本(replacement cost)是指存货在现行状况下购入或重新生产的价格。

【例 7】 假设甲企业出售了一批家具，售价为 20 000 元，因客户经济状况不佳，无法归还其欠款 8 000 元，公司将其家具收回，相同旧家具的市价为 5 000 元。对这一回收业务，甲企业可编制会计分录如下：

借：存货——回收家具	5 000	
坏账准备	3 000	
贷：应收账款		8 000

当甲企业其后以 5 200 元出售该家具时(假定不考虑增值税因素)，应编制会计分录如下：

借：银行存款	5 200	
贷：营业收入		5 200
借：营业成本	5 000	
贷：存货——回收家具		5 000

二、可变现净值法

当存货的重置成本不能可靠地确定时，可按其可变现净值(net realizable value)计价。存货的可变现净值是指存货将来出售可收回的款项，指估计售价减去预计为进一步加工销售商品而发生的成本。

【例 8】 甲企业有 100 件产品遭受损失，原先的单位成本为 20 元，售价为 30 元。由于没有相应的旧货市场，无法确定存货的重置成本。公司可按其变现净值计价。公司估计重新修理后，可按单价 25 元出售，估计修理费用为 300 元，销售费用估计为售价的 25%。甲企业 100 件产品的可变现净值可计算如下(单位：元)：

估计销售价格(100×25)		2 500
减：估计修理成本	300	
估计销售费用(2 500×25%)	625	(925)
存货的可变现净值		1 575

若不存在向保险公司索赔问题，对发生的损失，甲企业可编制会计分录如下：

借：存货——损坏产品(可变现净值)　　1 575
　　资产减值损失　　425
　贷：存货　　2 000

第七节 存货的其他业务

一、外购存货的特殊业务

(一) 在途存货

企业购入的物资，在支付货款和运杂费或开出、承兑商业汇票时尚未到达或尚未验收入库的，就是在途存货。对于在途存货的账务处理，在计划成本法与实际成本法下有些不同。在实际成本法下，应设置"在途材料"或"在途物资"账户，反映在途存货业务；而在计划成本法下，在途存货业务则直接在"材料采购"账户中反映。因计划成本法的核算方法在本章第四节已做过介绍，这里只介绍实际成本法下在途存货的账务处理。

"在途材料"账户的借方反映已经办理结算业务但物资尚未到达的存货采购业务，贷方反映购入的物资到达并验收入库的业务。现举例说明如下：

【例 9】 甲企业为增值税一般纳税人。5 月 3 日，甲企业从本地购入原材料一批，取得的增值税专用发票上注明的原材料价款为 6 000 元，增值税税额为 780 元。发票等凭证已到，贷款已经支付，但材料未到。甲企业应在收到发票等结算凭证时，编制会计分录如下：

借：在途材料　　6 000
　　应交税费——应交增值税(进项税额)　　780
　贷：银行存款　　6 780

5 月 7 日，上述材料到达并验收入库。甲企业应编制会计分录如下：

借：原材料　　6 000
　贷：在途材料　　6 000

如果在验收时，发现有短缺，有责任人承担的，应计入其他应收款；属于定额损耗的，应直接计入材料成本，即总成本不变，单位成本提高。

假定甲企业在验收上述材料时，发现短缺 200 元，其中 60 元为定额损耗，其余为采购人员的责任，甲企业应编制会计分录如下：

借：其他应收款　　140
　　原材料　　5 860
　贷：在途材料　　6 000

(二) 无发票到货

对于材料已到、结算凭证未到、货款尚未支付的采购业务，在短时间内，发票账单一般就可能到达。为了简化核算手续，在月份内发生的，可以暂不进行总分类核算，只将收到的材料登记明细分类账，待收到发票账单时，再按实付货款登记总账，进行总分类核算。到月末

时,对于那些发票账单尚未到达的入库材料,再按暂估价入账,下月初用红字做同样的会计分录,予以冲回。现举例说明如下:

【例 10】 甲企业于 5 月 10 日购入材料一批,材料已经运到,并已验收入库,但发票等结算凭证尚未收到,货款尚未支付。月末,按照暂估价入账,假设暂估价为 95 000 元。有关账务处理如下:

(1) 5 月 31 日,以暂估价入账时:

借:原材料　　95 000

　贷:应付账款　　95 000

(2) 6 月 1 日,用红字将上述分录原账冲回时:

借:原材料　　[95 000]

　贷:应付账款　　[95 000]

如果甲企业采用计划成本法,则按计划成本估价入账,分录相同。该分录也可直接借记"应付账款"账户,贷记"原材料"账户。

(3) 6 月 2 日,甲企业收到 5 月 10 日购入材料的有关凭证(增值税专用发票上载明的材料价款为 100 000 元,增值税税额为 13 000 元),并支付款项时:

借:原材料　　100 000

　　应交税费——应交增值税(进项税额)　　13 000

　贷:银行存款　　113 000

二、周转材料

(一) 周转材料的概念及特点

周转材料是指企业能够多次使用、逐渐转移其价值但仍保持原有形态但不确认为固定资产的材料,如包装物和低值易耗品以及建造承包企业里的钢模板、木模板、脚手架等。

周转材料的采购、入库、储存、领发、清查盘点与原材料等存货基本相同,既可按实际成本计价,也可按计划成本计价,其实际成本的构成内容与原材料的构成内容也完全相同,其计划成本与实际成本之间的成本差异的形成和分配程序与原材料存货也并无差别。

尽管如此,它们之间也还存在一定的差异。原材料是一次性耗用的存货,而周转材料则可多次参加生产经营活动而不改变实物形态。周转材料在使用过程中,不断发生磨损,其价值逐渐减少,从这一点来看,它又与固定资产相似。因此,周转材料的会计处理与原材料的会计处理不同之处主要是周转材料的耗用即周转材料的摊销的会计处理。

(二) 周转材料的摊销

企业的周转材料符合存货定义和确认条件的,应按照使用次数分次计入成本费用;金额较小的,可在领用时一次计入成本费用。

周转材料的摊销方法主要有一次转销法、分次摊销法和五五摊销法等。企业可根据各种周转材料的特点及管理要求,采用适当的摊销方法。

通常情况下,对包装物和低值易耗品,应当采用一次转销法或者五五摊销法进行摊销;而对建造承包商的模板、脚手架等周转材料,可以采用一次转销法、分次摊销法或者五五摊销法进行摊销。兹分述之。

1. 一次转销法

一次转销法就是在领用周转材料时，将其全部价值一次结转至当期损益的一种方法。采用这种方法，在领用时，应将周转材料（假定为低值易耗品）的全部价值一次性记入“管理费用”“生产成本”“销售费用”等账户，会计分录如下：

借：管理费用等　　×××

　贷：周转材料——低值易耗品　　×××

一次转销法的核算手续简便，但费用负担不够均衡，而且容易产生账外财产，不利于实物管理，它适用于价值低、使用期短的周转材料。

2. 分次摊销法

分次摊销法是根据周转材料的原价和预计使用期限，计算出每期平均摊销额，分期摊入费用。采用这种方法，在领用时，应根据本期应摊销的金额借记“管理费用”“生产成本”“销售费用”“工程施工”等账户，会计分录如下：

借：管理费用等　　×××

　贷：周转材料（摊销）　　×××

超过使用期限但尚在继续使用的低值易耗品不再摊销，（提前）报废时，将摊余价值扣除残料价值后的差额，作为报废周转材料的摊销额，会计分录如下：

借：原材料　　×××

　　管理费用　　×××

　　周转材料（摊销）　　×××

　贷：周转材料　　×××

分次摊销法适用于单位价值较高、使用期限较长、每期领用和报废数额又不均衡的周转材料。

3. 五五摊销法

五五摊销法是指在领用周转材料时摊销其一半（即50%）价值，在报废时再摊销另一半价值（扣除可能的残值变价收入）的方法。其会计处理与分次摊销法相同，这里不再赘述。

需要注意的是，如果周转材料是包装物，则应区分不同的情况进行会计处理。

(1) 随同产品出售而不单独计价的包装物。随同产品出售而不单独计价的包装物，包装物出售的收入其实隐含于主营业务收入中，因此，应于包装物发出时，作为包装费用，计入销售费用，借记“销售费用”账户，贷记“包装物”账户。

(2) 随同产品出售而单独计价的包装物。随同产品出售而单独计价的包装物，应于产品发出时，视同销售材料处理。销售包装物时，确认其营业收入（其他业务收入）；发出包装物的成本，则应借记“营业成本”或“其他业务成本”账户，贷记“包装物”账户。

(3) 出租包装物。包装物的出租是指公司因销售产品，而将包装物以出租的形式给外单位使用。出租包装物是企业的一项营业收入，因而出租期间包装物损耗的价值以及由企业负担的相关维护费用等支出，作为营业成本（其他业务成本）处理。

(4) 出借包装物。包装物出借主要是指公司为了促销，在产品销售时，将包装物无偿提供给购货单位暂时使用。为了保证出借的包装物能及时收回，一般在出借时收取押金。包装物出借的账务处理同包装物出租相似，所不同的是：包装物出借不收取费用，出借包装物的摊销、修理费用记入“销售费用”账户，出借包装物报废时的残料收入也冲减“销售费用”账户。

第八节 成本与可变现净值孰低法

一、成本与可变现净值孰低法的含义

成本与可变现净值孰低法(lower of cost or net realizable value)是指期末存货计价以成本与可变现净值低者为基础,即当成本比可变现净值低时,按成本计价;当可变现净值比成本低时,按可变现净值计价。换言之,当存货跌价时,确认存货跌价损失;反之,当存货升值时,不确认升值收益。

在成本与可变现净值孰低法下,存货的"成本"是指以实际成本为基础的存货计价方法计算的期末存货价值。若当期期末存货的可变现净值低于存货的成本时,期末存货按可变现净值计价。

在成本与可变现净值孰低法下,存货的"可变现净值"是指在正常生产经营过程中,以存货的估计售价减去至完工估计将要发生的成本、估计的销售费用以及相关税费后的净额。

成本与可变现净值孰低法是谨慎原则在存货计价上的具体体现。在不确定的情况下,净资产的计价,与其失之偏高还不如失之偏低;净利润的确定,与其失之过多还不如失之过少。如果存货遭到损坏,或者全部或部分遭到废弃,或者导致其销售价格降低,存货的成本就可能得不到补偿。此外,如果到完工或完成销售,所估计发生的费用有所增加,存货成本也可能得不到补偿。将存货成本减记到可变现净值这种实务处理方法,是与资产不能按照高于它们销售或使用预期能够实现的金额记载这种观点相吻合的。存货由于可变现净值跌至成本以下而引起的损失,虽然存货出售业务尚未发生,但也应在可变现净值下跌期内予以确认。而可变现净值上涨引起的利得,只有到了有关业务已完成,如存货出售时,才予以确认。

企业销售存货预计取得的现金流入,并不完全构成存货的可变现净值。由于存货在销售过程中可能会发生相关税费和销售费用,以及为达到预定可销售状态还可能发生进一步的加工成本,这些相关税费、销售费用和成本支出,均构成存货销售产生现金流入的抵减项目,只有在扣除这些现金流出后,才能确定存货的可变现净值。

二、可变现净值的确定

(一) 存货跌价迹象的判断

存货存在下列情形之一的,表明存货的可变现净值低于其成本:

(1) 该存货的市场价格持续下跌,并且在可预见的未来无回升的希望;

(2) 企业使用该项原材料生产的产品的成本大于产品的销售价格;

(3) 企业因产品更新换代,原有库存原材料已不适应新产品的需要,而该原材料的市场价格又低于其账面成本;

(4) 因企业所提供的商品或劳务过时或消费者偏好改变而使市场的需求发生变化,导致市场价格逐渐下跌;

(5) 其他足以证明该项存货实质上已经发生跌价的情形。

存货存在下列情形之一的,表明存货的可变现净值为零:

(1) 已霉烂变质的存货;

(2) 已过期且无转让价值的存货;

(3) 生产中已不再需要,并且已无使用价值和转让价值的存货;

(4) 其他足以证明已无使用价值和转让价值的存货。

(二) 存货可变现净值的确定

企业应当以取得的确凿证据为基础,在考虑持有存货的目的、资产负债表日后事项的影响等因素后,确定存货的可变现净值。例如,对持有目的为直接出售的商品存货,其可变现净值即为预计销售价格减去估计销售费用等后的净额,而对需要加工后再出售的原材料或在产品存货,则需要考虑加工成本的影响。此外,企业在确定存货的可变现净值时,还需要关注资产负债表日后存货价格的波动影响。

对不同情况下的存货,应采用以下方法确定可变现净值:

(1) 产成品、商品和用于出售的材料等直接用于出售的商品存货,在正常生产经营过程中,应当以该存货的估计售价减去估计的销售费用和相关税费后的金额确定其可变现净值。

(2) 用于生产的材料、在产品或自制半成品等需要经过加工的材料存货,在正常生产经营过程中,应当以所生产的产成品的估计售价减去至完工时估计将要发生的成本、估计的销售费用以及相关税费后的金额确定其可变现净值。

需要注意的是,如果企业是为执行销售合同或者劳务合同而持有了存货,则存货的可变现净值应当以合同价格而不是估计售价减去估计的销售费用和相关税费等后的金额确定。但对超过合同约定之数量的存货,其可变现净值还是应当以估计售价为基础。

【例 11】 2019 年 12 月 31 日,甲企业库存 A 机器 12 台,单位成本为 30 万元。该批 A 机器全部销售给乙企业。与乙企业签订的销售合同约定,2020 年 1 月 20 日,甲企业应按每台 30 万元的价格(不含增值税税额)向乙企业提供 A 机器 12 台。

甲企业销售部门提供的资料表明,向乙企业销售的 A 机器的平均运杂费等销售费用为 0.12 万元/台,向其他客户销售 A 机器的平均运杂费等销售费用为 0.1 万元/台。

2019 年 12 月 31 日,A 机器的市场销售价格为 32 万元/台。

在本例中,能够证明 A 机器的可变现净值的确凿证据是甲企业与乙企业签订的有关 A 机器的销售合同、市场销售价格资料、账簿记录和甲企业销售部门提供的有关销售费用的资料等。根据该销售合同的规定,库存的 12 台 A 机器的销售价格全部由销售合同约定。

在这种情况下,A 机器的可变现净值应以销售合同约定的价格 30 万元/台为基础确定。据此,A 机器的可变现净值应为 358.56 万元[(30－0.12)×12],低于 A 机器的成本(360 万元),应按其差额 1.44 万元(30×12－358.56)计提存货跌价准备(假定以前未对 A 机器计提存货跌价准备)。如果 A 机器的成本低于 358.56 万元,则不需计提存货跌价准备。

成本与可变现净值孰低法在实际应用时,有三种选择方法:个别比较法、分类比较法和综合比较法。

个别比较法是指将每种存货的成本与可变现净值逐一比较,取其低者作为存货的计价基础,也称逐项比较法。分类比较法则将存货按相同性质分类,就各类存货的成本与可变现净值比较,取其低者。综合比较法则是将全部存货的成本总额与全部存货可变现净值总额相比较,以其中低者作为存货计价基础。

【例 12】 某企业不同类别的存货成本与可变现净值如表 5－14 所示。表 5－14 列示了该企业三种方法下期末存货价值的确定。

表 5－14　　成本与可变现净值孰低法的实际运用　　单位：元

项　目	成　本	可变现净值	个别比较法	分类比较法	总额比较法
类别 A					
项目 1	1 000	1 100	1 000		
项目 2	1 100	1 050	1 050		
	2 100	2 150		2 100	
类别 B					
项目 1	1 150	1 140	1 140		
项目 2	800	750	750		
	1 950	1 890		1 890	
期末存货价值合计数	4 050	4 040	3 940	3 990	4 040

从表 5－14 中可以看出，个别比较法下期末存货价值合计数最低，分类比较法次之，综合比较法最高。原因在于个别比较法所选用的均为各项存货的最低价。个别比较法的结果最符合谨慎原则，但工作量最大；综合比较法与个别比较法正好相反；分类比较法介于两者之间。我国《企业会计准则第 1 号——存货》要求按单个存货项目计提存货跌价准备，但对于数量繁多、单价较低的存货，可以按照存货类别计提存货跌价准备。并且，该准则还要求，与在同一地区生产和销售的产品系列相关、具有相同或类似最终用途或目的，且难以与其他项目分开计量的存货，可以合并计提存货跌价准备。可以看出，三种不同的计提方法都有实际应用的基础。

三、成本与可变现净值孰低法的账务处理

在成本与可变现净值孰低法下，若成本低于可变现净值，不需要做任何账务处理，资产负债表的存货反映的是存货的实际成本；若可变现净值低于成本，就需要确认存货跌价损失。

存货市价低于成本应确认的损失部分，有两种处理方法可以运用。

一种是单独确认存货跌价损失。在利润表中将其单独列示，从销售收入中扣减，以反映存货计价损失所产生的影响。另一种是不单独确认存货跌价损失而将跌价损失作为营业成本处理。两种方法对营业利润和净利润的影响相同，但第二种方法改变了营业成本的构成，会提高营业成本。

存货价值的减少对资产的影响部分，也有两种处理方法。

一种是直接冲销法，即在确认存货跌价时，直接冲销"存货"账户，将存货成本调整为可变现净值。此法需要修改存货明细分类账的记录，将单位成本改为可变现净值，工作量较大。另一种方法是专门设置"存货跌价准备"账户，作为存货账户的备抵账户，在确认存货跌价损失时，贷记"存货跌价准备"账户。"存货跌价准备"账户在资产负债表中列为存货项目

的减项。这一做法的优点在于不需在存货的明细账上逐笔调整,"存货"账户完整地保持了原始成本的记录。

现举例说明各种处理方法的具体账务处理。

【例 13】 甲企业某一存货的可变现净值为 490 元,成本为 500 元。不同的方法下,各种处理方法的会计分录如表 5-15 所示。

表 5-15　　存货成本与可变现净值孰低法的不同会计处理　　单位:元

跌价损失的借记 跌价损失的贷记	单独确认存货跌价损失	存货跌价损失计入营业成本
直接冲销法	借:资产减值损失　10 　贷:存货　10	借:营业成本　10 　贷:存货　10
备抵法	借:资产减值损失　10 　贷:存货跌价准备　10	借:营业成本　10 　贷:存货跌价准备　10

在实际工作中,一般采用备抵法并单独确认存货跌价损失。我国《企业会计准则第 1 号——存货》要求采用备抵法并单独确认存货跌价损失,借记"资产减值损失"账户,贷记"存货跌价准备"账户。采用备抵法使成本与可变现净值孰低法对存货的影响予以充分的揭示。

需要注意的是,会计期末出现存货跌价损失时,并不一定要按实际损失数计提备抵数,而要与存货跌价损失调整前的存货跌价准备相比较。若需计提的数额高于已计提的数额,则需按两者的差额补提;反之,则需冲销部分或全部已提数额。

此外,企业计提了存货跌价准备,如果其中有部分存货已经销售,则企业在结转销售成本时,应同时结转对其已计提的存货跌价准备。

【例 14】 甲企业期末存货成本为 20 000 元,可变现净值为 18 000 元,"存货跌价准备"账户贷方余额为 200 元。应计提的存货跌价准备数额(2 000 元)大于已计提的数额(200 元),应编制会计分录如下:

借:资产减值损失　　1 800
　贷:存货跌价准备　　1 800

下期期末,如果甲企业该存货的可变现净值升高到 1 950 元,则应计提的跌价准备的金额为 50 元(2 000—1 950),由于上期计提的余额为 200 元,因此,应当冲销上期应计提的跌价准备 150 元(200—50),编制会计分录如下:

借:存货跌价准备　　150
　贷:资产减值损失　　150

期末存货可变现净值恢复时,冲减存货跌价准备,但应以"存货跌价准备"账户的余额冲减至零为限。

【例 15】 假设甲企业 2019 年、2020 年、2021 年每年年末存货资料如下(单位:元):

	存货成本	可变现净值
2019 年年末	100 000	85 000
2020 年年末	120 000	110 000
2021 年年末	110 000	115 000

2019 年年末,甲企业应计提的存货跌价损失为 15 000 元。

借: 资产减值损失　　15 000
　贷: 存货跌价准备　　15 000

2020 年年末,该存货的可变现净值有所恢复,则应冲减计提的存货跌价准备 5 000 元。

借: 存货跌价准备　　5 000
　贷: 资产减值损失　　5 000

2021 年年末,该存货的可变现净值进一步得到恢复,则应冲减计提的存货跌价准备 10 000 元,即以“存货跌价准备”账户的余额为限。

借: 存货跌价准备　　10 000
　贷: 资产减值损失　　10 000

四、存货跌价准备的结转

企业计提了存货跌价准备,如果其中有部分存货已经销售,企业应当在结转销售成本时,同时结转对其已计提的存货跌价准备。对于因债务重组转出的存货,也应同时结转已计提的存货跌价准备。如果按存货类别计提存货跌价准备的,应当按照发生销售、债务重组等而转出存货的成本占该存货未转出前该类别存货成本的比例,结转相应的存货跌价准备。

【例 16】 甲企业外购的 A 存货,实际成本为 200 000 元,已计提跌价准备 20 000 元,本期对外销售 50%,另有 10%用于对一笔 40 000 元应付账款的债务重组,A 存货的目前售价为实际成本的 80%。

假定不考虑增值税因素,甲企业的会计处理如下:

(1) 销售存货时:

借: 银行存款　　80 000
　贷: 营业收入(200 000×50%×80%)　　80 000
借: 营业成本　　90 000
　　存货跌价准备(20 000×50%)　　10 000
　贷: 库存商品(200 000×50%)　　100 000

(2) 债务重组时:

借: 应付账款　　40 000
　贷: 营业收入(200 000×10%×80%)　　16 000
　　　营业外收入——债务重组收益　　24 000
借: 营业成本　　18 000
　　存货跌价准备(20 000×10%)　　2 000
　贷: 库存商品(200 000×10%)　　20 000

五、对成本与可变现净值孰低法的评价

会计实务信奉谨慎原则或稳健原则。这一原则可简单表述为:“对可能发生的费用与损失应尽可能地确认提前估计。”采用成本与可变现净值孰低法时,期末存货的净值将按较低的单价计算确定,同时确认存货跌价损失,结果利润也将被低估。有鉴于此,成本与可变现

净值孰低法被视为谨慎原则的典范。存货的可变现净值低于成本，表明降低的部分已不符合资产具有未来经济利益的特征，因此，将存货价值由成本调整为可变现净值是合理的。采用这种方法时，可变现净值低于成本需确认存货跌价损失；反之，当可变现净值高于成本时，则不确认存货升值收益。

成本与可变现净值孰低法固然符合了谨慎原则，但也产生了不少的缺陷。

首先，它不符合可比性的会计原则，从而也使存货的数据不具有可比性。不可比性主要表现在可变现净值下跌时，即要确认存货的跌价损失，但当可变现净值上涨时，却不确认存货涨价的收益；期末存货有些按成本计价，有些按可变现净值计价，存货数据相互之间不可比较；不同企业之间，由于存货取得的时间和成本不同，成本与可变现净值对比的结果也就不同。因此，同种存货，有的企业以成本反映，有的以可变现净值反映，相互之间不具备可比性。

其次，它会扭曲企业前后各期的收益水平。在成本与可变现净值孰低法下，当某一特定期间终了时，存货的可变现净值低于成本，存货即以可变现净值计价，确认存货跌价损失，从而使本期收益降低，但本期的期末存货即为下期期初存货，本期期末存货偏低，下期期初存货也就偏低，从而使得下期销售成本偏低，下期的利润就偏高了。这样，就会导致不同期间利润表数据的扭曲。

再次，尽管确定可变现净值要以取得确凿的证据为基础，但毕竟还是建立在估计的前提下，因此，在实务中，如何选择确定可变现净值存在着很大的主观性。

第九节　存货清查盘点

无论是采用实地盘存制还是永续盘存制，对存货都要进行盘点。对实地盘存制来讲，盘点是确定期末存货，进而计算出销售或耗用成本。实地盘存制下的盘点是定期盘点。永续盘存制下的盘点则是核对账实是否相符、保护财产安全的一种手段。通过定期或不定期的清查存货，确定其实存数量，并与账面记录相核对，查明存货盘盈、盘亏和毁损的数量以及造成盘盈、盘亏和毁损的原因，并据以编制存货盘点报告表，按规定程序，报有关部门审批。报经有关部门批准后，应进行相应的账务处理，调整存货账的实存数，使存货的账面记录与库存实物核对相符。存货清查过程中应设置"待处理财产损溢"账户，根据存货盘点报告表所列的实存数与账面数之间的差额结转到"待处理财产损溢"账户；批准后，再根据产生差异的原因和差异处理结果，做进一步的账务处理。

一、存货的盘盈

存货盘盈可以分为两大类：一是账上记录有误，二是真正的盘盈。对于账上记录有误而引起的盘盈，应按照常规更正方法予以更正。而对于真正的盘盈，应先转入"待处理财产损溢"账户进行反映。

【例 17】　甲企业在存货清查中盘盈 A 材料 1 000 千克。单位重置成本 5 元。

对盘盈的存货，甲企业应根据其重置成本登记入账，编制会计分录如下：

借：原材料　　5 000

　贷：待处理财产损溢　　5 000

经查明,盘盈是由于收发计量上的误差所造成的。经批准转销,冲减管理费用:

借:待处理财产损溢　　5 000

　贷:管理费用　　5 000

二、存货的盘亏和毁损

除由于企业账上记录有误以外,还会有多种不同的原因引起企业存货的盘亏与毁损,企业应根据存货盘亏和毁损的原因,分别进行账务处理。

(1) 企业存货的盘亏、毁损,属于可以收回的保险赔偿和过失人的赔偿,应先扣除残料价值,再将应赔偿款项记作其他应收款。

(2) 属于一般经营损失部分,根据企业的管理权限,经相关机构批准后,转入管理费用。

(3) 属于非常损失部分,报经批准后,转入营业外支出。

【例 18】 甲企业在财产清查中发现产品毁损 20 件,实际单位成本为 30 元,单位残料价值 10 元。经查明系责任人工作过失造成的损失,应由责任人赔偿 400 元。其账务处理如下:

(1) 报经批准前,调整产成品账面实存数。

借:待处理财产损溢　　600

　贷:库存商品　　600

(2) 报经有关部门批准后,分别不同情况处理,由责任人赔偿 400 元,残料作价入账。

借:其他应收款　　400

　　原材料　　200

　贷:待处理财产损溢　　600

【例 19】 甲企业在月末财产清查中盘亏原材料 50 千克,实际单位成本 40 元,经查明属于一般经营损失。

(1) 报经批准前,调整原材料账面实存数。

借:待处理财产损溢　　2 000

　贷:原材料　　2 000

(2) 报经批准后,计入管理费用。

借:管理费用　　2 000

　贷:待处理财产损溢　　2 000

【例 20】 某企业因自然灾害毁损包装物一批,实际成本 800 元,报有关部门批准处理后,账务处理如下:

(1) 报经批准前,调整包装物账面实存数。

借:待处理财产损溢　　800

　贷:周转材料——包装物　　800

(2) 报经批准后,计入营业外支出。

借:营业外支出　　800

　贷:待处理财产损溢　　800

需要注意的是,因非正常原因导致的存货盘亏或毁损,按规定不能抵扣的增值税进项税额,应当予以转出。

上面举例均按实际成本法计价，若采用计划成本进行日常核算，还应同时结转成本差异。涉及增值税的，还应贷记"应交税费——应交增值税(进项税额转出)"账户，有关增值税问题，将在负债章节中讲解。

第十节　存货的列示与披露

一、列示

存货是一项流动资产，它的流动性在流动资产中比较弱。它列示在货币资金、交易性金融资产以及应收款项之后。

在资产负债表上，存货应以减除跌价准备后的净值列示。

由于存货存在着不同的形态和种类，为详细说明存货的构成，企业应对存货项目进行详细披露。存货及存货跌价准备的披露格式分别见表 5－16 和表 5－17。

表 5－16　　存货的披露格式

存货种类	年初账面余额	本期增加数	本期减少数	期末账面余额
1. 原材料				
2. 在产品				
3. 库存商品				
4. 周转材料				
5. 消耗性生物资产				
……				
合　计				

表 5－17　　存货跌价准备的披露格式

存货种类	年初账面余额	本期计提额	本期减少数		期末账面余额
			转　回	转　销	
1. 原材料					
2. 在产品					
3. 库存商品					
4. 周转材料					
5. 消耗性生物资产					
6. 建造合同形成的资产					
……					
合　计					

二、披露

存货计价的会计方法很多,为提高会计信息的可比性,对所用的会计方法应在财务报表附注中予以披露。企业所采用的会计政策(如存货的会计方法),前后各期应当保持一致,不得随意变更。但若法律或会计制度等行政法规、规章要求变更会计政策时,应按国家发布的相关会计处理规定执行。如果没有相关的会计处理规定,企业认为变更会计方法后,能够提供有关财务状况、经营成果和现金流量等更可靠、更相关的会计信息,应改变原先选用的会计政策。这时,对于存货会计方法的变更,应采用追溯调整法进行处理。需要计算存货方法变更产生的累积影响数,调整存货的期初数和期初留存收益,并应在财务报表中披露存货方法变更这一情况,但无须重编以前年度的会计报表。

企业应当披露的与存货有关的信息有:(1) 材料、在产品、产成品等类存货的当期期初和期末账面价值及总额;(2) 当期计提的存货跌价准备和当期转回的存货跌价准备;(3) 存货取得的方式以及低值易耗品和包装物的摊销方法;(4) 存货跌价准备的计提方法;(5) 确定存货可变现净值的依据;(6) 确定发出存货的成本所采用的方法;(7) 用于债务担保的存货的账面价值等。

思考题

1. 简述存货的性质及认定。
2. 你认为外购存货和自制存货的成本应包括哪些内容?
3. 简述定期盘存制与永续盘存制的区别及其优缺点。
4. 简述我国企业会计准则允许的几种存货成本流转的假设。试比较之。
5. 简述后进先出法、先进先出法的优点及缺点。
6. 为什么我国许多制造企业采用计划成本法对原材料进行日常核算?
7. 简述"材料成本差异"账户的借贷方所反映业务的类型。
8. 甲企业主要经营、出售餐具。为了尽早收回资金,甲企业对及时付款的企业给予现金折扣。请说明:从理论上讲,在净价法下,下面哪种方法对企业来讲最容易接受:

(1) 对于顾客未享受的销售折扣作为财务收入;

(2) 对于顾客未享受的销售折扣作为销售成本的减少;

(3) 对于顾客未享受的销售折扣作为购货成本的减少。

9. 为什么说成本与可变现净值孰低法是谨慎原则的一个绝好的例子?
10. 在成本与可变现净值孰低法下,如何确定期末存货成本?
11. 存货的计价在何种情况下可采用毛利法?简述毛利法的一般步骤。零售价格法与毛利法在估计成本上有何相同和不同?

阅读材料

1. 财政部:《企业会计准则第 1 号——存货》,2006 年。
2. 财政部:《企业会计准则第 5 号——生物资产》,2006 年。
3. 财政部:《企业会计准则第 14 号——收入准则》,2017 年。
4. 国际会计准则理事会:《国际会计准则第 2 号——存货》。

5. 国际会计准则理事会:《国际会计准则第41号——农业》。

6. 国际会计准则理事会:《国际财务报告准则第15号——与客户之间的合同产生的收入》,2014年。

练习题

练习一

一、目的:练习购货折扣的会计处理。

二、资料:甲企业5月份发生下列购货业务:

(1) 5月10日,甲企业购入商品14 600元,付款条件是:2/10、n/60。

(2) 5月11日,甲企业购入商品13 200元,付款条件是:1//15、n/30。

(3) 5月15日,退回5月10日的购货款600元。

(4) 5月19日,支付5月10日的购货款。

三、要求:假定不考虑增值税,分别按总价法和净价法编制上述业务的会计分录,并说出你认为哪种方法较为合理的理由。

练习二

一、目的:练习各种存货计价方法的计算。

二、资料:甲企业1月份A存货购销业务资料如表5-18所示。

表5-18　　甲企业1月份A存货的购货业务资料

日　期	业　务	数　量	价格/成本(元)
1日	期初存货	1 000	12
4日	购　货	2 000	18
10日	销　售	2 500	30
20日	购　货	3 000	22
25日	销　售	2 000	33

三、要求:分别采用永续盘存制下的先进先出法、后进先出法、移动平均法以及定期盘存制下的先进先出法、后进先出法,计算A存货的发出成本。

练习三

一、目的:练习存货采用计划成本核算的会计处理。

二、资料:甲企业为增值税一般纳税人,增值税税率为13%(假设不考虑其他税费),材料按计划成本核算。材料按类别计算材料成本差异,其中,乙类材料包括A、B两种,A材料计划单位成本为每千克100元,B材料计划单位成本为每千克85元。

甲企业乙类材料的月初余额为350 000元(计划成本),乙类材料的"材料成本差异"账户的月初余额为6 024元(贷方余额)。

本月,甲企业发生如下业务:

(1) 8日,从外地采购A材料16 000千克,增值税专用发票上注明的材料价款为1 690 000元(不含增值税,下同),销售方代垫运杂费2 000元,运输费用增值税税率9%,材料尚未运到。甲企业签发为期3个月的票据以支付货款、增值税及代垫运杂费的金额。

(2) 16日,本月8日从外地购入的A材料已运到,验收时实际数量为15 920千克,经查实短缺的80千克材料为定额内自然损耗。

(3) 18日,从本市购入B材料8 000千克,增值税专用发票上注明的材料价款为646 400元,企业已用银行存款支付材料价款及增值税,材料已验收入库。

(4) 20日,从外地购入B材料2 500千克,增值税专用发票上注明的材料价款为220 000元,材料尚未运到,货款及增值税已通过银行汇出。

(5) 25日,从外地购入A材料500千克,材料已验收入库,但发票等单据尚未收到,货款未付。

(6) 31日,本月25日购入并已验收入库的材料,发票等单据仍未收到。

(7) 结转本月收入材料的材料成本差异。

(8) 本月,生产车间生产产品耗用A材料14 000千克,车间一般耗用B材料200千克,管理部门耗用B材料800千克。

三、要求:

(1) 根据上述资料,计算乙类材料本月材料成本差异率。

(2) 根据上述资料,编制相关会计分录(包括分配材料成本差异)。

(3) 计算乙类材料月末库存材料的实际成本。

练习四

一、目的:分析存货误差对报表的影响。

二、资料:2019年,甲企业发现以下会计差错:

(1) 2019年12月31日,存货少记了14 000元。

(2) 2019年12月28日,销售一批商品,成本为5 000元。其付款条件为目的地付款交货。2020年1月3日,此批货到达目的地。2019年12月31日,甲企业的期末存货未包括这批存货。

(3) 2019年12月5日,甲企业委托其他公司代销商品10 000元,商品尚未销售出去。甲企业的期末存货未包括这批存货。

三、要求:计算上述错误对企业资产负债表及利润表的影响。

练习五

一、目的:练习成本与可变现净值孰低法下期末存货价值的确定。

二、资料:甲企业各项存货的相关资料如表5-19所示。

表5-19　　甲企业各项存货资料　　单位:元

项　目	成　本	现行重置成本	估计售价	估计销售费用	正常毛利
1	24	23.00	30	3	12%
2	30	28.00	35	2	20%
3	18	17.50	23	6	5%
4	39	41.00	48	6	8%

三、要求:按个别认定法确定成本与可变现净值孰低法下期末每单位存货的价值。

练习六

一、目的:练习毛利法的应用。

二、资料:2019年6月21日,甲企业的仓库发生火灾,大部分存货被火灾烧毁,只抢救出一些被损物资,估计可售10 000元。甲企业有关存货的会计资料如下(单位:元):

6 月 1 日，期初存货	80 000
6 月 1 日～6 月 21 日，购货	145 000
6 月 1 日～6 月 21 日，销售净额	210 000

最近期间，甲企业的销售毛利率为 30%。

三、要求：计算甲企业存货的火灾损失，并说明毛利率法的优点、缺点及适用性。

练习七

一、目的：练习成本与可变现净值孰低法的应用。

二、资料：2019 年 12 月 31 日，甲企业决定开始对存货采用成本与可变现净值孰低法计价。2019 年 12 月 31 日和 2020 年 12 月 31 日有关存货的数据如表 5－20 所示。

表 5－20　　**甲企业存货相关资料**　　单位：元

	成　本	可变现净值
2019 年 12 月 31 日	346 000	325 000
2020 年 12 月 31 日	410 000	395 000

三、要求：

(1) 若存货采用定期盘存制，存货以成本与可变现净值孰低法计价，采用直接冲销法编制每年年末的会计分录。

(2) 若存货以成本与可变现净值孰低法计价，采用备抵法编制每年年末的会计分录。

练习八

一、目的：练习成本与可变现净值孰低法的应用。

二、资料：甲企业采用成本与可变现净值孰低法对期末存货计价。2019 年 12 月 31 日的存货包括 A 产品。每件 A 产品的单位成本及其他数据如下(单位：元)：

估计售价	45
成本	40
重置成本	35
估计销售费用	15
正常毛利	10

2019 年 12 月 31 日，甲企业 A 产品的数量为 1 000 件。在财务报表中，A 产品以每单位 35 元计价。所有的 1 000 件 A 产品均在 2020 年出售。

三、要求：回答上述可能的错误对甲企业 2019 年和 2020 年利润表的影响。

第六章

金融工具投资

学习提要

广义上讲，所有的资产都是企业的投资。狭义上的投资一般是指对外投资，即指企业通过分配来增加财富，或为谋求其他利益，而将资产让渡给其他单位所获得的另一项资产。本章所言的金融工具投资主要是指《企业会计准则第22号——金融工具确认和计量》中的金融资产投资，即包括：(1) 以摊余成本计量的金融资产；(2) 以公允价值计量且其变动计入其他综合收益的金融资产；(3) 以公允价值计量且其变动计入当期损益的金融资产。

某项金融资产在特定日期产生的现金流量，仅为对本金和以未偿付的本金金额为基础的利息，且企业管理该金融资产的业务模式是以收取合同现金流量为目标，则该金融资产应分类为以摊余成本计量的金融资产。

以摊余成本计量的金融资产应当以摊余成本进行后续计量，并采用实际利率法确认持有期间的利息收入。

某项金融资产在特定日期产生的现金流量，仅为对本金和以未偿付的本金金额为基础的利息，但企业管理该金融资产的业务模式既是以收取合同现金流量为目标，又是以出售该金融资产为目标，则该金融资产应分类为以公允价值计量且其变动计入其他综合收益的金融资产。

以公允价值计量且其变动计入其他综合收益的金融资产应当按公允价值计量，且其变动计入其他综合收益。

除以摊余成本计量以及以公允价值计量且其变动计入其他综合收益的金融资产以外的金融资产，应分类为以公允价值计量且其变动计入当期损益的金融资产。

以公允价值计量且其变动计入当期损益的金融资产应当以公允价值计量，且公允价值变动应计入当期损益。

金融资产应当以预期信用损失为基础，按照“三阶段法”进行减值会计处理并确认损失准备；对其中某些金融资产，可以采用简易的减值会计处理方法确认损失准备。

企业改变其管理金融资产的业务模式时，应当按照规定对所有受影响的相关金融资产进行重分类。

对金融资产进行重分类时，应按相应的要求进行会计处理。

本章部分内容涉及金融工具投资之外的金融资产，以便读者学习时有一个整体框架。

通过本章学习，读者应掌握金融资产投资的类别、各项金融资产的初始计量、后续计量、终止确认以及减值。

第一节　金融工具、金融资产与金融工具投资

投资(investment)是指企业通过分配来增加财富，或为谋求其他利益，而将资产让渡给其他单位所获得的另一项资产。一般来说，企业常常出于各种目的进行不同种类的投资。例如，企业为正常的生产经营需要，购置有形资产和无形资产进行实际投资；或者为获取资本利得、利息或股利收入，或为控制、共同控制、实施重大影响去购买其他企业的证券进行长期或短期的证券投资。投资的最终目的是通过分配使企业资产增值，财富增加。在早期经济社会里，绝大多数投资是实际投资。但是，在如今的社会经济活动中，证券投资与实际投资是互相补充促进的，高度发达的证券市场和金融投资机构的健康发展将会大大促进实际投资。

本章主要阐述金融工具投资会计问题，企业为自身正常经营和增值而持有的有形和无形资产投资以及金融工具中的长期股权投资的会计处理，将在以后章节阐述。

一、金融工具

(一) 金融工具概述

要理解金融工具投资，首先需要理解金融工具的概念。

金融工具(financial instruments)，是指形成一方的金融资产并形成其他方的金融负债或权益工具的合同。

金融工具也被称为“信用工具”或“交易工具”，它形成的基础是信用。从金融工具的定义中可以看出，金融工具是具有法律效力的合同，它通常是资金缺乏的企业或组织或个人向资金充盈的企业或组织或个人借入资金，或发行者向投资者筹措资金时，依一定格式做成的书面文件。为了适应多种信用形式的需要，产生了商业票据、银行存款凭证、股票、债券等不同形式的金融工具。任何金融工具都具有双重性质：对工具的发行者(借款者)来说，它是一种债务(如债券)或权益工具(如股票)；对投资者(贷款者)来说，它是一种金融资产。

(二) 金融工具的分类

按照融资形式，金融工具可以分为直接融资工具和间接融资工具，也称为直接金融工具和间接金融工具。直接融资是指双方通过一定的金融工具直接形成债权债务关系的融资形式，如商业票据、股票、债券等；间接融资是指双方通过金融中介机构实现的融资方式，如银行债券、人寿保单、定期存单(certificate of deposit, CDs)等。

按照权利义务关系，金融工具可以分为所有权凭证和债券凭证，前者是指股票，后者是指除了股票以外的金融工具。股票代表的是企业的部分所有权，而其他类型的金融工具代表的是一种债权债务关系，如债券、商业票据等。

按照信用关系的不同，金融工具可以分为原生金融工具和衍生金融工具，前者包括股票、债券、基金、商业票据等，后者包括期货、期权、互换等。

原生金融工具(underlying financial instruments)也称基本金融工具(primary financial instruments)、原生金融产品、原生金融商品、基础性金融工具、基础性金融商品、基础性金融产品,是指在实际信用活动中出具的能证明债权债务关系或所有权关系的合法凭证,主要有商业票据、债券等债权债务凭证和股票、基金等所有权凭证。

衍生金融工具也称衍生工具(derivative instruments)或衍生产品(derivative products),是由买卖双方达成的一种金融合同或商业合同,其价值由基础资产(underlying assets)的未来价值衍生而来。

本章主要站在投资者角度讨论原生金融工具下的金融工具投资,衍生金融工具将在《高级财务会计》课程中说明。

二、金融资产

(一) 金融资产概述

投资方持有的金融工具,即为金融资产。具体而言,金融资产泛指以下任何一类资产:

(1) 企业持有的现金。

(2) 从其他方收取现金或其他金融资产的合同权利。

(3) 在潜在有利条件下,与其他方交换金融资产或金融负债的合同权利。

(4) 其他方的权益工具等。

大部分金融资产的会计处理都有专门的会计规范,如长期股权投资、租赁、收入、债务重组、股份支付、或有事项、企业合并、原保险与再保险合同等金融工具上的权利及义务,现行准则体系都有相应的具体会计准则予以规范。

本章所讨论的金融资产,是指由《企业会计准则第 22 号——金融工具确认与计量》中规范的金融资产。

(二) 金融资产的分类

企业应当根据其管理金融资产的业务模式(business model)和金融资产的合同现金流量特征(cash flow characteristics),将金融资产划分为以下三类:

(1) 以摊余成本计量的金融资产。

(2) 以公允价值计量且其变动计入其他综合收益的金融资产。

(3) 以公允价值计量且其变动计入当期损益的金融资产。

图 6-1 列示了金融资产分类的基本流程。

对图 6-1 金融资产分类流程的主要步骤说明如下:

金融资产的主要存在形式有债务工具(债权工具)、权益工具与衍生工具三类,但随着金融创新业务的不断发展,许多形式上是权益工具的,本质上可能是债务工具,如取得固定利息收入的优先股以及有限合伙权(LP)等;而有些形式上是债务工具,本质上则可能是权益工具,如参与利润分配的永续债券等。

因此,企业不应根据金融工具的外在形式决定金融资产的会计处理,而应根据金融资产的合同现金流量的特征来进行判断。

由于衍生工具的未来价值具有高度的不确定性,除套期之外的衍生工具均直接确认为以公允价值计量且其变动计入当期损益的金融资产(fair value through profit and loss, FVPL)。

衍生工具的会计处理详见本系列教材《高级财务会计》中的说明。

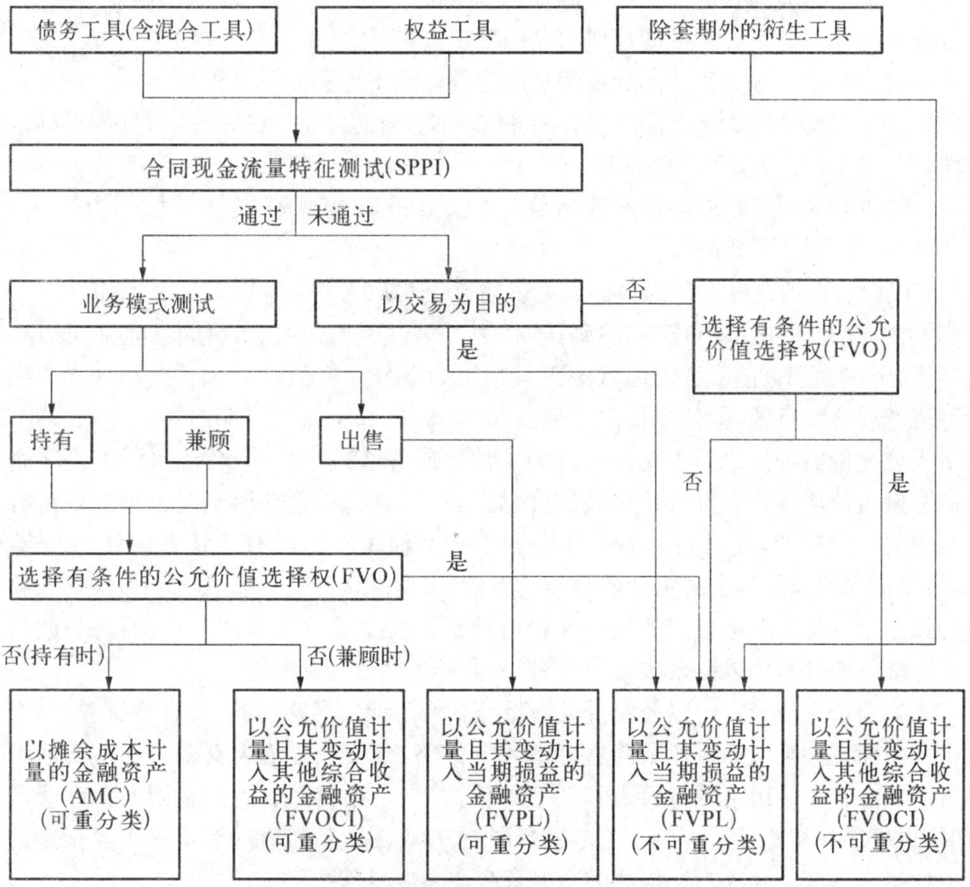

图 6-1　金融资产分类流程图

金融资产的合同现金流量特征，是指金融工具合同约定的、反映相关金融资产经济特征的现金流量属性。

如果某项金融资产在特定日期产生的合同现金流量仅为对本金和以未偿付本金金额为基础的利息的支付（solely payments of principal and interest on the principal amount outstanding, SPPI)，则此项金融工具本质上应当是债务工具，不能满足此项测试（SPPI 测试）的，本质上应当是权益工具，持有的权益工具如为对被投资方实施控制、共同控制（合营企业，不包括共同经营）以及重大影响为目的，应纳入长期股权投资核算范畴，因此，金融资产的分类中，未能通过 SPPI 测试的，均被假定以交易为目的而持有，并采用公允价值计量。

需要注意的是，合同现金流量中的本金是指金融资产在初始确认时的公允价值，本金金额可能因提前偿付等原因在金融资产的存续期内发生变动；利息包括对货币时间价值、与特定时期未偿付本金金额相关的信用风险以及其他基本借贷风险、成本和利润的对价。

通过 SPPI 测试的金融资产，应当考虑企业管理合同现金流量的业务模式进行再分类。

企业管理金融资产的业务模式，是指企业如何管理其金融资产以产生现金流量。业务模式决定企业所管理金融资产现金流量的来源是收取合同现金流量、出售金融资产还是两者兼有。

企业管理金融资产的业务模式，应当以企业关键管理人员决定的对金融资产进行管理的特定业务目标为基础确定。企业确定管理金融资产的业务模式,应当以客观事实为依据,不得以按照合理预期不会发生的情形为基础确定。

企业管理某项金融资产合同现金流量的业务模式不外乎以下三种情形:

(1) 以收取该项金融资产合同现金流量,即本金和以本金为基础的利息为目标。为表述方便,图 6-1 中将其简化为“持有”。

(2) 既以收取合同现金流量为目标,又以出售该金融资产为目标。为表述方便,图 6-1 中将其简化为“兼顾”。

(3) 仅以出售该金融资产为目标。为表述方便,图 6-1 中将其简化为“出售”。

需要注意的是,在金融资产初始确认时,为了提供更相关的会计信息,企业可以将一项金融资产、一项金融负债或者一组金融工具指定为以公允价值计量且其变动计入当期损益的金融资产或金融负债,即公允价值选择权(fair value options, FVO)。

引入公允价值选择权的主要目的是为了消除或显著减少会计错配。例如,许多企业对持有的金融负债均按公允价值计量及其变动计入当期损益,管理层同时也相应地持有大致相同结构的金融资产,其目的是能够使企业资产负债表本身能够达到套期(hedging)的目的,即金融负债的风险为金融资产的收益所抵销,或金融资产的风险为金融负债的收益所抵销,此时,当企业将某项金融负债按公允价值计量且其变动计入当期损益,而将与此相对应的某项金融资产分类为以摊余成本计量时,就会产生会计错配问题。

若将某项金融资产指定以公允价值计量且其变动计入当期损益,会计准则要求,企业应根据正式书面文件载明的企业风险管理或投资策略,以公允价值为基础对金融负债组合或金融资产和金融负债组合进行管理和业绩评价,并在企业内部以此为基础向关键管理人员报告时,也可以在初始计量时将一项金融资产、一项金融负债或者一组金融工具指定为以公允价值计量且其变动计入当期损益的金融资产或金融负债。

该指定一经做出,不得撤销。

根据图 6-1 的流程,在不存在公允价值选择权时,金融资产同时符合下列条件的,应当分类为以摊余成本计量的金融资产(amortized cost, AMC):

(1) 企业管理该金融资产的业务模式是以收取合同现金流量为目标。

(2) 该金融资产的合同条款规定,在特定日期产生的现金流量,仅为对本金和以未偿付本金金额为基础的利息的支付。

金融资产同时符合下列条件的,应当分类为以公允价值计量且其变动计入其他综合收益的金融资产(fair value through other comprehensive income, FVOCI):

(1) 企业管理该金融资产的业务模式既以收取合同现金流量为目标,又以出售该金融资产为目标。

(2) 该金融资产的合同条款规定,在特定日期产生的现金流量,仅为对本金和以未偿付本金金额为基础的利息的支付。

分类为以摊余成本计量的金融资产以及分类为以公允价值计量且其变动计入其他综合收益的金融资产之外的金融资产,企业应当将其分类为以公允价值计量且其变动计入当期损益的金融资产。

如前所述,本质上是权益工具类的金融资产,均应当以公允价值计量且其变动计入当期损益,但如果存在公允价值选择权,即企业主要以消除或显著减少会计错配为目的而持有该项金融资产，则该项金融资产应分类为以公允价值计量且其变动计入其他综合收益的金融资产，且该指定一经做出，不得撤销。

三、金融工具投资

《企业会计准则第 22 号——金融工具确认和计量》中所规范的金融资产，除金融工具投资外，还包括贷款及各种形式的贷款承诺，但本章只说明其中的金融工具投资，包括债权投资与权益工具投资业务，其中的长期股权投资另辟一章单独说明(见第八章)。

第二节　以摊余成本计量的债权投资

一、以摊余成本计量的债权投资的定义与特征

如前所述，同时符合下列条件的债权投资，应当分类为以摊余成本计量的债权投资：

(1) 企业管理该债权投资的业务模式是以收取合同现金流量为目标。

(2) 该债权投资的合同条款规定，在特定日期产生的现金流量，仅为对本金和以未偿付本金金额为基础的利息的支付。

根据定义，以摊余成本计量的债权投资通常是指到期日固定、回收金额固定或可确定，且企业有明确的以收取合同现金流量为目标的非衍生金融资产。由于权益工具如股票等没有到期日，企业持有股票只能收到分配的股利以及清算时的剩余索取权，均不符合前述本金及利息的定义，因此，以摊余成本计量的债权投资主要包括长期公司或企业债券和长期国债等债务工具。债权投资除具有到期日固定、回收金额固定或可确定的特性外，企业持有这种资产还必须有明确意图和能力。

企业在持有债权投资时，货币时间价值要素有时可能需要修正。在货币时间价值要素存在修正的情况下，企业应当对相关修正进行评估，以确定其是否满足上述合同现金流量特征的要求。此外，债权投资包含可能导致其合同现金流量的时间分布或金额发生变更的合同条款(如包含提前偿付特征)的，企业应当对相关条款进行评估(如评估提前偿付特征的公允价值是否非常小)，以确定其是否满足上述合同现金流量特征的要求。

经评估后，如果所持有的债权投资不符合本金及以未偿付本金为基础的利息的合同现金流量特征，或者管理层以客观事实为依据，改变了合同现金流量的业务模式，企业应当对以摊余成本计量的债权投资进行重分类。

以摊余成本计量的债权投资的会计问题，主要包括资产初始成本的确定与计量、后续计量与终止确认等。

为方便表述，以摊余成本计量的债权投资在后文中均直接表述为债权投资。

二、债权投资的初始计量

债权投资成本的确定应当根据取得投资时的公允价值和相关交易费用进行计量。其中，交易费用是指可直接归属于购买、发行或处置债权投资新增的外部费用。新增的外部费用，是指企业不购买、发行或处置债权投资就不会发生的费用。一般情况下，投资成本不包

括处置费用。

债券或国债的公允价值即购买价不一定等于其票面价值。票面价值又称面值,是指票面上所列的、约定在到期日举债人按票面利率应支付或投资人应收回的金额。票面利率又称名义利率或设定利率,它是发行企业根据债券的性质、企业的信用程度以及当时资金市场供需情况等而载明于债券票面上的一种利率。由于债券印刷、契约拟订等均费时日,而资金市场又瞬息万变,因此,至债券正式发行日,市场利率与原约定的票面利率会有所差别,致使发行企业在发行时必须以市场利率计算和调整债券的价格。因此,债券的购买价格是根据到期票面金额及各期以票面利率计算的利息,按市场利率折现的金额(现值)。若票面利率低于市场利率,则债券的现值就会小于面值,其差额称为折价,按低于面值的价格出售或购买称为折价发行或购买。若票面利率高于市场利率,则债券的现值就会大于面值,其差额称为溢价,按高于面值的价格出售或购买称为溢价发行或购买。若票面利率与市场利率相等,则债券的现值就等于面值,称为平价发行或购买。债权投资溢价或折价可按下列公式计算:

债权投资的溢价或折价=(债券投资成本-分次付息债券的应收利息)-债券面值

企业应设置"债权投资"账户,反映以摊余成本计量的债权投资业务的增减变动。

企业为取得债权投资所付出的代价构成投资成本,其购入价即为债券现值,其中包括溢价或折价,但为了确定购入后债权投资的摊余成本,在会计处理上,应分别设置"面值""利息调整""应计利息"等明细账户,其中,"债权投资——利息调整"账户是"债权投资——面值"账户的附加或备抵账户。

可以看出,除溢价和折价外,实务中还将购买投资时所支付的相关交易费用也作为利息调整的因素,因此,如果企业在购买债权投资时支付了相关交易费用,则应当重新计算实际利率,该实际利率并不等于发行时的市场利率,会小于发行时的市场利率。

债券品种很多,有分期付息到期还本的债券,也有到期一次还本付息的债券和分期还本分期付息的债券等。有时候,投资者购买债券的日期也并不一定恰好等于债券发行日或付息日,因此,投资者在实际支付的价款中必然含有已经到期尚未领取的利息或者未到期也未领取的利息。

对分期付息到期还本的债券而言,发行企业通常在投资者购买债券时先预收利息,等利息支付日按整期利息支付。因此,对投资者来说,只要是在两个付息日之间购入的,都应垫付自上一付息日至购买日这个期间的利息,而不论利息是否已经到期尚未领取或利息未到期未取得,由于这部分已经到期且尚未支付的利息属于垫付性质的债权,并不构成债权投资成本,因此发生时在"应收利息"账户中单独核算。

对到期一次还本付息的债券而言,若在债券发行日以后才购入,实际支付的价款中一定包含尚未到期且不能领取的利息,由于尚未到期且不能领取的利息只有至到期日才能取得,其本身是债权投资成本的组成部分,则应该增加债权投资摊余成本,并直接在"债权投资"账户中核算。

【例1】 2018年1月1日,甲企业以210 484元购入乙企业当日发行的3年期、分期付息、到期一次还本的债券200张,每张面值1 000元,票面利率为10%,支付的债券款中包括交易时的相关税费400元。该债券于每年6月30日及12月31日各付息一次。发行时市场利率为8%。

甲企业将购入的债券分类为以摊余成本计量的金融资产。

(1) 确定债权投资的利息调整(单位：元)：

支付的总价款	210 484
减：债券投资成本	200 000
利息调整	10 484

(2) 购入债券时，甲企业应编制会计分录如下：

借：债权投资——面值　　200 000

　　　　　　——利息调整　　10 484

　贷：银行存款　　210 484

【例2】 2018年1月1日，甲企业以190 148元购入乙企业当日发行的3年期、分期付息、到期一次还本的债券200张，每张面值1 000元，票面利率为10%，支付的债券款中包括交易时的相关税费400元。该债券于每年6月30日及12月31日各付息一次。发行时市场利率为12%。

甲企业将购入的债券分类为以摊余成本计量的金融资产。

(1) 确定债权投资的利息调整(单位：元)：

支付总价款	190 148
减：债券投资成本	200 000
利息调整	9 852

(2) 购入债券时，甲企业应编制会计分录如下：

借：债权投资——面值　　200 000

　贷：银行存款　　190 148

　　　债权投资——利息调整　　9 852

【例3】 2018年4月1日，甲企业以205 000元购入乙企业2018年1月1日发行的5年期、票面利率为10%的分期付息、到期一次还本的债券200张，每张面值1 000元。该债券于每年6月30日及12月31日各付息一次。由于该债券是分期付息债券，因此，甲企业实际支付价款中包括了1月份至3月份3个月的应收利息5 000元(1 000×200×10%×3/12)。对此，甲企业应编制会计分录如下：

借：债权投资——面值　　200 000

　　应收利息　　5 000

　贷：银行存款　　205 000

当年6月30日实际收到半年利息时，甲企业应编制会计分录如下：

借：银行存款　　10 000

　贷：应收利息　　5 000

　　　投资收益——利息收入　　5 000

【例4】 2018年4月1日，甲企业以205 000元购入乙企业2018年1月1日发行的5年期、票面利率为10%的债券200张，每张面值1 000元，该债券到期一次还本付息。购入债券时，甲企业实际支付价款中包含前3个月尚未到期的利息5 000元(200×

1 000×10%×3/12)。由于利息在到期时与本金一并支付,购入时支付款中包含的尚未到期的利息,其本身是债权投资成本的组成部分,因此,购入该债券时,甲企业应编制会计分录如下:

借:债权投资——面值	200 000	
——应计利息	5 000	
贷:银行存款		205 000

年末,应计未收利息时,甲企业在确认投资收益时,应增加债权投资的摊余成本,编制会计分录如下:

借:债权投资——应计利息	15 000	
贷:投资收益——利息收入		15 000

其后的第2年至第5年年末应计利息时的会计分录均为:

借:债权投资——应计利息	20 000	
贷:投资收益——利息收入		20 000

5年后到期还本付息时,再冲减债权投资的摊余成本,应编制会计分录如下:

借:银行存款	300 000	
贷:债权投资——面值		200 000
——应计利息		100 000

三、债权投资的后续计量

(一) 债权投资的利息调整与投资收益的确认

债权投资的后续计量应当采用实际利率法,按照摊余成本计量。所谓"摊余成本",是指债权投资初始确认金额经如下调整后的结果:

(1) 扣除已偿还的本金;

(2) 加上或减去采用实际利率法将该初始确认金额与到期日金额之间的差额进行摊销形成的累计摊销额;

(3) 扣除已发生的减值损失。

如上所述,企业债券之所以会发生溢价与折价,实质上是票面利率高于或低于市场利率所致。从债券投资者角度来说,溢价是以后各期多得利息收入而预先付出的代价;从发行者角度来说,债券溢价是预先补偿了其以后各期多付利息费用的损失,相反,债券折价则是发行者对投资者以后各期少收利息的补偿。因此,债券的溢价或折价主要起着平衡债券发行企业和投资单位利息水平的作用,使双方最终都能按市场利率公平合理地支付利息费用和获得利息收入。

债权投资的利息调整(为方便表述,下面用溢价或折价来说明)应在其存续期间采用实际利率法分期加以摊销。这是因为投资单位溢价或折价购入债券后定期按约定的票面利率所获取的利息额,并不是投资者实际所要求的投资报酬。由于购入时的溢价是为以后多得利息而预先付出的代价,折价是为以后少收利息而预先得到的补偿,为计算投资者实际获得的利息收入,理应在以后的每个付息期或收息期内调整债券购入时产生的折溢价,这一调整过程即为折溢价摊销。溢价摊销时,一方面调整较高的票面利息收入,并逐期减少债权投资的摊余成本,至到期收回本金时,溢价额已摊销完毕,债权投资的摊余成本恰好等于债券面值。相反，购入时的折价是投资者从本金中预扣的利息，也可视为其预收利息，理当在以后每期实际收到利息时转为利息收入。折价摊销时，一方面调整较低的票面利息收入，同时逐期增加债权投资的摊余成本，至到期收回本金时，债权投资的账面价值也恰好等于债券面值。经过这一摊销过程，债券投资的实际利息收入即为每期收到的票面利息减溢价摊销额或加折价摊销额，用公式表示如下：

每期实际利息收入＝票面利息－溢价摊销额

或：

每期实际利息收入＝票面利息＋折价摊销额

债权投资的溢价或折价应该采用实际利率法进行摊销。

实际利率法（effective-interest method），是指计算金融资产或金融负债的摊余成本以及将利息收入或利息费用分摊计入各会计期间的方法。

实际利率（effective rate），是指将金融资产或金融负债在预计存续期的估计未来现金流量，折现为该金融资产账面余额或该金融负债摊余成本所使用的利率。在确定实际利率时，应当在考虑金融资产或金融负债所有合同条款（如提前还款、展期、看涨期权或其他类似期权等）的基础上估计预期现金流量，但不应当考虑预期信用损失。

【例5】 2018年1月1日，甲企业以93 372元的价格（含相关交易费用）购入乙企业发行的期限为4年、票面利率为6%、每年年末付息一次的债券，面值为100 000元。

对此项债权投资，甲企业在未来期间的现金流量为每年年末的利息收入6 000元（100 000×6%）和到期时乙企业偿付的面值100 000元。如前所述，所谓实际利率，就是使这些现金流量折现成目前账面价值即购入成本93 372元的利息率。设实际利率为r，则：

$$6\,000\times(1+r)^{-1}+6\,000\times(1+r)^{-2}+6\,000\times(1+r)^{-3}+6\,000\times(1+r)^{-4}+100\,000\times(1+r)^{-4}=93\,372(\text{元})$$

由此得出：

$r=8\%$

读者可以借助本书后附的现值表，采用内插法计算出实际利率；也可使用Excel之类的计算工具计算出实际利率。

债权投资应确认的投资收益（利息收入）可用公式表示如下：

当期利息收入＝该期期初债券投资摊余成本×实际利率
溢价摊销额＝当期收到票面利息－当期利息收入
折价摊销额＝当期利息收入－当期收到票面利息

1. 溢价摊销

续【例1】 甲企业按实际利率法确认的利息收入如表6－1所示，其中由于是半年付息一次，实际利率和票面利率均按年利率的一半计算。计算得出的实际利率为4%。

甲企业每期收到利息时，需根据表6－1编制会计分录。2018年6月30日，甲企业在收到第一期利息时，应编制会计分录如下：

表 6 - 1　　债权投资利息收入计算表　　单位：元

(实际利率法)

付息日期	借：银行存款	贷：投资收益——利息收入	贷：债权投资——利息调整	摊余成本
	(1)＝面值×5%	(2)＝上期(4)×实际利率 4%	(3)＝(1)－(2)	(4)＝上期(4)－(3)
2018 年 1 月 1 日				210 484
2018 年 6 月 30 日	10 000	8 419	1 581	208 903
2018 年 12 月 31 日	10 000	8 356	1 644	207 259
2019 年 6 月 30 日	10 000	8 290	1 710	205 549
2019 年 12 月 31 日	10 000	8 222	1 778	203 771
2020 年 6 月 30 日	10 000	8 151	1 849	201 922
2020 年 12 月 31 日	10 000	8 078①	1 922①	200 000
合　计	60 000	49 516	10 484	—

注：① 含尾数调整。

借：银行存款　　10 000

　贷：债权投资——利息调整　　1 581

　　　投资收益——利息收入　　8 419

2. 折价摊销

续【例 2】 甲企业按实际利率法确认每期的利息收入如表 6 - 2 所示，其中由于是半年付息一次，实际利率和票面利率均按年利率的一半计算。计算得出的实际利率为 6%。

表 6 - 2　　债权投资利息收入计算表　　单位：元

(实际利率法)

付息日期	借：银行存款	贷：投资收益——利息收入	贷：债权投资——利息调整	摊余成本
	(1)＝面值×5%	(2)＝上期(4)×实际利率 6%	(3)＝(2)－(1)	(4)＝上期(4)＋(3)
2018 年 1 月 1 日				190 148
2018 年 6 月 30 日	10 000	11 409	1 409	191 557
2018 年 12 月 31 日	10 000	11 493	1 493	193 050
2019 年 6 月 30 日	10 000	11 583	1 583	194 633
2019 年 12 月 31 日	10 000	11 678	1 678	196 311
2020 年 6 月 30 日	10 000	11 779	1 779	198 090
2020 年 12 月 31 日	10 000	11 910①	1 910①	200 000
合　计	60 000	69 852	9 852	—

注：① 含尾数调整。

根据表 6-2,2018 年 6 月 30 日,甲企业在收到第一期利息时,应编制会计分录如下:

借:银行存款　　10 000

　债权投资——利息调整　　1 409

　贷:投资收益——利息收入　　11 409

从表 6-1 及表 6-2 中可以看出,实际利率法下,如果溢价购入债券,债权投资的摊余成本逐期递减,则利息收入也相应递减,而溢价摊销额却逐期递增;如果折价购入债券,债权投资的摊余成本逐期递增,则利息收入也相应递增,折价摊销额也逐期递增。不过,无论是溢价还是折价,每期实得的投资报酬率(实际利率)都是相等的。

(二)债权投资的期末计价、提前出售与重分类

1. 债权投资的期末计价

债权投资的期末计价,应当按摊余成本计量,不考虑公允价值变动的影响。

但企业应当以预期信用损失(expected credit loss, ECL)为基础,对债权投资进行减值(impairment)会计处理,并确认损失准备。

图 6-2 说明了包括债权投资在内的金融资产减值损失相关会计处理的一般流程。

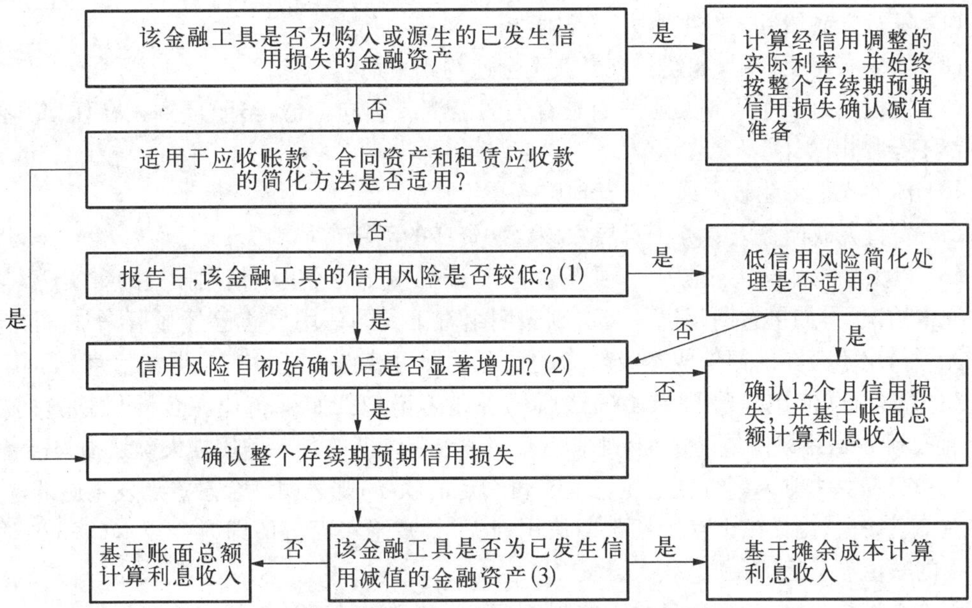

说明:图中的(1)、(2)、(3)为金融资产减值的“三阶段法”的关键节点。

图 6-2　金融资产减值损失相关会计处理流程

图 6-2 是针对所有金融资产减值损失的相关会计处理流程,从图 6-2 中可以看出,除短期应收账款、合同资产及租赁应收款(可参见第五章应收账款坏账损失核算中的说明)可以按照简化的方法,即直接按照相当于整个存续期内预期信用损失的金额计量其损失准备外,其余的包括债权投资在内的金融资产,应当按照“三阶段法”进行会计处理。

企业应当在每个资产负债表日评估相关金融工具的信用风险自初始确认后是否已显著增加,并按照下列情形分别计量其损失准备、确认预期信用损失及其变动:

第一阶段:如果该金融工具的信用风险自初始确认后并未显著增加,企业应当按照相当于该金融工具未来12个月内预期信用损失的金额计量其损失准备,无论企业评估信用损失的基础是单项金融工具还是金融工具组合,由此形成的损失准备的增加或转回金额,应当作为减值损失或利得计入当期损益。

未来12个月内预期信用损失,是指因资产负债表日后12个月内(若金融工具的预计存续期少于12个月,则为预计存续期)可能发生的金融工具违约事件而导致的预期信用损失,是整个存续期预期信用损失的一部分。

在第一阶段,确认12个月信用损失,并基于账面总额计算利息收入。

第二阶段:如果该金融工具的信用风险自初始确认后已显著增加,企业应当按照相当于该金融工具整个存续期内预期信用损失的金额计量其损失准备。无论企业评估信用损失的基础是单项金融工具还是金融工具组合,由此形成的损失准备的增加或转回金额,应当作为减值损失或利得计入当期损益。

在第二阶段,确认整个存续期预期信用损失,并基于账面总额计算利息收入。

第三阶段:当对金融资产预期未来现金流量具有不利影响的一项或多项事件发生时,该金融资产成为已发生信用减值的金融资产。金融资产已发生信用减值的证据包括下列可观察信息:

(1) 发行方或债务人发生重大财务困难;

(2) 债务人违反合同,如偿付利息或本金违约或逾期等;

(3) 债权人出于与债务人财务困难有关的经济或合同考虑,给予债务人在任何其他情况下都不会作出的让步;

(4) 债务人很可能破产或进行其他财务重组;

(5) 发行方或债务人财务困难导致该金融资产的活跃市场消失;

(6) 以大幅折扣购买或源生一项金融资产,该折扣反映了发生信用损失的事实。

通常情况下,如果逾期超过30日,则表明金融工具的信用风险已经显著增加。除非企业在无须付出不必要的额外成本或努力的情况下即可获得合理且有依据的信息,证明即使逾期超过30日,信用风险自初始确认后仍未显著增加。如果企业在合同付款逾期超过30日前已确定信用风险显著增加,则应当按照整个存续期的预期信用损失确认损失准备。

如果交易对手方未按合同规定时间支付约定的款项,则表明该金融资产发生逾期。

在第三阶段,确认整个存续期预期信用损失,并基于账面价值即摊余成本(账面余额减已计提的减值准备)计算利息收入。

无论在哪个阶段,计算利息收入的利息率均为初始确认时计算得出的实际利率。

在资产负债表日,以摊余成本计量的债权投资发生信用损失时,应当将该金融资产价值减记至预计未来现金流量现值,减记的金额确认为信用减值损失,计入当期损益。债权投资确认减值损失后,如有客观证据表明该资产价值已经恢复,且客观上与确认该损失后发生的事项相关(如债务人的信用评级已提高等),原确认的减值损失应当予以转回,计入当期损益(信用减值损失)。但是,该转回后的账面价值不应当超过假定不计提减值准备情况下该金融资产在转回日的摊余成本。

续【例2】 2018年12月31日,由于乙企业出现了严重的财务困难,根据企业信用部门的评定结果,甲企业持有的乙企业的债券,已发生信用损失,其未来现金流量的现值约为100 000元。对此,甲企业应计提该项债权投资的减值损失93 050元(193 050—100 000),并编制会计分录如下：

借：信用减值损失　　93 050

　贷：债权投资——减值准备　　93 050

需要注意的是，计算减值损失时将未来现金流量折成现值的利率应当采用原实际利率，计提减值损失后，确认以后期间利息收入的利率也应当是原实际利率，收到的利息与利息收入的差额即为减值后每期利息调整额。

2019 年 6 月 30 日，甲企业持有的债权投资的摊余成本为 100 000 元，应确认利息收入为 6 000 元(100 000×6%)，会计分录为：

借：银行存款　　10 000

　贷：债权投资——利息调整　　4 000

　　投资收益——利息收入　　6 000

2019 年 12 月 31 日，甲企业应确认的利息收入为 5 760 元[(100 000－4 000)×6%]，会计分录为：

借：银行存款　　10 000

　贷：债权投资——利息调整　　4 240

　　投资收益——利息收入　　5 760

2019 年 12 月 31 日，甲企业债权投资的摊余成本为 91 760 元(100 000－4 000－4 240)。

假定 2019 年 12 月 31 日，乙企业的财务状况明显得到好转，甲企业估计能够收回全部的款项，因此决定将原计提的减值准备予以恢复，但转回后的账面价值不应当超过假定不计提减值准备情况下该项债权投资在转回日的摊余成本，本例中，转回后的账面价值不得超过 196 311 元(见表 6－2)，应转回的摊余价值为 104 551 元(196 331－91 760)。相关计算见表 6－3。

表 6－3　　减值损失恢复时摊余成本调整计算表　　单位：元

摊余成本及其调整	成　本	利息调整	减值准备	摊余成本
减值准备未恢复前的余额	200 000	(15 190)	93 050	91 760
减值准备恢复后的应有余额	200 000	(3 689)	0	196 331
应调整的金额	—	11 501	93 050	104 551

根据表 6－3，甲企业应编制会计分录如下：

借：债权投资——减值准备　　93 050

　　　　　——利息调整　　11 501

　贷：信用减值损失　　93 050

　　投资收益——利息收入　　11 501

分录中，由于信用减值损失只宜恢复原计提的金额 93 050 元，剩余部分即 11 501 元应当直接作为当期投资收益，即为 2019 年全年摊销的折价总额 3 261 元(1 583＋1 678)与计提减值后确认投资收益时分摊(或增加)的折价 8 240 元(4 000＋4 240)之和。

2. 债权投资的提前出售

如果有客观证据表明企业管理金融资产的业务模式发生改变，使某项投资不再适合划分为债权投资,企业可能会将该项投资提前予以出售或进行重分类。在出售日,企业应调整折价、溢价摊销额和利息收入,将出售日债券的摊余成本与债券市价相比较,计算出售投资的利得或损失。

续【例1】 甲企业溢价购入乙企业的分期付息债券提前在2020年3月31日全部出售,得款210 000元(包括3个月的利息),债券溢价采用实际利率法摊销。有关资料如表6-1所示。从表6-1中可知,至2019年12月31日,债券投资的账面价值为203 771元。从2020年1月1日至2020年3月31日3个月的应计利息为5 000元(200 000×10%×3/12),利息收入应为4 075元(203 771×8%×3/12),则3个月摊销的溢价应为925元(5 000−4 075),摊销后的账面价值即摊余成本为202 846元(203 771−5 000+4 075),债券出售损失为2 154元。用会计分录表示如下:

(1) 调整至2020年3月31日的应计利息及其溢价摊销额。

借:应收利息　　5 000

　贷:债权投资——利息调整　　925

　　投资收益——利息收入　　4 075

(2) 记录出售所得并确认出售损益。

借:银行存款　　210 000

　贷:债权投资——利息调整　　2 846

　　　　　——面值　　200 000

　　应收利息　　5 000

　　投资收益——债券投资出售利益　　2 154

如果债权投资在到期日收回本金,则债券的折溢价在其流通期间已摊销完毕,债券的账面价值与票面金额相等,到期还本付息时只需转销"债权投资(面值)"账户,确认投资收益。假定本例中的甲企业在2020年年末收回本金的利息,则收回本利之和的会计分录为:

借:银行存款　　210 000

　贷:债权投资——面值　　200 000

　　　　　——利息调整　　1 922

　　投资收益——利息收入　　8 078

3. 债权投资的重分类

如果有客观证据表明企业管理金融资产的业务模式发生改变,使某项投资不再适合划分为以摊余成本计量的金融资产,应当将其重分类为以公允价值计量的金融资产,并以公允价值进行后续计量。

(1) 企业将一项以摊余成本计量的金融资产重分类为以公允价值计量且其变动计入当期损益的金融资产的,应当按照该资产在重分类日的公允价值进行计量。原账面价值与公允价值的差额计入当期损益。

(2) 企业将一项以摊余成本计量的金融资产重分类为以公允价值计量且其变动计入其他综合收益的金融资产的,应当按照该资产在重分类日的公允价值进行计量。原账面价值与公允价值的差额计入其他综合收益。

假定续[例2]中,甲企业购入的债券在2020年3月31日不再准备长期持有,而是等待时机出售,应当将该项债券重分类为以公允价值计量且其变动计入其他综合收益的金融资产，公允价值为210 000元（包括3个月的利息）。在重分类日，甲企业应当编制会计分录如下：

借：其他债权投资	210 000	
贷：债权投资——利息调整		2 846
——面值		200 000
应收利息		5 000
其他综合收益——其他债权投资公允价值变动		2 154

第三节　以公允价值计量且其变动计入其他综合收益的金融工具投资

根据图6－1有关金融资产的分类，下列两种情况下，企业可以将该项金融资产分类为以公允价值计量且其变动计入其他综合收益的金融资产：

(1) 合同现金流量特征是本金和以未偿付本金金额为基础的利息的支付，且企业管理现金流量的业务模式是既以收取合同现金流量为目标又以出售该金融资产为目标。

(2) 合同现金流量特征未能满足本金和以未偿付本金金额为基础的利息的支付条件，但通过公允价值选择权，指定为以公允价值计量且其变动计入其他综合收益的金融资产。

为方便说明，将上述的(1)与(2)分别表述为其他债权投资和其他权益工具投资。

一、其他债权投资

(一) 其他债权投资的初始计量

其他债权投资的初始计量与以摊余成本计量的债权投资相仿，即以所有支付的代价（包括购买价格和直接归属于购买该项投资发生的相关交易费用）减除已到期但尚未领取的利息，均为取得该项债权投资的初始成本。

企业应设置"其他债权投资"账户，核算其他债权投资业务的增减变动。

【例6】 2018年1月1日，甲企业以104 000元购入乙企业当日发行的6年期、分期付息、到期一次还本的债券100张，每张面值为1 000元，票面利率为10%，支付的债券款中，交易时还用银行存款支付相关税费480元。该债券于2019年1月1日开始，每年1月1日付息一次。

甲企业将购入的债券分类为以公允价值计量且其变动计入其他综合收益的金融资产。

(1) 确定债权投资的利息调整。

支付的总价款(104 000＋480)	104 480
减：债券投资成本	100 000
利息调整	4 480

(2) 购入债券时，甲企业应编制会计分录如下：

借：其他债权投资——面值	100 000	
——利息调整	4 480	
贷：银行存款		104 480

(3) 计算取得其他债权投资的实际利率。

通过计算,可知该项债权投资的实际利率为9%。

(二) 其他债权投资的后续计量

企业取得其他债权投资后,所有产生的利得或损失,除减值损失或利得和汇兑损益之外,均应计入其他综合收益,直到该债权投资终止确认或被重分类。但是,采用实际利率法计算的债权投资利息应当计入当期损益,即以实际利率法确认的计入当期损益的金额与以摊余成本计量的债权投资相同。

续【例6】 在取得该项投资后,甲企业应编制其他债权投资利息收入计算表,如表6-4所示。

表6-4 **其他债权投资利息收入计算表** 单位:元

(实际利率法)

付息日期	借:银行存款	贷:投资收益——利息收入	贷:债权投资——利息调整	摊余成本
	(1)=面值×10%	(2)=上期(4)×实际利率9%	(3)=(1)-(2)	(4)=上期(4)-(3)
2018年1月1日				104 480
2018年12月31日	10 000	9 403	597	103 883
2019年12月31日	10 000	9 349	651	103 232
2020年12月31日	10 000	9 291	709	102 523
2021年12月31日	10 000	9 227	773	101 750
2022年12月31日	10 000	9 158	842	100 908
2023年12月31日	10 000	9 092①	908①	100 000
合 计	60 000	55 520	4 480	—

注:① 含尾数调整。

2018年12月31日,假定该债权投资的公允价值为104 000元,则甲企业应编制会计分录如下:

(1) 确认利息收入。

借:应收利息 10 000

贷:投资收益——利息收入 9 403

其他债权投资——利息调整 597

(2) 确认公允价值变动的影响。

借:其他债权投资——公允价值变动(104 000-103 883) 117

贷:其他综合收益——其他债权投资公允价值变动 117

假定2019年12月31日甲企业确认了公允价值升值500元,2020年1月3日,甲企业将该项债权投资全部出售,收到价款102 000元,则甲企业在出售该项债权投资时,应编制会计分录如下:

(1) 确认出售损益。

借：银行存款　　102 000

　投资收益　　1 849

　贷：其他债权投资——面值　　100 000

　　　　——利息调整　　3 232

　　　　——公允价值变动(117+500)　　617

(2) 将其他综合收益确认为当期损益。

借：其他综合收益——其他债权投资公允价值变动　　617

　贷：投资收益　　617

从上面的会计处理中可以看出，甲企业该项债权投资的投资收益合计为 17 520 元(9 403+9 349－1 849+617)，即为初始投资成本 104 480 元和所有收到的现金流量 222 000 元(10 000+10 000+102 000)之间的差额。

(三) 其他债权投资的减值

以公允价值计量且其变动计入其他综合收益的其他债权投资，应当根据前述的金融资产减值要求，在其他综合收益中确认其损失准备，并将减值损失或利得计入当期损益，且不应减少该项债权投资在资产负债表中列示的账面价值。

续【例 6】 假定 2019 年 12 月 31 日，甲企业所持有债权投资的公允价值为 101 000 元。

由于乙企业的信用风险已显著增加，但尚未发生实际违约，甲企业按该债权投资在整个存续期间内的预期信用损失评估出该项债权投资的未来现金流量的现值为 100 000 元。甲企业应确认减值损失 3 232 元(103 232－100 000)。

2019 年 12 月 31 日，甲企业应编制会计分录如下：

(1) 按账面余额确认 2019 年度的利息收入。

借：应收利息　　10 000

　贷：投资收益——利息收入　　9 349

　　其他债权投资——利息调整　　651

(2) 确认信用减值损失。

借：信用减值损失　　3 232

　贷：其他综合收益——其他债权投资信用减值准备　　3 232

(3) 确认公允价值变动。

2019 年 12 月 31 日，该项债权投资的公允价值为 101 000 元，摊余成本为 103 232 元，公允价值变动的余额应当为贷差 2 232 元(103 232－101 000)。在此之前，其他债权投资中的公允价值变动余额为借差 117 元，则甲企业应确认 2 349 元的公允价值变动(2 232+117)，编制会计分录如下：

借：其他综合收益——其他债权投资公允价值变动　　2 349

　贷：其他债权投资——公允价值变动(104 000－101 000－651)　　2 349

从上面的会计处理中可以看出，尽管该项债权投资确认了 3 232 元的减值损失，但市场对该项债权投资的反应并没有与企业自身对预期信用损失的判断相同，该项债权投资应当以公允价值反映在资产负债表上，即 101 000 元。换言之，将减值损失或利得计入当期损益，并不影响该项债权投资在资产负债表中列示的账面价值。

2019 年 12 月 31 日，该项债权投资的账面价值可验证如下(单位：元)：

2018年1月1日取得时的初始摊余成本	104 480
减：2018年的利息调整摊销	597
加：2018年公允价值变动调整	117
2018年12月31日的账面价值	104 000
减：2019年的利息调整摊销	651
减：2018年公允价值变动调整	2 349
2018年12月31日的账面价值	101 000

此时，市场上的公允价值(101 000元)与企业自身的评估结果(100 000元)就体现在其他综合收益(其他债权投资公允价值变动)之中，它反映了市场价值与内在价值(摊余成本)的区别，即1 000元(101 000－100 000)。

其他债权投资的其他综合收益变动可验证如下(单位：元)：

2018年确认的公允价值变动(贷方)	117
2019年确认的预期信用损失(贷方)	3 232
2019年确认的公允价值变动(借方)	2 349
2019年12月31日的余额(贷方余额)	1 000

(四) 其他债权投资的重分类

未被指定的其他债权投资在企业对合同现金流量的业务管理模式发生变化时，可以对其进行重分类。

(1) 企业将一项以公允价值计量且其变动计入其他综合收益的其他债权投资重分类为以摊余成本计量的债权投资，应当将之前计入其他综合收益的累积利得或损失转出，调整该债权投资在重分类日的公允价值，并以调整后的金额作为新的账面价值，即视同该债权投资一直以摊余成本计量。

续【例6】 前述甲企业持有的债权投资在2019年年末确认了信用减值损失并按公允价值计量后，2020年1月1日，甲企业管理层通过决议，将该项金融资产的业务管理模式修改为只收取合同现金流，即只收取未偿付的本金及以此为基础的利息。

2020年1月1日重分类日，甲企业应编制会计分录如下：

① 冲减持有期间累积的公允价值变动，将投资成本调整至不包括减值的摊余成本。

借：其他债权投资——公允价值变动(2 349－117)　　2 232

　贷：其他综合收益——其他债权投资公允价值变动　　2 232

② 调整信用损失准备，将投资成本调整为摊余成本。

借：其他综合收益——其他债权投资信用减值准备　　3 232

　贷：其他债权投资——减值准备　　3 232

③ 将调整后的以摊余成本计量的其他债权投资重分类为以摊余成本计量的债权投资。

借：债权投资——面值　　100 000

　　　　　——利息调整　　3 232

　贷：其他债权投资——面值　　100 000

　　　　　　　——利息调整　　3 232

借：其他债权投资——减值准备　　3 232

　贷：债权投资——减值准备　　3 232

可以看出，该项债权投资的重分类不影响其实际利率和预期信用损失的计量，重分类日债权投资的摊余成本为 100 000 元。

(2) 企业将一项以公允价值计量且其变动计入其他综合收益的其他债权投资重分类为以公允价值计量且其变动计入当期损益的金融资产，应当继续以公允价值计量该项债权投资，同时，企业应当将之前计入的其他综合收益的累积利得或损失从其他综合收益中转入当期损益。

续【例 6】　前述甲企业持有的债权投资在 2019 年年末确认了信用减值损失并按公允价值计量后，2020 年 1 月 1 日，甲企业管理层通过决议，将该项金融资产的业务管理模式修改为只取得出售该项债权投资的现金流量。

根据该决议，甲企业应将原持有的其他债权投资重分类为交易性金融资产，编制会计分录如下：

借：交易性金融资产	101 000	
其他债权投资——公允价值变动(2 349－117)	2 232	
贷：其他债权投资——面值		100 000
——利息调整		3 232
借：其他综合收益——其他债权投资公允价值变动	100 000	
贷：公允价值变动损益		100 000

二、其他权益工具投资

企业取得其他方的权益工具，如果以成立子公司(控制)、合营企业(共同控制)或联营企业(重大影响)为目的，应当确认为长期股权投资；除长期股权投资之外，均被认定为交易性的权益工具，确认为交易性金融资产，以公允价值计量且其变动计入当期损益。

诚如前述，企业为减少或显著降低会计错配，或者为评价业绩的需要，或者因为交易受限，而将原应确认为交易性的权益工具指定为以公允价值计量且其变动计入其他综合收益的金融资产，并按照规定确认股利收入。

需要注意的是，该指定一经做出，不得撤销。

企业应设置“其他权益工具投资”账户，反映此类被指定的非交易性权益工具投资的增减变动。

企业应当以取得投资时的成本作为其他权益工具投资的初始量度。

持有期间，与长期股权投资的成本法核算相仿，即在被投资方宣告分配股利时，按相应的份额确认投资收益。

期末，应当按公允价值计量，公允价值的变动计入其他综合收益。

在处置时，累积的公允价值变动应结转为留存收益，不得计入损益。

【例 7】　2018 年 3 月 26 日，甲企业以 615 万元(含 5 万元交易费用)购入乙企业发行在外的股份 100 万股，该股票每股价格为 6 元，其中包括已宣告发放的现金股利 0.1 元。

4 月 15 日，甲企业收到乙企业发放的现金股利。

2018 年 12 月 31 日，该股票的每股市价为 8 元。

2019 年 3 月 15 日，乙企业宣告分配现金股利，每股 0.2 元。

2019 年 4 月 4 日，乙企业发放现金股利。

2019 年 12 月 31 日,该股票的每股市价为 7.6 元。

2020 年 3 月 5 日,甲企业将持有的该股票全部出售,实际收到银行存款 805 万元。

假定不考虑其他因素,对此项非交易性的其他权益工具投资,甲企业应编制会计分录如下:

(1) 2018 年 3 月 26 日,取得投资时:

借:其他权益工具投资——成本　　6 050 000
　　应收股利　　100 000
　贷:银行存款　　6 150 000

(2) 2018 年 4 月 15 日,收到乙企业分配的现金股利时:

借:银行存款　　100 000
　贷:应收股利　　100 000

(3) 2018 年 12 月 31 日,确认公允价值变动 1 950 000 元(1 000 000×8－6 050 000)时:

借:其他权益工具投资——公允价值变动　　1 950 000
　贷:其他综合收益——其他权益工具投资公允价值变动　　1 950 000

(4) 2019 年 3 月 15 日,乙企业宣告分配现金股利时:

借:应收股利　　200 000
　贷:投资收益　　200 000

(5) 2019 年 4 月 4 日,收到乙企业发放的现金股利时:

借:银行存款　　200 000
　贷:应收股利　　200 000

(6) 2019 年 12 月 31 日,确认公允价值变动 400 000 元(1 000 000×7.6－ 8 000 000)时:

借:其他综合收益——其他权益工具投资公允价值变动　　400 000
　贷:其他权益工具投资——公允价值变动　　400 000

(7) 2020 年 3 月 5 日,出售该项投资时:

借:银行存款　　8 050 000
　　其他综合收益——其他权益工具投资公允价值变动　　1 550 000
　贷:其他权益工具投资——成本　　6 050 000
　　　　　　　　　　　——公允价值变动　　1 550 000
　　盈余公积　　200 000
　　利润分配——未分配利润　　1 800 000

第四节　以公允价值计量且其变动计入当期损益的金融工具投资

分类为以摊余成本计量的金融资产以及分类为以公允价值计量且其变动计入其他综合收益的金融资产之外的金融资产,企业应当将其分类为以公允价值计量且其变动计入当期损益的金融资产。

具体而言,以公允价值计量且其变动计入当期损益的金融工具投资包括以下几种:

(1) 以出售(交易)为目标所持有的债权投资。

(2) 以出售(交易)为目标所持有的权益工具投资。

(3) 持有的非套期性质的衍生工具。

其中,持有的非套期性质的衍生工具以及套期的会计处理将在本系列教材中的《高级财务会计》中说明,本章只涉及其中的(1)与(2)。

企业应设置"交易性金融资产"或"交易性金融工具投资"账户,反映以公允价值计量且其变动计入当期损益的金融工具投资业务的增减变动。

一、交易性金融资产的初始计量

由于交易性金融资产以交易为目标,会计处理应以反映公允价值的变化为首要目标,因此,其初始计量应以公允价值为基础。

所谓"公允价值",是指市场参与者在计量日发生的有序交易中出售一项资产所能收到或者转移一项负债所需支付的价格。对交易性金融资产而言,其初始确认金额按公允价值计量,指的就是金融资产购买日的市价或挂牌价格,一些与交易性金融资产直接相关的费用,如支付给代理机构、咨询公司、券商的手续费和佣金及其他必要支出等,应直接计入当期损益。

【例 8】 2019 年 1 月 3 日,甲企业购入乙企业每股面值 1 元的普通股股票 10 000 股,每股价格为 12 元,另付相关交易费 600 元,一并以银行存款支付。对此,甲企业应编制会计分录如下:

借:交易性金融资产——成本(乙企业股票)　　120 000
　　投资收益——交易费用　　600
　贷:银行存款　　120 600

有时,企业取得股票时可能含有股利,即购买股票前,发行公司已宣告分配现金股利,则企业在购买股票时所支付价款中包含了已宣告发放但尚未领取的股利。此项付款本质上属于垫付性的债权,在确定交易性金融资产投资成本时,应从实际支付的全部价款中扣除这部分应收股利,并进行单独核算。

【例 9】 假设上述乙企业已在 2018 年 12 月 25 日宣告分配现金股利,每 10 股派现金 1 元,并定于 2019 年 1 月 10 日起按 1 月 5 日的股东名册支付股利。甲企业是在企业已宣告分派现金股利后的 1 月 3 日购入乙企业每股面值 1 元的普通股股票 10 000 股,每股价格 12 元,另付相关交易费 600 元,一并以银行存款支付。假定不考虑增值税,甲企业应编制会计分录如下:

借:交易性金融资产——成本(乙企业股票)　　119 000
　　应收股利　　1 000
　　投资收益——交易费用　　600
　贷:银行存款　　120 600

甲企业在收到上述股利时,应借记"银行存款"账户,贷记"应收股利"账户,而不应贷记"投资收益"账户。

在购入时若发行公司已宣告分配股票股利的,投资企业于实际收到股票股利时只做备查登记,不做分录。

企业购入债券时，也应按照购入时实际支付的全部价款登记入账。如果投资者所持债券是在两个付息日之间购入的，可能产生两种情况，即所支付的全部价款中含有已到付息期但尚未领取的利息或者含有未到期的利息。对购入债券时支付的全部价款中包含已到期但尚未领取的利息，不构成债券的投资成本。它与前述已宣告但尚未收到的现金股利一样，本质上属于垫付性的债权，债券投资成本应按全部支付款扣除应计利息后的金额入账，并单独列示。对购入债券时实际支付的全部价款中包含的尚未到期的债券利息，则包括在债券的投资成本中。

【例10】 2019年4月1日，甲企业以111 250元的价格购入乙企业在2018年1月1日发行的3年期、年利率为9%的债券，债券利息按年收取，到期一次还本。该债券的面值为100 000元。购入时乙企业2018年的利息尚未支付(假定不考虑相关税费)。

甲企业实际支付的价款中包含2018年已到付息期但尚未支付的利息9 000元(100 000×9%×1)和2019年尚未到期的3个月利息2 250元(100 000×9%×3/12)。已到期但尚未领取的2018年利息9 000元应记入“应收利息”账户，2019年尚未到期的3个月利息2 250元直接包括在债券投资成本中。对此项业务，甲企业应编制会计分录如下：

借：交易性金融资产——成本(乙企业债券)	102 250	
应收利息	9 000	
贷：银行存款		111 250

当甲企业收到乙企业支付的2018年度的利息时，再冲转“应收利息”账户。

二、交易性金融资产的后续计量

对交易性金融资产投资的后续计量，也应以公允价值为基础，公允价值变动应直接计入当期损益。

企业在取得交易性金融资产后，在持有期间会产生一定的收益，如股票资产投资的报酬为股利收入，债券资产投资的报酬为利息收入，都应确认为当期的投资收益。在取得交易性金融资产投资时，若实际支付的价款中含有已宣告但尚未领取的现金股利或已到付息期但尚未领取的债券利息，属于投资者在购买时暂时垫付的资金，是一项债权，因此，在实际收到时应冲减已记录的应收股利或应收利息，不能确认为投资收益。

【例11】 2019年1月3日，甲企业购买乙企业股票10 000股，每股价格11元，另付相关税费100元，一并以银行存款支付。2019年7月1日，乙企业宣告分配上半年度现金股利，每10股普通股派发2元现金股利，共计2 000元(10 000/10×2)。

甲企业购买乙企业股票时，应编制会计分录如下：

借：交易性金融资产——成本(乙企业股票)	110 000	
投资收益——交易费用	1 100	
贷：银行存款		111 100

甲企业实际收到股利时，应编制会计分录如下：

借：银行存款	2 000	
贷：投资收益——乙企业股利收入		2 000

在资产负债表日，如果交易性金融资产在会计期末尚未出售，交易性金融资产公允价值高于账面余额的差额，借记“交易性金融资产”账户，贷记“公允价值变动损益”账户；反之，则

编制相反的会计分录。“公允价值变动损益”账户应作为当期利润表的构成项目。

当企业持有各种不同的交易性金融资产时，应当采用单项投资法确认交易性金融资产公允价值（或市价）的变动损益。单项投资法，顾名思义，就是指按每一项交易性金融资产投资的成本与市价进行比较，以计算未实现利得或损益的方法。

【例 12】 2019 年年末，甲企业持有下列交易性金融资产，假设每种股票和债券的成本、公允价值以及应确认的公允价值变动损益如表 6－5 所示。

表 6－5　甲企业交易性金融资产明细资料　　单位：元

证券种类	成　本	公允价值	应确认的公允价值变动损益
A 企业股票	1 000 股×18＝18 000	1 000 股×15＝15 000	(3 000)
B 企业股票	500 股×26＝13 000	500 股×19＝9 500	(3 500)
C 企业债券	200 张×120＝24 000	200 张×140＝28 000	4 000
合　计	55 000	52 500	(2 500)

按单项投资法确认交易性金融资产投资损益的会计处理如下：

借：公允价值变动损益（交易性金融资产）　　6 500

　贷：交易性金融资产——公允价值变动（A 企业股票）　　3 000

　　　　　　　　　　——公允价值变动（B 企业股票）　　3 500

借：交易性金融资产——公允价值变动（C 企业债券）　　4 000

　贷：公允价值变动损益（交易性金融资产）　　4 000

三、交易性债权投资的重分类

企业可以在对债权投资的现金流量管理的业务模式发生变化时，对交易性债权投资进行重分类。

(1) 企业将一项以公允价值计量且其变动计入当期损益的交易性债权投资重分类为以摊余成本计量的债权投资时，应当以其在重分类日的公允价值作为新的账面余额。

(2) 企业将一项以公允价值计量且其变动计入当期损益的交易性债权投资重分类为以公允价值计量且其变动计入其他综合收益的其他债权投资时，应当继续以其在重分类日的公允价值计量该项其他债权投资。

对交易性债权投资进行重分类时，企业应当根据该项交易性债权投资的公允价值作为分类后金融资产的初始确认日的公允价值，即本金，再根据该项债权的未来现金流量的终值（可收回的本金及利息）来确定其实际利率。

重分类后的金融资产也适用于金融资产减值的相关规定。

四、交易性金融资产的处置

在会计期内，企业因需要现金而将交易性金融资产抛售变现，其出售价格与交易性金融资产的账面余额的差额，即为出售交易性金融资产的损益。如果会计期末尚未出售，并已按公允价值计量，在下个会计期出售时，应以交易性金融资产出售时的价格与上期末该资产的公允价值比较，确认出售损益。同时，将原记入“交易性金融资产”账户的金额按出售比例转出,借记或贷记“公允价值变动损益”账户,贷记或借记“投资收益”账户。

续【例 12】 假设甲企业在 2020 年 3 月 31 日将持有的 A 企业和 B 企业的股票出售 50%,收到价款 10 000 元。其中,A 企业股票 500 股,每股市价 12 元;B 企业股票 250 股,每股市价 16 元(假定不考虑相关税费)。

3 月 31 日,甲企业按单项投资法确认出售证券投资损益的会计处理如下:

借:银行存款	10 000	
交易性金融资产——公允价值变动(A 企业股票)(3 000×50%)	1 500	
——公允价值变动(B 企业股票)(3 500×50%)	1 750	
投资收益——出售交易性金融资产损失	2 250	
贷:交易性金融资产——成本(A 企业股票)(18 000×50%)		9 000
——成本(B 企业股票)(13 000×50%)		6 500

分录中投资损失 2 250 元即为出售时的公允价值 10 000 元与上一个资产负债表日的公允价值 12 250 元[(15 000+9 500)×50%]的差额。

出售该项金融资产的损失总额为 5 500 元(2 250+3 250),即为最终出售所得 10 000 元与初始投资成本 15 500 元[(18 000+13 000)×50%]的差额。

由于交易性金融资产的流动性很强,在 1 年中购入、售出证券的种类和次数很多,若企业在会计期内仅部分出售某种证券,单项投资法下可按个别认定法、加权平均法或先进先出法计算和确认该种证券的成本。

第五节 金融工具投资的列示与披露

一、列示

除下章将要述及的长期股权投资之外,企业的各项金融工具投资及相关项目在财务报表中应做如下列示:

1. 以摊余成本计量的债权投资

以摊余成本计量的债权投资应列示为资产负债表“债权投资”行项目。

资产负债表中的“债权投资”行项目,反映资产负债表日企业以摊余成本计量的长期债权投资的期末账面价值。该项目应根据“债权投资”账户的相关明细科目的期末余额,减去“债权投资减值准备”账户中相关减值准备的期末余额后的金额分析填列。自资产负债表日起 1 年内到期的长期债权投资的期末账面价值,在“一年内到期的非流动资产”行项目反映。企业购入的以摊余成本计量的一年内到期的债权投资的期末账面价值,在“其他流动资产”行项目反映。

以摊余成本计量的债权投资所取得的利息收入,应列示在利润表中的“投资收益”行中。

持有债权投资期间的信用减值损失,应列示在利润表中的“信用减值损失”行中。

2. 以公允价值计量且其变动计入其他综合收益的其他债权投资

以公允价值计量且其变动计入其他综合收益的其他债权投资应列示为资产负债表“其

他债权投资”行项目。

资产负债表中的“其他债权投资”行项目，反映资产负债表日企业分类为以公允价值计量且其变动计入其他综合收益的长期债权投资的期末账面价值。该项目应根据“其他债权投资”账户的相关明细科目期末余额分析填列。自资产负债表日起一年内到期的长期债权投资的期末账面价值，在“一年内到期的非流动资产”行项目反映。企业购入的以公允价值计量且其变动计入其他综合收益的一年内到期的债权投资的期末账面价值，在“其他流动资产”行项目反映。

持有其他债权投资期间所取得的利息收入，应列示在利润表中的“投资收益”行中；因公允价值变动和减值所产生的其他综合收益，应区分“其他债权投资公允价值变动”和“其他债权投资信用减值准备”，列示在利润表“其他综合收益的税后净额”项目中的“将重分类进损益的其他综合收益”小项下，具体如表 6-6 所示。

表 6-6　其他债权投资公允价值变动与信用损失在利润表中的列示(局部)

* * *	
四、净利润	
五、其他综合收益的税后净额	
（一）不能重分类进损益的其他综合收益	
1. * * * *	
2. * * * *	
3. 其他权益工具投资公允价值变动	
……	
（二）将重分类进损益的其他综合收益	
1. * * * *	
2. 其他债权投资公允价值变动	
3. 金融资产重分类计入其他综合收益的金额	
4. 其他债权投资信用减值准备	
5. * * * *	
六、综合收益总额	

其他债权投资的信用损失，应列示在利润表的“信用减值损失”行项目中。

3. 指定以公允价值计量且其变动计入其他综合收益的其他权益工具投资

指定以公允价值计量且其变动计入其他综合收益的其他权益工具投资，应列示为资产负债表“其他权益工具投资”行项目。

资产负债表中的“其他权益工具投资”行项目，反映资产负债表日企业指定为以公允价值计量且其变动计入其他综合收益的非交易性权益工具投资的期末账面价值。该项目应根据“其他权益工具投资”账户的期末余额填列。

持有其他权益工具投资期间确认的利息收入或股利收入，应列示在利润表中的“投资收益”行中；持有期间累积的公允价值变动列示在利润表“其他综合收益的税后净额”项目中的

“不能重分类进损益的其他综合收益”小项下,具体如表6-6所示。

4. 以公允价值计量且其变动计入当期损益的金融工具投资

以公允价值计量且其变动计入当期损益的金融工具投资(包含指定),如果为非衍生工具,应列示为资产负债表中的“交易性金融资产”行项目。

资产负债表中的“交易性金融资产”行项目,反映资产负债表日企业分类为以公允价值计量且其变动计入当期损益的金融资产,以及企业持有的直接指定为以公允价值计量且其变动计入当期损益的金融资产的期末账面价值。该项目应根据“交易性金融资产”账户的相关明细科目期末余额分析填列。自资产负债表日起超过1年到期且预期持有超过1年的以公允价值计量且其变动计入当期损益的非流动金融资产的期末账面价值,在“其他非流动金融资产”行项目反映。

持有该类金融工具投资期间确认的利息收入或股利收入,应列示在利润表中的“投资收益”行中;持有期间累积的公允价值变动列示在利润表“公允价值变动收益”(损失以“-”号填列)行项目中。

如为衍生工具,应列示在资产负债表中的“衍生金融资产”行项目中。

5. 金融工具重分类所产生的其他综合收益

企业将一项以摊余成本计量的债权投资重分类为以公允价值计量且其变动计入其他综合收益的其他债权投资,应当按该项债权投资在重分类日的公允价值进行计量。原账面价值与公允价值的差额计入其他综合收益。该项其他综合收益应列示在利润表“其他综合收益的税后净额”项目中的“将重分类进损益的其他综合收益”小项下,具体如表6-6所示。

二、披露

(一) 金融工具投资一般信息披露的一般性要求

企业应当披露编制财务报表时对金融工具投资所采用的重要会计政策、计量基础和与理解财务报表相关的其他会计政策等信息,主要包括:

1. 对于指定以公允价值计量且其变动计入当期损益的金融资产

对于指定以公允价值计量且其变动计入当期损益的金融资产,企业应当披露下列信息:

(1) 指定的金融资产的性质。

(2) 企业如何满足运用指定的标准。企业应当披露与该指定所针对的确认或计量不一致的描述性说明。

2. 确定每类金融工具投资的利得或损失的方法

(二) 资产负债表相关信息的披露

除前述在资产负债表中的列示要求外,企业还需要披露资产负债表中有关金融工具投资的以下相关信息:

(1) 企业将本应按摊余成本计量或以公允价值计量且其变动计入其他综合收益的金融工具投资指定为一项或一组以公允价值计量且其变动计入当期损益的金融工具投资,应当披露如下信息:① 该金融工具投资在资产负债表日使企业面临的最大信用风险敞口;② 企业通过任何相关信用衍生工具或类似工具使得该最大信用风险敞口降低的金额;③ 该金融工具投资因信用风险变动引起的公允价值本期变动额和累积变动额;④ 相关信用衍生工具或类似工具自该指定以来的公允价值本期变动额和累积变动额。

信用风险，是指金融工具的一方不履行义务，造成另一方发生财务损失的风险。金融资产在资产负债表日的最大信用风险敞口，通常是金融工具账面余额减去减值损失准备后的金额(可以减去合同中约定的可抵销的金额)。具体例示可参见第五章中的披露说明。

(2) 企业将非交易性权益工具投资指定为以公允价值计量且其变动计入其他综合收益的，应当披露下列信息：① 企业每一项指定为以公允价值计量且其变动计入其他综合收益的权益工具投资；② 企业做出该指定的原因；③ 企业每一项指定为以公允价值计量且其变动计入其他综合收益的权益工具投资的期末公允价值；④ 本期确认的股利收入，其中对本期终止确认的权益工具投资相关的股利收入和资产负债表日仍持有的权益工具投资相关的股利收入应当分别单独披露；⑤ 该权益工具投资的累积利得或损失、本期从其他综合收益转入留存收益的金额及其原因。

(3) 企业本期终止确认了指定以公允价值计量且其变动计入其他综合收益的非交易性权益工具投资的，应当披露下列信息：① 企业处置该权益工具投资的原因；② 该权益工具投资在终止确认时的公允价值；③ 该权益工具投资在终止确认时的累积利得或损失。

(4) 企业在当期或以前报告期间将金融工具进行重分类的，对于每一项重分类，应当披露重分类日、对业务模式变更的具体说明及其对财务报表影响的定性描述，以及该金融工具重分类后的金额。

企业自上一年度报告日起将以公允价值计量且其变动计入其他综合收益的金融工具重分类为以摊余成本计量的债权投资的，或者将以公允价值计量且其变动计入当期损益的金融工具投资重分类为其他类别的，应当披露下列信息：① 该金融工具投资在资产负债表日的公允价值；② 如果未被重分类，该金融工具投资原来应在当期损益或其他综合收益中确认的公允价值利得或损失。

企业将以公允价值计量且其变动计入当期损益的金融工具投资重分类为其他类别的，自重分类日起至终止确认的每一个报告期间，都应当披露该金融工具投资在重分类日的确定的实际利率和当期已确认的利息收入。

(三) 利润表相关信息的披露

企业应当披露与金融工具投资有关的下列收入、费用、利得或损失：

(1) 以公允价值计量且其变动计入当期损益的金融工具投资所产生的利得或损失。其中，指定以公允价值计量且其变动计入当期损益的金融工具投资，以及分类为以公允价值计量且其变动计入当期损益的金融工具投资的净利得或净损失，应当分别披露。

(2) 对于指定以公允价值计量且其变动计入其他综合收益的非交易性权益工具投资，企业应当分别披露在其他综合收益中确认的利得或损失以及在当期损益中确认的股利收入。

(3) 分类为以公允价值计量且其变动计入其他综合收益的金融工具投资，企业应当分别披露当期在其他综合收益中确认的以及当期终止确认时从其他综合收益转入当期损益的利得或损失。

(4) 除以公允价值计量且其变动计入当期损益的金融工具投资外，按实际利率法计算的金融工具投资产生的利息收入总额，以及在确定实际利率时未予包括并直接计入当期损益的手续费支出。

思考题

1. 什么是金融工具？作为金融工具权利持有方的金融资产，主要包括哪些内容？

2. 金融工具投资有哪些类型？各自的特点是什么？

3. 简述《企业会计准则第22号——金融工具确认和计量》中金融资产的分类流程。

4. 以摊余成本计量的债权投资，应当如何确定利息收入？

5. 以摊余成本计量的债权投资，其预期信用损失应当如何确认？

6. 以公允价值计量且其变动计入其他综合收益的金融工具投资包括哪些？并简述其一般的会计处理流程。

7. 以公允价值计量且其变动计入其他综合收益的其他债权投资，若存在信用损失，应当如何进行会计处理？

8. 简述以公允价值计量且其变动计入当期损益的金融工具投资的会计处理流程。

9. 简述金融工具重分类的会计处理一般要求。

10. 简述金融工具投资信息披露的一般要求。

阅读材料

1. 财政部：《企业会计准则第22号——金融工具确认和计量》，2017年。

2. 财政部：《企业会计准则第23号——金融资产转移》，2017年。

3. 财政部：《企业会计准则第37号——金融工具列报》，2017年。

4. 财政部：《企业会计准则第20号——企业合并》，2006年。

5. International Financial Reporting Standard 9 (IFRS9), Financial Instrument. International Accounting Standard Board, 2014.

练习题

练习一

一、目的：熟悉以摊余成本计量的金融资产的相关概念。

二、资料：2019年1月1日，甲企业从二级市场购入乙企业分期付息、到期还本的债券12万张，以银行存款支付价款1 050万元，另支付相关交易费用12万元。该债券系乙企业于2018年1月1日发行，每张债券面值为100元，期限为3年，票面年利率为5%，每年年末支付当年度利息。

甲企业将购入的此债券分类为以摊余成本计量的金融资产。

三、要求：

(1) 计算甲企业购入乙企业债券的入账价值。

(2) 计算甲企业持有乙企业债券至终止确认时累计应确认的投资收益。

练习二

一、目的：练习以摊余成本计量的金融资产投资的会计处理。

二、资料：2019年6月1日，甲企业购入乙企业当日发行的面值为800 000元的债券，债券期限为4年，票面利率为6%，发行时的市场利率为8%，债券利息于每年6月1日和12月1日各支付一次。

三、要求：

(1) 为甲企业编制购入债券、计提利息、利息调整摊销、收到利息和债券到期偿还本金时的会计分录(利息调整摊销采用实际利率法)。

(2) 如果甲企业在购入债券时还另行支付了 20 000 元交易费用,计算实际利率法下 2019 年度甲企业应确认的投资收益。

练习三

一、目的：练习以摊余成本计量的金融资产投资的会计处理。

二、资料：为提高闲置资金的使用率,2019 年 1 月 1 日,甲企业购入乙企业于当日发行且可上市交易的债券 100 万张,支付价款 9 500 万元,另支付手续费 90.12 万元。该债券期限为 5 年,每张面值为 100 元,票面年利率为 6%,于每年 12 月 31 日支付当年度利息。

甲企业将购入的此债券分类为以摊余成本计量的金融资产。

12 月 31 日,甲企业收到 2019 年度利息 600 万元。根据乙企业公开披露的信息,甲企业估计所持有乙企业债券的本金能够收回,未来年度每年能够从乙企业取得利息收入 400 万元。当日市场年利率为 5%。

三、要求：

(1) 为甲企业编制取得投资时的会计分录。

(2) 为甲企业编制确认 2019 年度利息收入的会计分录。

(3) 计算债权投资的减值损失,并编制计提减值准备的会计分录。

练习四

一、目的：练习其他权益工具投资的会计处理。

二、资料：2019 年 10 月 12 日,甲企业以每股 10 元的价格从二级市场购入乙企业股票 10 万股,支付价款 100 万元,另支付相关交易费用 2 万元。甲企业将购入的乙企业股票确认为以公允价值计量且其变动计入其他综合收益的金融资产。

2019 年 12 月 31 日,乙企业股票市场价格为每股 18 元。

2020 年 3 月 25 日,甲企业收到乙企业分派的现金股利 4 万元。2020 年 4 月 15 日,甲企业将所持有乙企业股票以每股 16 元的价格全部出售,在支付相关交易费用 2.5 万元后实际取得款项 157.5 万元存入银行。

三、要求：根据上述资料,为甲企业编制：

(1) 取得其他权益工具投资时的会计分录。

(2) 2020 年 12 月 31 日按公允价值计量时的会计分录。

(3) 确认并收到现金股利时的会计分录。

(4) 出售此项其他权益工具投资时的会计分录。

练习五

一、目的：练习其他债权工具投资的会计处理。

二、资料：2019 年 1 月 1 日,甲企业以 96 000 元购入乙企业当日发行的 6 年期、分期付息、到期一次还本的债券 100 张,每张面值 1 000 元,票面利率为 5%,支付的债券款中,交易时还用银行存款支付相关税费 500 元,该债券于 2020 年 1 月 1 日开始,每年 1 月 1 日付息一次。

甲企业将购入的债券分类为以公允价值计量且其变动计入其他综合收益的金融资产。

2019 年 12 月 31 日,假定该债权投资的公允价值为 95 000 元。

2020 年 7 月 1 日,甲企业将持有的该债券全部出售,收到净价款 95 200 元。

三、要求：

(1) 为甲企业编制取得投资时的会计分录。

(2) 为甲企业编制 2019 年 12 月 31 日确认投资收益的会计分录(实际利率法)。

(3) 为甲企业编制 2019 年 12 月 31 日按公允价值计量的会计分录。

(4) 为甲企业编制 2020 年 7 月 1 日出售该项投资时的会计分录。

(5) 假定甲企业未出售该债券,而在2021年1月1日将其重分类为以摊余成本计量的金融资产,编制重分类时的会计分录。

(6) 假定该债券的公允价值为94 800元,且甲企业未出售该债券,而在2021年1月1日将其重分类为以公允价值计量且其变动计入当期损益的金融资产,编制重分类时的会计分录。

练习六

一、目的:练习其他债权投资减值的会计处理。

二、资料:见练习五。2020年12月31日该项债券投资的公允价值为94 000元,未来现金流量的贴现值为93 000元。

三、要求:

(1) 乙企业的信用风险已显著增加,但尚未发生实际的违约。编制2020年确认信用减值损失以及2021年确认投资收益的会计分录。

(2) 乙企业的信用风险已显著增加,且已发生实际的违约。编制2020年确认信用减值损失以及2021年确认投资收益的会计分录。

练习七

一、目的:练习交易性金融资产的会计处理。

二、资料:2019年4月1日,甲企业以每张105元的价格购入乙企业2019年1月1日发行的债券1 000张作为交易性金融资产投资,每张债券面值为100元,年利率为9%,每年12月31日付息一次。成交时另付经纪人佣金280元。2019年8月1日,出售600张,收到62 500元存入银行;2020年2月1日,出售400张,收到41 200元存入银行。

三、要求:根据上述业务,为甲企业编制取得和出售交易性金融资产的会计分录。

习题八

一、目的:练习交易性金融资产的会计处理。

二、资料:2019年2月7日,甲企业购入乙企业普通股股票10 000股作为交易性金融资产投资,乙企业股票每股面值为1元,购入时每股市价为15.20元,成交时支付经纪人佣金760元,印花税456元,过户费10元。上述股票已由乙企业在2019年2月4日宣告分派股利,分派股利的公告规定,按2月15日收市时登记的股东名册,在2月25日至3月5日每股分派现金股利0.10元。

三、要求:

(1) 假定甲企业在2月15日出售了2月7日购入的乙企业的普通股股票10 000股,收到158 000元存入银行,为甲企业编制购入和出售股票时的会计分录。

(2) 假定甲企业在2月20日出售了2月7日购入的乙企业的普通股股票10 000股,收到151 000元存入银行,为甲企业编制购入和出售股票时的会计分录。

练习九

一、目的:练习交易性金融资产的会计处理。

二、资料:2018年12月31日,甲企业的资产负债表中,有关交易性金融资产的资料如表6-7所示。

表6-7　　甲企业有关交易性金融资产的资料　　单位:元

权益证券	成本	市价
A企业普通股600股	24 000	22 800
B企业普通股800股	22 400	24 800

续　表

权　益　证　券	成　本	市　价
C企业普通股700股	18 900	20 300
D企业5%优先股300股	19 500	12 000
	84 800	79 900

2019年度，甲企业发生下列与上述交易性金融资产投资账户有关的交易：

(1) 2月15日，收到A企业股利900元。

(2) 3月31日，收到D企业半年度优先股股利375元。

(3) 6月30日，收到B企业股利720元，C企业股利375元。

(4) 8月15日，收到A企业股利1 100元。

(5) 9月30日，收到D企业半年度优先股股利375元。

(6) 12月31日，收到B企业股利720元，C企业股利800元。

2019年12月31日，各项交易性金融资产投资的市价资料如表6-8所示。

表6-8　　甲企业有关交易性金融资产的资料　　单位：元

权　益　工　具	市　　价
A企业普通股	18 000
B企业普通股	25 600
C企业普通股	24 200
D企业5%优先股	11 000

2020年度，甲企业发生下列与上述交易性金融资产投资账户有关的交易：

(1) 3月1日，以23 000元售出全部A企业普通股。

(2) 3月31日，收到D企业半年度优先股股利375元。

(3) 6月15日，以23 800元售出C企业全部普通股。

(4) 9月30日，收到D企业半年度优先股股利375元。

(5) 12月31日，收到B企业普通股股利800元。

2020年12月31日，甲企业持有B企业普通股的市价总计为26 200元，持有D企业5%优先股的市价总计为13 200元。

三、要求：

(1) 根据上述资料，为甲企业编制2019年及2020年的会计分录。

(2) 计算甲企业2019年度及2020年度的损益。

(3) 甲企业2019年年末及2020年年末交易性金融资产投资在资产负债表中应如何列示？

练习十

一、目的：练习其他债权投资的会计处理。

二、资料：2019年1月1日，甲企业支付1 028.244万元购入乙企业发行的3年期债券，该债券的票面总额为1 000万元，票面年利率为4%，实际年利率为3%，利息每年年末支付，本金到期支付。甲企业将该债券分类为以公允价值计量且其变动计入其他综合收益的金融资产。

2019年12月31日，该债券的市场价格为1 000.094万元。

三、要求：假定无交易费用和其他因素的影响，为甲企业编制 2019 年度相关会计分录：

(1) 取得该项金融资产时。

(2) 收到债券利息时。

(3) 确认公允价值变动时。

第七章

长期股权投资

学习提要

长期股权投资，是指投资方对被投资方实施控制、重大影响的权益性投资，以及对其合营企业的权益性投资。

长期股权投资的初始计量，应当区分不同的增加方式以确定长期股权投资的初始投资成本。

非合并形成的长期股权投资，应当以所有支付的价款，扣除已宣告但尚未发放的股利，作为长期股权投资的初始成本。

合并形成的长期股权投资，应区分同一控制下的企业合并与非同一控制下的企业合并进行初始计量。

同一控制下的企业合并，应当在合并日按照被合并方所有者权益在最终控制方合并财务报表中的账面价值的份额作为长期股权投资的初始成本。

非同一控制下的企业合并，应当以合并成本作为长期股权投资的初始成本。

确定长期股权投资初始投资成本时，应当考虑或有对价、多次交易完成的合并以及反向收购等因素。

长期股权投资的后续计量有成本法与权益法可以选择。

投资方能够对被投资方实施控制的长期股权投资应当采用成本法核算。采用成本法核算的长期股权投资应当按照初始投资成本计价。追加或收回投资应当调整长期股权投资的成本。被投资方宣告分派的现金股利或利润，应当确认为当期投资收益。

投资方对联营企业和合营企业的长期股权投资，应当采用权益法核算。在权益法下，长期股权投资应当反映被投资方净权益的变化，同时还应当以取得投资时被投资方可辨认净资产的公允价值为基础，对长期股权投资进行调整。

处置长期股权投资，其账面价值与实际取得价款之间的差额，应当计入当期损益。采用权益法核算的长期股权投资，在处置该项投资时，采用与被投资方直接处置相关资产或负债相同的基础，按相应比例对原计入其他综合收益的部分进行会计处理。

投资方应当关注长期股权投资的账面价值是否大于享有被投资方所有者权益账面价值的份额等类似情况。出现类似情况时，投资方应当对长期股权投资进行减值测试，可收回金额低于长期股权投资账面价值的，应当计提减值准备。

第一节　长期股权投资的含义及确认

一、长期股权投资的含义与类型

长期股权投资(long-term equity investments),是指投资方对被投资方实施控制、重大影响的权益性投资,以及对其合营企业的权益性投资。

(一) 对子公司的投资

对子公司的投资,是指投资方持有的能够对被投资方施加控制的股权投资。投资方能够对被投资方实施控制的,称为母公司,被投资方为其子公司。

所谓"控制",是指投资方拥有对被投资方的权力,通过参与被投资方的相关活动而享有可变回报,并且有能力运用对被投资方的权力影响其回报金额。

投资方拥有对被投资方的权力,通常表现为表决权。如果投资方通过自身或其他企业直接或间接拥有被投资方50%以上的表决权,或者未能达到50%以上的表决权,但通过考虑股权的分散程度、一致行动人、潜在的稀释权以及公司章程的约定等因素,在被投资方拥有半数以上的表决权,也可以认定投资方对被投资方拥有控制权。

投资方应当参与到被投资方的管理活动,如生产经营等,否则,即使拥有半数以上的表决权,对此类企业的权益性投资不能确认为长期股权投资,只能确认为交易性金融资产或其他权益工具投资。

可变回报的最主要表现是根据被投资方的盈利状况分配股利或利润。

有关控制的具体判断,详见《高级财务会计》课程相关章节的说明。

(二) 对联营企业的投资

对联营企业(affiliated company)的投资,是指投资方能够对被投资方施加重大影响的股权投资。投资方能够对被投资方施加重大影响的,被投资方为其联营企业。

所谓"重大影响"(significant),是指投资方对被投资方的财务和经营政策有参与决策的权力,但并不能够控制或者与其他方一起共同控制这些政策的制定。在确定能否对被投资方施加重大影响时,应当考虑投资方和其他方持有的被投资方当期可转换公司债券、当期可执行认股权证等潜在表决权因素。

企业通常可以通过以下一种或几种情形来判断是否对被投资方具有重大影响:

(1) 在被投资方的董事会或权力机构中派有代表,并享有实质性的参与决策权。

(2) 参与被投资方经营与财务政策的制定过程。

(3) 向被投资方派出管理人员。

(4) 向被投资方提供关键技术资料。

(5) 与被投资方之间发生重要交易。

(三) 对合营企业的投资

对合营企业的投资,是指投资方持有的构成合营企业的合营安排的投资。

所谓"合营安排",是指一项由两个或两个以上的参与方共同控制的安排。其中,合营方仅对该安排的净资产享有权利的合营安排,称为合营企业(joint venture);对该安排中的可辨认资产和负债享有权利的，称为共同经营。

对共同经营，投资方应直接确认相应的可辨认资产和负债，不通过“长期股权投资”账户核算其投资业务。

二、长期股权投资的确认

对子公司的长期股权投资，企业应当于合并日（同一控制下企业合并）或购买日（非同一控制下企业合并）予以确认。其中，合并日（或购买日）是指合并方（或购买方）实际取得对被合并方（或被购买方）控制权的日期，即投资方拥有对被投资方的权力，通过参与被投资方的相关活动而享有可变回报，且有能力运用对被投资方的权力影响其回报金额时。

在具体实务中，判断控制权是否转移的条件包括：

（1）企业合并合同或协议已获股东大会等通过。

（2）企业合并事项需要经过国家有关主管部门审批的，已获得批准。

（3）参与合并各方已办理了必要的财产权转移手续。

（4）合并方或购买方已支付了合并价款的大部分（一般应超过50%），并且有能力、有计划支付剩余款项。

（5）合并方或购买方实际上已经控制了被合并方或被购买方的财务和经营政策，并享有相应的利益、承担相应的风险。

在非同一控制下，控制权转移之日称为购买日。

对联营企业以及合营企业的股权投资的确认，会计准则虽无明确规定，但可以资产确认的标准为基础，参照对子公司股权投资的要求予以确认。

第二节　长期股权投资的初始计量

企业应当区分股权投资的不同类型及增加方式，对长期股权投资进行初始计量。

一、对联营企业、合营企业的投资

对联营企业、合营企业的长期股权投资，应区别不同的取得投资的方式进行相应的会计处理。

（1）以支付现金或非现金资产取得对联营企业、合营企业投资的，应当以现金资产或非现金资产的公允价值以及与取得长期股权投资直接相关的费用、税金和其他必要支出，扣除被投资方已宣告但尚未发放的现金股利或利润（如果有），作为长期股权投资的初始投资成本。

【例1】　2019年1月3日，甲企业以每股10元（其中含每股1元已宣告但尚未发放的现金股利）的价格用银行存款购入乙企业发行在外的股份100万股，占乙企业全部股份的10%，能够对乙企业的经营与财务政策产生重大影响。在购入乙企业股份时，甲企业还用银行存款另行支付了股票过户费1 000元，交易佣金30 000元。

假定不考虑增值税，对此项业务，甲企业应编制会计分录如下：

借：长期股权投资　　9 031 000
　　应收股利(1 000 000×1)　　1 000 000
　贷：银行存款(1 000 000×10+1 000+30 000)　　10 031 000

(2) 以发行权益性证券方式取得的长期股权投资，其成本为所发行权益性证券的公允价值，但不包括被投资方已宣告但尚未发放的现金股利或利润(如果有)。

需要注意的是，为发行权益性证券支付给有关证券承销机构等的手续费、佣金等与权益性证券发行直接相关的交易费用，应当从权益性证券的发行溢价中扣除，不构成长期股权投资的成本。

【例 2】 2018 年 12 月 31 日，甲企业通过定向增发 2 000 万股股票(股票面值 1 元)的方式取得乙企业 20%有表决权的资本，能够对乙企业的经营与财务政策产生重大影响。甲企业股票的公允价值为 5 元/股，在定向增发股票过程中，甲企业另行用银行存款向某承销机构支付了承销等费用 300 000 元。

假定不考虑增值税，对此项业务，甲企业应编制会计分录如下(单位：万元)：

借：长期股权投资(2 000×5)　　10 000
　贷：股本(2 000×1)　　2 000
　　　资本公积——股本溢价　　8 000
借：资本公积——股本溢价　　30
　贷：银行存款　　30

二、对子公司的投资

(一) 发起设立成立的子公司

对发起设立成立的子公司，应当以支付的现金或非现金资产的公允价值作为长期股权投资的成本。

【例 3】 甲企业以银行存款发起设立成立一家有限责任公司(乙企业)，投入资本 1 000 万元。甲企业应编制会计分录如下(单位：万元)：

借：长期股权投资　　1 000
　贷：银行存款　　1 000

乙企业在收到甲企业投资款时，应编制会计分录如下(单位：万元)：

借：银行存款　　1 000
　贷：实收资本　　1 000

(二) 同一控制下控股合并形成的子公司

同一控制下的企业合并，是指合并前后均受一方或多方控制的企业合并，且该项合并并非暂时性的合并。

如果采用吸收合并方式完成合并，则被合并企业形成合并企业的分公司，合并企业直接记录所并企业的资产与负债，不涉及长期股权投资。

如果采用控股合并方式完成合并，则被合并企业形成合并企业的子公司，应通过“长期股权投资”账户核算。

同一控制下的企业合并，被合并方都在相同的最终控制方的控制之下，因此，同一控制下对子公司的长期股权投资，应当以合并日按照被合并方所有者权益在最终控制方合并财务报表中的账面价值的份额作为初始成本。

【例 4】 甲企业为一集团的母公司，分别控制了 A 公司与 B 公司。2018 年 1 月 3 日，甲企业支付银行存款 1 500 万元从集团外部以非同一控制下的企业合并方式购入乙企业 60%的股份，并能够控制乙企业。当日，乙企业可辨认净资产的账面价值为 1 000 万元，公允价值为 2 000 万元，公允价值与账面价值的差额均为固定资产升值所致，固定资产尚余折旧年限为 10 年。2018 年度，乙企业账面实现净利润为 800 万元，但以公允价值为基础计算的利润为 700 万元[800－(2 000－1 000)÷10]。

假定乙企业未分配利润，也无其他净权益变动的情形。

2019 年 1 月 1 日，A 公司以银行存款 2 000 万元从甲企业手中收购了甲企业持有的乙企业全部股权，形成了同一控制下的企业合并。

本例中，尽管乙企业 2019 年 1 月 1 日的账面净资产为 1 800 万元(1 000＋800)，但从甲企业(即最终控制方)角度，在初始取得乙企业时的可辨认净资产的公允价值为 2 000 万元，以公允价值为基础计算的净权益增加额为 700 万元，因此，在合并日，从集团合并财务报表的角度，其账面价值为 2 700 万元(2 000＋700)。

A 公司从甲企业购入甲企业所持有的乙企业的股份，形成同一控制下的企业合并，其初始成本应当以合并日被合并方所有者权益在最终控制方合并财务报表中的账面价值的份额为基础。因此，2019 年 1 月 1 日，A 公司从甲企业手中取得乙企业 60%股份时，应当编制会计分录如下(单位：万元)：

借：长期股权投资(2 700×60%)	1 620	
资本公积——资本(或股本)溢价	380	
贷：银行存款		2 000

需要注意的是，由于法律规定资本不能折价发行，当 A 公司资本公积的余额不足冲减时，应冲减留存收益。

同一控制下企业合并过程中发生的交易费用的处理，如果是发行股票的发行费用，应冲减资本公积(股本溢价)；如果是发行债券的发行费用，应调整溢折价；其余的相关费用，直接计入管理费用。

(三) 非同一控制下控股合并形成的子公司

非同一控制下的企业合并，是指合并前后不受一方或多方最终控制的企业合并，且该项合并并非暂时性的合并。

非同一控制下的控股合并，购买方应当按照确定的企业合并成本作为长期股权投资的初始成本。企业合并成本包括购买时付出的资产、发生或承担的债务、发行的权益性证券的公允价值之和。

【例 5】 2020 年 1 月 1 日，甲企业以混合支付方式取得乙企业 80%的股份。混合支付方式包括支付银行存款 500 万元，转让库存商品(公允价值和计税价格均为 400 万元，增值税税率为 13%，账面成本 100 万元)，发行甲企业股份 100 万股(面值 1 元，市场价格 5 元)。

此外，甲企业还发生与此项合并相关的交易费用 100 万元，其中，有 10 万元为股份发行费用。

甲企业控股合并乙企业的合并成本包括支付的银行存款 500 万元、库存商品的价税合计 452 万元[400×(1+13%)]以及股份的公允价值 500 万元(100×5),合计为 1 452 万元(500+452+500)。合并交易费用不构成合并成本。

甲企业应编制会计分录如下(单位：万元)：

借：长期股权投资　　1 452
　贷：银行存款　　500
　　营业收入　　400
　　应交税费——应交增值税(销项税额)(400×16%)　　52
　　股本(100×1)　　100
　　资本公积——股本溢价[100×(5−1)]　　400
借：营业成本　　100
　贷：库存商品　　100
借：管理费用　　90
　资本公积——股本溢价　　10
　贷：银行存款　　100

三、其他特殊情况

(一) 或有对价

需要注意的是,在合并过程中,有时还涉及或有对价。例如,企业合并各方可能在合并协议中约定,根据未来一项或多项或有事项的发生与否,合并方(购买方)通过发行额外证券、支付额外现金或其他资产等方式追加合并对价,或者要求返还之前已经支付的对价,这就导致了或有对价问题的产生。

同一控制下的企业合并,由于长期股权投资的初始成本是以被合并方在最终控制方合并财务报表的份额为基础的,因此,合并对价不涉及长期股权投资的初始计量;同时,同一控制下的企业合并是同一个利益主体的财富变动,不涉及损益的计算,即预计负债与其后实际发生的负债有差额的,应当调整资本公积,资本公积的余额不足冲减的,应当调整留存收益。

非同一控制下的企业合并,购买方应当在购买日将或有对价视为企业合并成本的一部分,并以公允价值计量。

续【例 5】 假定甲企业支付的对价中还包括 100 万元的或有对价(如要求乙企业在规定的时间完成高新企业的认证,且乙企业已经在办理过程中,并约定每提前 10 天奖励 10 万元,甲企业的最佳估计数为 100 万元)。则甲企业确认长期股权投资时,应编制会计分录如下(单位：万元)：

借：长期股权投资　　1 552
　贷：银行存款　　500
　　营业收入　　400
　　应交税费——应交增值税(销项税额)(400×16%)　　52
　　股本(100×1)　　100
　　资本公积——股本溢价[100×(5−1)]　　400
　　预计负债　　100

在未来的12个月内，如果取得了新的或进一步证据表明购买日已经存在的状况，就需要对合并成本进行调整。假定甲企业在12个月内实际支付了110万元，应编制会计分录如下(单位：万元)：

借：预计负债　100

　　长期股权投资　10

　贷：银行存款　110

如果出现了新的情况导致对原估计的或有对价进行调整，无论是否发生在购买日后的12个月内，均不得调整合并成本，应计入营业外支出。

合并协议中，购买方要求被合并方返还已支付对价的权利，购买方应当将符合合并协议约定条件的、可收回的部分已支付合并对价的权利确认为一项资产。

有时，合并对价的清偿可能是购买方的权益性证券，也可能是所持有其他企业的证券。对于前者，即将来以自己的股份来清偿，其后发生的公允价值变动，不进行会计处理；对于后者，即将来以持有的其他企业的证券来清偿，其后发生的公允价值变动，不调整长期股权投资的初始成本。用来清偿的证券分类为以公允价值计量且其变动计入当期损益的，应记入“公允价值变动损益”；分类为以公允价值计量且其变动计入其他综合收益的，应记入“其他综合收益”账户。

(二) 通过多次交易完成的非同一控制下的控股合并

通过多次交易完成的非同一控制下的控股合并，购买方应以购买日之前所持股份的账面价值与购买日新增投资成本之和，作为该项股权投资的初始成本。

1. 原持有股份确认为长期股权投资的

原持有股份确认为长期股权投资的，后续计量应当采用权益法核算。购买日控股时的长期股权投资初始成本应为原权益法下的账面价值加上购买日为取得新的股份而支付对价的公允价值，原权益法下的其他综合收益或资本公积不进行调整。

【例6】 2019年1月1日，甲企业用银行存款100万元取得乙企业20%的股份，能够对乙企业的财务与经营政策产生重大影响。

2019年度，乙企业实现净收益300万元，分配现金股利100万元。乙企业持有其他权益工具投资的公允价值上升了200万元。

2020年1月1日，甲企业用银行存款400万元取得乙企业40%的股份，使持股比例达到60%，能够对乙企业实施控制。

对此项业务，甲企业应编制会计分录如下(单位：万元)：

(1) 2019年1月1日，取得投资时：

借：长期股权投资　100

　贷：银行存款　100

(2) 2019年度，乙企业净权益发生变动时：

借：长期股权投资　100

　贷：投资收益(300×20%)　60

　　　其他综合收益(200×20%)　40

借：银行存款(100×20%)　20

　贷：长期股权投资　20

(3) 2020 年 1 月 1 日,新增投资时:

借:长期股权投资　　400

　贷:银行存款　　400

形成控制时长期股权投资的初始成本为 580 万元(100+100−20+400)。

2. 原持有股份确认为交易性金融资产或其他权益工具投资的

原持有股份确认为交易性金融资产或其他权益工具的,应以原持有股权投资在购买日的公允价值加上新增投资的公允价值,作为控股合并时的初始投资成本。

续【例 6】 假定甲企业在 2019 年 1 月 1 日取得投资时,将该投资确认为交易性金融资产。甲企业应编制会计分录如下(单位:万元):

(1) 2019 年 1 月 1 日,取得投资时:

借:交易性金融资产　　100

　贷:银行存款　　100

(2) 2019 年 12 月 31 日,公允价值为 200 万元:

借:银行存款(100×20%)　　20

　贷:投资收益　　20

借:交易性金融资产　　100

　贷:公允价值变动损益　　100

(3) 2020 年 1 月 1 日,新增投资时:

借:长期股权投资　　400

　贷:银行存款　　400

借:长期股权投资　　200

　贷:交易性金融资产　　200

形成控制时长期股权投资的初始成本为 600 万元(100+100+400)。

(三) 反向购买

在某些企业合并中,发行权益性证券一方因其生产经营决策在合并后被参与合并的另一方所控制的,发行权益性证券一方虽然是法律上的母公司,但从会计中实质重于形式的原则来看,它已经被另一方所控制,在会计上被认为是被购买方,此类企业合并通常称为"反向购买"或"反向收购"。

在反向购买中,法律上的子公司(会计上的母公司)的企业合并成本,是假定其以发行权益性证券的方式为获取在合并后报告主体的股权比例,应当向法律上的母公司(会计上的子公司)的股东发行的权益性证券的数量与其公允价值计量的结果。

【例 7】 2019 年 1 月 15 日,甲企业定向增发 4 000 万股本企业的普通股,以 4 股换 1 股的比例自乙企业原股东取得了乙企业全部的股份,共 1 000 万股。甲企业原有股份为 1 000 万股。定向增发前,甲企业股份的市价为每股 10 元,乙企业股份的市价为每股 40 元。

定向增发后,甲企业的股份共计 5 000 万股(1 000+4 000),其中,乙企业的原股东持有 4 000 万股,占发行在外股份的 80%(4 000÷5 000×100%),乙企业成为控股方。甲企业为法律上的母公司,乙企业是子公司,但在会计上乙企业是母公司,甲企业是子公司。

此则反向收购，其本质是乙企业增发了部分股票，收购了甲企业，使甲企业在乙企业的持股比例为20%，乙企业的原股东持有比例为80%。

设乙企业应增发的股份为x，则：

$1\,000\div(1\,000+x)=80\%$

$x=250$(万股)

乙企业股份的每股市价为40元，则甲企业定向增发取得乙企业股份时的投资成本为乙企业虚拟增发的250万股与每股市价的乘积，即10 000万元(250×40)。甲企业应编制会计分录如下(单位：万元)：

借：长期股权投资　　10 000

　贷：股本(4 000×1)　　4 000

　　资本公积——股本溢价　　6 000

第三节　长期股权投资的后续计量

投资企业在持有长期股权投资期间，应当根据对被投资方的能够施加的影响程度，分别采用成本法和权益法进行后续计量。其中，母公司对子公司的长期股权投资采用成本法核算，对联营企业和合营企业的长期股权投资采用权益法核算。

一、长期股权投资的成本法

成本法(cost method)，是指按初始投资成本对长期股权投资计价的方法。

在成本法下，初始投资或追加投资时，按照初始投资或追加投资时的成本作为长期股权投资的账面价值。长期股权投资的初始计量详见第二节的说明。

除取得投资时实际支付的价款或对价中包含的已宣告但尚未发放的现金股利或利润外，投资企业应当按照享有被投资方宣告发放的现金股利或利润确认投资收益，而不论股利或利润的性质是真实股利还是清算性股利。

所谓“清算性股利”，是企业实际的分配超过了实际利润的部分。例如，A企业在投资B企业后，B企业的实际利润为100万元，但实际发放的现金利润为300万元，其中的200万元(300－100)即为清算性股利。清算性股利实际上是投资成本的提前归还，但囿于成本法要求除发生减值外不改变投资时的成本，因此，清算性股利也确认为投资收益。

【例8】　2019年7月1日，甲企业用银行存款1 000万元取得乙企业60%的股份，乙企业成为甲企业的子公司。

2019年度，乙企业实现净利润500万元，宣告分配股利800万元。

甲企业的会计处理如下(单位：万元)：

借：长期股权投资　　1 000

　贷：银行存款　　1 000

借：应收股利　　480

　贷：投资收益(800×60%)　　480

二、长期股权投资的权益法

(一) 权益法的定义及适用范围

权益法(equity method),是指长期股权投资以初始成本计量后,在持有期间内,根据被投资方所有者权益的变动,投资企业按应享有被投资方所有者权益的份额调整其投资账面价值的方法。

投资企业持有的对联营企业及合营企业的投资,应当采用权益法核算。

本质上,长期股权投资都是采用权益法进行后续计量的。由于控制情况下需要编制合并财务报表,但合并财务报表的基础仍然是权益法,其合并的基础是横向合并(即投资企业与被投资方报表项目相加减),即将被投资方各项资产与负债(资产负债表)以及收入与费用(利润表)与投资企业相同项目相汇总;而对联营企业以及合营企业的投资,是采用权益法将被投资方的资产负债表和利润表净变化反映为长期股权投资和投资收益等项目,不再将被投资方的资产负债表和利润表项目加计到投资企业的报表中,即所谓的纵向合并(不对被投资方财务报表项目进行加减,仅以个别财务报表为基础,资产负债表中以长期股权投资反映被投资方的净权益的份额,利润表中以投资收益反映被投资方的净收益的份额)。

为叙述方便,以后各章讲解合并财务报表时,如不加说明,均假定投资企业个别财务报表中长期股权投资采用了权益法核算。

(二) 权益法的核算

1. 对初始投资成本的调整

在权益法下,投资企业的"长期股权投资"账户应当反映被投资方可辨认净资产公允价值的份额,但在取得投资时,两者通常存在差异。

长期股权投资成本大于投资时被投资方可辨认净资产份额的部分,是投资方为取得股权投资而支付的商誉价款,包括在长期股权投资成本中,不需要进行调整。

长期股权投资成本小于投资时被投资方可辨认净资产份额的部分,被认为是被投资方对投资方的让步,应当在投资当期计入损益(营业外收入),同时调整长期股权投资的账面价值。

【例9】 2019年12月30日,甲企业用银行存款取得乙企业20%有表决权的股份,能够对乙企业的财务与经营政策产生重大影响。当日,乙企业可辨认净资产的账面价值为1 000万元,公允价值为2 000万元,公允价值与账面价值的差额均由固定资产升值所致,该固定资产尚余折旧年限为10年,以直线折旧法折旧。

假定甲企业支付了银行存款500万元,则此项投资成本中包含了商誉成本100万元(500－2 000×20%),不需要调整长期股权投资的初始成本。甲企业应编制会计分录如下(单位:万元):

借:长期股权投资	500	
贷:银行存款		500

假定甲企业支付了银行存款300万元,则意味着乙企业对甲企业让渡了部分购买款项,应当在投资当期计入损益。甲企业应编制会计分录如下(单位:万元):

借:长期股权投资	300	
贷:银行存款		300

借：长期股权投资　　100

　贷：营业外收入（2 000×20%－300）　　100

2. 对被投资方实现净利润的确认

对被投资方实现的净利润，投资企业应当根据享有的份额，编制借记“长期股权投资”账户、贷记“投资收益”账户的会计分录。

3. 对被投资方发生亏损的确认

对被投资方发生的亏损，投资企业应当根据应分担的份额，确认长期股权投资的减少，投资企业应编制借记“投资收益”账户、贷记“长期股权投资”账户的会计分录。

投资企业分担被投资方的亏损，原则上应当以长期股权投资减记至零为限，但如果存在其他实质上构成对被投资方净投资的长期投资，在发生超额亏损时，也应予以减记。所谓“其他实质上构成对被投资方净投资的长期投资”，通常是指投资企业没有明确的清收计划，且在可预见的将来不准备收回的，即实质上构成对被投资方永久性投资的长期应收项目。但被投资方与投资企业发生的正常商品交易中的长期应收项目（如分期应收账款等）不得减记。对减记的长期应收项目，投资企业应编制借记“投资收益”账户、贷记“长期应收款”账户的会计分录。

有时，在冲减长期股权投资以及长期应收项目至零后，还有额外损失，如果投资企业根据合同或协议约定，仍需要承担额外损失弥补等义务的，投资企业应当按照应分担的损失部分，编制借记“投资收益”账户、贷记“预计负债”账户的会计分录。

被投资方的亏损若未在投资企业的账面上予以确认，投资企业应当在账外备查登记未确认的损失。在未来期间，如果被投资方实现了盈利，投资企业应当按照以上相反的顺序分别减记账外备查登记的金额、预计负债以及恢复长期应收项目以及长期股权投资的账面价值。

4. 对被投资方宣告分配股利或利润的调整

被投资方宣告分配现金股利或利润时，投资企业应编制借记“应收股利”账户、贷记“长期股权投资”账户的会计分录。

被投资方宣告分配的股票股利，是被投资方净权益项目的重新分类，不影响净权益的总额，只是增加了发行在外的股份数，投资企业只需对其进行备查登记即可。

5. 对被投资方其他综合收益变动的调整

被投资方确认的其他综合收益及其变化，会影响被投资方所有者权益的总额，投资企业应当根据其享有的份额，调整长期股权投资的账面价值，编制借记“长期股权投资”账户、贷记“其他综合收益”账户的会计分录；如果被投资方其他综合收益发生减少，应编制相反的会计分录。

6. 对被投资方所有者权益其他变动的调整

被投资方可能会因为向其他股东增减股份、发行可分离交易的可转换公司债券中包含的权益成分、授予以权益结算的股份支付等导致净权益发生变动，投资企业应根据享有的份额调整长期股权投资以及资本公积的账面价值。

【例 10】　甲企业持有乙企业 20%的股份，能够对乙企业的财务与经营政策产生重大影响。某一年度，乙企业发行了一笔可转换公司债券，其中可分离交易的权益成分的公允价值为 100 万元。

对此项业务,甲企业应编制会计分录如下(单位:万元):

借:长期股权投资　　20

　贷:资本公积——其他资本公积(100×20%)　　20

【例 11】 2019 年 12 月 31 日,甲企业以银行存款 500 万元取得乙企业 200 万股,占乙企业发行在外股份的 25%,能够对乙企业的财务与经营政策产生重大影响。当日,乙企业的股本数为 800 万股,净资产的账面价值为 2 000 万元。2020 年度,乙企业实现净利润 100 万元,未分配利润。

2021 年 1 月 1 日,乙企业向其他股东定向增发 200 万股股份,每股 4 元。乙企业增发股份后,甲企业仍然能对乙企业的财务与经营政策产生重大影响。

对此项业务,甲企业应编制会计分录如下(单位:万元):

2020 年,确认乙企业实现净利润的份额时:

借:长期股权投资　　25

　贷:投资收益(100×25%)　　25

2021 年 1 月 1 日,乙企业向其他股东定向增发股份时:

借:长期股权投资　　55

　贷:资本公积——其他资本公积　　55

乙企业定向增发股份后,净权益为 2 900 万元(2 000+100+200×4),甲企业的持股比例从原来的 25%下降为 20%[200÷(800+200)],按权益法,甲企业长期股权投资账面价值应为 580 万元(2 900×20%),因此,需要调整长期股权投资账面价值 55 万元[580−(500+25)]。

7. 对被投资方可辨认净资产公允价值与账面价值差额摊销影响的确认

对联营企业或合营企业的投资,投资企业是以公允价值计量被投资方的可辨认净资产,但其提供的账面收益是以持续经营下的账面价值为基础计算得出的,若以公允价值为基础,被投资方的账面收益还应减去可辨认净资产公允价值超过账面价值的本期摊销额。

续[例 9]中的资料,假定甲企业取得股权投资的成本为 500 万元。2020 年度,乙企业实现净利润 500 万元,分配现金股利 100 万元。甲企业应编制会计分录如下(单位:万元,下同):

借:长期股权投资　　100

　贷:投资收益(500×20%)　　100

借:应收股利(100×20%)　　20

　贷:长期股权投资　　20

如果以公允价值为基础,2020 年度乙企业的净利润还应减去固定资产公允价值与账面价值差额的摊销额(折旧额),本例为 100 万元[(2 000−1 000)÷10]。对此,甲企业应编制会计分录如下:

借:投资收益　　20

　贷:长期股权投资(100×20%)　　20

实务中,对公允价值的摊销,一般假定存货采用先进先出法,固定资产等长期资产的折旧与摊销采用直线法。

由于取得公允价值所费甚多,且工作量较大,根据重要性原则的要求,当对联营企业或合营企业的股权投资比例较小时，可以不考虑这一因素对长期股权投资的影响。

8. 对内部交易未实现损益的调整

投资企业与被投资方常常会发生商业往来，如商品购销、固定资产受让等。例如，联营企业将成本为100万元的商品出售给投资企业，售价为300万元，但投资企业尚未将此商品出售给其他方。尽管被投资方账面上该项商品的销售已经成立，从本质上讲，此商品尚未离开企业集团，其销售没有最终实现，商品销售的毛利200万元(300－100)称为内部交易未实现损益。

对于未实现损益，不论是顺流(即投资企业向被投资方销售或转让等)还是逆流(即被投资方向投资企业销售或转让等)，投资企业在确认投资收益时，应当按投资企业的持股比例计算归属于投资企业的部分调整长期股权投资与投资收益，待该交易之对象向第三方销售或使用(折旧或摊销)时，再予以恢复。

【例12】 甲企业持有乙企业20%的股份，采用权益法核算。

2019年12月31日，乙企业将生产的设备出售给甲企业，设备成本为100万元，售价为180万元。甲企业购入设备确认为固定资产，并采用直线法按8年计提折旧。

2019年度和2020年，乙企业分别实现净利润400万元和500万元。

(1) 2019年，甲企业确认的投资收益应为64万元，为乙企业账面收益400万元减去未实现损益80万元(180－10)的份额(20%)。甲企业应编制会计分录如下(单位：万元)：

借：长期股权投资　　64

　贷：投资收益[(400－80)×20%]　　64

(2) 2020年，甲企业确认的投资收益应为102万元，为乙企业账面收益500万元加上甲企业通过折旧实现的损益10万元(80÷8)的份额(20%)。甲企业应编制会计分录如下(单位：万元)：

借：长期股权投资　　102

　贷：投资收益[(500＋10)×20%]　　102

三、成本法与权益法的转换

会计准则要求企业选择的会计政策应当保持一致性，但在特定情况下，企业的会计政策可以发生变更。

长期股权投资后续计量中的成本法与权益法，通常会在以下三种情况下发生变更：

(1) 强制性变更。如《小企业会计准则》规定，长期股权投资一律采用成本法核算，但如果某企业要采用《企业会计准则》，则必须将原对联营企业、合营企业的长期股权投资从成本法变更为权益法，并从账面上做追溯调整的会计处理。

(2) 因持股比例发生变化，需要采用相应的会计处理方法。如原持有的具有重大影响的长期股权投资，因增持股份后，完成了对被投资方的控制，需要采用成本法核算；如原持有的控制性质的长期股权投资，后因投资企业减持或被投资方定向增发导致投资企业持股比例稀释从而失去控制，但仍然能够对被投资方具有重大影响，应当将成本法变更为权益法核算。

(3) 母公司对子公司的长期股权投资采用成本法核算，但编制合并财务报表时，应当以权益法为基础，因此，需要在合并财务报表工作底稿上将成本法调整为权益法。

本书假定母公司对子公司的长期股权投资，在母公司的个别财务报表中采用成本法核算。

下面主要说明持股比例改变导致的成本法与权益法之间的转换。

(一) 因增持股份导致将权益法调整为成本法

原持有股份确认为长期股权投资的,后续计量应当采用权益法核算。购买日控股时的长期股权投资初始成本应为原权益法下的账面价值加上购买日为取得新的股份而支付对价的公允价值,原权益法下的其他综合收益或资本公积不进行调整。

因增持股份导致从重大影响形成控制的会计处理,具体见本章[例 6]的说明,此处不再赘述。

(二) 因减持股份导致将成本法调整为权益法

因处置投资导致对被投资方的影响能力下降,由控制转为具有重大影响,或是与其他投资方一起实施共同控制的情况下,投资方首先应按处置或收回投资的比例结转应终止确认的长期股权投资的投资成本,同时,将剩余的长期股权投资从成本法追溯调整为权益法核算。

【例 13】 2018 年 12 月 31 日,甲企业采用非同一控制下控股合并的方式以 1 000 万元取得乙企业 100%的股份,采用成本法核算。当日,乙企业可辨认净资产的账面价值为 600 万元,公允价值为 800 万元。公允价值与账面价值的差额均由固定资产升值所致,尚余使用年限为 5 年,按直线折旧法折旧。

2019 年度,乙企业实现净利润 500 万元,分配现金股利 100 万元,同时,持有的其他权益工具投资公允价值上升,确认了 100 万元的其他综合收益。

2020 年 1 月 1 日,乙企业以 1 000 万元对外出售了 60%所持乙企业的股份,但仍然能对乙企业具有重大影响,改按权益法核算长期股权投资。

(1) 终止确认所出售的长期股权投资。

对出售的 60%的股权,应按账面投资成本的相应比例结转成本,同时确认投资收益(单位:万元)。

借:银行存款	1 000	
贷:长期股权投资(1 000×60%)		600
投资收益		400

(2) 对剩余的长期股权投资从成本法追溯调整为权益法。

对剩余的长期股权投资,假定自投资开始,就采用权益法核算,账面价值应当为 584 万元。以公允价值为基础,乙企业增加的净权益为 460 万元,计算如下(单位:万元):

实现的净利润	500
减:分配的现金股利	100
公允价值超过账面价值的摊销[(800−600)÷5]	40
加:其他综合收益	100
乙企业净权益的增加额	460

甲企业剩余的比例为 40%,初始成本为 400 万元,持有期间的权益变动,应按权益法予以确认,金额为 184 万元(460×40%)。

借:长期股权投资	184	
贷:盈余公积[(500−100−40)×40%×10%]		14.4

利润分配——未分配利润[(500－100－40)×40％×90％]　　129.6

其他综合收益　　40

(三) 因股权稀释导致将成本法调整为权益法

投资企业因其他投资方对其子公司增资而导致投资企业持股比例下降,从而丧失控制权但能实施共同控制或施加重大影响的,首先,按照新的持股比例确认投资企业应享有的原子公司因增资扩股而增加净资产的份额,与应结转持股比例下降部分所对应的长期股权投资原账面价值之间的差额计入当期损益;然后,按照新的持股比例视同自取得投资时即采用权益法核算进行调整。

【例 14】 2018 年 12 月 31 日,甲企业以 1 000 万元购入乙企业全部股份。当日,乙企业股份合计为 1 000 万股,净权益的账面价值为 1 000 万元。

2019 年度,乙企业实现净利润为 500 万元,分配现金股利 100 万元,其他综合收益增加 100 万元。

2020 年 1 月 1 日,乙企业向 A 公司定向增发股份 4 000 万股,每股发行价格 5 元。

乙企业定向增发后,甲企业的持股比例从原来的 100％下降为 20％[1 000÷(1 000＋4 000)],但仍然能对乙企业具有重大影响,对乙企业的长期股权投资改按权益法核算。

(1) 按新持有比例确认被投资方增加净资产的份额,同时减记持股比例下降部分所对应的账面价值,差额计入当期损益。

乙企业增发股份 4 000 万元,收到款项 20 000 万元(4 000×5),甲企业享有新增股份的 20％,即 4 000 万元;同时,甲企业所持有原股份从 100％下降为 20％,减少 80％即 800 万元(1 000×80),应予以减记,两者的差额计入当期损益。甲企业应编制会计分录如下(单位:万元):

借:长期股权投资　　4 000

　贷:长期股权投资　　800

　　投资收益　　3 200

(2) 然后,按照新的持股比例视同自取得投资时即采用权益法核算进行调整(单位:万元)。

借:长期股权投资　　100

　贷:盈余公积[(500－100)×20％×10％]　　8

　　利润分配——未分配利润[(500－100)×20％×90％]　　72

　　其他综合收益(100×20％)　　20

经过权益法调整后,甲企业长期股权投资的账面价值为 4 300 万元(1 000－800＋4 000＋100),如投资时没有商誉和合并价差,应当等于转换时被投资方净权益的 20％[(1 000＋500－100＋100＋20 000)×20％],即 4 300 万元。

第四节　长期股权投资的减值与终止确认

一、长期股权投资的减值

长期股权投资在按照规定进行核算确定其账面价值的基础上,如果存在减值迹象的,应当计提减值准备,减值准备一经提取,不得转回。

投资企业应当关注长期股权投资的账面价值是否大于享有被投资方所有者权益账面价值的份额等类似情况。出现类似情况时,应当计提减值准备,借记“资产减值损失”账户,贷记“长期股权投资减值准备”账户,并在长期股权投资终止确认时,按处置比例减记长期股权投资减值准备。

二、长期股权投资的终止确认

(一) 长期股权投资的处置

企业处置长期股权投资时,应相应结转与所售股权相对应的长期股权投资的账面价值,账面价值与所售价款之间的差额,确认为处置损益。

采用权益法核算时,原按权益法计入其他综合收益(不能结转为损益的除外)或其他资本公积的金额,应结转至当期损益;如处置后剩余的股权投资仍能对被投资方具有重大影响,则应将处置部分长期股权投资相对应的其他综合收益(不能结转为损益的除外)或其他资本公积的金额,结转为当期损益。

【例 15】 2019 年 1 月 1 日,甲企业以银行存款 1 000 万元取得乙企业 40%的股份,按权益法核算。乙企业的账面价值与公允价值相等。

2019 年度,乙企业实现净利润 500 万元,分配现金股利 100 万元,其他综合收益增加 100 万元,其他资本公积增加 100 万元。

2020 年 1 月 1 日,甲企业处置了 50%所持有的乙企业股份,收到价款共 1 500 万元,剩余持股比例为 20%,仍然对乙企业具有重大影响,仍然采用权益法核算。

(1) 2019 年度,乙企业净权益发生变动时,甲企业应编制会计分录如下(单位:万元):

借:长期股权投资	280	
贷:投资收益(500×40%)		200
其他综合收益(100×40%)		40
资本公积——其他资本公积(100×40%)		40

收到股利时,冲减长期股权投资账面价值 40 万元(100×40%),期末长期股权投资的账面价值为 1 240 万元(1 000+280−40)。

(2) 甲企业在处置部分股权时,应编制会计分录如下(单位:万元):

借:银行存款	1 500	
贷:长期股权投资(1 240×50%)		620
投资收益		880

(3) 将处置部分的其他综合收益和其他资本公积结转为当期损益时,应编制会计分录如下(单位:万元):

借:其他综合收益(40×50%)	20	
资本公积——其他资本公积(40×50%)	20	
贷:投资收益		40

(二) 长期股权投资的转换

1. 成本法转换为公允价值计量的金融资产

投资企业原持有子公司的股份,其后因部分处置等原因导致原有持有比例下降,导致不能对被投资方实施重大影响或共同控制，投资企业应当在丧失控制权之日将剩余股份确认为以公允价值计量的金融资产，公允价值与账面价值的差额计入损益。

【例16】 乙企业是甲企业的全资子公司，甲企业的投资成本为1 000万元，2019年1月8日，甲企业售出所持股份的90%，收到款项1 800万元。剩余的股份，甲企业确认为其他权益工具投资，公允价值为200万元。甲企业应做如下会计处理(单位：万元)：

(1) 出售90%股份时：

借：银行存款　　1 800

　贷：长期股权投资(1 000×90%)　　900

　　投资收益　　900

(2) 剩余股份确认为其他权益工具投资，并按公允价值计量时：

借：其他权益工具　　200

　贷：长期股权投资(1 000×10%)　　100

　　投资收益　　100

2. 权益法转换为公允价值计量的金融资产

投资企业原持有联营企业、合营企业的股份，其后因部分处置等原因导致原有持有比例下降，导致不能对被投资方实施重大影响或共同控制，投资企业应当在重大影响之日将剩余股份确认为以公允价值计量的金融资产，公允价值与账面价值的差额计入损益。

原采用权益法核算确认的其他综合收益(不能结转损益的除外)和其他资本公积应当计入当期损益。

【例17】 乙企业是甲企业的联营企业，甲企业的投资成本为1 000万元，持股比例为20%，采用权益法核算。

持有股份期间，乙企业实现净利润600万元，其他综合收益增加200万元，其他资本公积增加100万元，未进行利润分配。

次年1月8日，甲企业售出所持股份的一半，收到款项1 800万元。剩余的10%股份，甲企业确认为其他权益工具投资，公允价值为1 800万元。

甲企业应做如下会计处理(单位：万元)：

(1) 出售一半股份时：

借：银行存款　　1 800

　贷：长期股权投资{[1 000+(600+200+100)×20%]×50%}　　590

　　投资收益　　1 210

(2) 剩余股份确认为其他权益工具投资，并按公允价值计量。

借：其他权益工具　　1 800

　贷：长期股权投资{[1 000+(600+200+100)×20%]×50%}　　590

　　投资收益　　1 210

(3) 结转原权益法确认的损益之外的净权益变动。

借：其他综合收益(200×20%)　　40

　资本公积——其他资本公积(100×20%)　　20

　贷：投资收益　　60

投资企业不能减持而将其持有的包括成本法或权益法核算的长期股权投资,分类为以公允价值计量的金融资产时,也应比照上面的规则进行会计处理。

第五节　长期股权投资的列示与披露

一、列示

企业应当对长期股权投资及引起的权益变动进行恰当的列示。

(一) 长期股权投资

企业应当在资产负债表的非流动资产项目下,在债权性资产后面列示长期股权投资项目,具体列示如下:

非流动资产:

债权投资

其他债权投资

长期应收款

长期股权投资

其他权益工具投资

其他非流动金融资产

……

(二) 长期股权投资引起的权益变动

企业应当在利润表中反映长期股权投资所引起的综合收益的变动,其中投资收益列示为营业利润的一部分。

对长期股权投资所产生的投资收益,要区分按成本法确认的投资收益与按权益法确认的投资收益。具体列示可参见表 17-2。

一般认为,按权益法确认的投资收益的质量要弱于按成本法确认的投资收益。

长期股权投资所引起的其他综合收益,也应当在利润表中的其他综合收益项目中按所得税税额净额分项列示。具体列示可参见表 17-2。

(三) 长期股权投资引起的现金流量变动

长期股权投资引起的现金流量变动应当分项列示。包括:

(1) 收回投资收到的现金(注意,只包括收回的本金部分);

(2) 取得投资收益收到的现金;

(3) 处置子公司及其他营业单位收到的现金净额;

(4) 取得子公司及其他营业单位支付的现金净额等。

二、披露

企业应当在财务报表附注中披露与长期股权投资相关的信息,包括:

(1) 长期股权投资的初始计量;

(2) 后续计量及损益确认方法;

(3) 说明对投资单位实施控制、共同控制及重大影响的依据；

(4) 减值测试方法及减值准备计提方法等。

思考题

1. 阐述长期股权投资成本法和权益法的区别。
2. 试说明长期股权投资成本法和权益法转换的情况及影响。
3. 阐述长期股权投资确认减值的条件。
4. 权益法下为什么要调整投资成本的公允价值大于账面价值部分的影响？

阅读材料

1. 财政部：《企业会计准则第 2 号——长期股权投资》,2014 年。
2. 财政部：《企业会计准则第 33 号——合并财务报表》,2014 年。
3. 财政部：《企业会计准则第 20 号——企业合并》,2006 年。
4. International Financial Reporting Standard 27 (IFRS 27), Consolidated Financial Statements and Separate Financial Statements (revised). International Accounting Standard Board, 2008.
5. International Financial Reporting Standard 28 (IFRS 28), Accounting for Investments in Associates (revised). International Accounting Standard Board, 2008.
6. Statement of Financial Accounting Standards No. 94, Consolidation of All Majority-Owned Subsidiaries. Financial Accounting Standard Board, 1987.

练习题

练习一

一、目的：练习长期股权投资的初始计量。

二、资料：

(1) 2019 年 1 月 1 日，甲企业以每股 5 元的价格定向增发 1 000 万股每股面值 1 元的股份，并支付银行存款 1 000 万元，取得乙企业 80%的股份，并能够控制乙企业的财务和经营政策。

(2) 购买日，乙企业可辨认净资产的公允价值为 6 000 万元，可辨认资产、负债的公允价值与账面价值相等。

(3) 在定向增发过程中，甲企业以银行存款支付承销费用 15 万元；另外，甲企业还支付了其他交易费用 20 万元。

(4) 甲、乙在合并前后不受同一方或多方最终控制。

(5) 丙企业为甲企业的子公司。2020 年 1 月 1 日，丙企业购入甲企业持有的乙企业 60%股份，实际支付款项 4 000 万元。2019 年 1 月 1 日至 2020 年 1 月 1 日，乙企业实现的净利润为 1 000 万元，无其他所有者权益变动，甲、乙企业之间没有发生内部交易。

三、要求：

(1) 编制 2019 年 1 月 1 日甲企业与取得该长期股权投资相关的会计分录。

(2) 编制 2020 年 1 月 1 日丙企业与取得该长期股权投资相关的会计分录。

(不考虑相关税费等影响因素)

练习二

一、目的：练习存在其他特殊情况的长期股权投资的初始计量。

二、资料：

(1) 2019年1月1日，甲企业以银行存款2 000万元取得乙企业25%的股份，能够对乙企业的财务与经营政策产生重大影响。2019年，乙企业实现净收益600万元，乙企业持有其他权益工具投资公允价值下跌了100万元，该年没有分配现金股利，甲、乙企业之间不存在内部交易。

(2) 2020年1月1日，甲企业追加投资，拥有乙企业80%的有表决权股份，能够对乙企业实施控制。双方对追加投资对价的约定如下：(1) 甲企业在2020年1月1日以一项其他权益工具投资向乙企业投资，作为第一笔价款。2020年1月1日，该其他权益工具投资的公允价值为4 500万元，账面价值为4 000万元(成本4 600万元，公允价值变动−600万元)。(2) 2021年，甲企业应向乙企业支付第二笔价款，该价款是按照乙企业2019年税后净利润的80%为基础计算。

(3) 乙企业向甲企业承诺2020年实现税后净利润800万元，若2020年实际税后净利润不足800万元，乙企业原股东承诺向甲企业支付其差额的80%。

三、要求：

(1) 为甲企业编制2019年与该项投资有关的会计分录。

(2) 甲企业在2020年1月1日判断，乙企业2020年实现净利润700万元为最佳估计数，编制甲企业追加投资时的会计分录，计算甲企业2020年1月1日该项长期股权投资的余额。

(3) 若乙企业2020年实现净利润750万元，编制甲企业2020年个别财务报表的会计分录。

练习三

一、目标：练习反向购买的会计处理。

二、资料：

(1) 甲企业2018年2月15日召开董事会，审议通过了以换股方式购买乙企业80%股权的议案(两家公司不存在关联关系)。2018年3月15日，甲企业、乙企业各自的内部决策机构批准了该项交易方案。2018年6月10日，证券监管机构批准了该方案。

(2) 2018年6月20日，甲企业以3∶1的比例向金华公司发行6 000万股普通股，取得乙企业80%股权，有关股份登记和股东变更手续当日完成。两家企业普通股面值均为1元，2018年6月20日，两家企业所有者权益的信息如表7-1所示。

表7-1　　甲企业与乙企业所有者权益信息

项　目	甲 企 业	乙 企 业
股本(面值1元)	1 500万	2 500万
普通股公允价值	6元/股	18元/股

三、要求：

(1) 判断该项企业合并的类型及其会计上的购买方和被购买方。

(2) 计算该项合并的合并成本。

练习四

一、目的：练习长期股权投资权益法的会计处理。

二、资料：

(1) 甲企业于2019年1月1日支付540 000元购入乙企业30%的股份，能够对乙企业的财务与经营政策产生重大影响。当日，乙企业的股本数为80万股，净资产的信息如表7-2所示。

表 7-2 乙企业净资产信息

2019 年 1 月 1 日 单位：元

项 目	账面价值	公允价值	备 注
存货	180 000	150 000	本年出售
其他流动资产	750 000	750 000	
设备(净)	720 000	450 000	10 年摊销，直线法
房屋(净)	300 000	300 000	4 年摊销，直线法
负债	(450 000)	(450 000)	
净资产	1 500 000	1 200 000	

(2) 乙企业 2019 年的净利润为 450 000 元，于 9 月 20 日宣告并支付股利 150 000 元。该年，乙企业向甲企业销售了一批存货，存货成本为 50 000 元，售价为 70 000 元，甲企业已将该批存货对外销售了 60%。

(3) 乙企业 2020 年实现净利润 500 000 元，该年没有分配现金股利。甲企业已将上年从乙企业购入的存货全部出售。2020 年 1 月 1 日，乙企业向其他股东定向增发 20 万股，每股 5 元，增发完成后，甲企业仍然能对乙企业的财务与经营政策产生重大影响。

三、要求：

(1) 为甲企业编制 2019 年与长期股权投资有关的会计分录。

(2) 为甲企业编制 2020 年与长期股权投资有关的会计分录。

练习五

一、目的：练习成本法与权益法的转换。

二、资料：甲企业在 2019 年至 2021 年 1 月 1 日发生了以下与股权投资相关的交易：

(1) 甲企业 2019 年参与设立了乙企业并持有其 30%的股权，将乙企业作为其联营企业，采用权益法核算。2020 年 1 月 1 日，甲企业自集团外部购买了乙企业 70%的股权，能够对其实施控制，购买对价为 2 500 万元，发生与合并相关的直接费用 50 万元，上述款项均以银行存款支付。2020 年 1 月 1 日，甲企业原持有对乙企业 30%长期股权投资的账面价值为 500 万元(长期股权投资账面价值的调整全部为乙企业实现的净利润所导致，乙企业不存在其他综合收益及其他影响权益变动的因素)，当日乙企业净资产的信息如表 7-3 所示。

表 7-3 投资日乙企业相关资料 单位：元

项 目	账面价值	公允价值	备 注
存货	8 000 000	12 000 000	本年出售
固定资产	15 000 000	21 000 000	10 年摊销，直线法
无形资产	9 000 000	9 000 000	
负债	(12 000 000)	(12 000 000)	
净资产	20 000 000	30 000 000	

(2) 2020 年，乙企业实现净利润 900 万元，分配股利 90 万元，提取盈余公积 10 万元。

(3) 2020 年，荣华公司持有的其他权益工具投资公允价值上升，确认了 200 万元的其他综合收益。

(4) 2021 年 1 月 1 日，甲企业以 2 500 万元出售了 70%所持乙企业股份，但仍能对乙企业具有重大影响。

三、要求：

(1) 计算甲企业在进一步取得乙企业股权时,2020 年个别财务报表中对乙企业长期股权投资的账面价值,并编制相关会计分录。

(2) 为甲企业编制与 2021 年 1 月 1 日减持股份相关的会计分录。

练习六

一、目的:练习成本法与权益法的转换。

二、资料:

(1) 2019 年 10 月 31 日,甲企业以 860 万元取得 100 万股乙企业普通股,占乙企业发行在外普通股股份的 5%,作为其他权益工具投资核算。乙企业 2019 年年末收盘价为每股 10.2 元。

(2) 2020 年 3 月 1 日,甲企业又出资 13 000 万元取得乙企业 60%的股份,能够对乙企业实施控制,当日,乙企业股票价格为每股 9 元。2020 年度,乙企业实现净利润 500 万元,分配现金股利 100 万元,其他综合收益增加 100 万元。

(3) 2021 年 5 月 1 日,乙企业向丙企业定向增发股份 8 000 万股,每股发行价格为 10 元,甲企业持股比例下降至 13%,但仍能对乙企业实施重大影响。

三、要求:

(1) 为甲企业编制 2019 年与该项投资有关的会计分录。

(2) 为甲企业编制 2020 年与该项投资有关的会计分录。

(3) 为甲企业编制 2021 年与该项投资有关的会计分录。

练习七

一、目的:练习长期股权投资的终止确认。

二、资料:甲企业与长期股权投资相关的资料如下:

(1) 2019 年 1 月 1 日,甲企业购买乙企业 30%的股权,能够对乙企业的生产经营决策产生重大影响,购买对价为 3 000 万元,以银行存款支付。购买日,乙企业股本为 1 500 万元,净资产账面价值为 3 000 万元,可辨认净资产公允价值为 7 000 万元,4 000 万元的增值均来自乙企业的一项固定资产。该项固定资产原值为 3 000 万元,预计净残值为零,预计使用寿命为 20 年,采用年限平均法计提折旧,自甲企业取得乙企业股权之日其剩余使用寿命为 10 年。

(2) 2019 年度,乙企业实现净利润 800 万元,实现其他综合收益 100 万元,未进行利润分配。

(3) 2020 年 1 月 1 日,甲企业处置了 50%所持有的乙企业股份,收到价款 2 000 万元,仍对乙企业具有重大影响。2020 年度,乙企业实现净利润 900 万元,其他资本公积增加了 100 万元,未进行利润分配。

(4) 2021 年 1 月 1 日,甲企业继续售出所持股份的 60%,收到款项 1 200 万元,不再对乙企业的生产经营活动具有重大影响。剩余股份分类为其他权益工具。

2021 年末,乙企业每股股票的公允价值为 10 元。

三、要求:

(1) 为甲企业编制 2019 年与该项投资有关的会计分录。

(2) 为甲企业编制 2020 年与该项投资有关的会计分录。

(3) 为甲企业编制 2021 年与该项投资有关的会计分录。

练习八

一、目的:练习长期股权投资的确认与计量。

二、资料:

(1) 2019 年 1 月 1 日,甲企业以定向增发普通股股票的方式,从关联方处取得乙企业 70%的股权,取得了对乙企业的控制。甲企业定向增发普通股 1 000 万股,每股面值为 1 元,每股市价为 6 元,另支付股票发行费用 400 万元。当日,甲企业在最终控制方合并财务报表中的账面价值为 5 000 万元。

(2) 2019 年 5 月 1 日,甲企业以 2 000 万元现金及一栋房屋为对价,从集团外部取得丙企业 40%的股权，并对其生产经营活动具有重大影响。当日，甲企业作为对价的房屋的账面价值为 1 500 万元，公允价值为 1 800 万元，丙企业资产负债表有关项目信息如表 7－4 所示。

表 7－4　　丙企业资产负债表有关项目

2019 年 5 月 1 日　　单位：万元

项　　目	账 面 价 值	公 允 价 值	备　　注
存货	3 000	5 000	本年出售 60%
固定资产	6 000	5 000	5 年折旧，直线法
无形资产	1 000	3 000	10 年折旧，直线法
负债	(3 000)	(3 000)	
净资产	7 000	10 000	

(3) 2019 年度，乙企业实现净利润 500 万元，分配现金股利 100 万元。丙企业净利润为 800 万元，所持有的其他权益工具投资增值 350 万元，其他所有者权益增加 150 万元。

(4) 2020 年 1 月 1 日，甲企业出售丙企业 36%的股份，收到银行存款 3 600 万元，甲企业对丙企业丧失重大影响，甲企业持有的剩余 4%丙企业股份的公允价值为 900 万元。

三、要求：为甲企业编制关于上述事项的会计分录。

练习九

一、目的：练习长期股权投资的会计处理。

二、资料：

(1) 2019 年 7 月 1 日，甲企业以银行存款 4 000 万元购买乙企业 2 000 万股普通股，占乙企业总股本的 20%。2019 年年初，乙企业股东权益合计金额为 19 500 万元，2019 年全年净利润为 1 200 万元，其中 1～6 月份的净利润为 500 万元。

(2) 2019 年 7 月 1 日，乙企业可辨认净资产的公允价值为 30 000 万元，公允价值超过账面价值的差额均是固定资产增值形成，尚余折旧年限 10 年，按平均年限法计提折旧。

(3) 2020 年 4 月 1 日，乙企业每 10 股派发 1 元现金股利。

(4) 2020 年度，乙企业发生净亏损 200 万元。

三、要求：

(1) 假定甲企业对乙企业具有实质上的控制权，为甲企业编制相关会计分录。

(2) 假定甲企业对乙企业的财务和经营政策有重大影响，为甲企业编制相关会计分录。

习题十

一、目的：练习长期股权投资的会计处理。

二、资料：

(1) 2019 年 3 月 1 日，甲企业以银行存款 4 800 万元购买乙企业 6 000 万股普通股，占乙企业总股本的 60%，能够对乙企业实施控制。2019 年 6 月 10 日，乙企业宣告分派 2018 年度利润的分配方案，共派发现金股利 1 000 万元。2019 年 7 月 1 日，甲企业又以银行存款 6 000 万元购买乙企业 3 000 万股普通股。

(2) 2019 年 1 月 1 日，乙企业所有者权益合计金额为 38 000 万元，2019 年全年净利润为 3 000 万元，其中 1～6 月份的净利润为 1 200 万元。

(3) 2020 年度，乙企业实现净利润 3 200 万元，2020 年 4 月 1 日，发放 2019 年度现金股利，每股 0.10 元。

三、要求：为甲企业编制 2019 年和 2020 年与该项长期股权投资相关的会计分录。

第八章

固定资产：购置与处置

学习提要

固定资产是为生产商品、提供劳务、出租或经营管理而持有，使用寿命超过一个会计年度，单位价值较高，在使用期间保持原有实物形态的资产。固定资产包括房屋建筑物、机器、设备、器具、工具等。

企业取得固定资产的方式有很多，包括购置、发行证券取得、整体购买取得、自制或自建、非货币性资产交换、捐赠取得等。增加的固定资产应以取得时发生的实际成本计价。

固定资产使用过程中会发生各种支出，如增置、改良和改善，修理、换新、维护与保养，重安装成本等。对于这些支出，应根据其重要性及影响进行相应的会计处理。

固定资产因报废、出售、意外损失而进行处理时，将固定资产的账面净值与处理时的收入进行比较，其差额应计入当期损益。

通过本章学习，读者应当掌握固定资产的性质、分类、计价及固定资产在使用过程中各项支出的会计处理。

第一节　固定资产的性质、确认和分类

一、固定资产的性质

固定资产(fixed assets)，也称厂场设备(property, plant and equipment)，是指企业同时具有以下特征的有形资产：

(1) 为生产商品、提供劳务、出租或经营管理而持有的；

(2) 使用寿命超过一个会计年度。

具体可说明如下：

(1) 可供企业长期使用。固定资产的耐用年限至少超过 1 年或大于 1 年的一个经营周期，且在使用中能保持原有的实物形态。

(2) 持有目的是为生产经营使用。持有的固定资产以供企业在生产经营中使用为目的。如果购置资产的目的是为了出售，则应列为存货。

(3) 单位价值在一定的标准以上。若单位价值较低，则一般列为低值易耗品即存货项

目，其成本在使用时可一次或分次摊销。

需要指出的是，在我国，土地属国家所有，任何单位或个人不得拥有土地的所有权。因此，土地不能列入企业的固定资产。对于企业拥有的土地使用权，只作为一项无形资产处理。

此外，如果企业为赚取租金或资本增值，或者两者兼有而持有的房地产，如已出租的土地使用权、持有并准备增值后转让的土地使用权和已出租的建筑物等，应归类为投资性房地产，不应作为固定资产核算。

二、固定资产的确认

企业的固定资产除要符合固定资产的定义外，还需要同时满足下列条件才能确认：

(1) 与该固定资产有关的经济利益很可能流入企业；

(2) 该固定资产的成本能够可靠地计量。

企业在确认固定资产时，需要判断与该项固定资产有关的经济利益是否很可能流入企业。这里的"经济利益"既包括直接经济利益，还包括间接经济利益，如企业的环保设施，虽然不能带来直接的经济利益，但却有助于企业从相关资产获得间接的经济利益。这里的"很可能"是指该项固定资产给企业带来经济利益的概率(可能性)要超过50%(不含50%)。

固定资产上的经济利益与固定资产所有权上的风险和报酬直接相关。所谓"固定资产所有权上的主要风险"，是指由于经营情况发生变化造成的相关收益的变动，以及由于资产闲置、技术陈旧或过时等原因造成的损失；所谓"固定资产所有权上的主要报酬"，则是指在固定资产使用寿命内直接使用该资产获得的收入以及处置该资产实现的利得等。

通常情况下，固定资产上的风险和报酬与固定资产所有权息息相关。一般认为，企业如果已经拥有固定资产的所有权，无论其存放何处，均应作为企业的固定资产处理；但是，所有权是否转移并不是判断与固定资产所有权相关的风险和报酬是否转移到企业的唯一标准。

根据复式簿记的基本要求，在确认固定资产时，取得该项固定资产的支出必须能够可靠地计量。但有些固定资产在形成过程中，并不能确切地知道其取得成本，这时就需要根据所获得的最新资料进行合理的估计。如果企业能够合理地估计出固定资产的成本，则视同固定资产的成本能够可靠地计量。例如，自行建造的固定资产，已经达到预定可使用状态，但尚未办理竣工决算手续，企业可以根据工程预算、工程造价或者工程实际发生的成本等资料，按暂估价值确定固定资产的成本，待办理竣工决算手续后再进行调整；又如，有些类别的固定资产在清理时需要花费不少的弃置费用，对这些弃置费用，企业需要作出合理的估计，并将其计入固定资产的成本之中。

三、固定资产的分类

根据管理需要和核算要求等标准，可以对固定资产进行不同的分类。固定资产的分类标准主要有以下几种：

(一) 按固定资产的经济用途分类

按经济用途，可将企业的固定资产分为生产经营用固定资产和非生产经营用固定资产。

(1) 生产经营用固定资产。指直接服务于企业生产、经营过程的各种固定资产，如生产经营用的房屋、建筑物、机器、设备、器具、工具等。

(2) 非生产经营用固定资产。指不直接服务于企业生产、经营过程的各种固定资产,如职工宿舍、食堂、浴室、理发室、健身房等使用的房屋、设备和其他固定资产等。

(二) 按固定资产的使用情况分类

按使用情况,可将企业的固定资产分为使用中固定资产、未使用固定资产、不需用固定资产和持有待售固定资产等。

(1) 使用中固定资产。指正在使用中的经营性和非经营性的各种固定资产。由于季节性经营或修理等原因暂时停止使用的固定资产仍属于企业使用中的固定资产,企业出租(指经营租赁)给其他单位使用的固定资产和内部替换使用的固定资产也属于使用中的固定资产。

(2) 未使用固定资产。指已完工或已购建但尚未达到预定可使用状态的固定资产以及因进行改建、扩建等原因暂停使用的固定资产,如企业购建的尚待安装的固定资产、经营任务变更停止使用的固定资产以及主要的备用设备等。

(3) 不需用固定资产。指本企业多余或不适用的各种固定资产。

(4) 持有待售固定资产。同时满足下列条件的固定资产,应当划分为持有待售固定资产:① 已经就处置该项固定资产作出决议;② 企业已经与受让方签订了不可撤销的转让协议;③ 该项转让将在1年内完成。

(三) 按固定资产的经济用途和使用情况综合分类

采用这一分类方法,可将企业的固定资产分为六大类:

(1) 生产经营用固定资产。

(2) 非生产经营用固定资产。

(3) 租出固定资产,指在经营性租赁方式下出租给外单位使用的固定资产。

(4) 不需用固定资产。

(5) 未使用固定资产。

(6) 土地。指过去已经估价单独入账的土地。因征地而支付的补偿费,应计入与土地有关的房屋、建筑物的价值内,不单独作为土地价值。企业取得的土地使用权应视其目的分别作为无形资产或投资性房地产处理,不能作为固定资产管理。

由于企业的经营性质不同、经营规模各异,对固定资产的分类不可能完全一致,也没必要强求统一,企业可以根据各自的具体情况和经营管理及会计核算的需要进行必要的分类。

企业应当根据固定资产核算的一般性要求,编制固定资产目录,确定企业固定资产的具体内容。固定资产的各组成部分具有不同使用寿命或者以不同方式为企业提供经济利益,适用不同折旧率或折旧方法的,应当分别将各组成部分确认为单项固定资产予以核算。

第二节　固定资产的初始计量

一、固定资产初始成本的确定

固定资产初始成本是指企业在购置某项固定资产使之达到预定可使用状态前所发生的

一切合理和必要的支出。这里的“支出”包括直接发生的价款、运杂费、包装费和安装成本等，也包括间接发生的，如应承担的借款利息、应分摊的间接费用等。此外，对于特殊行业的弃置费用，也应通过估计的方式确定为固定资产的初始成本。

可予以抵扣的价外税——增值税进项税额，不能计入固定资产的初始成本。

固定资产的初始计量与取得固定资产的方式有关。

固定资产的取得有各种方式，有现款购置、投资人作为资本投入、分期付款购置、自建、接受捐赠等。取得的固定资产应以取得时的实际成本即原始成本计价，原始成本是指取得固定资产的全过程(即从采购至达到可使用状态为止这一过程)中发生的一切合理、必要的支出，包括买价及一些附带支出，如运输费、安装费、调试费用等。

固定资产采用原始成本计价的优点在于有确凿的实际数据可以查核，避免掺入主观因素，而且所需资料易于取得，无论对会计人员还是审计人员都简便易行。

以原始成本为基础的会计，在物价变动剧烈时，其信息的相关性受到许多责难。于是，有人提出了几种替代原始成本的固定资产计价标准，如按重置完全成本或重置完全价值计价、按现有固定资产市场价格计算的现行价值计价等。按现行重置成本或公允价值计价，可以比较真实地反映固定资产的现时价值，因而我国运用公允价值的范围越来越广，如我国企业会计准则规定，投资者投入存货、固定资产、无形资产的成本，一般按照合同或协议约定的价值入账(但合同或协议约定的价值不公允的除外)。但公允价值的运用也带来了一系列的其他问题，如会计实务操作比较复杂、有时公允价值的判断要依赖于会计人员的职业水平等。此外，企业持有固定资产的目的并不在于出售。因此，在我国现行会计实务中，只有在购入旧的固定资产、盘盈固定资产或外单位投资固定资产等情况下，在无法确定其原始价值时，才可以采用重置成本或公允价值计价，其他情况下，固定资产均需按原始成本计价。

二、各种购置方式下固定资产的初始计量

企业以各种不同的方式取得固定资产，固定资产的成本构成在不同的方式下又有不同的内容，下面分别说明不同增加方式下固定资产的初始计量。

(一) 现购取得固定资产

用货币资金购置的各种固定资产，支出的价款及发生的一切附带费用，都可确认为固定资产的成本。所谓“一切附带费用”，是指除购买价格以外的运输费、装卸费、安装费、保险费、包装费、调试费、按规定支付的除可以抵扣的增值税之外的税费以及为使固定资产达到预定可使用状态之前所发生的可直接归属于该资产的其他支出，如场地整理费、运输费、装卸费、安装费和专业人员服务费等。

【例 1】 甲企业购入一台生产用机器，取得的增值税专用发票上注明的机器价款为 100 000 元，增值税进项税额为 13 000 元，另外支付运输费用 4 000 元，运输费的增值税税率为 10%，款项以银行存款支付。假定不考虑其他税费，对此项业务，甲企业应编制会计分录如下：

借：固定资产	104 000	
应交税费——应交增值税(进项税额)(16 000+400)	13 360	
贷：银行存款		117 360

(二) 延期付款购买固定资产

在购入一项固定资产时,对购买价格可分为即时付款(即现购)和延期付款两种价格,延期付款又可分为一般意义上的赊购和分期付款购置两种。

1. 一般意义上的赊购

在购入一项固定资产时,供应商为了促销,往往允许客户在一定期限内付款。如果供应商提供现金折扣,应当采用净价法处理。在净价法下,固定资产的初始成本以扣除现金折扣后的净额计价,没有享受到的折扣部分视作"丧失的折扣",列为财务费用,而不应作为固定资产的成本。

【例2】 甲企业购入生产用设备一台,增值税专用发票上注明的价款为30 000元,增值税进项税额为3 900元。付款条件为1/10、n/30。增值税不享受现金折扣。假定企业在取得设备后的第25天付款,净价法下甲企业应编制会计分录如下:

(1) 购入固定资产时:

借:固定资产	29 700	
应交税费——应交增值税(进项税额)	3 900	
贷:应付账款		33 600

(2) 用银行存款支付价款时:

借:应付账款	33 600	
财务费用	300	
贷:银行存款		33 900

2. 分期付款购置

有些情况下,供应商为了促销,允许企业采用分期付款的办法,即在一个较长的时期内为购入固定资产递延付款。分期付款购入固定资产,如果实质上已经具有融资的性质,应以现购价格作为购入固定资产的初始成本。如果该项固定资产没有现时供应价格,也应按照现行市场利率计算分期付款的现值入账。由于所付款项的总额中包含了利息费用,而且付款期越长,利息费用就越多,因此,应将利息部分从固定资产总价格中剔除,每一次付款额中一部分为支付本金,还有一部分为支付利息。利息费用的计算应根据应付款的账面价值(现值)计算,应付款余额越大,利息费用越多;反之亦然。

【例3】 2019年1月1日,光大公司购入一台不需要安装的大型设备,合同规定,光大公司在未来4年内,于每年年末支付500万元,共需付款2 000万元(假定不考虑增值税)。假定当时的市场利率为6%,该机器的现值为1 732.5万元。因此,光大公司应以该机器的现值作为该项固定资产的初始成本,并编制会计分录如下:

2019年1月1日,光大公司在购入该台机器时:

借:固定资产	173 250 000	
贷:长期应付款		17 325 000

以后,光大公司在每年终了时,应根据表8-1中的计算结果,借记"财务费用""长期应付款"账户,贷记"银行存款"账户。

企业应当采用实际利率法确认信用期内每一期间的利息费用。如果购入的固定资产需要安装,则该项固定资产在达到预定可使用状态前的利息费用应当计入固定资产的成本,即上面分录中的借方就应当是"在建工程"而不是"财务费用"账户。

表 8-1　　利息(财务)费用计算分摊表　　单位：元

日　期	贷记：银行存款	借记：财务费用	借记：长期应付款	长期应付款余额
	(1)	(2)＝上年末(4)×6%	(3)＝(1)－(2)	(4)＝上年末(4)－(3)
2019 年 1 月 1 日				17 325 000
2019 年 12 月 31 日	5 000 000	1 040 000①	3 960 000	13 365 000
2020 年 12 月 31 日	5 000 000	802 000	4 198 000	9 167 000
2021 年 12 月 31 日	5 000 000	550 000	4 450 000	4 717 000
2022 年 12 月 31 日	5 000 000	283 000	4 717 000	0
合　计	20 000 000	2 675 000	17 325 000	

注：① 为方便起见，计算结果取整数。

根据表 8-1，以第 1 年年末为例，光大公司应编制会计分录如下：

借：财务费用　　1 040 000
　　长期应付款　　3 960 000
　贷：银行存款　　5 000 000

(三) 发行证券取得固定资产

固定资产的取得，有时是以企业发行债券或股票交换而非支付现金而来。此时，固定资产的取得成本应以取得固定资产的公允价值确定；如果发行的债券或股票的公允价值更为清楚，也可按发行的债券或股票的公允价值确定。在确定固定资产的公允价值时，应按如下规则进行：(1) 使用中的固定资产，应按现行重置成本确定；(2) 暂时不使用的固定资产，应按具有类似生产能力的固定资产的现行重置成本与可变现净值两者孰低确定；(3) 为出售而持有的固定资产，按可变现净值确定。

债券或股票的公允价值，按现行市价确定；如果证券和固定资产两者均无公允市价，则应通过中介评估机构加以鉴定，原则上以固定资产的评估价为准。

【例 4】 甲企业发行每股面值为 1 元的普通股股票 600 000 股，交换一幢建筑物，该建筑物的公允价值为 1 800 000 元。假定不考虑相关税费，对此项业务，甲企业应编制会计分录如下：

借：固定资产　　1 800 000
　贷：股本　　600 000
　　　资本公积——股本溢价　　1 200 000

(四) 整批取得固定资产

有时，企业用一笔款项取得两项或两项以上的固定资产。如果以一笔款项购入多项没有单独标价的固定资产，则应按各项固定资产公允价值的比例对取得的总成本进行分配，分别确定各项固定资产的入账价值。

【例 5】 甲企业用 800 000 元购入了连同设备、土地使用权在内的房屋一幢。各资产的账面价值与公允价值如下：

	账面价值	公允价值
土地使用权	3 000 000	2 500 000
房屋	3 500 000	5 000 000
设备	2 000 000	2 500 000
	8 500 000	10 000 000

将800 000元的购买成本按各资产公允价值在公允价值总额中的比例分摊到各资产：

土地使用权：$\frac{2\ 500\ 000}{10\ 000\ 000}\times 8\ 000\ 000=2\ 000\ 000$(元)

房屋：$\frac{500\ 000}{10\ 000\ 000}\times 8\ 000\ 000=4\ 000\ 000$(元)

设备：$\frac{2\ 500\ 000}{10\ 000\ 000}\times 8\ 000\ 000=2\ 000\ 000$(元)

(五) 自建固定资产

企业有时会利用现有技术和闲置的生产设备及人力，建造或生产供自己使用的专用设备或其他固定资产，其原因在于有时自行建造比外购便宜，或规格和质量较易控制。自建(self-constructed)固定资产在达到预定可使用状态前应设置"在建工程"账户反映建造的成本，在达到预定可使用状态后，将自建固定资产的成本转入"固定资产"账户。企业自行建造固定资产成本往往难以确定，在实务上主要有以下几个问题：

1. 自建的固定资产是否需要像生产产品一样，负担一部分固定制造费用

自建固定资产包括直接材料、直接人工及变动间接生产成本等，对此人们并无争议，但对于是否应分摊一部分固定制造费用却意见不一。

有人主张应负担一部分固定制造费用，理由是，同样是企业生产的成果，成本应当同样计算，而不论生产出来的成果是对外出售还是自用。

有些人则认为，企业自建固定资产，往往是利用企业固定资产的闲置能量，因此，自建固定资产不应分摊固定制造费用。

占主导地位的观点是，当企业的固定资产已被充分利用，并无闲置的能量时，自建固定资产会导致正常产品生产的减少，自建固定资产应分摊一部分固定制造费用；当企业的固定资产没有被充分利用于生产正常产品时，可以不分摊固定制造费用，自建并不增加正常产品的成本，若要分摊固定制造费用，反倒人为地降低了产品成本。

2. 建造固定资产期间的利息是否应予资本化

有人认为，利息是企业理财的费用，并非建造固定资产的成本，假定甲、乙两家企业均需购买同一厂房，甲企业以自有资金购买，不需支付利息；而乙企业则以借款购买，需支付利息。如果企业理财得当，新增固定资产尽量依靠自有资金，而不是借款，就可以避免利息支出，所以，借款利息费用不应资本化。

而另一些人则认为，建造固定资产期间的利息是形成固定资产所必须支付的代价，管理层在决定是否自行建造时，也会将自行建造期间所应负担的利息支出考虑在内。如果固定资产自建后，因各种原因用于出售，利息成本也会包含在售价之中。

一般的观点认为，为自建固定资产所发生的利息，在固定资产达到预定可使用状态前应予以资本化。当专门借款的数额小于建造固定资产的支出时，不足部分以其他形式的借款弥补，资本化的利息应包括自建完工(达到预定可使用状态)前专门借款的利息和以其他形式借款用于工程部分的利息；当专门借款的数额大于建造固定资产的支出时，只有用于固定资产部分的利息费用予以资本化。

我国《企业会计准则第17号——借款费用》规定，在资本化期间内，每一会计期间的利息(包括折价或溢价的摊销)资本化金额，应当按照下列规定确定：

(1) 为购建或者生产符合资本化条件的资产而借入专门借款的，应当以专门借款当期实际发生的利息费用，减去将尚未动用的借款资金存入银行取得的利息收入或进行暂时性投资取得的投资收益后的金额确定。

专门借款，是指为购建或者生产符合资本化条件的资产而专门借入的款项。

(2) 为购建或者生产符合资本化条件的资产而占用了一般借款的，企业应当根据累计资产支出超过专门借款部分的资产支出加权平均数乘以所占用一般借款的资本化率，计算确定一般借款应予资本化的利息金额。资本化率应当根据一般借款加权平均利率计算确定。

资本化期间，是指从借款费用开始资本化时点到停止资本化时点的期间，借款费用暂停资本化的期间不包括在内。

借款费用在同时满足下列条件时，才能开始资本化：

(1) 资产支出已经发生。资产支出包括为购建符合资本化条件的固定资产而支付现金、转移非现金资产或者承担带息债务形式发生的支出。所谓“符合资本化条件的固定资产”，是指需要相当长时间的购建活动才能达到预定可使用状态的固定资产。

除固定资产外，符合资本化条件的资产还包括需要经过相当长时间的生产活动才能达到预定可销售状态的投资性房地产和存货等资产。本章叙及的是固定资产的建造。

(2) 借款费用已经发生。借款费用是指企业因借款而发生的利息及其他相关成本，包括借款利息、折价或者溢价的摊销、辅助费用以及因外币借款而发生的汇兑差额等。

(3) 为使固定资产达到预定可使用状态所必要的购建活动已经开始。

为了正确地计算应予资本化的利息数额，应当将在建期间划分为较短的期间(如季度或年度)，然后按下列步骤计算和记录应予资本化的利息数额。

在确定好借款费用开始资本化的起点后，企业应当根据如下步骤计算应予资本化的金额：

(1) 计算每一较短期间内的加权平均累计在建工程支出。

(2) 若加权平均累计在建工程支出大于专门借款，计算其他应负担利息的债务的加权平均利率。

(3) 计算应予资本化的利息数额。

借款费用资本化的会计处理，详见第十二章长期借款部分的说明。

3. 专门借款发生的辅助费用的处理

因借款而发生的辅助费用，是指企业在借款过程中发生的诸如手续费、佣金、印刷费、承诺费等费用。专门借款发生的辅助费用，在所购建或者生产的符合资本化条件的资产达到预定可使用或者可销售状态之前发生的，应当在发生时根据其发生额予以资本化，计入符合资本化条件的资产的成本；在所购建或者生产的符合资本化条件的资产达到预定可使用或者可销售状态之后发生的，应当在发生时根据其发生额确认为费用，计入当期损益。

一般借款发生的辅助费用，应当在发生时根据其发生额确认为费用，计入当期损益。但是，有些辅助费用如发行债券的发行费用数额巨大，因此，应当将其作为未来期间的利息调整，并采用实际利率法将其确认为未来期间的资本化金额或财务费用。

4. 借款费用资本化的暂停和停止

如果固定资产的购建活动发生非正常中断，并且中断时间连续超过 3 个月，应当暂停借款费用的资本化,将其确认为当期费用,直至资产的购建活动重新开始。但如果中断是使购建的固定资产达到预定可使用状态所必要的程序,则借款费用的资本化应当继续进行。

当所购建的固定资产达到预定可使用状态时,应当停止其借款费用的资本化;以后发生的借款费用应当于发生当期确认为费用。

判断固定资产达到预定可使用状态的标准通常有:

(1) 符合资本化条件的资产的实体建造(包括安装)或者工作条件已经全部完成或者实质上已经完成。

(2) 所购建的符合资本化条件的资产与设计要求、合同规定或者生产要求相符或者基本相符,即使有极个别与设计或合同要求不相符的地方,也不影响其正常使用。

(3) 继续发生在所购建固定资产上的支出金额很少或几乎不再发生。

如果所购建固定资产需要试生产或试运行,则在试生产结果表明资产能够正常生产出合格产品时,或试运行结果表明能够正常运转或营业时,就应当认为固定资产已经达到预定可使用状态。

(六) 非货币性资产交换取得固定资产

1. 相关概念

非货币性资产交换也称抵换(trade-in),是指交易双方主要以存货、固定资产、无形资产和长期股权投资等非货币性资产进行的交换,即用企业的一项非货币性资产换取其他企业或单位的另一项非货币性资产。这种交换不涉及或只涉及少量的货币性资产(即补价,包括银行存款、应收账款、以摊余成本计量的金融资产等)。为了便于判断,少量的货币性资产以交易中的公允价值的25%作为参考比例。如果支付的货币性资产占换入资产公允价值的比例(或占换出资产公允价值与支付的货币性资产之和的比例)低于25%(含25%),则视为非货币性资产交换。若这种交换属于货币性交换,则应视为正常的商品购销业务。本节只涉及非货币性资产交换中的固定资产抵换。

2. 以公允价值为基础的非货币性资产交换取得的固定资产

非货币性资产交换同时满足下列条件的,应当以公允价值和应支付的相关税费作为换入资产的成本,公允价值与换出资产账面价值的差额计入当期损益:

(1) 该项交换具有商业实质;

(2) 换入资产或换出资产的公允价值能够可靠地计量。

换入资产和换出资产公允价值均能够可靠计量的,应当以换出资产的公允价值作为确定换入资产成本的基础,但有确凿证据表明换入资产的公允价值更加可靠的除外。

满足下列条件之一的非货币性资产交换具有商业实质:

(1) 换入资产的未来现金流量在风险、时间分布或金额方面与换出资产显著不同。

(2) 使用换入资产所产生的预计未来现金流量现值与继续使用换出资产不同,且其差额与换入资产和换出资产的公允价值相比是重大的。

【例6】 甲企业以一幢建筑物换入乙企业的一套专用设备。该建筑物的原始成本为5 000 000元,已计提折旧2 000 000元,公允价值为5 000 000元,增值税税率为13%,计税基础与公允价值相同。该专用设备的公允价值为5 500 000元,甲企业另支付现金500 000元给乙企业。假定甲企业将换入的专用设备确认为固定资产。增值税进项税额与销项税额的差额由甲企业另行支付。

由于支付的补价不超过投入资产公允价值的25%（500 000÷5 500 000=9.09%），符合非货币性资产交换的要求。

根据上述业务，甲企业应编制会计分录如下：

(1) 将固定资产账面净值转入固定资产清理。

借：固定资产清理　　3 000 000
　　累计折旧　　2 000 000
　贷：固定资产　　5 000 000

(2) 支付补价。

借：固定资产清理　　500 000
　贷：银行存款　　500 000

(3) 记录换入的固定资产。

借：固定资产　　5 500 000
　　应交税费——应交增值税(进项税额)　　715 000
　贷：固定资产清理　　3 500 000
　　　应交税费——应交增值税(销项税额)　　650 000
　　　银行存款　　65 000
　　　资产处置损益　　2 000 000

3. 以账面价值为基础的非货币资产交换取得的固定资产

如果非货币性资产交换不具有商业实质，则应当以换出资产的账面价值和应支付的相关税费作为换入资产的成本，不确认损益。如果在交换过程中支付了补价，应以换出资产的账面价值加上支付的补价和应支付的相关税费，作为换入固定资产的入账价值，不确认损益；如果在交换过程中收到了补价，应以换出资产的账面价值加上应支付的相关税费减去收到的补价，作为换入固定资产的入账价值，不确认损益。

【例7】 甲企业以一幢建筑物换入乙企业的一套专用设备。该建筑物的原始成本为5 000 000元，已计提折旧2 000 000元，计提的减值准备为1 000 000元。甲企业另支付现金500 000元给乙企业。假定甲企业换入的专用设备作为固定资产处理，其换入和换出的公允价值不能可靠地计量。假定不考虑相关税费。

根据上述业务，甲企业应编制会计分录如下：

(1) 将固定资产账面净值转入固定资产清理时：

借：固定资产清理　　2 000 000
　　累计折旧　　2 000 000
　　固定资产减值准备　　1 000 000
　贷：固定资产　　5 000 000

(2) 支付补价时：

借：固定资产清理　　500 000
　贷：银行存款　　500 000

(3) 记录换入的固定资产时：

借：固定资产　　2 500 000
　贷：固定资产清理　　2 500 000

(七) 资产评估增值与接受捐赠

1. 资产评估增值

企业已经入账的固定资产,一般不得任意变动其入账价值,但有几种情况例外,其中包括根据国家规定对固定资产价值重新估价。

按我国税法规定:"企业进行股份制改造发生的资产评估增值,应相应调整账户,所发生的固定资产评估增值可以计提折旧,但在计算纳税所得额时不得扣除。"在会计核算时,评估净增值扣除未来应交所得税后的部分记入"资本公积——其他资本公积"账户,待企业计提折旧费用等后,才可按规定程序转增资本。

【例 8】 2019 年 6 月,甲企业进行股份制改造,对资产进行评估,经评估确认某项固定资产净增值 500 000 元,甲企业将增值部分综合调整,即按 10 年平均分摊计入应纳税所得额,假定所得税税率为 25%。

对此项评估增值业务,甲企业应进行以下会计处理:

(1) 资产评估增值时:

借:固定资产	500 000	
贷:资本公积——其他资本公积		375 000
递延所得税负债(500 000×25%)		125 000

(2) 每年计提折旧转回递延所得税费用时:

借:递延所得税负债	12 500	
贷:应交税费——应交所得税		12 500

有关所得税的会计处理,将在第十三章进行详细说明。

2. 接受捐赠

同资产评估增值一样,企业接受捐赠固定资产,也是一种固定资产的增加业务。

接受捐赠的固定资产,应按以下要求确定其入账价值:

(1) 捐赠方提供了有关凭据的,按凭据上标明的金额加上应当支付的相关税费,作为固定资产入账价值。

(2) 捐赠方没有提供有关凭据的,按以下顺序确定固定资产的入账价值:① 同类或类似固定资产存在活跃市场的,按同类或类似固定资产的市场价格估计的金额,加上应当支付的相关税费,作为入账价值;② 同类或类似固定资产不存在活跃市场的,按接受捐赠的固定资产的预计未来现金流量现值,作为入账价值。

企业接受捐赠的固定资产,应计入营业外收入。

(八) 盘盈的固定资产

盘盈的固定资产,按以下规定确定其入账价值:

(1) 同类或类似固定资产存在活跃市场的,按同类或类似固定资产的市场价格,减去按该项资产的新旧程度估计的价值损耗后的余额,作为入账价值。

(2) 同类或类似固定资产不存在活跃市场的,按该项固定资产的预计未来现金流量现值,作为入账价值。

盘盈的固定资产,应作为前期差错记入"以前年度损益调整"账户进行追溯重述,不得计入当期损益。

(九) 取得存在弃置费用的固定资产

对于特殊行业的特定固定资产，确定其初始成本时还应考虑弃置费用。弃置费用不同于一般企业固定资产的预计清理费用，它通常是指根据国家法律和行政法规、国际公约等规定，企业承担的环境保护和生态恢复等义务所确定的支出，如核电站核设施等的弃置和环境恢复等义务。

为使企业在将来处置固定资产时有能力履行这些义务，需要通过折旧或利息费用的方式补偿这些支出。因此，企业应当在取得固定资产时，按照弃置费用的现值将其计入相关固定资产的成本，并通过折旧补偿这些支出；同时，通过每期期末计提利息，使之形成弃置时的终值，这样，就使企业在弃置这些固定资产时有足够的能力履行相应的义务。

【例 9】 2019 年 11 月 25 日，甲企业用银行存款购入一套需要安装的极具腐蚀性的化工装置，共付价款 10 000 000 元，在安装过程中，领用工程物资 1 000 000 元，另用银行存款支付工程人员薪酬 500 000 元。2019 年 12 月 27 日，该套化工装置达到预定可使用状态并投入使用。根据相关法律规定，甲企业在处置该化工装置时，必须对周围环境进行恢复，估计恢复周围环境的支出约为 1 000 000 元。该设备估计使用年限为 5 年，采用直线法计提折旧，无残值。购买设备时的市场利率为 6%。预计弃置义务的现值为 747 000 元。

假定不考虑增值税，根据上述资料，甲企业应编制会计分录如下：

(1) 购入化工装置时：

借：工程物资　　10 000 000
　贷：银行存款　　10 000 000

(2) 安装化工装置时：

借：在建工程　　11 500 000
　贷：工程物资　　11 000 000
　　　应付职工薪酬　　500 000

(3) 计提预计弃置义务时：

借：在建工程　　747 000
　贷：预计负债　　747 000

(4) 结转固定资产时：

借：固定资产　　12 247 000
　贷：在建工程　　12 247 000

(5) 确认 2020 年度的折旧费用和利息费用时：

借：制造费用(12 247 000÷5)　　2 449 400
　贷：累计折旧　　2 449 400
借：财务费用(747 000×6%)　　44 820
　贷：预计负债　　44 820

以后各期，财务费用会随着预计负债的增加而递增，到固定资产报废时，本利之和正好达到估计弃置费用 1 000 000 元。

(6) 化工装置报废时：

借：累计折旧　　12 247 000
　贷：固定资产　　12 247 000

(7) 支付弃置费用时：

借：预计负债　　　　1 000 000

　贷：银行存款等　　　　1 000 000

第三节　固定资产使用中的支出

企业在使用固定资产的过程中，还会发生各种支出，如固定资产的更新改造、维修、改建扩建等。对此类支出的会计处理，涉及资本性支出还是收益性支出的划分问题。在会计实务上，衡量的标准一般是以与固定资产有关的后续支出是否能改善资产的状况，所产生的经济利益的贴现值是否大于目前的支出，是否延长了固定资产的使用寿命，或者使产品质量得到了实质性的提高，或者使产品成本得到了实质性降低等。

能导致未来经济利益增加的例子有：改良一座厂房，以延长其使用年限，包括增加其生产能力；改进机器部件，大大改善了产品质量；以及采用了新的生产工序，大大降低了原先确定的生产成本等。

现将几种常见的支出分别予以说明。

一、扩建

扩建或称增置(additions)，是指在原有的实体上增加新的实物，如办公楼里增置中央空调系统等。扩建固定资产的支出受益期均较长，一般均为1年以上，并且还由于它增加了固定资产的服务潜力，因此应将相关支出予以资本化。扩建又有两种不同的会计处理方法：(1) 若扩建形成的新增实体与原固定资产连成一体，在会计上，对扩建部分计提折旧时，应按扩建部分可耐用年限与原固定资产剩余耐用年限两者中孰短者计提；(2) 若扩建形成的新增实体可与原固定资产单独核算，应按扩建部分的可使用年限单独计提折旧。

二、改良和改善

改良和改善(improvements and replacements)都是固定资产质量或功能上的改进，但两者程度有所不同。改良是支出较大且质量上有显著提高的改进，如自动装置替代非自动装置；而改善是支出较小而不太显著的质量改进，如一般照明的改进。

凡改善支出均作为收益性支出处理，即在支出发生时，计入当期费用；凡改良支出均作为资本性支出处理，即在支出发生时，计入固定资产的成本。

三、修理

为使固定资产能更好地运行，在固定资产的使用中会进行各种形式的修理(repairs)。企业对固定资产进行定期检查发生的大修理(major repairs)费用，符合资本化条件的，应当计入固定资产成本；不符合资本化条件的，应当费用化，直接计入当期费用。

固定资产的日常修理(ordinary repairs)费用在发生时应直接计入当期损益。其中，生产车间和行政管理部门等发生的固定资产修理费用，在支出发生时计入管理费用；企业设置专设销售机构的，其发生的与专设销售机构相关的固定资产修理费用，在发生时计入销售费用。

四、换新

换新是指一项新的固定资产部件替代同类的另一项旧的固定资产部件。一般来讲，新部件与旧部件具有相同的功能，如汽车旧轮胎换下，装上新轮胎。对于换新业务，存在以下三种可以选择的方法：

（一）替代法

替代法又称废弃法，在这种方法下，被替代的旧部件的成本从“固定资产”账户中转出，而把替换的新部件的成本加入原固定资产成本中。这种方法适用于旧部件的成本及累计折旧可以确定的情况下。

【例 10】 2019 年年初，甲企业开始对房屋中的空调系统进行更换，旧空调原始成本为 45 000 元，单独记录于“空调系统”账户，旧空调已计提了 40 000 元的折旧，新替换的空调成本为 70 000 元。为简化起见，固定资产的清理不通过“固定资产清理”账户核算。甲企业的相关会计处理如下：

借：累计折旧——空调系统	40 000	
营业外支出——处置固定资产损失	5 000	
贷：固定资产——房屋		45 000
借：固定资产——空调系统	70 000	
贷：银行存款		70 000

可以看出，替代法类似于存货计价的先进先出法。

（二）将新部件成本直接计入固定资产

在这种方法下，企业不将旧部件的成本从固定资产账面价值中转出，而直接将新部件成本计入固定资产的价值。当旧部件的折旧已在其使用期间基本计提完毕时，使用此法较为合理。该方法适用于旧部件的账面余额无法确定的情况下。

（三）减少累计折旧

当固定资产部件换新能延长固定资产使用年限时，直接将新部件支出冲减“累计折旧”账户，折旧率不变，其结果是固定资产成本折旧期限要比以前预计的时间长，亦即相应延长了固定资产的使用年限，从而可以通过计提折旧的方式收回替换成本。

可以看出，第二种方法与第三种方法下的固定资产账面价值是相同的，只是两种方法下固定资产成本与累计折旧有所不同而已。减少累计折旧的方法只适用于固定资产部件换新后能延长固定资产使用年限的情况。

五、维护保养

维护保养是指为了保持固定资产一直处于良好的可使用状态而发生的经常性支出。在实务中，它很难同经常性修理区分开来。在会计处理上，维护保养与经常性修理一样，应视为费用性支出，即在支出发生当期计入当期费用，略有不同的是，生产车间的维护保养费用应记入“制造费用”账户。

六、重安装及装修

为了提高生产效率，降低产品成本，企业通常需要对设备进行重新布局，以提高生产流水作业效率和创造新的生产环境。重安装及装修(rearrangement and reorganization)的会计处理一般采用固定资产换新中的替代法,将原安装成本及其累计折旧从相应的账户中转出,然后再将重安装成本记入“固定资产”账户。

固定资产的后续支出,在进行会计处理时,还需要注意以下几个问题:

(1) 对资本性的支出,如果所耗时间较长,应将固定资产的账面价值转入在建工程,并在固定资产达到预定可使用状态时,将其结转为固定资产。例如,改建后的固定资产的入账价值,应为改建前的账面价值加上改建过程中发生的各项支出(减去可能的变现残值收入)。在未形成固定资产的期间内,不得计提折旧。

(2) 资本性的支出应以其未来现金流量的贴现值为限,如果超过未来现金流量的贴现值,则相关支出应直接计入当期损益。例如,某企业为提高设备的性能,对设备进行了更新改造,更新改造支出为10万元,假定更新改造后该设备能使企业未来现金流量的贴现值净增加8万元,则该企业只能将支出中的8万元计入固定资产的成本,另外的2万元应直接计入支出发生当期的损益。

(3) 对租入的固定资产,由于企业账面上并不正式记录为固定资产(因所有权并没有转移,企业应当将租入的固定资产记录在“使用权资产”账户),企业发生的改良等支出就不能直接作为固定资产的价值,因此,在发生资本性支出时,企业应将发生的支出记入“长期待摊费用”账户,并在剩余租赁期与租赁资产尚可使用年限两者中较短的时间内,采用合理的方法进行摊销。

第四节　固定资产的处置

固定资产的处置,包括固定资产的清理和盘亏,其中,除盘亏之外的处置称为固定资产清理。固定资产在处置时,或者当该固定资产永久性不再使用并且预期从它的处置中不能得到未来经济利益时,应当将其从资产负债表中剔除。企业将不能使用或多余、闲置的固定资产报废或出售时,首先应注销被报废或出售的固定资产原值和已提折旧额,即固定资产净值,再将固定资产净值同处置时实际变现金额相比较,确定固定资产处置净损益。

一、固定资产清理

为了能够清楚地反映固定资产清理过程,企业应设置“固定资产清理”账户反映固定资产的处置过程。该账户的借方反映被清理的固定资产的账面净值,以及清理过程中所发生的清理费用;贷方反映清理的残值收入以及变卖收入。清理结束时,将“固定资产清理”账户结平,转入损益。

【例11】 甲企业将一台不需用的旧机器出售,该机器原值为40 000元,已计提折旧18 000元,已计提固定资产减值准备2 000元。双方协议的售价为30 000元,已通过银行收回价款。

假定不考虑相关税费,对此项业务,甲企业应编制会计分录如下:

(1) 注销固定资产原值和已提折旧额时:

借：固定资产清理　　20 000
　　累计折旧　　18 000
　　固定资产减值准备　　2 000
　贷：固定资产　　40 000

（2）收到出售固定资产的价款时：

借：银行存款　　30 000
　贷：固定资产清理　　30 000

（3）结转出售固定资产的净收益时：

借：固定资产清理　　10 000
　贷：资产处置损益　　10 000

固定资产清理结束时，"固定资产清理"账户应无余额。如果到结账日止，固定资产清理尚未完毕，"固定资产清理"账户余额应在资产负债表上列在固定资产大类下，若为贷方余额，则用"－"号列示。

固定资产有时会因各种意外情况而受到毁坏或损失，如火灾、水灾或偷窃等。固定资产意外损失的处理同一般固定资产的清理没有很大区别，只是意外损失属于营业外损失——非常损失。因企业通常对使用的固定资产投保各种意外保险，意外损失的发生会涉及保险赔偿，保险公司承保时，是以固定资产公允价值为基础的。例如，汽车若发生意外损失，应以汽车维修商出具的评估报告为基础，同保险公司进行协商，从而确定其赔偿金额。

【例 12】　甲企业因火灾烧毁一幢厂房，厂房原价 2 000 000 元，已计提折旧 800 000 元，经保险公司核定应赔偿损失 1 000 000 元，以银行存款支付清理费用 30 000 元，残料估价 5 000 元，残料已入库。

假定不考虑相关税费，对此项业务，甲企业应编制会计分录如下：

（1）结转毁损固定资产的原值和已提折旧时：

借：固定资产清理　　1 200 000
　　累计折旧　　800 000
　贷：固定资产　　2 000 000

（2）确认残料变价收入时：

借：原材料　　5 000
　贷：固定资产清理　　5 000

（3）支付清理费用时：

借：固定资产清理　　30 000
　贷：银行存款　　30 000

（4）确认保险公司承担的赔偿损失时：

借：其他应收款　　1 000 000
　贷：固定资产清理　　1 000 000

（5）结转清理后的净损失时：

借：营业外支出——非常损失　　225 000
　贷：固定资产清理　　225 000

二、固定资产盘亏

企业在财产清查中盘亏的固定资产,应通过"待处理财产损溢"账户核算。即按盘亏固定资产的账面价值,借记"待处理财产损溢——待处理固定资产损溢"账户;按已计提的累计折旧及减值准备,借记"累计折旧"和"固定资产减值准备"账户;按固定资产的原价,贷记"固定资产"账户。按管理权限报经批准后处理时,按可收回的保险赔偿或过失人赔偿,借记"其他应收款"账户,将净损失借记"营业外支出——盘亏损失"账户。

三、固定资产贴换

固定资产贴换,要根据贴换涉及的货币性资产的比例判断是否属于非货币性资产交换。若属于非货币性资产交换,其会计处理见第二节相关部分。若不属于非货币性资产交换,则应将其视为两笔交易,即原有固定资产作为出售处理,新入固定资产作为购入处理。

【例13】 甲企业以一台生产经营使用的旧车床向乙企业换入一台新车床。旧车床原值为100 000元,贴换日的累计折旧为50 000元,作价与公允价值相同,为40 000元。新车床的公允价值为110 000元,甲企业向乙企业贴补现金70 000元。

甲企业此项固定资产贴换业务不能作为非货币性资产交换处理,因为贴补70 000元与换入资产的公允价值110 000元之比大于25%,因此,应作为一般性的资产交易处理,即旧设备视为出售处理,新设备视为购入处理。假定不考虑相关税费,甲企业的相关会计处理如下:

1. 旧设备的会计处理

(1) 结转出售固定资产的原值和已提折旧。

借:累计折旧	50 000	
固定资产清理	50 000	
贷:固定资产——车床(旧)		100 000

(2) 出售旧车床。

借:其他应收款	40 000	
贷:固定资产清理		40 000

(3) 结转清理后的净损失。

借:资产处置损益	10 000	
贷:固定资产清理		10 000

2. 新设备的会计处理

借:固定资产——车床(新)	110 000	
贷:其他应收款		40 000
银行存款		70 000

四、待售的固定资产

非流动资产(包括固定资产、无形资产和长期投资等)或处置组(指在一项交易中作为整体通过出售或其他方式一并处置的一组资产,以及在该交易中转让的与这些资产直接相关的负债)划分为持有待售类别,应当同时满足两个条件:

(1) 可立即出售。根据类似交易中出售此类资产或处置组的惯例，在当前状况下即可立即出售。为满足该条件，企业应当具有在当前状态下出售该非流动资产或处置组的意图和能力。

(2) 出售极有可能。"出售极可能发生"应当包含以下几层含义：一是企业出售非流动资产或处置组的决议一般需要由企业相应级别的管理层做出，如果有关规定要求企业相关权力机构或者监管部门批准后方可出售，应当已经获得批准。二是企业已经获得确定的购买承诺，确定的购买承诺是企业与其他方签订的具有法律约束力的购买协议，该协议包含交易价格、时间和足够严厉的违约惩罚等重要条款，使协议出现重大调整或者撤销的可能性极小。三是预计自划分为持有待售类别起一年内，出售交易能够完成。

企业将固定资产首次划分为持有待售类别前，应当按照相关规定对固定资产计提折旧；如果资产已经或者将被闲置、终止使用或者计划提前处置，表明资产可能发生了减值。对于拟出售的固定资产，企业应当在划分为持有待售类别前考虑进行减值测试。

【例 14】 甲企业的一座仓库，原价为 120 万元，年折旧额为 12 万元，截至 2019 年 12 月 31 日已计提折旧 60 万元。2020 年 1 月 31 日，甲企业与乙企业签署不动产转让协议，拟在 6 个月内将该仓库转让，假定该不动产满足划分为持有待售类别的其他条件，且不动产价值未发生减值。

2020 年 1 月 31 日，甲企业应当将仓库资产划分为持有待售类别，并对该固定资产计提 1 月份折旧 1 万元。2020 年 1 月 31 日，该仓库在划分为持有待售类别前的账面价值为 59 万元，此后不再计提折旧。

甲企业应将固定资产终止确认，并将其结转至持有待售资产：

借：持有待售资产——固定资产	590 000	
累计折旧	610 000	
贷：固定资产		1 200 000

企业初始计量持有待售的固定资产或处置组时，如果其账面价值低于其公允价值减去处置费用后的净额，企业不需要对账面价值进行调整；如果账面价值高于其公允价值减去处置费用后的净额，企业应当将账面价值减记至公允价值减去处置费用后的净额，减记的金额确认为资产减值损失，计入当期损益，同时计提持有待售资产减值准备。

续用上例，若仓库在划分为持有待售类别前的账面价值为 59 万元，但其公允价值减去处置费用后的净额为 57 万元，则甲企业应编制会计分录如下：

借：资产减值损失	20 000	
贷：持有待售资产减值准备——固定资产		20 000

如果后续资产负债表日持有待售的固定资产公允价值减去处置费用后的净额增加，以前减记的金额应当予以恢复，并在划分为持有待售类别后固定资产确认的资产减值损失金额内转回，转回金额计入当期损益，划分为持有待售类别前确认的资产减值损失不得转回。

续用上例，持有待售的固定资产的公允价值减去处置费用后的净额为 59.5 万元，则甲企业应编制会计分录如下：

借：持有待售资产减值准备——固定资产资产	20 000	
贷：资产减值损失		20 000

资产减值损失转回 2 万元而不是 2.5 万元的原因，是划分为持有待售类别后固定资产确认的资产减值损失金额内转回，即最多只能转回 2 万元。另外，持有待售的固定资产不应计提折旧。

持有待售的固定资产，如不再满足前述待售资产的条件而不再继续划分为持有待售固定资产，应当按照以下两者孰低计量：(1) 划分为持有待售固定资产前的账面价值，按照假定不划分为持有待售固定资产情况下本应确认的折旧等进行调整后的金额；(2) 可收回金额。

续用上例，假定至 2020 年 12 月 31 日，该仓库因产权问题未能完成合同中约定的转让手续，双方同意终止转让合同，该仓库不再符合持有待售条件，甲企业应当将其结转为固定资产，其价值应为不划分为持有待售情况下按正常折旧后应有的金额，即 48 万元。甲企业应编制会计分录如下：

借：固定资产	480 000	
资产减值损失	110 000	
贷：持有待售固定资产		590 000

第五节　递 耗 资 产

递耗资产(wasting assets)即自然资源，是一种性质和使用上都比较特殊的有形固定资产，包括石油、矿藏、森林、水资源等。它经过采掘、采伐、处理等工作而出产产品，随着人们对它的使用而逐渐减少，这类资产只能靠自然重生，但需要很长时间。因此，递耗资产是一种不可重置的资产，它会随着自然资源蕴藏量的逐渐耗竭而减少。自然资源的勘探、采掘，对会计来讲，面临着哪些支出应计入成本、成本又应如何分摊等问题。

一、递耗资产成本的确定

开采自然资源会发生许多费用，会有许多失败。即使成功了，开采的成本发生期和出售递耗资产的收入期间还有一段很长的期间，因此，对于递耗资产的支出是资本性支出还是费用性支出，会计上往往采用比较稳健的方法。

勘探、开采并出售递耗资产发生的成本主要包括取得开采权成本、勘探成本、开发成本、储备成本等。

开采权成本是开采者为取得开采权利而发生的成本。例如，在我国，矿藏等自然资源属于国家，任何企业未经国家允许不得开采、出售。为取得开采权发生的支出，若成功，计入递耗资产成本；若不成功，则应作为费用处理。

勘探成本(exploratory costs)是企业勘探过程中发生的各种支出，对于勘探成本，如开采矿藏，有成功率法与全部成本法，具体将在本节“三、矿藏资源”这一部分予以说明。

开发成本(development costs)包括有形设备成本与无形开发成本。有形设备包括为采掘资源、出产产品、运送产品所用的重型设备机器等。这些设备应计提折旧，而不能作为自然资源的成本进行分摊。若有形设备的折旧期间大于资源的开采期限，而且该项固定资产随递耗资产的废弃而废弃，则这些有形设备必须在递耗资产估计耗竭年限内计提折旧。无形开发成本是递耗资产的一部分，这些成本包括开发的矿井、坑道的成本等，其性质是无形的。

储备成本是出产产品而未出售前，需要储藏自然资源的成本，即仓储成本。这一部分成本一般较大，也应予以资本化。

前面提及的开采权成本与开发成本往往很难区分。例如，在未成功开采出油井之前，即使油井不出油，其成本也可以认定为勘探成本。假定油井出油，并具有商业开采价值，则其成本又可以作为开发成本处理。所以，有些企业在确定矿藏是否具有商业开采价值以前，对勘探成本和开发成本往往不加区别。

二、生物资产

在会计中，有生命的动物和植物被称为生物资产(biological assets)。由于我国市场经济发展尚不成熟，市场存在人为分割、价格体制不完善的局面，公允价值在较多情况下难以取得，却很容易成为操纵利润的手段。有鉴于此，我国《企业会计准则第 5 号——生物资产》规定应以历史成本模式为主对生物资产进行计量，但对于能够持续可靠地确定公允价值的生物资产也可以采用公允价值计量。在初始计量时，生物资产均应按实际成本计量。在后续计量时，如果有确凿证据表明生物资产的公允价值可以持续可靠取得时，也可以采用公允价值计量。

生物资产分为生产性生物资产、消耗性生物资产和公益性生物资产。

(一) 生产性生物资产

生产性生物资产(productive biological assets)是指为产出农产品、提供劳务或出租等目的而持有的生物资产，包括经济林、薪炭林、产畜和役畜等。

企业在取得生产性生物资产时，应当按照成本进行初始计量。其主要内容如下：

(1) 外购的生产性生物资产，其初始成本包括购买价款、相关税费、运输费、保险费以及其他可以直接归属于购买该资产的支出。

(2) 自行营造的林木类生产性生物资产的成本，包括达到预定生产经营目的前发生的造林费、抚育费、营林设施费、良种试验费、调查设计费和应分摊的间接费用等必要支出。

(3) 自行繁殖的产畜和役畜的成本，包括达到预定生产经营目的(成龄)前发生的饲料费、人工费和应分摊的间接费用等必要支出。在林木开始生产或幼畜成龄前发生的可直接追溯的费用，都可以计入账面价值。

企业对取得的生产性生物资产，应当根据其性质、使用情况和有关经济利益的预期实现方式，合理地确定其使用寿命、预计净残值和折耗方法。

在每期期末，如有确凿证据表明由于遭受自然灾害、病虫害或市场需求变化等原因，导致生产性生物资产的成本高于其可收回金额的，应当按可收回金额低于成本的差额，计提生产性生物资产减值准备，并确认为当期损失。生产性生物资产的减值准备一经提取，不得转回。

生产性生物资产收获的农产品的成本，根据产出或采收过程中发生的实际支出确定账面价值，并采用加权平均法、个别计价法、蓄积量比例法、轮伐期年限法等方法，将账面价值结转为农产品成本，并按存货会计准则进行后续计量。

企业应当设置"生产性生物资产""生产性生物资产累计折耗"和"生产性生物资产减值准备"账户,分别反映生产性生物资产的取得成本、折旧及计提的减值准备。

特别需要注意的是,有些生产性生物资产是天然形成的。对天然起源的生产性生物资产,应按其名义金额,借记"生产性生物资产"账户,贷记"营业外收入"账户。

(二) 消耗性生物资产

消耗性生物资产(consumptive biological assets)是指为出售而持有的,或在将来收获为农产品的生物资产,包括生长中的大田作物、蔬菜、用材林以及存栏待售的牲畜等。

尽管消耗性生物资产与存货的概念没有本质上的区别,但由于其在自行栽培、营造、繁殖及养殖方面与一般制造企业的自制存货存在着不少差别,因此,其成本的初始计量存在着一定的特殊性,主要内容如下:

(1) 自行栽培的大田作物和蔬菜的成本,包括在收获前耗用的种子、肥料、农药等材料费、人工费和应分摊的间接费用等必要支出。

(2) 自行营造的林木类消耗性生物资产的成本,包括郁闭成林前发生的造林费、抚育费、营林设施费、良种实验费、调查设计费、管护费用和应分摊的间接费用等必要支出。

(3) 自行繁殖的育肥畜的成本,包括出售前发生的饲料费、人工费和应分摊的间接费用等必要支出。

(4) 水产养殖的动物和植物成本,包括在出售或入库前耗用的苗种、肥料等材料费、人工费和应分摊的间接费用等必要支出。

在每期期末,有证据表明消耗性生物资产的成本高于可变现净值的,应当按可变现净值低于成本的差额,计提跌价准备,并确认为当期损失。当跌价的影响因素已经消失时,减记金额应当予以恢复,并在原已计提的跌价准备金额内转回,计入当期损益。

如前所述,由于消耗性生物资产和存货非常接近,这里的跌价准备可以转回的处理规定也和存货的处理类似。

消耗性生物资产在其出售或收获时,应当按其账面价值结转成本。结转成本的方法包括加权平均法、个别计价法、蓄积量比例法、轮伐期年限法等。

企业应当设置"消耗性生物资产"和"消耗性生物资产减值准备"等账户,反映消耗性生物资产的取得、出售、减少及减值等业务。

消耗性生物资产是企业的一项流动资产,在资产负债表中应列入存货项目。

(三) 公益性生物资产

公益性生物资产(public welfare biological assets)是指以防护、环境保护为主要目的的生物资产,主要包括防风固沙林、水土保持林和水源涵养林等。此类资产虽然不能直接为企业带来经济利益,但具有服务潜能,有助于企业从相关资产获得经济利益。

众所周知,在我国相当多的地方,经济迅速发展的代价是自然环境的污染。保护自然环境,给子孙留下一片干净的空间,已经成为当代中国人刻不容缓的责任。国家因此每年投入巨资建设防风固沙林、水土保持林和其他环境保护设施。这些投入的资金和建设的林木等,应当作为一种社会资本纳入经济生活中,计入相关企业的权益和资产中,明确企业对此类资产的所有权,通过这些企业来维护公益性资产的完整和有效。因此,不能简单地从有没有现金流入来看公益性资产的确认和计量。

公益性生物资产不计提减值与折耗。

三、矿藏资源

矿藏资源(mineral resources)需要经过勘探、采掘、开采、生产等程序后才能获得。矿藏资源在勘探过程中，为了找出潜在的矿藏或已知的矿藏是否有商业开采价值，会发生各种费用，这些勘探工作有可能成功，有可能不成功，结果难以预测。对于矿藏资源中的勘探和生产成本的会计核算存在两种不同的成本计算方法，即成功率法和完全成本法，兹分述之。

(一) 成功率法

成功率法(successful-efforts method)是只将勘探成功的勘探成本资本化，作为企业的一项长期资产，将勘探不成功的勘探与生产成本作为费用处理。从理论上说，成功率法使得发生的成本与发现的特定物质储量之间有一个直接联系，因此，支持这一方法的人认为，企业某项支出是否资本化，应视该项支出的结果而定。未发现矿藏(包括无商业开采价值)的勘探成本已无未来的经济效益，其成本应立即转作费用。

(二) 完全成本法

完全成本法(full-cost method)把所有的勘探成本都予以资本化，作为企业的一项长期资产。支持这一方法的人认为，勘探成本之所以会发生，是企业认为这是值得的，没有发现矿藏可以为以后提供经验，因此，它是勘探成功矿藏的一个必要的组成部分。因此，所有这些支出都应作为企业的资产列示在资产负债表上。

在实际中，采用成功率法还是完全成本法，这主要取决于实践的需要而不是理论根据。大多数规模较小的开采矿藏公司选择了完全成本法，这使得资产负债表上的资产数额和利润表所报告的利润数增大，而较大的资产数额和较高的利润数额可以吸引一些银行和有限责任的合伙人，从而能拓宽开采矿藏公司的资金来源。

而规模较大的开采矿藏公司往往会选用成功率法，这使得其短期内资产负债表的金额较低，利润数额也相对较低，税收前期缴纳较少。大公司采用这种方法的原因是由于大公司通常把债券和股票作为其主要的外部资金来源，而债券和股票投资者不会因为将废矿资本化而获得的较大资产负债表和较高利润金额所吸引。

采用不同的方法对资产负债表和利润表的影响截然不同。成功率法比完全成本法在会计上更为稳健。

自 2000 年开始，我国三大国有石油公司陆续成功进入国际资本市场后，经财政部批准，国内石油公司已经采用成功率法核算油气勘探开发业务，但并没有相关的准则进行规范。2006 年 2 月，财政部颁布了《企业会计准则第 27 号——石油天然气开采》，对石油天然气开采的会计处理进行了规范，兹分述如下：

1. 矿区权益的会计处理

矿区权益，是指企业取得的在矿区内勘探、开发和生产油气的权利。

矿区权益分为探明矿区权益和未探明矿区权益。探明矿区，是指已发现探明经济可采储量的矿区；未探明矿区，是指未发现探明经济可采储量的矿区。

为取得矿区权益而发生的成本，应当在发生时予以资本化。企业取得的矿区权益，应当按照取得时的成本进行初始计量；矿区权益取得后发生的探矿权使用费、采矿权使用费和租金等维持矿区权益的支出，应当计入当期损益。

企业应当采用产量法或年限平均法对探明矿区权益计提折耗。采用产量法计提折耗的，折耗额可按照单个矿区计算，也可按照若干具有相同或类似地质构造特征或储层条件的相邻矿区所组成的矿区组计算。计算公式如下：

探明矿区权益折耗额＝探明矿区权益账面价值×探明矿区权益折耗率

探明矿区权益折耗率＝探明矿区当期产量÷(探明矿区期末经济可采储量＋探明矿区当期产量)

2. 油气勘探的会计处理

油气勘探，是指为了识别勘探区域或探明油气储量而进行的地质调查、地球物理勘探、钻探活动以及其他相关活动。

钻井勘探支出在完井后，确定该井发现了探明经济可采储量的，应当将钻探该井的支出结转为井及相关设施成本。

确定该井未发现探明经济可采储量的，应当将钻探该井的支出扣除净残值后计入当期损益。确定部分井段发现了探明经济可采储量的，应当将发现探明经济可采储量的有效井段的钻井勘探支出结转为井及相关设施成本，无效井段钻井勘探累计支出转入当期损益。

未能确定该探井是否发现探明经济可采储量的，应当在完井后 1 年内将钻探该井的支出予以暂时资本化。在完井 1 年时仍未能确定该探井是否发现探明经济可采储量，同时满足下列条件的，应当将钻探该井的资本化支出继续暂时资本化，否则应当计入当期损益：

(1) 该井已发现足够数量的储量，但要确定其是否属于探明经济可采储量，还需要实施进一步的勘探活动；

(2) 进一步的勘探活动已在实施中或已有明确计划并即将实施。

钻井勘探支出已费用化的探井又发现了探明经济可采储量的，已费用化的钻井勘探支出不做调整，重新钻探和完井发生的支出应当予以资本化。

3. 油气开发的会计处理

油气开发，是指为了取得探明矿区中的油气而建造或更新井及相关设施的活动。

油气开发活动所发生的支出，应当根据其用途分别予以资本化，作为油气开发形成的井及相关设施的成本。

油气开发形成的井及相关设施的成本主要包括：

(1) 钻前准备支出，包括前期研究、工程地质调查、工程设计、确定井位、清理井场、修建道路等活动发生的支出；

(2) 井的设备购置和建造支出，井的设备包括套管、油管、抽油设备和井口装置等，井的建造包括钻井和完井；

(3) 购建提高采收率系统发生的支出；

(4) 购建矿区内集输设施、分离处理设施、计量设备、储存设施、各种海上平台、海底及陆上电缆等发生的支出。

4. 油气生产的会计处理

油气生产，是指将油气从油气藏提取到地表以及在矿区内收集、拉运、处理、现场储存和矿区管理等活动。

油气的生产成本包括相关矿区权益折耗、井及相关设施折耗、辅助设备及设施折旧以及操作费用等。操作费用包括油气生产和矿区管理过程中发生的直接和间接费用。

企业应当采用产量法或年限平均法对井及相关设施计提折耗。井及相关设施包括确定发现了探明经济可采储量的探井和开采活动中形成的井，以及与开采活动直接相关的各种设施。采用产量法计提折耗的，折耗额可按照单个矿区计算，也可按照若干具有相同或类似地质构造特征或储层条件的相邻矿区所组成的矿区组计算。计算公式如下：

矿区井及相关设施折耗额＝期末矿区井及相关设施账面价值×矿区井及相关设施折耗率

矿区井及相关设施折耗率＝矿区当期产量÷(矿区期末探明已开发经济可采储量＋矿区当期产量)

探明已开发经济可采储量，包括矿区的开发井网钻探和配套设施建设完成后已全面投入开采的探明经济可采储量，以及在提高采收率技术所需的设施已建成并已投产后相应增加的可采储量。

思考题

1. 在各种不同的取得情况下，固定资产的计价有哪些不同？
2. 自建固定资产的利息费用是否应当资本化？利息费用资本化的金额应当如何确定？
3. 简述非货币性资产交换取得固定资产的会计处理。
4. 固定资产在使用中的支出，应当采用何种方式确定其是资本化的支出还是费用化的支出？
5. 固定资产贴换方式有何不同？确认损益的情况有何不同？为什么？
6. 如何确定固定资产清理净损益？
7. 矿藏资源开采实务上有哪两种会计处理方法？试评价之。

阅读材料

1. 财政部：《企业会计准则第 4 号——固定资产》，2006 年。
2. 财政部：《企业会计准则第 5 号——生物资产》，2006 年。
3. 财政部：《企业会计准则第 7 号——非货币性资产交换》，2019 年。
4. 财政部：《企业会计准则第 17 号——借款费用》，2006 年。
5. 财政部：《企业会计准则第 27 号——石油天然气开采》，2006 年。
6. 财政部：《企业会计准则第 42 号——持有待售的非流动资产、处置组和终止经营》，2017 年。
7. 国际会计准则理事会：《国际会计准则第 16 号——不动产、厂场和设备》，2004 年(修订)。
8. 国际会计准则理事会：《国际会计准则第 23 号——借款费用》，2004 年(修订)，1993 年(修订)。

练习题

练习一

一、目的：练习固定资产增减变动的会计处理。

二、资料：2019 年，甲企业发生下列有关固定资产业务：

(1) 用银行存款购入旧设备一台，该设备售出单位账面原价 80 000 元，已提折旧 20 000 元。用银行存款支付价款 50 000 元，运杂费 4 000 元，安装调试费 12 000 元，设备已交付使用。

(2) 收到投资者作为资本投资投入的全新设备一套，评估确认的价值为 200 000 元，按评估确认的价值作为投资额。

(3) 收到捐赠的一辆新设备，公允价值为 10 000 元。

(4) 盘盈设备一台,重置价值 60 000 元,估计折旧额 15 000 元;盘亏设备一台,该设备的账面原值 72 000 元,累计折旧 28 000 元。盘盈、盘亏设备已按规定程序批准后结转完毕。

(5) 出售一台不需用的旧设备,该设备账面原价 50 000 元,累计折旧 18 000 元,出售时用现金支付拆卸搬运费 400 元,出售设备的价款收入 30 000 元存入银行。清理净损益已结转。

三、要求:假定不考虑包括增值税在内的相关税费,为上述业务编制必要的会计分录。

练习二

一、目的:练习非货币性资产交换取得固定资产的会计处理。

二、资料:甲企业与乙企业交换不同型号的设备。甲企业拥有的 A 设备,原值为 120 000 元,交换日"累计折旧"账户余额为 40 000 元,目前市场价格为 70 000 元;乙企业拥有的 B 设备,原值为 160 000 元,交换日"累计折旧"账户余额为 60 000 元,目前市场价格为 80 000 元。甲企业向乙企业另支付银行存款 10 000 元。

三、假定不考虑相关税费,分别该项交换具有或不具有商业实质,要求:

(1) 分别为甲、乙企业编制取得固定资产时的会计分录。

(2) 若甲企业拥有的 A 设备累计折旧为 70 000 元,乙企业拥有的 B 设备累计折旧为 90 000 元,其他金额不变,分别为甲、乙企业编制取得固定资产时的会计分录。

练习三

一、目的:练习自建固定资产借款费用的会计处理。

二、资料:2019 年 1 月 20 日,甲企业开始自建一幢房屋。2019 年 7 月 1 日,甲企业为工程借入专门借款,本金为 2 000 000 元,年利息率为 12%,利息每半年支付一次。2019 年度,甲企业除了专门借款外,其他借款有 1 000 000 元,年利息率为 11%。专门借款的存款利率为 6%。

2019 年,该工程发生的支出情况如下(单位:元):

3 月 1 日	1 800 000
6 月 30 日	800 000
9 月 30 日	900 000
11 月 30 日	1 200 000
	4 700 000

三、要求:

(1) 计算 2019 年的应付利息。

(2) 计算 2019 年应予资本化的利息费用。

(3) 编制有关自建固定资产的会计分录。

练习四

一、目的:练习整批购买固定资产的会计处理。

二、资料:2019 年 12 月 1 日,甲企业连同土地使用权、仓库一揽子购入一幢办公楼,购入价为 26 000 000 元。有关资产金额如下(单位:元):

	公允价值	购入时的账面价值
土地使用权	13 000 000	7 000 000
仓库	2 600 000	4 000 000
办公楼	11 400 000	9 000 000
	27 000 000	20 000 000

三、要求:为甲企业编制购入固定资产及土地使用权时的会计分录。

练习五

一、目的：练习延期付款购买固定资产的会计处理。

二、资料：2019 年 1 月 1 日，甲企业采用分期付款方式购入一台生产用专门设备，现价 10 000 000 元，分期付款 10 年，每年支付 1 100 000 元，款项于每年 12 月 31 日支付。

三、要求：假定不考虑相关税费，为甲企业编制分期付款购入设备及 2019 年度应付利息的分录。

练习六

一、目的：练习固定资产的会计处理。

二、资料：甲企业 2019～2022 年发生以下与固定资产有关的经济业务：

(1) 2019 年 10 月 20 日，购入需要安装的 A 设备一台，增值税专用发票上注明设备价款为 500 万元，增值税税额为 65 万元，另发生运输费用 1 万元，增值税税率为 9%。款项均以银行存款支付。在安装过程中，发生人工费用 5 万元；工程领用原材料一批，该批材料的实际成本为 20 万元，应负担的增值税为 2.6 万元；领用库存商品一批，成本为 25 万元，公允价值和计税基础均为 30 万元。在安装过程中，还以银行存款支付工程管理费用和监管费用 15 万元。该设备预计使用年限为 5 年，预计净残值为 15 万元。假定采用双倍余额递减法计提折旧。

(2) 2020 年 1 月，A 设备发生大修理费用 15 万元，以银行存款支付。

(3) 2021 年年末，甲企业对 A 设备进行了减值测试，表明 A 设备的可收回金额为 120 万元。A 设备的预计净残值不变。

(4) 2022 年 7 月，根据生产情况，企业决定扩大生产规模，对 A 设备进行更新改造，并将更新改造工程出包给原施工单位。预计总费用 50 万元，工期为 3 个月。合同签订日，以银行存款预付工程款 30 万元。在更新改造过程中，另以银行存款购入 180 万元部件，替换原设备中原值为 165 万元的部件。2022 年 10 月 31 日，工程如期完工，达到预定可使用状态，交付车间使用。与承包商的工程结算当日完成，以银行存款支付余款。更新改造后的 A 设备尚可使用 4 年，预计净残值为 11 万元，改为直线法于每年年末计提折旧。

三、要求：根据上述资料，为甲企业编制 2019～2022 年相关的会计分录。

练习七

一、目的：练习生物资产的会计处理。

二、资料：2019 年 2 月，甲农业企业从市场上一次性购买了 6 头种牛、15 头种猪和 600 头猪苗，单价分别为 5 000 元、2 000 元和 250 元。此外，发生运输费用 5 000 元，保险费用 3 000 元，装卸费用 2 000 元。以上款项均用银行存款支付。

三、要求：根据上述资料，为甲农业企业编制相关的会计分录。

练习八

一、目的：练习矿区权益的会计处理。

二、资料：甲石油公司转让了其矿区 A 中的 20 平方千米，转让部分的公允价值为 5 000 万元，转让所得为 8 000 万元。整个矿区 A 的面积为 50 平方千米，账面原值为 10 000 万元，已计提减值准备 2 000 万元。目前账面价值为 8 000 万元，公允价值为 10 000 万元。

甲石油公司转让部分矿区权益，且剩余矿区权益成本的收回不存在较大的不确定性。

三、要求：根据上述资料，为甲石油公司编制相关的会计分录。

第九章
固定资产：折旧、折耗与减值

学习提要

折旧，是指在固定资产使用寿命内，按照确定的方法对应计折旧额进行系统分摊。换言之，折旧是固定资产在使用过程中，由于损耗而逐渐转移到产品成本中的那部分价值。计算折旧时要考虑固定资产的原始成本、估计残值和估计使用年限等因素。在考虑固定资产的估计使用年限时，还要考虑固定资产的有形损耗和无形损耗。

计算折旧的方法主要有直线法、加速折旧法、其他折旧方法等。它们对企业资产计价、利润确定、现金流量等方面有着不同的影响。

折旧计算中有些特殊问题，如对于不满1年的折旧计算和折旧估计年限的变更等。

递耗资产成本的摊销称为折耗。计算折耗的方法主要有产量法和百分比折耗法两种。

固定资产因发生损坏、技术陈旧或其他经济原因，会导致其可收回金额低于账面价值，称为固定资产价值减值。

根据谨慎性原则，企业应定期对各项固定资产进行检查，合理预计各项固定资产可能发生的损失，对可能发生的固定资产损失计提减值准备。

第一节　折　　旧

一、折旧的性质

（一）折旧的概念

折旧（depreciation）概念是会计中争论较多的概念之一。

有人认为折旧是资产的评估手段，是一个计价过程。例如，有人会说："这辆汽车一年折旧了5 000元。"他的意思是这辆汽车的市场价值当年下降了5 000元。站在他的角度，他认为折旧反映了资产价值的减少。

然而，会计上则认为固定资产是企业一项待服务的潜力，它会随着其在生产经营活动中的使用而逐渐降低以至于消逝，它的价值也会随着固定资产的使用而逐渐地转移到成本费用中，并从企业的最终收入中得到补偿，从而形成固定资产价值自身独特的循环过程。因此，会计中的折旧不是一个计价过程，而被认为是固定资产成本的分配。因此，折旧是指在固定资产使用寿命内，按照确定的方法对应计折旧额进行的系统分摊。

诚如第八章所述，固定资产取得时应以成本入账，企业购入固定资产的成本发生在某一会计期间，而固定资产的使用给企业带来的效益却覆盖了多个会计期间。由于持有资产是为了取得未来经济利益，根据经济利益的预期实现方式与其相关成本、费用的配比要求，固定资产的成本应根据其服务带来的收益而转为费用，即固定资产成本应在该项固定资产使用期限内进行系统分摊。这种分摊是用某种系统、合理的方法将固定资产的原始成本摊入各服务期间的一种程序，而非依据市场价值来确定每期的折旧额。但是，固定资产的折旧计提的金额与市价也有相关的方面：一是固定资产取得的市价，二是资产处理时的市价，即残值。两者之间的差额即为固定资产将要在其预计使用期限内分摊的折旧费用。

企业应当根据与固定资产有关的经济利益的预期实现方式，合理选择固定资产折旧方法。选择固定资产折旧方法时，应当根据与固定资产有关的经济利益的预期消耗方式做出决定。由于收入可能受到投入、生产过程、销售等因素的影响，这些因素与固定资产有关经济利益的预期消耗方式无关，因此，企业不应以包括使用固定资产在内的经济活动所产生的收入为基础进行折旧。

从某一期间来讲，折旧仅仅是成本予以分摊的程序，是一种将固定资产成本按某种系统的方法摊入服务期间的一种程序，不是用固定资产净值反映其市价的一种手段。固定资产账面净值与市价未必一致。每年计提的折旧，仅仅代表估计已耗用资产的部分原始成本，而非耗用资产的市场价值。

（二）折旧的原因

固定资产在企业生产经营中使用，虽然其实物形态保持不变，但其内在的服务潜力会随着不断的使用和时间的推移而逐渐减少直至消逝，因此，固定资产需要计提折旧。除土地不会因时间的推移而使其服务潜力减少从而不需要计提折旧外，其余固定资产的服务潜力均会衰减。

引起固定资产服务潜力衰减的原因，即需要计提折旧的原因，可分为物质因素和功能因素两类。

物质因素是指固定资产由于使用和自然力的影响而引起的使用价值或价值的减损。

功能因素又称经济因素，是指由于科学技术进步等原因而引起的使用价值或价值的减损。有些时候，固定资产虽然在物质形态上有一定的服务潜力，但经济上已不适用，丧失了使用价值。原因主要有：(1) 生产规模的扩充。例如，由于企业生产产品增加，旧厂房虽还可使用，但不符合企业的发展目标，企业需要更大的厂房。(2) 技术上替代。原来的固定资产已被更先进的资产所代替，如计算机随着技术的进步，产品替代非常快，一个新产品用上一两年后就会被更新的产品所替代。除此之外，还有产品式样过时、不符合人们的偏好等。物质因素决定了固定资产的最大使用年限，而功能因素则决定了固定资产的实际经济年限。随着科学技术的不断发展，新产品不断涌现，固定资产的功能因素有时比物质因素更重要，对计算折旧的影响更大。

从以上分析可以看出，固定资产的折旧原因与收入之间没有必然的联系，因此，企业不应以包括使用固定资产在内的经济活动所产生的收入为基础进行折旧。

（三）计提折旧的范围

企业应当对所有的固定资产计提折旧。已达到预定可使用状态的固定资产，无论是否交付使用,尚未办理竣工决算的,应当按照估计价值确认为固定资产,并计提折旧;待办理了竣工决算手续后,再按实际成本调整原来的暂估价值,但不需要调整原已计提的折旧额。

但如下一些比较特殊的固定资产项目不需要计提折旧,它们分别是:(1) 已提足折旧仍继续使用的固定资产。(2) 单独计价入账的土地。(3) 处于更新改造过程而停止使用的固定资产,应当转入在建工程,停止计提折旧。(4) 持有待售的固定资产从划归为持有待售之日起停止计提折旧和减值测试。持有待售的固定资产,是指在当前状况下仅根据出售同类固定资产的惯例就可以直接出售且极可能出售的固定资产,如已经与买主签订了不可撤销的销售协议等。企业对于持有待售的固定资产,应当调整该项固定资产的预计净残值,使该项固定资产的预计净残值能够反映其公允价值减去处置费用后的金额,但不得超过符合持有待售条件时该项固定资产的原账面价值,原账面价值高于预计净残值的差额,应作为资产减值损失计入当期损益。

企业应当按月计提折旧,并根据用途将其计入相关资产的成本或者当期损益。

二、影响折旧额的主要因素

折旧是将固定资产的成本分摊计入生产成本或相关费用,然后通过产品销售,从最终的收入中得以弥补的过程。影响每期折旧的因素主要有以下三个方面:

(一) 固定资产原价

计算固定资产折旧的基数一般为取得固定资产原始成本,即固定资产的账面价值。固定资产初始计量包含的内容已在第九章进行了详细说明。

(二) 固定资产的预计净残值

固定资产的预计净残值是指预计固定资产报废时可以收回的残余价值扣除预计清理费用后的数额。在实践中,对固定资产的残余价值和清理费用很难准确估计,计算折旧时往往简单地按固定资产原值的一定百分比来估计净残值。

固定资产原价扣除其预计净残值后的金额,即为应计折旧额。如果是已经计提了减值准备的固定资产,还应当扣除已计提的固定资产减值准备累计金额。

(三) 固定资产的使用年限

固定资产使用年限的长短直接影响到各期应提的折旧额。企业在确定固定资产的使用寿命时,主要应当考虑下列因素:(1) 该资产的预计生产能力或实物产量;(2) 该资产的有形损耗,如设备使用中发生磨损、房屋建筑物受到自然侵蚀等;(3) 该资产的无形损耗,如因新技术的出现而使现有的资产技术水平相对陈旧、市场需求变化使产品过时等;(4) 有关法律或者类似规定对资产使用的限制,如与租赁有关的到期日等。

固定资产装修费用,应当在两次装修期间与固定资产剩余使用寿命两者中较短的期间内计提折旧。

为使各企业之间财务信息具有可比性,《中华人民共和国企业所得税法实施条例》第六十条规定,除国务院财政、税务主管部门另有规定外,固定资产计算折旧的最低年限如下:

(1) 房屋、建筑物,为 20 年;

(2) 飞机、火车、轮船、机器、机械和其他生产设备,为 10 年;

(3) 与生产经营活动有关的器具、工具、家具等,为 5 年;

(4) 飞机、火车、轮船以外的运输工具,为 4 年;

(5) 电子设备，为 3 年。

实务中，企业一般采用税法规定的最低折旧年限计提折旧。

三、折旧的方法

企业应当根据与固定资产有关的经济利益的预期实现方式，合理地选择固定资产的折旧方法。将固定资产成本分摊于各期间的方法有许多，有直线法、加速折旧法、部件折旧法和其他折旧方法等。固定资产折旧方法的选用直接影响企业成本、费用的计算，影响企业的利润和所得税的缴纳，从而影响企业的现金流量。

兹将各种不同的折旧方法分述如下：

(一) 直线法

直线法(straight-line method)是将应计的折旧总额平均地分摊于每个计量权数，如会计期间、工作量等。具体包括年限平均法、工作量法等几种主要形式。

1. 年限平均法

年限平均法是将固定资产的应计折旧均衡地分摊到各期的一种方法，这种方法计算的每期折旧额均是等额的。其计算公式如下：

年折旧额＝(固定资产原始成本－预计净残值)÷估计折旧年限

【例 1】 2019 年 12 月 30 日，甲企业购入一台生产用设备，原价 160 000 元，估计使用年限为 5 年，估计净残值为 10 000 元。在年限平均法下，每年计提折旧额为 11 000 元，计算如下：

年折旧费用＝(160 000－10 000)÷5＝30 000(元)

2. 工作量法

工作量法(activity method)又称工作效率法，在这种方法下，折旧费用的分摊根据固定资产的实际工作量进行。如汽车根据行驶的里程计提，机器根据使用的小时计提或生产的产量计提。折旧费用是根据某一特定期间的产量乘以每一产量需计提的折旧。计算公式如下：

每一工作量折旧额＝(固定资产原值－预计净残值)÷预计总工作量①

某项固定资产某一期间的折旧额＝该项固定资产当期工作量②×每一工作量折旧额

式中：① 固定资产预计总工作量可以按预计总工作小时数或预计产品总产量或预计运输里程计算等；② 同理，可以按该项固定资产当期产量或当期工作小时数或当期行驶里程计算等。

【例 2】 2019 年年末，甲企业以 160 000 元购入一台专用设备，设备可使用时间为 200 000 小时，估计固定资产残值为 10 000 元。

根据资料，可知该专用设备每一小时工作应提的折旧额为 0.75 元[(160 000－10 000)÷200 000]，表 9－1 列示了该台设备在使用期间内的每年折旧额情况。

工作量法偏重于有形损耗，它适用的情况包括：

(1) 固定资产在各期间使用情况不均衡；

(2) 企业能估计固定资产使用期间的总产量；

(3) 固定资产的服务潜力同固定资产使用的程度相关。

表 9-1　　固定资产折旧计算的工作量法　　单位：元

年　次	每一小时折旧额	使用小时数	每年折旧额
	(1)	(2)	(3)=(1)×(2)
1	0.75	30 000	22 500
2	0.75	60 000	45 000
3	0.75	40 000	30 000
4	0.75	50 000	37 500
5	0.75	20 000	15 000
合　计	—	200 000	150 000

在前面三种条件下，用工作量法最为适当。但是，这种方法比年限平均法要复杂得多。原因在于估计固定资产的总生产产量比估计使用年限更复杂，而且，在这种方法下，要求对每一固定资产的每一期间的实际使用情况进行记录是一个难以做到的要求，因此，为企业操纵每期的实际工作量，即操纵折旧费用与利润提供了机会。

工作量法下，每一单位或产品的固定资产折旧费用一致。因此，它也是直线法下的一种。

(二) 加速折旧法

加速折旧法(accelerated depreciation methods)是固定资产计提折旧前期多，以后逐年递减的一种折旧方法，所以又称递减折旧法(diminishing-charge methods)。加速折旧法是加速确认折旧费用。加速折旧法的使用是税收影响会计的典型例证。例如，美国税务总局在 1954 年允许企业采用加速折旧法之前，几乎所有的美国企业提供的财务报告都采用了直线法。而在 1954 年以后，无论是财务上还是税收上，许多企业开始采用加速折旧法，或税收上采用加速折旧法，财务上采用直线法。

为税收目的而使用加速折旧法，其实是让企业递延支付所得税税款。因为无论采用加速折旧法还是直线法，折旧总额是相同的。加速折旧法前期计提的折旧多，前期缴纳的所得税就少，前期减少的税收，以后期折旧费用少时再支付，总的应付税款的现值就少。少缴纳所得税鼓励了企业的资本投资。

尽管企业采用加速折旧法大部分基于税收因素，但也有其理论依据。其一，固定资产的使用效率、生产产品的数量和质量均是逐年递减的，因此，折旧也应逐年递减。其二，固定资产修理费用前期发生较少，后期发生较多，折旧早期多提，就可以使固定资产的各期使用成本在其使用年限内大体均衡。其三，随着科技的发展，技术更新加快，也缩短了固定资产的经济年限，实行加速折旧可以减少旧技术淘汰时发生的损失。

《中华人民共和国企业所得税法》第三十二条规定："企业的固定资产由于技术进步等原因，确需加速折旧的，可以缩短折旧年限或者采取加速折旧的方法。"《中华人民共和国企业所得税法实施条例》第九十八条进一步明确："企业所得税法第三十二条所称可以采取缩短折旧年限或者采取加速折旧的方法的固定资产，包括：(1) 由于技术进步，产品更新换代较快的固定资产；(2) 常年处于强震动、高腐蚀状态的固定资产。"

财政部、国家税务总局发布的财税(2014)第 75 号文件规定，对生物药品制造业，专用设备制造业，铁路、船舶、航空航天和其他运输设备制造业，计算机、通信和其他电子设备制造业，仪器仪表制造业，信息传输、软件和信息技术服务业 6 个行业的企业 2014 年 1 月 1 日后新购进的固定资产，可缩短折旧年限或采取加速折旧的方法。

对上述 6 个行业的小型微利企业 2014 年 1 月 1 日后新购进的研发和生产经营共用的仪器、设备，单位价值不超过 100 万元的，允许一次性计入当期成本费用在计算应纳税所得额时扣除，不再分年度计算折旧；单位价值超过 100 万元的，可缩短折旧年限或采取加速折旧的方法。

对所有行业企业 2014 年 1 月 1 日后新购进的专门用于研发的仪器、设备，单位价值不超过 100 万元的，允许一次性计入当期成本费用在计算应纳税所得额时扣除，不再分年度计算折旧；单位价值超过 100 万元的，可缩短折旧年限或采取加速折旧的方法。

对所有行业企业持有的单位价值不超过 5 000 元的固定资产，允许一次性计入当期成本费用在计算应纳税所得额时扣除，不再分年度计算折旧。

为引导企业加大设备、器具投资力度，财政部、国家税务总局发布的财税(2018)第 54 号文件规定，企业在 2018 年 1 月 1 日至 2020 年 12 月 31 日期间新购进的设备、器具，单位价值不超过 500 万元的，允许一次性计入当期成本费用在计算应纳税所得额时扣除。该文件所称“设备、器具”，是指除房屋、建筑物以外的固定资产。

2019 年 4 月 23 日，财政部、国家税务总局发布公告，规定固定资产加速折旧优惠的行业范围，扩大至全部制造业领域。

加速折旧法主要有余额递减法、双倍余额递减法、年数总和法等。兹分述如下：

1. *余额递减法*

余额递减法(declining-balance method)又称定率法，是指用一个固定的百分率乘以固定资产在每一会计期开始的账面价值(余额)来计算折旧的一种方法。由于固定资产账面余额随着每年计提折旧而逐渐减少，每年计提的折旧按上一年的固定资产账面余额为基数计算，因此，折旧费用就会逐年减少。

用 r 表示折旧率，用 C 表示固定资产原始成本，在定额递减法下，折旧计算表如表 9 - 2 所示。

表 9 - 2　　固定资产折旧计算的余额递减法

使用年次	折旧计算	固定资产账面价值(C)
1	$C \cdot r$	$C - C \cdot r = C(1-r)$
2	$C(1-r) \cdot r$	$C(1-r) - C(1-r) \cdot r = C(1-r)^2$
3	$C(1-r)^2 \cdot r$	$C(1-r)^2 - C(1-r)^2 \cdot r = C(1-r)^3$
…	…	…
n	$C(1-r)^{n-1} \cdot r$	$C(1-r)^n$

假定固定资产的会计净残值为 S，则可知最后一年时固定资产的账面价值应是估计净残值 S，因此：

$$\boldsymbol{C(1-r)^n = S}$$

可以推算出固定资产折旧率 r 为：

$$r=1-\sqrt[n]{\frac{s}{c}}$$

公式中,残值不可少于或等于零,若残值为负数或零时,就假设其为 1,否则第 1 年的折旧率将为 100%,一年就会提完全部的折旧,这显然与事实不符。

余额递减法计算公式复杂,在实务中,人们一般不采用这种公式,而是广泛用近似值或经验数值。

2. 双倍余额递减法

双倍余额递减法(或 200%余额递减法)(double-declining-balance method)是以直线折旧率的两倍计算本期折旧的一种折旧方法。计算方法如下:

年折旧费用=固定资产的期初余额×200%直线折旧率

在这种方法下,固定资产账面价值由于每年计提折旧而逐年减少,因此,用固定的直线法折旧率的两倍乘以递减的账面价值计算出的年折旧金额也是逐年递减的。不过,在使用这一方法时,需要注意的是,由于每年计算的固定资产折旧率暂不考虑净残值,因此,在固定资产估计使用年限终了时,固定资产净值不可能恰好等于固定资产估计净残值。因此,需要通过对折旧额进行调整才能解决这一问题。一般的做法是,在固定资产使用的后期,如果按双倍余额递减法计算的折旧金额小于用固定资产的账面净值扣除估计净残值后在剩余使用年数内用直线法计算所得的折旧金额时,就要从这一年起转换成用直线法计算折旧。在剩余使用年数内采用直线法计提折旧并不代表折旧方法的变更,相反地转换到直线法确认较大的折旧费用体现的正是加速折旧法的宗旨。在我国实务工作中,为了简便起见,在固定资产耐用年限到期前两年转换成直线法,将固定资产的账面净值扣除估计净残值后在剩余两年内进行平均分摊。

【例 3】 甲企业购入一台设备,原始成本为 160 000 元,估计净残值为 10 000 元。估计使用寿命为 5 年。该设备在采用双倍余额递减法下每年的折旧计算如表 9-3 所示。

表 9-3　双倍余额递减法折旧计算表　单位:元

年　次	折旧率(a)	折旧额(b)	期末账面价值(c)
	(1)=2/5×100%	(2)=上期期末×(1)	(3)=上期期末-(2)
0			160 000
1	40%	64 000	96 000
2	40%	38 400	57 600
3	40%	23 040	34 560
4	直线法	12 280①	22 280
5	直线法	122 800	10 000
合　计		100 000	10 000

注①:倒数第 2 年,改按直线法计提折旧。12 280=(34 560-10 000)÷2。

企业采用的折旧率越高,计提折旧的加速度就越快。在美国,根据以往经验和传统,将 200%定义为最高界限。美国税法通常规定较低的比率(如直线法的 150%),以减缓纳税人在申报所得税时对某类资产计提折旧的速度。

3. 年数总和法

年数总和法(sum-of-the-year's-digits method)又称年限积数法，是指用一个递减的分数乘以该项固定资产的原始成本扣除估计净残值后计算折旧额的一种方法。这一递减的分数的分子，是开始计算折旧那一年年初算起的固定资产尚可使用年数。例如，一项固定资产估计耐用年限为 5 年，计算第一年折旧时，折旧系数的分子为 5；计算第二年折旧时，折旧系数的分子为 4，以此类推。折旧系数的分母为估计使用年限中各年的折旧年次的总和。例如，估计耐用年限为 5 年的资产，分母即为 15(1+2+3+4+5)。所以，在资产使用的任何年次的折旧金额计算公式为：

$$DtD_t = \frac{nn - tt + 1}{nn(nn + 1)} \times (Cc - Ss)$$

式中，D_t 表示第 t 年的折旧额，n 表示固定资产的耐用年限，t 表示固定资产使用的年次，C 表示固定资产原值，S 表示预计净残值。

因为折旧系数 $\dfrac{n-t+1}{\frac{n(n+1)}{2}}$ 是递减的，所以每年的折旧额也是逐年递减的。

【例 4】 一台机器原始成本为 160 000 元，估计净残值为 10 000 元，估计使用年限为 5 年，每年的折旧额如表 9-4 所示。

表 9-4 折旧计算表(年数总和法) 单位：元

使用年次	尚可使用年限	应计折旧额	折旧系数	每年折旧额	累计折旧	账面余额
	(1)	(2)=原值−净残值	(3)	(4)=(2)×(3)	(5)=上期(5)+(4)	(6)=原值−(5)
1	5	150 000	5/15	50 000	50 000	110 000
2	4	150 000	4/15	40 000	90 000	70 000
3	3	150 000	3/15	30 000	120 000	40 000
4	2	150 000	2/15	20 000	140 000	20 000
5	1	150 000	1/15	10 000	150 000	10 000
合 计	—	150 000	100%	45 000	150 000	10 000

(三) 部件折旧法

企业会计准则允许将一项固定资产分开其组成部分以计提折旧，即部件折旧法(component depreciation)。例如，飞机的重要部分可以分为引擎、机身及其他等。对于那些以前作为一个整体记录的资产，企业将需要保存更详细的会计记录。

例如，一家企业以 1 亿元购入一栋建筑物。此建筑物中拥有不同使用年限的重要组成部分，包括屋顶、电梯和建筑物的其他部分。该企业需要单独确定各部分的估计成本，企业可以通过建筑师或工程师等获得相关资料，由此各部分可以遵循部件折旧法单独计提折旧。

(四) 其他折旧方法

有时由于有些固定资产的特殊特征，企业可能不采用上述最普遍的固定资产折旧方法，

而是采用下列适用于特殊对象和特殊情况的方法,兹分述如下:

1. 盘存法

盘存法(inventory method)一般适用于价值较小的固定资产,如工具、器具等。采用这种方法计算折旧的程序如下:

(1) 在每期期末盘点企业实存的固定资产;

(2) 对期末盘存的固定资产进行清理,确定其账面净值;

(3) 将期末固定资产账面净值与期初账面净值加本期购入的价值之和相比较,两者之差为本期应计提的折旧。

采用盘存法计提折旧时,一般不使用"累计折旧"账户而直接贷记"固定资产"账户。

在盘存法下,计提折旧的程序同存货定期盘存制下计算销售成本相似。

【例5】 甲企业某项专用工具账户上的年末余额为19 000元,期末专用工具的价值估计为10 800元,当期出售破旧及过时的专用工具获得现金收入700元。当期计提专用工具折旧及出售旧专用工具的会计分录如下(假定甲企业计提的折旧直接记入"折旧费用"账户):

借:库存现金	700	
贷:折旧费用		700
借:折旧费用(19 000-10 800)	8 200	
贷:固定资产——专用工具		8 200

盘存法的优点在于将一类固定资产归集在一起,不需对某一项单独计提折旧,而是归类计提,简化了工作量。缺点在于不能系统地对固定资产的成本进行合理和系统的分摊。

2. 废弃法和重置法

废弃法(abandonment method)与重置法(replacement method)主要用于公用事业和铁路行业。它们中许多资产为同类、价值较小的固定资产,如电线杆、电缆、钢轨、枕木等。使用这个方法的目的在于避免详细地对个别固定资产进行折旧计算。

在这两种方法下,平时使用固定资产时均不提折旧,直到固定资产报废时才计提折旧。两者之间的区别在于:废弃法是在固定资产报废时,一次性地将原固定资产的购置成本减去处置残值收入的差额转作为报废当期的折旧费用,而将重置的新固定资产购置成本记入"固定资产"账户;重置法则是在固定资产报废时,将重置新固定资产的购置成本减去报废固定资产的残值收入的差额计入折旧费用,而最早期的固定资产的价值一直保留在账面上。因此,废弃法将旧固定资产购置成本先费用化,遵循的是先进先出流程;而重置法将新重置的固定资产成本先费用化,遵循的是后进先出流程。

【例6】 海河公用事业公司原电缆于2019年安装,成本为1 000 000元,8年后原先电缆中的150 000元报废,重新安装成本为200 000元。表9-5列示了采用废弃法和重置法对该电缆分别所做的会计处理。

表9-5　　废弃法和重置法下固定资产折旧的会计处理　　单位:元

废弃法			重置法		
(1) 2019年安装电缆时:					
借:固定资产	1 000 000		借:固定资产	1 000 000	
贷:银行存款		1 000 000	贷:银行存款		1 000 000

续 表

废弃法	重置法
(2) 2027年报废旧电缆时： 借：折旧费用　　150 000 　贷：固定资产　　150 000	无分录
(3) 2027年重新安装电缆时： 借：固定资产　　200 000 　贷：银行存款　　200 000	借：折旧费用　　200 000 　贷：银行存款　　200 000

废弃法与重置法，平时不计提折旧，在固定资产报废以前，企业不需负担折旧费用，违反了收入与费用配比的要求，导致前期折旧费用少计，利润多计。

3. 分类折旧法与综合折旧法

前面提到的折旧方法均是按个别资产计算的。然而，在一定的环境下，如固定资产较多、种类不一，可以对几个固定资产使用同一折旧率计算折旧。具体有两种方法可以采用，即分类折旧法和综合折旧法。

分类折旧法(classification depreciation method)是将同类的(如性质相同、使用年限相同)固定资产集合起来，视为单项固定资产计算折旧。综合折旧法(composite depreciation method)是把不同性质的固定资产集合在一起，如性质不同、使用年限不同，视为单项固定资产计算折旧。两种方法下，对于平均折旧率的计算、会计处理分录均相同，不同之处就在于分类折旧法用于对同类资产计提折旧，综合折旧法对不同类固定资产计提折旧。

在两种方法下，一组(或一类)固定资产只有一个固定资产账户，以后取得的归类为此组(或此类)的固定资产加入此固定资产账户中。

折旧费用根据此组(或此类)固定资产的平均折旧率乘以此组(或此类)固定资产购置成本总额计算。它不考虑单个资产的情况。

当资产报废时，无论是晚于还是早于固定资产平均使用年限报废，借记"累计折旧"账户的金额均为固定资产原值减去收到的残值，不计算单个固定资产的任何处置损益。原因在于总有些资产会早于或晚于平均使用年限报废，但总的报废年限为平均的使用年限。只有在这一组(类)固定资产全部处置时，再确认处置损益。如遇新购入的同组(类)固定资产时，借记同一个"固定资产"账户，仍按原组(类)平均折旧率计提折旧。

下面对两种方法举例，先说明分类折旧法。

【例7】 2019年年末，快捷公司购入10辆运输车，每辆120 000元，共计1 200 000元。每辆车的估计残值为1 200元，估计耐用年限为5年。2021年年末，其中一辆卡车由于意外事故报废，收到保险赔款72 000元。同时，购置了另外两辆卡车，每辆成本为124 000元。2023年度，报废一辆卡车，收到残值4 800元，原始成本120 000元。

在分类折旧法下，快捷公司的相关会计处理如下：

(1) 第1年年末购入运输车时，应编制会计分录如下：

借：固定资产——卡车　　1 200 000
　贷：银行存款　　1 200 000

(2) 第1年年末计提折旧，企业折旧方法为直线法，折旧率及折旧额计算如下：

原始成本(10 辆卡车)	1 200 000
减：估计净残值	120 000
5 年需计提的折旧总额	1 080 000
每年折旧额(1 080 000÷5)	216 000
年折旧率(216 000÷1 200 000)	18%

计提第 1 年折旧费用的会计分录如下(为简化起见,直接记入“折旧费用”账户)：

借：折旧费用　　216 000

　贷：累计折旧　　216 000

(3) 2020 年计提的折旧额及折旧分录同上。

(4) 2021 年处置一辆卡车时,应编制会计分录如下：

借：银行存款　　72 000

　　累计折旧(1 200 00－72 000)　　48 000

　贷：固定资产——卡车　　120 000

(5) 2021 年购置另外两辆卡车时,应编制会计分录如下：

借：固定资产——卡车　　248 000

　贷：银行存款　　248 000

(6) 2022 年计提折旧时,折旧额的计算为：

卡车类固定资产的成本＝1 200 000－120 000＋248 000＝1 328 000(元)

2022 年折旧额＝1 328 000×18%＝239 040(元)

据此,快捷公司应编制 2022 年计提的折旧分录如下：

借：折旧费用　　239 040

　贷：累计折旧　　239 040

(7) 2023 年计提的折旧额与 2022 年相同。

(8) 2023 年年末处置一辆卡车时的会计分录如下：

借：银行存款　　4 800

　　累计折旧(120 000－4 800)　　115 200

　贷：固定资产　　120 000

采用分类折旧法时,个别固定资产的累计折旧和账面净值的数字,可用下列公式加以估计：

估计累计折旧＝(原始成本－估计净残值)×已使用年限÷估计耐用年限

在综合折旧法下,折旧率的计算一般采用个别固定资产折旧额相加的总额,除以各项固定资产的购置成本总额计算而得。下面以综合折旧法为例,说明固定资产折旧的计算。

【例 8】 甲企业采用综合折旧法计提固定资产折旧。其固定资产折旧的计算如表 9－6 所示。

表 9－6　　固定资产折旧计算表(综合折旧法)　　单位：元

构成项目	原始成本	估计净残值	需计提折旧	估计使用年限	年折旧额
A	500 000	50 000	450 000	15	30 000
B	200 000	40 000	160 000	10	16 000

续　表

构成项目	原始成本	估计净残值	需计提折旧	估计使用年限	年折旧额
C	70 000	6 000	64 000	8	8 000
D	30 000	0	30 000	3	10 000
合　计	800 000	96 000	704 000		64 000

根据表 9-6 中的结果，可知：

综合折旧率＝64 000÷800 000＝8％

综合估计使用年限＝704 000÷64 000＝11(年)

第一年计提折旧的会计分录如下：

借：折旧费用(800 000×8％)　　　　64 000

　贷：累计折旧　　　　64 000

我国《企业会计准则第 4 号——固定资产》第 17 条规定，企业应当根据固定资产所含经济利益预期实现方式选择折旧方法，可选用的折旧方法包括年限平均法、工作量法、双倍余额递减法或者年数总和法。除固定资产包含的经济利益的预期实现方式有重大改变，应当相应改变固定资产折旧方法情况外，折旧方法一经选定，不得随意调整。

(五) 折旧计算中的特殊问题

1. 奇零期的折旧计算

企业的固定资产很少是在会计年度初或会计年度末购置的。对于不满 1 年的折旧计算，如果企业采用工作量法，则可按实际工作小时或实际生产数量计算折旧；但若企业采用以时间为基础的折旧方法，就存在如何确定折旧期间即奇零期(partial periods)的问题。

(1) 计提折旧的期间。一般情况下，企业以月为计算折旧的最小单位，对于月中购入的固定资产不满半个月的当月不计提折旧，超过半个月的当月按整月计提折旧。即以 15 日为标准，15 日以前购置的，按全月计提折旧；15 日以后购置的，当月不计提折旧。固定资产处置时则与此相反。

但在我国实际会计工作中，为了简化计提折旧期间的计算，相关制度规定，固定资产应当按月计提折旧，并根据用途分别计入相关资产的成本或当期费用。企业在实际计提固定资产折旧时，当月增加的固定资产，当月不计提折旧，从下月起计提折旧；当月减少的固定资产，当月仍计提折旧，从下月起停止计提折旧。固定资产提足折旧后，不管能否继续使用，均不再提取折旧；提前报废的固定资产，也不再补提折旧。

(2) 计算折旧额的问题。在直线法下，无论固定资产何时购入，每月应计提的折旧额与其他月份均相同，$(C-S)/n$ 为年折旧额，月折旧额只需要在年折旧额的基础上除以 12 个月即可。但是，在采用年数总和法计算折旧时，固定资产当年计算折旧额所采用的折旧系数并非一个固定数，有时要采用两个折旧系数计算年度折旧。

【例 9】　2019 年 6 月 30 日，甲企业购入一台设备，原始成本为 160 000 元，估计净残值为 10 000 元，预计使用年限为 5 年，采用年数总和法计算折旧，则每年应摊的折旧费用如表 9-7 所示。

表 9-7　　折旧计算表(年数总和法)　　单位：元

使用年次	折旧系数	2019 年	2020 年	2021 年	2022 年	2023 年	2024 年	合　计
1	5/15	7 月 1 日～12 月 31 日 25 000	1 月 1 日～6 月 30 日 25 000					50 000
2	4/15		7 月 1 日～12 月 31 日 20 000	1 月 1 日～6 月 30 日 20 000				40 000
3	3/15			7 月 1 日～12 月 31 日 15 000	1 月 1 日～6 月 30 日 15 000			30 000
4	2/15				7 月 1 日～12 月 31 日 10 000	1 月 1 日～6 月 30 日 10 000		20 000
5	1/15					7 月 1 日～12 月 31 日 5 000	1 月 1 日～6 月 30 日 5 000	10 000
合　计		25 000	45 000	35 000	25 000	15 000	5 000	150 000

注：
(1) 年数总和法每年的折旧计算见表 9-4。
(2) 本表中的行，为折旧年次中的每年折旧额。每折旧年次中的折旧，在该年次中，每月金额相等。
(3) 本表中的列，为会计年度的每年折旧额。

从表 9-7 中可以看出，在一个会计年度中，并非每月计提折旧均相等，如 2020 年的 6 月份与 2020 年的 7 月份计提的折旧是不同的，从 2019 年 7 月至 2020 年 6 月，折旧系数为 5/15；而 2020 年 7 月～2021 年 6 月，折旧系数为 4/15。在计算折旧时，要注意奇零期问题，以免计算错误。

2. 折旧变动与更正

折旧变动是折旧方法的变动。例如，企业原来对固定资产采用直线法计提折旧，随着技术进步，采用加速折旧法更能反映企业的财务状况和经营成果。折旧更正是指折旧估计的变更。有时，固定资产估计年限和估计净残值在固定资产使用过程中已经显现出估计的差错，若金额大，就要进行必要的调整，尽量减少估计误差的影响。我国《企业会计准则》规定，固定资产的折旧方法一经确定，不得随意变更。

企业至少应当于每年年度终了，对固定资产的使用寿命、预计净残值和折旧方法进行复核。使用寿命预计数与原先估计数有差异的，应当调整固定资产使用寿命。预计净残值预计数与原先估计数有差异的，应当调整预计净残值。与固定资产有关的经济利益预期实现方式有重大改变的，应当改变固定资产折旧方法。

固定资产使用寿命、预计净残值和折旧方法的改变应当作为会计估计变更。

会计估计变更应采用未来适用法进行会计处理。未来适用法，是指将变更后的会计政策应用于变更日及以后发生的交易或者事项，或者在会计估计变更当期和未来期间确认会计估计变更影响数的方法。即新的会计政策适用于变更当期及未来期间发生的交易或事项，它不调整以前年度的财务报表，也不需要重编以前年度的财务报表。变更之日企业会计账簿记录及会计报表上反映的金额，仍保留原有的金额，不因会计政策变更而改变以前年度的既定结果。变更当期及未来期间计提折旧金额的计算是在现有金额的基础上再按新的会计方法进行核算，但在会计报表附注中应披露折旧估计或方法变更事项：(1) 变更的内容和理由；(2) 变更的影响数；(3) 累积影响数不能合理确定的理由。

现用一简例说明折旧年限的估计变更。

【例 10】　2019 年 12 月 30 日，甲企业购入一台设备，成本为 42 000 元，估计可使用 8 年，净残值为 2 000 元，按直线法计提折旧。至 2024 年年初，由于新技术发展原因，对原有的估计年限和净残值作出修正，修正后该设备的耐用年限为 6 年而非最早估计的 8 年，净残值为 1 000 元。

甲企业对上述估计变更的处理方法如下：

(1) 不调整以前各期折旧，也不计算累积影响数。

(2) 估计变更后，自 2024 年年初开始，每年计提的折旧费用计算如下：

按原估计，每年折旧费用＝(42 000－2 000)÷8＝5 000(元)

2024 年年初，固定资产净值＝42 000－5 000×4＝22 000(元)

2024 年折旧费用＝(22 000－1 000)÷(6－4)＝10 500(元)

甲企业计提折旧的会计分录为：

借：折旧费用　　10 500

　贷：累计折旧　　10 500

(3) 在财务报表中，附注说明其估计变更的原因，假定所得税税率为 25%，则此估计变更影响本年度净利润减少数为 4 125 元[(10 500－5 000)×(1－25%)]。

第二节　折　　耗

一、折耗的性质

折耗(depletion)是指对矿山、油气田、森林等自然资源的采掘、开发、砍伐等劳动，其逐渐减少的成本。这些逐渐减少的成本随着开采、砍伐等过程而转移到所产生的产品成本中去。折耗和折旧虽同是长期耐用资产成本的分配，但性质上与折旧还存在着不少区别：

(1) 递耗资产如果不开掘采伐，其蕴藏量不会减少，因而也不发生折耗；固定资产不使用时也会因自然损耗、过时等原因而发生折旧。

(2) 递耗资产因生产而蕴藏量日渐减少，终至耗竭，除森林等可复植外，一般不可以重置；固定资产的价值因使用等而减少，实物形态不变，而且其具有可重置性。

(3) 递耗资产开采出来的产品都是可供直接销售的商品，折耗费用往往成为产品成本的一部分；固定资产是为生产活动创造必要条件，在形成可供销售的商品过程中起间接作用，折旧费用有时是产品成本的一部分，有时则直接作为费用处理。

二、折耗的方法

(一) 产量法

在产量法(unit-of-production method)下，递耗资产上折耗的计算，通常是将递耗资产的原始成本减去估计净残值后，除以估计总蕴藏量，作为单位折耗，乘以当期开发量，即为当期的折耗成本。计算折耗的公式是：

$$\text{每单位产品的折耗成本}=\frac{\text{递耗资产原始成本}-\text{估计净残值}}{\text{估计总蕴藏量}}$$

$$\text{当期应分摊的折耗成本}=\text{当期产量}\times\text{每单位产品的折耗成本}$$

【例 11】 某企业受让的矿井估计蕴藏量为 100 000 单位，受让成本为 30 000 000 元，无残值。某期开发了 10 000 单位，其折耗成本计算如下：

估计单位折耗成本＝30 000 000÷100 000＝300(元)

当期实际产量＝10 000(单位)

当期折耗成本＝10 000×300＝3 000 000(元)

折耗成本的会计分录如下：

借：生产成本	3 000 000	
贷：累计折耗		3 000 000

如果当期出售了 8 000 单位产品，2 000 单位产品尚未出售，则折耗中的 600 000 元(2 000×300)包含在期末存货中，另外 2 400 000 元的折耗成本已转作当期销售成本。

估计矿产总蕴藏量非常困难，因而单位折耗成本会随着估计的变化而变化，对于估计的变化，采用未来适用法，不修正以前计提的折耗。

(二) 百分比折耗法

有些国家会出于所得税的目的，允许不以递耗资产的原始成本作为计提折耗的基础，而是根据开采企业当期总收入的一定百分比，即百分比折耗法(percentage depletion method)计提折耗成本。这种方法简单易行，便于税务部门管理。

我国对递耗资产上折耗的计算要求采用产量法或年限平均法。企业无论是采用产量法还是年限平均法，一经确定，不得随意变更。

三、递耗资产上固定资产折旧的计算

企业确认递耗资产的成本时，应当根据《环境保护法》和所在地法律法规的要求、与利益相关方达成的协议，将预计废弃时应当承担的弃置义务计入固定资产的成本。弃置义务通常涉及相关设施的弃置、拆移、填埋、清理、恢复生态环境等。

弃置费用仅适用于特定行业的特定固定资产，如石油天然气、企业油气水井及相关设施的弃置、核电站核废料的处置等。一般企业固定资产成本不应预计弃置费用。一般企业固定资产处置的清理费用，应在实际发生时作为固定资产清理费用处理。

弃置费用的金额通常较大。企业应当根据会计准则，按照现值计算确定应计入固定资产原价的金额和相应的预计负债。

预计弃置义务的会计处理具体参见第八章的说明。

递耗资产上固定资产折旧的计算，其处理原则是：凡固定资产可以拆卸移动、继续安装使用的，应根据其固定资产估计使用年限计提折旧；如果不能拆卸移动、无法继续使用的，应根据固定资产估计使用年限与递耗资产估计耗竭年限孰短原则，对固定资产计提折旧。

第三节　固定资产减值

一、固定资产减值的概念

固定资产减值(impairment)，是指固定资产的可收回金额(recoverable amount)低于其账面价值。这里所说的固定资产的“账面价值”，是固定资产原值减去已计提的累计折旧以及已计提的减值准备后的净额；而“可收回金额”，则为固定资产的公允价值减去估计处置费用后的净额与固定资产预计未来现金流量的现值之间的较高者。前者是通过正常出售而实现其价值，后者则是通过使用而实现其价值，按照效用理论，企业会以最佳效用来使用资产以实现其价值。

企业应当在期末对固定资产逐项进行检查，如果由于市价持续下跌，或技术陈旧、损坏、长期闲置等原因，导致其可收回金额低于其账面价值的，应当计提固定资产减值准备，并计入当期资产减值损失。对于固定资产的减值，若不进行计提确认，显然会导致资产的账面价值高于市价，虚夸了资产的价值，使企业提供的信息与实际情况不相符合，同时，也不符合稳健原则的要求。因此，对于那些市场价值大大低于账面价值的固定资产，必须计提固定资产减值准备。根据谨慎原则的要求，企业应定期或者至少于每年年度终了对各项资产进行检查，合理预计各项资产可能发生的损失，对可能发生的固定资产损失计提减值准备。固定资产发生减值时，借记“资产减值损失”账户，贷记“固定资产减值准备”账户。我国企业会计准则规定，即使表明固定资产发生减值的迹象全部消失或部分消失，以前年度已确认的减值损失也不允许转回。固定资产减值准备，应按单项资产计提。“固定资产减值准备”账户是固定资产的备抵账户，性质与“累计折旧”账户相同，均为固定资产减少。

二、固定资产减值迹象的判断

企业应当于期末对固定资产进行检查，如发现存在下列情况，应当计算固定资产的可收回金额，以确定资产是否已经发生减值：(1) 固定资产市价大幅度下跌，其跌幅大大高于因时间推移或正常使用而预计的下跌，并且预计在近期内不可能恢复；(2) 企业所处经营环境，如技术、市场、经济或法律环境，或者产品营销市场在当期发生或在近期发生重大变化，并对企业产生负面影响；(3) 同期市场利率等大幅度提高，进而很可能影响企业计算固定资产可收回金额的折现率，并导致固定资产可收回金额大幅度降低；(4) 固定资产陈旧过时或发生实体损坏等；(5) 固定资产预计使用方式发生重大不利变化，如企业计划终止或重组该资产所属的经营业务、提前处置资产等情形，从而对企业产生负面影响；(6) 其他有可能表明资产已发生减值的情况。

三、固定资产可收回金额的计量和减值损失的确定

企业在估计固定资产的可收回金额时，原则上应当以单项资产为基础，如果企业难以对

单项资产的可收回金额估计的,应当以该资产所属资产组为基础确定固定资产组的可收回金额。

如前所述,固定资产可收回金额为固定资产的公允价值减去估计处置费用后的净额与固定资产预计未来现金流量的现值之间的较高者。因此,应当分别估计固定资产的公允价值减去处置费用后的净额和固定资产预计未来现金流量的现值,然后再确定固定资产的可收回金额。

(一) 固定资产的公允价值减去处置费用后的净额的估计

这一金额表示目前状态下出售固定资产可以收回的净现金流入。其中,固定资产的公允价值是指市场参与者在计量日发生的有序交易中,出售固定资产所收到的价格;处置费用则是指可以直接归属于固定资产处置的增量成本,包括与固定资产处置有关的法律费用、相关税费、搬运费、拆卸费以及为使固定资产达到预定可销售状态所发生的直接费用等,但不包括财务费用和所得税费用。

企业在估计固定资产的公允价值减去处置费用后的净额时,应当按照下列顺序进行:

(1) 如果存在活跃市场或销售协议价格,应当根据公平交易中资产的市场价格或销售协议价格减去可直接归属于该项固定资产处置费用的金额确定固定资产的公允价值减去处置费用后的净额。

(2) 由于固定资产多为内部使用,因此,很少有公开市场以及销售协议价格。在这种情况下,企业应当以可获取的最佳信息为基础,根据在资产负债表日如果处置该项固定资产的情况下,熟悉情况的交易双方自愿进行公平交易愿意提供的交易价格减去资产处置费用后的金额,估计固定资产的公允价值减去处置费用后的净额。

如果根据上述程序都无法可靠地估计资产的公允价值减去处置费用后的净额,则应当直接以该项固定资产的预计未来现金流量的贴现值作为其可收回金额。

(二) 固定资产预计未来现金流量现值的估计

固定资产预计未来现金流量的贴现值,应当按照固定资产在持续使用过程中和最终处置时所产生的预计未来现金流量,选择恰当的折现率对其进行折现后的金额加以确定。

在估计固定资产预计未来现金流量的现值时,需要综合考虑固定资产预计未来现金流量、固定资产的使用寿命以及折现率这三个方面的因素,其中固定资产的使用寿命即为计算折旧时所确定的使用寿命,因此,本处只涉及固定资产预计未来现金流量的估计和折现率的确定两方面内容。

1. 固定资产预计未来现金流量的估计

固定资产的预计未来现金流量一般包括以下内容:

(1) 固定资产在持续使用过程中预计产生的现金流入。

(2) 为实现固定资产持续使用过程中产生现金流入所必需的预计现金流出。该现金流出应当是可直接归属于或者可通过合理和系统的基础分配至资产中的现金流出。

(3) 固定资产在使用寿命结束进行处置时,所收到或者支付的净现金流量。该现金流量应为正常交易下而非迫售情况下的现金流量。

尽管已经知道固定资产预计未来现金流量包括了上述内容,但在具体进行估计时,还应当考虑以下一些因素:

(1) 以固定资产的当前状态为基础预计固定资产的未来现金流量。企业在持有固定资产期间，可能会发生重组、改良等原因而引发的固定资产的增减变动，自然就会影响到固定资产未来现金流量的时间、金额和概率。要求以固定资产的当前状态为基础来预计固定资产的未来现金流量，就意味着不考虑以上因素对该项固定资产未来现金流量的影响。但是，在取得固定资产时就已经预料到的修理与维护支出，应当作为预计未来现金流量的考虑因素。

(2) 应当以公平交易下的价格为基础。有些企业的固定资产可能是企业集团内部因购销而产生的，其价格通常是内部转移价格。但由于企业的财务报表反映的是目前市场条件下的企业真实状况，因此，应当采用在公平交易中企业管理层能够达成的最佳的未来价格估计数而不应当以内部转移价格为基础来预计固定资产的未来现金流量。

公平交易中企业管理层能够达成的最佳未来价格的估计数是建立在经企业管理层批准的最近财务预算或者预测数据之上的估计数。

企业在预计固定资产未来现金流量时，通常应当根据固定资产未来每期最有可能产生的现金流量进行预测。它使用的是单一的未来每期预计现金流量和单一的折现率来预计固定资产未来现金流量的现值。

但是，在实务中，由于影响现金流量的因素很多，并且很多预期的结果也具有较大的不确定性，因此，采用单一现金流量的预计并不多见，在这种情况下，采用期望现金流量法来预计未来现金流量就更为合理。在期望现金流量法下，固定资产的未来每期现金流量应当根据每期可能发生情况的概率及其相应的现金流量加总计算求得。

【例12】 甲企业一套生产线生产的产品受市场行情波动影响较大，在产品行情好、一般和差三种可能的情况下，其预计可能实现的现金流量存在着较大的差异。有关该生产线预计未来4年每年的现金流量情况及期望现金流量如表9-8所示。

表9-8　预计未来现金流量的期望现金流量法　　单位：万元

年份	行情好（概率为20%）	行情一般（概率为60%）	行情差（概率为20%）	期望现金流量
1	500	400	280	500×20%+400×60%+280×20%=396
2	600	400	300	600×20%+400×60%+300×20%=420
3	550	400	260	550×20%+400×60%+260×20%=402
4	480	400	180	480×20%+400×60%+180×20%=372

企业在预计未来现金流量的现值时，如果资产未来现金流量发生的时间不确定，企业应当根据固定资产在每一种情况下的现值及其发生概率直接加总计算资产未来现金流量的现值。

2. 折现率的确定

计算固定资产未来现金流量现值的折现率应当是反映当前市场货币时间价值和固定资产特定风险的税前利率，该折现率是企业在购置或者投资固定资产时所要求的必要报酬率。

折现率的确定，首先应当以该固定资产的市场利率为基础。如果该资产的利率无法从市场中获得，则可以使用替代利率来估计折现率。在估计替代利率时，企业应当充分考虑资产剩余寿命期间内的货币时间价格和其他相关因素,如资产未来现金流量的时间、金额和不确定性等。

替代利率在估计时,可以根据企业加权平均资金成本、增量借款利率或者其他相关市场借款利率做适当调整后确定。

企业在估计资产未来现金流量现值时,通常应当使用单一的折现率。但如果资产未来现金流量的现值对未来不同期间的风险差异或者利率的期间结构反应敏感的,企业应当在未来各不同期间采用不同的折现率。

3. 固定资产未来现金流量现值的预计

根据前述未来现金流量的估计与最终确定的折现率,可以预计出固定资产未来现金流量的现值。其计算公式如下:

$$\text{固定资产未来现金流量的现值}(PV)=\sum\left[\frac{\text{第 }t\text{ 年预计固定资产未来现金流量}(NCF_t)}{1+\text{折现率}(r)^t}\right]$$

【例 13】 甲企业 A 生产线专门生产一系列金属模板。2019 年年末,A 生产线已计提折旧后的账面价值为 280 000 元,预计 2022 年年末的净残值为 12 000 元。

目前每块模板的售价为 20 元(不含增值税),成本为 8 元。该模板未来 4 年的预计销售情况如表 9-9 所示。

表 9-9　　甲企业产品销售量预测表　　单位:块

年　份	2019 年	2020 年	2021 年	2022 年
预计销售数量	15 000	20 000	27 000	35 000

然而,将近 2019 年年末时,由于供给短缺,一种重要生产原料的价格上涨了,并且在可预见的将来,这种趋势还会继续。重新计算的每块模板的成本上升到了 18 元。

由于这个原因,重新修订的模板销售单价不得不上升到 25 元,公司重新估计了将来的销售数量。修订后的销售计划如表 9-10 所示。

表 9-10　　甲企业产品销售量预测表　　单位:块

年　份	2020 年	2021 年	2022 年
预计销售数量	16 000	17 000	20 000

因此,有迹象表明,2019 年年末,用于生产该模板的生产线可能发生了减值。

2019 年 12 月 31 日,预计该生产线的公允价值减去处置费用后的净值约为 220 000 元。而在 2019 年年末,该生产线的账面价值为 280 000 元,因此,该生产线已经出现了减值,为此,企业必须估计该生产线的使用价值并与公允价值减去处置费用后的净额进行比较。

该生产线的使用价值可以通过使用适当的折现率,将其未来现金流量折成现值。

其中的折现率必须反映相同水平风险的折现利率,折现率还必须经过通货膨胀的调整。此例中,假设恰当的利率为 10%。

根据表 9-10 以及最新的销售单价与成本,可以计算出该生产线的未来现金流量的现值。计算结果见表9-11。

表9-11 甲企业A生产线预计未来现金流量现值的计算表 单位：元

	2020年	2021年	2022年	合 计
预计销售量(块)	12 000	13 000	18 000	43 000
预计毛利(块)	25－18＝7	25－18＝7	25－18＝7	7
预计现金流量	84 000	91 000	126 000	301 000
预计残值	—	—	12 000	12 000
预计现金流量合计	84 000	91 000	138 000	313 000
折现系数(10%)	0.909	0.826	0.751	—
预计现金流量的现值	76 356	75 166	103 638	255 160

从表9-11可以看出，继续使用A生产线，其预计未来现金流量的现值为255 160元，大于该生产线公允价值减去处置费用后的净额(220 000元)。因此，甲企业应当以预计未来现金流量的现值255 160元作为该生产线的可收回金额，并计提该生产线的减值准备24 840元(280 000－255 160)。

甲企业计提该生产线减值准备的会计分录如下：

借：资产减值损失 24 840

　贷：固定资产减值准备 24 840

已计提减值准备后的固定资产，应当按照该固定资产的账面价值(固定资产成本扣减相关累计折旧和相关固定资产减值准备)以及尚可使用寿命重新计算确定折旧率和折旧额；因固定资产减值准备而调整固定资产折旧额时，对此前已计提的累计折旧不做调整。已全额计提减值准备的固定资产，不再计提折旧。即使有证据表明固定资产发生减值的迹象全部消失或部分消失，以前年度已确认的减值损失也不得转回。

四、资产组的认定及减值的处理

在理想的状态下，企业应当以单项固定资产为基础估计其可收回金额，并确定是否计提减值准备，但在很多情况下，由于单项固定资产很难产生独立的现金流量，因此，企业是难以对单项固定资产的可收回金额作出估计的。在这种情况下，企业就应当以该固定资产所属的资产组为基础确定固定资产组的可收回金额，并据此判断是否需要计提固定资产的减值准备以及应当计提多少减值准备。因此，资产组的认定十分重要。

(一) 资产组的概念

资产组是企业可以认定的最小资产组合，其产生的现金流入应当基本上独立于其他资产或资产组。资产组应当由创造现金流入的相关资产组成。

(二) 资产组的认定

资产组的认定应当以资产组产生的主要现金流入是否独立于其他资产或资产组的现金流入为依据。例如，某一营业网点的固定资产，通常与配送中心的运输用固定资产相结合才能形成独立的现金流量，因此，可将其视为最小的资产组合。

企业通常应将生产线、营业网点以及业务部分分别认定为一个资产组。

企业在认定资产组时,应当考虑企业管理层对生产经营活动的管理或者监控方式(如按生产线、业务种类还是按照地区或者区域等)以及对资产的持续使用或者处置的决策方式等。

【例 14】 2019 年 12 月末,甲企业购入一条专门生产 Y 产品的生产线,该生产线由 A、B、C 三部机器构成,成本分别为 90 万元、90 万元和 120 万元,使用年限均为 8 年,净残值为零,以年限平均法计提折旧。

A、B、C 三部机器均无法独立地产生现金流量,但整条生产线构成完整的产销单位,能产生独立的现金流量,被甲企业认为属于一个资产组。

2022 年年末,市场上出现了价格低廉的 Y 产品的替代产品,使 Y 产品的销售量锐减了 50%,甲企业的这条生产线出现了减值迹象,甲企业于 2022 年 12 月 31 日对该生产线进行了减值测试。

根据相关资料,A、B 两部机器找不到公允价值减去相关处置费用方面的信息,但与 C 相同的机器的公允价值减去处置费用的净额为 65 万元。该生产线未来 5 年现金流量根据恰当的折现率进行折现后,得出其预计未来现金流量的现值为 150 万元。由于该生产线缺乏公允价值减去相关处置费用所需的资料,甲企业决定以该生产线预计未来现金流量的现值作为该生产线的可收回金额。

2022 年 12 月 31 日,作为一个资产组的生产线的总价值为 187.5 万元[(90+90+120)×5/8],可知该生产线共发生减值 37.5 万元(187.5-150),甲企业应当确认减值损失 37.5 万元,并将该减值损失分摊到 A、B、C 三部机器中。但由于其中 C 机器的账面价值为 75 万元(120×5/8),可收回金额为 65 万元,因此,最多只能分摊 10 万元的减值损失,如果按照最初账面价值不能分配完毕,其差额应在 A、B 两部机器中进行分摊。具体计算如表 9-12 所示。

表 9-12　　资产组固定资产减值损失分摊表

2022 年 12 月 31 日　　单位:元

	A 机器	B 机器	C 机器	资产组(生产线)
账面价值	562 500	562 500	750 000	1 875 000
可收回金额				1 500 000
应确认的减值损失				375 000
减值损失分摊比例	30%	30%	40%	100%
分摊的减值损失	112 500	112 500	100 000	325 000
分摊后的账面价值	450 000	450 000	650 000	1 550 000
尚未分摊的减值损失				50 000
二次减值损失分摊比例	50%	50%		100%
二次分摊的减值损失	25 000	25 000		50 000
二次分摊后应确认的减值损失总额	137 500	137 500	100 000	375 000
二次分摊后的账面价值	425 000	425 000	650 000	1 500 000

根据表 9－12，甲企业应编制计提固定资产减值准备的会计分录如下：

借：资产减值损失——机器 A　　425 000
　　　　　　　——机器 B　　425 000
　　　　　　　——机器 C　　100 000
　贷：固定资产减值准备——机器 A　　425 000
　　　　　　　　　　——机器 B　　425 000
　　　　　　　　　　——机器 C　　100 000

自 2023 年开始，甲企业应当根据计提减值准备后的账面价值重新计算每年的折旧额。

第四节　固定资产的列示与披露

一、列示

企业应当在资产负债表中非流动资产大项下，列示固定资产的净值（固定资产的账面价值），即固定资产账户的账面余额减去累计折旧及减值准备后的余额。

固定资产的折旧费用在利润表中没有单独的项目列示，由于固定资产折旧与收入之间并不存在明显的相关关系，未来折旧费用应当作为一个单独的项目在利润表中列示。

二、披露

资产负债表日，企业应将固定资产账面价值（固定资产原价减去已计提的累计折旧和减值准备后的净额）列示在非流动资产大项目中。递耗资产的列示方式与固定资产的列示方式大致相同，只是直接以递耗资产（如油气资产、生产性生物资产）表示而已。为了详细地反映固定资产的增减变动情况，企业应当在财务报表附注中充分披露固定资产的具体内容。固定资产的披露格式见表 9－13。

表 9－13　　固定资产的披露格式

项　目	年初账面余额	本期增加数	本期减少数	期末账面余额
一、原价合计				
其中：房屋、建筑物				
机器设备				
运输工具				
……				
二、累计折旧合计				
其中：房屋、建筑物				
机器设备				
运输工具				

续 表

项　　目	年初账面余额	本期增加数	本期减少数	期末账面余额
……				
三、减值准备累计金额合计				
其中：房屋、建筑物				
机器设备				
运输工具				
……				
四、账面价值合计				
其中：房屋、建筑物				
机器设备				
运输工具				
……				

除此之外，企业还应当在附注中披露与固定资产有关的下列信息：

(1) 固定资产的确认条件、分类、计量基础和折旧方法。

(2) 各类固定资产的使用寿命、预计净残值和折旧率。

(3) 各类固定资产的期初和期末原价、累计折旧额及固定资产减值准备累计金额。

(4) 当期确认的折旧费用。

(5) 对固定资产所有权的限制及其金额和用于担保的固定资产账面价值。

(6) 准备处置的固定资产名称、账面价值、公允价值、预计处置费用和预计处置时间等。

思考题

1. 折旧与折耗的性质是什么？两者有何区别？
2. 你认为确认折旧的因素有哪些？
3. 确定折旧的方法要考虑哪些主要因素？
4. 什么是计算折耗的产量法和百分比折耗法？
5. 在什么情况下适用废弃法？废弃法的优点在哪里？
6. 综合折旧率与分类折旧率有哪些优缺点？
7. 加速折旧法被广泛采用的原因有哪些？
8. 折旧方法的变更及折旧估计的变更是否会影响留存收益？为什么？
9. 为何要计提固定资产减值准备？如何计提？
10. 什么是折耗？递耗资产上的固定资产应当如何计提折旧？
11. 折旧与收入是否一定存在关系？计提折旧时应当以收入为基础吗？

阅读材料

1. 财政部：《企业会计准则第 4 号——固定资产》，2006 年。

2. 财政部：《企业会计准则第 27 号——石油天然气开采》，2006 年。

3. 财政部：《企业会计准则第 8 号——资产减值》，2006 年。

4. 财政部：《企业会计准则解释第 10 号——关于以使用固定资产产生的收入为基础的折旧方法》，2017 年。

5. 国际会计准则理事会：《国际会计准则第 16 号——不动产、厂场和设备》，2004 年(修订)。

6. 国际会计准则理事会：《国际财务报告准则第 6 号——矿产资源的勘探和评价》，2004 年。

7. 国际会计准则理事会：《国际会计准则第 36 号——资产减值》，2012 年。

练习题

练习一

一、目的：练习固定资产折旧的基本概念。

二、资料：甲企业于年初购入一台机器，机器估计可使用 5 年。甲企业会计人员编制了三种折旧方法下的折旧额，见表 9－14。

表 9－14　　**三种方法下的折旧额**　　单位：元

年　份	直　线　法	年数总和法	双倍余额递减法
1	6 000	10 000	13 200
2	6 000	8 000	7 920
3	6 000	6 000	4 752
4	6 000	4 000	2 851
5	6 000	2 000	11 277

三、要求：

(1) 该机器的原始成本是多少？

(2) 该机器的预计残值是多少？

(3) 哪种方法下第 1 年利润最多？

(4) 哪种方法下第 4 年利润最多？

(5) 哪种方法下第 3 年年末固定资产账面价值最高？

(6) 如果资产在第 3 年年末出售，哪种方法处理固定资产收益最多？

练习二

一、目的：练习固定资产折旧概念的运用。

二、资料：2019 年 1 月 1 日，甲企业取得一台设备，价值 15 000 元，估计残值 1 000 元，估计可使用 5 年。

三、要求：如果甲企业 2019 年度的折旧费用分别为：(1) 3 600 元；(2) 2 800 元；(3) 3 733 元。分别三种情况，请说出甲企业所采用的折旧方法。

练习三

一、目的：练习固定资产折旧方法的计算。

二、资料：2019 年 4 月 1 日，甲企业购入一台设备，成本 212 000 元，估计使用年限 8 年，估计净残值 12 000 元。估计生产总产量为 40 000 件，估计总工作时间为 20 000 小时，2019 年，甲企业使用该设备

1 600 小时,生产了 3 000 件产品。

三、要求:

(1) 分别计算直线法、工作量法、工作小时法下 2019 年该机器需计提的折旧额。

(2) 计算年数总和法下 2021 年该机器需计提的折旧额。

(3) 计算双倍余额递减法下 2020 年该机器需计提的折旧额。

练习四

一、目的:练习固定资产各种折旧方法的计算。

二、资料:甲企业购入一台新的机器,成本 60 000 元,估计可使用 4 年,估计残值 6 000 元。分别为下列独立的假设计算折旧(共 4 年):

(1) 直线法。使用了 2 年后,估计残值为 4 000 元。

(2) 年数总和法。

(3) 产量法。估计总产量为 90 000 件,第 1 年生产 25 000 件,第 2 年生产 32 000 件,第 3 年生产 17 000 件,第 4 年生产 16 000 件。

(4) 产量法。第 1 年和第 2 年的生产量同(3)。但第 3 年时,估计总产量为 93 000 件,第 3 年和第 4 年分别生产了 19 000 件和 17 000 件。

三、要求:根据上述资料,计算各种情况下的折旧额。

练习五

一、目的:练习固定资产折旧计算的其他方法。

二、资料:甲企业在经营中使用一些工具,这些工具成本与使用时间大致相同。2019 年年末,甲企业账上显示有工具余额 180 000 元(250 件,每件 720 元)。2020～2021 年,甲企业取得、报废工具的有关资料如表 9－15 所示。

表 9－15　　甲企业取得、报废工具情况

	2020 年	2021 年
取得	120 件,每件 750 元	150 件,每件 780 元
报废:		
数量	150 件	100 件
残值	900 元	10 000 元
期末余额	220 件,每件 550 元	270 件,每件 580 元

三、要求:分别采用盘存法、废弃法和重置法为甲企业编制 2020 年和 2021 年的相关会计分录。

练习六

一、目的:练习固定资产的分类折旧法。

二、资料:2019 年 12 月 31 日,甲企业取得的固定资产如表 9－16 所示。

表 9－16　　固定资产具体情况　　单位:元

	成　本	估计净残值	估计可使用年限
房屋	500 000	50 000	20
机器	25 000	10 000	8
其他设备	100 000	10 000	5

三、要求：若甲企业采用分类折旧法，而且将房屋、机器、设备并为一类，计算分类折旧率、折旧年限及2020年的折旧费用。

练习七

一、目的：练习递耗资产折耗的计算。

二、资料：甲企业购入一块矿田，成本为1 500 000元，估计能生产200 000单位产品，估计矿田废弃时，矿田的价值为30 000元。

为了生产，甲企业建造了简易工房，成本为400 000元，估计使用10年，无残值。同时，又购入设备290 000元，发生安装成本70 000元，工房与设备均不可拆卸移动使用。

第1年，甲企业开采了15 000单位产品，第2年的产量为第1年的两倍。估计8年可开采完产品。

三、要求：计算第1年和第2年的折耗费用与折旧费用，以及固定资产和递耗资产的账面净值。

练习八

一、目的：练习固定资产减值的会计处理。

二、资料：甲企业为一物流企业，经营国内货物运输业务。由于拥有的货轮出现了减值迹象，甲企业于2019年12月31日对其进行减值测试，相关资料如下：

(1) 货轮采用年限平均法计算折旧，预计使用20年，预计净残值为5%。2019年12月31日，货轮的账面原价为人民币38 000万元，已计提折旧为人民币27 075万元，账面价值为人民币10 925万元，货轮已使用15年，尚可使用5年，甲企业拟继续经营使用货轮直至报废。

(2) 由于货物运输业务受宏观经济形势的影响较大，甲企业预计货轮未来5年产生的净现金流量(假定使用寿命结束时处置货轮产生的净现金流量为零，有关现金流量均发生在年末)如表9-17所示。

表9-17　　甲企业未来5年预计净现金流量情况　　单位：万元

年　份	业务好时 (20%的可能性)	业务一般时 (60%的可能性)	业务差时 (20%的可能性)
第1年	3 000	2 400	1 200
第2年	2 880	2 160	900
第3年	2 700	2 100	720
第4年	2 880	2 280	900
第5年	2 880	2 400	1 080

(3) 由于不存在活跃市场，甲企业无法可靠估计货轮的公允价值减去处置费用后的净额。

(4) 在考虑了货币时间价值和货轮特定风险后，甲企业确定10%为适用的折现率。

三、要求：

(1) 使用期望现金流量法计算货轮未来5年每年的现金流量。

(2) 计算货轮未来5年现金流量的现值，并确定其可收回金额。

(3) 计算货轮应计提的减值准备，并编制相关会计分录。

(4) 计算货轮2020年应计提的折旧，并编制相关会计分录。

第十章

无形资产、商誉及其他非流动资产

学习提要

无形资产是指企业拥有或者控制的没有实物形态的可辨认非货币性资产。随着知识经济时代的到来，无形资产在企业中所占的比重越来越大。

无形资产的最主要特征是其所创造的效益具有高度的不确定性。

无形资产的计价一直受到无形资产特征的影响，因此，实务上采取了稳健的方法，并分别无形资产增加的途径采取不同的计价方法。对于外购的无形资产，应以发生的实际成本计价；对于自创的无形资产，只有满足一定条件的开发支出才可确认为无形资产并予以资本化，而自创阶段中的研究支出应全部费用化。

企业应当于取得无形资产时分析判断其使用寿命。对于寿命有限的无形资产，其应摊销的金额应当在其使用寿命内进行系统合理摊销；使用寿命不确定的无形资产，不应摊销，而应在期末进行减值测试，确定是否应当计提减值准备。

无形资产如已发生减值或不能为企业带来经济利益，企业应当计提减值准备或直接将其销记。

研究与开发成本、计算机软件成本是无形资产会计中两个特殊的项目。对研究与开发成本，实务上通常将此类支出作为发生当期的费用处理，只有符合一定条件的开发支出才能确认为无形资产；而对计算机软件（以对外出售为目的），应区分不同的阶段选择不同的处理方法。

商誉是不可单独辨认的非货币性长期资产。会计上只确认企业合并时形成的商誉，企业自创的商誉不予确认。企业应当在期末对商誉进行减值测试，确定是否应当计提减值准备。

企业还存在一些诸如不能对象化，却能在超过 1 年的期限内为企业带来经济利益的费用支出，实务上将此类支出作为长期待摊费用处理，并在一定的期限内平均摊销。

通过本章学习，读者应当掌握无形资产的特征、分类、计价、摊销与减值，了解商誉及其他非流动资产的一般会计处理。

第一节　无形资产

无形资产(intangible assets)是指企业为进行生产经营活动而取得或自创、是企业拥有或者控制的没有实物形态的可辨认非货币性资产。随着知识经济时代的到来,无形资产占企业总资产的比重将会越来越大,但由于其能带来的未来利益具有高度的不确定性,这给无形资产的会计处理带来了诸多难题。

一、无形资产的性质

无形资产是不具有物质实体但有货币价值的非流动资产,是企业经营过程中的一个重要因素,它们或者表明是企业所拥有的一种特殊权利,或者是有助于企业取得高于一般水平的收益。大多数无形资产均有较长的寿命期,并且要在取得后的若干期间进行系统合理的摊销,就这一点而言,它与房屋、建筑物之类的固定资产甚为相似。但是,由于无形资产并无实体存在,它最显著的特征是其价值量及未来受益的时期具有高度的不确定性,其价值主要是以取得成本或无形资产所能带给企业的权利或特权来衡量的。

无形资产虽然无实体存在,但不能仅以无实体存在这一标志来断定何者是无形资产。例如,像应收账款、交易性金融资产、预付费用等都是没有实体存在的资产,而这些资产却归类为流动资产;又如,长期股权投资等资产也没有实体存在,但却不作为无形资产处理。因此,除了无实体存在这一特征外,无形资产还必须作用于企业的生产经营活动,还必须有一个相对较长的寿命期。

作为资产负债表中的无形资产,我国《企业会计准则第 6 号——无形资产》要求首先它应当是可以单独辨认的。那些具有专门标的、可以个别地取得或作为投入资本组成部分取得的,称为可(单独)辨认的无形资产,如专利权、商标权等;相反,那些不可辨认、不能单独取得的,称为不可辨认的无形资产,如商誉。大多数无形资产属于可辨认的无形资产,不可辨认的无形资产主要是指企业作为一个整体买卖,以及企业合并时所确认的商誉。

需要说明的是,由于商誉的特征明显有别于其他无形资产,还由于现代企业中如果有商誉,通常为数巨大,因此,出于重要性原则的考虑,我国会计准则将商誉排除在无形资产之外,明确界定无形资产只包括那些可以单独辨认的非货币性长期资产。

实际上,我国会计准则的规定并不意味着商誉不是无形资产,只不过不是资产负债表上的无形资产而已,在资产负债表中,商誉是与无形资产平行的一个报表项目。在西方企业财务报表中冠之以“商誉及其他无形资产”这样的名称,可能更加直观。

满足下列条件之一的资产,被认为符合无形资产定义中的可辨认性标准:

(1) 能够从企业中分离或者划分出来,并能单独或者与相关合同、资产或负债一起,用于出售、转移、授予许可、租赁或者交易。

(2) 源自合同性权利或其他法定权利,无论这些权利是否可以从企业或其他权利和义务中转移或者分离。

除符合可辨认性标准外,如果要将其确认为资产负债表中的无形资产,还需要同时满足如下条件:

(1) 与该项无形资产有关的经济利益很可能流入企业;

(2) 该无形资产的成本能够可靠地计量。

综上所述,可以看出无形资产具有以下几个主要特征:

(1) 可单独辨认;

(2) 没有实体存在;

(3) 能给企业带来经济利益,但这些经济利益却难以计量;

(4) 有一个难以确定的有效期;

(5) 既可由内部开发又可从外部购置,但通常是用于营业目的;

(6) 大多数无形资产不能与企业或企业的有形资产相分离。

从上面的分析中可以看出,无形资产并不是仅仅从实物形态上与有形资产相对立的一类资产,而是具有某些相同特征的一类资产的专称。拥有这些资产的企业,在市场竞争中会处于特殊的有利地位,使企业得到额外的、别的企业得不到的经济利益;但这类资产的实际价值与购置它或创造它所发生的成本没有太大的关系,即使有关系,也很不肯定;而且,其价值有时只能在特定企业的生产经营活动中得以实现。

二、无形资产的分类

无形资产通常包括专利权、专有技术、商标权、版权或著作权、专营权及土地使用权(其中,作为投资性房地产的土地使用权,适用《企业会计准则第 3 号——投资性房地产》的规定)等。由于无形资产具有上述诸多特征,因此,无形资产可依据不同的标志进行分类。无形资产常见的分类方式有:

1. 按取得的方式不同,可分为内部开发(自创)的无形资产和外部购置(外购)的无形资产等。

2. 按使用期限的不同,可分为有限寿命的无形资产和无限寿命的无形资产。

有效期由法律及合同规定或可以断定其有效期的,称为有限寿命的无形资产;有效期无法律及合同规定且无法断定其有效期的,一般视为无限寿命的无形资产。大多数无形资产都具有法律规定的年限。例如,《中华人民共和国著作权法》(1990 年颁布,2001 年和 2010 年修订)第 3 节第 21 条规定:“公民的作品,其发表权、本法第十条第一款第(五)项至第(十七)项规定的权利的保护期为作者终生及其死亡后五十年,截止于作者死亡后第五十年的 12 月 31 日;如果是合作作品,截止于最后死亡的作者死亡后第五十年的 12 月 31 日。”又如,《中华人民共和国专利法》(1984 年颁布,1992 年、2000 年和 2008 年修订)第 42 条规定:“发明专利权的期限为 20 年,实用新型专利权和外观设计专利权的期限为 10 年,均自申请日起计算。”

无形资产的分类是基于一定的标志进行的,但无形资产分类的目的却在于无形资产的会计处理,下面的会计处理与无形资产的分类多少都有些联系,即第一种分类与无形资产的初始计量相关,第二种分类与无形资产的后续计量相关。

三、无形资产的初始计量

同大多数资产一样,无形资产也是按取得或购置时发生的实际成本计价的。

无形资产应按实际成本进行初始计量。此处的实际成本是指为取得无形资产而付出的代价，它要么表现为一项资产的减少，要么表现为一项负债的增加，或两者兼而有之。

无形资产成本的初始计量与其取得方式有明显的关系。同其他资产一样，无形资产的取得方式主要有外购、自创、接受捐赠、债务重组及非货币性资产交换等。

（一）外购无形资产

如前所述，企业的无形资产可以是从外部购置的，在此情况下，无形资产的成本通常是以公平交易中所付出的成本来表示的。具体包括购买价款、相关税费以及直接归属于使该项资产达到预定用途所发生的其他支出。特别地，如果购买无形资产的价款超过正常信用条件延期支付的，其实质已具有融资的性质，因此，应以购买价款的现值为基础确定。

【例 1】 2019 年年初，甲企业以延期付款的方式取得乙企业的一项专利技术。付款条件为分 3 年于每年年末支付购买价款 100 万元。在购买时，还用银行支付了相关税费 10 万元，该项专利技术购入后随即投入使用。假定市场利率为 5%。

对于此项交易，实质上已经具有融资性质，因此，应以该购买价款的现值进行初始计量。查 3 年期、年利率 5%、1 元的年金现值系数为 2.723，则该项专利技术购买价款的现值为 272.3 万元(100 万×2.723)，该项专利技术的初始成本为 282.3 万元。在购买该项专利技术时，可编制会计分录如下[①]：

借：无形资产	2 823 000	
贷：长期应付款		2 723 000
银行存款		100 000

在第 1 年年末，企业应采用实际利率法确认当期的融资费用，应编制会计分录如下：

借：财务费用(272.3×5%)	136 150	
贷：长期应付款		136 150

在支付每期价款时，应编制会计分录如下：

借：长期应付款	1 000 000	
贷：银行存款		1 000 000

（二）研究与开发

企业的无形资产也可以由企业内部开发形成。

从理论上讲，为开发无形资产所发生的支出均应予资本化。然而，由于无形资产开发成

---

① 对分期付款购买中的长期应付款，有两种记账方法，即总价法与净价法(或称现值法)。在总价法下，长期应付款应以终值计价，即 300 万元，其会计分录为：

借：无形资产	2 823 000	
未确认融资费用	277 000	
贷：长期应付款		3 000 000
银行存款		100 000

在每期期末，应以长期应付款余额减去未确认融资费用余额乘以实际利率确认当期的融资费用，本例第 1 年年末为 13.615 万元[(300－27.7)×5%]。并编制会计分录如下：

借：财务费用	136 150	
贷：未确认融资费用		136 150

但是，无论账面上是如何记录的，在编制资产负债表时，均应以现值列示。第 1 年年末的现值为 185.915 万元。计算如下：

总价法下：(300－100)－(27.7－13.615)＝185.915(万元)

净价法下：(272.3＋13.615－100)＝185.915(万元)

本书主要采用净价法。

功与否很不肯定,在此情况下,只对那些可明确辨认且其价值能得以实现的无形资产的开发、保护等成本才予以资本化。而对那些不可明确辨认的成本支出,如研究支出,通常认为没有被归集的对象,是企业正常生产经营过程中必不可少的支出,因此,应在发生时直接作为当期费用处理。研究与开发形成的无形资产将在下节单独说明。

1. 研究与开发的含义

所谓"研究",是指为获取并理解新的科学或技术知识而进行的独创性的有计划调查,即以获取新知识为目的的有计划的探索或关键性的调查,并希望这种新知识能有助于开发新产品、劳务、工序、技术或明显地改进现有的产品与工序等。

所谓"开发",是指在进行商业性生产或使用前,将研究成果或其他知识应用于某项计划或设计,以生产出新的或具有实质性改进的材料、装置或产品等。

现代企业,尤其是那些世界品牌、大规模的企业,都是一眼盯住当前的产品和市场,一眼盯住未来的发展,筹划若干年后问世的产品和所需材料、技术等。

2. 研究与开发支出的内容

研究与开发支出主要包括以下项目:

(1) 以取得新知识为目的的实验室研究活动,但不包括营业性生产的前期工程活动;

(2) 为新的研究成果或其他知识寻求应用领域;

(3) 在概念上提出或设计可能的新产品或可选择的生产工序,但不包括营业性生产中故障的解决处理;

(4) 为寻求或评价新产品或可选择的修改,但不包括通过精制、扩充等手段改进现有产品质量的日常的持续的活动;

(5) 对产品或工序的方案或设计的修改,但不包括属于营业活动的延续、对现有产品进行改造以使其符合顾客特殊需要的活动;

(6) 设计、制作和测试新产品的原型和模型,但不包括现有产品在设计上的季节性或其他期间性的改变;

(7) 设计含有新技术的工具、夹具、铸模等,但不包括工具、夹具、铸模等的日常设计;

(8) 设计、建造、开办非用于营业性生产的小规模试验厂,但不包括与非用于小型试验厂和特定研究与开发项目的一切设备、装置的建造、迁移、重置、开办等有关的设计、建筑工程活动;

(9) 改进产品设计,使其在功能上和经济上符合要求并适于生产的工程活动,但不包括有关专利权的申请、诉讼、出售及转让的法律活动;

(10) 取得、开发或改进企业用于销售、管理中的程序的活动,但不包括计算机软件的成本。

3. 研究与开发支出的会计处理

对于所发生的研究与开发支出,应当依据其支出的性质及类型来决定适当的会计处理方法。主要包括以下几个方面的原则:

(1) 企业内部研究开发项目研究阶段的支出,应当在发生时计入当期损益。

(2) 企业内部研究开发项目开发阶段的支出,如果其支出能够可靠地计量且其价值能得以实现,则应确认为企业的无形资产。具体地说,企业内部研究开发项目开发阶段的支出,在同时满足下列条件时,才能确认为无形资产:

① 完成该无形资产以使其能够使用或出售在技术上具有可行性；

② 具有完成该无形资产并使用或出售的意图；

③ 无形资产产生经济利益的方式，包括能够证明运用该无形资产生产的产品存在市场或无形资产自身存在市场，无形资产将在内部使用的，应当证明其有用性；

④ 有足够的技术、财务资源和其他资源支持，以完成该项无形资产的开发，并有能力使用或出售该无形资产；

⑤ 归属于该无形资产开发阶段的支出能够可靠地计量。

4. 对研究与开发支出进行会计处理时应考虑的因素

除上述要求外，研究与开发支出的会计处理还应考虑如下因素：

(1) 用于研究与开发活动中的材料、设备、装置，如果其在将来还有其他用途，则此类支出应当计入材料、设备或装置的成本，其当期耗费的材料成本和设备、装置的当期折旧应作为研究与开发支出并按以上要求进行会计处理。

(2) 由于开发过程通常为时较长，为归集可予以对象化的开发成本，企业应当设置“研发支出”账户归集发生的开发成本，待开发成功后将其结转至“无形资产”账户。

(3) 企业根据合同安排，为其他单位或组织承担研究与开发活动，则按合同规定发生的费用，不属于研究和开发支出。在这种情况下，企业进行的研究与开发活动应作为一项能带来经济利益的经营活动，按照收入准则确认相关收入并结转相关费用。

(4) 企业取得的已作为无形资产确认的正在进行中的研究开发项目，在取得后发生的支出也应按照上述规定处理，即研究阶段的支出全部费用化，开发阶段的支出在满足一定条件时对象化，与此同时，在取得时已确认的无形资产应视其是否具有有限使用寿命而决定是否需要摊销。

【例 2】 2018 年 12 月 31 日，甲企业从某研究所购入一项有很大成功把握但尚未最终成功的专有技术，共支付价款 100 万元。甲企业将购入的该专用技术后确认为无形资产。

甲企业购入该专有技术后，购入一台设备并配备了相关人员进行研究。设备成本 30 万元，该设备除用于该项研究外，还可投入企业管理部门使用，预计可使用 5 年，无净残值，采用直线法计提折旧，相关人员的薪酬共计 10 万元，并用银行存款支付了其他费用 3 万元。

2019 年 6 月底，经评估，该专有技术具有应用价值，甲企业决定进行开发。在开发过程中，共发生相关人员薪酬 20 万元，用银行存款支付其他费用 7 万元。

2020 年 1 月 1 日，经评估，该专有技术开发成功并立即投入使用。

对于这项业务，甲企业应进行会计处理如下：

(1) 购入该项专有技术时：

借：无形资产	1 000 000	
贷：银行存款		1 000 000

(2) 研究该项专有技术时：

借：固定资产	300 000	
贷：银行存款		300 000
借：研发费用	160 000	
贷：应付职工薪酬		100 000

　　　累计折旧　　　　　　　　　　　　　　　　　　30 000
　　　银行存款　　　　　　　　　　　　　　　　　　30 000

(3) 开发该项专有技术时：

借：开发支出　　　　　　　　　　　　　　300 000
　贷：应付职工薪酬　　　　　　　　　　　　　　200 000
　　　累计折旧　　　　　　　　　　　　　　　　30 000
　　　银行存款　　　　　　　　　　　　　　　　70 000

(4) 开发成功时：

借：无形资产　　　　　　　　　　　　　　300 000
　贷：开发支出　　　　　　　　　　　　　　　　300 000

5. *研究与开发的安排*

企业的研究与开发活动也可通过两个或两个企业或组织合作安排进行，这种合作可以使研究与开发的风险由合作者分担，可以利用每个企业提供的不同技能和资产。

合作安排进行的研究与开发活动，其会计处理取决于从事此项活动的企业是否必须向提供资金的组织偿还款项。

在某些情况下，负责从事研究与开发的企业不论其项目的结果如何，都有义务偿还供资方提供的资金。因此，这种情况下的合作安排，从本质上讲就是一项借贷交易，所以，企业应将收到的资金作为负债入账，而对所发生的研究与开发支出作为费用处理。

而在有些情况下，合作双方间安排的协议中不要求偿还预收资金，但负责执行研究与开发项目的企业可能承诺偿还部分或全部资金，尽管企业可能没有责任偿还预收的款项，但项目的各种条件都表明不论研究与开发的结果如何，偿还款项都是可能的(如有些协议规定，合作结束后，供资方可以取得企业的债券或股票等)。如果有证据表明有可能偿还供资方的资金，且数额可能合理估计，则企业在收到此项资金时应将其作为一项负债处理，所发生的研究与开发支出应计列为费用。

在有些类型的研究与开发合作安排中，是否偿还预收资金取决于该项目所产生的资产对合作方是否有未来经济利益。若是这样，进行研究与开发的企业只是按照合同规定，对提供资金的组织提供服务。即将收到的资金作为预收款处理，发生的费用抵减预收款。但对预付资金的组织而言，则将预付的资金全部列为研究与开发支出。

(三) 计算机软件成本

计算机软件可以外购(如 WindowsXP、用友、金蝶软件等)，也可以自行开发(如内部会计系统、ERP、财务云等)；既可以在外部使用，也可以在内部使用。

对于外购的计算机软件成本，将其作为无形资产成本，并不存在争议，但自行开发的计算机软件的成本到底应列作费用还是予以资本化，则是一个争论较为广泛的问题。

核算和报告企业内部开发的计算机软件成本时，通常需要处理两个问题：(1) 必须将计算机软件成本分为四类；(2) 必须将资本化的软件费用进行摊销。

图 10－1 列示了计算机软件开发的步骤、费用类型和适当的会计核算方法。

图 10－1 说明，从软件开发之日起至取得技术可行性之日止所发生的费用都应归为研究支出，并计入发生时的当期费用。

如果认为软件开发具备了技术上的可行性，则在此之后(软件交付客户之前)所发生的

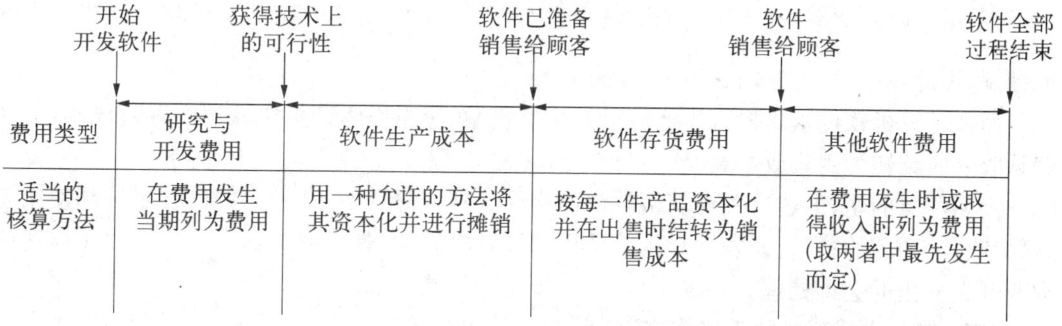

图 10－1　计算机软件开发的步骤、费用类型和适当的核算方法

费用应当计入软件生产成本。

如何判断软件开发具备技术上的可行性，应视软件产品是否已有详细的程序设计而定。

1. 软件产品已有详细的程序设计

在这种情况下，当具备下列三个条件时，软件产品被认为已具备技术可行性：

(1) 企业已完成产品设计和详细程序设计，并且生产软件的所有要求，如工艺、技术等都已达到；

(2) 企业已通过产品详细设计书和产品说明书，并对两者进行了比较，证明详细程序设计已完成并与产品设计一致；

(3) 企业已经确定不存在会导致开发具有高风险的问题，如新颖或独特的功能和技术革新等与高风险有关的不确定性因素，或者这种不确定性因素已经解决。

2. 软件产品没有详细的程序设计

在这种情况下，若具备以下两个条件，软件产品被认为已具备技术可行性：

(1) 企业已完成产品设计和软件产品的操作模型；

(2) 通过测试，企业已确保产品设计和操作模型已经完成并且一致。

在取得技术可行性后所发生的费用，包括取得技术可行性后的编译与调试费用，应当予以资本化，即将软件生产的支出计入软件的生产费用，并按一定的方法予以摊销。

资本化的生产费用要按适当的方法进行摊销，其年摊销额等于用下列两种方法计算的结果中数额较大者：

(1) 在软件产品的有效期限内用直线法摊销。

(2) 总收入比率法。

总收入比率法下计算年摊销费用的公式如下：

$$\text{产品生产年摊销费用}=\frac{\text{当年实际软件收入}}{\text{当年实际软件收入}+\text{预计未来软件收入}}\times\text{软件总成本}$$

公式中，如果软件的可实现净值比账面成本要低，则软件总成本应以可实现净值为基础。

例如，甲企业自行开办一套对外出售的计算机软件，在取得技术可行性之后发生的编译及调试费用共计 200 万元，本年度销售该软件取得的收入为 80 万元，预计未来收入为 320 万元，该软件的存续期估计为 4 年。按直线法摊销，每年的摊销费用为 50 万元(200÷

4);而采用总收入比率法,本年的摊销费用为 40 万元$\left(\frac{80}{80+320}\times 200\right)$,小于按直线法计算的摊销额,因此,本年度的摊销额应为 50 万元。

而在计算机软件正式投入生产后所发生的费用,应当作为计算机软件的存货成本,并在确认收入时结转为销售成本。

需要注意的是,上述有关计算机软件的会计处理,都是针对开发出的软件供外部使用者(赚取收入)而言的;自行开发并供内部使用的计算机软件,其研究与开发支出应比照前述研究与开发支出的会计处理。

(四) 其他方式形成的无形资产

除上述外购或自创的无形资产外,企业还可能因为外单位投资、接受捐赠、非货币性资产交换或通过债务重组方式而取得无形资产。

投资者投入的无形资产,应按投资合同或者协议约定的价值作为取得成本。但是,如果合同或协议约定的价值明显有失公允时,则应以市场类似无形资产的公允价值作为取得成本。

接受捐赠的无形资产,应按以下顺序确定其实际成本:

(1) 捐赠方提供了有关凭据的,按凭据上标明的金额加上应支付的相关税费,作为实际成本。

(2) 捐赠方没有提供有关凭据的,按如下顺序确定其实际成本:

① 同类或类似无形资产存在活跃市场的,按同类或类似无形资产的市场价格估计的金额,加上应支付的相关税费,作为实际成本;

② 同类或类似无形资产不存在活跃市场的,按该接受捐赠的无形资产的预计未来现金流量的现值,作为实际成本。

企业接受债务人以非现金资产抵偿债务方式取得的无形资产,或以应收债权换入无形资产的,应以收到无形资产的公允价值入账。应收债权的账面余额与受让的无形资产的公允价值之间的差额计入当期损益。

通过非货币性资产交换取得的无形资产,应视该项交换是否具有商业实质而定。如果该项交换具有商业实质且换入的无形资产与换出资产的公允价值能够可靠地计量,则换入的无形资产应以换出资产的公允价值加上支付的相关税费(减去可能收到的补价)作为入账价值;否则,则以换入无形资产的公允价值加上支付的相关税费作为入账价值。

所谓“具有商业实质的非货币性资产交换”,是指满足下列条件之一的非货币性资产交换:

(1) 换入资产的未来现金流量在风险、时间和金额方面与换出资产显著不同。

(2) 换入资产与换出资产的预计未来现金流量现值不同,且其差额与换入资产和换出资产的公允价值相比是重大的。

一般认为,关联方之间发生的非货币性资产交换不具有商业实质。

四、无形资产的后续计量

企业应当在取得无形资产时分析判断其使用寿命是否有限,以决定取得的无形资产成本是否需要摊销。

大多数无形资产的使用寿命是有限的。对使用寿命有限的无形资产，企业应当估计使用寿命的年限或者构成使用寿命的产量等类似计量单位数量，将其应摊销金额在此使用寿命内进行系统与合理的摊销。

定期、系统和合理地注销无形资产的取得成本，称为无形资产的摊销(amortization)。

无形资产的应摊销金额为其成本扣除预计残值后的金额。如果该项无形资产已计提了减值准备，应摊销金额还应扣除已计提的减值准备累计金额。

一般情况下，无形资产的残值应当视为零，但如果有第三方承诺在无形资产使用寿命结束时购买该无形资产或可以根据活跃市场得到预计残值的信息，且该市场在无形资产使用寿命结束时很可能存在，则表明该项无形资产存在预计残值。

系统与合理摊销意味着无形资产的摊销方法应当反映与该项无形资产有关的经济利益的预期实现方式。例如，企业取得的商标权是以使用次数作为确定购买价格的依据，那么，该项商标权的最好摊销方法就是根据使用次数摊销。

如果无法可靠地确定无形资产的预期实现方式，则应当采用直线法摊销取得无形资产的成本。

需要注意的是，由于收入可能受到投入、生产过程和销售等因素的影响，这些因素与无形资产有关经济利益的预期消耗方式无关，因此，企业通常不应以包括使用无形资产在内的经济活动所产生的收入为基础进行摊销，但是，下列极其有限的情况除外：

(1) 企业根据合同约定确定无形资产固有的根本性限制条款(如无形资产的使用时间、使用无形资产生产产品的数量或因使用无形资产而应取得固定的收入总额)的，当该条款为因使用无形资产而应取得的固定的收入总额时，取得的收入可以成为摊销的合理基础，如企业获得勘探开采黄金的特许权，且合同明确规定该特许权在销售黄金的收入总额达到某固定的金额时失效。

(2) 有确凿的证据表明收入的金额和无形资产经济利益的消耗是高度相关的。

企业采用车流量法对高速公路经营权进行摊销的，不属于以包括使用无形资产在内的经济活动产生的收入为基础的摊销方法。

在确定无形资产的使用寿命时，需要考虑的主要因素有：

(1) 合同、法律、法规规定的最长的有效年限及延展对有效期的影响；

(2) 运用该资产生产的产品通常的寿命周期、可获得的类似资产使用寿命的信息；

(3) 技术、工艺等方面的现阶段情况及对未来发展趋势的估计；

(4) 为维持该资产带来经济利益能力的预期维护支出，以及企业预计支付有关支出的能力；

(5) 现在或潜在的竞争对手的动向；

(6) 与企业持有其他资产使用寿命的关联性等。

企业摊销无形资产，应当自无形资产可供使用时起，至不再作为无形资产确认时止。

无形资产的摊销金额一般应当计入当期损益。大多数的无形资产的摊销，应当计入管理费用；对于转让的无形资产使用权的摊销金额，应当计入其他业务成本；而对于直接形成产品的，可以将摊销金额计入存货成本。

【例3】 2019年1月1日，甲企业以3 000万元的价格从乙企业购买了一项使用期限约定为5年的专有技术。合同约定，乙企业将在5年后以500万元的价格购回该项专有技术。

甲企业于当年1月1日在其产品中应用了该项专有技术。甲企业采用直线法摊销该项专有技术。

有关该项专有技术,甲企业应编制会计分录如下(单位：万元,下同)：

(1) 在取得该项专有技术时：

借：无形资产——专利技术　　3 000

　贷：银行存款　　3 000

(2) 2019年度摊销该项专有技术时：

借：管理费用[(3 000－500)÷5]　　500

　贷：累计摊销　　500

(3) 假定2019年年末,甲企业发现已有类似的技术出现,影响到了该项专有技术的竞争能力,决定计提减值准备400万元。

借：资产减值损失　　400

　贷：无形资产减值准备　　400

(4) 2020年度,甲企业摊销该项专有技术时：

借：管理费用[(3 000－500－500－400)÷4]　　400

　贷：累计摊销　　400

企业至少应当于每年年度终了,对使用寿命有限的无形资产的使用寿命及摊销方法进行复核。如无形资产的使用寿命及摊销方法与以前估计不同的,应当改变摊销期限和摊销方法,并将其视为会计估计变更采用未来适用法在未来期间进行会计处理。

无法预见无形资产为企业带来经济利益期限的,应当视为使用寿命不确定的无形资产,使用寿命不确定的无形资产不应摊销。

企业应当在每个会计期间对使用寿命不确定的无形资产的使用寿命进行复核。如果有证据表明无形资产的使用寿命是有限的,应当估计其使用寿命,并按前述方式进行系统和合理的摊销。

五、无形资产的减值

由于无形资产所带来的效益具有很大的不确定性,为了更好地体现谨慎性原则的要求,企业应当定期或者至少于每年年度终了时,检查各项无形资产预计给企业带来未来经济利益的能力,对预计可收回金额低于其账面价值的,应当计提减值准备。

当存在下列一项或若干项情况时,企业应当计提无形资产准备：

(1) 某项无形资产已被其他新技术等所替代,使其为企业创造经济利益的能力受到重大不利影响；

(2) 某项无形资产的市价在当期大幅下跌,在剩余摊销年限内预期不会恢复；

(3) 某项无形资产已超过法律保护期限,但仍然具有部分使用价值；

(4) 其他足以证明某项无形资产实质上已经发生了减值的情形。

期末,企业所持有的无形资产的账面价值高于其可收回金额的,应按其差额,借记"资产减值损失——计提无形资产减值准备"账户,贷记"无形资产减值准备"账户。

无形资产减值损失一经计提,不得转回。在计提减值损失后,如果该项无形资产具有有限使用寿命,则应当在调整计提的减值准备的金额后再计算每期摊销的金额。

需要注意的是，对使用寿命不确定的无形资产，无论是否存在减值迹象，每年都应当进行减值测试。

当存在下列一项或若干项情况时，应当将无形资产的账面全部销记并转入当期损益，计入营业外支出：

(1) 某项无形资产已被其他新技术等所替代，并且该项无形资产已无使用价值和转让价值。

(2) 某项无形资产已超过其法律保护期限，并且已不能为企业带来未来经济利益。

(3) 其他足以证明某项无形资产已经丧失了使用价值和转让价值的情形。

六、无形资产的处置

除上述无形资产摊销和减值可以减记或销记无形资产账面价值外，无形资产还会因为对外投资和转让等而减少。

企业可以用无形资产对外进行投资。企业用无形资产对外投资，应按前述非货币性资产交换的会计规则进行处理，即应当区分该项交换是否具有商业实质，然后决定不同的会计处理方法。

【例 4】 甲企业以一项无形资产对外进行长期股权投资。该项无形资产的账面余额为 100 万元，累计摊销金额为 20 万元，已计提减值准备 15 万元。

如果不考虑相关税费，则在该交换不具有商业实质的条件下，甲企业应编制会计分录如下：

借：长期股权投资	650 000	
累计摊销	200 000	
无形资产减值准备	150 000	
贷：无形资产		1 000 000

假定该项交换具有商业实质，且假定该项无形资产的公允价值为 85 万元。假定不考虑相关税费，则甲企业应编制会计分录如下：

借：长期股权投资	850 000	
累计摊销	200 000	
无形资产减值准备	150 000	
贷：无形资产		1 000 000
资产处置收益		200 000

企业也可以将一些可单独辨认的无形资产对外出售。企业出售无形资产时，应将转让收入减去无形资产的账面净值(无形资产账面余额减累计摊销及已计提的减值准备)和支付的相关税费后的差额计入资产处置收益。

企业转让无形资产的使用权业务是企业日常经营的一个组成部分，因此，应将转让无形资产使用权的使用费收入计入其他业务收入项目，并将该项无形资产的摊销成本计入其他业务成本。

图 10－2 直观地反映了无形资产会计处理的一般程序。需要注意的是，为方便说明，图中的无形资产是广义上的，其中包括商誉。

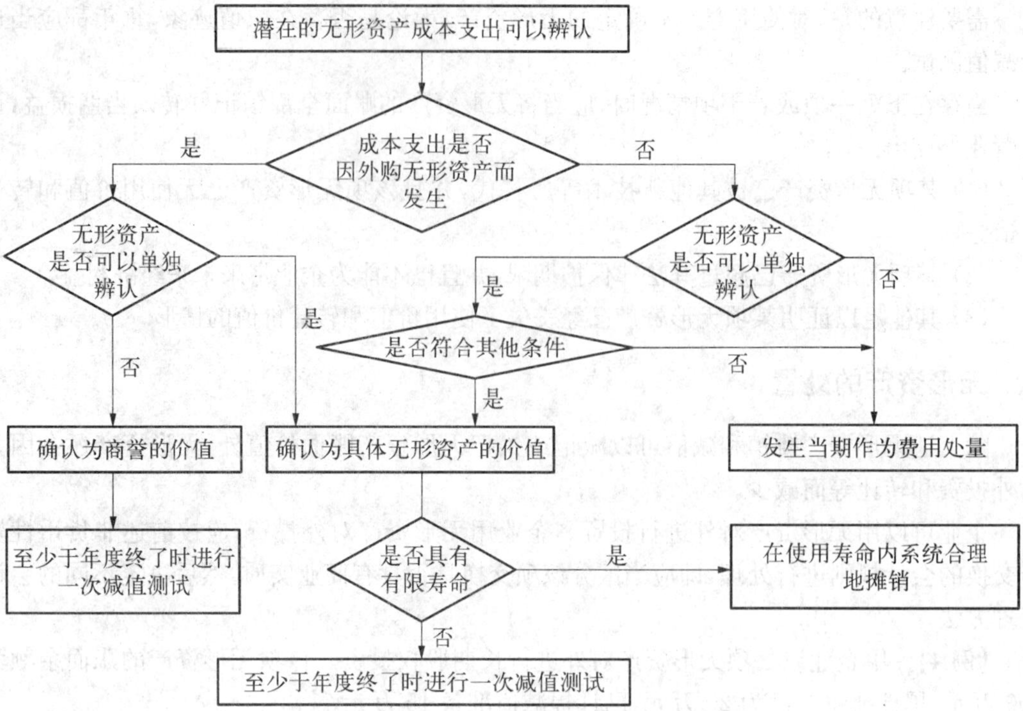

图 10－2　无形资产会计处理的一般程序

第二节　商　　誉

一、商誉的性质

商誉的性质在 19 世纪末以前就已是人们所争论的主题之一了，但直到今天，还难以有一个令人信服的定义。然而，商誉的存在却是一个不容争辩的事实。例如，英国品牌评估机构 Brand Finance 发布"2017 美国最有价值的品牌 500 强"排行榜（America's most valuable brands 2017），谷歌（Google）击败苹果（Apple）和亚马逊（Amazon. com），成为美国最有价值品牌，价值为 1 090 亿美元，苹果和亚马逊的品牌价值分别为 1 070 亿美元和 1 060 亿美元，总体来说，美国 500 强品牌价值超过 3 万亿美元。根据世界品牌实验室（World Brand Lab）公布的 2018 年"中国 500 最具价值品牌"，国家电网以 4 065. 69 亿元的品牌价值荣登年度最具价值品牌榜首。占据榜单前五名的还有腾讯（4 028. 45 亿元）、海尔（3 502. 78 亿元）、工商银行（3 345. 61 亿元）、中国人寿（3 253. 72 亿元），2018 年度"中国 500 最具价值品牌"的总价值为 184 459. 11 亿元。

人们通常认为，商誉产生于融洽的商业关系、优越的地理位置、丰富的从事本行业的经验乃至卓越的管理者，或者由于其他种种原因，营业特别兴旺发达而形成的无形价值。这种无形价值，具体就表现为一家企业具有超过平均水平的获利能力。

从上面的特征中可以看出，商誉是诸多因素相作用的结果，商誉是一项不可确指或不能单独辨认的非货币性长期资产。尽管从概念上讲，它是一项无形资产，但诚如前述，由于它在企业资产中的地位日趋重要，在资产负债表上单独列为商誉项目，已不作为资产负债表无形资产的项目处理了。

从上述特征中还可以看出，商誉不能离开企业整体而存在，而商誉的计价，惯常也只是在一个企业买受另一个企业时才会发生，其数额是买方买受一家企业所支付的全部代价或发出股份的公允价值超过卖出企业或被并企业净资产公允价值的差额。企业正常生产经营活动中有意或无意创造的商誉的价值在会计上是不予确认和计量的；也正因为它是一项不可确指的无形资产，所以，企业自创的商誉未经公平交易的客观检验，不得估价入账，即日常生产经营活动中有意或无意为创造商誉而发生的所有支出均作为当期费用处理。

综上所述，商誉可定义为整个企业的价值和企业可辨认净资产价值的差额。这一差额也被认为是企业未来超额收益的现值。前者是从企业资产负债表角度，也就是通过评价企业所有资产和负债来计算商誉的；后者则是从企业利润表角度，即从企业今后可能取得的超额收益来考虑商誉价值的。

实际上，确实存在着企业整体资产的价值，并且将这一总价值分配于各具体单项可辨认资产是难以做到的。例如，应收账项可以按预期收取现金的净额进行计量，存货可以按成本与可变现净值孰低法计价，但这些单项资产价值之和等同于企业整体资产的价值是罕见的，两者的差额即为商誉。所以，也有人认为商誉是一个总的计价账户，即认为商誉与现金、固定资产等资产不同，不能单独计价，而只能作为特殊的计价账户予以反映。

二、商誉的确认和计价

如前所述，鉴于商誉的性质，只有一家企业购受另一家企业所付的资金超过被购受企业净资产公允价值的差额部分才确认为商誉，而企业自身有意或无意创造的商誉是不予以确认和计量的。

商誉既然只有在企业购受时才被认列，其实际价值自然是按购受双方最终确定的成交价来确定了。

【例 5】 甲企业要购受与甲企业没有任何关联关系的乙企业，乙企业出让的各单项资产经评估后的公允价值如表 10 - 1 所示。

表 10 - 1　　乙企业净资产的公允价值　　单位：元

资产：		
交易性金融资产	6 000	
应收账款	25 000	
存货（库存商品）	125 000	
固定资产（净值）	182 000	
无形资产——专利权	100 000	438 000
负债：		
应付账款	99 000	
应付票据	112 000	（211 000）
净资产的公允价值（2019 年 1 月 1 日）		227 000

再假定甲、乙企业经过协商后,最后甲企业支付了 300 000 元购受了乙企业全部净资产。这时,甲企业商誉的价值为 73 000 元,计算如下:

购买价格	300 000
减:可辨认净资产的公允价值	(227 000)
商誉的价值	73 000

如果甲企业支付 250 000 元购买了乙企业全部净资产,则商誉的价值就为 23 000 元;倘若甲企业仅支付 200 000 元就取得了乙企业的净资产,便出现了后文将要叙述的负商誉。

以所付 300 000 元为例,甲企业应编制会计分录如下:

借:交易性金融资产	6 000	
应收账款	25 000	
库存商品	125 000	
固定资产	182 000	
无形资产——专利权	100 000	
商誉	73 000	
贷:应付账款		99 000
应付票据		112 000
银行存款		300 000

但是,甲企业为什么会以高于乙企业净资产的公允价值取得乙企业的净资产呢?究其原因,是甲企业为获得某一超额获利能力而提前付出的代价,当然这一超额获利能力是未来预期的超额获利能力,但是它往往是根据过去的收益推算出来的。这一推算企业整体资产价值的过程涉及资产评估(估值)的一些操作细节,但是商誉本身的计算则可能为这一推算过程提供了一个合理的基础。

由于商誉的价值具体表现为一家企业的盈利能力超过了一般正常的盈利能力,因此,商誉的计算也是以这一前提为基本出发点的。商誉的价值,可以通过不同的方法计算求得。每种方法所遵循的步骤一般为:

步骤一:计算未来期间的年收益。

这种计算的出发点是以前年度的经营业绩。但单凭以前某一特定年度的经营成果来估计未来经营成果是不够的。因为一方面,某一特定年度的收益,反映不出收益的趋势;而另一方面,作为估算根据的年份也不宜太久,因为相距较远的年份可能和现在的情况或趋势关系不大。

假定本例中乙企业近 4 年的收益如表 10-2 所示。

表 10-2 **乙企业近 4 年的年度收益资料** 单位:元

	2015 年	2016 年	2017 年	2018 年
营业收入	255 000	262 000	212 000	238 000
营业成本及费用	(204 000)	(224 000)	(160 000)	(182 000)
营业外收入(损失)		12 000	(9 000)	
净收益	51 000	50 000	43 000	56 000

乙企业 2015～2018 年年平均净收益为 50 000 元，或者说乙企业净资产现行公允价值的报酬率为 22%。计算如下：

$$年平均净收益=\frac{51\,000+50\,000+43\,000+56\,000}{4}=50\,000(元)$$

$$净资产现行公允价值的报酬率=\frac{50\,000}{227\,000}\times100\%=22\%$$

在计算未来期间收益时，一般并不是以年平均净收益来表示的，所需考虑的因素有两个：其一，营业外损益。顾名思义，营业外损益是指非正常经营过程中发生的损益。因此，未来期间收益的计算必须消除营业外损益的影响。其二，未来的折旧及无形资产等的摊销是以公允价值为基础的，且估计使用年限可能也会延展或缩短，相对于被并购企业以历史成本计算出的折旧及摊销费用，并购后这些因素会使年折旧及摊销费用有所增减。因此，在计算未来期间的收益时，必须考虑这一因素的影响。假定甲企业购买乙企业净资产后，使固定资产折旧及无形资产摊销每年增加了 3 850 元。这样，未来期间的年平均收益为 45 400 元。计算如下：

营业外损益前的年净收益：		
2015 年	51 000	
2016 年	38 000	
2017 年	52 000	
2018 年	56 000	
	197 000÷4=49 250(元)	
减：增加的折旧及摊销		3 850(元)
未来期间的年平均收益		45 400(元)

反映在净资产公允价值的资金报酬率就为 20%(45 400÷227 000×100%)。

步骤二：估算净资产的年正常收益。

在估算净资产的年正常收益时，必须对正常收益率有所了解。所谓“正常收益率”，是指在正常状况下吸引投资所需的收益率。在利息率已知的条件下，投资的风险是需要考虑的一个重要因素，此外，所投资的行业及时间长短也是影响正常收益率的一个因素。通常情况下，银行存款利息率被认为是正常收益率的最好参照物。

假定正常收益率为 12%，则乙企业净资产按正常收益率计算的年正常收益为 27 240 元(227 000×12%)。

步骤三：计算预计的年超额收益。

即将第一步骤和第二步骤的计算结果相比。本例的预计年超额收益为 18 160 元。计算如下：

预期的年平均收益净额(227 000×20%)	45 400
估算的年正常收益(227 000×12%)	(27 240)
预计的年超额收益	18 160

步骤四：计算超额收益总额——商誉价值的估定。

每年超额净收益转化为超额收益总额有诸多方法。

(1) 若干年超额收益之和。这一方法假定超额收益在未来时日会一直持续下去。要考虑的年份为商誉这一无形资产可惠及的期间。如前所述，由于相距较远的年份可能和现在的情况或趋势关系不大，且若干年后新企业会树立起自己的形象，因此，作为估算依据的年份不宜太长，一般以5年左右为适当。本例中假定为5年，则：

商誉＝5×18 160＝90 800(元)

这一方法的缺点在于作为计算依据的超额收益很难代表未来时日的超额收益，同时也未考虑到货币的时间价值。此外，超额收益到底能维持多久，也存在着很大的随意性。

(2) 若干年超额收益的现值。这一方法与方法(1)并无不同，其最大的差别或优点是考虑了货币的时间价值，它将未来若干年的超额收益以一定的利息率折成现值。假定其他条件相同，利息率为12%，则：

商誉＝18 160×3.604 78＝65 463(元)

式中：3.604 78为利息率为12%、5年期的年金现值系数。

但这一方法的利息率的选用需要考虑很多因素。一般而言，风险越大，利息率越高；时间越长，利息率越高。利息率的高低不同会给商誉价值的估定带来重大影响。

(3) 超额收益的资本化。若商誉中的某一重要属性如地理位置的优越可以无限期地维持下去，就可以认为由这一重要属性带来的超额收益也可继续延续下去。按照经济学的一般原理，可以将这一超额收益资本化来计算出商誉的价值。续用上例，如采用正常收益率，则：

$$商誉=\frac{18\ 160}{12\%}=151\ 333(元)$$

这一方法所计算出的商誉价值表示以这一价值进行投资可以使每年的得益率等于超额收益。换言之，即以一笔收益率为12%的151 333元的投资可使每年得益18 160元(151 333×12%)。

由于未来的超额收益具有高度的不确定性，所选用的收益率一般都高于正常收益率，从而反映这一投资存在着较高的风险。本例中，若选用20%的收益率，则：

$$商誉=\frac{18\ 160}{20\%}=90\ 800(元)$$

以超额收益资本化计算商誉价值的这一方法中，如何选取恰当的收益率是一个至关重要的因素。这一方法的主要缺点也在于此，即收益率的选用存在着不确定性。此外，认为超额收益在商誉买受后还能无限期地维持下去是难以令人信服的。

需要注意的是，根据上述不同方法所计算出来的商誉价值，只是为商誉的估价提供一个合理的基础，而最终成交后并登记入账的商誉价值是买受双方讨价还价后的结果，即交易中整付价格超过各单项可辨认净资产公允价值之和的差额部分。

本章所讨论的商誉只涉及吸收合并下的商誉，不包括控股合并情况下的商誉，控股合并情况下的商誉将在《高级财务会计》课程中讨论。

三、商誉减值

商誉是摊销还是减值，也是人们长期争论的主题之一。商誉是一项离开企业就不能独立存在的无形资产，根据持续经营这一会计假设，可以认为商誉没有确定的使用年限。但人们一般认为，购受的商誉，它所带来的超额收益不会无限期地持续下去，应在实现超额收益的期限内采用直线法分期予以摊销(收回)。我国会计准则采用了第一种观点,即认为商誉不应进行摊销,而应通过减值测试的方法确定其资产负债表上的金额,并且减值准备一经提取不得转回。

由于商誉不能离开企业其他资产而存在,因此,对于因企业合并形成的商誉的账面价值,应当自购买日起按照合理的方法分摊至相关的资产组;难以分摊至相关资产组的,应当将其分摊至相关的资产组组合。所谓"资产组",是指企业可以认定的最小资产组合,其产生的现金流入量应当基本上独立于其他资产或者资产组产生的现金流入。

【例6】 甲企业因吸收合并乙企业形成了600万元的商誉,乙企业成为甲企业的一家分公司。经分析,商誉的形成主要源自原乙企业的A资产组,合并后该资产组的账面价值为6 000万元。甲企业决定将商誉全部分摊至A资产组。

年末,经减值测试,不包括商誉的A资产组的公允价值减去预计处置费用后的净额为5 000万元,如果继续使用,预计未来现金流量的现值为4 500万元,包括商誉的A资产组的可收回金额为5 200万元。

对于此项业务,甲企业首先应对不包括商誉的A资产组计提减值准备。本例中的减值金额为A资产组的账面价值超过该资产组可收回金额的差额。可收回金额为资产的公允价值减去处置费用后的净额与资产预计未来现金流量的现值之间的较高者,本例为5 000万元,则减值损失为1 000万元(6 000－5 000)。对此,甲企业应编制会计分录如下(单位:万元,下同):

借:资产减值损失　　1 000

　贷:××资产减值准备　　1 000

注意,该项减值准备应在A资产组中按照公允价值的比例分摊至每项具体资产。

这样,不包括商誉的A资产组的账面价值即为5 000万元,然后再加上商誉,与包括商誉的A资产组的可收回金额进行比较,以决定是否需要计提商誉减值准备。本例中,包括商誉在内,计提A资产组减值准备后的账面价值为5 600万元(5 000＋600),而包括商誉在内的A资产组的可收回金额为5 200万元,则应计提商誉减值损失400万元(5 600－5 200)。甲企业应编制会计分录如下:

借:资产减值损失　　400

　贷:商誉减值损失　　400

四、负商誉问题

例5中,当甲企业以200 000元购买乙企业的净资产时,就存在一个负的差额(本例为－27 000元),即所谓的负商誉。如果将商誉定义为企业的一组不可确认但又能从可确认资产中分离出来的有利属性,人们很难想象它会是负的。因为如果一家企业的价值小于其可分离资产的价值,那么该企业自然愿意将其分别出售而不愿将其整体出售。所以,负商誉是不存在的。但是,只要联想一下某些企业在买受过程中出现的人员安置等一些棘手问题,就会发现这两者之间存在着差异是合乎情理的。单项资产的公允价值仅仅是针对资产本身而言的,它不必考虑一些无法回避的社会问题,而整付价格则是针对整个企业而言的,并且不能将这一整付价格分配于各个特定的单项资产之上。根据会计上的一般逻辑,这一差额就表现为负商誉。

对于负商誉,我国会计准则规定,对于同一控制下的企业合并,应将其直接计入资本公积;若为非同一控制下的企业,应按下列规定进行处理:

(1) 对取得的被购买方各项可辨认资产、负债及或有负债的公允价值以及合并成本的

计量进行复核;

(2) 经复核后,合并成本仍小于合并中取得的被购买方可辨认净资产公允价值的差额,应当计入当期损益。

续用[例 5]资料,当出现 27 000 元的负商誉时,假定对资产和负债的公允价值进行了复核,减记固定资产 10 000 元,减记无形资产 5 000 元,增记预计负债 5 000 元,尚有 7 000 元的差额应全部计入当期损益。可用会计分录表述如下:

借:交易性金融资产	6 000	
应收账款	25 000	
库存商品	125 000	
固定资产	172 000	
无形资产——专利权	95 000	
贷:应付账款		99 000
应付票据		112 000
预计负债		5 000
银行存款		200 000
营业外收入		7 000

第三节　其他非流动资产

其他非流动资产是指除资产负债表上所列非流动资产项目以外的其他周转期超过一个正常营业周期或超过 1 年的长期资产。

例如,企业在商品销售中发生的应收退货成本,应当根据是否在 1 年或一个正常营业周期内出售,在"其他流动资产"或"其他非流动资产"项目中填列;按规定,一份合同中的合同资产与合同负债应以净额列示,如果合同资产大于合同负债,则其净额应视是否可在 1 年或一个正常营业周期内收回,在"其他流动资产"或"其他非流动资产"项目中填列。诸如此类,不再枚举。最常见的其他非流动资产是长期待摊费用。

一、长期待摊费用

长期待摊费用是指企业已经支出,但摊销期限在 1 年以上(不含 1 年)或一个正常的营业周期的各项费用,如经营租入固定资产的改良支出等。应当由本期负担的借款利息、租金等,不得作为长期待摊费用处理。

长期待摊费用应当单独核算,在费用项目的受益期限内分期平均摊销。例如,经营租入固定资产改良支出应当在租赁期限与预计可使用年限两者孰短的期限内平均摊销等。

如果长期待摊费用项目不能使以后会计期间受益的,应当将尚未摊销的该项目的余额全部转入当期损益。

二、创业期间的支出

创业期间是指企业注册登记领取营业执照后到主要营业活动开始,并取得重要营业收入的这个期间，又称发展阶段。创业期间一般须符合以下两个条件中的一条：

（1）企业计划经营的主要营业活动尚未开始。企业在注册登记领取营业执照后，由于还需进一步募集资金、建立原材料供应基础、招聘员工及培训等原因，计划中的主要营业活动尚不能正式进行。

（2）企业计划经营的主要营业活动虽已开始，但还没有取得重要的营业收入。企业在创业阶段，百事待举，想马上赚取营业收入通常是不现实的，通常需要较长的一段时间方能取得主要营业收入。

然而，在创业期间，收入不多，但支出却很大，对这部分支出如何处理，是会计上的一个难题所在。

创业期间的所有支出，除应作为资产入账外，所有筹建期间发生的费用，先在"长期待摊费用"账户中归集，待企业开始生产经营的当月起一次计入开始生产经营当月的损益。换言之，我国目前在会计实务上未考虑创业期间收入与支出明显不配比这一特殊性，而采用简单的一次性计入费用的方法。

思考题

1. 什么是无形资产？无形资产有哪些特征？它与固定资产有何不同？
2. 为什么我国会计准则不将商誉纳入资产负债表中的无形资产项目？
3. 如何确定无形资产的摊销期限？应考虑哪些因素？
4. 外购与自创无形资产，其入账成本有何差别？
5. 无形资产应当如何计提减值准备？在什么情况下应当销记无形资产？
6. 试简述研究与开发支出会计处理的一般原则。
7. 什么是商誉？如何确认商誉？试举例说明。
8. 估计商誉的基础是什么？对同一家企业的商誉估计如果出现较大的差异，是否合理？为什么？
9. 简述计算机软件开发的步骤、费用类型及适当的会计核算方法。
10. 其他非流动资产是指什么？它有哪些主要的存在方式？
11. 你认为创业期间发生的业务应如何进行会计处理？
12. 什么是长期待摊费用？为什么会有这一项目？它应如何摊销？

阅读材料

1. 财政部：《企业会计准则第 6 号——无形资产》，2006 年。
2. 财政部：《企业会计准则第 8 号——资产减值》，2006 年。
3. 财政部：《企业会计准则解释第 11 号——关于以使用无形资产产生的收入为基础的摊销方法》，2017 年。

练习题

练习一

一、目的：练习专利权的会计处理。

二、资料：甲企业为开发一种配方，共发生试验和研究成本 96 800 元。2019 年 1 月 3 日，甲企业向专利局申请专利，又发生成本 2 200 元，假设该项专利权于其法定年限 20 年内将为企业带来收益。为该专利所发生的成本已恰当地借记了“无形资产——专利权”账户，并于 2019 年 1 月份开始采用直线法进行摊销。2020 年 6 月，此专利受到侵犯，甲企业与对方进行诉讼，发生成本 5 000 元，7 月份法院判决甲企业胜诉。

三、要求：

(1) 试编制 2019 年 1 月份和 2020 年 7 月份的有关会计分录。

(2) 假定 2021 年 1 月份又有人申请另一种专利，甲企业发现，该专利如为其竞争对手所使用，将使其原先所发明的专利失效，因此，以 500 000 元将该专利购入，但此专利权将永不为甲企业所采用。试为甲企业编制 2021 年 1 月份的会计分录。

练习二

一、目的：练习专利权的购买与转让的会计处理。

二、资料：甲企业购入一项专利，支付款项 500 000 元，有效使用期限为 10 年。甲企业购买该项专利 2 年后将其以 450 000 元的价格转让给其他企业，收到款项存入银行。转让专利的增值税税率为 10%。

三、要求：为甲企业编制购入、摊销及转让专利的会计分录。

练习三

一、目的：练习各项无形资产的会计处理。

二、资料：甲企业 2019 年发生如下无形资产业务：

(1) 2 月 5 日，以 240 000 元购入一项专利权，其法定有效年限尚余 12 年，甲企业估计其经济年限为 8 年。

(2) 4 月 1 日，以 54 000 元购入一项商标权，其法定有效年限为 6 年。

(3) 6 月 7 日，以某项专利权和某项非专利技术向乙企业投资，评估确认价值分别为 320 000 元和 200 000 元。

(4) 10 月 3 日，以 2 000 000 元整体购入丁企业，其中有 360 000 元系用于购买商誉。甲企业的总经理认为，商誉是一项重要的长期资产，耐用年限可持续 50 年。

(5) 12 月 1 日，以 1 000 000 元购入一块土地使用权(法律使用年限 50 年)，用于建造工业用厂房。购入土地使用权，立即投入厂房建造。

三、要求：

(1) 为甲企业编制 2019 年无形资产增加和减少的会计分录。

(2) 为甲企业编制 2019 年 12 月份各项无形资产的摊销分录(假定每年摊销一次)。

练习四

一、目的：练习商誉价值的计算。

二、资料：乙企业自 2018 年起 3 年的税后利润和所有者权益资料如表 10-3 所示(单位：元)。

表 10-3　2018～2020 年乙企业的税后利润和所有者权益资料　　单位：元

年　度	税后利润	所有者权益
2018	285 000	890 600
2019	300 000	935 000
2020	360 000	950 000

甲企业有意按下列条件收购乙企业：

(1) 正常所有者权益报酬率为25%。

(2) 商誉按照3年的平均税后利润超过3年的平均所有者权益计算的正常税后利润的部分，以其5倍资本化计算。超额利润估计可持续多年。

三、要求：为甲企业计算乙企业商誉的价值。

练习五

一、目的：练习租入固定资产改良支出的会计处理。

二、资料：甲企业于2019年1月3日以2 400 000元向乙企业租用房屋10年。租赁条件为立即支付第10年租金240 000元，同时按月支付20 000元的当月房租。租约规定，甲企业可在租用房屋上进行装修改良。

签约后，甲企业以银行存款300 000元安装了一台自动扶梯，一般可使用20年，并以银行存款60 000元安装了照明设备，估计可使用10年。

三、要求：

(1) 编制2019年1月份预付房租和支付当月房租的会计分录。

(2) 编制支付自动扶梯和照明设备款项的会计分录。

(3) 编制自动扶梯和照明设备每月摊销或折旧的会计分录(假定租约到期后自动扶梯拆下仍可使用)。

(4) 编制第10年最后一个月的会计分录。

练习六

一、目的：练习无形资产的确认。

二、资料：甲企业是专营食品生产和销售的一家企业。去年，该企业开发了一种产品，为隆重推出，打开市场销路，甲企业已在本年度花费了100万元用于介绍新产品的宣传活动。假定你是甲企业的高级会计顾问，企业总经理对你说，他们相信这种新产品能连续销售多年，因此，他们准备把100万元的特别宣传费用作为资本支出，在资产负债表上列为无形资产，在5～10年内进行摊销。甲企业的总经理又补充说，这样做我们认为是符合配比原则的，因为此项费用能使以后多年获利。

三、要求：你认为甲企业总经理的解释是否符合逻辑？是否正确？为什么？你认为应该如何处理为好？

练习七

一、目的：练习计算机软件成本的会计处理。

二、资料：甲企业自行开发可对外出售的通用软件A，其在开发、生产与销售A软件过程中发生如下业务：

(1) 2019年度，对A软件发生的研究与开发支出如下(单位：元)：

计划启动费用	40 000
软件设计费用	50 000
详细程序设计费用	100 000
取得软件技术可行性费用	20 000
取得技术可行性之前的软件测试费用	10 000
合　计	220 000

(2) 在取得技术可行性后，发生的支出如下(单位：元)：

编译费用	50 000
调试费用	40 000
合　计	90 000

(3) 在生产A软件过程中，发生的支出如下(单位：元)：

软件复制费用	20 000
软件文档费用	60 000
软件培训资料编写费用	30 000
软件包装费用	10 000
合　计	120 000

(4) 在A软件销售后,还发生软件维持费用4 000元和软件支持费用6 000元。

(5) 2019年度,A软件销售了其生产量的10%,取得营业收入50 000元,预计未来销售收入为450 000元。该软件的估计受益期为5年。

(6) 假定上述各项收入和支出均用银行存款收付。

三、要求:

(1) 编制发生各项支出的会计分录。

(2) 编制取得营业收入的会计分录。

(3) 编制生产费用摊销的会计分录。

(4) 编制结转销售软件成本的会计分录。

第三篇

负　　债

第十一章

流动负债

学习提要

负债是指企业过去的交易或事项形成的、预期会导致经济利益流出企业的现时义务。负债按其偿还期限,可分为流动负债和非流动负债两大类。

负债在满足预计在一个正常营业周期中清偿等条件的,应当归类为流动负债。

流动负债可分为金额已确定的流动负债、金额取决于经营成果的流动负债、或有事项中金额能估计需确认的负债和不需确认但需披露的或有负债四类。

考虑到流动负债时间较短,在实际工作中流动负债一般不考虑货币的时间价值问题,即流动负债以面值或到期值计价。

流动负债包含的内容很多。应付金额可以确定的流动负债主要有短期借款、应付账款、预收账款、应付票据、应付职工薪酬、应交流转税等,其中应交流转税的内容包括增值税、消费税等;应付金额视经营情况而定的流动负债主要有应付股利和应交所得税等,应付金额予以估计确认的或有事项有产品质量担保估计负债等;除此之外,还有不符合负债确认条件,因而不予确认,但符合某些条件,应予以披露的或有负债等。

流动负债在资产负债表上的列示也较复杂,要根据具体情况而定。有些单独列示,有些需要在附注中列示。1 年内到期的非流动负债要在流动负债项下单独列示。估计再融资的流动负债也应在流动负债与非流动负债之间单独列示并在附注中加以说明。

通过本章学习,读者应当能够掌握负债的概念及其分类,并能熟练掌握相关的会计处理。

第一节　负债的性质与分类

一、负债的性质

负债是指企业过去的交易或事项形成的、预期会导致经济利益流出企业的现时义务。现时义务是指企业在现行条件下承担的义务。未来发生的交易或者事项形成的义务,不属于现时义务,不应当确认为负债。

负债概念中的义务既包括法定义务,还包括推定义务。

法定义务，通常是指企业在经营管理和经济交往过程中，依照经济法律、法规的规定必须履行的责任。例如，企业与其他企业签订购货合同产生的义务，就属于法定义务。根据国家法律、法规的要求产生的义务，如企业按税法要求缴纳所得税的义务，也属于法定义务。

推定义务(constrictive obligation)，通常是指企业在特定情况下产生或推断出的责任。如由于历史上的习惯做法、公开的政策或相当明确的当期申明，企业已向其他各方表明将承担特定的责任，结果，企业使其他各方形成了对企业将履行该责任的合理预期，这便形成了推定义务。例如，甲企业是一家化工企业，因扩大经营规模，到A国创办了一家子公司。假定A国尚未针对甲企业这类企业的生产经营可能产生的环境污染制定相关法律，因此，甲企业的子公司对在A国生产经营可能产生的环境污染不承担法定义务。但是，甲企业为在A国树立良好的形象，自行向社会公告，宣称将对生产经营可能产生的环境污染进行治理。甲企业的子公司为此承担的义务，就属于推定义务。

有些情况下，同样的义务在不同阶段可能会有不同的分类。例如，汽车缺陷的召回，主动召回属于推定义务，被动召回(因法律诉讼等)属于法定义务。

会计上的负债一般具有以下基本特征：

第一，负债是基于过去的交易或事项而产生的。负债是由于过去或现在已经完成的经济业务而形成的经济负担。这种经济负担通常是企业为了取得资金、商品或偿还债务，在一定时间内形成的负债，如企业借入资金、赊购资产等。这种经济业务也可来源于法律上强制执行的责任，如应缴纳的所得税等。但对于到目前为止尚未发生、将来可能存在的经济业务，并不构成企业的负债。如企业与其他单位签订的购货意向书，只是代表企业就将要进行的交易所达成的协议，并没有具体落实，不应确认为企业的负债。

第二，负债是企业承担的现时义务，该义务的金额能够可靠地计量。由于具有约束力的合同或法定要求，义务在法律上可能是强制执行的，如购货而产生的应付账款等；另外，义务还可能产生于正常的业务活动、习惯以及为了保持良好的业务关系或公平处事的愿望。如售出产品的保修期后，企业给予客户的免费修理等。修理费用因销售业务引起，修理费用这一负债在产品销售同时就形成了，但何时发生修理费用、债权人是谁、修理费用的金额多少等问题在销售时无法确知。所以，一般只能根据售出产品的销售额以及经验等做出合理的估计。

第三，负债的清偿预期会导致经济利益流出企业。即需要企业在将来以资产或劳务偿付的经济责任，负债代表着企业将来经济利益的丧失或者牺牲。负债用债权人能接受的资产或劳务偿付。企业无论是出于交易而签订了合同或发生了承诺，还是因为法律法规的规定而产生了负债，都要履行这些业已发生或承诺负担的责任。

第四，负债通常是在某一时日通过交付资产或提供劳务来清偿。一般情况下，负债通过交付资产或提供劳务来清偿，如应付职工薪酬、预收账款等。有时，企业可以通过承诺新的负债或转化为所有者权益来了结一项现有负债，前一种情况是负债的展期，后一种情况则为负债的清偿。

总之，负债是指过去的交易或事项形成的现时义务，履行该义务预期会导致经济利益流出企业。

对符合负债定义的义务，在同时满足以下条件时，企业应当将其确认为负债：

(1) 与该义务有关的经济利益很可能流出企业；

(2) 未来流出的经济利益的金额能够可能地计量。

符合负债定义和负债确认条件的项目,应当列入资产负债表中的负债项目;符合负债定义但不符合负债确认条件的项目,不应列入资产负债表。

二、负债的分类

企业可以根据负债的不同特点和标准对负债进行分类。

(一) 按偿还期限的长短,负债可以分为流动负债和非流动负债或长期负债

这是负债的基本分类方法。

负债满足下列条件之一的,应当归类为流动负债(current liability):

(1) 预计在一个正常营业周期中清偿。

(2) 主要为交易目的而持有。

(3) 自资产负债表日起1年内到期应予以清偿。

(4) 企业无权自主地将清偿推迟至资产负债表日后1年以上。

流动负债如短期借款、大多数的应付职工薪酬、应交税费等;流动负债以外的负债应当归类为非流动负债(non-current liability),并应按其性质分类列示,如长期借款、应付债券等。

需要注意的是,对于在资产负债表日起1年内到期的负债,企业预计能够自主地将清偿义务展期至资产负债表日后1年以上的,应当归类为非流动负债;不能自主地将清偿义务展期的,即使在资产负债表日后、财务报告批准报出日前签订了重新安排清偿计划协议,该项负债仍归类为流动负债。

此外,企业在资产负债表日或之前违反长期借款协议,导致贷款人可随时要求清偿的负债,也应当归类为流动负债。

(二) 按负债的金额目前是否确定,负债可以分为金额确定的负债和金额需要估计的负债

金额确定的负债是指企业必须根据合同或其他规定,到期偿还已知的一定金额给债权人的债务,如短期借款、应付账款等;而金额需要估计的负债则指企业现时存在的一种负债,是基于法律法规、合同、承诺或惯例而隐含有可能发生的负债,如应交所得税、产品质量保证义务等。金额需要估计的负债很多是因为或有事项而产生的,但需要注意的是,或有负债不是负债。

(三) 按负债偿还的方式,负债可以分为货币性负债和非货币性负债

货币性负债是指企业将以已知的货币偿付的债务,如短期借款、应付职工薪酬等;非货币性负债是指企业将以商品或劳务偿还的债务,如预收账款、产品质量担保负债等。

(四) 按负债是否有担保品,负债可以分为有担保负债和无担保负债

有担保负债可分为不动产抵押负债、动产抵押负债和有价证券抵押负债等;无担保负债通常是基于企业的商业信用做担保而产生的债务,如应付账款、应付票据等。

(五) 按企业负债是否因金融工具而形成,负债可以分为金融负债和非金融负债

金融负债是指企业的下列负债:(1) 向其他单位交付现金或其他金融资产的合同义务;(2) 在潜在不利条件下,与其他单位交换金融资产或金融负债的合同义务;(3) 将来需用或可用自身权益工具进行结算的非衍生工具的合同义务,企业根据该合同将交付非固定数量的自身权益工具;(4) 将来需用或可用企业自身权益工具进行结算的衍生工具的合同义务,但企业以固定金额的现金或其他金融资产换取固定数量的自身权益工具的衍生工具合同义务除外。

本书对负债采用基本的分类方法,即根据偿还期限的长短,将负债分类为流动负债和非流动负债,其中非流动负债将在第十二章中详细说明。

第二节 流动负债的性质、分类与计价

一、流动负债的性质

如前所述,负债满足下列条件之一的,应当归类为流动负债:

(1) 预计在一个正常营业周期中清偿。

(2) 主要为交易目的而持有。

(3) 自资产负债表日起 1 年内到期应予以清偿。

(4) 企业无权自主地将清偿推迟至资产负债表日后 1 年以上。

流动负债绝大多数因企业经营活动而产生,主要包括短期借款、交易性金融负债、应付账款、应付票据、预收款项、应交税费、应付利息、应付职工薪酬、其他应付款、应付股利以及 1 年内到期的非流动负债等。

二、流动负债的分类

流动负债大多在结算过程中产生,如企业购入原材料已经到货,在货款尚未支付前形成一笔待结算的应付款项等;流动负债也会因筹资业务而产生,如向银行和其他金融机构借入的短期借款;流动负债还有在经营过程中,由于会计上采用权责发生制而应计的费用,如应付利息等;此外,流动负债也有在利润分配过程产生的,如应付股利等。

流动负债除以上按形成原因分类以外,还可视其应付金额是否确定,分为以下三类:

(1) 金额确定的流动负债,是指到期日负债必须偿还,并且金额是确定的流动负债,如短期借款、应付票据、应付账款、应付职工薪酬等。

(2) 金额视经营结果而定的流动负债。这种债务的金额必须等到一个会计期末,根据企业的经营情况才能计算确定,如应交税费、应付利润等。

(3) 金额需估计的流动负债。在资产负债表编制日,有些负债的金额、到期日、债权人都无法准确确定,但负债确实存在,而且是由于过去或现在已经完成的经济业务所引起的,并必须于未来某一日偿付的经济义务。对于这类负债,企业必须根据已经掌握的客观资料,凭借以往的经验,予以可靠的估计,如应付财产税、产品质量担保估计负债、应付奖励(如积分等)估计负债等。

企业还应在财务报表附注中披露因或有事项所产生的或有负债。或有负债,是指过去的交易或者事项形成的潜在义务,其存在须通过未来不确定事项的发生或不发生予以证实;或过去的交易或者事项形成的现时义务,履行该义务不是很可能导致经济利益流出企业或该义务的金额不能可靠计量。如已贴现但尚未到期的商业承兑汇票、信用担保等。对于或

有负债，应披露或有负债形成的原因，或有负债预计产生的财务影响（如无法预计，应说明理由），获得补偿的可能性等。

三、流动负债的计价

要客观公正地反映企业的债务，流动负债的正确计价十分重要。对负债进行正确的计价，可以起到以下几个方面的作用：

（1）正确记录企业的资产与负债。负债的产生可能与资产的取得有一定的联系。如赊购存货，在取得存货的同时，产生了应付账款负债。只有正确地确定负债的金额，才能正确地确定由此而产生的相关资产的价值。

（2）正确确定企业所有者权益。企业的全部资产，由债权人和所有者两方面的权益构成，负债与所有者权益彼此间具有密切关系。有些负债直接与所有者权益有关，如应付股利、应付利润等。只有正确确定负债的金额，才能正确确定所有者所拥有的净资产额，即所有者权益的金额。

（3）正确确定企业收入。负债的形成可能与收入的取得有关，如合同负债等。只有正确确定负债的金额，才能正确确定由此而产生的相关收入额。

（4）正确确定企业相关费用。费用的发生有可能会引起负债。如预计利息费用、应付职工薪酬等。只有正确确定负债的金额，才能正确确定其相关的费用金额。

（5）正确确定企业净利润。企业净利润额与负债有密切的联系。如应交所得税的多少直接影响净利润额。只有正确确定负债的金额，才能正确确定净利润额。

从理论上讲，负债计价应以现值入账最为准确。但是，由于流动负债偿还期限短，到期值与现值差距不大，基于重要性原则，并为了简化账务处理，实务中对流动负债大多以到期值或面值入账。

第三节　应付金额确定的流动负债

金额确定的流动负债是企业在经营过程中由合同、书面承诺或法律法规规定等产生的各种短期债务项目。这种负债金额、到期值与债权人在经济业务发生时，就已经可靠地确定了。

一、短期借款

短期借款是指企业因经营周转需要，向银行或其他金融机构借入的期限在 1 年以内的各种借款。企业由于季节性生产或资金临时性周转困难而出现资金暂时短缺时，可向银行或其他金融机构申请贷款，以保证生产经营的正常运转。

短期借款的取得与偿还，企业应通过“短期借款”账户进行核算。该账户的借方登记企业归还的短期借款数，贷方登记取得的短期借款数，余额在贷方，表示期末尚未归还的数额。“短期借款”账户应按债权人（银行或金融机构名称）分设明细账户。企业借入的期限在 1 年以上的各种借款，应在“长期借款”账户核算。

短期借款的期限不长，取得短期借款的金额在取得借款日入账。其利息支出应在借款受益期内计入财务费用相关资产成本。由于企业的短期借款利息一般按季度结算支付，为保证会计核算准确，企业应当按月或按季确认利息费用，企业的应计利息可通过“应付利息”账户进行核算。

【例 1】 4 月 1 日，甲企业向银行借款 100 000 元，期限 3 个月，年利息率为 6%。

假定甲企业按月确认借款利息费用，其相关会计处理如下：

(1) 4 月 1 日，借入借款时：

借：银行存款	100 000	
贷：短期借款		100 000

(2) 4 月 30 日，确认当月利息费用 500 元(100 000×6%×1/12)。

借：财务费用	500	
贷：应付利息		500

5 月和 6 月月末的会计分录相同，不再赘述。

(3) 7 月 1 日，偿还借款本息时：

借：短期借款	100 000	
应付利息	1 500	
贷：银行存款		101 500

二、应付账款与应付票据

(一) 应付账款

应付账款(accounts payable)是指因购买商品或接受劳务供应等而发生的债务。这是买卖双方在购销活动中由于取得物资与支付货款在时间上不一致而产生的负债。应付账款和应付票据不同，两者虽然都是由于交易而引起的负债，都属于流动负债的性质，但应付账款是尚未结清的债务，而应付票据是一种期票，是延期付款的证明，有承诺付款的票据作为凭据。

应付账款一般在较短期限内支付，有些应付账款由于债权单位撤销或其他原因而无法支付。这笔无法支付的应付款项作为企业的一项额外收入，计入营业外收入。应付账款的入账时间，应以所购买商品的控制权转移或接受劳务已发生为标志。

但在实际工作中，为了提高账务处理的效率，通常会采用变通的处理方法。例如，在货物和发票账单同时到达的情况下，应付账款一般待货物验收入库后，才按发票账单登记入账。这主要是为了确认所购入的货物是否在质量、数量和品种上与合同上订明的条件相符，以免因先入账再在验收入库时发现购入货物错、漏、破损等问题再行调账；在货物和发票账单不是同时到达的情况下，由于应付账款要根据发票账单登记入账，有时候货物已到，发票账单要间隔较长时间才能到达，但由于这时负债已经成立，应作为一项负债予以反映。为在资产负债表中客观反映企业所拥有的资产和承担的债务，在实际中采用在月末终了将所购货物和应付债务估计入账的办法。

应付账款通常按到期值入账，对于购入的资产附有现金折扣条件时，会计处理方法有总价法和净价法等。我国目前实务上对购货的现金折扣一般采用总价法处理。有关购货中现金折扣的会计处理方法已在第六章述及，此处不再赘述。

(二) 应付票据

应付票据(notes payable)是企业出具的允诺在 1 年或 1 个营业周期内，支付一定金额给持票人的书面凭证。短期应付票据通常是因为赊购商品、材料和接受劳务出具的，也可能是因为购买其他资产或向银行借款而出具的，主要有短期商业汇票。

应付票据有带息票据和不带息票据之分。理论上应付票据均应折现，按现值计价，但如果是企业在经营活动中出具的应付票据，由于出票日与到期日相距很短，其折现值与到期值很接近，根据重要性原则，可从简不计算现值，而按面值直接入账。

1. 带息票据

带息票据是指按票面上所记的利率，在票据到期日，以票面金额加计利息支付的票据。

企业出具的带息票据，若票面利率等于市场利率，那么票面面值就等于现值。这种情况下，无论是否考虑现值，其计价均为面值。相关会计处理方法与短期借款相似。

【例2】 2019年10月1日，甲企业向乙企业签发了一张面值100 000元、票面利率6%、期限4个月的票据，用于支付所欠货款。假定票面利率与同期市场利率相同，甲企业按季确认利息费用。

(1) 2019年10月1日，签发票据时：

借：应付账款	100 000	
贷：应付票据		100 000

(2) 2019年12月31日，确认3个月的利息费用时：

借：财务费用	1 500	
贷：应付利息		1 500

(3) 2020年2月1日，票据到期偿付本息时：

借：应付利息	1 500	
财务费用	500	
应付票据	100 000	
贷：银行存款		102 000

为核算方便，企业也可以将应付票据的利息直接记入“应付票据”账户，即“应付票据”账户反映的是票据的本金及利息。

如果签发的票据票面利率不等于市场利率，若以现值计账，面值与现值之间的差额，称为应付票据折价(或溢价)。应付票据折价的会计处理在下面有关不带息票据中阐述。

2. 不带息票据

不带息票据，其面值就是票据到期值。不带息票据面值包括了本金和利息。对于它的处理有两种方法：第一种方法以面值记录应付票据，这种做法不考虑货币的时间价值；第二种方法将面值按实际利率折现后的数额记录应付票据。下面叙述第二种方法的运用。

【例3】 2019年10月1日，甲企业签发一张面值为102 000元的不带息票据给乙企业，用于支付所欠货款。该票据的现值为100 000元。假定市场利率为6%。

对此项业务，甲企业应编制相关会计分录如下：

(1) 2019年10月1日，签发票据时：

借：应付账款	100 000	
贷：应付票据		100 000

(2) 2019年12月31日，确认3个月的利息费用时：

借:财务费用　　1 500
　贷:应付票据　　1 500

(3) 2019 年 12 月 31 日的资产负债表中,应付票据的账面价值为 101 500 元。

(4) 2020 年 2 月 1 日,票据到期偿付本息时:

借:应付票据　　101 500
　财务费用　　500
　贷:银行存款　　102 000

三、合同负债

合同负债(contractual liability),是指企业已收或应收客户对价而应向客户转让商品的义务。如企业在转让承诺的商品之前已收取的款项。

企业应设置“合同负债”账户,核算企业已收或应收客户对价而应向客户转让商品的义务。企业在向客户转让商品或提供服务之前,客户已支付了合同对价或企业已经收取了无条件收取合同对价权利的,企业应当在客户实际支付款项与到期应支付款项的孰早时点,按照已收或应收的金额,借记“银行存款”(已收)、“应收账款”(应收)、“应收票据”(应收)等账户,贷记“合同负债”账户;企业向客户转让商品或提供服务时,于确认收入时,借记“合同负债”账户,贷记“营业收入”账户,涉及增值税税额的,也应一并进行相关会计处理。

“合同负债”账户应当按合同进行明细核算,该账户期末余额反映企业在向客户转让商品、提供服务之前,已收合同对价或已经取得的无条件收取合同对价权利的金额。

【例 4】 甲企业接受一批订货合同,按合同规定,货款金额总计 100 000 元,预计 3 个月完成。订货时预付货款 50%,另 50%等产品发出后再支付。假定增值税税率为 13%,甲企业应编制会计分录如下:

(1) 收到预收款项时:

借:银行存款　　50 000
　贷:合同负债　　50 000

(2) 3 个月后在商品控制权转移,确认收入时:

借:合同负债　　50 000
　应收账款　　63 000
　贷:营业收入　　100 000
　　应交税费——应交增值税(销项税额)　　13 000

(3) 收到订货单位补付的货款时:

借:银行存款　　63 000
　贷:应收账款　　63 000

同一合同下的合同资产和合同负债应当以净额列示,其中净额为借方余额的,应当根据其流动性在“合同资产”或“其他非流动资产”项目中填列,已计提减值准备的,还应减去“合同资产减值准备”账户中相关的期末余额后的金额填列;其中净额为贷方余额的,应当根据其流动性在“合同负债”或“其他非流动负债”项目中填列。

四、预收账款

预收账款(customer advances and deposits)是为促使企业更好地履行合同,根据买卖双方协议商定，先由客户预支一部分定金给企业而发生的一项负债，这项负债将来要用商品或劳务等进行偿付。

签合同时，对定金必须以书面形式进行约定，同时还应约定定金的数额和交付期限。给付定金一方如果不履行债务，无权要求另一方返还定金；接受定金的一方如果不履行债务，需向另一方双倍返还债务。债务人履行债务后，依照约定，定金应抵作价款或者收回。

但有些定金是可以退还的。我国《商品房销售管理办法》第 22 条规定，不符合商品房销售条件的，开发商不得销售商品房，也不得收取任何预订款性质的费用。因此，如果商品房不符合销售条件，而购房者已经缴纳了“定金”，那么，无论双方是否约定“定金”退还事项，开发商都应无条件退还定金给购房者。

企业应当设置“预收账款”账户核算企业预收的定金等款项，在履约时将其结转至“营业收入”等账户。

五、应付职工薪酬

（一）职工薪酬的内容

职工薪酬是指企业为获得职工提供的服务而给予的各种形式的报酬。职工薪酬包括短期薪酬、离职后福利、辞退福利和其他长期职工福利。因终止劳动合同关系企业提供给职工配偶、子女或其他被赡养人的福利等，也属于职工薪酬。此外，对职工的股份支付，属于以现金为基础的股份支付，本质上也属于职工薪酬。

这里所称的“职工”，概念比较宽泛。其中，职工是指包括与企业订立正式劳动合同的所有人员，含全职、兼职和临时职工；也包括未与企业订立正式劳动合同、但由企业正式任命的人员，如董事会成员、监事会成员和内部审计委员会成员等。在企业的计划、领导和控制下，虽与企业未订立正式劳动合同或企业未正式任命的人员，但为企业提供了类似服务，也视同企业职工。

具体而言，职工薪酬包括：

1. 职工工资、奖金、津贴和补贴

职工工资、奖金、津贴和补贴是指按照统计部门的规定构成工资总额的计时工资、计件工资、支付给职工的超额劳务报酬和增收节支的劳动报酬、为了补偿职工特殊或额外的劳务消耗和因其他原因支付给职工的津贴，以及为了保证职工水平不受物价影响支付给职工的物价补贴等。

企业按规定支付给职工的加班加点工资，以及根据国家法律、法规和政策规定，企业在职职工因病、工伤、产假、计划生育假、婚丧假、事假、探亲假、年休假、停工学习、执行国家或社会义务等特殊情况下，按照计时工资或计件工资标准的一定比例支付的工资，也属于职工工资范畴。

2. 职工福利费

职工福利费是指企业为职工提供的福利，如为补助职工食堂、生活困难等从成本费用中提取的金额。

3. 医疗保险金、养老保险金、失业保险金、工伤保险费和生育保险费等社会保险费

社会保险费是指企业按照国家规定的基准和比例计算的、向社会保险经办机构缴纳的包括医疗保险金、养老保险金、失业保险金、工伤保险费和生育保险费。其中，养老保险金包

括基本养老费、补充养老保险费以及企业以购买商业保险形式提供给职工的各种保险待遇。

4. 住房公积金

住房公积金是指企业按照国家规定的基准和比例计算,向住房公积金管理机构缴存的住房公积金。

5. 工会经费和职工教育经费

工会经费和职工教育经费是指企业为了改善职工文化生活、提高职工业务素质用于开展工会活动和职工教育及职业技能培训,根据国家规定的基准和比例,从成本费用中提取的金额。

6. 非货币性福利

7. 因解除与职工的劳动关系给予的补偿(简称辞退福利)

辞退福利包括:(1) 职工劳动合同到期前,不论职工本人是否愿意,企业决定解除与职工的劳动关系而给予的补偿;(2) 职工劳动合同到期前,为鼓励职工自愿接受裁减而给予的补偿,职工有权选择继续在职或接受补偿离职。

8. 股份支付

股份支付是指企业为获取其他方提供服务而授予权益工具或承担以权益工具为基础确定的负债的交易。其中,以现金为基础的股份形成企业的职工薪酬。有关股份支付将在其他章节详细说明。

企业应将上述职工薪酬的构成内容划分为以下四类进行核算:

1. 短期薪酬

短期薪酬,是指企业在职工提供相关服务的年度报告期间结束后 12 个月内需要全部予以支付的职工薪酬,因解除与职工的劳动关系给予的补偿除外。短期薪酬具体包括:职工工资、奖金、津贴和补贴;职工福利费、医疗保险费、工伤保险费和生育保险费等社会保险费;住房公积金、工会经费和职工教育经费、带薪缺勤、利润分享计划、非货币性福利以及其他短期薪酬。其中,带薪缺勤是指企业支付工资或提供补偿的职工缺勤,包括年休假、病假、短期伤残、婚假、产假、丧假、探亲假等;利润分享计划是指企业与职工达成的基于利润或其他经营成果提供薪酬的协议。

2. 离职后福利计划

离职后福利计划,是指企业与职工就离职后福利达成的协议,或者企业为向职工提供离职后福利制定的规章或办法等。离职后福利计划按照企业承担的风险和义务情况,可以分为设定提存计划和设定受益计划。其中,设定提存计划,是指企业向独立的基金缴存固定费用后,不再承担进一步支付义务的离职后福利计划。对于设定提存计划,企业应当在职工为其提供服务的会计期间,将根据设定提存计划计算的应缴存金额确认为负债,并计入当期损益或者相关资产成本。

设定受益计划,是指除设定提存计划以外的离职后福利计划。设定提存计划和设定受益计划的区分,取决于离职后福利计划的主要条款和条件所包含的经济实质。在设定提存计划下,企业的义务以企业应向独立主体缴存的提存金金额为限,职工未来所能取得的离职后福利金额取决于向独立主体支付的提存金金额,以及提存金所产生的投资回报,从而精算风险和投资风险实质上要由职工来承担。在设定受益计划下,企业的义务是为现在及以前的职工提供约定的福利,并且精算风险和投资风险实质上由企业来承担。

对于设定受益计划，企业应当采用精算假设作出估计，计量确定设定受益计划福利义务，并归属于职工提供服务的期间；因设定受益计划所产生的服务成本、设定受益计划净负债或净资产的利息净额，应当计入当期损益或者相关资产成本，贷记“应付职工薪酬——设定受益计划义务”账户。设定受益计划可能是不注入资金的，或者可能全部或部分地由企业（有时由其职工）向独立主体以缴纳提存金形式注入资金，并由该独立主体向职工支付福利。到期时已注资福利的支付取决于独立主体的财务状况和投资业绩等因素。企业实质上承担着与计划相关的精算风险和投资风险。

设定受益计划的会计处理详见本系列教材《高级财务会计》中的说明。

3. *辞退福利*

辞退福利，是指企业在职工劳动合同到期之前解除与职工的劳动合同关系，或者为鼓励职工自愿接受裁减而给予职工的补偿。

4. *其他长期职工福利*

其他长期职工福利，是指除短期职工薪酬、离职后福利、辞退福利之外所有的职工薪酬，包括长期带薪缺勤、长期残疾福利、长期利润分享计划等。

本章所讨论的职工薪酬主要涉及短期薪酬。

（二）职工薪酬的确认和计量

企业一般在每月月末根据职工考勤记录、工时产量记录等计算当月应付职工薪酬总额，并在次月实际支付。在尚未支付之前，应付职工薪酬是企业的一项负债。

企业应当在职工为其提供服务的会计期间，将除辞退福利之外的应付职工薪酬确认为负债，并根据职工提供服务的受益对象，分别下列情况处理：

（1）应由生产产品、提供劳务负担的职工薪酬，计入产品成本或劳务成本。

（2）应由在建工程、无形资产开发成本负担的职工薪酬，计入建造固定资产的成本或无形资产的开发成本。

（3）企业为履行当期或预期取得合同而发生的职工薪酬，应计入合同履约成本。

（4）上述两项之外的其他职工薪酬，计入当期损益。

根据上述一般要求，企业在确认应付职工薪酬时，应按应付职工薪酬的不同用途，分别借记“生产成本”“制造费用”“合同履约成本”或“管理费用”等账户，贷记“应付职工薪酬”账户。当发放职工薪酬时，再借记“应付职工薪酬”账户，贷记“银行存款”或“库存现金”账户。

计入成本费用的职工薪酬负债的金额，应根据不同情况区别处理：（1）有计提基础和计提比例的，按照规定标准计提。例如，应向社会保险经办机构（或企业年金基金账户管理人）缴纳的医疗保险金、养老保险金、失业保险金、工伤保险费、生育保险费等社会保险费，应向住房公积金管理中心缴存的住房公积金，以及应向工会部门缴纳的工会经费等，应当按照国家规定的标准计提。（2）没有明确规定计提基础和计提比例的，企业应当根据历史经验数据和自身实际情况计算确定应付职工薪酬金额。每个资产负债表日，应当根据实际发生金额与预计金额的差异，综合考虑物价变动、预计实施的职工薪酬计划等因素，对下一会计期间预计金额进行调整。

【例5】 甲企业根据劳动工资部门提供的资料，确认本期的应付职工薪酬。职工薪酬中，应付工资为 800 000 元，其中，生产车间工人工资 500 000 元，车间管理人员工资

100 000 元,固定资产建造部门人员工资 80 000 元,无形资产研发部门人员工资 10 000 元,执行服务合同部门人员工资 10 000 元,企业行政管理部门人员工资 100 000 元。另根据规定,分别按工资总额的 14%计提职工福利费。

对此项业务,甲企业应当编制会计分录如下:

借:生产成本(500 000×114%)	570 000	
制造费用(100 000×114%)	114 000	
管理费用(100 000×114%)	114 000	
在建工程(80 000×114%)	91 200	
研发支出(10 000×114%)	11 400	
合同履约成本——服务成本(10 000×114%)	11 400	
贷:应付职工薪酬——短期薪酬(工资)		800 000
——短期薪酬(职工福利费)		112 000

非货币性薪酬主要为非货币性福利,通常包括企业以自己的产品或其他有形资产发放给职工作为福利,向职工无偿提供自己拥有的资产使用、为职工无偿提供类似医疗保健等服务等,其处理方法如下:(1) 企业以其生产的产品作为非货币性福利提供给职工的,应当按照该产品的成本确定应付职工薪酬金额,其销售成本的结转和相关税费的处理,与正常商品销售相同。以外购商品作为非货币性福利提供给职工的,应当按照该商品的公允价值确定应付职工薪酬金额。(2) 无偿向职工提供住房等资产使用的,应当根据受益对象,将住房每期应计提的折旧计入相关资产成本或费用。租赁住房等资产供职工无偿使用的,应当根据受益对象,将每期应付的租金计入相关资产成本或费用。(3) 提供给职工整体使用的资产应计提的折旧、应付的租金,应当根据受益对象分期计入相关资产成本或费用;难以认定受益对象的,直接计入管理费用。

【例 6】 经董事会决定,甲企业对其设立在边远地区的分公司的职工提供非货币性福利。为 100 名生产车间工人每人发放一台手提电脑,为 5 位车间管理人员和 8 位分公司中层管理人员每人提供轿车免费使用,为分公司总经理提供住房。手提电脑的购入成本为每台 5 000 元,公允价值为每台 8 000 元,增值税税率为 13%;每辆轿车的每月折旧为 1 000 元;住房租金为每月 8 000 元。

对此项业务,甲企业应编制会计分录如下:

借:生产成本[100×8 000(1+13%)]	904 000	
制造费用(5×1 000)	5 000	
管理费用(8×1 000+8 000)	16 000	
贷:应付职工薪酬		925 000
借:应付职工薪酬	925 000	
贷:营业收入		800 000
应交税费——应交增值税(销项税额)		104 000
累计折旧		13 000
银行存款(租金)		8 000
借:营业成本	500 000	
贷:库存商品		500 000

对于满足以下两个条件的解除劳动关系计划或自愿裁减建议，应当确认因辞退福利产生的应付职工薪酬(预计负债)，同时计入当期损益。

(1) 企业已经制定正式的解除劳动关系计划或提出自愿裁减建议，并即将实施。该计划或建议应当包括拟解除劳动关系或裁减的职工所在部门、职位及数量；根据有关规定按工作类别或职位确定的解除劳动关系或裁减补偿金额；拟解除劳动关系或裁减的时间。其中，正式计划是指已经董事会或类似机构批准，实质性辞退工作一般应当在1年内实施完毕，但因付款程序推迟到1年后付款的，视同符合确认条件。

(2) 企业不能单方面撤回解除劳动关系计划或裁减建议。

职工虽然没有与企业解除劳动合同，但未来不再为企业带来经济利益，企业承诺提供实质上具有辞退福利性质的经济补偿，比照辞退福利处理。

计入应付职工薪酬(预计负债)的金额，应根据不同情况区别处理：

(1) 对于职工没有选择权的辞退计划，应当根据计划条款规定拟解除劳动关系的职工数量、每一职位的辞退补偿等计提应付职工薪酬(预计负债)。

(2) 对于自愿接受裁减的建议，因接受裁减的职工数量不确定，企业应当预计将会接受裁减建议的职工数量，根据预计的职工数量和每一职位的辞退补偿等，确认应付职工薪酬(预计负债)。

(三) 应付职工薪酬的披露

企业应当在附注中披露与职工薪酬有关的下列信息：(1) 应当支付给职工的工资、奖金、津贴和补贴，及其期末应付未付金额。(2) 应当为职工缴纳的医疗保险费、工伤保险费和生育保险费等社会保险费，及其期末应付未付金额。(3) 应当为职工缴存的住房公积金，及其期末应付未付金额。(4) 为职工提供的非货币性福利，及其计算依据。(5) 依据短期利润分享计划提供的职工薪酬金额及其计算依据。(6) 其他短期薪酬。

辞退福利中，对于自愿接受裁减的建议而产生的或有负债，按照或有事项准则披露，辞退福利预计负债与实际发生金额相差较大的，应当在附注中披露差额较大的原因。

六、应交流转税

流转税是以商品流转额和非商品流转额为课税对象的若干不同税种的总称。它以商品交换或提供服务为前提，在商品销售转移或提供服务的环节进行课征。它与企业的销售或服务收入有关。只要取得销售收入或营业收入之后就要纳税，它不受生产成本和经营费用水平高低的影响。流转税的征收有利于保证国家财政收入的稳定；有利于配合价格调节产品的盈利水平，调节生产和消费；有利于促进企业加强经济核算。目前我国属于流转税的税种主要有增值税、消费税等。

(一) 增值税

1. 增值税的概念和性质

增值税是以商品(含应税劳务)在流转过程中产生的增值额作为计税依据而征收的一种流转税，是对在我国境内销售货物或者提供加工、修理修配服务以及进口货物的企业单位和个人，就其货物销售或提供服务的增值以及货物进口金额为计税依据而课征的一种流转税。增值税是对商品和流通中各环节的新增价值或商品附加值进行征税，所以称为“增值税”。这里的“新增价值或商品附加值”，是指企业的销售收入减去相应的外购材料、商品等成本后的余额。我国于1994年开始在生产环节和批发零售环节全面开征增值税,增值税从而成为流转税中最重要的一个税种。

增值税的纳税义务人,是在我国境内销售货物或者提供加工、修理修配服务以及进口货物的企业单位和个人。为了严格增值税的征收管理和对某些经营规模小的纳税人简化计税办法,我国将纳税人按其经营规模及会计核算健全与否划分为一般纳税人和小规模纳税人。两类纳税人在计税方法上不同,相应的会计处理方法也就存在着差别。一般纳税人的基本税率为13%,对于出口货物则实行零税率,有关已纳增值税全额退税。小规模纳税人的征收率为3%。

2. 一般纳税人增值税的账户设置

我国对于增值税的征收采用的是根据货物或应税劳务销售额,按照规定的税率计算税金,然后从中扣除上一道环节已纳增值税款,其余额为纳税人应缴纳的增值税税款。即企业应纳增值税是销项税额减进项税额的差额。可用公式表示如下:

应纳增值税=销项税额－进项税额

企业应交的增值税,一般纳税人应在"应交税费"账户下设置"应交增值税""未交增值税""预缴增值税""待抵扣进项税额"等明细账户进行核算。在"应交税费——应交增值税"账户下,应当分别设置"进项税额""已交税金""销项税额""进项税转出""出口退税""销项税额抵减""转出多交增值税""转出未交增值税"等专栏。

3. 一般纳税人增值税一般业务的账务处理

我国目前的增值税实行价外税模式。所谓"价外税",是指企业销售(购买)货物或者提供(接受)劳务的价款为不含税价款,并按不含税价款乘以增值税税率收取(支付)销项或进项税额。

根据上述特点,一般纳税企业在账务处理上的主要特点如下:一是在购进阶段,账务处理时实行价与税的分离,价与税分离的依据为增值税专用发票上注明的增值税税额和价款,属于价款部分,计入购入货物的成本;属于增值税税额部分,计入进项税额。二是在销售阶段,销售价格作为销售收入,向购买方收取的增值税税额作为销项税额。把含税销售额换算成不含税销售额的换算公式为:

销售额=含税销售额÷(1＋增值税税率)

假定无其他因素,销项税额减去可予抵扣的进项税额的差额,即为企业本期应缴纳的增值税。

可以看出,增值税是由最终消费者承担,由企业代收代缴的流转税。

(1) 进项税额

企业应在"应交税费——应交增值税"账户的"进项税额"专栏,记录企业购入货物或接受应税劳务而支付的、准予从销项税额中抵扣的增值税额。企业购入货物或接受应税劳务支付的进项税额,用蓝字登记;退回所购货物应冲销的进项税额,用红字登记。

【例7】 甲企业为增值税一般纳税人,本期购入一批商品,增值税专用发票上注明的商品价款为400 000元,增值税税额为52 000元。货款已经支付,商品已验收入库。购买该商品时,甲企业还另行用银行存款支付运输费用1 000元,增值税税额为90元。

对该项业务,甲企业应编制会计分录如下:

借：库存商品(400 000+1 000)　　401 000
　　应交税费——应交增值税(进项税额)(52 000+90)　　52 090
　贷：银行存款　　453 090

此外，原不得抵扣且未抵扣进项税额的固定资产、无形资产等，因改变用途等用于允许抵扣进项税额的应税项目的，应当在用途改变的次月调整相关资产的账面价值，按允许抵扣的进项税额，借记“应交税费——应交增值税(进项税额)”账户，贷记“固定资产”“无形资产”等账户。

(2) 进项税额转出

企业应在“应交税费——应交增值税”账户的“进项税额转出”专栏，记录企业的购进货物、在产品、产成品等发生非正常损失以及其他原因而不应从销项税额中抵扣，按规定转出的进项税额。

企业因发生非常损失或改变用途，导致原已计入进项税额但按现行增值税制度规定不得从销项税额中抵扣的，应当将进项税额转出，借记“待处理财产损溢”(发生非常损失时)、“应付职工薪酬”(用于集体福利时)等账户，贷记“应交税费——应交增值税(进项税额转出)”账户。

此外，购进时已全额抵扣进项税额的货物或服务等转用于不动产在建工程的，其已抵扣进项税额的40%部分应于转用当期转出，借记“应交税费——待抵扣进项税额”账户，贷记“应交税费——应交增值税(进项税额转出)”账户。

续【例7】　假定甲企业购入的商品未用于销售，而用于职工福利的发放，假定商品售价与购货成本相同，则甲企业应编制会计分录如下：

借：应付职工薪酬——短期薪酬(职工福利费)　　453 090
　贷：营业收入　　401 000
　　　应交税费——应交增值税(进项税额转出)　　52 090

续【例7】　假定甲企业将购入的商品用于不动产在建工程的建造，根据现行税法规定，其中的60%在第一年可予以抵扣；另40%可在第二年予以抵扣，企业应当将第二年才能抵扣的40%部分从进项税额中予以转出，在第二年再转入进项税额。

对此项业务，甲企业应编制会计分录如下：

借：在建工程　　401 000
　贷：库存商品　　401 000
借：应交税费——待抵扣进项税额(52 090×40%)　　20 836
　贷：应交税费——应交增值税(进项税额转出)　　20 836

第二年允许抵扣增值税时：

借：应交税费——应交增值税(进项税额)　　20 836
　贷：应交税费——待抵扣进项税额　　20 836

(3) 销项税额

企业应在“应交税费——应交增值税”账户的“销项税额”专栏，记录企业销售货物或提供应税劳务应收取的增值税额。企业销售货物或提供应税劳务应收取的销项税额，用蓝字登记；退回销售货物应冲销的销项税额，用红字登记。

【例8】　甲企业为增值税一般纳税人，当期销售产品收入为2 000 000元(不含应向购买者收取的增值税税额),货款尚未收到。增值税税率为13%。

根据上述经济业务,甲企业应编制会计分录如下:

借:应收账款　　2 260 000
　贷:营业收入　　2 000 000
　　应交税费——应交增值税(销项税额)　　260 000

(4) 销项税额抵减

企业应在"应交税费——应交增值税"账户的"销项税额抵减"专栏,反映作为主要责任人的企业从销售额扣除其支付给其他单位或个人价款的增值税额。

【例9】 甲企业是一家旅行社,在上海组织客源,再将组织的客源转让给旅行地当地的旅行社负责具体的旅行活动。甲企业是客户合同中的主要责任人,甲企业组织了100名旅客,每人收费21 800元(含增值税税额1 800元),合同约定,向当地旅行社支付每人15 400元(含9%的增值税税额)。

甲企业是合同中的主要责任人(主要责任人的概念可参见第十三章收入部分的说明),应按总额法确认收入。对此项业务,甲企业应编制会计分录如下:

借:银行存款(21 800×100)　　2 180 000
　贷:营业收入　　2 000 000
　　应交税费——应交增值税(销项税额)　　180 000
借:营业成本　　1 400 000
　应交税费——应交增值税(销项税额抵减)　　126 000
　贷:应付账款　　1 526 000

若甲企业采用差额征税方式,即以其取得的全部价款和价外费用,扣除支付给当地旅行社费用后的余额为销售额。则甲企业应编制会计分录如下:

借:银行存款(21 800×100)　　2 180 000
　贷:营业收入　　600 000
　　应交税费——应交增值税(销项税额)　　54 000
　　应付账款　　1 526 000

(5) 出口退税

有出口货物的企业,应在"应交税费——应交增值税"账户中的"销项税额抵减"专栏,反映根据相关税法规定的退税率可予出口退税的增值税额。

【例10】 甲企业是一般纳税人,本期购入商品100 000元(不含增值税)用于出口,该商品的增值税税率为13%。本期甲企业将该商品全部出售,以人民币计价的销售收入为400 000元,假定增值税税率为13%。对此项出口销售,甲企业应编制会计分录如下:

借:银行存款　　400 000
　贷:营业收入　　400 000
借:其他应收款　　52 000
　贷:应交税费——应交增值税(销项税额)(400 000×13%)　　52 000
借:营业成本　　100 000
　贷:库存商品　　100 000

若退税率为12%,不予退税的进项税额部分,应结转至营业成本:

借：营业成本　　1 000

　贷：应交税费——应交增值税(进项税额转出)(100 000×1%)　　1 000

(6) 已交税金

企业应在“应交税费——应交增值税”账户的“已交税金”专栏，记录企业已缴纳的增值税额。企业已缴纳的增值税，用蓝字登记；退回多交的增值税，用红字登记。

(7) 转出多交增值税和转出未交增值税

企业应在“应交税费——应交增值税”账户的“转出多交增值税”和“转出未交增值税”专栏，记录企业期末多交或未交增值税税额。

为避免出现企业用以前月份欠交增值税抵扣以后月份未抵扣增值税的情况，期末，企业应当将本期未交或多交增值税从“应交税费——应交增值税”账户的相关专栏结转至“应交税费——未交增值税”账户。例如，月份终了，企业计算出当月应交未交的增值税，应借记“应交税费——应交增值税(转出未交增值税)”账户，贷记“应交税费——未交增值税”账户。

【例 11】 甲企业本期销售商品发出的销项税额为 320 000 元，购进货物发生的可抵扣的进项税额为 200 000 元，本期实际缴纳增值税 100 000 元。

对上述业务，甲企业应编制会计分录如下：

(1) 缴纳增值税时：

借：应交税费——应交增值税(已交税金)　　100 000

　贷：银行存款　　100 000

(2) 转出未交增值税时：

借：应交税费——应交增值税(转出未交增值税)　　20 000

　贷：应交税费——未交增值税　　20 000

如本期甲企业实际缴纳增值税 150 000 元，则应编制会计分录如下：

借：应交税费——未交增值税　　30 000

　贷：应交税费——应交增值税(转出多交增值税)　　30 000

经过上述账务处理，期末，“应交税费——应交增值税”账户余额为零。

4. 一般纳税人增值税特定业务的账务处理

(1) 视同销售的账务处理

会计上，营业收入的确认以发生交易为前提，在企业已将商品的控制权转移客户时确认。而增值税应税销售额的认定主要考虑进入消费前能按税率足额征税。某些经济业务并不构成交易，但税法上将其“视同销售”处理。

视同销售业务主要有：① 交付他人代销；② 销售代销货物；③ 将自产或委托加工的货物用于非应税项目；④ 将自产、委托加工或购买的货物分配给股东或投资者；⑤ 将自产、委托加工的货物用于集体福利或个人消费等行为。

上述视同销售行为，有些虽然在会计核算时不作为销售处理，但需要按规定计算缴纳增值税，并需要开具增值税专用发票，计算缴纳的增值税。

【例 12】 甲企业用原材料对乙企业进行长期股权投资，形成了非同一控制下的企业合并。双方协议按公允价值作价，并以公允价值作为实收资本。该材料的成本为 100 000 元，公允价值和计税价格均为 120 000 元。原材料的增值税税率为 13%。

投资者投入的长期股权投资，应当按照投资合同或协议约定的价值作为初始投资成本，但合同或协议约定价值不公允的除外。因此，本例中，甲企业长期股权投资的入账价值应为140 400元。根据上述经济业务，甲、乙企业的会计处理分别如下：

① 甲企业的会计处理。

借：长期股权投资　　135 600

　贷：营业收入(其他业务收入)　　120 000

　　　应交税费——应交增值税(销项税额)　　15 600

借：其他业务成本　　100 000

　贷：原材料　　100 000

② 乙企业的会计处理。

借：原材料　　120 000

　　应交税费——应交增值税(进项税额)　　15 600

　贷：实收资本　　120 000

　　　资本公积　　15 600

企业将自产或委托加工的货物用于应税项目或作为集体福利的，也应视同销售计算应缴纳的增值税。因为这些货物当初购进时根据增值税专用发票上注明的增值税税额计入了进项税额，待由以后的销项税额抵扣，但由于这些货物使用时用于非增值税项目或用于集体福利，这部分进项税额按规定不能由其他销项税额抵扣，而应由非应税项目或集体福利负担。因此，会计核算时，应按照视同销售计算出销项税额，记入有关账户的借方和"应交税费——应交增值税(销项税额)"账户的贷方。

【例13】 甲企业将自己生产的产品用于固定资产建造工程。该产品的成本为500 000元，计税价格为800 000元。增值税税率为13%。甲企业应编制会计分录如下：

借：在建工程　　604 000

　贷：库存商品　　500 000

　　　应交税费——应交增值税(销项税额)　　104 000

(2) 预缴增值税的账务处理

国家对一些特定类型的行业如房地产开发企业、建筑企业以及租赁服务平台等，预征增值税。

适用一般计税方法计税的，应预缴的增值税税款按照以下公式计算：

应预缴增值税＝预收款÷(1＋适用税率或征收率)×征收率

适用简易方法计税的，直接以预收款按征收率计算。如房地产开发企业目前的征收率为5%，建筑企业为3%。

对于企业预缴的增值税，企业应借记"应交税费——预缴增值税"账户，贷记"银行存款"账户；月末，企业应将"预缴增值税"明细科目余额转入"未交增值税"明细科目，借记"应交税费——未交增值税"账户，贷记"应交税费——预缴增值税"账户。

【例14】 甲建筑企业为客户建造A项目，预收客户款项1 090 000元，适用的增值税税率为9%，预征率为2%。A项目为固定造价合同，合同交易价格为10 000 000元(不含增值税)，实际建造成本为5 000 000元，在交付给客户时确认收入。

甲企业相关会计处理如下：

① 在收到客户预收款时：

借：银行存款　　1 090 000

　贷：合同负债　　1 090 000

借：应交税费——预缴增值税[1 090 000÷(1+9%)×3%]　　30 000

　贷：银行存款　　30 000

② 期末，结转预缴的增值税时：

借：应交税费——未交增值税　　30 000

　贷：应交税费——预缴增值税　　30 000

③ A 项目建造完工，交付给客户时：

借：合同负债　　1 090 000

　贷：营业收入　　10 000 000

　　应交税费——应交增值税(销项税额)　　900 000

借：营业成本　　500 000

　贷：合同履约成本——工程施工　　500 000

④ 冲减已预缴的增值税时：

借：应交税费——应交增值税(销项税额)　　30 000

　贷：应交税费——未交增值税　　30 000

(3) 不予抵扣项目的账务处理

按照增值税暂行条例及其实施细则的规定，企业购进用于集体福利或个人消费的货物、用于非应税项目的购进货物或者应税劳务等，不予抵扣增值税进项税额。

对于按规定不予抵扣的进项税额，会计上应采用不同的方法进行处理。

属于购入货物时即能认定其进项税额不能抵扣的，如购进用集体福利或个人消费的货物，购入的货物直接用于免税项目、非应税项目，或者直接用于集体福利和个人消费的，其增值税专用发票上注明的增值税税额，在会计处理时直接计入购入货物及接受劳务的成本。

【例 15】 甲企业购入一套用于集体福利的健身设备，增值税专用发票上注明的增值税税额为 260 000 元，设备原价为 2 000 000 元，设备已经到达并交付使用，款项已经支付。根据这项经济业务，甲企业应编制会计分录如下：

借：固定资产　　2 260 000

　贷：银行存款　　2 260 000

属于购入货物时不能直接认定其进项税额能否抵扣的，其增值税专用发票上注明的增值税，先记入"应交税费——应交增值税(进项税额)"账户，如果这部分购入货物以后用于按规定不得抵扣进项税额项目的，应将原已计入进项税额并已支付的增值税(进项税额)转出记入有关成本账户，通过"应交税费——应交增值税(进项税额转出)"账户转入有关的"在建工程""待处理财产损溢"及"应付职工薪酬"等账户。

【例 16】 甲企业购入一批原材料，增值税专用发票上注明的增值税税额为 26 000 元，原材料价款为 200 000 元。原材料已入库，货款已经支付(假如该企业材料采用实际成本进行核算)。原材料入库后，该企业将该材料全部用于非生产性的福利设施工程项目。

根据该项经济业务,甲企业应编制会计分录如下:

① 原材料入库时:

借:原材料　200 000

　应交税费——应增值税(进项税额)　26 000

　贷:银行存款　226 000

② 工程领用上述原材料时:

借:在建工程　226 000

　贷:原材料　200 000

　　应交税费——应交增值税(进项税额转出)　26 000

(4) 待抵扣进项税额的账务处理

根据现行税法规定,一般纳税人,2016 年 5 月 1 日后取得并在会计制度上按固定资产核算的不动产或者 2016 年 5 月 1 日后取得的不动产在建工程,其进项税额自取得之日起分 2 年从销项税额中抵扣,第一年抵扣比例为 60%,第二年抵扣比例为 40%。

【例 17】 甲企业以 1 090 万元(含增值税税额 90 万元)购入一幢办公大楼,确认为固定资产。根据现行税法规定,甲企业购入的办公大楼取得的进项税额,第 1 年可以抵扣 60%,第 2 年可以抵扣 40%。

对此项业务,甲企业的会计处理如下(单位:万元):

① 购入办公大楼时:

借:固定资产　1 000

　应交税费——应交增值税(进项税额)　54

　　　　——待抵扣进项税额　36

　贷:银行存款　1 100

② 第 2 年允许抵扣剩余的增值税时:

借:应交税费——应交增值税(进项税额)　36

　贷:应交税费——待抵扣进项税额　36

5. 小规模纳税人增值税业务的账务处理

小规模纳税人在购买商品或接受服务时,其支付的增值税税额均不得计入进项税额,不得从销项税额中予以抵扣,即全部计入相关成本或费用;销售商品或提供服务时,按照销售额和增值税征收率计算增值税税额,不得抵扣进项税额。

应按照下列公式还原为不含税的销售额并计算增值税:

应交增值税=含税销售额÷(1+征收率)×征收率

【例 18】 甲企业是小规模纳税人,本期购入商品 10 000 元,增值税进项税额为 1 600 元;销售该商品时,含税销售额为 15 450 元,增值税征收率为 3%。

对此项业务,甲企业相关会计处理如下:

(1) 购入商品时:

借:库存商品　11 600

　贷:银行存款　11 600

(2) 销售商品时:

借：银行存款　　15 450
　贷：营业收入　　15 000
　　　应交税费——应交增值税[15 450÷(1+3%)×3%]　　450
借：营业成本　　11 600
　贷：库存商品　　11 600

（二）消费税

1. 消费税的概念

消费税是在我国境内生产、委托加工和进口应税消费品的企业单位和个人所征收的一种流转税。征收消费税的应税消费品，包括烟、酒及酒精、化妆品、护发护肤品、贵重首饰及珠宝玉石、鞭炮和烟火、汽油、柴油、汽车轮胎、摩托车、小汽车等。根据不同的应税消费品，消费税的征收有从价定率和从量定额两种方法。采用从价定率方法计征消费税的税基为应税消费品的销售额。税率从3%至45%不等。设置这一税种旨在调节产品利润水平，体现国家政策要求，发挥税收对消费品产销供求的调节作用。

实行从价定率征收的应税消费品，其应纳税额可计算如下：

$$应纳税额=销售额\times税率$$

上式中，销售额是指企业为销售应税消费品向购买方收取的全部价款和价外费用。这里的“销售额”，是指不含增值税的销售额。

实行从量定额征收的应税消费品，其应纳税额计算如下：

$$应纳税额=消费税单位税额\times销售量$$

2. 消费税的销售额及销售量的确定

消费税与增值税一样存在着“视同销售”。企业在计算消费税应纳税额时，应当合理确定销售额和销售数量。

(1) 对外销售的应税消费品，其销售额为向对方收取的全部价款和价外费用，但不包括收取的增值税。

(2) 自产自用计税销售额、用应税消费品换取生产资料和消费资料、抵偿债务、对外投资，或用于在建工程、非生产机构等其他方面，按照纳税人生产的同类消耗品的销售价格计算纳税。

(3) 委托加工销售额。委托加工的应税消费品，按照受托方的同类消费品的销售价格计算纳税；没有同类消费品销售价格的，按照组成计税价格计税。

$$组成计税价格=(材料成本+加工费)\div(1-消费税税率)$$

(4) 进口消费品。进口应税消费品，实行从价定率办法计税的，按照组成计税价格计算纳税。

$$组成计税价格=(关税完税价格+关税)\div(1-消费税税率)$$

纳税人的计税价格明显偏低又无正当理由的，由主管税务机关核定其计税价格。

3. 消费税的账务处理

企业生产的应税消费品，在销售时应按照应交消费税额，借记“税金及附加”账户，贷记“应交税费——应交消费税”账户。

需要缴纳消费税的进口消费品，企业缴纳的消费税应直接计入进口消费品的成本，借记“库存商品”“原材料”“固定资产”等账户。

【例 19】 甲企业销售 10 辆气缸容量(排气量)在 250 毫升以上的摩托车，每辆售价 1 万元(不含增值税额)，货款已收，摩托车每辆成本 4 000 元，摩托车的增值税税率为 13%，消费税税率为 10%。

甲企业的相关会计处理如下：

应向购买方收取的增值税税额＝10 000×10×13%＝13 000(元)

应缴纳的消费税＝10 000×10×10%＝10 000(元)

借：银行存款	113 000	
贷：营业收入		100 000
应交税费——应交增值税(销项税额)		13 000
借：税金及附加	10 000	
贷：应交税费——应交消费税		10 000
借：营业成本	40 000	
贷：库存商品		40 000

企业有时会将自产的应税消费品对外投资，或用于本企业在建工程等方面，按规定也应计算缴纳消费税，并计入有关成本。

【例 20】 甲企业将应税消费品对外投资，产品成本为 375 000 元，计税价格为 500 000 元。该产品增值税税率为 13%，消费税税率为 10%。根据这项业务，甲企业的会计处理如下：

(1) 计算应交增值税及应交消费税。

增值税＝500 000×13%＝65 000(元)

消费税＝500 000×10%＝50 000(元)

(2) 将产品成本及增值税与消费税转入有关账户。

借：长期股权投资	615 000	
贷：营业收入		500 000
应交税费——应交消费税		50 000
——应交增值税(销项税额)		65 000

按照税法规定，企业如有委托加工的应税消费品，应由受托方在向委托方交货时代收代缴消费税。委托方收回后，若用于连续生产应税消费品的，所纳税款可按规定抵扣，委托方可将已代扣代缴的消费税，借记“应交税费——应交消费税”账户，贷记“应付账款”“银行存款”等账户，待用委托加工的应税消费品生产出应纳消费税的产品销售时，再计算缴纳消费税；若直接用于销售的，委托方应将代扣代缴的消费税计入委托加工的应税消费品成本，借记“委托加工材料”“生产成本”“自制半成品”等账户，贷记“应付账款”“银行存款”等账户，待委托加工应税消费品销售时，不再缴纳消费税。

【例 21】 甲企业委托外单外加工应税消费品，甲企业提供原材料 A，其成本为 6 000 元，支付加工费用 3 000 元(不含增值税，加工费用的增值税税率为 6%)，消费税税率为 10%。

对此项业务，甲企业的相关会计处理如下：

(1) 若甲企业收回委托加工材料 A,用于连续生产应税消费品,代缴的消费税按规定准予抵扣。

① 发出委托加工材料时:

借:委托加工物资　　6 000

　贷:原材料　　6 000

② 支付加工费用时:

借:委托加工物资(3 000+3 000×6%)　　3 180

　　应交税费——应交消费税[(6 000+3 000)÷(1−10%)×10%]　　1 000

　贷:银行存款　　4 180

③ 收回委托加工材料并验收入库时:

借:原材料　　9 180

　贷:委托加工物资　　9 180

(2) 若甲企业收回货物直接用于销售,代缴的消费税不得抵扣,直接计入成本。

① 发出委托加工材料时:

借:委托加工物资　　6 000

　贷:原材料　　6 000

② 支付加工费用时:

借:委托加工物资　　4 180

　贷:银行存款　　4 180

③ 收回委托加工材料并验收入库时:

借:库存商品　　10 180

　贷:委托加工物资　　10 180

七、存入保证金

存入保证金(deposits received)是指为保证企业出租或出借的财产能如期、完整、无损地收回而向客户收取一定数量的押金。这些保证金或押金应在任务完成、责任解除时如数退还。这些保证金或押金在收受时,根据其预期退还的期限长短,在收受时应列为流动负债或非流动负债。对存入的保证金,企业应当设置"其他应付款"账户进行处理。

八、非流动负债中的流动部分

企业发行的公司债券,出具的长期应付票据等属于非流动负债。非流动负债中 1 年内将到期的部分则属于流动负债,在资产负债表中应在流动负债项下单独作为一项列示。但是,1 年内到期的非流动负债,若以偿债基金偿还,或举措新债偿还或转换成为股份,即不是动用流动资产来清偿,均不符合流动负债的条件,故不能转列为流动负债。

第四节　应付金额视经营状况而定的流动负债

有些负债的金额取决于企业的经营情况,其实际应付金额等到会计期末经营成果确定以后,才能加以确定。这类负债主要有应付股利或利润、应交所得税等。

一、应付股利或利润

企业的利润分配由公司董事会提出,最终由公司股东(大)会批准,按照股东(大)会批准的利润分配方案进行利润分配。自宣告之日起,应付股利或利润就构成企业的一项流动负债。会计处理如下:

(1) 宣告分派股利时:

借:利润分配——应付现金股利(或利润)　　×××

　贷:应付股利　　×××

(2) 发放时:

借:应付股利　　×××

　贷:银行存款等　　×××

股利或利润一经宣告分配,就形成一项负债。但若未宣告的股利或利润,并不构成负债。如累积优先股有积欠未分配的股利,积欠的股利需在资产负债表附注中披露,不应列为负债。另外,企业宣告发放的股票股利,只是股东权益账户之间的转换,即留存收益转到股本,并不构成负债。股票股利问题将在本书第十四章中予以说明。

二、应交所得税

(一) 所得税的概念

企业所得税是对我国境内的企业和其他取得收入的组织的生产经营所得和其他所得征收的一种税。企业所得税的计税依据是应纳税所得,它以利润为主要依据,但不是直接意义上的会计利润,更不是收入总额。在计算所得税时,计税依据的计算涉及纳税企业的成本、费用、税收激励或者限制措施等各个方面。

应交所得税是企业按照其全年的应税所得额,根据国家规定的税率计算课征的一个税种。它是国家参与企业利润分配并直接调节其利润水平的一个税种。所得税的特点是征税多少与企业的经济效益直接挂钩,以纳税人的实际负担能力为征税标准。所得税与前面涉及的流转税不同,流转税是在产品流转环节征收,而所得税是对企业应税利润征收。

(二) 所得税的核算

1. 会计利润与应纳税所得

按照会计政策计算的税前会计利润与按照税法规定计算的应纳税所得之间存在的差异主要有以下两种:

(1) 永久性差异。永久性差异是指一个时期的应纳税所得和税前会计利润之间的差额,这种差额在本期发生但不能在以后各期转回。这种差额的产生,主要是由于会计与税法在计算其收益或所得时所确认的收支口径不同所造成的。如我国《企业所得税法实施条例》中规定,违法经营的罚款和被没收的财物的损失,在计算所得税时不能作为支出从应税所得额中扣除;而从会计核算角度看,违法经营的罚款和被没收的财物的损失是企业的一项损失,应从损益中扣除。

(2) 暂时性差异。暂时性差异是指资产或负债的账面价值与其计税基础之间的差额;

未作为资产和负债确认的项目，按照税法规定可以确定其计税基础的，该计税基础与其账面价值之间的差额也属于暂时性差异。

按照暂时性差异对未来期间应税金额的影响，分为应纳税暂时性差异和可抵扣暂时性差异。

资产的账面价值大于其计税基础或者负债的账面价值小于其计税基础，产生应纳税暂时性差异；资产的账面价值小于其计税基础或者负债的账面价值大于其计税基础，产生可抵扣暂时性差异。按照税法规定允许抵减以后年度利润的可抵扣亏损，视同可抵扣暂时性差异。

例如，某企业的某些固定资产，会计上规定其使用寿命为10年并按直线法计提折旧。而国家出于鼓励投资，刺激经济的增长、就业的增加，扩大税源等目的，在税收上规定企业可以对某类固定资产采用加速折旧的方法。这样，从一个会计年度看，由于会计核算和税收计算所采用的固定资产折旧方法的不同，由此产生资产的账面价值大于其计税基础，就产生了应纳税暂时性差异。

又如，某企业期末持有一批存货，成本为1 000万元，可变现净值为800万元，对于可变现净值低于成本的差额，按照存货会计准则的规定，应当计提存货跌价准备200万元，由于税法规定资产的减值损失在发生实质性损失前不允许税前扣除，该批存货的计税基础仍为1 000万元，而账面价值为800万元，两者之间的差额200万元即为可抵扣暂时性差异。

2. 应交所得税的计算

企业应交所得税的计算公式为：

应交所得税额＝应纳税所得额×所得税税率

企业应纳税所得的计算公式为：

应纳税所得额＝利润总额±应调整项目的金额

"应调整项目的金额"是指企业的会计处理与税法规定有出入而予以调整的金额。计算应纳税所得是因为会计方法计算的税前会计利润与按税法规定计算的应纳税所得有所不同，企业缴纳的所得税应按税法计算，因此，计算应纳所得税的关键是要知道应纳税所得，而计算应纳税所得的捷径是以税前会计利润为基础，再加以调整即可。

(三) 所得税费用的确认

我国现行会计准则要求采用资产负债表债务法确认所得税费用，即企业应于每个资产负债表日，对资产、负债的账面价值与其计税基础进行分析比较，两者之间存在差异的，按照重要性原则，确认递延所得税资产、递延所得税负债及相应的递延所得税费用。

有关所得税费用的会计处理，将在第十三章中详细说明。

第五节　以公允价值计量的负债

随着证券市场的繁荣，还存在着发行人根据债务工具的公允价值变动发行一些计划在近期回购的有公开市场报价的债务工具，这些债务工具应当以公允价值计量。

以公允价值计量且其变动计入当期损益的金融负债，包括交易性金融负债和指定以公允价值计量且其变动计入当期损益的金融负债。

交易性金融负债，指企业采用短期获利模式进行融资所形成的负债，如应付短期债券。作为交易双方来说，一方的金融债权就是另一方的金融负债，由于融资方需要支付利息，因此，就形成了金融负债。

符合以下条件之一的金融负债，企业应当划分为交易性金融负债：

(1) 承担金融负债的目的，主要是为了近期内出售或回购；

(2) 金融负债是企业采用短期获利模式进行管理的金融工具投资组合中的一部分；

(3) 属于衍生金融工具。

企业应设置"交易性金融负债"账户，反映交易性金融负债的增减变动；对交易性金融负债中属于衍生金融工具的部分，可以另行设置"衍生金融工具"账户进行反映。

一、交易性金融负债

交易性金融负债的主要账务处理如下：

(1) 企业承担的交易性金融负债，应按实际收到的金额，借记"银行存款"、银行类企业可以借记"存放中央银行款项""结算备付金"等账户；按发生的交易费用，借记"投资收益"账户；按交易性金融负债的公允价值，即本金，贷记"交易性金融负债(本金)"账户。

(2) 资产负债表日，按交易性金融负债票面利率计算的利息，借记"投资收益"账户，贷记"应付利息"账户。资产负债表日，交易性金融负债的公允价值高于其账面余额的差额，借记"公允价值变动损益"账户，贷记"交易性金融负债(公允价值变动)"账户；公允价值低于其账面余额的差额，做相反的会计分录。

需要注意的是，如果持有的交易性金融负债因自身信用变动引起的公允价值变动，应记入"其他综合收益"账户。

(3) 处置交易性金融负债，应按该金融负债的账面余额，借记"交易性金融负债"账户；按实际支付的金额，贷记"银行存款"账户，银行类企业可贷记"存放中央银行款项""结算备付金"等账户；按其差额，贷记或借记"投资收益"账户。同时，按该金融负债的公允价值变动，借记或贷记"公允价值变动损益"账户，贷记或借记"投资收益"账户。

因自身信用变动引起的公允价值变动而应记入"其他综合收益"账户的余额在处置时应直接结转为留存收益，不能结转至投资收益。

【例 22】 2019 年 12 月 1 日，甲企业以面值发行 6 个月期的 1 000 万元的短期债务工具，票面利率为 3%，另用银行存款支付交易费用 1 万元。

该债务工具划分为以公允价值计量且其变动计入当期损益的金融负债。公允价值均不含利息。

2019 年 12 月 31 日，因市场利息率上调，该债务工具的公允价值为 990 万元。

2020 年 3 月 31 日，因自身信用等级评级下降，公允价值上升为 103 万元。

2020 年 6 月 1 日，甲企业以本利之和赎回了发行的短期债务工具。

假定利息只在年末计提，根据上述业务，甲企业的账务处理如下(单位：万元)：

(1) 发行债务工具时：

借：银行存款	1 000	
贷：交易性金融负债——本金		1 000

借：投资收益　　1

　贷：银行存款　　1

(2) 2019 年 12 月 31 日应计利息时：

借：投资收益(1 000×3%×1/12)　　2.5

　贷：应付利息　　2.5

(3) 2019 年 12 月 31 日以公允价值计量金融负债时：

借：交易性金融负债——公允价值变动　　10

　贷：公允价值变动损益　　10

(4) 2020 年 3 月 31 日，确认因自身信用条件变动导致公允价值变动时：

借：其他综合收益——企业自身信用风险公允价值变动　　13

　贷：交易性金融负债——公允价值变动　　13

(5) 赎回发行的债务工具时：

借：交易性金融负债——本金　　1 000

　　　　　　　　——公允价值变动　　3

　投资收益　　9.5

　应付利息　　2.5

　贷：银行存款[1 000×(1+3%×6/12)]　　1 015

借：盈余公积　　1.3

　利润分配——未分配利润　　11.7

　贷：其他综合收益　　13

从上面的会计处理中可以看出，如果没有市场条件的变动，甲企业发行融资债务工具承担的成本为 16 万元，即利息 15 万元[1 000×(1+3%×6/12)]和交易费用 1 万元，但本例中，其中有 13 万元的变化归为自身信用风险变动所致，因此，确认的投资收益总额为−3 万元(其中，公允价值变动损益 10 万元，投资收益−13 万元)。

二、以现金结算的股份支付

(一) 股份支付的概念及分类

股份支付，是"以股份为基础的支付"的简称，是指企业为获取职工和其他方提供服务而授予权益工具或者承担权益工具为基础确定的负债的交易。

按照股份支付的方式和工具类型，股份支付可划分为两大类、四小类：

(1) 以权益结算的股份支付

以权益结算的股份支付，是指企业为获取服务而以股份形式或其他权益工具作为对价进行结算的交易。

以权益结算的股份支付，最常见的类型有限制性股票和股票期权，其会计处理详见第十四章的说明。

(2) 以现金结算的股份支付

以现金结算的股份支付，是指企业为获取服务而承担的以股份或其他权益工具为基础计算的交付现金或其他资产的义务的交易。

以现金结算的股份支付，最常见的类型有虚拟股票和现金股票增值权。

虚拟股票和现金股票增值权，是指采用模拟的股权激励原理，但用现金支付的一种支付方式。

例如，企业对某高级管理人员提供以现金结算的股份支付，约定满足一定的行权条件即可予以支付 1 000 股股票为基础的现金。目前股票的市价为 10 元，行权价为 12 元。如在行权日，股票市价为 18 元，则现金股票增值权条件下，企业应支付该高级管理人员现金 8 000 元[(18－12)×1 000]；而在虚拟股票条件下，企业应支付该高级管理人员现金 18 000 元(18×1 000)。

(二) 现金结算的股份支付的确认与计量

股份支付的确认与支付必须以完整、有效的股份支付协议为基础。

企业应当在等待期内的每个资产负债表日，以对可行权情况的最佳估计数为基础，按照企业承担负债的公允价值，将当期取得的服务计入相关资产或费用，同时计入负债，并在结算前的每个资产负债表日和结算日对负债的公允价值重新计量，将其变动计入当期损益。

有些股份支付在授予日即可行权。若如此，对于授予后即可行权的现金结算的股份支付，企业应当在授予日按照企业承担负债的公允价值计入相关资产成本或费用，同时计入负债；在结算前的每个资产负债表日和结算日对负债的公允价值重新计量，将其变动计入当期损益。

1. 授予日

授予日是指股份支付协议获得批准的日期。具体而言，是企业与职工或其他方就股份支付的协议条款和条件达成一致，该协议获得股东大会或类似机构批准的日期。

除立即可行权的股份支付外，授予日企业不需要进行会计处理。

2. 等待期的每个资产负债表日

企业应当在等待期的每个资产负债表日，将取得职工或其他方提供的服务计入成本或费用，同时确认负债，该负债应当按公允价值计量。

只要符合行权条件，企业就应当确认已取得的服务。企业应根据权益工具的公允价值和根据最新信息确定的预计可行权的权益工具数量，计算截至当期累计应确认的成本费用金额，再减去前期累计已确认金额，作为当期应确认的成本费用金额。

所谓“行权条件”，是指能够确定企业是否得到职工或其他方提供的服务，且该服务使职工或其他方具有获取股份支付协议规定的权益工具或现金等权利的条件。可行权条件通常包括服务期限条件和业绩条件，在满足这些条件之前，职工或其他方无法获得股份。

3. 可行权日之后

可行权日，是指可行权条件得到满足、职工或其他方具有从企业取得现金权利的日期。从授予日到可行权日的时段，称为“等待期”或“行权限制期”。

在可行权日，最终预计可行权的权益工具数量与实际可行权工具的数量要保持一致。

对现金结算的股份支付，企业在可行权日之后，不再确认成本或费用，负债应按公允价值计量，公允价值变动应当计入当期损益。

【例 23】 2018 年年初，甲企业为 100 名管理人员授予每人 300 份现金股票增值权，该增值权计划获得股东大会批准。该计划规定，计划中约定的管理人员，从 2018 年 1 月 1 日起连续为企业服务 3 年，即可在 3 年后，即自 2021 年 1 月 1 日至 2022 年 12 月 31 日期间可以行权。企业按股票市价与行权价之间的差额向行权的管理人员支付现金。

授予日，股份市价为每股 15 元，行权价为每股 10 元。每份股份的公允价值为 5 元。

资产负债表日与结算日的公允价值如表 11－1 所示。

表 11－1　　现金股票增值权资产负债表日及结算日的公允价值(每份)　　单位：元

年　份	资产负债表日	行权日支付现金
2018	8	
2019	12	
2020	15	
2021	18	17
2022		16

2018 年，有 10 名管理人员离开了企业，预计未来还有 10 名管理人员会离开企业；2019 年，又有 8 名管理人员离开了企业，预计未来还有 3 名管理人员会离开企业；2020 年，有 5 名管理人员离开了企业。

2021 年，有 60 名管理人员行使增值权取得了现金，其他管理人员均在 2022 年行使权利取得了现金。

根据上述资料，甲企业以现金结算的股份支付所确认的负债及损益计算如表 11－2 所示。

表 11－2　　甲企业股份支付中负债与损益计算表　　单位：元

年　份	负　债		支付现金		当期费用或损益
	计　算	金　额	计　算	金　额	
2018	[100－(10＋10)]×300×8×1/3	64 000			64 000
2019	[100－(10＋8＋3)]×300×12×2/3	189 600			125 600
2020	[100－(10＋8＋5)]×300×15×3/3	346 500			156 900
2021	(77－60)×300×18	91 800	60×300×17	306 000	51 300
2022			17×300×16	81 600	－10 200
合　计				387 600	387 600

根据上述资料，甲企业的会计处理如下：

(1) 授予日。

由于不可立即行权，因此，不需要进行会计处理。

(2) 2018 年 12 月 31 日。

借：管理费用　　64 000

　贷：应付职工薪酬——股份支付　　64 000

(3) 2019 年 12 月 31 日。

借：管理费用　　125 600

　贷：应付职工薪酬——股份支付　　125 600

(4) 2020年12月31日。

借：管理费用　156 900

　贷：应付职工薪酬——股份支付　156 900

(5) 2021年度，60名管理人员行权支付现金。

借：应付职工薪酬——股份支付　306 000

　贷：银行存款　306 000

(6) 2021年12月31日，对未行权的股票增值权按公允价值计量，公允价值变动计入公允价值变动损益。

借：公允价值变动损益　51 300

　贷：应付职工薪酬——股份支付　51 300

(7) 2022年，剩余的管理人员行权时。

借：应付职工薪酬——股份支付　10 200

　贷：公允价值变动损益　10 200

借：应付职工薪酬——股份支付　81 600

　贷：银行存款　81 600

(三) 可行权条件的修改

股份支付协议一般不应随意修改，但若因各种原因对其进行了修改，应区分有利或不利于职工或其他方的修改，分别进行相应的会计处理。

1. 条款和条件的有利修改

(1) 如果修改增加了所授予的权益工具的公允价值，企业应当按照权益工具公允价值的增加相应地确认取得服务的增加。

(2) 如果修改增加了授予的权益工具的数量，企业应当将增加的权益工具的公允价值相应地确认为取得服务的增加。

(3) 如果企业按照有利于职工或其他方方式修改可行权条件，如缩短等待期、变更或取消业绩条件等，企业在处理可行权条件时，应当考虑修改后的可行权条件对确认服务的影响。

2. 条款和条件的不利修改

如果企业以减少股份公允价值总额的方式或其他不利于职工或其他方的方式修改条款和条件，企业仍应继续对取得的服务进行会计处理，如同该变更从未发生，除非企业取消了部分或全部已授予的权益工具，具体包括：

(1) 如果修改减少了所授予的权益工具的公允价值，企业应当继续按照权益工具公允价值确认取得服务的成本，而不应考虑权益工具公允价值的减少。

(2) 如果修改减少了授予的权益工具的数量，企业应当将减少部分作为已授予的权益工具的取消来进行处理。

(3) 如果企业按照有利于职工或其他方方式修改可行权条件，如缩短等待期、变更或取消业绩条件等，企业在处理可行权条件时，不应当考虑修改后的可行权条件对确认服务的影响。

需要注意的是，如果企业在等待期内取消了授予的权益工具或结算了所授予的权益工具，企业应当：

(1) 将取消或结算作为加速可行权处理，立即确认原本应在剩余等待期内确认的金额。

(2) 在取消或结算时支付给职工的所有款项均作为权益的回购处理，回购支付的金额高于该权益工具在回购日公允价值的部分，计入当期费用。

第六节　预期再融资的短期负债

一些企业为减少短期内的现金流出，往往对短期负债预期进行再融资。预期再融资的短期负债，若再融资时间长于1年，不应列为流动负债。例如，一家企业取得一笔90天期的借款，银行允许其续借，最长期限为5年。这笔借款是可再融资的短期借款，其在资产负债表上是否列为流动负债，主要看其是否准备再融资、期限多长。判断再融资短期借款为非流动负债的标准为：

(1) 管理者有意再融资，而且再融资的为1年或长于1年的一个经营期以上。

(2) 能证明有再融资的能力。再融资的能力可以以现在企业已经再融资为标准，也可以以企业当时的融资协议为标准。若是融资协议，其融资协议必须满足下面所有条件：

① 协议是不可取消的，延长融资的时间必须为1年或长于1年经营期以上。

② 融资双方没有违反协议的行为。

③ 贷款者或投资者预计有遵守协议的财务能力。

对于短期借款，列示在非流动负债下时，有以下限制：

(1) 金额不可以超过协议中规定的可再融资金额。

(2) 如果有迹象显示企业无足够资金偿还短期负债，协议中的条例限制必须调整。

(3) 不可超过预期可融资的最低限额。也就是说，其估计数必须是最保守金额。例如，一家公司以其应收账款的80%抵借。第一年中，应收账款最低数为在第一季度的90万元，最高为在第三季度的170万元。因此，这家企业最低可再融资短期借款数为72万元(90×80%)。

由于再融资而使得短期负债不列示在流动负债项下，财务报告中必须对此加以披露，披露其有关协议，有关再融资的债务、再融资的形式与期限等。

对于再融资的短期负债，应在流动负债和非流动负债之间单独列示。

第七节　流动负债的列示与披露

一、列示

流动负债应如何列示在资产负债表中，主要涉及三个问题：

(一) 严格区分流动负债与非流动负债

负债满足下列条件之一的，应当归类为流动负债：(1) 预计在一个正常营业周期中清偿；(2) 主要为交易目的而持有；(3) 自资产负债表日起1年内到期应予以清偿；(4) 企业无权自主地将清偿推迟至资产负债表日后1年以上。

对于自资产负债表日起1年内到期的负债，企业预计能够自主地将清偿义务展期至资产负债表日后1年以上的，应当归类为非流动负债；不能自主地将清偿义务展期的，即使在资产负债表日后、财务报告批准报出日前签订了重新安排清偿计划协议，该项负债仍应归类为流动负债。

企业在资产负债表日或之前违反了长期借款协议，导致贷款人可随时要求清偿的负债，应当归类为流动负债。

贷款人在资产负债表日或之前同意提供在资产负债表日后1年以上的宽限期，企业能够在此期限内改正违约行为，且贷款人不能要求随时清偿，该项负债应当归类为非流动负债。

(二) 在财务报表中列示流动负债项目的顺序

流动负债在资产负债中可以根据到期日的先后顺序排列，即首先列示那些最早到期的项目。但这种排列顺序有一个问题，就是同一项目的实际到期日并不一致。例如，应付账款有30天到期的，也有60天甚至更长时间到期的，但它们都归入一类，因此，这种排列顺序实施起来很有困难。

按流动负债金额大小顺序排列，即首先列示流动负债金额最大的项目。但这种排列顺序也有问题，主要是各期负债金额是不断变化的，结果会形成各会计期的负债项目排列顺序变化无常。

因此，最常见的列示方法还是按其重要性，结合常用排列顺序加以列示，如应付账款、应付票据、应付职工薪酬、应交税费等。

流动负债项目在资产负债表中的列示如表11-3所示。

表11-3　　流动负债项目在资产负债表中的列示

	期末余额	年初余额
流动负债：		
短期借款		
交易性金融负债		
衍生金融负债		
应付票据		
应付账款		
预收款项		
合同负债		
应付职工薪酬		
应交税费		
其他应付款		
持有待售负债		
一年内到期的非流动负债		
其他流动负债		
流动负债合计		

二、披露

在资产负债表中披露流动负债的范围及详细程度取决于编制资产负债表的目的。如果资产负债表是用来预测短期财务状况以满足申请贷款的需要，则对流动负债的披露就应力求详细；如果只是作为常规的年度报告，在流动负债的披露上就可以适当简要。具体地说，所有的法定负债，如应付账款、应付票据、预收账款、应付未付款项（包括职工薪酬、租金、利息、税金等）以及其他需要动用流动资产来偿付的债务，均应列示在资产负债表中；对于在资产负债表编制日能合理确定估计的负债，也应记列。至于那些很可能发生负债但金额不能合理估计的，以及有可能发生的或有负债，应用附注方式披露，以供参考。

此外，凡是与资产或其他负债项目存在着一定联系的负债，还可以列示在该资产或该负债项目下面，以反映其净值。例如，“应收票据贴现”相应地列示在流动资产类的“应收票据”项目下，“应付票据折价”也应直接从票据的票面金额上扣减等。

企业应当在财务报表的附注中披露如下与流动负债相关的信息：

(1) 短期借款的种类。

(2) 应付票据的种类，如商业承兑汇票、银行承兑汇票。

(3) 应付账款的明细情况。

(4) 应付职工薪酬的具体项目。包括：① 应当支付给职工的工资、奖金、津贴和补贴及其期末应付未付金额；② 应当为职工缴纳的医疗保险费、工伤保险费和生育保险费等社会保险费及其期末应付未付金额；③ 应当为职工缴存的住房公积金及其期末应付未付金额；④ 为职工提供的非货币性福利及其计算依据；⑤ 依据短期利润分享计划提供的职工薪酬金额及其计算依据；⑥ 其他短期薪酬。

若是现金结算的股份支付，还应披露当期因以现金结算的股份支付而确认的费用总额。

(5) 应交税费的具体项目、税种及相关适用税率。

(6) 合同负债的种类及金额等。

思考题

1. 什么是流动负债？流动负债应当如何计价？

2. 什么是合同负债？合同负债在资产负债表中应当如何列示？

3. 职工薪酬包括哪些内容？它是如何分类的？简述应付职工薪酬的确认和计量原则。

4. 一般纳税人，应交增值税应当设置的专栏有哪些？

5. 对货物的增值税业务，哪些项目应进行进项税转出？哪些项目应视同销售？

6. 税前会计利润和应纳税所得有什么区别？应当如何调整？请举出 4 个不同的调整项目，说明如何进行调整。

7. 什么是股份支付？它有哪些类型？

8. 简述交易性金融负债会计处理的一般流程。

9. 简述以现金结算的股份支付的一般会计流程。

10. 1 年内要到期的负债一定是流动负债吗？为什么？

阅读材料

1. 财政部:《企业会计准则——基本准则》,2014 年。
2. 财政部:《企业会计准则第 30 号——财务报表列报》,2014 年。
3. 财政部:《企业会计准则第 9 号——职工薪酬》,2014 年。
4. 财政部:《企业会计准则第 22 号——金融工具确认和计量》,2017 年。
5. 财政部:《企业会计准则第 37 号——金融工具列报》,2017 年。
6. 财政部:《企业会计准则第 14 号——收入》,2017 年。
7. 财政部:《企业会计准则第 17 号——借款费用》,2006 年。
8. 财政部:《增值税会计处理规定》,2016 年。
9. 财政部:《企业会计准则第 13 号——或有事项》,2006 年。
10. 国际会计准则理事会(IASB):《国际财务报告准则第 9 号——金融工具》(IRFS9),2014 年。

练习题

练习一

一、目的:练习应付票据的会计处理。

二、资料:2019 年 10 月 1 日,甲企业签发了一张面值为 100 000 元、1 年期的票据进行融资。市场利率为 6%。假设:(1) 票据附有利息 6%;(2) 票据不附利息。

三、要求:为甲企业编制 2019 年和 2020 年的相关会计分录(假定每季季末计息一次)。

练习二

一、目的:练习流动负债的会计处理。

二、资料:甲企业为生产企业,生产消费税产品。甲企业共有职工 400 人,其中一线生产工人 300 人,车间管理人员 20 人,行政管理人员 20 人,销售人员 20 人,在建工程人员 40 人。甲企业属于增值税一般纳税人,适用的增值税税率为 13%,消费税税率为 10%。

2019 年 12 月,甲企业发生如下经济业务:

(1) 本月应付职工工资总额为 500 万元,其中,生产工人工资 300 万元,车间管理人员工资 30 万元,行政管理人员工资 50 万元,销售人员工资 30 万元,在建工程人员工资 90 万元,并按工资总额的 14%计提了职工福利费。

(2) 下设的非独立核算职工食堂享受企业提供的补贴,本月领用自产消费税产品一批,账面价值为 100 万元,市场销售价格和计税价格均为 200 万元(不含增值税,下同)。

(3) 以其自产的产品发放给每名职工,成本为 50 万元,市场销售价格和计税价格均为 100 万元。

(4) 为车间管理人员提供免费使用汽车,为行政管理人员提供租赁住房租金,每人每月 2 000 元。本月免费使用汽车的折旧费用共计 5 000 元。

(5) 以银行存款支付行政管理人员住房租金 4 万元。

(6) 结算本月应付职工工资 500 万元,代扣职工房租 5 万元,代扣代缴职工个人所得税 10 万元,余款用银行存款支付。

(7) 上缴个人所得税 10 万元。

(8) 下设的非独立核算的职工食堂领用外购原材料 10 万元,用于食堂的修缮。

(9) 从国外进口一批需要缴纳消费税的商品,商品价值为 100 万元,进口环节需要缴纳的消费税税额 20 万元(不考虑增值税),采购的商品已经验收入库,货款用 3 个月不带息票据支付。

三、要求：根据上述资料，为甲企业编制相关会计分录。

练习三

一、目的：练习流动负债的会计处理。

二、资料：甲工业企业为增值税一般纳税人，增值税税率为13%(假定不考虑其他税费)，材料按计划成本核算。按每笔业务结转入库材料的计划成本，入库材料的成本差异于月末一次结转。本月发生原材料的成本差异按上月末的成本差异率进行分配。

甲企业有关资料如下：

(1) 1月1日，原材料账面计划成本为100 000元，材料成本差异为5 000元(超支)。

(2) 1月10日，购入原材料一批，取得的增值税专用发票上注明的原材料价款为200 000元，增值税税额为26 000元，外地运费为10 000元。按照税法规定，运费按9%的比例计算增值税进项税额。购入原材料之前，已经预付货款150 000元，原材料验收入库后，差额已经通过银行存款支付。

(3) 上述材料的计划成本为210 000元，材料已经验收入库。

(4) 本月领用原材料的计划成本为200 000元，其中，生产车间领用150 000元，车间管理部门领用20 000元，辅助生产车间领用20 000元，行政管理部门领用1 000元，在建工程领用9 000元。

(5) 1月28日，购入材料一批，材料已经运达并验收入库，但发票等结算凭证尚未到达，货款尚未支付，该批材料的计划成本为300 000元。

(6) 2月10日，收到1月28日购进材料的结算凭证，该批材料的实际成本为400 000元，增值税税额为52 000元，企业开具期限为3个月的商业承兑汇票结算价款。

(7) 2月15日，进口原材料一批，其关税完税价格为100 000元，支付的进口关税为20 000元，支付的消费税税额为7 000元，适用的增值税税率为13%，款项已通过银行支付。

(8) 上述进口原材料已验收入库，其计划成本为120 000元。

(9) 2月19日，接收某企业投资转入一批原材料，按市价评估确认的价值为200 000元，该批原材料的计划成本为250 000元，投资方适用的增值税税率与甲企业相同。

(10) 2月份领用原材料的计划成本为400 000元，其中，生产部门领用300 000元，辅助生产车间领用50 000元，车间管理部门领用20 000元，行政管理部门领用10 000元，在建工程领用20 000元。

三、要求：根据上述业务，为甲企业编制相关会计分录。

练习四

一、目的：练习应交增值税的会计处理。

二、资料：甲企业以100件自制A产品换取乙企业的200件B产品作为其原材料。A产品的单位生产成本为30元，对外不含税售价为每件50元；B产品的单位生产成本为15元，对外不含税售价为每件25元。假定该项交换具有商业实质。

三、要求：分别下列情况，为甲企业业务编制相关会计分录：

(1) 假定甲企业和乙企业均为生产型增值税小规模纳税人。

(2) 假定甲企业和乙企业均为增值税一般纳税人，双方均按产品公允价值开具了增值税专用发票，增值税税率为13%。

练习五

一、目的：练习应交所得税的会计处理。

二、资料：甲企业一项设备，按照税法规定，折旧期为4年；按照会计政策，折旧期为6年(采用直线法计提折旧)。该项固定资产原值1 200 000元(假定不考虑净残值)。假设甲企业每年实现税前会计利润5 000 000元，且无其他纳税调整项目，所得税税率为25%。

三、要求：计算甲企业第1～6年的所得税费用和应交所得税，并编制会计分录。所得税费用的确认采用资产负债表债务法。

练习六

一、目的：练习应交所得税的会计处理。

二、资料：2019 年，甲企业按会计核算要求计算的税前会计利润为 3 890 000 元，当年发生的税前扣除的费用项目和当年取得的计入利润的收益项目有：

(1) 向某电视剧提供非广告性赞助 888 000 元。

(2) 企业因违法经营被有关部门罚款 467 000 元。

(3) 全年核定的计税工资总额为 2 000 000 元，实际发放的工资总额为 2 300 000 元。

(4) 企业向非银行金融机构取得一笔短期借款，按国家规定的同期贷款利率计算应支付利息 300 000 元，企业实际支付利息 325 200 元。

(5) 2018 年 12 月 18 日购入生产用设备一台，增值税专用发票上注明的价款为 900 000 元，增值税税额为 117 000 元。会计规定使用 3 年，按 3 年提取折旧；税法规定使用 5 年，按 5 年提取折旧。固定资产折旧方法，会计和税法均规定采用直线法计算(假设不考虑固定资产净残值)。

(6) 企业购买国库券取得利息收入 136 000 元。

(7) 企业购买债券取得利息收入 81 000 元。

(8) 从被投资企业分得长期股权投资利润 100 000 元(该企业长期投资采用成本法核算，被投资企业的所得税税率为 15%)。

甲企业的所得税税率为 25%。

三、要求：

(1) 计算甲企业的应纳税所得额。

(2) 为甲企业编制应交所得税的会计分录。所得税费用的确认采用资产负债表债务法。

练习七

一、目的：练习以现金结算的股份支付的会计处理。

二、资料：2019 年年初，甲企业为 100 名中层以上职员每人授予 100 份现金股票增值权，这些职员从 2019 年年初起在甲企业连续服务 3 年，即可按照当时股价的增长幅度获得现金。此项股份支付需在 2023 年年底之前行权。

甲企业估计，该项增值权计划在负债结算之前的每一资产负债表日以及结算日的公允价值和可行权后的每份增值权现金支付额如表 11－4 所示。

表 11－4　　现金股票增值权资产负债表日及结算日的公允价值(每份)　　单位：元

年　份	资产负债表日	行权日支付现金
2019	18	
2020	22	
2021	25	
2022	28	27
2023		26

第一年有 10 名职员离开甲企业，估计未来三年中还有 8 人可能会离开甲企业；第二年又有 6 名职员离开了甲企业，估计未来还有 5 人可能会离开甲企业；第三年又有 5 人离开了甲企业；第四年年末，有 60 人行使了股票增值权计划，其余职员均在第五年年末行使了股票增值权计划。

三、要求：

(1) 2019 年年初授予职员股票增值权计划时的会计处理。

(2) 2019年年末的会计处理。

(3) 2020年年末的会计处理。

(4) 2021年年末的会计处理。

(5) 2022年年末部分职员行权时的会计处理。

(6) 2023年年末剩余职员行权时的会计处理。

第十二章
非流动负债

学习提要

非流动负债也称长期负债，是指除流动负债之外的负债，通常是指偿还期在1年或者超过1年的一个营业周期以上的债务，它是因企业向债权人筹集可供长期使用的资金而形成的。非流动负债主要有长期借款、应付债券与长期应付款等。

与权益性资本相比，非流动负债具有资金成本低等优点。

长期借款的借款费用应当根据具体情况，符合资本化条件的，予以资本化；不符合资本化条件的，应当计入当期损益。

应付债券发行价格受发行时市场利率、票面利率变动以及市场供求关系影响。一般而言，当市场利率等于票面利率时，债券按面值发行；当市场利率小于票面利率时，债券按溢价发行；当市场利率大于票面利率时，债券按折价发行。在资产负债表日，企业应当按摊余成本和实际利率法计算利息费用，分摊溢价或折价。

对企业发行的可转换债券，应单独确认可转换权价值，在转换时按市价法或账面价值法确认股本金额。我国会计准则要求采用账面价值法。

应付债券的借款费用比照长期借款的借款进行会计处理。

有的企业以签发长期应付票据融资。长期应付票据应以现值计价，各期利息费用的确认采用实际利率法。

通过本章学习，读者应能对非流动负债的作用、类型有一般性的了解，并熟练掌握长期借款、应付债券（包括溢折价摊销）以及长期应付款的会计处理。

第一节　非流动负债的性质与分类

一、非流动负债的性质

诚如上一章所言，负债满足下列条件之一的，应当归类为流动负债：(1) 预计在一个正常营业周期中清偿；(2) 主要为交易目的而持有；(3) 自资产负债表日起1年内到期应予以清偿；(4) 企业无权自主地将清偿推迟至资产负债表日后1年以上。

流动负债以外的负债应当归类为非流动负债(non-current liability)，并应当按其性质分类列示。

非流动负债因长期性的理财活动而产生。

企业为了扩大经营规模，增加各种长期耐用的固定资产，如添置大型设备、购买房地产、增置或扩建厂房等，需要大量的资金，这些所需的资金，不能仅仅依靠企业的正常经营资金，也不能以企业举借短期债务来满足，而要通过筹措长期资金来补足。

长期资金的来源主要有两个：一是增发股票，由股东或新股东追加投资；二是举借长期债务，即举债经营。实行举债经营，主要基于以下原因：(1) 举债经营不影响企业的投入资本，由于债权人无权参与企业的经营管理，故有利于股东保持对企业的控制权，避免股权分散；而增发股票往往会削弱原股东的控股权，除非原股东按其拥有的股权比例认购新股。(2) 举债经营的成本通常较低。由于长期债务的利息是固定的，不论企业经营状况如何，到期时均须偿还本息，对债权人而言，风险相对较低。但风险与收益是并存的，风险越大，投资人所要求的投资报酬率就越高。毫无疑问，股东所要求的投资报酬率自然要高于债权人。因此，举债的成本通常会低于发行股票的成本。(3) 举债经营具有节税的功效。非流动负债的利息支出作为期间费用列支，按税法规定可在税前列支，从而能减少企业所得税负担；增发股票而发放的股利属税后利润的分配，不能作为费用列减。(4) 在通货膨胀条件下，若实际通货膨胀率高于债务的名义利率，则意味着举债人可以用较便宜的货币偿还借款，此时，举债较为有利。(5) 举债筹资能发挥财务杠杆作用。由于提供长期资金的债权人只能按固定利率获得利息，如果企业运用资金产生的投资报酬率高于非流动负债的利率，则举债经营所获收益在支付利息后，剩余的净收益全部归股东所有，从而提高股东的投资报酬率，这就是财务杠杆利益。(6) 举债筹资不会稀释企业的每股收益，有利于企业的市值管理。

举债筹资固然有其有利的一面，但也不能忽视其存在的如下弊端：(1) 非流动债务对企业有强制性的契约要求权，企业必须根据债务合同规定，定期支付利息。数额较大的利息支出将给企业带来沉重的财务负担，且非流动债务到期时，企业必须如数偿还本金。因此，企业的财务风险将因债务的增加而上升，一旦企业收益率低于债务利息率，就会产生财务杠杆的负效应。一旦企业不能支付这些固定费用，就有可能导致资金链断裂。(2) 非流动债务合同中各种债权方的保护性条款，使企业在将来的融资方式、资金调度等方面都受到制约，从而降低了经营的灵活性。

综上所述，举借非流动负债是一项重要的财务决策，企业应根据资金市场的供求关系，结合企业本身的实际条件及其发展前景等情况，权衡其利弊得失，从而决定是否举债筹资、如何筹集和归还长期债务。

二、非流动负债的分类

企业举借长期资金，根据筹措的方式不同，可分为以下几类：

(1) 长期借款，是指企业向银行或其他金融机构借入的偿还期在 1 年以上的各种借款。

(2) 应付债券，是指企业为筹措长期资金而发行的 1 年期以上的有价证券。该有价证券称为债券，它是一种债务凭证，每张债券的面值通常都较小，以便利用其面值较小、较为分散的方式，向社会公众筹措巨额长期资金。

(3) 长期应付票据，是指企业在购置资产或在某些特殊优惠条件下向对方融资而签发的一种书面凭证。

(4) 长期应付款,是指企业除长期借款、应付债券和长期应付票据以外的长期应付款项,如应付引进设备款、租赁资产应付款等。

(5) 长期职工薪酬,是指除短期薪酬外的职工薪酬。

除上述因举借长期资金所形成的非流动负债外,企业还会因为确认或有事项的不利影响而形成预计负债这种类型的非流动负债。

第二节 长期借款

一、长期借款的性质

长期借款,是指企业从银行或其他金融机构借入的期限在 1 年以上(不含 1 年)的借款。

企业筹集的长期借款,通常用于固定资产的购建以及更新改造项目等资本性支出。

长期借款根据性质不同,可分为专门借款和一般借款,其中,专门借款是指为购建或者生产符合资本化条件的资产而专门借入的款项。

二、借款费用

(一) 借款费用的性质

企业在筹集除权益之具之外的资金时,会涉及借款费用问题。

借款费用,是指企业因借款而发生的利息及其他相关成本。

借款费用包括借款利息、折价或者溢价的摊销、辅助费用以及因外币借款而发生的汇兑差额等。

(二) 借款费用的会计处理原则

1. 一般性要求

企业发生的借款费用,可直接归属于符合资本化条件的资产的购建或者生产的,应当予以资本化,计入相关资产成本;其他借款费用,应当在发生时根据其发生额确认为费用,计入当期损益。符合资本化条件的资产,是指需要经过相当长时间的购建或者生产活动才能达到预定可使用或者可销售状态的固定资产、投资性房地产和存货等资产。

2. 开始资本化的条件

借款费用在同时满足下列条件时,才能开始资本化:

(1) 资产支出已经发生,资产支出包括为购建或者生产符合资本化条件的固定资产而以支付现金、转移非现金资产或者承担带息债务形式发生的支出;

(2) 借款费用已经发生;

(3) 为使资产达到预定可使用或者可销售状态所必要的购建或者生产活动已经开始。

其中,所谓"符合资本化条件的固定资产",是指需要相当长时间的购建活动才能达到预定可使用状态的固定资产。除固定资产外,符合资本化条件的资产还包括需要经过相当长时间的生产活动才能达到预定可销售状态的投资性房地产和存货等资产。

3. 借款费用中利息资本化的处理

每一会计期间的利息(包括折价或溢价的摊销)资本化金额,应当按照下列规定确定:

(1) 为购建或者生产符合资本化条件的资产而借入专门借款的,应当以专门借款当期实际发生的利息费用,减去将尚未动用的借款资金存入银行取得的利息收入或进行暂时性投资取得的投资收益后的金额确定。

(2) 为购建或者生产符合资本化条件的资产而占用了一般借款的,企业应当根据累计资产支出超过专门借款部分的资产支出加权平均数乘以所占用一般借款的资本化率,计算确定一般借款应予资本化的利息金额。资本化率应当根据一般借款加权平均利率计算确定。资本化期间,是指从借款费用开始资本化时点到停止资本化时点的期间,借款费用暂停资本化的期间不包括在内。

4. 辅助费用的处理原则

专门借款发生的辅助费用,在所购建或者生产的符合资本化条件的资产达到预定可使用或者可销售状态之前发生的,应当在发生时根据其发生额予以资本化,计入符合资本化条件的资产的成本;在所购建或者生产的符合资本化条件的资产达到预定可使用或者可销售状态之后发生的,应当在发生时根据其发生额确认为费用,计入当期损益。

一般借款发生的辅助费用,应当在发生时根据其发生额确认为费用,计入当期损益。

5. 停止资本化的条件

购建或者生产符合资本化条件的资产达到预定可使用或者可销售状态时,借款费用应当停止资本化。在符合资本化条件的资产达到预定可使用或者可销售状态之后所发生的借款费用,应当在发生时根据其发生额确认为费用,计入当期损益。

购建或者生产符合资本化条件的资产达到预定可使用或者可销售状态,可从下列几个方面进行判断:

(1) 符合资本化条件的资产的实体建造(包括安装)或者生产工作已经全部完成或者实质上已经完成。

(2) 所购建或者生产的符合资本化条件的资产与设计要求、合同规定或者生产要求相符或者基本相符,即使有极个别与设计、合同或者生产要求不相符的地方,也不影响其正常使用或者销售。

(3) 继续发生在所购建或生产的符合资本化条件的资产上的支出金额很少或者几乎不再发生。

购建或者生产符合资本化条件的资产需要试生产或者试运行的,在试生产结果表明资产能够正常生产出合格产品,或者试运行结果表明资产能够正常运转或者营业时,应当认为该资产已经达到预定可使用或者可销售状态。

6. 暂停资本化的条件

符合资本化条件的资产在购建或者生产过程中发生非正常中断且中断时间连续超过3个月的,应当暂停借款费用的资本化。在中断期间发生的借款费用应当确认为费用,计入当期损益,直至资产的购建或者生产活动重新开始。如果中断是所购建或者生产的符合资本化条件的资产达到预定可使用或者可销售状态必要的程序,借款费用的资本化应当继续进行。

应当注意的是,《企业会计准则第 17 号——借款费用》中的"借款",是指所有承担利息的债务,包括短期借款、长期借款、应付债券、长期应付款以及其他债务工具等,为说明方便,其主要会计处理以本节长期借款为例进行说明。

三、长期借款会计处理例示

【例 1】 甲企业于 2019 年 1 月 2 日建造一幢新大楼。为建造此大楼,甲企业借入一笔专门用于建造该大楼工程贷款 3 000 000 元,年利率为 6%。假定该项借款存入银行的存款利率为 4%。假定利息费用和利息收入全年计算一次。

2019 及 2020 年度,甲企业发生的工程支出情况如表 12－1 所示。

表 12－1 　　甲企业自建固定资产工程支出情况　　单位:元

支出发生时间	金　额	累计支出数
2019 年 1 月 2 日	800 000	800 000
2019 年 7 月 1 日	1 000 000	1 800 000
2019 年 10 月 1 日	600 000	2 400 000
2020 年 3 月 1 日	900 000	3 300 000
2020 年 6 月 1 日	1 800 000	5 100 000

2020 年 6 月 30 日,该建造工程达到预定可使用状态并立即投入使用。

在建造期间,甲企业还有两笔其他一般借款。一笔借款本金为 4 000 000 元,年利率为 6%;另一笔借款本金为 8 000 000 元,年利率为 7.5%。这两笔款项均是 2019 年 12 月 31 日借入,借款期限均为 3 年。

为了正确地计算应予资本化的利息数额,应当将固定资产建造期间划分为较短的期间(如季度或年度),然后按下列步骤计算和记录应予资本化的利息数额:

(1) 确定借款费用开始资本化的起点。

(2) 计算每一较短期间内的加权平均累计在建工程支出。

(3) 若加权平均累计在建工程支出大于专门存款,计算其他应负担利息的债务的加权平均利率。

(4) 分别专门借款和一般借款计算应予资本化的利息数额。

(5) 进行相应的账务处理。

根据上述资料,甲企业的相关账务处理如下:

(1) 确定资本化开始的起点。

资本化开始的起点为 2019 年 1 月 2 日。

(2) 计算甲企业 2019 年应予资本化的利息费用。

因甲企业为工程专门借款 3 000 000 元,而 2019 年共发生支出 2 400 000 元(800 000＋1 000 000＋600 000),少于专门借款,因此,只有专门借款用于工程部分的利息予以资本化。应予资本化的利息即为专门借款利息费用之和减去未动用之借款的存款利息收入。计算如下:

利息费用＝3 000 000×6%＝180 000(元)

$$\text{未动用的专门借款的存款利息收入}=(3\,000\,000-800\,000)\times4\%\times6/12+(3\,000\,000-800\,000-1\,000\,000)\times4\%\times3/12+(3\,000\,000-800\,000-1\,000\,000-600\,000)\times4\%\times3/12$$

$$=44\,000+12\,000+6\,000=62\,000(\text{元})$$

应予资本化的利息费用＝180 000－62 000＝118 000(元)

甲企业应编制会计分录如下：

借：在建工程　　180 000

　贷：应付利息　　180 000

借：应收利息　　62 000

　贷：在建工程　　62 000

(3) 计算甲企业2020年应予资本化的利息费用。

至2020年6月30日，甲企业发生工程累计支出为5 100 000元，大于专门借款，对超出专门借款部分应负担的利息费用应按其他借款的加权平均利率来计算。有关计算公式如下：

$$\text{一般借款利息费用资本化金额}=\text{累计资产支出超过专门借款部分的资产支出加权平均数}\times\text{所占用一般借款的资本化率}$$

$$\text{所占用一般借款的资本化率}=\text{所占用一般借款的加权平均利率}$$

$$=\text{所占用一般借款当期实际发生的利息之和}\div\text{所占用一般借款本金加权平均数}$$

$$\text{所占用一般借款本金加权平均数}=\sum\left(\text{所占用每笔一般借款本金}\times\text{每笔一般借款在当期所占用的天数}\div\text{当期天数}\right)$$

根据上面的计算公式，可知甲企业一般借款加权平均利率为7%。计算如下：

$$\text{一般借款加权平均利率}=(4\,000\,000\times6\%+8\,000\,000\times7.5\%)\div(4\,000\,000+8\,000\,000)\times100\%$$

$$=7\%$$

该在建工程自2020年3月1日开始占用一般借款，3月1日至6月1日占用300 000元，6月1日至6月30日占用2 100 000元。工程累计支出均未超过一般借款的本金。

所占用一般借款本金加权平均数＝300 000×3/12＋2 100 000×1/12＝250 000(元)

因此，可计算一般借款利息费用资本化金额如下：

一般借款利息费用资本化金额＝250 000×7%＝17 500(元)

2020年，甲企业应予资本化的利息费用应等于专门借款利息总额减去未动用专门借款的存款利息收入加上占用一般借款的利息费用之和。具体可计算如下：

$$\text{应予资本化的利息费用}=3\,000\,000\times6\%\times6/12-600\,000\times4\%\times2/12+17\,500$$

$$=90\,000-4\,000+17\,500=103\,500(\text{元})$$

根据上述计算结果，2020年6月30日，甲企业应编制会计分录如下：

① 专门借款利息支出。

借：在建工程　　90 000

　贷：应付利息　　90 000

② 未动用的专门借款的存款利息收入。

借：应收利息　　4 000

　贷：在建工程　　40 000

③ 一般借款利息支出。

借：在建工程　　17 500

　　财务费用——利息费用　　402 500

　贷：应付利息[(4 000 000×6%+8 000 000×7.5%)×6/12]　　420 000

④ 该工程达到预定可使用状态，将在建工程结转为固定资产。

借：固定资产　　5 321 500

　贷：在建工程(5 100 000+118 000+103 500)　　5 321 500

需要注意的是，如果甲企业的工程累计支出大于专门借款和其他借款，利息资本化的金额应以实际负担的利息数额为限。例如，如果甲企业工程支出超出 15 000 000 元(专门借款和一般借款之和)，超出部分的借款利息不得资本化，即企业不得对自有资金的成本进行利息资本化。

实务中，资本化的利息计算通常是在季度末了进行的。

第三节 应付债券

一、债券的性质与分类

(一) 债券的性质

债券(bonds)是指发行企业约定于一定日期支付一定的本金以及定期支付一定的利息给持有人的书面承诺。发行债券是企业筹借长期资金的主要方法之一，通过发行债券，企业将巨额债务分为若干等份，以公开募集的方式向社会举借，以吸收大量长期资金。

根据《公司法》《证券法》及《上海证券交易所上市规则》等规定，股份有限公司、有限责任公司发行公司债券，由董事会制订方案，股东(大)会作出决议；国有独资企业，由国家授权投资的机构或部门作出决定后依法发行企业债券。发行债券筹集的资金，不得用于弥补亏损和非生产性支出。累计债券总额不得超过净资产额的 40%。其中规定发行债券的股份有限公司的净资产额不低于人民币 3 000 万元，有限责任公司的净资产额不低于人民币 6 000 万元。最近 3 年平均可分配利润不足以支付债券 1 年的利息，或前一次发行的债券尚未募足，或已发行的债券有违约或延迟支付本息的事实，且仍处于继续状态的，不得发行债券。债券上市前，发行人最近一期末的净资产不低于 5 亿元人民币，或最近一期期末的资产负债率不高于 75%，债券利率不得超过国务院限定的利率水平。

此外，中央政府部门所属机构、国有独资企业或国有控股企业通过特别的授权批准发行企业债券，只能限定于固定资产投资和技术革新改造等方面。

企业在发行债券时，需要制定债券信托合同，详细载明有关债券的重要事项，诸如债券总额、每张债券面值、发行价格、债券利率、付息时间、偿还方式以及其他各项规定项目。若为可转换债券，还应载明具体的转换办法。债券信托合同一般由第三者，如一家银行或一家信托公司来负责保管，此借贷信托人代表发行者和持券人双方的利益，监督信托合同的执行。

债券一般通过银行、投资信托公司或其他金融机构发行，也可由企业自己发行。债券的发行方式主要有定向发售、承购包销、直接发售、招标发行，其中，招标发行按标的不同可分为缴款期招标、价格招标、收益率招标等。定向发售是发行企业直接销售给投资人而不通过中介机构的发售方式。包销是由银行、投资机构或其他经纪人按照一定的价格承包全部债券，然后再转售给其他投资人，它是由银行、投资机构或经纪人自负盈亏的发售方式。承销是由经纪人代为销售，从中获取佣金，未售出部分则归还发行企业的发售方式。

（二）债券的分类

债券根据不同的标准，可分为以下几类：

1. 按债券发行有无担保，可将债券分为有担保债券和无担保债券

（1）有担保债券，又称抵押债券，是指以特定的资产作为担保品，以保证其还本付息的债券。以不动产如房地产等作为担保品的，称为不动产抵押债券；以动产如各种机器设备等作为担保品的，称为动产抵押债券；以证券如股票、债券等作为担保品的，称为证券信托债券。一旦债券发行人违约，信托企业就可将担保品变卖，以支付积欠债券持有的款项。

（2）无担保债券，又称信用债券，是指没有任何特定的资产作为担保品的债券。这种债券全凭举债人的信用而发行，一旦企业破产清算，债券持有人便成为企业的一般债权人。由于这种债券具有较大的风险，所以利率也较高。

2. 按付息方式，可将债券分为普通债券和收益债券

（1）普通债券，是指票面上载明一定利率并约定到期日的债券。

（2）收益债券，是指债券的利息取决于企业收益的债券。这种债券随企业当期有无收益和收益额的大小确定利息的多少，因此，收益债券与优先股有点相似，所不同的是债券到期需偿还本金，而优先股则无到期日，不需偿付本金。

3. 按记名与否，可将债券分为记名债券和无记名债券

（1）记名债券，是指企业在发行债券时，债券票面上记有债券持券人的姓名，并在企业债权人名册中进行登记的一种债券。债券到期时，持券人可持债券，凭本人身份证明领取本息。若持券人在债券到期前欲将债券转让他人，须由原债券持有人背书，并到发行企业找委托人办理过户手续。

（2）无记名债券，是指票面上不记载持券人姓名的债券。这种债券通常附有息票，付息时，持券人将息票剪下，凭以领取利息，所以这种债券又称息票债券。转让此种债券，不需背书。

4. 按还本方式，可将债券分为一次还本债券和分期还本债券

（1）一次还本债券，是指本金于到期日一次偿还的债券。

（2）分期还本债券，是指本金分期偿还的债券。

5. 按特殊偿还方式，可将债券分为可赎回债券和可转换债券

（1）可赎回债券，是指债券发行企业有权在债券到期日以前，按特定的价格提前赎回的债券。

（2）可转换债券，是指债券发行一定期间后，持券人可以按一定价格转换成发行企业其他证券（通常是普通股）的债券。

6. 按是否有到期日,可将债券分为普通债券和永续债券

(1) 普通债券,是指票面上载明一定利率并约定到期日的债券。

(2) 永续债券,又称无期债券,是非金融企业(发行人)在银行间债券市场注册发行的"无固定期限、内含发行人赎回权"的债券。永续债的每个付息日,发行人可以自行选择将当期利息以及已经递延的所有利息,推迟至下一个付息日支付,且不受到任何递延支付利息次数的限制。

需要注意的是,如果永续债券的未来预期结算方式是通过自身的权益工具进行结算的,应当将其分类为权益工具,即确认为其他权益工具,不确认为非流动负债;与此相对应,如果企业发行的优先股未来的预期结算方式是支付现金或其他金融资产等方式结算的,则应将其分类为债务工具,即确认为债券,不确认为权益工具。

二、债券价格的确定

如前所述,债券上均载明发行日期、金额、利率、付息方式及日期、到期日等内容。债券票面所载的金额即面值,就是企业若干年后需要偿还的本金;票面上所载利率即票面利率,又称名义利率,是参照资金市场情况、企业的信用地位、目前获利能力以及未来发展前景等因素而制定的。但由于债券的印制、出售均需要一定的时日,加上资金市场的多变,致使在债券发行时,资金市场上借贷资本的利率可能已发生波动,投资人实际要求的投资报酬率,即市场利率或称实际利率可能不一定等于债券的票面利率。而票面利率是已经确定的,如果债券发行当时资金市场上通行的市场利率即发行企业实际负担的利率与票面利率不一致,则只能调整债券的售价。因此,债券的发行价格是其所支付的本息按市场利率折算的现值。如果市场利率等于债券票面利率,则债券的发行价格正好等于其面值,债券按面值发行;如果市场利率小于债券票面利率,则债券的发行价格就大于其面值,债券按溢价发行;如果市场利率大于债券票利率,则债券的发行价格就小于其面值,债券按折价发行。

显而易见,债券的发行价格(现值)随市场利率的变动而呈反方向变动,当市场利率上升时,债券的价格下跌;相反,当市场利率下降时,债券的价格则上升。值得注意的是,债券一经发售,债券信托合同就告成立,其后无论市场利率如何波动,对发行的债券均不产生影响,也不必调整会计记录。

三、普通债券的会计处理

(一) 债券发行

根据上面的分析可以看出,公司债券可以按面值发行,也可以按溢价或折价发行。

发行企业出售债券,其售价为债券的现值,即面值加上溢价或减去折价。企业应设置"应付债券——债券(面值)"账户,以登记债券的票面价值。由于溢价或折价是发行债券企业在债券存续期内对利息费用的一种调整,因此,将实际收到的款项与面值的差额记入"应付债券——债券(利息调整)"明细账户。

发行具有债务工具性质的优先股或永续债券的企业,应在"应付债券"账户下设置"债券""优先股""永续债"等明细账户,核算面值与利息调整。

(二) 利息调整的摊销

债券溢价或折价发行后,企业每期按票面利率所支付的利息,不能显示债权人实际所要

求的投资报酬，也无法真实反映举债企业使用借贷资本的成本。举债期间，企业实际负担的各期利息费用，除支付的利息外，还应包括债券溢价或折价的摊销，即将债券溢价逐期在利息费用中扣除，将债券折价逐期转为利息费用。因此，举债企业每期的利息费用，可用公式表示如下：

利息费用＝支付的利息－溢价摊销

或：　**利息费用＝支付的利息＋折价摊销**

在资产负债表日，企业应当按摊余成本和实际利率法计算确定的债券利息费用，分摊溢价或折价，即对利息调整进行摊销。

实际利率法是以债券发行时的实际利率，乘以每期期初债券的摊余成本，求得该期的利息费用的一种方法，利息费用与实际支付利息的差额，即为该期利息调整（溢折价）的摊销。其中，实际利率是指将应付债券在债券存续期间的未来现金流量，折现为债券当期账面价值所使用的利率。实际利率的计算可参见第三章和第六章中的说明。

在实际利率法下，每期的利息调整（溢折价）的摊销额可用公式表示如下：

溢价摊销额＝支付的利息－当期按实际利率法确认的利息费用

折价摊销额＝当期按实际利率法确认的利息费用－支付利息

其中：　**当期按实际利率法确认的利息费用＝债券该期期初摊余成本×实际利率**

1. 溢价摊销

【例2】 2019年1月1日，甲企业经批准发行面值为10 000 000元的公司债券。该债券票面利率为10%，期限为3年，每年的6月30日及12月31日各付息一次。发行时的市场利率为8%，发行收入10 524 200元存入银行。假定该债券是甲企业为建造固定资产目的而专门发行的。假定至债券到期，固定资产尚未达到预定可使用状态。

可以看出，甲企业的债券为溢价发行，实际利率为8%。甲企业在发行债券时，应编制会计分录如下：

借：银行存款　10 524 200
　贷：应付债券——债券（面值）　10 000 000
　　　　　　——债券（利息调整）　524 200

在发行债券后，甲企业应按实际利率法摊销债券溢价，并根据编制的“债券溢价摊销表”中的金额编制会计分录。甲企业债券溢价摊销表如表12－2所示。

表12－2　甲企业债券溢价摊销表（实际利率法）　单位：元

付息日期	贷：银行存款	借：在建工程	借：应付债券——利息调整	摊余成本
	(1)＝面值×5%	(2)＝上期(4)×4%	(3)＝(1)－(2)	(4)＝上期(4)－(3)
2019年1月1日	—	—	—	10 524 200
2019年6月30日	500 000	420 968	79 032	10 445 168
2019年12月31日	500 000	417 807	82 193	10 362 975

续　表

付息日期	贷：银行存款	借：在建工程	借：应付债券——利息调整	摊余成本
	(1)＝面值×5%	(2)＝上期(4)×4%	(3)＝(1)－(2)	(4)＝上期(4)－(3)
2020年6月30日	500 000	414 519	85 481	10 277 494
2020年12月31日	500 000	411 100	88 900	10 188 594
2021年6月30日	500 000	407 544	92 456	10 096 138
2021年12月31日	500 000	403 862①	96 138①	10 000 000
合　计	3 000 000	2 475 800	524 200	—

注：① 含尾差调整16。

例如，2019年6月30日，甲企业应编制会计分录如下：

借：在建工程　　420 968

　　应付债券——债券(利息调整)　　79 032

　贷：银行存款　　500 000

以后各期支付利息时的会计分录从略。

2. 折价摊销

【例3】 2019年1月1日，甲企业经批准发行面值为10 000 000元的公司债券。该债券票面利率为10%，期限为3年，每年的6月30日及12月31日各付息一次。发行时的市场利率为12%，发行收入9 508 300元存入银行。假定该债券是甲企业为日常经营活动目的而发行的。

可以看出，甲企业的债券为折价发行，实际利率为12%。甲企业在发行债券时，应编制会计分录如下：

借：银行存款　　9 508 300

　　应付债券——债券(利息调整)　　491 700

　贷：应付债券——债券(面值)　　10 000 000

在发行债券后，甲企业应按实际利率法摊销债券折价，并根据编制的“债券折价摊销表”中的金额编制会计分录。甲企业债券折价摊销表如表12-3所示。

表12-3　　甲企业债券折价摊销表(实际利率法)　　单位：元

付息日期	贷：银行存款	借：财务费用	贷：应付债券——利息调整	摊余成本
	(1)＝面值×5%	(2)＝上期(4)×6%	(3)＝(2)－(1)	(4)＝上期(4)＋(3)
2019年1月1日	—	—	—	9 508 300
2019年6月30日	500 000	570 498	70 498	9 578 798
2019年12月31日	500 000	574 727	74 728	9 653 526
2020年6月30日	500 000	579 212	79 212	9 732 738
2020年12月31日	500 000	583 964	83 964	9 816 702

续　表

付息日期	贷：银行存款	借：财务费用	贷：应付债券——利息调整	摊余成本
	(1)＝面值×5%	(2)＝上期(4)×6%	(3)＝(2)－(1)	(4)＝上期(4)＋(3)
2021年6月30日	500 000	589 002	89 002	9 905 704
2021年12月31日	500 000	594 296①	94 296①	10 000 000
合　计	3 000 000	2 475 800	524 200	—

注：① 含尾差调整46。

例如，2019年6月30日，甲企业应编制会计分录如下：

借：财务费用　　570 498

　贷：银行存款　　500 000

　　应付债券——债券(利息调整)　　70 498

以后各期支付利息时的会计分录从略。

从表12－2及表12－3中可以看出，采用实际利率法对利息调整进行摊销时，在债券溢价发行时，随着溢价额的摊销，每期的利息费用逐期递减，但每期支付的利息相等，则每期摊销的溢价是递增的，因此，债券的摊余成本(面值＋未摊销溢价)逐期递减；相反，在债券折价发行时，随着折价额的摊销，每期的利息费用逐期递增，但每期支付的利息固定不变，则每期摊销的折价也是递增的，因此，债券的摊余成本(面值－未摊销折价)也逐期递增。显而易见，实际利率法能比较正确地显示出应付债券摊余价值与利息费用之间相对稳定的关系。

(三) 两个付息日之间发行的债券

债券都规定有付息日(如每年一次或两次)及利率。到付息日，发行企业要按票面金额及利率支付各期利息。尽管债券可以在某个付息日发行，但举债企业可能为等待有利的时机而有意推迟发行，或者投资者不在付息日向举债企业购买债券。这就出现了在两个付息日之间发行债券的情况。若投资者在两个付息日之间购买债券，则其能享受的利息仅为购买日至下一付息日之间应得的部分，即举债企业在向投资者支付第一期利息时，应该扣除发行日至实际出售期间的应计利息。然而，无论债券的发行是否在两个付息日之间，债券的票面利息都是每期支付一次，正因为如此，举债企业通常都要求投资者在支付债券的价格之外，还要加收一笔从上一付息日至债券发行日之间的应计利息。这部分由投资者垫付的利息，发行企业会在第一个付息日付息时再退还给投资者。

续【例2】　假定甲企业原定2019年1月1日溢价发行3年期的债券现推迟到2019年5月1日出售，由于发行债券的信托合同上载明是在1月1日发行，现在延期4个月，因此，该债券的发行价格约为10 804 845元[10 524 200×(1＋4%×4/6)]，即将2019年1月1日债券的现值按市场利率计算出的到2019年5月1日的终值。由于这一价格中包括了预收的4个月利息，因此，甲企业在收到发行款项时，应编制会计分录如下：

借：银行存款　　10 804 845

　贷：应付债券——债券(面值)　　10 000 000

　　应付利息(10 000 000×5%×4/6)　　333 333

　　应付债券——债券(利息调整)　　471 512

2019 年 6 月 30 日,甲企业在支付第一次利息时,应编制会计分录如下:

借:在建工程(10 524 200×4%×2/6)　　140 323
　　应付债券——债券(利息调整)　　26 344
　　应付利息　　333 333
　贷:银行存款　　500 000

可以看出,支付利息后,2019 年 6 月 30 日,甲企业利息调整的余额为 445 168 元(471 512−26 344),与表 12-2 中的数字相同,因此,以后各期的会计处理也与前述相同,此处不再赘述。

(四) 债券发行成本的处理

企业发行债券时,通常会发生一些相关费用,如律师费用、注册会计师审计财务报表的费用、债券印刷费用、经纪人承销佣金、债券信托合同公证和广告费用等。这些费用统称为债券发行成本或发行费用。

对发行费用的会计处理,应当遵循谨慎性原则,即发行费用应在实际发生时,根据发行债券所筹资金的用途,分别计入财务费用或相关资产成本。

【例 4】 2019 年 12 月 31 日,甲企业经批准发行了面值为 10 000 000 元的公司债券,该债券委托乙券商发行,发行费用为债券面值的 1%。该债券票面利率为 6%,期限为 4 年,自 2020 年开始,每年年末付息一次。2020 年 3 月 31 日,甲企业收到了乙券商的发行收入清单。清单列示:发行总收入 10 550 000 元,冻结资金的利息收入 30 000 元,根据证监会、财政部的规定,冻结资金的利息收入全部缴存到证券交易所开立的存储专户,作为证券投资者保护基金的来源之一,不再作为发行公司的收入。扣减的发行费用为 500 000 元。假定甲企业发行债券只用于公司的日常经营活动。甲企业收到乙券商缴入的发行净收入存入银行。

甲企业在收到乙券商交来的发行净款项时,应编制会计分录如下:

借:银行存款　　10 450 000
　　财务费用　　100 000
　贷:应付债券——债券(面值)　　10 000 000
　　　应付利息(10 000 000×6%×3/12)　　150 000
　　　应付债券——债券(利息调整)　　400 000

需要注意的是,如果甲企业为建造固定资产专门发行公司债券,则应当将发行费用计入在建工程成本。

(五) 期末应计利息的调整

前述各例,都是债券的付息日与债券发行企业会计年度结账日相一致的情况。如果付息日与结账日不相一致,企业就必须于期末编制调整分录,确认上一付息日至会计结账日的债券应计利息,连同溢价或折价的摊销额进行调整,以便正确地反映各个会计期间的应计利息和利息费用。

续【例 2】 假定甲企业于 2019 年 11 月 1 日溢价发行债券,付息日为每年 5 月 1 日及 11 月 1 日,并假设无发行成本,其他资料不变,则债券的发行价格为 10 524 200 元,溢价 524 200 元。如按实际利率法摊销,则 2019 会计年度结账前应调整自发行日起至 12 月 31 日止两个月的利息及应摊销的溢价。计算结果如下:

两个月的应计利息＝10 000 000×5%×2/6＝166 667(元)

两个月的利息费用＝10 524 200×4%×2/6＝140 323(元)

两个月应摊销的溢价(利息调整)＝166 667－140 323＝26 344(元)

2019 年 12 月 31 日，甲企业应编制调整分录如下：

借：财务费用	140 323	
应付债券——债券(利息调整)	26 344	
贷：应付利息		166 667

2020 年 5 月 1 日付息时，甲企业应编制会计分录如下：

借：应付利息	166 667	
财务费用(10 524 200×4%×4/6)	280 645	
应付债券——债券(利息调整)	52 688	
贷：银行存款		500 000

(六) 债券的偿还

普通债券都有规定的到期日，届时按照发行时所订立的条款偿还债券的本金，从而解除企业对债权人的义务。债券的偿还可能是在到期日，也可能是在到期日之前或之后，其偿付的方式主要有：(1) 到期直接偿还；(2) 提前从证券市场购回注销；(3) 行使赎回权；(4) 举借新债偿还等。

到期直接偿还的债券，其账面价值于到期时正好等于面值，因此，不会因偿付债券而发生损益。除此之外，凡是提前或延后偿还债券，都可能引起偿付损益。所谓“偿付损益”，是指偿还债券所支付的价款与已偿还部分的债券在偿还日的账面价值之间的差额。它部分地是由于市场利率的变动所致，但更多的则是由企业管理层的决策所致。因此，如有偿付损益，应列作非常损益。

兹将债券的各种偿还方式分述如下：

1. 到期直接偿还

到期时一次性偿还的债券，无论当初是按面值发行，还是溢价或折价发行，其最终的摊余成本均等于面值，企业只需按面值直接偿还即可。

续【例 1】　甲企业 2019 年 1 月 1 日发行的债券，于 2021 年 12 月 31 日到期还本时，应编制会计分录如下(支付利息分录从略)：

借：应付债券——债券(面值)	10 000 000	
贷：银行存款		10 000 000

2. 提前从证券市场购回注销

已公开上市的债券，由于市场利率的变动，其市价也会随之变动。当市场利率下跌时，债券的市价将会上涨；相反，当市场利率上升时，债券的市价则会下跌。在债券的市价下跌到一定程度时，如果此时企业有足够的资金可供调度，则可从公开的证券市场上提前购回发行在外的债券，以减轻利息负担。

如果债券提前偿还日不是规定的付息日，企业应将上一付息日至提前偿还日的利息一并付清，同时及时注销与提前偿还的债券相关的利息调整，包括未摊销的溢价或折价。

续【例 2】　假定甲企业于 2019 年 1 月 1 日发行面值为 10 000 000 元的 3 年期公司债券，票面利率为 10%，市场利率为 8%，发行价格为 10 524 200 元。2020 年 6 月 30 日，由于市场利率上升,其市价下跌至每 100 元面值 95 元时,甲企业以此价格,从证券市场上将发行在外的债券全部购回,共支付价款 9 500 000 元。赎回日,债券的摊余成本为 10 277 494 元,其中未摊销利息调整数为 277 494 元(见表 12－2)。债券摊余成本与收回价格之间的差额为 777 494 元(10 277 494－9 500 000),即为偿付利得,归入营业外收入。甲企业在赎回债券时,应编制会计分录如下:

借:应付债券——债券(面值)　　10 000 000
　　　　　——债券(利息调整)　　277 494
　贷:银行存款　　9 500 000
　　　营业外收入　　777 494

3. 行使赎回权利

债券发行条款中若规定,举债企业有权在一定期间内按一定的价格提前赎回债券,这就是可赎回债券。随着资金市场供求关系的变化,市场利率也随之起伏,当市场利率下跌时,债券的市价就会上涨,企业可以行使赎回权,按一定价格提前偿还高利率的债券,从而减轻企业的利息负担。为了弥补提前赎回对债权人带来的损失,赎回价格高于债券的面值或账面价值,会有赎回损失。当然,在企业行使赎回权时,如果赎回价格低于债券的账面价值,则有赎回利得。无论发生赎回损失还是赎回利得,均是由于市场利率的变动所引起的,因此,应归入营业外支出或营业外收入。

债券的提前赎回不一定在付息日,为了正确计算债券的赎回损益,在赎回日与付息日不一致的情况下,应当计算并调整上一付息日至赎回日的应计利息、利息调整的摊销额,注销赎回债券的摊余价值。

续【例 2】 假定甲企业溢价发行的债券附有赎回条款,规定债券发行两年后,可按每 100 元面值 105 元的价格赎回。2021 年 3 月 31 日,由于市场利率下跌,与甲企业的债券相同条件的其他公司债券的市价已涨至 105 元,甲企业决定行使赎回权利,按 105 元的价格提前赎回流通在外的债券 10 000 000 元,赎回价格中包括上一付息日(2020 年 12 月 31 日)至债券赎回日(2021 年 3 月 31 日)3 个月的应计利息。假定债券的利息调整(溢价)摊销采用实际利率法。根据表 12－1,可计算出甲企业提前赎回债券的损益的结果如下:

发行日债券的摊余成本	10 524 200
减:2019 年 1 月 1 日至 2020 年 12 月 31 日两年已摊销债券溢价	335 606
2021 年 1 月 1 日至 3 月 31 日 3 个月应摊销溢价(92 456×3/6)	46 228
2021 年 3 月 31 日赎回债券时债券的摊余成本	10 142 366
提前赎回支付的对价	10 500 000
减:应计 3 个月利息(10 000 000×5%×3/6)	250 000
提前赎回的实付价款	10 250 000
提前赎回债券的净损失	107 634

根据以上计算,甲企业的会计处理如下:

(1) 调整 2020 年 12 月 31 日至 2021 年 3 月 31 日 3 个月应计利息并摊销利息调整时:

借:在建工程　　203 772
　　应付债券——债券(利息调整)　　46 228
　贷:应付利息　　250 000

(2) 赎回债券时：

借：应付债券——债券(面值)　　10 000 000

　　　　　——债券(利息调整)　　142 366

　　应付利息　　250 000

　　营业外支出　　107 634

　贷：银行存款　　10 500 000

有时,企业可能赎回部分债券,在这种情况下,企业应当按照赎回部分的面值占全部债券面值的比例计算并注销赎回部分的债券面值及利息调整。

4. 举借新债偿还旧债

企业举债经营如能达到预期的经济效果,而且企业仍需长期资金的周转与投资,则可发行新债券来偿还旧债券,以达到筹集长期资金、减轻利息费用负担或节省新债券发行成本的目的。

举借新债偿还旧债的具体方法,既可以是直接交换,即直接用债券换回旧债券,也可以是用现金偿付,即以发行新债券所筹集的资金去归还旧债券款。在清偿的时间上,既可以在旧债到期时支付,也可以提前偿付。兹对举借新债偿还旧债的几种方法,分述如下：

(1) 直接交换。

当市场利率及其他经济情况发生变动时,举债企业在与投资者达成协议后,可在其债券市价低于现行账面价值时,以稍高于市价的价格收回旧债券,方法之一就是直接将新债券交付给债权人,以换回旧债券。这样,既能降低企业的债务比率,提高企业偿债能力,也起到了降低新债券发行成本的作用。

续【例2】　假定甲企业溢价发行债券后,由于市场利率上升,该债券市价下跌,到2020年12月31日,市场利率达到12%,甲企业债券的市价仅为9 816 500元(10 000 000×2年期利率6%的现值系数0.890+500 000×2年期利率6%的年金现值系数1.833)。当日,该债券的账面摊余成本为10 188 594元(见表12-1)。甲企业决定以12%的票面利率平价发行9 850 000元、3年期的新债券,直接换回旧债券,由此获利338 594元(10 188 594-9 850 000)。对此项债券直接交换业务,甲企业应编制会计分录如下：

借：应付债券——债券(面值)(票面利率10%)　　10 000 000

　　　　　——债券(利息调整)　　188 594

　贷：应付债券——债券(面值)(票面利率12%)　　9 850 000

　　　营业外收入　　338 594

(2) 发行新债券并从证券市场购回旧债券。

当市场利率上升而使旧债券的市价低于现行账面价值时,举债企业收回旧债券的另一种方法就是发行新债券,以所得资金将旧债券从公开的证券市场上赎回。

续【例2】　2020年12月31日,甲企业发行票面利率为12%(等于市场利率)的新债券10 000 000元,发行成本100 000元,将所得资金从市场上按市价9 816 500元购回旧债券,则发行新债券及赎回旧债券的会计处理如下：

① 发行新债券时：

借：银行存款　　10 000 000

　贷：应付债券——债券(面值)(票面利率12%)　　10 000 000

借：在建工程　　100 000
　贷：银行存款　　100 000

② 购回旧债券时：

借：应付债券——债券(面值)(票面利率 10%)　　10 000 000
　　　　　——债券(利息调整)　　188 594
　贷：银行存款　　9 816 500
　　　营业外收入　　372 094

(3) 发行新债券并行使赎回权利。

若债券在发行条款中附有可赎回条款，当市场利率下跌而使债券的公允市价超过债券赎回价格时，举债企业行使赎回权将是有利的。如举债企业缺乏资金行使赎回权，则可以发行新债券，以所得资金将旧债券赎回，其发行新债券与赎回旧债券的会计处理可参见前例，此处不再赘述。

四、分期还本债券的会计处理

(一) 分期还本债券售价的确定

分期还本债券是指整批债券并非一次到期，其本金分成若干批次分期偿还的债券。企业有时发行分期还本债券筹借长期资金，如发行债券引进先进的流水线，待完工投产后，以逐年取得的收入，分期偿还债券的本金。

分期还本债券的偿还，可根据债券发行时规定的办法进行，或抽签、按债券号码的顺序还本。

如前所述，债券的售价是债券的本金及票面利息按发行时的市场利率折算的现值，分期还本债券自然也不例外。由于这种债券的本金每隔一定时期偿付一次，因此，尚需根据不同的到期日来计算其现值，进而确定其发行价格。

【例 5】 甲企业于 2019 年 1 月 1 日发行面值为 30 000 000 元、5 年期、年利率为 12%的债券。合同上规定，每年年末平均偿还本金并支付利息，若发行时的市场利率为 10%，由于该债券分 5 年平均偿还本金，则 2019～2023 年每年年末应偿付的本金均为 6 000 000 元(30 000 000÷5)，该债券的发行价格为 31 451 050 元，发行债券的目的是筹集经营所需资金。每年年末需支付的利息、本金及其现值计算如表 12-4 所示。

表 12-4　　**分期还本债券现值的确定**　　单位：元

年次	应支付的利息	应支付的面值	应支付本利之和	10%的现值系数	现　值	尚未偿还的面值
	(1)＝(6)×12%	(2)	(3)＝(1)＋(2)	(4)	(5)	(6)
						30 000 000
1	3 600 000	6 000 000	9 600 000	0.909 091	8 727 274	24 000 000
2	2 880 000	6 000 000	8 880 000	0.826 446	7 338 840	18 000 000
3	2 160 000	6 000 000	8 160 000	0.751 315	6 130 730	12 000 000
4	1 440 000	6 000 000	7 440 000	0.683 013	5 081 617	6 000 000
5	720 000	6 000 000	6 720 000	0.620 921	4 172 589	0
合计	10 800 000	30 000 000	40 800 000	—	31 451 050	—

通过表 12-4，可知甲企业发行的分期还本债券的发行价格为 31 451 050 元。甲企业在取得发行收入时，应编制会计分录如下：

借：银行存款　　31 451 050
　贷：应付债券——债券(面值)　　30 000 000
　　　　　　——债券(利息调整)　　451 050

第 1 年年末偿付本息时，甲企业应编制会计分录如下：

借：财务费用(31 451 050×10%)　　3 145 105
　　应付债券——债券(面值)　　6 000 000
　　　　　——债券(利息调整)　　454 895
　贷：银行存款　　9 600 000

以后各期，随着债务本金的逐步偿还，财务费用将递减。

在实务中，分期还本债券较多的是发行后若干年开始分期平均偿还本金，那么这种分期偿还债券就兼有定期偿还债券和分期偿还债券的性质，从发行日至第一次还本期间，企业每年只付息不还本，相当于定期偿还债券，以后逐年分期还本付息，因此，整批债券的售价由下列两部分内容所组成：(1) 从发行日至第一个偿付日偿付的本金及该期间各期的利息折算的现值之和。第一次偿付的本金(面值)，应根据发行日至第一个偿付日期间，按市场利率计算复利现值；这个期间的各期利息，按市场利率计算年金现值。(2) 各偿还期本利和的现值之和。

续【例 5】　假定甲企业 2019 年 1 月 1 日发行的分期还本企业债券，在合同上规定每年 12 月 31 日付息一次，自 2021 年 12 月 31 日起逐年平均偿还本金，至 2023 年年底全部还清，则该债券的发行价格计算如表 12-5 所示。

表 12-5　**分期还本债券现值的确定**　单位：元

偿付日期	本金的现值	利息的现值	合计
2019 年 12 月 31 日		3 600 000×0.909 091=3 272 728	3 272 728
2020 年 12 月 31 日		3 600 000×0.826 446=2 975 206	2 975 206
2021 年 12 月 31 日	10 000 000×0.751 315=7 513 150	3 600 000×0.751 315=2 704 734	10 217 884
2022 年 12 月 31 日	10 000 000×0.683 013=6 830 130	2 400 000×0.683 013=1 639 231	8 469 361
2023 年 12 月 31 日	10 000 000×0.620 921=6 209 210	1 200 000×0.620 921=745 105	6 954 315
合计	20 552 490	11 337 004	31 889 494

从表 12-5 中可以看出，甲企业的债券溢价为 1 889 494 元，假定无发行成本，则发行时甲企业应编制会计分录如下：

借：银行存款　　31 889 494
　贷：应付债券——债券(面值)　　30 000 000
　　　　　　——债券(利息调整)　　1 889 494

(二) 存续期内利息调整的摊销

分期还本债券的票面利率与市场利率不一致，就会出现利息调整(即溢价或折价)，发行企业应将利息调整在债券存续期限内予以摊销，摊销方法应当采用实际利率法。

续【例5】 用实际利率法编制的甲企业分期还本债券溢价摊销表如表12－6所示。

表12－6 分期还本债券利息调整摊销表(实际利率法) 单位：元

日 期	贷：银行存款	借：财务费用	借：应付债券——利息调整	借：应付债券——面值	未偿还债券面值	摊余成本
	(1)＝上期(5)×12%＋(4)	(2)＝上期(6)×10%	(3)＝(1)－(2)－(4)	(4)＝30 000 000÷3	(5)＝上期(5)－(4)	(6)＝上期(6)－(3)－(4)
2011年1月1日					30 000 000	31 889 494
2011年12月31日	3 600 000	3 188 949	411 051	—	30 000 000	31 478 443
2012年12月31日	3 600 000	3 147 844	452 156	—	30 000 000	31 026 287
2013年12月31日	13 600 000	3 102 629	497 371	10 000 000	20 000 000	20 528 916
2014年12月31日	12 400 000	2 052 892	347 108	10 000 000	10 000 000	10 181 808
2015年12月31日	11 200 000	1 018 192①	181 808	10 000 000	0	0
合 计	44 400 000	12 510 506	1 889 494	30 000 000	—	—

注：① 含尾差调整11。

采用实际利率法对利息调整进行摊销，就是先按期初实际流通在外债券的摊余成本(面值加未摊销溢价或减未摊销折价)乘上实际利率，计算出各期利息费用，并与各期实付利息相比较，其差额即为该期应摊销的利息调整数。

(三) 分期还本债券的提前偿付

在适当的时机，企业可按规定提前偿付债券，分期还本债券也不例外。随着债券偿付，企业应注销偿还部分债券的摊余成本，即冲销偿还部分债券的面值，同时将其未摊销的利息调整一并转销，以确认偿付损益。因此，分期还本债券偿付损益的确认，主要在于确定未摊销的利息调整数。未摊销的利息调整数与采用的摊销方法有密切联系，如采用实际利率法摊销利息调整，提前偿还时，应按当时的市场利率计算偿付日的现值，将其与赎回价格相比，其差额即为偿付损益。

五、可转换债券

(一) 可转换债券的性质

企业在发行债券的条款中，若规定债券持有者可以在一定期间之后，按规定的转换比率或转换价格，将持有的债券转换成该企业发行的股票(通常为普通股)，这种债券就称为可转换债券。

企业发行可转换债券，对投资者和发行企业都具有很大的吸引力。对投资者而言，购买可转换债券非常有利，表现为：

(1) 可保证债权人的利益。可转换债券作为债券的一种，持券人对发行企业具有强制性的契约要求权，从而使债权人的地位得到保障，而且债券的利息收入固定，本金偿还优先，风险较小。

(2) 可享受股东的权利。可转换债券的持有者，可按规定在有利的时机将债券转换成股票，使债权人分享股利及股票增值的利益。

正因为债券投资者可享受股东的权益，因此，这种债券通常利率较低。如果发行企业盈利不多，股票市价不挺，债权人将债券一直持有至到期还本，则会损失一定的利息收入，这是可转换债券的不足之处。

对于发行企业而言，发行可转换债券也有利可图，表现为：

(1) 发行债券的代价较低。由于可转换债券的利率较低，发行企业的利息支出相对较少，则以此取得资金，成本就较低。

(2) 可保证资金的筹措。企业发行债券的目的是筹集资金。在市场条件不利，企业的财务结构不是很健全、信用地位不是很稳定的情况下，直接发行股票可能不一定有效，而以一般市场利率发行债券恐怕也难以实施。因此，以发行债券的形式，并附加转换权利，让投资者在不需追加投资的情况下可增加利益，以吸引投资者，这将有助于债券的发售，从而保证发行企业达到增资的目的。

(二) 可转换债券售价的确定与发行

理论上，可转换债券的售价由两部分组成：一部分是债券面值及利息按市场利率折算的现值，另一部分是转换权价值。转换权之所以有价值，是因为当股票价格上涨时，债权人可以把债券按原定转换比率换成股票，从而享受股票增值利益。例如，按原发行条款中规定，面值 1 000 元的债券，在可转换期间内可转换 20 股普通股，转换期期初普通股每股市价 40 元，则 20 股共计 800 元，债权人自然不会转换。至转换期期末，普通股每股市价涨至 60 元，将 1 000 元债券转换成 20 股普通股，债权人可得益 200 元。转换权价值是发行可转换债券所得的款项超过出售同类无转换权债券可得款项的差额。

对企业发行的可转换债券，存在两种不同的会计处理方法。

1. 不确认转换权的价值

在这种方法下，企业应将全部售价作为债券本身的售价，不确认转换权的价值。理由有：(1) 转换权的行使，是出自持券人意愿，发行企业无法预知持券人何时行使其权利，应如同债券的溢价或折价，按其法定的流通期限摊销；其次，转换权无单独市价可寻，其价值极难确定。(2) 转换权与债券无法分割，持券人要行使转换权，就必须放弃债券。因此，可转换债券在账务处理上，可按不附有转换权债券的方式处理。

2. 确认转换权的价值

在这种方法下，企业发行可转换债券时，可转换债券的本身价值和转换权的价值应分别入账。原因是可转换债券是债务与权益的组合，不附转换权利的债券是一种纯粹的债务，两者相比，发行可转换债券票面利率偏低，即使票面利率相同，其发行价格也要比不附转换权的高，因此，转换权价值即为类似风险的不附转换权债券现值与可转换债券现值的差额。由于转换权价值是因债券能转换成普通股所引起的，因此，在会计处理上直接列为所有者权益。

我国企业会计准则要求对可转换公司债券的会计处理采用确认转换权价值的方法。

【例 6】 2019 年 1 月 1 日，甲企业以 2 000 000 元价格发行 3 年期、每张面值为 1 000 元、票面利率为 6%的可转换债券 2 000 张，每年年末付息一次。可转换债券协议规定，自发行日起算的半年后至债券到期日，持有人持每张债券可转换成普通股 250 股。发行可转换债券时，类似风险的不附转换权债券的市场利率为 9%。

根据上述资料，可将债券转换权价值计算如下：

不附转换权债券现值＝债券面值的现值＋每期支付债券利息的现值
＝(2 000 000×0.772)＋2 000 000×6%×2.531
＝1 544 000＋303 720＝1 847 720(元)

附转换权债券现值＝2 000 000(元)

转换权价值＝2 000 000－1 847 720＝152 280(元)

甲企业在取得发行附转换权债券的收入时，应编制会计分录如下：

借：银行存款　　2 000 000
　应付债券——可转换债券(利息调整)　　152 280
　贷：应付债券——可转换债券(面值)　　2 000 000
　　其他权益工具　　152 280

当企业的股票价格小于可转换价格时，可转换债券持有人通常不会行使转换权，因此，在债券持有期间，对可转换债券持有人尚未行使转换权的债券，发行企业应采用实际利率法摊销债券的折价或溢价，在资产负债表日以摊余成本列示可转换债券的余额。表 12－7 是甲企业按实际利率法计算的利息调整(折价)摊销表。

表 12－7　　利息调整摊销表(实际利率法)　　单位：元

付息日期	贷：银行存款	借：财务费用	贷：应付债券——利息调整	摊余成本
	(1)＝面值×6%	(2)＝上期(4)×9%	(3)＝(2)－(1)	(4)＝上期(4)＋(3)
2019 年 1 月 1 日				1 847 720.00
2019 年 12 月 31 日	120 000	166 294.80	46 294.80	1 894 014.80
2020 年 12 月 31 日	120 000	170 461.33	50 461.33	1 944 476.13
2021 年 12 月 31 日	120 000	175 523.87①	55 523.87①	2 000 000.00
合　计	360 000	512 280.00	152 280.00	—

注：① 含尾差调整 521.02。

(三) 可转换债券的转换

可转换债券转换成普通股时，需将债券尚未摊销的利息调整，连同债券的面值一并转销。就发行企业而言，债券转换的会计处理，可以有账面价值法与市价法两种方法。

1. 账面价值法

所谓“账面价值法”，是以转换日债券摊余成本作为投入资本的入账基础，不确认转换损益的一种方法。

采用此法时，应将被转换债券的摊余成本(面值加或减未摊销的利息调整)以及发行可转换债券时确认的转换权价值(“其他权益工具”账户余额)，作为换发股票的价值，按股票的面值和转换股数计算的股票面值总额，贷记“股本”账户，超出部分贷记“资本公积——股本溢价”账户，不确认转换损益。

采用账面价值法的主要理由有：

(1) 企业不能因为发行证券的交易而产生损益，如有损益，也应作为资本公积(贷差时)或冲减留存收益(借差时)。

(2) 企业发行可转换债券时,本就存有将债券转换成股票之意,现在将债券转换,是按照预定条款办理,实属同一笔交易,因而不能将其分立开来,自无损益可言。

我国企业会计准则要求对可转换债券转换时的会计处理采用账面价值法。

2. 市价法

市价法也称成本法,是以转换日债券或股票的公允价值作为投入资本的入账基础,确认转换损益的一种方法。

采用市价法时,换出股票的价值基础是股票市价或被转换债券的市价中较为可靠者,股票或债券当前市价与债券现值的差额,确认为转换损益。

采用市价法的主要理由有:

(1) 债券转换是债券的收回与股票的发行两项交易的混合,是债券交易的终止和股票交易的开始,那么,新交易的入账依据当然非市价莫属。换言之,债券或股票假如于当日出售而非交换,则可获得的金额就是入账的基础,这符合成本原则下依据公允价值对资产和权益进行初始确认与计量的惯例。

(2) 债券转换成股票是企业一项重大经济事项,因股票及债券的市价相当客观明确,转换中发生的损益有客观的交易来证实,因此理应单独确认。

续【例 6】 假设 2021 年 1 月 1 日债券持有者将 2 年前甲企业发行的可转换债券全部转换为普通股 500 000 股。当时普通股的市价为每股 8 元。甲企业采用实际利率法摊销折价,至 2021 年 1 月 1 日,其摊余成本为 1 944 476.13 元(见表 12－7),尚未摊销的折价为 55 523.87 元(2 000 000－1 944 476.13)。按账面价值法,甲企业应编制会计分录如下:

借:应付债券——可转换债券(面值)	2 000 000.00	
其他权益工具	52 280.00	
贷:应付债券——可转换债券(利息调整)		55 523.87
股本		500 000.00
资本公积——股本溢价		1 596 756.13

假定甲企业采用市价法核算可转换债券的转换业务,则在转换时,甲企业应当以股票的市价总额减去股本确认为资本公积,股票市价总额与可转换债券账面摊余成本的差额确认为转换损益(营业外收支)。

需要注意的是,一般情况下,如果在转换时采用市价法,通常要求在发行时采用不确认转换权价值的方法,即预期不会转换,如实际发生转换则被视为非常业务,因此,应当确认转换的非常损益。这种处理方法显然有悖发行可转换债券的初衷,因此,我国《企业会计准则》规定在发行时确认转换权的价值,在转换时不确认转换损益。

如果甲企业可转换债券在其流通期间,公司股价持续下跌,以致持有人不行使转换权,甲企业应按照可转换债券失效的条款,将其赎回。会计处理上,调整相应的应付债券(可转换债券)摊余成本和资本公积科目。

六、永续债、优先股等其他债务工具

企业还可以发行永续债、优先股等金融工具筹集所需资金。

永续债,又称无期债券,是非金融企业(发行人)在银行间债券市场注册发行的"无固定期限、内含发行人赎回权"的债券。永续债的每个付息日,发行人可以自行选择将当期利息以及已经递延的所有利息,推迟至下一个付息日支付,且不受到任何递延支付利息次数的限制。

优先股是享有优先权的股票。

发行永续债或优先股的企业,应当按照金融工具准则的规定,根据所发行金融工具的合同条款及其所反映的经济实质而非仅以法律形式,结合金融负债和权益工具的定义,在初始确认时将该金融工具或其组成部分分类为金融负债或权益工具。

一般认为,发行永续债或优先股的企业,如存在回购的权利且有无限期推迟利息支付的选择权或不发放股利的决定权,应当将发行的金融工具分类为权益工具。

如分类为债务工具,企业应当在“应付债券”账户下设置“永续债”或“优先股”明细账户,核算永续债或优先股。

其核算方法与普遍债券大致相同,不再赘述。

第四节 长期应付款

一、长期应付款的性质

长期应付款,是指企业除长期借款和应付债券以外的其他各种长期借款,包括应付长期租赁资产的租赁款、以分期付款方式购入固定资产发生的应付款以及长期应付票据等。

以分期付款方式购入固定资产发生的应付款已在固定资产章节述及,本节只说明其他类型的长期应付款。

二、租赁负债

(一) 租赁的性质与识别

租赁,是指在一定期间内,出租人将资产的使用权让与承租人以获取对价的合同。

在合同开始日,企业应当评估合同是否为租赁或者包含租赁。如果合同中一方让渡了在一定期间内控制一项或多项已识别资产使用的权利以换取对价,则该合同为租赁或者包含租赁。

为确定合同是否让渡了在一定期间内控制已识别资产使用的权利,企业应当评估合同中的客户是否有权获得在使用期间内因使用已识别资产所产生的几乎全部经济利益,并有权在该使用期间主导已识别资产的使用。

对一定期间内控制已识别资产使用的权利,有权获得在使用期内因使用已识别资产所产生的几乎全部经济利益,并有权在该使用期间主导已识别资产的使用租赁合同,除短期租赁和低价值资产租赁外,承租人应当确认使用权资产和租赁负债。

其中,短期租赁,是指自租赁期开始日,租赁期不超过 12 个月的租赁;低价值资产租赁,是指单项租赁资产为全新资产时价值较低的租赁。

需要注意的是,低价值资产租赁的判定仅与资产的绝对价值有关,不受承租人规模、性质或其他情况影响。企业通常设定一个标准,如小于等于 5 000 元,作为一个会计政策用于指导低价值资产租赁的判定。

对于短期租赁和低价值资产租赁，承租人可以选择不确认使用权资产和租赁负债。

（二）租赁负债的确认与计量

在租赁期开始日，除短期租赁和低价值资产租赁外，承租人应当对租赁确认使用权资产和租赁负债。

使用权资产，是指承租人可在租赁期内使用租赁资产的权利。

租赁期开始日，是指出租人提供租赁资产使其可供承租人使用的起始日期。

租赁期，是指承租人有权使用租赁资产且不可撤销的期间。如果承租人有续租选择权，即有权选择续租该资产，且合理确定将行使该选择权的，租赁期还应当包含续租选择权涵盖的期间。如承租人有终止租赁选择权，即有权选择终止租赁该资产，但合理确定将不会行使该选择权的，租赁期应当包含终止租赁选择权涵盖的期间。

使用权资产应当按照成本进行初始计量。该成本包括：

（1）租赁负债的初始计量金额；

（2）在租赁期开始日或之前支付的租赁付款额，存在租赁激励的，扣除已享受的租赁激励相关金额；

（3）承租人发生的初始直接费用。

租赁激励，是指出租人为达成租赁向承租人提供的优惠，包括出租人向承租人支付的与租赁有关的款项、出租人为承租人偿付或承担的成本等。

初始直接费用，是指为达成租赁所发生的增量成本。增量成本是指若企业不取得该租赁，则不会发生的成本。

1. 租赁负债的初始计量

租赁负债应当按照租赁期开始日尚未支付的租赁付款额的现值进行初始计量。

在计算租赁付款额的现值时，承租人应当采用租赁内含利率作为折现率；无法确定租赁内含利率的，应当采用承租人增量借款利率作为折现率。

租赁内含利率，是指使出租人的租赁收款额的现值与未担保余值的现值之和等于租赁资产公允价值与出租人的初始直接费用之和的利率。

承租人增量借款利率，是指承租人在类似经济环境下为获得与使用权资产价值接近的资产，在类似期间以类似抵押条件借入资金须支付的利率。

租赁付款额，是指承租人向出租人支付的与在租赁期内使用租赁资产的权利相关的款项，包括：

（1）固定付款额及实质固定付款额，存在租赁激励的，扣除租赁激励相关金额；

（2）取决于指数或比率的可变租赁付款额，该款项在初始计量时根据租赁期开始日的指数或比率确定；

（3）购买选择权的行权价格，前提是承租人合理确定将行使该选择权；

（4）行使终止租赁选择权需支付的款项，前提是租赁期反映出承租人将行使终止租赁选择权；

（5）根据承租人提供的担保余值预计应支付的款项。

实质固定付款额，是指在形式上可能包含变量但实质上无法避免的付款额。

租赁激励，是指出租人为达成租赁向承租人提供的优惠，包括出租人向承租人支付的与租赁有关的款项、出租人为承租人偿付或承担的成本等。

可变租赁付款额，是指承租人为取得在租赁期内使用租赁资产的权利，向出租人支付的因租赁期开始日后的事实或情况发生变化(而非时间推移)而变动的款项。取决于指数或比率的可变租赁付款额包括与消费者价格指数挂钩的款项、与基准利率挂钩的款项和为反映市场租金费率变化而变动的款项等。

担保余值，是指与出租人无关的一方向出租人提供担保，保证在租赁结束时租赁资产的价值至少为某指定的金额。

未担保余值，是指租赁资产余值中，出租人无法保证能够实现或仅由与出租人有关的一方予以担保的部分。

2. 租赁负债的后续计量

承租人应当按照固定的周期性利率计算租赁负债在租赁期内各期间的利息费用，并计入当期损益。

该周期性利率，通常即为租赁期开始日计算租赁负债现值的折现率(优先选择租赁内含利率，无法确定租赁内含利率的，应当采用承租人增量借款利率)；在租赁期开始日后，如租赁合同发生变化，承租人应当重新确定租赁付款额，并按变动后租赁付款额和修订后的折现率计算的现值重新计量租赁负债，并按修订后的折现率计算租赁负债在租赁期内各期间的利息费用，并计入当期损益。

(三) 租赁负债会计处理例示

【例 7】 2018 年 12 月 31 日，甲企业与乙企业签订不可撤销合同，从乙企业租入一套用于产品生产的设备。乙企业购置设备的成本为 50 万元，公允价值为 50 万元，租赁期为 5 年，每年年末支付租金 118 708 元，期满设备归甲企业所有。出租人的内含利率为 6%，同期银行贷款利率为 8%，设备寿命期为 5 年，期末预计净残值率为 5%。该设备采用直线法计提折旧。另外，2023 年甲企业还向乙企业支付或有租金 3 000 元。

承租人甲企业的相关账务处理如下：

(1) 租赁开始日，计算租赁负债的现值。

租赁开始日，租赁负债的现值＝118 708×(P/A, 6%, 5)＝500 000(元)

(2) 确认使用权资产与租赁负债(假定以净额法进行会计处理)。

借：使用权资产　　500 000

　贷：租赁负债　　500 000

(3) 确定租赁期间的折旧与利息费用。

由于出租人的内含利率为 6%，以此折现率作为确认利息费用的基础。每期利息费用的计算如表 12-8 所示。

表 12-8　　利息费用计算表　　单位：元

日　期	年租金	利息费用	本金减少额	本金余额
	(1)	(2)＝上期(4)×6%	(3)＝(1)－(2)	(4)＝上期(4)－(3)
2018 年 12 月 31 日				500 000
2019 年 12 月 31 日	118 708	30 000	88 708	411 292
2020 年 12 月 31 日	118 708	24 678	94 030	317 262

续　表

日　期	年租金	利息费用	本金减少额	本金余额
	(1)	(2)＝上期(4)×6%	(3)＝(1)－(2)	(4)＝上期(4)－(3)
2021年12月31日	118 708	19 036	99 672	217 590
2022年12月31日	118 708	13 056	105 652	111 938
2023年12月31日	118 708	6 770	111 938	0
合　计	593 540	93 540	500 000	—

(4) 第一期期末支付租金并确认利息费用。

借：财务费用——利息费用　　30 000
　　租赁负债　　88 708
　贷：银行存款　　118 708

以后各期均按此编制会计分录，只是确认财务费用(利息费用)的金额不同而已。

(5) 各期计提折旧。

使用权资产各期(每年)的折旧额＝500 000×(1－5%)/5＝95 000(元)

借：制造费用　　95 000
　贷：使用权资产累计折旧　　95 000

(6) 2023年支付或有租金3 000元。

借：制造费用　　3 000
　贷：银行存款　　3 000

(7) 租赁期满，设备转为自有固定资产。

借：固定资产——生产经营用固定资产　　500 000
　　使用权资产累计折旧　　475 000
　贷：使用权资产　　500 000
　　　累计折旧　　475 000

需要注意的是，如果承租人能够合理确定租赁期届满时取得租赁资产所有权的，应当在租赁资产剩余使用寿命内计提折旧。

如上例中，如果该设备的估计使用寿命为6年，租赁期为5年，但租赁合同中明确租赁期届满时租赁资产的所有权转让给甲企业，则甲企业对该项使用权资产应按6年计提折旧。

有关租赁的更详尽的会计处理，将在本系列教材《高级财务会计》中予以说明。

三、长期应付票据

(一) 长期应付票据的性质

长期应付票据是由借款人在借款时签发的作为借款凭证的远期票据，其性质与债券相似，到期均需还本付息，利率的高低也取决于资金市场的供需情况、借款人的信用地位、借款的额度、到期日的长短及未来的经济趋势等。相对而言，长期应付票据的到期日较债券为短。

企业通常会因以下目的而签发长期应付票据：(1) 举借资金；(2) 交换特殊权利与优惠；(3) 交换非现金资产或劳务等。

在签发票据时，根据要求还可能需要提供担保，因此具体又可分为应付长期票据和应付长期抵押票据。兹分述如下：

(二) 以长期应付票据举借现金

企业向银行或其他金融机构举借现金时，通常由借款人签发远期票据作为借款凭证。如前所述，因借款而签发的票据不论期间长短，均应按现值入账，其现值就是所收到的现金额。在票据附息，且票面利率等于市场利率时，票据的现值即为面值。若票据不附息，或所附利率不等于市场利率时，则应按实际利率折算成现值。这里的"实际利率"是使长期应付票据的本金及所附利息按票据存续期间折算的现值，刚好等于借入现金时所应采用的折现率。现值与面值的差额即为应付票据的利息调整，应在票据的有效期内采用实际利率法摊销，转为利息费用。

【例 8】 2019 年 1 月 1 日，甲企业签发 3 年期不带息长期应付票据一张，面值为 2 000 000 元，向乙金融机构借款 1 462 380 元。通过计算得出该项借款的实际利率为 11%，利息调整为 537 620 元(2 000 000－1 462 380)。甲企业在借入该笔资金时，应编制会计分录如下：

借：银行存款	1 462 380	
应付长期票据——利息调整	537 620	
贷：应付长期票据——面值		2 000 000

在未来 3 年内，甲企业应采用实际利率法将应付票据的利息调整摊销为利息费用。由于该票据的实际利率为 11%，则该项借款 2019～2021 年的实际利息费用分别为：

2019 年：1 462 380×11%＝160 860(元)

2020 年：(1 462 380＋160 860)×11%＝178 560(元)

2021 年：(1 462 380＋160 860＋178 560)×11%＝198 200(元)(注：含尾差调整)

每年年末，甲企业应确认利息费用，编制会计分录如下：

	2019 年		2020 年		2021 年	
借：财务费用	160 860		178 560		198 200	
贷：应付长期票据——利息调整		160 860		178 560		198 200

长期应付票据到期时，甲企业应按面值偿还借款，销记"应付长期票据"账户，编制会计分录如下：

借：应付长期票据	2 000 000	
贷：银行存款		2 000 000

企业应以应付长期票据的面值减去未摊销的利息调整(折价)额即现值列示在资产负债表上。

长期应付票据负债的另一种处理办法是直接以借款实际所得的现金额，借记"银行存款"账户，贷记"应付长期票据"账户；每期确认利息费用时，则借记"财务费用"或"在建工程"等账户，贷记"应付长期票据"账户。在资产负债表上，直接列示应付长期票据的现值。

（三）以长期应付票据交换特殊权利或优惠条件

有时，企业签发长期票据借贷资金，可能附有某种特殊权利或优惠条件。例如，在借款期间，债权人可以按优惠价购买债务人的产品，或者债务人必须将其生产的紧俏产品优先供应给债权人等，这种优惠购货或优先供货的权利，往往以债权人提供低息甚至无息贷款为交换条件，并以签发或收受长期票据作为凭据。

企业签发的长期票据应以现值入账，其现值原则上是将来应付的现金及权利，或票据本身的公允价值，两者取其较为明确客观的为准。如果两者都较难取得，则可按同期银行贷款利率折算。由于借款利率很低，甚至无息，则按同期银行借款利率计算的现值与票据面值之间的差额，应确认为应付票据折价，并在借款期限内逐期摊销为利息费用。应付票据折价其实是债权人为换取某种特殊权利或优惠条件的代价，是债务人为融资而承担的、将以提供产品来补偿的又一种契约性义务。就借款企业而言，在签发票据借入资金时，确认相当于折价额的销售契约负债，并随着产品的销售，将其按原定产品销售数量的比例逐期摊销转为销售收入。

【例 9】 甲企业签发 2 年期、面值为 600 000 元的不带息票据一张，向乙企业通融资金，条件是乙企业可按优惠价购买甲企业产品。若甲企业的借款利率为 10%，按实际利率法计算各期的利息费用。又假定乙企业在贷款的 2 年期间，每年平均进货，则将此项优惠权利在 2 年中平均分摊。按 10% 的借款利率计算，该票据的现值为 495 868 元（600 000×0.826 446），票据折价为 104 132 元（600 000－495 868）。按实际利率法计算各期的利息费用，甲企业每年的利息费用可计算如下：

第 1 年：495 868×10%＝49 587（元）

第 2 年：（495 868＋49 587）×10%＝54 545（元）

甲企业每年因承担合同负债所带来的销售收入为 52 066 元（104 132÷2）。

根据上述资料，甲企业的账务处理如下：

（1）签发票据，收到款项时：

借：银行存款	600 000	
应付长期票据——利息调整	104 132	
贷：应付长期票据——面值		600 000
合同负债		104 132

（2）第 1 年年末，确认利息费用并转销合同负债时：

借：财务费用	49 587	
贷：应付长期票据——利息调整		49 587
借：合同负债	52 066	
贷：营业收入		52 066

（3）第 2 年年末，确认利息费用并转销合同负债时：

借：财务费用	54 545	
贷：应付长期票据——利息调整		54 545
借：合同负债	52 066	
贷：营业收入		52 066

（四）以长期应付票据交换非现金资产或劳务

如前所述，企业可以赊购非现金资产，如固定资产等，以长期应付票据来换取资产或劳务是常见的现象。在此情形下,主要的会计问题是资产和负债的计量问题。

长期应付票据应以现值入账。在带息票据的票面利率近似于市场利率,或票面金额与交换的资产或劳务的公允市价相当等前提下,票面金额即可视为现值入账。但是,如果以票据交换资产或劳务存在以下情况时:(1)长期应付票据无票面利率;(2)票面利率偏高或偏低,不甚合理;(3)票面金额与交换资产或劳务的公允价值不相当,或与票据本身的公允价值不相当。则票据不能以票面价值作为现值入账,应在所交换资产或劳务的公允价值,或该票据本身的公允价值之间,选择一个较客观明确的金额入账。如果这两种公允价值都很难取得,则以增量借款利率折算现值入账。

【例10】 2019年1月1日,甲企业签发了面值为300 000元、利率为6%、每年12月31日付息一次、4年期的票据一张,向乙企业购入机器一台,该机器估计可使用10年,甲企业的借款利率为10%。

该带息票据的票面利率为6%,应按该票据的公允价值或该机器的公允价值入账。假定这两种公允市价都难以取得或决定,则应按借款利率10%进行折现。

折现的计算如下:

本金复利现值=300 000×0.683 01=204 903(元)

利息年金现值=18 000×3.169 83=57 057(元)

本利现值合计=204 903+57 057=261 960(元)

根据以上计算,甲企业应编制会计分录如下:

借:固定资产	261 960	
应付长期票据——利息调整	38 040	
贷:应付长期票据——面值		200 000

每年年末,应付票据的利息调整即折价应在该票据有效期内采用实际利率法进行摊销。第1年年末付息时,甲企业应编制会计分录如下:

借:财务费用	26 196	
贷:银行存款		18 000
应付长期票据——利息调整		8 196

该机器按10年计提折旧,乙企业也应按261 960元作为出售机器的销售收入,并据以计算出售损益及计算每年的利息收入。

(五)应付长期抵押票据

企业在举借长期资金时,银行或其他金融机构通常要求借款企业指定不动产作为抵押品,以保证债权人的利益。这种为取得长期借款而签发的、以指定不动产作为抵押品、担保如期还款的票据,称为应付抵押票据。该票据通常载明借贷条款、抵押的内容等,这种借款习惯上称为抵押借款。

抵押借款则无异于将企业的财产交给信托人,因此,这实质上是一种长期抵押借款。在借款人不能履行偿债义务时,信托人可变卖抵押品偿付债款,以保证债权人的利益。

作为长期借款的抵押品,在有多个债权人时,可按照债权人对抵押品留置权的优先程序,依次标明"第一抵押""第二抵押""第三抵押"等,如果债权人到期无力偿还债款,则变卖抵押品的所得应先偿还"第一抵押票据"持有人,如有节余,依次类推。

抵押借款的利息,可以在还本时一并付清,也可以在借款取得时预先扣除。

【例 11】　甲企业签发一张金额为 1 000 000 元、3 年期的长期抵押票据向银行借款，年利率为 8%，利息按单利计算，借款到期时一并归还借款本息。借入款项时，假定票据利率与同期市场借款利率大致相当，甲企业应编制会计分录如下：

借：银行存款　　1 000 000

　贷：应付长期抵押票据——面值　　1 000 000

每年年末，应确认利息费用，3 年的全部利息费用约为 259 710 元[$1\ 000\ 000\times(1+8\%)^3-1\ 000\ 000$]，平均每年应负担 86 570 元。甲企业在每年年末结账时，应编制会计分录如下：

借：财务费用　　86 570

　贷：应付长期抵押票据——应计利息　　86 570

3 年后借款到期，本息共计 1 259 710 元。甲企业在归还本息时，应编制会计分录如下：

借：应付长期抵押票据——面值　　1 000 000

　　　　　　　　　　——应计利息　　259 710

　贷：银行存款　　1 259 710

通常情况下，借款企业开具的长期抵押票据是不带息的，向银行借款时，按照市场利率向银行贴现，以取得等于贴现价值的资金。其会计处理与签发折价票据的会计处理相同，此处不再赘述。

第五节　或有事项

一、或有事项的定义、特征与分类

（一）或有事项的定义与特征

或有事项(contingency)是指过去的交易或事项形成的，其结果须由某些未来事项的发生或不发生才能决定的不确定事项。

或有事项具有以下三个特征：

1. 或有事项是过去的交易或事项形成的一种情况

或有事项作为一种状况，是企业过去的交易或事项形成的。例如，2019 年 8 月 7 日，甲企业状告乙企业侵犯了其商标权。至 2019 年 12 月 31 日，法院还没有对诉讼案进行公开审理，乙企业是否败诉尚难判断。对乙企业而言，一项或有事项已经形成，它是由过去事项(乙企业"可能侵犯"甲企业的商标权并受到起诉)形成的；对甲企业而言，一项或有事项也已经形成，它是由过去事项(乙企业"可能侵犯"甲企业的商标权并受到起诉)形成的。只不过此诉讼案对甲企业而言可能有利，对乙企业而言可能不利。又如，产品质量担保是企业对已售出商品提供的质量保证，在产品售出时就已经发生，但其结果要视实际情况而定，因此，也是一项或有事项。

或有事项是现存的状况，说明或有事项是资产负债表日的一种客观存在。它的结果对企业有利或不利的程度、影响多大，只能由未来发生的交易或事项来确定。对于资产负债表日尚未客观存在，如未来可能发生的自然灾害、未来可能发生的经营亏损等，不构成或有事项。

2. 或有事项的结果具有不确定性

或有事项内含不确定性,其结果具有不确定性。首先,或有事项的结果是否发生具有不确定性,只能由未来不确定事项的发生或不发生来证实。例如,甲企业为乙企业的借款进行担保。对甲企业来讲,它是否履行连带责任还要取决于乙企业的偿债情况。担保事项对乙企业构成或有事项。其次,或有事项的结果即使预料会发生,但究竟什么时候发生、金额多少尚未确定。又如,2019 年 12 月 2 日,甲企业与乙企业发生经济纠纷,并且被乙企业提起诉讼,从案情来看,乙企业很有可能败诉。但到 2019 年年末,该起诉尚未进行审理。从 2019 年年末看,乙企业败诉将支出多少、何时支付尚难确定。

3. 或有事项的最后结果有赖于未来期内发生或不发生某种事实来加以证实

或有事项的最终结果由未来不确定事项的发生与不发生以及发生的情况来证实。例如,诉讼发生失败而须支付赔偿金,只有在审判结束后才能确定;又如,产品质量担保发生的支出数只有在担保期过后才能确定。或有事项具有时效性,随着影响或有事项结果的因素发生变化,或有事项最终会转化为确定事项。

常见的或有事项有未决诉讼或仲裁、债务担保、产品质量保证(含产品安全保证)、环境污染整治、承诺、亏损合同、重组义务等。

(二) 或有事项的分类

或有事项具体包含确认为负债的或有事项、或有负债和确认为资产的或有事项以及或有资产四种类别。

1. 确认为负债的或有事项

对于与或有事项相关的义务同时符合以下条件的,企业应将其确认为负债:

(1) 该义务是企业承担的现时义务。该义务是企业承担的现时义务,是指与或有事项相关的义务是企业当前条件下已承担的义务而非潜在义务,企业没有其他现实的选择,只能履行该现时义务,企业承担了现时义务。

例如,甲企业的一名驾驶员因违反交通规则造成严重交通事故,为此,甲企业将要承担赔偿义务。对甲企业来讲,违反交通规则所引起的赔偿是其一项现时义务。

又如,甲企业与乙企业发生经济纠纷,调解无效。甲企业遂于 2019 年 12 月 28 日向法院提起诉讼。至 2019 年 12 月 31 日,法院尚未判决,但法庭调查表明,乙企业的行为违反了国家有关经济法规。这种情况表明,对乙企业而言,一项现时义务已经产生。

(2) 该义务的履行很可能导致经济利益流出企业。"很可能"(probable),是指发生的可能性大于 50%(不含 50%)但小于或等于 95%。因此,该义务的履行很可能导致经济利益流出企业,履行因或有事项产生的现时义务时,导致经济利益流出企业的可能性超过 50%但尚未达到基本确定的程度。

企业因或有事项承担了现时义务,并不说明该现时义务一定会很可能导致经济利益流出企业。例如,2019 年 5 月 10 日,某集团公司与 A 企业签订协议,承诺为 A 企业的 5 年期银行借款提供全额担保。对于某集团公司而言,即使因此项担保事项而承担了一项现时义务,但这项义务的履行是否很可能导致经济利益流出企业,需依据 A 企业的经营情况和财务状况等因素来定。假定 2019 年年末,A 企业财务状况良好。此时,如果没有其他特殊情况,一般可以认定 A 企业不会违约,从而集团公司履行承担的现时义务不是很可能导致经济利益流出。假定 2019 年年末,A 企业的财务状况恶化,且没有迹象表明可能发生好转。此种情况出现，表明A企业很可能违约，从而集团公司履行承担的现时义务将很可能导致经济利益流出企业。

(3) 义务的金额能够可靠地计量。义务的金额能可靠地计量，是指或有事项产生的金额能够合理地估计。由于或有事项具有不确定性，其发生的金额也具有不确定性，需要估计。要对或有事项确认为一项负债，相关的现时义务必须能够可靠估计。

例如，企业对售出商品产品的质量担保可能产生的义务，可以根据过去的经验进行。虽然将来发生义务的金额与估计不可能完全相符，但可以可靠地估计。如果所需支出存在一个金额范围，则最佳估计数应该按范围的上、下限金额的平均数确定。

例如，2019年12月4日，甲企业因乙企业提供了不实的财务报告而导致投资损失，甲企业对乙企业提起诉讼。到2019年年末，该起诉尚未进行审理。由于案情复杂，相关的法律法规尚不健全，从2019年年末看，诉讼的最后结果如何尚难确定。2019年年末，乙企业承担的义务就属于不能可靠估计。对乙企业而言，不应将此项未决诉讼确认为一项负债。

2. 或有负债

或有负债(contingent liability)，是指过去的交易或事项形成的潜在义务，其存在须通过未来不确定事项的发生或不发生予以证实；或过去的交易或者事项形成的现时义务，履行该义务不是很可能导致经济利益流出企业或该义务的金额不能可靠计量。

可以看出，如果或有事项所导致的义务是潜在的，不管符合何种条件，均视为或有负债。而对现时义务，只要不同时符合下面两个条件，企业就不应确认为负债，而应在财务报表附注中予以披露：

(1) 该现时义务的履行不是很可能导致经济利益流出企业。“不是很可能”(possible but not probable)导致经济利益流出企业，是指该现时义务导致经济利益流出企业的可能性大于5%但不超过50%(含50%)。

例如，2019年12月20日，甲企业与乙企业签订担保合同，承诺为乙企业的2年期的项目贷款提供担保。假定甲企业因此项担保合同承担了一项现时义务，但承担现时义务并不意味着经济利益很可能会流出甲企业。如果2019年度乙企业的财务状况良好，则说明甲企业履行连带责任的可能性不大。也就是说，从2019年看，甲企业不是很可能被要求流出经济利益以履行该义务。为此，甲企业应将该项现时义务作为或有负债予以披露。

(2) 该现时义务的金额不能可靠地计量。这是指该现时义务导致经济利益流出企业的“金额”难以预计。这一特殊性表明，作为现时义务的或有负债，其结果是不确定的。

例如，2019年11月12日，某企业发生事故，事故的原因是由机器的质量引起的。A公司是该机器的制造商。事件发生后，A公司得知此事，并承诺负担一切赔偿费用。直到12月31日，事态还在发展中，赔偿费用难以预计。此时，A公司承担了现时义务，但义务的金额不能可靠地计量。

或有负债披露的基本原则是：极小可能(remote)(可能性小于等于5%)导致经济利益流出企业的或有负债一般不予揭示。但某些经常发生的或对企业财务状况和经营成果有较大影响的或有负债，即使极小可能导致经济利益流出企业，也应披露，以使信息使用者获得足够充分和详细的信息。

3. 或有资产

或有资产(contingent asset)，是指过去的交易或者事项形成的潜在的资产，其存在须通过未来不确定事项的发生或不发生予以证实。

或有资产是一种潜在资产,不符合资产确认的条件。因此,企业通常不应当披露或有资产,但当或有资产很可能会给企业带来经济利益时,应当披露其形成的原因,预计产生的财务影响等。

或有事项导致的有利影响,在以下情况同时满足时,应当将其确认为一项资产:(1) 同一或有事项的不利影响已经确认为负债;(2) 经济利益流入企业的可能性基本确定(virtually certain)(可能性大于等于 95%)。

二、或有事项的计量

尽管或有事项包括了以上三方面的情况,但列为财务报表项目的只有确认为负债或资产的或有事项。此处所言的或有事项的计量,指的是确认为负债或资产的或有事项的计量。

(一) 或有事项计量应当考虑的因素

由于或有事项具有不确定性,这一特征自然也影响到了或有事项的计量,因此,在对或有事项进行计量时,应当考虑不确定性情况下的最佳估计数以及预期可获得补偿的可能性。

1. 最佳估计数的确定

将或有事项确认为负债的初始计量量度应当是企业履行该项现时义务所需支出的最佳估计数。企业在确定最佳估计数时,应当分别以下两种情况处理:

(1) 所需支出存在一个连续范围,且该范围内各种结果发生的概率相同,则最佳估计数应当按照该范围内的中间值,即上、下限金额的平均数确定。

【例 12】 2019 年 12 月 4 日,甲企业因违反合同而涉及一起诉讼案件。根据判断,甲企业很可能败诉。2019 年 12 月 31 日,法院尚未对此案件作出判决。根据企业法律顾问的估计,甲企业的赔偿金额可能在 200 万元至 250 万元之间,在这一区间内,每个金额都有可能发生。

对于此项诉讼案件,已经符合负债确认的条件,其确认的预计负债的金额应为 225 万元,计算如下:

甲企业应确认的预计负债=(2 000 000+2 500 000)÷2=2 250 000(元)

(2) 所需支出不存在一个连续范围,或者虽然存在一个连续范围,但该范围内的各种结果发生的概率不相同。在这种情况下,最佳估计数应当按照如下方法确定:① 或有事项涉及单个项目的,按照最可能发生金额确定;② 或有事项涉及多个项目的,按照各种可能结果及相关概率计算确定。

【例 13】 2019 年度,甲企业对售出的产品进行质量保证,承诺在产品售出后的一年内,如果发生正常质量问题,甲企业将免费负责修理。根据以往的经验,如果出现较小的质量问题,需要发生的修理费为销售额的 2%;如果出现较大的质量问题,需要发生的修理费为销售额的 8%;如果出现一般性的质量问题,需要发生的修理费为销售额的 4%。2019 年度,甲企业的销售额为 100 万元,估计出现较小质量问题而进行修理的概率为 2%,出现一般性质量问题而进行修理的概率为 1%,出现较大质量问题而进行修理的概率为 0.5%。

对此项或有事项,甲企业确认的预计负债的金额应为 1 200 元,计算如下:

1 000 000×2%×2%+1 000 000×4%×1%+1 000 000×8%×0.5%=1 200(元)

企业在确定最佳估计数时,还应当考虑或有事项的风险、不确定性以及未来经济利益的时间价值等因素。如果自资产负债表日至财务报表报出日期间发生的事项证实了以前的估计，但确认的金额存在一定差异的，企业应当直接将两者之间的差异计入当期损益；如果与原估计数相去甚远，与事实严重不符，则企业应当将原估计数字视作重大差错，并对以前年度的财务报表进行追溯重述。

2. 预期可获得补偿的处理

企业清偿因或有事项而确认的负债所需支出全部或部分预期由第三方或其他方补偿，则此补偿金额只有在基本确定(可能性大于95%但小于100%)能收到时，才能作为资产单独确认，确认的补偿金额不能超过所确认负债的账面价值。

(二) 确认为负债的或有事项的会计处理

确认为负债的或有事项主要有：(1) 未决诉讼或未决仲裁；(2) 债务担保；(3) 产品质量保证；(4) 亏损合同；(5) 重组义务等。现择其一二进行说明。

1. 产品质量保证

续【例 13】 假定2019年度甲企业实际发生了用银行存款支付的产品修理费用800元，若不考虑增值税，则甲企业相关的会计处理如下：

(1) 确认预计负债时：

借：销售费用	1 200	
贷：预计负债		1 200

(2) 支付修理费用时：

借：预计负债	800	
贷：银行存款		800

2. 亏损合同

亏损合同是指企业履行合同义务时会不可避免地发生成本超过预期经济利益的合同。尽管这些待执行合同不是会计准则规范的内容，但却形成了企业的一项或有事项，当亏损合同产生的义务满足预计负债的确认条件时，企业应当将其确认为预计负债。

企业应当视不同情况对亏损合同进行相应的会计处理：

(1) 亏损合同如果是可撤销的，就不构成企业的一项现时义务，企业不需要确认相应的预计负债。

(2) 亏损合同如果是不可撤销的，履行该合同不可避免地会发生成本超过预期经济利益，因此，符合预计负债的定义，企业应当将其确认为预计负债。

(3) 亏损合同如果存在标的资产的，应当对标的资产进行减值测试，并按规定确认减值损失；如果不存在标的资产的，应当确认预计负债。

【例 14】 2019年12月2日，甲企业与乙企业签订了一份不可撤销合同，为乙企业采购A特供件1 000件，双方约定于2020年3月31日交货。合同约定每件特供件的售价为100元。在合同签订后不久，由于A特供件采购价格大幅度提高，至2019年年末，甲企业已经采购的300件特供件的每件采购成本为120元。假定甲企业采购另外700件特供件的单位采购成本将会提高到130元。

对此项业务，甲企业对已经采购的300件A特供件，每件计提20元的存货跌价准备；对准备采购的另外700件A特供件，每件应当预计30元的合同损失，并编制会计分录如下：

借：资产减值损失(300×20)　　6 000

　贷：存货跌价准备　　6 000

借：营业外支出(700×30)　　21 000

　贷：预计负债　　21 000

续【例 14】 假定 2020 年 2 月 10 日，甲企业以每件 110 元的价格购入了 700 件 A 特供件，A 特供件的增值税税率为 13%，则甲企业应编制会计分录如下：

借：库存商品　　56 000

　　预计负债　　21 000

　　应交税费——应交增值税(进项税额)　　10 010

　贷：银行存款　　87 010

续【例 14】 2019 年 3 月 31 日，甲企业按合同约定价格将 1 000 件 A 特供件出售给乙企业，价款收入存入银行。甲企业应编制会计分录如下：

借：银行存款[1 000×100×(1+13%)]　　113 000

　贷：营业收入　　100 000

　　　应交税费——应交增值税(销项税额)　　13 000

借：营业成本　　92 000

　贷：库存商品(120×300+56 000)　　92 000

借：存货跌价准备　　6 000

　贷：资产减值损失　　6 000

第六节　非流动负债的列示与披露

一、列示

在资产负债表中，应将长期借款、应付债券、长期应付款等项目以其账面价值(摊余成本)分别列示在非流动负债下。对应付长期抵押票据，应在附注中说明抵押物品的资产以及有关抵押票据的重要资料。

需要注意的是，1 年或超过 1 年的营业周期内即将到期的非流动负债，分批还本债券的 1 年内到期应偿还部分，都应作为流动负债，不在非流动负债下列示。

流动负债项目在资产负债表中的列示如表 12-9 所示。

表 12-9　非流动负债在资产负债表中的列示

项　目	期末余额	期初余额
非流动负债：		
长期借款		
应付债券		
其中：优先股		
永续债		

续　表

项　　目	期末余额	期初余额
长期应付款		
预计负债		
递延收益		
递延所得税负债		
其他非流动负债		
其他流动负债		
非流动负债合计		

二、披露

(一) 应付债券的披露

下面以应付债券为例,说明非流动负债的披露。

应付债券,包括债务工具性质的优先股和永续债券,属于企业的非流动负债,在资产负债表中应作为非流动负债的一个项目按摊余成本列示,债券未摊销的溢价应作为应付债券面值的加项,债券未摊销的折价应作为应付债券摊余成本的减项,两者不得单独列为递延贷项或递延借项。应付债券面值加上未摊销溢价或减去未摊销折价,即为资产负债表日应付债券的摊余成本,体现了企业实际应付债务的金额。同时,在资产负债表上还应具体列示或以附注形式揭示有关债券的一些重要内容,如债券的种类、票面利率、到期日、市场利率、企业在债券信托合同上所做的特殊承诺等。

应付债券如将于1年或一个营业周期内到期,应在流动负债下以"1年内到期的非流动负债"项目反映1年或一个营业周期到期的应付债券。如果到期时将以偿债基金或发行新债券来偿还的,则仍应列作非流动负债。

续【例1】　以甲企业发行债券为例,2019年1月1日溢价发行的债券,按实际利率法摊销溢价,2019年12月31日的资产负债表中应列示如下:

非流动负债:	
应付债券(10%,2021年12月31日到期,每年6月30日及12月31日付息)	10 000 000
加:未摊销溢价(市场利率8%)	362 975
应付债券摊余成本	10 362 975

在折价发行情况下,则未摊销折价列为应付债券的减项,具体可参照上述溢价发行的列示方式。

(二) 或有事项的披露

企业应当在附注中披露与或有事项有关的下列信息:

1. 预计负债

(1) 预计负债的种类、形成原因以及经济利益流出不确定性的说明。

(2) 各类预计负债的期初、期末余额和本期变动情况。

(3) 与预计负债有关的预期补偿金额和本期已确认的预期补偿金额。

2. 或有负债(不包括极小可能导致经济利益流出企业的或有负债)

(1) 或有负债的种类及其形成原因,包括已贴现商业承兑汇票、未决诉讼、未决仲裁、对外提供担保等形成的或有负债。

(2) 经济利益流出不确定性的说明。

(3) 或有负债预计产生的财务影响,以及获得补偿的可能性;无法预计的,应当说明原因。

3. 或有资产

企业通常不应当披露或有资产。但或有资产很可能会给企业带来经济利益的,应当披露其形成的原因、预计产生的财务影响等。

在涉及未决诉讼、未决仲裁的情况下,如按前述要求披露全部或部分信息预期对企业造成重大不利影响的,企业无须披露这些信息,但应当披露该未决诉讼、未决仲裁的性质,以及没有披露这些信息的事实和原因。

思考题

1. 企业在筹集长期资金时,举借长期借款与发行股票相比较,有何利弊?
2. 何谓债券?我国《公司法》对发行债券有何限制?
3. 简述普通债券会计处理的一般流程。
4. 债券的偿付方式有哪些?会计上应如何处理?
5. 何谓可转换债券?试分别就债券持有者及发行者的立场,说明可转换债券的优缺点。
6. 长期借款发生的借款费用应当如何处理?
7. 租赁负债应当如何计价?其承担的利息费用应当如何确认?
8. 以票据借款并给予对方特殊权利或优惠条件时,会计上应如何处理?

阅读材料

1. 财政部:《企业会计准则——基本准则》,2014 年。
2. 财政部:《企业会计准则第 30 号——财务报表列报》,2014 年。
3. 财政部:《企业会计准则第 9 号——职工薪酬》,2014 年。
4. 财政部:《企业会计准则第 22 号——金融工具确认和计量》,2017 年。
5. 财政部:《企业会计准则第 37 号——金融工具列报》,2017 年。
6. 财政部:《企业会计准则第 14 号——收入》,2017 年。
7. 财政部:《企业会计准则第 17 号——借款费用》,2006 年。
8. 财政部:《企业会计准则第 21 号——租赁》,2018 年。
9. 财政部:《企业会计准则第 13 号——或有事项》,2006 年。
10. 财政部:《金融负债与权益工具的区分及相关会计处理规定》,2014 年。
11. 财政部:《永续债相关会计处理的规定》,2019 年。
12. 国际会计准则理事会(IASB):《国际财务报告准则第 9 号——金融工具》(IRFS 9),2014 年。

练习题

练习一

一、目的:练习普通债券发行价格的计算。

二、资料：甲企业与普通债券相关的数据如表 12－10 所示。

表 12－10　　甲企业债券相关资料

债　券	面值(元)	票面利率(年)	付息方式	债券期限(年)	市场利率(年)
1	250 000	6%	每年	10	6%
2	100 000	5%	每季	5	6%
3	150 000	8%	每半年	4	6%
4	200 000	10%	每年	20	6%

三、要求：计算甲企业债券的发行价格，并编制发行时的分录。

练习二

一、目的：练习普通债券发行、利息调整摊销及赎回的会计处理。

二、资料：2019 年 10 月 1 日，甲企业以 103 元发行 10 年期、面值 8 000 万元、票面利率 8%、每年 10 月 1 日和 4 月 1 日付息的公司债券。2021 年 2 月 1 日，甲企业以 97 元加应计利息赎回面值 2 000 万元的债券。甲企业会计年度结束日为 12 月 31 日。

三、要求：

(1) 如甲企业债券利息调整采用直线法摊销，编制：

① 2019 年 10 月 1 日发行债券时的分录。

② 2020 年支付利息、利息调整摊销及结账时的分录。

③ 2021 年 2 月 1 日赎回债券时的分录。

(2) 如甲企业债券利息调整采用实际利率法摊销，编制：

① 2019 年 10 月 1 日发行债券时的分录。

② 2020 年支付利息、利息调整摊销及结账时的分录。

③ 2021 年 2 月 1 日赎回债券时的分录。

练习三

一、目的：练习普通债券利息调整的摊销。

二、资料：甲企业的普通债券利息调整摊销表如表 12－11 所示。

表 12－11　　甲企业债券利息调整摊销表　　单位：元

付息日期	贷：银行存款	借：财务费用	借：利息调整	摊余成本
	(1)	(2)	(3)＝(1)－(2)	(4)＝上期(4)－本期(3)
2015 年 11 月 1 日				102 194.99
2016 年 11 月 1 日	5 000	4 598.77	401.23	101 793.76
2017 年 11 月 1 日	5 000	4 580.72	419.28	101 374.48
2018 年 11 月 1 日	5 000	4 561.85	438.15	100 936.33
2019 年 11 月 1 日	5 000	4 542.13	457.87	100 478.64
2020 年 11 月 1 日	5 000	4 521.54	478.46	100 000.00

三、要求：

(1) 甲企业债券利息调整摊销采用的是哪种方法？

(2) 计算债券的票面利率与实际利率。

(3) 甲企业会计年度结束日为12月31日,分别为下列业务编制会计分录:

① 2018年1月1日的转回分录。

② 2018年11月1日的会计分录。

③ 2018年12月31日的会计分录。

练习四

一、目的:练习可转换债券的发行和转换的会计处理。

二、资料:2019年1月1日,甲企业以6 300万元(未附转换权的同类债券发行价格为6 100万元)的价格发行10年期、利率10%、面值6 000万元的可转换债券。每一面值1 000元的债券可转换每股面值1元的普通股本800股,该债券利息于每年年底支付一次。同一天,乙企业购买了甲企业发行的可转换债券中的40%。

三、要求:

(1) 为甲企业和乙企业分别编制可转换债券发行与购入时的会计分录。

(2) 按直线摊销法计算甲企业年利息费用。

(3) 第6年年末,当甲企业普通股每股市价1.30元时,乙企业将所购甲企业可转换债券全部转换为股本。试按市价法、面值法编制甲、乙两家企业行使转换权时的会计分录。

练习五

一、目的:练习分期还本债券的会计处理。

二、资料:2018年12月31日,甲企业发行面值1 500万元、票面利率9%的分期还本债券,每年年末付息一次,发行债券时的市场利率为6%。甲企业对分期还本债券的时间安排如表12-12所示。

表12 12　甲企业对分期还本债券的时间安排

年　份	偿还面值(万元)
2019年12月31日	200
2020年12月31日	200
2021年12月31日	300
2022年12月31日	300
2023年12月31日	500

三、要求:

(1) 计算债券的发行价格。

(2) 分别按直线法及实际利率法列示。

(3) 按实际利率法编制利息调整摊销表,并编制2019年12月31日的会计分录。

练习六

一、目的:练习长期借款的会计处理。

二、资料:甲企业发生的长期借款资料如下:

(1) 2019年年初,甲企业签发面值6 000 000元、不附息、4年期的票据,购置一套办公用房屋,其公允市价为3 813 000元。

(2) 2019年年初,甲企业签发一张面值100 000元的不带息票据,购置一部机器。该票据自2019年年底起,每年偿还25 000元,至第4年年末全部偿还。签发票据时的市场利率为10%。

三、要求:

(1) 为甲企业编制购置房屋时的分录,并计算所签发票据的实际利率。

(2) 计算甲企业购入机器的公允市价，并编制购置机器以及每年年末利息费用的会计分录（提示：可编制实际利率法的摊销表）。

练习七

一、目的：练习借款费用的会计处理。

二、资料：2019 年 7 月 1 日，甲企业为兴建厂房，从银行借入专门借款 5 000 万元，借款期限为 2 年，年利率为 5%，借款利息按季支付。甲企业于 2019 年 10 月 1 日正式开工兴建厂房，预计工期 1 年 3 个月，工程采用出包方式。

甲企业于开工日、2019 年 12 月 31 日、2020 年 5 月 1 日分别支付工程进度款 1 200 万元、1 000 万元、1 500 万元。因可预见的气候原因，工程于 2020 年 1 月 15 日至 3 月 15 日暂停施工。厂房于 2020 年 12 月 31 日达到预定可使用状态，甲企业于当日支付剩余款项 800 万元。

甲企业自借入款项起，将闲置的借款资金投资于固定收益债券，月收益率为 0.4%。甲企业按期支付前述专门借款利息，并于 2023 年 7 月 1 日偿还该项借款。

三、要求：

(1) 确定甲企业专门借款费用开始资本化的时点。

(2) 编制甲企业在资本化期间内闲置的专门借款资金取得固定收益债券利息时的会计分录。

(3) 计算甲企业于 2020 年度应予资本化的专门借款费用，并编制应计利息时的会计分录。

(4) 计算甲企业累计计入损益的专门借款费用的金额。

练习八

一、目的：练习可转换债券的会计处理。

二、资料：甲企业为上市公司，其相关交易或事项如下：

(1) 经相关部门批准，甲企业于 2019 年 1 月 1 日按面值发行分期付息、到期一次还本的可转换公司债券 200 000 万元，发行费用为 3 200 万元，实际募集资金已存入银行专户。

根据可转换公司债券募集说明书的约定，可转换公司债券的期限为 3 年，自 2019 年 1 月 1 日起至 2021 年 12 月 31 日止；可转换公司债券的票面年利率为：第 1 年 1.5%，第 2 年 2%，第 3 年 2.5%；可转换公司债券的利息自发行之日起每年支付一次，起息日为可转换公司债券发行之日即 2019 年 1 月 1 日，付息日为可转换公司债券发行之日起每满 1 年的当日，即每年的 1 月 1 日；可转换公司债券在发行 1 年后可转换为甲企业普通股股票，初始转股价格为每股 10 元，每份债券可转换为 10 股普通股股票（每股面值 1 元）；发行可转换公司债券募集的资金专项用于生产用厂房的建设。

(2) 甲企业将募集资金陆续投入生产用厂房的建设，截至 2019 年 12 月 31 日，全部募集资金已使用完毕。生产用厂房于 2019 年 12 月 31 日达到预定可使用状态。

(3) 2020 年 1 月 1 日，甲企业支付 2019 年度可转换公司债券利息 3 000 万元。

(4) 2020 年 7 月 1 日，由于甲企业股票价格涨幅较大，全体债券持有人将其持有的可转换公司债券全部转换为甲企业普通股股票。

(5) 其他资料如下：

① 甲企业将发行的可转换公司债券的负债成分划分为以摊余成本计量的金融负债。

② 甲企业发行可转换公司债券时无债券发行人赎回和债券持有人回售条款以及变更初始转股价格的条款，发行时二级市场上与之类似的没有附带转换权的债券市场利率为 6%。

③ 在当期付息前转股的，不考虑利息的影响，按债券面值及初始转股价格计算转股数量。

④ 不考虑所得税影响。

三、要求（金额均以万元表示）：

(1) 计算甲企业发行可转换公司债券时负债成分和权益成分的公允价值。

(2) 计算甲企业可转换公司债券负债成分和权益成分应分摊的发行费用。

(3) 编制甲企业发行可转换公司债券时的会计分录。

(4) 计算甲企业可转换公司债券负债成分的实际利率及2019年12月31日的摊余成本，并编制甲企业确认及支付2019年度利息费用的会计分录。

(5) 计算甲企业可转换公司债券负债成分2020年6月30日的摊余成本，并编制甲企业确认2020年上半年利息费用的会计分录。

(6) 编制甲企业2020年7月1日可转换公司债券转换为普通股股票时的会计分录。

练习九

一、目的：练习或有事项的会计处理。

二、资料：

(1) 有一位顾客向企业索赔，原因是他在企业的时候受了伤。企业很可能被认为是因其粗心大意(因为企业没有列出警示标志)而造成了这起顾客受伤事件。这很可能让企业支付30 000元的赔偿(这一估计数据是根据专家意见得出的)。

(2) 一位顾客起诉企业并要求50 000元的赔偿额，他声称由于企业销售的产品存在缺陷，从而导致他个人受伤，为此他失业了。企业征求到的法律顾问意见则认为，企业的产品是按照国家产品标准生产的，而且在出厂之前经过了全面的测试，因此，企业不能满足该顾客的这个赔偿诉求。

(3) 企业已经完成了海上开采石油的勘探工作，发生了包括2 000万元的资本支出。然而，为了不违反环境保护的法规，企业在某些特定的条件得到满足之前，不能马上开采石油。

(4) 企业拥有一架直升机，这架飞机每2年需要一次大修理，估计费用在750 000元左右。

三、要求：在编制期末资产负债表之前，说明对上述事项应如何进行会计处理。

练习十

一、目的：练习或有事项的披露与记录。

二、资料：甲企业在编制年度财务报表时，试图对以下五项或有事项做适当的披露与记录：

(1) 该年度的营业收入为9 600 000元，年末未收回的销货款还有220 000元，其中很可能会发生不可收回的账款为10 000元。

(2) 本年度为A、B两种产品提供2年的售后服务，A、B产品的销货额为400 000元，产品质量保证估计成本通常约为销货额的2%。

(3) 甲企业本年度发生一次交通事故，被害者提出诉讼，要求赔偿金额为55 000元。甲企业的律师顾问认为，甲企业很可能支付其10%的赔偿金额。

(4) 甲企业被控向淡水河倾倒有毒废料，该河流经某一住宅区，当地居民要求损害赔偿，但目前诉讼尚未有结果。

(5) 乙企业控告甲企业侵犯其专利权，并要求损害赔偿。甲企业的法律顾问认为，甲企业发生损失的可能性极小。

三、要求：

(1) 编制相关事项的会计分录。

(2) 列示在资产负债表中应披露的事项，并说明理由。

第四篇

收入、费用和利润

第十三章

收入、费用和利润

学习提要

盈利是企业经营活动的主要目的之一。利润量度的确定涉及不同的观点，衡量利润的方法可依据两种截然不同的观点——资产负债观和收入费用观。20世纪，会计上确定利润的方法主要采用收入费用观，即分析某一会计期间发生的交易，确认相关的收入，寻找与之相配比的费用，进而计算出利润。随着经济的发展，资产负债观正日益得到人们广泛的认同，我国会计准则主要采用的是资产负债观。

收入有广义和狭义之分。我国会计准则规定的收入是狭义上的收入概念，是指企业日常活动中形成的、会导致所有者权益增加的、与所有者投入资本无关的经济利益总流入。收入是企业利润的主要来源。

企业应当在履行了合同中的履约义务，即在客户取得相关商品控制权时确认收入。

费用也有广义和狭义之分。我国会计准则规定的费用是狭义上的费用概念，是指企业在日常活动中发生的、会导致所有者权益减少的、与向所有者分配利润无关的经济利益的总流出。费用可以根据与收入的关系以及管理要求进行分类。

费用的确认需要考虑配比的要求，即应与收入确认相一致。

除日常经营利润外，企业还会因为偶发性、边缘性的业务而产生利得或损失。

利得或损失的确认原则与收入费用相同。

由于税法的目标与会计目标存在着差别，也由于税法确定收益主要遵从的是交易观，而会计主要遵从的是资产负债观，因此，纳税所得与会计利润自然也就有所不同。会计利润和纳税所得之间主要存在着永久性差异和暂时性差异。对于这些差异，会计上存在着不同的处理方法。对暂时性差异，应当采用资产负债表债务法进行处理。

通过本章学习，读者应当了解和掌握利润的不同确定方法；收入的概念与分类、收入的确认方法与步骤；费用的概念与分类、费用的确认；利得与损失的概念与确认；所得税会计的不同处理方法等。

第一节　利润量度的确定

确定企业的利润，首先必须明确利润的衡量方法。它具体包括三个方面：一是确定利润量度的方法,存在着资产负债观与收入费用观;二是利润应包括的范围,存在着当期营业观、损益满计观和综合收益观;三是利润的量度与资本保全概念相关。

一、资产负债观与收入费用观

衡量利润的方法可依据两种截然不同的观点。一种观点认为,比较某一会计期末、期初净资产,即所有者权益,除去所有者的投资与分配因素,其差额即为该期间的利润;另一种观点认为,可分析某一会计期间发生的交易,确定各种收入与费用,进而计算出利润。前者称为“资产负债观”或“财务观”,后者称为“收入费用观”或“交易观”。

(一) 资产负债观

1. 资产负债观的含义

根据资产负债观,资本得到维持或成本得到补偿以后才可能有利润,即原有的资本必须维持完整,超过原投入资本的部分才是利润。因此,要衡量某一会计期间的利润,只要比较期初、期末的净资产,其差额即为该会计期间的利润。当然,在计算利润的过程中,应排除该会计期间所有者投资和分配给所有者利润等因素。可用公式表述如下:

一定期间的利润=期末净资产-期初净资产-所有者本期投入+分配给所有者的利润等

至于资产负债观下的资本保全概念本身,也存在多种不同的观点,如货币资本保全、购买力保全和实物资本保全等。货币资本保全主张所维持的应是名义货币资本,它以实际成本来计量企业的净资产价值;由于币值实际上是不稳定的,因此,又有人主张所维持的应是不变购买力(包括一般购买力和特定购买力);更有人认为,企业维持的应是实物资本或生产能力,在这一概念下,企业的费用必须用现行重置成本而不是原始成本来计量,在企业已经消耗的实物资产未得到重置之前不确认利润。经济学上的利润概念,多半与此相仿,因此,这种利润又称为“经济利润”。

由于受会计所处环境的限制,会计模式中确定利润的方法都采用货币资本保全的概念。有关其他资本保全概念下利润的确定,可参见《高级财务会计》及《会计理论》等相关课程的教材。

2. 资产负债观的优点

资产负债观具有以下一些优点:

(1) 这一观点下的利润属于经济利润,是企业的实际利润,它既考虑了交易因素的影响,也考虑了非交易因素的影响,较之后面的交易观的会计利润,更加全面,对使用者更为有用。

(2) 这一观点下的利润不需要考虑实现,跳开了交易观下需要判断何时实现这一主观性较强的问题,从而使利润的确定方式更加客观。

3. 资产负债观的缺点

资产负债观也存在缺陷,主要有:

(1) 资产负债观要求采用公允价值或现值等计量属性对资产和负债进行计价,但现实中,这些计量属性并不能满足可靠性的信息质量要求。

(2) 在资产负债观下,只能求得企业的利润总额,无法得到企业利润各组成部分的明细信息,会大大减弱利润数据对财务报表使用者的有用性。

(3) 一些公允价值上升已经确认的利润最终又因公允价值下降变成了损失，从而导致会计上出现了无法解释或无从转回的暂时性差异。

(二) 收入费用观

1. 收入费用观的含义

根据收入费用观，企业利润可以根据企业一定期间实际发生的经济业务(所发生的交易或其他事项)的收入和为赚取收入而发生的费用、成本以及营业外收支之间的差额计算得出。在这种情况下，必须在发生实际交易时才确认收入、费用、成本，并进而计算出某一期间的利润。它依据的是收入实现原则、配比原则等。如无客观交易事实，资产或负债价值的变动在账上并不认列。可用公式表述如下：

一定期间的利润＝收入－费用±直接计入当期利润的利得和损失

在收入费用观下，除面临大幅度的物价水平变动，一般均不反映资产和负债公允价值变动的影响。有鉴于此，这种观点下的利润概念又称为“会计利润”。

2. 收入费用观的优点

收入费用观具有以下一些优点：

(1) 在收入费用观下，必须先确认收入和费用，然后才能据以确定利润。因此，可以得到各种性质的利润明细数据，收入与费用可按其来源或性质详细列示，这对未来期间的利润预测较有帮助。

(2) 利润的确定要遵循实现原则，从而使利润的量度较为稳健。

(3) 收入费用观下，只有实际的资源流入企业时才能确认收入，所计算的利润是可分配的利润。

3. 收入费用观的缺点

收入费用观也存在缺陷，主要有：

(1) 由于收入和费用都要追溯到原始的交易或事项所确定的数据，因此，历史成本计量属性就成为确认收入和费用的一个较为恰当的选择。但随着经济环境的变化愈加频繁，历史成本的缺陷变得愈发明显。

(2) 由于要强调配比，因此，很多不能在当期配比但确实对企业的收入或费用产生影响的项目，将作为跨期项目暂列资产负债表中，从而使资产负债表中的很多项目缺乏解释，这自然影响到了资产负债表的有用性。

由于确定利润量度的两种观点各有利弊，也由于会计的重心开始偏向资产负债表，因此，在概念上，会计准则的发展已出现了以资产负债观全面取代收入费用观的趋势。但是，在目前情况下，由于公允价值的可靠性明显不足，因此，在很多情况下，收入费用观还为实务界所倚重。基于这种情况，我国会计准则在确定利润量度时，对主要的利润来源——日常活动中产生的经济利益的净流入——采用了收入费用观，而对公允价值变动损益在期末再进行适当的调整，从而在会计信息的可靠性和相关性方面形成了较为适当的平衡。直观地说，像营业收入项目，仍然采用配比的方式确定营业成本；但像交易性金融资产之类的项目，就直接采用资产负债表日的公允价值计量，公允价值变动直接计入了当期损益。

二、确定利润的方法

利润确定与资产计价是会计学中的两大中心内容。现代会计采用复式簿记方法，通过资产、负债和所有者权益三个要素,概括地反映出企业的财务状况以及债权人和所有者在企业中的权益比重。上述反映财务状况的三个会计要素中,资产始终处于举足轻重的地位,负债和所有者权益的变化大多伴有资产的增减,而负债和所有者权益金额的确定,在多数情况下都取决于资产的计价。

在企业生产经营过程中,特定时点的资产、负债和所有者权益的数额是一定时期企业营业活动和其他活动事项的结果。前后两期所有者权益净额相比,若没有发生资本业务及利润分配,其差额就反映为企业的损益。

在生产经营过程中,企业不断地取得营业收入,并发生各种成本、费用和非常损益,为此要设置一些收入费用类账户,定期地总结账簿中的记录,将营业收入和相关的成本费用配合起来,加以比较,确定企业在一个时期内的经营活动是盈是亏。这就是"利润确定"过程。资产计价和利润确定从不同角度反映了企业生产经营活动的成果,是一个问题的两个方面。因此,确定利润可采用两种方法,即资产负债表法和利润表法,两者方法不同,但从理论上讲,两者的结果应当一致。

(一) 资产负债表法

资产负债表法,是指对照前后期资产负债表的所有者权益净额来确定企业在一定期间利润的方法。这种方法的理论基础是资本保全观。企业在一定期间内所实现的利润或发生的亏损,必然表现为资产或负债的变动,收入有资产增加或负债减少相伴随,费用则会减少企业的资产或增加负债。除去所有者投资与分配之外,资产和负债变动引起利润的情况不外乎以下四种:

(1) 资产增加,负债不变,表明企业取得了利润。

(2) 资产不变,负债减少,同样表明企业获得了利润。

(3) 资产和负债都增加,但资产增量大于负债增量,表明企业获得了利润。

(4) 资产和负债都减少,但资产减量小于负债减量,同样表明企业获取了利润。

如企业在某一期间的资产和负债发生了与上述相反的变化,则企业当期的成果为亏损。因此,可以通过计算、比较期初和期末净资产来确定一个会计期的利润。在确定净资产变动时,所有者在此期间的追加投资和分派给所有者的款项必须除外。所以,资产负债表法也称净资产法。

(二) 利润表法

设置收入、费用账户,按照配比要求计算当期利润的方法,称为利润表法。这种方法遵循的是交易观。企业在计算期内发生的营业收入、各项费用与成本,都要分别专门设置账户予以归集,期末汇总,按照配比原则计算利润或亏损。企业与其所有者之间的交易,如所有者对企业的追加投资和企业分派给所有者的股利或其他款项,均另行反映,与利润确定无涉。

在实践中,通常采用以下步骤计算利润:

(1) 计算从主要经济活动中取得的利润,即把营业收入和相关的费用进行合理配比。

(2) 计算从非主要经济活动中获得的利润,一般仅列示其收入和直接成本或直接费用。

(3) 计算非正常事项的利得或损失。非正常事项所产生的收入和支出之间不存在配比关系,因此,均以净额列示。

上述计算步骤可用以下公式表示:

营业利润±营业外收支净额等=利润总额

这种确定利润的方法，可以详细反映出利润的来龙去脉。虽然用编制利润表的办法来计算利润的计算步骤、内容和分类不尽相同，但它是当前各国会计实务通用的方法。

三、利润包括的内容

对利润应当包括哪些内容，也是会计理论和实务一直争议的主题。在历史发展中，对利润的范围大致存在以下几种观点：

(一) 当期营业观

当期营业观(current operating concept)认为，本期利润只包括当期由营业活动产生的收益，前期产生的损益以及非营业活动产生的损益均不包括在当期利润中。这种观点的理由是，利润表应当反映企业管理的效率，利润表必须具有可比性。

当期营业观的第一个问题是区分本期与非本期利润，从而使不同会计期间的利润可以更好地比较。基于这种观点，前期因素对本期的影响，就排除在本期利润之外。例如，本期发现的陈旧设备，很可能在以前期间已经陈旧过时，即使在现时确定其报废，也不属于本期的经营事项。同理，前期利润的计算错误，不能作为反映本期经营效率或业绩的内容，即不能列入当期的经营收益，而只能作为对留存收益的调整项目。

当期营业观的另一个问题是区分营业收入和营业外净收入。区分这两种收入的目的，是利润表中的利润数额仅反映企业的正常业务活动(非常项目的收益即营业外净收入直接调整留存收益)，从而使企业和其他企业的利润数可以相互比较。但是，营业外收支的发生与企业管理水平仍然是有一定关联的。应该使用什么标准来区分本期营业活动和营业外活动，在不同企业之间往往存在着很大的分歧。这些分歧使各个企业的利润所包括的内容产生了很大的差别。

(二) 损益满计观

损益满计观(all inclusive concept)认为，净利润应当反映企业当期内除了资本交易事项以外的所有引起所有者权益增减变动的事项，即本期利润表应包括所有在本期确认的业务活动所引起的损益项目。依据这一观点，所有当期营业活动引起的收入、费用等项目，如营业外收支、非常净损失、以前年度损益调整等，均应纳入利润表。

采用损益满计观的观点确定利润量度，能全面地反映企业各项活动所带来的经济成果，为信息使用者提供尽可能丰富的信息。

但是，另一方面，将所有的利得和损失项目均纳入企业利润之中，也会引起一些混乱。从会计信息的预测功能来讲，由于损益满计观包含了一些不常见或偶发性的利得或损失，从而降低了财务报表的有用性，而前述的当期营业观所反映的盈利信息则更为核心和更具持久性。

(三) 修正的损益满计观

尽管损益满计观能够全面反映企业各项业务活动所带来的经济成果，但其中很多活动实质上并不具有经济上的利润的解释。例如，会计政策变更的累积影响、前期重大差错的更正等，虽然能够引起企业净权益的增减变动，但却没有实际的资财流入或流出，因此，并不符合利润的内在含义。因此，有人建议将会计政策变更的累积影响、前期损益调整等项目从损益满计观中的利润量度中排除出去，这就是所谓的修正的损益满计观。

我国现行会计规范将会计政策变更的追溯调整以及前期重大会计差错的追溯重述纳入

所有者权益变动表范畴,排除在利润计算之外。

(四) 综合收益观

综合收益观(comprehensive income)认为,利润是指除所有者的出资额和各种为第三方或客户代收的款项以外的各种收入。具体而言,综合收益是指一个主体在某一期间与非业主方面进行交易或发生其他事项和情况所引起的权益(净资产)变动。它包括这一期间内除业主投资和派给业主款外,一切权益上的变动。

综合收益是收入费用观向资产负债观发展的要求。从综合收益的定义可知,综合收益是某个体在报告期内除与业主间的交易外企业全部净资产的变化。综合收益采用资产负债观,其计量直接取决于资产和负债的计量。这一观点下的收益不仅涵盖了损益满计观下的收益,而且还包含了未实现的净资产价值的变动。

综合收益最早由美国财务会计准则委员会于1980年提出。1997年,美国财务会计准则委员会颁布了第130号财务会计准则《报告综合收益》,将收益分为净利润和其他综合收益。

2009年6月,财政部颁布了《企业会计准则解释第3号》,提出了“其他综合收益”的概念。企业的利润除净利润外,还包括其他综合收益。其中,其他综合收益(other comprehensive income, OCI)是反映企业根据企业会计准则规定未在损益中确认的各项利得和损失扣除所得税影响后的净额。

四、利润与资产计价的关系

尽管现代企业会计一般采用“会计利润”概念来确定利润量度,但利润量度大小的确定却与资产计价存在着明显的关系。为保证会计信息的可靠性,需要采用系统和合理的方法对历史成本进行分配。但是,这并不意味着会计利润是精确和唯一的,它常常受到所选择会计方法的影响。例如,假定其他条件完全相同,对一项固定资产,如果甲企业采用加速折旧法计提折旧,而乙企业采用直线折旧法计提折旧,在这种情况下,甲企业的利润在早期会低于乙企业。不过,从另一方面看,甲企业利润的质量在早期却要高于乙企业。

另外,在通货膨胀情况下,与先进先出法相比,存货计价若采用后进先出法,则会产生较低的利润量度,期末存货的价值也较低。

从上面的分析可以看出,利润的量度大小与资产计价有着明显的关系。按照会计上谨慎原则的要求,当存在两种或两种以上方法可供选择时,应选择使利润较低及资产价值较低的方法。

第二节 收 入

一、收入的含义与范围

收入(income)有广义与狭义之分。广义的收入是指那些能导致企业经济利益流入的有利属性。狭义的收入仅指企业在日常活动中形成的、会导致所有者权益增加的、与所有者投入资本无关的经济利益的总流入。我国会计准则规定的收入是狭义概念上的收入,人们习惯上将狭义的收入称为营业收入,而广义的收入则包括营业收入(revenue)和利得(gains)。

营业收入包括商品销售收入、劳务收入、利息收入、使用费收入、股利收入等，是企业主要的、经常性的业务收入；而利得则是指营业收入之外的其他收益，通常从偶发的经济业务中取得，属于那种不经过经营过程就能取得或不曾期望获得的收入。

根据收入对企业的重要程度，企业的营业收入可分为主营业务收入和其他业务收入。

主营业务是指企业为完成其经营目标而从事的日常活动中的主要活动，可根据企业营业执照上规定的主要业务范围确定。例如，工业、商品流通企业的主营业务是销售商品，银行的主营业务是贷款和为企业办理结算等。主营业务是企业的重要业务，是企业收入的主要来源，应区分收入、成本和税金等账户重点加以核算。企业应设置“主营业务收入”账户，反映主营业务取得的收入。

其他业务也称附营业务，是指主营业务之外的其他日常活动，如工业企业销售材料、提供非工业性劳务等。企业应设置“其他业务收入”账户，反映其他业务取得的收入。

其他业务的界定通常以企业营业执照中的兼营业务为依据。

为叙述方便，本书不区分主营业务和其他业务，均以“营业收入”账户反映企业取得的营业收入。

企业的营业收入是从对外交易中产生的。换言之，任何不是对外提供的产成品、半成品和劳务，都不应将其按售价列为企业的营业收入，因为企业不能由于耗用自己的商品或劳务而取得营业利润（或发生亏损）。所以，企业在其生产经营过程中耗用的自制产品或劳务，其性质与生产过程中下一个步骤耗用上一个步骤的在产品、半成品或劳务相同，应按成本转作最后对外销售产品或提供劳务的成本，尽管税法对此类业务有时会要求计纳相关税金。

企业的营业收入源于持续不断的生产经营过程。根据会计分期这一前提，财务报表上反映的营业收入必须归属于某一会计期间的收入。会计期间分为年度、季度和月份。营业收入在各个会计期之间进行划分，确定属于哪一期的，要遵守收入确认的一般条件和实现原则。

二、收入确认的基础

从概念上讲，收入的确认就是将发生的交易或事项正式地记入或列入企业财务报表营业收入项目的过程。从某种程度上讲，企业所有经营活动的目的都在于赚取营业收入，营业收入是企业在某一特定期间所进行的商品销售过程或劳务提供过程中逐步形成的，而不是在某一时点上突然出现的。生产经营过程中的每个环节，如筹资、材料采购、生产、完工入库和销售乃至收款等活动都有助于营业收入的形成或实现，因此，营业收入究竟应在何时确认历来就是会计上的一个棘手问题。

一般而言，营业收入的确认应具备两个条件，即已实现（或可实现）和已赚取。但对何时才是已实现或已赚取，一直存在着分歧。

在早期，人们采用现金制确认收入，即收到现金时才认为收入实现，并据此确认收入。尔后，权责发生制取代了现金制，并以实现原则作为收入确认的基础，但仍然回避不了何时确认收入的问题。在历史发展中，出现过以关键事件（如销售或提供劳务等）、风险报酬本质转移、是否存在继续涉入风险等方法来确认收入，但由于企业收入的类型十分广泛，为解决各种类型收入确认的一致性以及以前不同收入会计准则的缺陷，国际会计准则理事会（IASB）于 2014 年 5 月发布了国际财务报告准则第 15 号《与客户的合同》，我国财政部也据此修订并于 2017 年发布了修订后的《企业会计准则第 14 号——收入》会计准则。

根据新的收入准则,企业应当在履行了合同中的履约义务,即在客户取得相关商品控制权时确认收入。取得相关商品控制权,是指能够主导该商品的使用并从中获得几乎全部的经济利益。

三、收入确认的一般步骤

客户取得相关商品控制权时确认收入,通常要区分以下五个步骤:

(1) 识别与客户订立的合同;

(2) 识别合同中的单项履约义务;

(3) 确定交易价格;

(4) 将交易价格分摊至每个单项履约合同;

(5) 履行每一单项履约义务时确认收入。

兹对上述五个步骤予以详述。

(一) 识别与客户订立的合同

企业确认收入,首先应识别与客户订立的合同。

客户(customer),是指与企业订立合同以向该企业购买其日常活动产出的商品或服务并支付对价的一方。

合同(contract),是指双方或多方之间设立有法律约束力的权利义务的协议。合同可以是书面的,也可以是口头的,抑或是某些商业上的惯例。

对于口头协议等,在合同关系存在时必须予以记录,如电信公司用电话营销方式向其客户成功推销套餐时。

当企业与客户之间的合同同时满足下列条件时,企业应当在客户取得相关商品控制权时确认收入:

(1) 合同各方已批准该合同并承诺将履行各自义务;

(2) 该合同明确了合同各方与所转让商品或提供服务相关的权利和义务;

(3) 该合同有明确的与所转让商品相关的支付条款;

(4) 该合同具有商业实质,即履行该合同将改变企业未来现金流量的风险、时间分布或金额;

(5) 企业因向客户转让商品而有权取得的对价很可能收回。

通常情况下,与客户订立的合同是可明确区分的合同,每一项合同通常应当单独核算。但在商业实务中,企业可能会因为法律或商业原因等就其与客户的协议在形式上签订多份而实质上只是一份的合同。因此,在识别与客户订立的合同时,常常会涉及合同的合并、变更与评估等事项。

1. 合同合并

企业与同一客户(或该客户的关联方)同时订立或在相近时间内先后订立的两份或多份合同,在满足下列条件之一时,应当合并为一份合同进行会计处理,即合同合并(combining contracts):

(1) 该两份或多份合同基于同一商业目的而订立并构成一揽子交易。

(2) 该两份或多份合同中的一份合同的对价金额取决于其他合同的定价或履行情况。

(3) 该两份或多份合同中所承诺的商品(或每份合同中所承诺的部分商品)构成单项履约义务。

需要注意的是,对同一事项在同一时间订立的多份合同并不必然认为是可以合并的合同。

2. 合并变更

实务中,合同各方对合同的价格、范围或两者进行修改十分常见(如建造业)。如果合同价格、范围或两者的修改在获得"批准"后将产生可执行的权利和义务,则合同修改将对会计处理构成影响。

如何核算这些变更,即将其作为原合同的一部分或是单独处理,也存在不少争议。

合同变更(contract modifications),是指经合同各方批准对原有合同范围(scope)或价格(price)作出的变更。

企业应当区分下列三种情形对合同变更分别进行会计处理:

(1) 合同变更导致可明确区分的商品(或服务)增加,同时合同价款增加,并且新增合同价款反映了新增商品(或服务)单独售价的,应当将该合同变更作为一份单独的合同进行会计处理;

(2) 合同变更不属于前述(1)中的情形,并且,在合同变更日尚未转让商品(或尚未提供服务)与已转让商品(或已提供服务)之间可明确区分的,应当视为原合同终止,同时,将原合同的未履约部分与合同变更合并为新合同进行会计处理;

(3) 合同变更不属于前述(1)的情形,且在合同变更日已转让的商品与未转让的商品之间不可明确区分的,应当将该合同变更部分作为原合同的组成部分进行会计处理,由此产生的对已确认收入的影响,应当在合同变更日调整当期收入。

图 13-1 列示了合同变更的会计处理的一般流程。

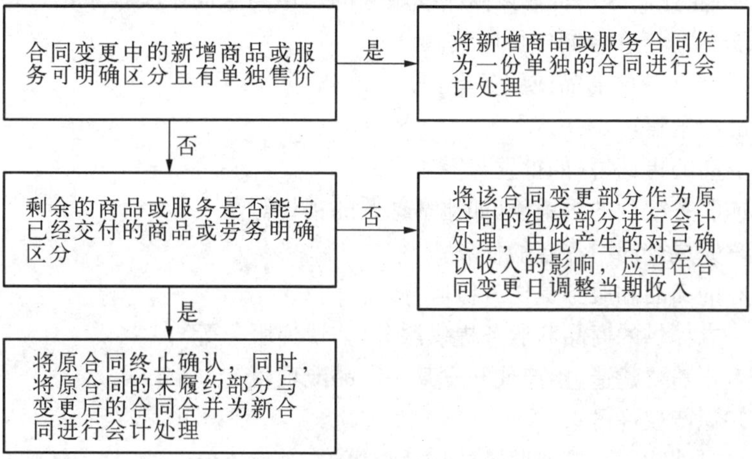

图 13-1　合同变更会计处理流程图

3. 合同评估

在合同开始日(inception)即满足前述 5 个条件的合同,企业在后续期间无须对其进行重新评估,除非有迹象表明相关事实和情况发生重大变化。其中,合同开始日通常是指合同生效日。

在合同开始日不符合前述5个条件的合同,企业应当对其进行持续评估,并在其满足前述5个条件后,于客户取得相关商品控制权时确认收入。

如经过评估仍然没有满足前述有关合同的5个条件,企业应在下列条件之一满足时确认收入:

(1) 企业已没有或实质上没有向客户转让商品或服务的义务,同时款项也已经收到,且没有向客户退还款项的义务。

(2) 与客户的合同已经终止,且企业没有向客户退还款项的义务。

在未满足合同的一般要求且不能确认收入之前收到的客户价款,企业应将其确认为合同负债。

(二) 识别合同中的单项履约义务

在识别与客户的合同后,企业应当识别合同中所承诺的商品或服务是否构成单项履约义务。单项履约义务是会计核算的最小单元,企业应依据此单项履约义务,确定其是在某一时段履行,还是在某一时点履行,然后,在履行了各单项履约义务时分别确认收入。

履约义务(performance obligation),是指合同中企业向客户转让可明确区分的商品或服务的承诺(promise)。

企业应当将下列向客户转让商品或服务的承诺作为单项履约义务:

(1) 企业向客户转让可明确区分商品或服务(或者商品或服务的组合)的承诺。

(2) 企业向客户转让一系列实质相同且转让模式相同、可明确区分的商品或服务的承诺。

1. 企业向客户转让可明确区分商品或服务(或者商品或服务的组合)的承诺

企业向客户承诺的商品或服务同时满足下列条件的,应当认定为可明确区分的商品或服务:(1) 客户能够从该商品或服务本身或者从该商品或服务与其他易于获得的资源一起使用中获益;(2) 企业向客户转让该商品或服务的承诺与合同中其他承诺可单独区分,即转让该商品或服务的承诺在合同中可明确区分。

常见的可明确区分的商品或服务有:

(1) 产成品的销售;

(2) 购入商品的再销售(如批发与零售等);

(3) 商品或服务权利的再销售(如比赛球票的销售等);

(4) 为客户完成合同中约定的任务;

(5) 为已有的商品和服务提供升级服务;

(6) 为另一方提供的商品和服务提供服务(如快递服务等);

(7) 根据客户需要建造、生产或开发某一产品或项目;

(8) 授予知识产权许可;

(9) 授予可另外购买商品或服务的选择权等。

与客户订立的合同,通常会明确标出所承诺的商品或服务,尽管如此,企业还应当在合同层面继续评估转让该商品或服务的承诺是否与合同中其他承诺彼此之间可明确区分。

下列情形通常表明企业向客户转让商品或服务的承诺与合同中承诺的其他承诺不可明确区分:

(1) 企业需要提供重大的服务以将该商品或服务与合同中承诺的其他商品进行整合

(significant integration service),形成合同约定的某个或某些组合产出转让给客户。

例如,顾客在某高档餐厅预定了专门食材及指定就餐环境的餐饮,该餐厅为该客户提供的食材、烹饪及订餐服务等都能使客户获益,但在该合同下,该餐厅对客户的承诺就是一个就餐服务,而并非提供这些食材及烹饪等,企业需要提供重大的服务将上述商品或服务进行整合,以形成合同约定的一项组合产出即就餐服务转让给客户,在这种情况下,该合同中的食材、烹饪及其他服务构成一个完整的商品或服务,其彼此之间不能明确区分。

(2) 该商品或服务对合同中承诺的其他商品予以重大修改或定制(significant modification or customization)。

例如,某企业与客户签订了一份房屋装修合同,合同包括了对房屋原有装修予以拆除及重新进行装修的要求。此份合同中,对原有装修的拆除是重新装修的必需步骤,因此,可以认为,对原有装修的拆除以及重新装修的承诺在合同层面上是不可明确区分的。

(3) 该商品或服务与合同中承诺的其他商品或服务具有高度的关联性(highly interdependent or highly interrelated)。

即合同中承诺的每一项商品或服务均受合同中其他商品或服务的重大影响。如电信中套餐业务,若要享受某种优惠,必须先接受某服务等。

需要注意的是,企业在向客户销售商品时,往往约定企业需要将商品运送至客户指定的地点。通常情况下,在商品控制权转移给客户之前发生的内部管理活动(如谈判、签约、包装、运输等),不构成单项履约义务。

2. 企业向客户转让一系列实质相同且转让模式相同、可明确区分的商品或服务的承诺

所谓"转让模式相同"(same pattern of transfer),是指每一项可明确区分的商品或服务均满足在某一时段履行履约义务的条件,且采用相同方法确定其履约进度。

例如,每天为客户提供保洁服务的长期合同,就是转让模式相同的典型例子。

需要注意的是,企业在判断所转让的一系列商品或服务是否实质上相同时,需要考虑合同中承诺的性质。如果企业承诺的是提供确定数量的商品或服务,就应当考虑这些商品或服务的本身是否实质上相同(substantially the same);如果企业承诺的是在某一期间内随时向客户提供某项服务,则应当考虑企业在该期间的各个时间段的承诺是否相同,而非具体的行为本身。

例如,某企业承担了一家企业会议室相关的服务,并与客户签订了为期2年的合同,合同约定,每工作日7:00～18:00提供相关服务,如没有会议,只负责会议室的清洁服务,如有相关会议,除清洁服务外,还包括相应的会议现场的服务活动。此项合同,可能每天的服务内容不尽相同,但合同中对于客户的承诺是相同的,因此,可以将该承诺认定为实质上相同。

(三) 确定交易价格

企业应当根据与客户所订立的合同以及一般的商业惯例确定交易价格。

交易价格(transaction price),是指企业因向客户转让或服务而预期有权收取的对价金额(amount of consideration)。企业代第三方收取的款项(如增值税销项税额等)以及企业预期将退还给客户的款项,应当作为负债进行会计处理,不计入交易价格。

企业在确定交易价格时,应当假定将按照现有合同的约定向客户转让商品或服务,且该合同不会被取消、续约或变更。

交易价格可以是固定的,也可以是可变的,抑或两者兼而有之。

企业在确定交易价格时,需要考虑可变对价、重大融资成分、非现金对价等因素。

1. 可变对价

企业与客户的合同中约定的对价金额可能会因为折扣、折让、返利、退款、奖励积分、激励措施、业绩奖金、索赔等因素而变化,从而形成可变对价(variable consideration)。可变对价的构成要素应当在合同中明确约定。

对可变对价,企业应当对其进行估计。

(1) 可变对价最佳估计数的确定。

企业应当采用期望值法或最可能发生金额法确定可变对价的最佳估计数。

期望值法(expected value method)是按照各种可能发生的对价金额及相关概率计算确定的金额。如果企业拥有大量具有类似特征的合同,并估计可能产生多个结果时,通常按照期望值估计可变对价金额。

最可能发生金额法(most likely amount method)是一系列可能发生的对价金额中最可能发生的单一金额,即合同最可能产生的单一结果。当合同仅有两个可能结果(即二元结果)时,通常按照最可能发生金额估计可变对价金额。

例如,甲企业向乙企业提供某商品,每件售价 100 元,合同约定,若乙企业每年能够采购 1 000 件以上,甲企业可以给予其 20%的折扣。根据以前的经验数据,乙企业每年的采购量均在 1 000 件以上,也未发生退货,因此,甲企业可以确认该合同中可变对价的金额应当为每件 80 元。

企业所选择的确定可变对价金额的方法应当能够更好地预测其有权收取的对价金额,并且对于类似的合同,应当采用相同的方法进行估计;对于某一事项的不确定性对可变对价金额的影响,企业应当在合同的整个期间内前后一致地采用同一种方法进行估计。

(2) 计入交易价格的可变对价金额的限制。

企业采用期望值法或最可能发生金额法确定了可变对价金额后,还应当考虑限制条件,即包含可变对价的交易价格,应当不超过在相关不确定性消除时,累计已确认的收入极可能不会发生重大转回(significant reversals of revenue)的金额。

对可变对价金额的限制,其目的是为了避免因为一些不确定性因素的发生导致以前已经确认的收入发生重大转回,这也是谨慎性的一般要求。

对可变对价金额的限制的因素通常与企业的外部环境相关联,如市场的变化、第三方的意见或行为、气候的变化以及商品或服务本身的陈旧过时等。

例如,甲企业对外销售相同类型的商品,并与乙企业签订了一份总销售数量为 1 000 件、单位售价为 100 元的合同。合同约定,在乙企业售出商品时,乙企业应向甲企业支付货款。正常的收款周期约为 90 天。

为维系与客户的关系以及减少库存压力,甲企业允许乙企业向其客户提供折扣。

从合同条款中可以看出,合同中的对价为可变对价。

但由于该商品处在换季的末期,其价格具有很大的不确定性。根据以往的经验,该商品的售价大约在标价的 20%～60%之间,目前的市场状况显示该商品的售价约在标价的 15%～50%之间。

甲企业采用期望值法估计可能收到的可变对价。根据期望值法,甲企业预计可能的折扣率为40%[(20%+60%)/2],合同中可变对价的最佳估计数为60 000元(1 000×100×60%)。

但由于最终客户的价格折扣为15%~50%,最稳健的合同可变对价应为50 000元(1 000×100×50%),在没有最终收到乙企业的货款时,尚有10%(50%-40%)即总额10 000元的可变对价的收取具有较大的不确定性,如果甲企业在控制权转移时确认60 000元的营业收入,可能会发生已确认收入的重大转回。

因此,在甲企业向乙企业销售商品时,存在着对计入交易价格的可变对价金额的限制,在重大不确定性消除之前,应当确认的收入为50 000元,待重大不确定性因素消除时,如实际收到货款65 000元,再确认15 000元的营业收入。

需要说明的是,企业在评估是否极有可能不会发生重大转回时,应当同时考虑收入转回的可能性(likelihood)及其比重(magnitude)。其中,极可能(highly probable)是指近乎基本确定(概率为95%)的可能性,比重是指转回的金额相对于合同总对价(包括固定对价和可变对价)的金额。

此外,将可变对价计入交易价格的限制条件不适用于企业向客户授予知识产权许可并约定按客户实际销售或使用情况收到特许权使用费的情况。

每一资产负债表日,企业应当重新估计应计入交易价格的可变对价金额,包括重新评估将估计的可变对价计入交易价格是否受到限制,以如实反映报告期末存在的情况以及报告期内发生的情况变化。

2. 合同中存在的重大融资成分

当合同各方以明确或隐含的方式在合同中约定的付款时间为客户或企业就该交易提供了重大融资利益时,合同中即包含了重大融资成分(significant financing component)。如果客户付款延期,企业实际上向客户提供了融资;相反,如果客户向企业预付了货款,实际上就是客户向企业提供了融资。

企业提供的商品或服务的现时交易价格与客户在其后支付的金额之间的差额,即为融资成分。通常情况下,企业转让商品或服务的控制权与收付款业务的间隔期不超过1年(1年及以下)的,融资成分不具有重要性,为简化会计处理,可以不考虑合同中存在的重大融资成分。

判断合同中是否存在重大融资成分,应考虑如下因素:(1) 客户承诺商品或服务的交易对价与现时销售价格差额;(2) 客户付款的间隔期长期以及相关市场的现行利率。

但在以下情况下,不认为合同中存在重大融资成分:(1) 客户就商品支付了预付款,且客户具有自由裁量权(discretion),即可以自行决定企业所承诺商品或服务的转让时间(如购物卡、储值卡、奖励积分等);(2) 客户承诺支付的交易对价中有相当大的部分是可变的,该对价金额或付款时间取决于某一未来事项是否发生,且该事项实质上不受客户或企业控制(如按照实际销量收取的特许权使用费等);(3) 合同承诺商品或服务的交易对价与现时销售价格之间的差额是由于向客户或企业提供融资利益以外的其他原因所导致的,且这一差额与产生该差额的原因是相称的(客户提前向企业支付货款是约定企业不向竞争对手提供商品或劳务等)。

企业应当在单个合同层面考虑融资成分是否重大,如果融资成分重大,应当使用将未来收付款金额折现成目前现时(商品或劳务控制权转移时)销售交易价格的折现率,并采用实际利率法按前述折现率将重大融资成分在合同期内进行分摊。该折现率一经确定,不得因后续市场利率或客户信用风险等情况的变动而变更。

【例1】 2019年11月1日,甲企业与乙企业签订了一份购销合同。甲企业向乙企业销售其研发成功的新设备一套,目前售价为1 000 000元,成本为400 000元;合同约定,乙企业在购入设备后至2019年12月31日之间的2个月内可以无条件退货。在退货期满后,乙企业于2020年12月31日和2021年12月31日分别向甲企业支付货款600 000元。

合同签订日,即为合同开始日,该设备的控制权转移给了乙企业。

该设备的增值税税率为13%,约定在收到货款时收取。乙企业未退回该设备,且如期向甲企业支付了货款和增值税税额。

甲企业的会计处理如下:

(1) 合同开始日,因该设备的销售没有以前的经验数据支持,存在着退货的可能性,因此,在合同开始日不确认收入。

借:发出商品　　400 000

　贷:库存商品　　400 000

(2) 2019年12月31日,退货期满,重大不确定性已经消除,应当按现时销售价格确认收入,未来收款总额与现时销售价格的差额确认为重大融资成分,同时结转商品销售成本。

借:长期应收款　　1 200 000

　贷:营业收入　　1 000 000

　　未实现融资收益　　200 000

借:营业成本　　400 000

　贷:发出商品　　400 000

甲企业应当确定合同中包含的重大融资成分的折现率,经计算,本例中的折现率为13.1%。

(3) 2020年12月31日,收到乙企业的货款及增值税税额,并确认利息收入。

借:银行存款　　678 000

　贷:长期应收款　　600 000

　　应交税费——应交增值税(销项税额)　　78 000

借:未确认融资收益　　131 000

　贷:财务费用——利息收入(100 000×13.1%)　　131 000

(4) 2021年12月31日,收到乙企业的货款及增值税税额,并确认利息收入。

借:银行存款　　678 000

　贷:长期应收款　　600 000

　　应交税费——应交增值税(销项税额)　　78 000

借:未确认融资收益　　69 000

　贷:财务费用——利息收入(200 000−131 000)　　69 000

【例2】 2019年1月1日,甲企业根据与乙企业签订的合同,为乙企业生产一套专用设备,合同约定的价款为1 000 000元。因甲企业资金不太充裕,生产周期约为2年,合同开始日,乙企业向甲企业预付了800 000元,双方约定,其后无论市场如何变化,除在交付设备时,按约定的价款支付增值税税额外，乙企业不再向甲企业支付其他款项。

2020 年 12 月 31 日，甲企业向乙企业提交专用设备，并确认控制权转移，设备成本为 500 000 元。

经计算，该重大融资成分的折现率约为 11.8%。甲企业应编制会计分录如下：

(1) 2019 年 1 月 1 日，合同开始日：

借：银行存款	800 000	
贷：合同负债		800 000

(2) 2019 年 12 月 31 日，确认利息费用时：

借：财务费用——利息费用(800 000×7.72%)	94 400	
贷：合同负债		94 400

(3) 2020 年 12 月 31 日，确认利息费用及确认收入时：

借：财务费用——利息费用(200 000−94 400)	105 600	
贷：合同负债		105 600
借：银行存款	130 000	
合同负债	1 000 000	
贷：营业收入		1 000 000
应交税费——应交增值税(销项税额)		130 000
借：营业成本	500 000	
贷：库存商品		500 000

3. 非现金对价

非现金对价(non-cash consideration)包括实物资产、无形资产、股权、客户提供的广告服务等。

客户向企业支付的非现金对价，通常应按照非现金对价在合同开始日的公允价值确定交易价格，公允价值不能合理估计的，企业应当参照其承诺向客户转让商品或服务的单独售价间接确定交易价格。

某些非现金对价可能会因对价的形式而发生变动，如有权向客户收取的、有市场价格的股票等；也可能会因为其形式以外的原因而发生变动，如向客户提供的广告服务因场所的改造而发生变动等。

合同开始日后，非现金对价的公允价值因对价形式而发生变动的，该变动金额不应计入交易价格；因对价形式以外的原因而发生变动的，应当作为可变对价，按照与计入交易价格的可变对价的限制条件相关的规定进行处理。

4. 应付客户对价

商业实务中，广泛存在着应付客户的对价(consideration paid or payable to a customer)，如返利(rebate)、优惠券(coupons)、奖励、通道费(slotting fees)、付费入场(pay-to-play)、合作广告安排(co-operative advertising arrangements)等，但向客户购买可明确区分的商品或服务而支付的对价，则不属于应付客户对价。

应付客户对价应当冲减交易价格。企业应付客户对价超过向客户取得可明确区分商品的公允价值的，超过金额应当冲减交易价格，公允价值部分应当作为企业的购货交易价格；向客户取得的可明确区分商品公允价值不能合理估计的，企业应当将应付客户对价全额冲减交易价格。

在将应付客户对价冲减交易价格时,企业应当在确认相关收入与支付或承诺支付(paid or payable)客户对价二者孰晚的时点冲减当期收入。

5. *无须退还的初始费*

企业在合同开始日向客户收取的像俱乐部入会费之类的无须退还的初始费(non-refundable upfront fees),应当计入交易价格。

需要注意的是,无须退还的计入交易价格的初始费应当与向客户转让已承诺的商品或服务相关,企业应当在合同开始日评估其相关性。

如果与所承诺的商品或服务不相关,该初始费应当作为未来将转让商品或服务的预收款,在未来转让商品或服务时确认为收入。

如果与所承诺的商品或服务相关,且该商品或服务构成单项履约义务时,企业应当在转让该商品或服务时,按照分摊至该商品的交易价格确认为收入;如果不构成单项履约义务,企业应当在包含该商品或义务的单项履约义务履行时,按照分摊至该单项履约义务的交易价格确认收入。

此外,企业在收取了无须退还的初始费用但同时发生了为履行合同的初始活动,为开展初始活动而发生的费用支出虽与未来转让的商品或服务相关,但其本身并不存在向客户转让商品或服务的承诺,因此,应在费用发生时,根据其重要性,计入长期待摊费用或计入当期损益,并且,此类费用支出与计算未来转让商品或服务的履约进度不相关,即在确定所转让商品或服务的履约进度时,不考虑为开展初始活动而发生的费用支出。

(四)将交易价格分摊至各单项履约义务

当合同中的各单项履约义务可明确区分且交易价格已经确定,如果合同中包含了两项及以上单项履约义务时,就会涉及将交易价格分摊至各单项履约义务的情形。

当合同中包含两项及以上履约义务时,为了使企业分摊至每一单项履约义务(或可明确区分的商品或服务)的交易价格能够反映其因向客户转让已承诺的相关商品或服务而预期有权收取的对价金额,企业应当在合同开始日,按照各单项履约义务所承诺商品或服务的单独售价的相对比例法(relative stand-alone selling price method),将交易价格分摊至各单项履约义务。

所谓"单独售价"(stand-alone selling price),是指企业向客户单独销售商品或提供服务的价格。

单独售价无法直接观察的,企业应当综合考虑其能够合理取得的全部相关信息,采用市场调整法、成本加成法、余值法等方法合理估计单独售价。

市场调整法(adjusted market assessment approach),是指企业根据某商品或服务(或类似商品或服务)的市场售价,考虑本企业的成本和毛利率等进行适当调整后,确定其单独售价的方法。

成本加成法(expected cost plus a margin approach),是指企业根据某商品或服务的预计成本加上其合理毛利后的价格,确定其单独售价的方法。

余值法(residual approach),是指企业根据合同交易价格减去合同中其他商品可观察的单独售价后的余值,确定其单独售价的方法。

企业在商品或服务近期售价波动幅度巨大,或者因未定价且未曾单独销售而使售价无法可靠确定时，可采用余值法估计其单独售价。

如果合同中有两个及以上的商品或服务的单独售价不能确定或变动幅度巨大，企业可以将以上三种方式进行适当地组合，以确定各单项履约义务所承诺商品或服务的单独售价。例如，企业可以先采用余值法对价格幅度变动巨大或单独售价不能确定的商品或服务进行总体估计，然后再采用其他方法确定各单项履约义务所承诺商品或服务的单独售价。

企业应当在合同开始日确定各单项履约义务的交易价格。合同开始日至合同完成期间内，即使各履约义务或可明确区分的商品或服务的单独售价发生了变化，也不得对合同开始日确定的交易价格进行调整。

但在合同发生变更，且该变更作为现有合同的终止以及新合同的开始时，则企业需要对新合同的各单项履约义务的交易价格进行重新评估。

企业在将交易价格分摊至各单项履约义务时，需要考虑一些特殊情形，兹分述之。

1. *分摊合同折扣*

合同折扣(discount)，是指合同中各单项履约义务所承诺的商品或服务的单独售价之和高于合同交易价格的金额。企业应当在各单项履约义务之间按比例分摊合同折扣。

同时满足下列条件时，企业应当将合同折扣全部分摊至合同中的一项或多项(而非全部)履约义务：(1) 企业经常将该合同中的各项可明确区分的商品或服务单独销售或者以组合合同方式单独销售；(2) 企业也经常将其中部分可明确区分的商品或服务以组合的方法按折扣价格单独销售；(3) 上述第(2)项中的折扣与该合同中的折扣基本相同，且针对每一组合中的商品或服务的分析为将该合同的全部折扣归属于某一项或多项履约义务提供了可观察证据。

【例 3】 甲企业与乙企业签订了一份购销合同，向乙企业销售 A、B 和 C 三种商品，售价共计 400 000 元。其中，A 商品有单独的对外销售价格，售价为 200 000 元，但 B 与 C 商品没有单独的对外售价。

合同约定，在合同开始日，甲企业先向乙企业交付 A 与 B 商品，1 个月后，再向乙企业交付 C 商品，乙企业在收到 C 商品后的 15 天内，向甲企业支付所有货款。

A、B 和 C 商品分别构成单项履约义务，且控制权在交付给乙企业时转移。假定不考虑增值税因素。

由于 B 与 C 商品没有明确的单独售价，甲企业决定采用市场调整法来估计 B 商品的单独售价，采用成本加成法来估计 C 商品的单独售价。

经过估计，A、B 和 C 三种商品的各单独售价如表 13 - 1 所示。

表 13 - 1　　甲企业 A、B 和 C 商品的单独售价及估计方法一览表　　单位：元

商品名称	单独售价	确定单独售价的方法
A	200 000	公开售价
B	200 000	市场调整法
C	100 000	预计成本加成法
合　计	500 000	

由于合同总交易价格为 400 000 元,因此,该组合合同的折扣率为 80%(400 000÷500 000×100%),企业应按此分配率分配合同总交易价格,分摊后的 A、B 和 C 商品的单独售价分别为 160 000 元(200 000×80%)、160 000 元(200 000×80%)和 80 000 元(100 000×80%)。

根据这一分摊结果,假定不考虑增值税因素,甲企业的账务处理如下:

(1) 合同开始日,向乙企业销售 A、B 商品时:

借:合同资产　　320 000

　贷:营业收入(160 000+160 000)　　320 000

(2) 1 个月后,向乙企业转让 C 商品时:

借:应收账款　　400 000

　贷:合同资产　　320 000

　　营业收入　　80 000

(3) 收到合同价款时:

借:银行存款　　400 000

　贷:应收账款　　400 000

2. 分摊可变对价

诚如前述,有些合同包含可变对价。合同中的可变对价,有些可能与整个合同有关,有些则只与合同中的某一特定组成部分相关。其中,后者通常包括两种情形:一是可变对价可能与合同中的一项或多项(而非全部)履约义务有关;二是可变对价可能与企业向客户转让的构成单项履约义务的一系列可明确区分商品或服务中的一项或多项商品有关。

同时满足下列条件时,企业应当将可变对价及可变对价的后续变动额全部分摊至与之相关的某些履约义务,或者构成单项履约义务的一系列可明确区分商品或服务:

(1) 可变对价的条款专门针对企业为履行该项履约义务或转让该项可明确区分商品或服务所做的努力;

(2) 企业在考虑了合同中的全部履约义务及支付条款后,将合同对价中的可变金额全部分摊至该履约义务,或该明确区分商品或服务符合分摊交易价格的目标。

例如,甲企业向乙企业销售商品 A、B 并提供 C 服务。其中,A 商品的售价是固定价格(如每件 100 元),B 商品和 C 服务是可变对价合同。乙企业在销售 B 商品时,甲企业根据其销售量的大小提供 20%～30%不等的返利(rebate),C 服务则与 B 商品的后续服务相关,但需要单独收取费用。

可以看出,该合同中的可变对价可与合同中可明确区分的 B 商品和 C 服务有关,与可明确区分的 A 商品无关,甲企业应当按期望值法或最可能发生金额法先确定可变对价的金额,再按市场调整法或成本加成法或余值法确定 B 商品和 C 服务的单独售价,并按单独售价的相对比例法将可变对价金额分摊至 B 商品和 C 服务。

如果本例中 A 商品也是与 B 商品和 C 服务相关的可变对价,则该合同中的可变对价与整个合同有关,甲企业应当采用一定的方法将可变对价分摊至 A、B 商品和 C 服务中。

3. 交易价格的后续变动

合同开始日后,单项履约义务或可明确区分的商品或服务的单独售价发生了变动,企业不得调整或分摊在合同开始日已经确定的交易价格;但如果合同开始后,通过评估,如前述限制条件中的重大不确定性情况已经消除，从而使合同中的交易价格发生了变动，则企业应当采用合同开始日所采用的基础将该变动金额分摊至合同中的履约义务。

如前所述，企业在执行合同过程中，会发生合同变更。发生合同变更时，企业应分别按图 13－1 中合同变更的情形进行相应的会计处理：

(1) 合同变更中的新增商品或服务可明确区分且有单独售价，企业将新增商品或服务合同作为一份单独的合同进行会计处理，此时，企业应当判断可变对价后续变动与哪一份合同相同，并按照分摊可变对价的相关规定进行会计处理。

(2) 合同变更作为原有合同的终止和形成一份新的合同，且可变对价后续变动与合同变更前已承诺的可变对价相关的，企业应当首先将该可变对价后续变动额以原合同开始日确定的单独售价为基础进行分摊，然后再将分摊于合同变更日尚未履行履约义务的该可变对价后续变动额以新合同开始日确定的基础进行二次分摊。

(3) 合同变更部分作为原合同的组成部分进行会计处理时，企业应当将该可变对价后续变动额分摊至合同变更日尚未履行(或部分未履行)的履约义务或可明确区分的商品或服务中。

(五) 履行每一单项履约义务时确认收入

企业在履行了合同中的履约义务，即客户取得相关商品控制权时确认收入。所谓“客户取得相关商品控制权”，是指客户能够主导该商品的使用并从中获得几乎全部的经济利益。

企业应当根据实际情况，首先判断履约义务是否满足在某一时段内履行的条件；如不满足，则该履约义务属于在某一时点履行的履约义务。兹分述之。

1. 某一时点履行履约义务的收入确认

对于在某一时点(at a point in time)履行的履约义务，企业应当在客户取得相关商品控制权时确认收入。

大部分履约义务的履行，其控制权的转移十分明确，但在有些情况下，控制权的转移则较为复杂，需要企业进行恰当的判断。

在判断客户是否已取得商品控制权时，企业应当考虑下列迹象：

(1) 企业就该商品享有现时收款权利，即客户就该商品负有现时付款义务。

如果企业就该商品享有现时收款权利，通常表明客户已经有能力主导该商品的使用并能从中获得几乎全部的经济利益。如零售商将商品销售给客户并即时收到货款时。

(2) 企业已将该商品的法定所有权转移给客户，即客户已拥有该商品的法定所有权。

需要注意的是，如果企业仅仅是为了确保到期收回货款而保留商品的法定所有权，则企业所保留的这项权利通常不会对客户取得对该商品的控制权构成障碍。

(3) 企业已将该商品实物转移给客户，即客户已实物占有该商品。

企业已将该商品实物转移给客户，客户已实物占有该商品时，通常表明客户已经有能力主导该商品的使用并能从中获得几乎全部的经济利益，而且能够阻止其他企业获得这些经济利益。

例如，某零售商店将商品销售给消费者并已收到货款，此类销售通常并没有合同的约定，但消费者已经实物占有该商品，应当视为商品的控制权已经转移。

有时，客户已实物占有该商品时，并不意味着控制权的转移。企业需要进行恰当的判断。以收取手续费委托客户代销就是一个典型的例子。

在收取手续费委托代销方式下,企业将商品发送给受托方,但该商品的控制权并未转移,企业不应在向受托方发运商品时,即客户已实物占有该商品时确认收入,而仍然应根据控制权是否转移来判断何时确认收入,通常应当在委托方售出该商品时确认销售商品收入;受托方则应当在商品销售后,按合同或协议约定的方法计算确定的手续费并确认收入。

【例 4】 甲企业委托乙企业销售 A 商品 100 件,商品已经发出,每件成本为 50 元,合同约定,乙企业应按每件 100 元(不含增值税)的价格对外出售。乙企业完成销售后,甲企业按不含增值税的售价的 10%向乙企业支付代销手续费。乙企业实际销售 80 件,开出的增值税专用发票上注明的销售价款为 8 000 元,增值税税额为 1 040 元,款项已经收到。甲企业收到乙企业开具的代销清单时,向乙企业开具了一张相同金额的增值税专用发票。假定甲企业发出商品时纳税义务尚未发生,不考虑其他因素。

甲企业的账务处理如下:

① 发出商品时:

借:委托代销商品	5 000	
贷:库存商品		5 000

② 收到乙企业代销清单时:

借:应收账款	9 040	
贷:营业收入		8 000
应交税费——应交增值税(销项税额)		1 040
借:营业成本	4 000	
贷:委托代销商品		4 000
借:销售费用(8 000×10%)	800	
贷:应收账款		800

③ 收到乙企业支付的货款时:

借:银行存款	8 240	
贷:应收账款		8 240

期末编制资产负债表时,"委托代销商品"账户余额应列入存货项目。

乙企业的账务处理如下:

① 收到甲企业发运的商品时:

借:受托代销商品	100 000	
贷:受托代销商品款		10 000

② 销售商品时:

借:银行存款	9 040	
贷:应付账款		8 000
应交税费——应交增值税(销项税额)		1 040

③ 收到甲企业增值税专用发票时:

借:应交税费——应交增值税(进项税额)	1 040	
贷:应付账款		1 040
借:受托代销商品款	8 000	
贷:受托代销商品		8 000

④ 计算代销手续费并支付货款时：

借：应付账款　　9 040

　贷：银行存款　　8 240

　　　营业收入　　800

期末编制资产负债表时，“受托代销商品”和“受托代销商品款”账户余额应相互对冲，不列入乙企业的资产负债表。

需要注意的是，实务中，有些委托代销是视同销售的，即客户是买断代销商品所有权的，因此，判断委托代销企业向客户发运商品时控制权是否转移，需要判断以下一些迹象：① 在特定事件发生之前（如客户销售商品或约定的期限到期时），企业拥有对商品的控制权；② 企业能够要求将委托代销的商品退回或者将其销售给其他方；③ 客户可能会被要求向企业支付一定的押金，但并没有承担对这些商品无条件付款的义务。

（4）企业已将该商品所有权上的主要风险和报酬转移给客户，即客户已取得该商品所有权上的主要风险和报酬。

商品所有权上的风险，主要是指商品所有者承担该商品价值发生损失的可能性。如商品的价值发生减值、商品发生毁损的可能性等。

商品所有权上的报酬，主要是指商品所有者预期可获得的商品中包含的未来经济利益。商品所有权上的报酬，表现为商品价值的增加以及商品的使用所形成的经济利益等。

主要风险和报酬是相对于次要风险和报酬而言的。例如，甲企业销售一台需安装的设备给乙企业，合同约定甲企业负责设备的安装调试。如果安装调试不是一项主要任务，就可以认为该商品所有权上的主要风险和报酬已经转移给了购货方；反之，如果安装调试过程构成甲企业为完成销售活动所应完成工作的主要部分，则可以认为该商品所有权上的主要风险和报酬还未转移给购货方，尚不能确认收入。

从上面的分析中可以看出，判断风险和报酬是主要的还是次要的，需视具体交易而定。

对大部分商品而言，销售之时通常就是主要风险和报酬转移之时，若其他条件都能满足，则可以在销售时确认收入。

【例5】 3月28日，甲企业按照合同销售10件A商品给乙企业，A商品每件售价为10 000元，单位成本为4 000元，增值税税率为13%。甲企业在发出商品并取得有关凭证时，确认该商品所有权上的主要风险和报酬转移给客户，对此，甲企业应编制会计分录如下：

借：应收账款　　113 000

　贷：营业收入　　100 000

　　　应交税费——应交增值税（销项税额）　　13 000

如甲企业收到乙企业116 000元的商业承兑汇票，则上述分录中的“应收账款”账户应改为“应收票据”账户。根据配比要求，甲企业在确认收入的同时，还应结转销售成本，并记入“营业成本”账户。会计分录为：

借：营业成本　　40 000

　贷：库存商品　　40 000

不过，在实务中，库存商品的成本一般是在期末一并结转的，而不是每确认一笔收入就要随时结转一项成本。

如若销售时商品所有权上的风险和报酬实质上并未转移，则不应在销售时确认收入。

例如,企业为促成销售,通常与购货方签订附退回条件的销售合同,即购买方可依照有关协议有权退货。在这种销售方式下,如果企业能够按照以往的经验对退货的可能性作出合理的估计,则企业应在发出商品时,对估计不会发生退货的部分商品销售确认收入,而对估计可能发生退货的部分,不确认收入;如果不能合理地确定退货的可能性,则企业应在商品退货期满时确认收入。

【例6】 7月18日,甲企业以托收承付的方式向乙企业销售一批商品,成本为40 000元,增值税专用发票上注明的售价为100 000元,增值税税额为13 000元。甲企业在销售时已知乙企业资金周转发生暂时困难,但为减少存货积压,同时也为了维持与乙企业长期以来建立的商业关系,甲企业仍然将商品销售给了乙企业。该批商品已经发出,并向银行办妥托收手续。假定甲企业销售该商品的纳税义务已经发生。

在此例中,由于购货方乙企业资金周转发生暂时困难,因而甲企业在货款回收方面存在着不确定性,从本质上讲,风险可能并未转移。因此,甲企业在销售时不应确认收入。为此,甲企业应将已经发出的商品成本反映在"应收退货成本"账户。

甲企业的账务处理如下:

① 向乙企业发出商品时:

借:应收账款	113 000	
贷:预计负债		100 000
应交税费——应交增值税(销项税额)		13 000
借:应收退货成本	40 000	
贷:库存商品		40 000

② 假定9月18日甲企业得知乙企业经营情况逐渐好转,乙企业承诺近期付款,甲企业经过评估,确认80%的商品销售收入。

借:预计负债	80 000	
贷:营业收入		80 000
借:营业成本	32 000	
贷:应收退货成本		32 000

"应收退货成本"账户余额应根据其退货的时间长短,列示为"其他流动资产"或"其他非流动资产"项目中。

(5) 客户已接受该商品。

企业在判断是否已经将商品的控制权转移给客户时,还应当考虑客户已经接受了该商品。

通常情况下,如果客户已验收并接受了企业销售的商品,可视为客户已经接受该商品,但如果企业能客观地确定其已经按照合同约定的标准和条件将商品的控制权转移给客户,则客户验收可能只是一个形式,并不会影响企业判断客户取得该商品控制权的时点,企业可以在客户验收之前确认收入。

如果在客户验收之前确认收入,企业应当考虑是否还存在剩余的履约义务,如后续服务等,并且评估是否应当按单项履约义务对其单独进行核算。

如果企业无法客观地确定其向客户转让的商品是否符合合同规定的标准和条件,那么在客户验收之前,企业就不能认定已经将该商品的控制权转让给了客户,企业就不应当在客户验收之前确认收入，即应当在客户验收并接受该商品时确认收入。

实务中，定制化程度越高的商品，可能越需要在客户验收之时确认收入。

此外，如果企业将商品发送客户供其试用或者测评，且客户并未承诺在试用期结束之前支付任何对价，则在客户接受该商品或者在试用期结束之前，该商品的控制权并未转移给客户。

(6) 其他表明客户已取得商品控制权的迹象。

除上述明显的迹象外，企业还应当从本质上判断客户是否已经取得了商品的控制权。

例如，企业有时根据合同已经就销售的商品向客户收款或者取得了收款的权利，但由于客户缺乏足够的仓储空间或生产进度延迟等原因，客户通常会要求在约定的某一时点前将商品寄存在企业，这是实务中十分常见的“开单留置协议”或“售后代管协议”(bill-and-hold arrangements)，此时，企业除考虑客户是否取得了商品控制权的迹象外，还应当满足下列条件，才表明客户取得了该商品的控制权：① 该安排具有商业实质，即双方依据所订立的合同行事；② 属于客户的商品必须能够明确辨认；③ 该商品能够随时交付给客户；④ 该商品明确归属于客户，企业不能自行使用该商品或将该商品提供给其他客户。同时满足上述条件并对该协议中尚未发货的商品确认了收入的，还应当考虑是否还承担了其他履约义务，如冷藏、保管等服务等，如果存在其他履约义务，则应当考虑该履约义务是否可以明确区分，如能明确区分，则应考虑将交易价格分摊于该项特定的履约义务。

2. 某一时段内履行履约义务的收入确认

满足下列条件之一的，属于在某一时段内(over time)履行的履约义务，相关收入应当在该履约义务履行的期间内确认。

(1) 客户在企业履约的同时即取得并消耗企业履约所带来的经济利益。

许多类型的服务合同，企业在履约的同时为客户创造了资产，且客户在企业履约的同时即取得并消耗企业履约所带来的经济利益。

例如，企业为客户提供安保与物业服务，企业在为客户提供安全与整洁服务的同时，企业即取得并消耗了企业所带来的经济利益。

而在有些情况下，企业在提供服务的同时，尚不清楚客户是否在企业履约的同时即取得并消耗企业履约所带来的经济利益，在此情况下，企业可以假定在其履约过程中更换为其他企业继续履行剩余的履约义务，如果继续履行该合同的其他企业实质上无须重新执行企业累计至今已经完成的工作，则表明客户在企业履约的同时即取得并消耗了企业履约所带来的经济利益。

需要注意的是，企业在判断其他企业是否实质上无须执行企业累计至今已经完成的工作时，应当基于以下两个假定：① 不考虑可能会使企业无法将剩余履约义务转移给其他企业的潜在限制，包括合同限制或实际操作上的限制；② 继续履行剩余履约义务的其他企业将不会享有企业目前已控制的任何资产的利益，也不会享有剩余履约义务转移后企业仍然控制的任何资产的利益。

(2) 客户能够控制企业履约过程中在建的商品。

这一标准强调客户占有企业在履约过程中形成的商品或服务。例如，企业为客户建造厂房，客户按工程进度向企业支付工程款，无论如何，企业为客户建造的厂房一定为客户所拥有，因此，客户能够控制企业履约过程中在建的商品。

(3) 企业在履约过程中产出的商品具有不可替代的用途，且企业有权对在整个合同期内累计至今已完成的履约部分收取款项。

有些情况下,根据前述两条标准,还难以判断客户是否已经控制了企业履约所创建的资产,为此,收入准则对其设定了这条标准。具体包括:

① 商品具有不可替代的用途(no alternative use)。

此项要求是指企业在履约过程中创建的资产或服务只能用于客户,不能转移给其他客户,这样可以防止企业在向其他客户(即第三方)转移创建资产或服务的过程中确认收入。如果第三方能够使用创建的商品,通常意味着企业在转移所创建的资产或服务之前实际上控制了这些资产或服务。

在判断商品是否具有不可替代的用途时,企业既应当考虑合同限制,也应当考虑实际操作上的限制,但无须考虑合同被终止的可能性。具体需要注意以下几点:

一是企业应当在合同开始日判断所承诺的商品或服务是否具有不可替代用途。除非合同发生变更,否则,无须在合同开始日后评估所承诺的商品或服务是否具有不可替代的用途。

二是合同中是否存在实质性的限制条款(contractual restrictions)或操作上的限制(practical limitation),限制了企业不能将合同约定的商品或服务用于其他目的。

通常情况下,易于改制或通用商品不会形成实质性(substantive)的限制,因为企业可以花费较小的支出即可将其改制并销售给第三方即其他客户。

操作上的限制,如位置的不可移动性等,是指虽然合同中没有限制性条款,但企业将履约过程中创建的商品或服务移作他用,将遭受重大的经济损失或发生重大的返工(rework)成本。

此外,保护性条款(protective rights)不应视为限制条款。常见的保护性条款如在合同中约定,企业在不告之客户或不征求客户意见的情况下,可以替换或更改履约过程中的相关资产等。

三是企业应当根据最终转移给客户的商品或服务的特征判断其是否具有不可替代用途。例如,某商品在生产的前期可以满足多种用途的需要,但从某一时点或某一流程开始,该商品的生产进入专为客户的定制阶段,此时,应根据该商品在最终转移给客户时的特征来判断其是否满足具有不可替代用途的条件。

② 企业在整个合同期内有权就累计至今已完成的履约部分收取款项。

有权就累计至今已完成的履约部分收取款项,是指在由于客户或其他方原因导致合同终止的情况下,企业根据合同条款或其他法律上的规定,有权就累计至今已完成履约部分收取能够补偿其已发生成本和合理利润的款项。

需要注意的是,有权就累计至今已完成的履约部分收取款项,必须源自客户或其他方而非企业自身的原因所致,且在整个合同期间的任一时点,企业均应当拥有此项具有法律约束力的权利。

企业在判断有权就累计至今已完成的履约部分收取款项时,需要考虑的因素有:

一是,该款项的金额应当大致相当于累计至今已经转移给客户的商品的售价,即该金额应当能够补偿企业已经发生的成本和合理利润。其中,合理的利润补偿并非一定是该合同的整体毛利水平,像根据合同终止前的履约进度对该合同的毛利水平进行调整后确定的金额,或者像在该合同高于企业同类合同的毛利水平时采用同类合同的经营毛利或合理的资本回报,都可认为属于合理的利润补偿范围。

二是，在与客户订立的合同中，通常会约定客户在某一时点或某项义务完成时无条件向企业支付款项，但这与有权就累计至今已完成的履约部分收取款项是不同的概念。有权就累计至今已完成的履约部分收取款项是指由于客户或其他方的原因导致了合同的提前终止，企业是否有权主张该收款权利，即有权要求客户补偿其截至目前已经完成的履约部分应收款的款项。

三是，有些合同约定，只能在某一时点或全部完成时终止合同，如果在此之前因客户或其他方原因导致了合同的终止，因合同条款或法律法规赋予了企业有继续履行合同的权利，表明企业有权就累计至今已完成的履约部分收取款项。

四是，如有时合同的终止是某些超越合同条款之上的法律规定所致，像为公共利益的地铁规划导致某建筑工程终止，从而使合同终止后，原有合同条款失效，企业的收款权利不被法律所支持。

五是，合同中约定的客户付款的具体时间表并不意味着企业有权就累计至今已完成的履约部分收取款项。因此，企业需要进一步评估，合同中约定的具体付款时间表，是否使企业在整个合同期内的任一时点，在由于除企业自身未按照合同承诺履约之外的其他原因导致合同终止的情况下，均有权就累计至今已完成的履约部分收取款项，该款项包括能够补偿企业已发生的实际成本和合理的利润。

对于在某一时段内履行的履约义务，除履约进度不能合理确定的情况外，企业应当在该时段内按照履约进度确认收入。

企业可以根据所提供商品或服务的性质，选择采用产出法（output methods）或投入法（input methods）来确定履约进度。但不论是产出法还是投入法，都应当如实反映企业向客户转移商品或服务的履约情况，并且在确定履约进度时，应当扣除那些控制权商品转移给客户的商品或服务，换言之，在确定履约进度时，应当包括所有满足履约条件的、控制权转移给客户的商品或服务。

企业应当在整个履约期内，持续地评估履约进度的变化，以反映履约义务的实际完成情况，并按会计估计变更的方法对其进行会计处理。

需要注意的是，后续期间履约进度的变化不应改变企业确定履约进度的方法，对于每一单项履约义务，无论是采用产出法还是投入法，一经确定，不得变更。

① 产出法。

产出法主要是根据已转移给客户的商品或服务的价值（相对于未完成的履约义务中承诺的商品或服务的价值）确定履约进度，主要包括按实际测量的完工进度、评估已实现的结果、已完成关键事项或已达到里程碑（milestones reached）、时间进度、已完工或交付的产品等确定履约进度的方法。

企业在评估是否采用产出法确定履约进度时，应当考虑所选择的产出指标是否能够如实反映向客户转移商品或服务的进度。

产出法因其能直接度量已完成的产出，通常能够客观地反映履约进度。但是，如果产出法所需要的信息无法直接通过观察获得，或者为获得这些信息的成本所费巨大，则可以采用下述的投入法来确定履约进度。

② 投入法。

投入法主要是根据企业履行履约义务的投入确定履约进度，主要包括以投入的材料数量、花费的人工工时或机器工时、发生的成本和时间进度等投入指标确定履约进度。

在履约过程中,如果发生的投入在整个履约期间内是平均发生的,则按照直线法确认收入是合适的,由于企业的投入与向客户转移商品或服务的控制权之间并不存在直接的对应关系,即很多情况下,投入已经发生,但控制权并没有转移,因此,企业应当扣除那些虽然已经发生,但未导致向客户转移控制权的商品或服务的投入。

实务中,对于成本密集型的企业,如土建工程项目,通常按照累计实际发生的成本占预计总成本的比例确定履约进度。其中,累计实际发生的成本包括向客户转移商品或服务过程中所发生的直接成本和间接成本,如直接人工、直接材料、分包成本以及诸如机械使用费之类的其他与合同相关的成本。

【例 7】 甲建筑企业与乙企业签订了一项总金额为 1 000 万元的建造合同,承建一座桥梁。工程已于 2019 年 6 月 1 日开工,预计到 2021 年 10 月竣工。最初预计工程总成本为 600 万元,到 2020 年年底,预计工程总成本为 800 万元。增值税纳税义务发生于合同完成时,增值税税率为 10%。建造该项工程的其他有关资料如表 13 - 2 所示。

表 13 - 2　　甲建筑企业桥梁工程有关资料　　单位:万元

	2019 年	2020 年	2021 年
到目前为止已发生的成本	210	500	860
完成合同尚需发生的成本	490	300	—
已结算工程价款	180	400	520①
当期实际收到价款	400	300	400

注:① 包括合同工程价款 420 万元和增值税销项税额 100 万元。

根据表 13 - 2 中的资料,可确定各年的合同履约进度(假定甲建筑企业根据累计实际发生的合同成本占合同预计总成本的比例确定进度,实际成本均匀发生)。计算结果见表 13 - 3。

表 13 - 3　　甲建筑企业桥梁工程履约进度与收入确认　　单位:万元

	2019 年	2020 年	2021 年
合同金额	1 000	1 000	1 000
减:合同预计总成本:			
至目前为止已发生的成本	210	500	860
完成合同尚需发生的成本	490	300	—
合同预计总成本	700	800	860
预计总毛利	300	200	140
履约进度	30%①	62.5%②	100%
当年应确认的收入	300	325	375
当年实现的毛利	90	35	15

注:① 30%=210÷700×100%;② 62.5%=500÷800×100%。

对某一时段内的履约义务，企业应当设置“合同履约成本”账户归集为履行履约义务所发生的成本，并根据履约义务的类型分别设置“工程施工”“服务成本”之类的明细科目；按会计规则确认的收入，记录为“合同资产”(或“合同结算”)和“营业收入”；依客户确认的金额，将“合同资产”(或“合同结算”)确认为应收账款或冲减合同负债。

根据上述资料，甲建筑企业的账务处理如表 13－4 所示。

表 13－4　　甲建筑企业桥梁工程相关会计分录　　单位：万元

业务	2019 年	2020 年	2021 年
1. 记录实际发生的合同成本	借：合同履约成本 210 贷：原材料等 210	借：合同履约成本 290 贷：原材料等 290	借：合同履约成本 360 贷：原材料等 360
2. 根据履约进度确认收入	借：合同资产 300 贷：营业收入 300	借：合同资产 325 贷：营业收入 325	借：合同资产 375 贷：营业收入 375
3. 乙企业开单确认工程价款	借：应收账款 180 贷：合同资产 180	借：应收账款 180 合同负债 220 贷：合同资产 400	借：应收账款 400 合同负债 120 贷：合同资产 420 应交税费 100
4. 记录已收到的工程价款	借：银行存款 400 贷：应收账款 180 合同负债 220	借：银行存款 300 贷：应收账款 180 合同负债 120	借：银行存款 400 贷：应收账款 400
5. 结转合同成本	借：营业成本 210 贷：合同履约成本 210	借：营业成本 290 贷：合同履约成本 290	借：营业成本 360 贷：合同履约成本 360

需要注意的是，投入法中，若以累计实际发生的成本占预计总成本的比例确定履约进度，可能需要对已发生的成本进行适当的调整，包括：① 已发生的成本并未反映企业履行其履约义务的进度，如因天气原因导致较长时间的工程停工，使成本发生了大幅度上升等；② 已发生的成本与企业履行其履约义务的进度不成比例，如高速公路建设中某些特殊地质条件下的标段建设，成本会显著提高等。

四、特定交易的收入确认

以上对收入确认的五个一般步骤进行了说明，但在现行实务中，还会出现一些特定类型的交易，兹分述之。

(一) 附有销售退回条款的销售

对于附有销售退回条款(with a right to return)的销售，企业应当在客户取得相关商品控制权时，按照因向客户转让商品而预期有权收取的对价金额确认收入，按照预期因销售退回将退还的金额确认为(预计)负债；同时，按照预期将退回商品转让时的账面价值，扣除收回该商品预计发生的成本(包括退回商品的价值减损)后的余额，确认为一项资产，按照所转让商品转让时的账面价值，扣除上述资产成本后的净额结转成本。

每个资产负债表日，企业应当重新评估未来销售退回情况，如有变化，应当作为会计估计变更进行会计处理。

附有销售退回条款的销售,具体账务处理可参见附录一的[例 3]。

(二) 附有质量保证条款的销售

对于附有质量保证条款的销售,企业应当评估该质量保证是否在向客户保证所销售商品符合既定标准之外提供了一项单独的服务。企业提供额外服务的,应当作为单项履约义务,进行会计处理;否则,质量保证责任应当按照或有事项会计准则的规定进行会计处理。

在评估质量保证是否在向客户保证所销售商品符合既定标准之外提供了一项单独的服务时,企业应当考虑该质量保证是否为法定要求、质量保证期限以及企业承诺履行任务的性质等因素。客户能够选择单独购买质量保证的,该质量保证构成单项履约义务。

其中,法定要求通常是为了保护客户避免其购买瑕疵或缺陷商品的风险,而并非为客户提供单独的质量保证服务。

通常情况下,质量保证期限越长,越有可能是单项履约义务。

有时,企业可能需要履行某些特定的任务以保证所转让的商品符合既定标准,如客户寄回有瑕疵的商品时,运费由企业支付等,此时,此类特定的任务不构成单项履约义务,一般情况下,应当将其与质量保证作为一项单项履约义务进行会计处理。

例如,甲企业对外销售微波炉,同时提供质量保证服务与维修服务。甲企业针对微波炉的质量问题所提供的质量保证服务是为了向客户保证所销售的商品符合既定标准,因此,不构成单项履约义务;甲企业对由于客户不当使用而引起的产品故障提供免费维修服务,属于向客户销售商品之外的一项单独服务,应当作为单项履约义务,但由于是免费提供维修,因此,需要将合同总价款按适当的方法分摊至微波炉销售与维修服务中。

不构成单项履约义务的质量保证的会计处理,可参见第十二章中或有事项的说明。

(三) 主要责任人和代理人

有些情况下,向客户提供商品或服务的业务会同时涉及多家企业,此时就会存在有关主要责任人(principal)和代理人(agent)的判断问题。

企业应当根据其在向客户转让商品前是否拥有对该商品的控制权,来判断其从事交易时的身份是主要责任人还是代理人。

企业在向客户转让商品前能够控制该商品的,该企业为主要责任人,应当按照已收或应收对价总额确认收入;否则,该企业为代理人,应当按照预期有权收取的佣金或手续费的金额确认收入,该金额应当按照已收或应收对价总额扣除应支付给其他相关方的价款后的净额,或者按照既定的佣金金额或比例等确定。

当存在第三方参与企业向客户提供商品时,企业向客户转让商品前能够控制该商品的情形包括:

(1) 企业自第三方取得商品或其他资产控制权后,再转让给客户。

例如,某旅行社以较低的折扣价购买了限制客流量景点的门票,无论是否完成销售,所购入门票均不能退回,此时,该旅行社自第三方获取了资产的控制权,能够自主地向游客销售该门票,即能够控制该门票。如果该旅行社按约定的价格对外销售门票,并按销售门票收入的一定比例收取佣金,则该旅行社是该项交易中的代理人。

(2) 企业能够主导第三方代表本企业向客户提供服务。

(3) 企业自第三方取得商品控制权后，通过提供重大的服务将该商品与其他商品整合成某组合产出转让给客户。

例如，某装修公司为客户提供精装修而购入的家用电器等。

在具体判断向客户转让商品前是否拥有对该商品的控制权时，企业不应仅局限于合同的法律形式，如暂时性地获得了该商品的法定所有权等，而应当综合考虑所有相关事实和情况，这些事实和情况包括：

(1) 企业承担向客户转让商品的主要责任。

(2) 企业在转让商品之前或之后承担了该商品的存货风险。

(3) 企业有权自主决定所交易商品的价格。

(4) 其他相关事实和情况。

(四) 附有客户额外购买选择权的销售

为提高销售业绩，吸引客户继续购买商品或服务，很多企业在销售商品或提供服务时会向客户提供额外购买选择权(options for additional goods or services)。常见的情况包括销售激励(sales incentives)、客户奖励积分(customer award credits)、阶梯收费(volume-tiered pricing structures)、未来购买商品的折扣券以及合同续约选择权(contract renewal options)等。

对于附有客户额外购买选择权的销售，企业应当评估该选择权是否向客户提供了一项重大权利(material right)。如果客户只有在订立了一项合同的前提下才能取得额外购买选择权，并且客户行使该选择权购买额外商品时，能够享受到超过该地区或该市场中其他同类客户所能够享有的折扣，通常认为该选择权向客户提供了一项重大权利。

向客户提供的权利是否重大，应当视该选择权的金额和性质进行综合判断。

通过综合判断后，如果认为该选择权向客户提供了一项重大权利，企业应当将其作为单项履约义务，按照前述步骤将交易价格分摊至该单项履约义务，在客户未来行使购买选择权取得相关商品控制权时，或者该选择权失效时，确认相关收入。

有时，客户额外购买选择权的单独售价无法直接观察的，企业应当综合考虑客户行使和不行使该选择权所能获得的折扣差异、客户行使该选择权的可能性等全部相关信息后，按前述确定可变对价的不同方法，选择其中的最优方法进行合理估计。

有些情况下，尽管向客户提供了额外购买选择权，但客户行使该选择权购买商品时的价格反映了这些商品的单独售价，在这种情况下，不应当认为企业向客户提供了一项重大权利。为简化实务操作，如果客户行使该权利购买额外商品与原合同下购买的商品类似，企业可以无须估计该选择权的单独售价，而是直接将预计可能提供额外商品的数量以及预计将收到的相应对价金额纳入原合同，并进行相应的会计处理。大多数的合同续约选择权中额外商品的购买价格与原合同的单独售价没有太大的区别。

【例 8】 甲企业决定推行一项奖励积分计划。约定自 2019 年 1 月 1 日至 6 月 30 日止，客户在甲企业每消费 10 元(不包含增值税)可获得 1 个积分，每个积分从 7 月 1 日开始至 12 月 31 日之间在购买甲企业的其他产品时可以抵减 1 元。假定截至 2019 年 6 月 30 日，客户共消费 200 万元，增值税税率为 13%，开具增值税专用发票，累计 20 万积分。根据历史经验，甲企业估计该积分的兑换率为 80%。

甲企业的账务处理如下：

甲企业为客户提供的积分奖励可以扣减其他商品的购买价款,且客户兑换比例较高,可以认定为客户提供了一项重大权利,应当作为一项单项履约义务。

甲企业出售商品提供的奖励积分为20万,依据历史经验估计,该单项履约义务的单独售价约为16万元(20万积分×1元/每积分×80%)。

甲企业应当将出售商品的总售价在所售商品与客户的选择权之间按所售商品和积分的单独售价的相对比例进行分摊。分摊结果如下:

分摊至所售商品的交易价格=200÷(200+16)×200=185.185(万元)

分摊至积分的交易价格=200÷(200+16)×16=14.815(万元)

根据上述分摊结果,甲企业在出售商品时,应编制会计分录如下:

借:银行存款	2 260 000	
贷:营业收入		1 851 850
合同负债		148 150
应交税费——应交增值税(销项税额)		260 000

假定客户在未来全部行使了该项选择权,商品的单独售价为100万元,增值税税率为13%,则甲企业应编制会计分录如下:

借:银行存款	981 850	
合同负债	148 150	
贷:营业收入		1 000 000
应交税费 应交增值税(销项税额)		130 000

如果客户未行使该项奖励积分选择权,则甲企业应编制会计分录如下:

借:合同负债	148 150	
贷:营业收入		148 150

在合同有效期间内,客户未兑换的积分仍然列示为合同负债,直至有效期期满为止。

(五) 售后回购

售后回购(repurchase agreement),是指企业在销售商品的同时,承诺或有权选择日后再将该商品(包括相同或几乎相同的商品,或以该商品作为组成部分的商品)购回的销售方式。

售后回购协议通常存在三种主要形式:

(1) 企业承诺在未来购入所出售的商品,即远期(a forward);

(2) 企业有权在未来购入所出售的商品,即看涨期权或买入期权(a call option);

(3) 企业承诺在未来应客户的要求购入所出售的商品,即卖出期权(a put option)。

对售后回购交易,企业应当区分下列两种情形分别进行会计处理:

(1) 企业因存在与客户的远期安排而负有回购义务或企业享有回购权利的,表明客户在销售时并未取得相关商品控制权,企业应当将其视为租赁交易或融资交易进行相应的会计处理。

其中,回购价格低于原售价的,应当视为租赁交易,并按租赁会计准则进行会计处理;回购价格不低于(即大于或等于)原售价的,应当视为融资交易,在收到客户款项时确认为金融负债,并将该款项和回购价格的差额在回购期间内确认为利息费用等。

表13-5列示了企业承诺或有权选择日后回购所售商品的情况下的会计处理规则。

表 13 - 5　　企业承诺或有权选择日后回购所售商品的会计处理规则

回购价格	＜	原单独售价	按租赁交易进行会计处理
回购价格	≥	原单独售价	按融资交易进行会计处理

企业到期未行使回购权利的，应当在该回购权利到期终止时确认金融负债，同时确认收入。

(2) 企业承诺在未来应客户的要求购入所出售的商品的，应当在合同开始日评估客户是否具有行使该要求权的重大经济动因(a significant economic incentive)，并分别采用不同的方法对其进行会计处理。

如果客户具有行使该要求权重大经济动因的，企业应当将售后回购作为租赁交易或融资交易，并按融资交易的规则进行会计处理；否则，企业应当将其作为附有销售退回条款的销售交易进行会计处理。

客户具有行使需要企业回购所售资产要求的重大经济动因，是指能够诱导客户行使该要求权的一些驱使客户产生一定行为的外部诱因(incentive)，它会促成客户行使让企业回购所售资产的行为的产生，如在合同期满时，回购的价格明显高于此时的市场价格等。

在判断客户是否具有行权的重大经济动因时，企业应当考虑各种相关因素，包括回购价格与预计回购时市场价格之间的比较，以及权利的到期日等。

如果存在能诱导客户行权的重大经济动因，表明企业极有可能会回购所售资产，因此，企业仍然持有该资产的控制权，即客户仅是在合同期内使用了该资产。

图 13 - 2 列示了企业负有应客户要求回购商品义务情况下的会计处理规则。

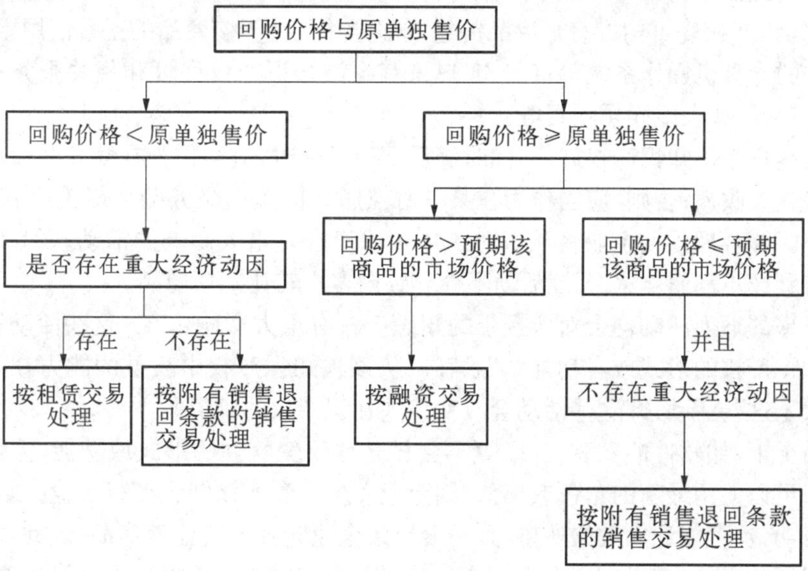

图 13 - 2　企业负有回购义务时的会计处理规则

例如，2019 年 1 月 1 日，甲企业与乙企业签订了一项合同，标的物为一套专用设备，售价为 1 000 万元。

合同约定，2021 年 12 月 31 日，甲企业负有应乙企业要求以 900 万元回购该套专用设备的义务。

合同期满时(2021 年 12 月 31 日),该套专用设备的预计市场价格为 700 万元左右。

合同开始日(2019 年 1 月 1 日),甲企业应当评估是否存在诱使乙企业行权的重大经济动因,以确定资产转移时的会计处理。

本例中,由于合同期满时,回购价格显著高于该套设备的预计售价,甲企业认为存在着诱使乙企业行权的重大经济动因,在综合考虑其他因素后,甲企业认为该套专用设备的控制权并未转移给乙企业,该套专用设备的风险与报酬本质上尚未转移,根据图 13-2 中的处理规则,甲企业应当将其作为租赁交易,并按租赁会计准则进行会计处理。

租赁会计可参见本系列教材《高级财务会计》中租赁章节的说明。

(六) 知识产权许可

向客户授予知识产权许可(licences of intellectual property)的收入确认与其他类型交易的收入确认有着明显的区别。

企业向客户授予的知识产权,常见的包括软件和技术、媒体和娱乐、特许经营权(franchises)以及专利权(patents)、商标权(trademarks)和版权(copyrights)等。

企业向客户授予知识产权的,首先应当评估该知识产权许可是否构成单项履约义务,如果不构成单项履约义务,企业应当将该知识产权许可与其他商品或服务一起作为一项履约义务进行会计处理;如果构成单项履约义务,则应当进一步确定其是在某一时段履行还是在某一时点履行。

可明确区分的知识产权是判断的基础,如果不能明确区分,则不构成单项履约义务;若能明确区分,通常情况下可判断其构成单项履约义务。

有时,即使能够明确区分,授予知识产权许可也可能不构成单项履约义务,包括的情形有:(1) 该知识产权许可构成有形商品的组成部分并且对于该商品的正常使用不可或缺,如数控机床中的计算机操作系统等;(2) 客户只有将该知识产权许可和相关服务一起使用时才能够从中获益,如在线娱乐项目等。

企业向客户授予知识产权许可,同时满足下列条件时,应当作为在某一时段内履行的履约义务确认相关收入;否则,应当作为在某一时点履行的履约义务确认相关收入:(1) 合同要求或客户能够合理预期企业将从事对该项知识产权有重大影响的活动;(2) 该活动对客户将产生有利或不利影响;(3) 该活动不会导致向客户转让某项商品。

企业从事的下列活动均会对所授予的知识产权有重大影响:(1) 这些活动预期将会显著改变该知识产权的形式或者功能;(2) 客户从该项知识产权中获益的能力在很大程度上源自或取决于这些活动,即这些活动会改变该项知识产权的价值。

通常情况下,如软件的安装、升级等不会显著地改变软件的形式或功能,但像动漫作品中授予客户可以使用最新的角色或形象,因企业发生了影响该知识产权的重大活动,新的角色可能很成功,也可能让人大失所望,且不会导致企业向客户转让该商品,因此,它符合在某一时段内履行的履约义务,应当在合同期间内按恰当的方法(通常为按时间进度)确认合同收入。

企业向客户授予知识产权许可不能同时满足上述 3 个条件的,则属于在某一时点履行的履约义务,应在该时点确认收入。

企业向客户授予知识产权许可,并约定按客户实际销售或使用情况收取特许权使用费的，应当在下列两项孰晚的时点确认收入：(1) 客户后续销售或使用行为实际发生；(2) 企业履行相关履约义务。

在判断某项知识产权许可是属于在某一时段内履行的履约义务还是在某一时点履行的履约义务时，企业不应考虑下列因素：(1) 该许可在时间、地域或者使用方面的限制；(2) 企业就其拥有的知识产权的有效性以及防止未经授权使用该知识产权许可所提供的保证。

需要注意的是，合同要求或客户能够合理预期企业将从事对某项知识产权有重大影响的活动，如果其本身构成单项履约义务的，企业在评估授予知识产权许可是否属于某一时段履行的履约义务时，应当不予考虑。

（七）客户未行使的权利

企业向客户预收销售商品或提供服务款项的，应当将该款项确认为一项负债，在履行了相关履约义务时再确认为收入。当企业预收款项无须退回，且客户可能会放弃其全部或部分合同权利时，企业预期将有权获得与客户所放弃的合同权利相关的金额，应当按照客户行使合同权利的模式按比例将上述金额确认为收入；否则，只有在客户要求其履行履约义务的可能性极低时，才能将上述负债的相关金额确认为收入。

企业在确定其是否预期将有权获得与客户所放弃的合同权利相关的金额时，应当考虑将估计的可变对价计入交易价格的限制要求，即包含可变对价的交易价格，应当不超过在相关不确定性消除时，累计已确认的收入极可能不会发生重大转回的金额。

五、政府补助形成的其他收益

政府补助，是指企业从政府无偿取得的货币性资产或非货币性资产。

政府补助的主要形式包括政府对企业的无偿拨款、税收返还、财政贴息以及无偿给予的非货币性资产等。

政府补助分为与资产相关的政府补助和与收益相关的政府补助。

与资产相关的政府补助，是指企业取得的用于购建或以其他方式形成长期资产的政府补助。

与收益相关的政府补助，是指除与资产相关的政府补助之外的政府补助。

需要注意的是，企业从政府取得的经济资源，如果与企业销售商品或提供服务等活动密切相关，且是企业商品或服务的对价或者是对价的组成部分，应当在确定前述营业收入的交易价格时予以考虑，并在同时符合下述政府补助确认条件时确认为营业收入：(1) 企业能够满足政府补助所附条件；(2) 企业能够收到政府补助。

1. 与资产相关的政府补助

与资产相关的政府补助，应当冲减相关资产的账面价值或确认为递延收益。与资产相关的政府补助确认为递延收益的，应当在相关资产使用寿命内按照合理、系统的方法分期计入损益。按照名义金额计量的政府补助，直接计入当期损益。

相关资产在使用寿命结束前被出售、转让、报废或发生毁损的，应当将尚未分配的相关递延收益余额转入资产处置当期的损益。

企业在收到与资产相关的政府补助时，应当确认递延收益，在计提资产折旧的期间，采用与折旧计算相一致的方法分摊递延收益，计入其他收益或冲减折旧费用。

【例9】 2019年12月30日,甲企业以150万元购入一项符合国家补贴政策的专用设备,估计使用年限为5年,估计净残值为15万元,采用年数总和法计提折旧。同日,收到政府补助60万元,计入递延收益。

2020年度,甲企业的相关会计处理如下:

(1) 计提固定资产折旧。

借:制造费用[(1 500 000－150 000)×5/(1＋2＋3＋4＋5)]　　450 000

　贷:累计折旧　　450 000

(2) 摊销递延收益。

借:递延收益　　200 000

　贷:其他收益[600 000×5/(1＋2＋3＋4＋5)]　　200 000

假定甲企业于2022年年初将该项专用设备出售,收到价款1 130 000元,其中含增值税税额130 000元。甲企业应编制会计分录如下:

借:银行存款　　1 130 000

　贷:固定资产清理　　1 000 000

　　　应交税费——应交增值税(销项税额)　　130 000

借:固定资产清理　　690 000

　　累计折旧[(1 500 000－150 000)×(5＋4)/(1＋2＋3＋4＋5)]　　810 000

　贷:固定资产　　1 500 000

借:固定资产清理　　310 000

　贷:资产处置收益　　310 000

借:递延收益　　240 000

　贷:营业外收入[600 000×(1＋2＋3)/(1＋2＋3＋4＋5)]　　240 000

2. 与收益相关的政府补助

与收益相关的政府补助,应当分情况按照以下规定进行会计处理:

(1) 用于补偿企业以后期间的相关成本费用或损失的,确认为递延收益,并在确认相关成本费用或损失的期间,计入当期损益或冲减相关成本;

(2) 用于补偿企业已发生的相关成本费用或损失的,直接计入当期损益或冲减相关成本。

对于同时包含与资产相关部分和与收益相关部分的政府补助,应当区分不同部分分别进行会计处理;难以区分的,应当整体归类为与收益相关的政府补助。

与企业日常活动相关的政府补助,应当按照经济业务实质,计入其他收益或冲减相关成本费用;与企业日常活动无关的政府补助,应当计入营业外收支。

【例10】 甲企业向乙企业销售一款用于环境保护的专门设备,国家规定此类产品的销售,增值税税额可按一定比例即征即退。按此政策,甲企业可以享受200 000元的增值税税额的即征即退。由于此项即征即退的税款与甲企业日常销售业务密切相关,属于与企业日常活动相关的政府补助,甲企业在收到主管税务机关审核批复后,应编制会计分录如下:

借:其他应收款　　200 000

　贷:其他收益　　200 000

第三节 费 用

一、费用的含义及其分类

(一) 费用的含义

与收入相类似,费用(expense)也有广义与狭义之分,广义的费用是指那些能导致企业经济利益流出的所有不利属性,狭义的费用仅指企业为销售商品、提供劳务等日常活动中所发生的经济利益的流出。我国会计准则规定的费用是狭义概念上的费用,即费用是指企业在日常活动中发生的、会导致所有者权益减少的、与向所有者分配利润无关的经济利益的总流出。广义的费用除日常经营活动中发生的经济利益流出外,还包括与企业日常经营活动无直接关系的损失。本教材所论及的费用,如不加说明,均指狭义概念上的费用。

费用往往表现为货币资金的流出,如企业以库存现金或银行存款支付当期的水电费;费用又表现为其他资产的消耗,如原材料的消耗、产成品的消耗(企业对外销售);费用还表现为负债的承诺,如应付的设备租赁费用或应付利息等。当期虽未消耗资产,但承诺了后期要清偿的负债,后期则要发生货币与非货币性资产的消耗。因此,费用的实质是企业资产的消耗或流出,而资产的实质就是一宗宗待摊销的服务潜力,当这些服务潜力形成企业的营业收入时,其成本就应摊销为费用,以便与当期营业收入进行配比。

成本(cost)也是一个重要的概念,与费用有密切的联系。成本也有广义和狭义之分。广义的成本泛指取得资产的代价。例如,取得固定资产的代价就是固定资产的成本,购买原材料的代价就是原材料的成本,生产产品所花费的支出就是产品成本,等等。只有将费用与营业收入相配比,以计算当期利润时,才将成本纳入费用这一大概念内。但是,即使这样,转作费用的资产成本,也仅是已耗资产部分的成本,而不是全部资产的成本,即本期尚未耗用的资产的成本依然是资产负债表项目。狭义的成本,仅指产品制造成本,是指企业为生产产品、提供劳务而发生的各项耗费。就制造业而言,生产费用的发生过程,同时又是产品制造成本的形成过程。但是,两者也有所区别。生产费用指某一期间内为进行生产而发生的耗费,它与一定的时期相联系,而与用在哪一种产品的生产无关;产品成本指为生产某一种产品而消耗的费用,它与一定种类和数量的产品相联系,而不论发生在哪一时期。综上所述,成本是对象化了的费用。

费用还与支出(expenditure)相联系。支出一般是指企业在生产经营过程中为获得另一项资产,或为清偿某一项债务所发生的耗费资产的流出。例如,为购买材料、商品等支付或预付的款项,为偿还银行借款、应付账款而支付的款项,为退还资本、支付股利而发生的支出等。有些支出构成了当期的费用,但另一些却不是费用。只有那些在日常活动中为取得营业收入而发生的支出,才是当期的费用;有时发生支出,同时有新的资产流入而形成的资产,这时的支出不构成费用。例如,以银行存款购买固定资产,此时银行存款的流出不是费用,而是形成了资产的成本。

综上所述,费用是企业资产的耗费或债务的承诺,其目的是为了取得营业收入,获得更多的新资产。资产的耗费有的形成费用,有的则形成另一种资产。费用有时有支出相伴随,但支出却不一定是当期的费用。

企业应当合理划分费用与成本的界限,对某项支出,应当根据重要性原则合理地将其归类为费用或成本。

(二) 费用的分类

由于费用与营业收入相关联,因此,通常也就根据它与营业收入的关系即在赚取营业收入的过程中发挥的功能(function)对其进行分类。

费用按其与营业收入的相关程度,可分为三类:直接配比费用、间接配比费用和期间费用。

1. 直接配比费用

直接配比费用是指直接为取得营业收入所发生的费用。此类费用与各期的营业收入有明显的、直接的因果关系,销售成本或提供劳务的直接成本便是这类费用的典型例子。

2. 间接配比费用

间接配比费用是指与特定收入没有直接关系但有助于实现特定收入而发生的费用。这类费用在发生时通常先归集在某一特定账户中,然后再按特定的方法予以分配,以便与特定的收入相配比。制造费用便是这类费用的典型例子。

3. 期间费用

期间费用是指那些仅仅有助于当期营业收入的实现,或者为数细微或者波动不大,不值得在各期间分摊的费用。此类费用在发生时即作为当期的费用,包括销售费用、管理费用、研发费用和财务费用等。

销售费用是企业在销售商品过程中发生的费用,包括企业销售商品过程中发生的运输费、装卸费、包装费、保险费、展览费和广告费,以及为销售本企业商品而专设的销售机构(含销售网点、售后服务网点等)的职工薪酬、类似工资性质的费用、业务费等经营费用。

管理费用是企业为组织和管理企业生产经营所发生的管理费用,包括企业的董事会和行政管理部门在企业的经营管理中发生的,或者应当由企业统一负担的公司经费(包括行政管理部门职工薪酬、修理费、物料消耗、低值易耗品摊销、办公费和差旅费等)、工会经费、待业保险费、劳动保险费、董事会费、聘请中介机构费、咨询费(含顾问费)、诉讼费、业务招待费、房产税、车船使用税、土地使用税、印花税、技术转让费、无形资产摊销、职工教育经费、研究与开发费、排污费等。

研发费用是指不能资本化的研究与开发支出。

财务费用是企业为筹集生产经营所需资金等而发生的费用,包括应当作为期间费用的利息支出(减利息收入)、汇兑损失(减汇兑收益)以及与金融机构发生的相关手续费等。

在成本管理中,企业可以根据特定的需要,采用与财务会计完全不同的方法对成本和费用进行分类。

二、费用的确认

(一) 确认费用的一般原则

上面说明了费用的基本含义,指出费用的实质是资产的耗费,但并非所有的资产耗费都是费用。因此,这里就涉及这样的一个问题,即什么样的资产耗费应确认为费用。由于发生费用的目的是为了获取营业收入,因此,费用的确认就应当与营业收入相关联,前述费用的分类多少已经体现了这一要求。

此外，在现行的交易观（收入费用观）下的利润确定，一方面要按照实现原则即控制权转移时确认营业收入，另一方面则要按照配比要求确认和计量该期的费用。所以，费用的确认又与一定的会计期间相关联。

配比（matching）要求认为，为产生当期营业收入所发生的费用，应当确认为该期的费用。配比的基本含义在于，当营业收入已经赚取时，某项资产（如固定资产等）已被消耗或已售出（如库存商品等），劳务已被耗用，已被耗用的这些资产和劳务的成本，应当在确认有关营业收入的期间予以确认。因此，费用的确认，要根据费用与营业收入的相关程度，确定哪些资产耗费或负债的承诺应从本期营业收入中扣除，或理解为应当从本期营业收入中得到补偿。

（二）直接费用的确认

直接费用是与取得营业收入直接相关的费用。这种费用与营业收入之间存在着明显的、直接的因果关系。商品销售业务和劳务提供业务所涉及的直接费用有所不同，现分述如下：

1. 在某一时点确认收入的直接费用的确认

(1) 销售成本。

如前所述，收入可以在某一时点确认，也可以在某段期间内确认。在某个时点确认的收入，其直接配比的费用即为销售成本。

销售成本（cost of goods sold）与营业收入的关系最为密切。销售业务的直接目的就是为了取得营业收入，而取得营业收入必须转移商品或服务的控制权。因此，在确认营业收入的当期，就应当确认销售成本，以便与当期确认的营业收入直接进行配比。

在制造企业，销售成本指已售商品的制造成本。制造成本包括材料成本、人工成本及其他费用等。

在商品流通企业，商品的销售成本通常只包括进货成本，包括购买价格及一些附带成本等，而其他成本一般作为销售费用直接计入当期损益。不过，需要注意的是，由于每次购货的成本不尽相同，因此，在具体量度上，购货成本与销售成本是不相同的。

计算商品销售成本的方法，有个别认定法、加权平均法、先进先出法等。这些方法的计算与运用详见存货章节的说明。

销售成本可以在每次销售时逐笔结转，也可以在期末一次结转。不过，某些计算方法只能在期末一次性结转，如月末一次加权平均法等。企业可设置“主营业务成本”“其他业务成本”或统以“营业成本”账户核算已售商品的制造成本或已售商品的进货成本，所编制的会计分录为：

借：营业成本　　×××
　贷：库存商品　　×××

(2) 销售费用。

直接为销售商品所发生的销售费用，如销售佣金，推销人员的工资，在销售过程中发生的运费、装卸费等，是企业为取得营业收入所直接发生的费用，因此，在确认有关销售收入时转作为当期费用。尽管此类费用与特定的营业收入相关联，但由于是均衡且重复发生的，故实务处理上将其列为期间费用（销售费用项目），直接计入当期损益。

(3) 已售商品的质量担保费用。

为了扩大商品销售,有些企业会对已售出的商品实行"三包",即包修、包换和包退,允许客户在规定的期限内因产品质量问题退、换产品或免费修理。这种产品质量担保费用,也属于为实现营业收入而发生的直接费用。尽管修理支出或退换损失发生在销售之后,但按照配比要求,应当在商品销售时予以确认。有关已售商品质量担保费用的会计处理在上节已作说明,此处不再赘述。但需要注意的是,基于与前述销售费用同样的原因,通常在其发生时将其作为期间费用,直接计入当期损益。

2. *在某一时段内确认收入的直接费用的确认*

如前所述,对在某一时段履行履约义务,可按产出法或投入法计算履约程度,并据此确认收入,同时结转已经发生的成本。在结转成本时,应当扣除那些控制权尚未转移给客户的商品或服务的成本。

需要注意的是,企业在采用投入法(主要表现为已发生成本占估计总成本的比例,简称成本法)确定履约进度时,可能需要对已发生的成本进行适当的调整,具体包括:

(1) 已发生成本并未反映企业履行其履约义务的进度,如因企业生产效率低下等原因导致的非正常损耗等,在计算履约进度时应当扣除这些非正常损耗。

(2) 已发生成本与企业履行其履约义务的进度不成比例。在合同开始日,企业如能预期将能满足下列条件时,企业在采用成本法时不应包括该商品的成本,而是应当按照其成本金额确认收入:① 该商品不构成单项履约义务;② 客户先取得该商品的控制权,之后才接受与之相关的服务;③ 该商品的成本占预计总成本的比重较大;④ 是企业自第三方采购的商品,且未深入参与其设计和制造,对于包含该商品的履约义务而言,企业是主要责任人。

【例 11】 2019 年 11 月 1 日,甲企业与乙企业签订了一项合同,为乙企业的办公室提供装修服务,合同总金额为 200 万元,期限为 5 个月。甲企业预计合同总成本为 120 万元,其中包括乙企业指定的地暖设备,采购成本为 60 万元。

2019 年 11 月 12 日,甲企业采购的地暖设备已运达乙企业,并经乙企业验收,乙企业取得了该地暖设备的控制权。

至 2019 年 11 月 30 日,甲企业只开展了办公室原装修的拆除工作,尚未安装地暖,共发生成本 75 万元,其中包括采购地暖设备 60 万元、采购地暖的相关费用 2 万元及拆除工作发生的费用 13 万元。

甲企业采用成本法确定履约进度,且购买地暖设备不构成单项履约义务,甲企业是主要责任人,且不参与地暖设备的设计与制造。

假定不考虑增值税因素,甲企业的相关账务处理如下:

(1) 按购买地暖设备的成本确认转让地暖设备产生的收入,不确认毛利。

借:库存商品	600 000	
贷:银行存款		600 000
借:银行存款	600 000	
贷:营业收入		600 000
借:营业成本	600 000	
贷:库存商品		600 000

(2) 计算履约进度,并确认营业收入。

扣除地暖设备的成本后,该合同的总收入为 140 万元(200－60),合同估计总成本为 60 万元(120－60),除购买地暖设备外,至 2018 年 11 月 30 日,已发生的实际成本为 15 万元(2＋13),按成本法确定的履约进度为 25％(15÷60×100％),至 2018 年 11 月 30 日,应确认收入 35 万元(140×25％)。

借:合同履约成本——工程施工　150 000
　贷:银行存款　150 000
借:合同资产　350 000
　贷:营业收入　350 000
借:营业成本　150 000
　贷:合同履约成本——工程施工　150 000

(三) 间接费用的确认

有些费用虽然与赚取营业收入有关系,但与特定的收入并无明显的直接关系,如固定资产的折旧和生产车间的一般性管理费用等。对此类费用,惯常的处理方法是采用合理和系统的分配方法将其计入直接费用,例如:可采用直线法和加速折旧法等方法将固定资产的耗费在每期予以确认,并计入有关产品成本;可采用直接材料或直接人工比例等方法将生产车间的一般性管理费用进行分配,并计入有关产品成本。这部分内容可参见《成本会计》等教材。

(四) 期间费用的确认

期间费用是为获取营业收入所发生的间接费用,它与营业收入的实现并无明显的关系。因此,在发生时即可确认为费用,与当期营业收入相配比。期间费用包括销售费用、管理费用、研发费用和财务费用等,其具体应包括的内容一如前述。

需要注意的是,从概念上讲,费用应当及时确认,但由于很多费用是连续发生的(如利息费用等),或由于技术方面的限制(如水电费等),无法做到及时确认,通常都是在期末或收到账单时予以确认。

(五) 跨期费用的摊配

如前所述,费用既与资产的耗费相联系,又与一定期间相联系,但由于取得的某项资产,其耗费期间有些可能跨越一个会计期间以上,即该项资产在一个会计期间以上都有助于各期营业收入的实现,这样,势必就会出现所谓的跨期费用的摊配问题。

企业应当遵循权责发生制的原则,确定跨期费用的归属期间,并采用合理和系统的方法对分属于不同期间的费用予以摊配。在具体摊配时要求符合配比要求,即:谁受益,谁负担;受益多,分摊也多。

随着财务报表的重心向资产负债表的转移,跨期费用的摊配问题将会进一步弱化。《企业会计准则第 32 号——中期财务报告》第 13 条规定:“企业在会计年度中不均匀发生的费用,应当在发生时予以确认和计量,不应在中期财务报表中预提或者待摊,但会计年度末允许预提或者待摊的除外。”

三、合同成本

前述费用的说明,包括直接费用与期间费用等确认,其源头始于发生的合同履约成本

(contract performance cost)。合同的履约成本，有些形成了合同成本(contract costs)，确认为一项资产，在确认合同收入时予以结转或摊销计入营业成本；有些则在发生时作为期间费用，直接计入当期损益；而有些则直接形成了具体类别资产，如存货、固定资产及无形资产等。

(一) 合同履约成本

企业在履行合同的过程中会发生各种成本，企业在确认收入的同时，应当对这些成本进行分析，属于具体类别资产的，如存货、固定资产、无形资产等，确认为具体类别的资产；不属于具体类别资产且同时满足下列条件的，应当将其作为履约成本确认为一项资产：

(1) 该成本与一份当前或预期取得的合同直接相关；

(2) 该成本增加了企业未来用于履行或持续履行履约义务的资源；

(3) 该成本预期能够收回。

与合同直接相关的成本，包括直接人工、直接材料、制造费用或类似费用、明确由客户承担的成本以及仅因该合同而发生的其他成本。

预期取得的合同应当是企业能够明确识别的合同，如现有合同续约后的合同、尚未获得批准的特定合同等。

企业应设置"合同履约成本"账户，反映企业履约一段时间内履行履约义务所发生的成本，并根据履约义务的类型，分别设置"工程施工""服务成本"之类的明细账户，分别核算各不同履约义务的成本。

在确认履约义务所产生的收入时，按前述产出法或投入法结转合同履约成本，借记"营业成本"账户，贷记"合同履约成本"账户。

确认为资产的合同履约成本，应当根据"合同履约成本"账户的明细账户初始确认时摊销期限是否超过 1 年或一个正常营业周期，在"存货"或"其他非流动资产"项目中填列；已计提减值准备的，还应减去"合同履约成本减值准备"账户中相关的期末余额后的金额填列。

企业应当在下列支出发生时，将其计入当期损益：

(1) 管理费用，如合同前期的谈判、信用评估等费用；

(2) 非正常消耗的直接材料、直接人工和制造费用(或类似费用)，这些支出为履行合同发生，但未反映在合同价格中；

(3) 与履约义务中已履行部分相关的支出；

(4) 无法在尚未履行的与已履行的履约义务之间区分的相关支出。

(二) 合同取得成本

企业为取得合同发生的增量成本预期能够收回的，应当作为合同取得成本确认为一项资产，在发生时记入"合同取得成本"账户，待受益之时，将其结转为"生产成本"或"合同履约成本"账户中的"工程施工""劳务成本"等明细账户。

增量成本(incremental costs)，是指企业不取得合同就不会发生的成本(如销售佣金等)。

为履行合同购入的可以为多份合同或未来合同提供服务的固定资产、无形资产等，应当确认为固定资产或无形资产。

像前述例 11 为购入的不构成合同成本的存货，虽为履约而发生，但不计入合同成本，在购入时直接确认为存货(库存商品)。

企业为取得合同发生的、除预期能够收回的增量成本之外的其他支出(如无论是否取得合同均会发生的差旅费、投标费、为准备投标资料发生的相关费用等),应当在发生时计入当期损益,但是,明确由客户承担的除外。

为简化账务处理,合同取得成本,若其摊销期限不超过1年的,可以在发生时计入当期损益。企业采用该简化处理方法的,应当对所有类似合同一致采用。

确认为资产的合同取得成本,应当根据“合同取得成本”账户的明细账户初始确认时摊销期限是否超过1年或一个正常营业周期,在“其他流动资产”或“其他非流动资产”项目中填列;已计提减值准备的,还应减去“合同取得成本减值准备”账户中相关的期末余额后的金额填列。

【例12】 乙企业为参加一个重要展览会,对其展台布置进行招标。甲企业参加了竞标,共发生了下列支出:(1) 律师尽职调查费用20 000元;(2) 投标过程中发生的差旅费10 000元;(3) 投标及为准备投标资料发生的相关费用10 000元;(4) 关键人员的佣金50 000元,甲企业预期这些支出未来能够收回;(5) 如投标成功,根据该项合同的实际履行结果,为履行合同的部门预期支付项目奖金20 000元。

甲企业竞标成功,合同总收入300 000元,收到乙企业合同预付款100 000元,预计完成时间15天,在乙企业验收时确认控制权转移。

甲企业在搭建展台过程中,共发生人工费用40 000元,材料等费用30 000元,其他杂项费用10 000元。

在合同规定的期限内,甲企业完成了合同的要求,乙企业对展台进行了验收,并支付了合同尾款(包括9%的增值税税额)。

甲企业实际支付项目奖金16 000元。

对上述业务,甲企业的账务处理如下:

(1) 发生前期费用时:

借:合同取得成本	50 000	
管理费用	40 000	
贷:银行存款		90 000

(2) 收到乙企业的预付合同款时:

借:银行存款	100 000	
贷:合同负债		100 000

(3) 发生合同成本时:

借:合同履约成本——劳务成本	130 000	
贷:合同取得成本		50 000
应付职工薪酬		40 000
原材料		30 000
银行存款		10 000

(4) 确认合同收入时:

借:银行存款	227 000	
合同负债	100 000	

贷：营业收入　　300 000
　　应交税费——应交增值税(销项税额)　　27 000

(5) 结转合同成本时：

借：营业成本　　130 000
　贷：合同履约成本——劳务成本　　130 000

(6) 支付销售奖金时：

借：销售费用　　16 000
　贷：应付职工薪酬　　16 000

借：应付职工薪酬　　16 000
　贷：银行存款　　16 000

(三) 与合同有关资产的成本结转、摊销及减值

企业为履行合同而发生的合同成本，且确认为一项资产的(包括增量成本)，应当采用与该资产相关的商品收入确认相同的基础进行结转或摊销，计入当期营业成本。

与合同成本有关的资产，其账面价值高于下列两项的差额的，超出部分应当计提减值准备，并确认为资产减值损失：

(1) 企业因转让与该资产相关的商品预期能够取得的剩余对价；

(2) 为转让该相关商品估计将要发生的成本。

以前期间减值的因素之后发生变化，使得上述差额高于该资产账面价值的，应当转回原已计提的资产减值准备，并计入当期损益，但转回后的资产账面价值不应超过假定不计提减值准备情况下该资产在转回日的账面价值。

在确定与合同成本有关的资产的减值损失时，企业应当首先对按照其他相关企业会计准则确认的、与合同有关的其他资产确定减值损失；然后，按照前述规定确定与合同成本有关的资产的减值损失。

企业按照《企业会计准则第 8 号——资产减值》测试相关资产组的减值情况时，应当将按照前述规定确定与合同成本有关的资产减值后的新账面价值计入相关资产组的账面价值。

第四节　利得和损失

利得(gains)，也称溢余，是指某一主体除源自营业收入或业主投资得到的收款以外，源自边缘性或偶发性的交易，以及一切其他交易或事项所产生的净权益(净资产)的增加。而损失(loss)则是指某一主体除费用或分配给投资者利润以外，出于边缘性或偶发性的交易，以及出于一切其他交易或事项所产生的净权益(净资产)的减少。

将利得与损失同营业收入与费用区分开来，其主要目的是要尽可能有用地列示企业综合收益的来源，将它们做区分，基本上是一个列示问题。

一、利得的确认

由于利得和营业收入仅是分类的结果，因此，有关利得的确认与营业收入的确认大致相同。

确认利得的时间与确认营业收入的时间并无多大区别，也就是说，利得一般也是直到交易或事项发生时才确认，如出售某项不需使用的固定资产等。

基于谨慎原则的考虑，会计上并不确认持产利得，如物价上涨而引起的升值。之所以如此，一是因为此类价值的增加具有不确定性和短暂性；二是因为价值的增长并不会带来可用于分配的可变现资产，与收入实现的原则相悖。

但是，在某些特定的情况下，如某项持有资产的升值存在明显的可核性和可计量性，或者此项升值已经到了不可逆转的地步，也可以将该项升值确认为利得，如以公允价值计量且公允价值变动直接计入当期损益的交易性金融资产等。

由于财务会计的目标慢慢回归到重视资产负债表，因此，现行会计准则中将那些以交易为目的，且公允价值能够取得并能可靠计量的资产升值纳入到了利得概念，如交易性金融资产、以公允价值计量的投资性房地产或金融负债上的公允价值的增加或减少就直接计入了当期收益；而对以非交易为目的，且以公允价值为计价基础的资产的升值，虽然也将其视为利得，但由于不能作为本期的业绩考核，因此，会计准则将其归类为直接计入所有者权益的利得(计入其他综合收益)，如其他权益工具投资、其他债权投资以及现金流量套期工具上公允价值的升值等，在发生时确认为其他综合收益，在处置时再按规定结转至净利润或留存收益。

对以使用为目的而持有的资产，尽管公允价值发生了变动，也只有在最终处置时才将其作为利得处理，如固定资产的处置收益等。

二、损失的确认

同利得一样，损失的确认与费用的确认也大致相同。

作为偶发性或边缘性的损失，一般解释为与任何期间收入都无关的成本耗用或注销。例如，本来期望能销售出去而购入的商品，后来发现无法销售，这些商品的成本就可以当作该期的损失予以确认。

基于谨慎原则的考虑，某项资产在持有期间发生了减值，应当计提减值准备并确认资产减值损失。

在任何情况下，损失都不可以故意结转到以后各期。如果对损失的金额缺乏合理估计，则可以在资产最终处置时确认损失。

【例 13】 甲企业一项原价 1 000 000 元的专用设备，至 2019 年年末已计提折旧 600 000 元，并于 2020 年年初将其售出，收到价款 150 000 元。

2019 年年末，假定该项专用设备的可收回价值已减至 100 000 元，则甲企业在 2019 年年末应计提固定资产减值准备 300 000 元。

在这种情况下，假设不考虑相关税费，2020 年年初，甲企业出售该项专用设备时，应编制会计分录如下：

借：银行存款	150 000	
累计折旧	600 000	
固定资产减值准备	300 000	
贷：固定资产		1 000 000
资产处置收益		50 000

2019年年末,该项专用设备的减值数额不能合理估计,难以计提减值准备,则2019年年初甲企业出售该项专用设备时,应编制会计分录如下:

借:银行存款	150 000	
累计折旧	600 000	
资产处置收益	250 000	
贷:固定资产		1 000 000

为简化起见,上述会计处理,均未通过"固定资产清算"账户核算。

需要注意的是,因地震等自然灾害导致的损失,通常作为非常项目(营业外支出)单独列示。

可以看出,利得或损失有些计入了其他综合收益,有些计入了当期损益,其中,与日常活动有关的计入营业利润,与营业活动无关的则直接计入营业外收入或支出。

第五节　利润总额与税后利润的确定

一、利润的含义

诚如第一节所言,利润是企业在一定会计期间实现的用货币表现的经营成果。利润包括收入减去费用后的净额、直接计入当期利润的利得和损失等。作为一个会计要素,利润概念还包括它的反面,即亏损。如果企业在一定会计期间实现的各项收入不能抵补费用和支出等,即发生了亏损。

就利润的构成内容看,既有企业从各项生产、经营活动和投资活动所取得的净收入,还包括企业所处的自然、经济、法律等环境对企业经济资财产生的影响。利润一定伴有净资产的增加或负债的减少(亏损则相反)。不过,并非在经营期间内所有净资产的增加都是利润,企业所有者在经营期内的增资或减资及因分配给所有者利润而流出的资产,均与利润或亏损无关。形成企业利润总额的来源包括:(1)企业与其所有者以外的其他个体间的交易或其他转让;(2)企业的生产或劳务作业;(3)物价变动、偶发事件,以及企业与周围经济、法律、社会和物质环境交互作用的其他结果。

二、利润的分类

诚如前几节所述,收入与费用表述为日常活动中产生的经济利益的流入和流出,因此,利润按其与企业日常活动的关系,可分为日常利润、非日常利润以及非常损益等。

日常利润是由企业生产经营活动所产生或实现或期望实现的利润,它包括企业从事生产、销售、投资等活动所实现的利润。营业利润和投资所得均属日常利润。

非日常利润是与企业生产经营活动无关或虽与企业生产经营活动有关,但属于偶发性、边缘性事项所引起的盈亏。

如前所述,利得或损失有些计入当期损益,有些计入其他综合收益。其中,有些损益伴随着日常活动而发生,如资产处置收益、公允价值变动损益等;有些则属于非日常活动而发生,如自然灾害导致的非常损失等。前者属于日常活动的利得或损失,计入当期营业利润;

后者则属于非常利得或损失，应计入营业外收入或支出。

需要注意的是，前期损益调整项目以及会计政策变更的累积影响不属于本期利润总额，而是留存收益的调整项目，只是在编制比较利润表时才作为以前各期利润表项目的调整。

产生日常利润的经营活动，可由企业管理部门控制，而非日常利润则是不可控的。因而，将利润划分为日常利润和非日常利润对于衡量管理部门的经营管理效率颇有助益。尽管某些非经营活动可能受到管理效率的影响，但要选择一个标准加以衡量则十分困难。即使能勉强规定衡量标准，也无多大实效。

将企业利润分成日常利润和非日常利润会遇到一些困难，因为区分当期经营活动和非当期经营活动有时并不容易。例如，对于有些收支项目，国际上就有不同的处理方法，其原因之一就是对于日常活动和非日常活动的划分看法不一致。但是，总的来说，许多国家还是在计算利润总额（或会计净收益）之前，将当期经营过程中产生的利润（日常利润）和其他损益（非日常利润）分开列示。图 13 - 3 列示了企业综合收益的一般构成。

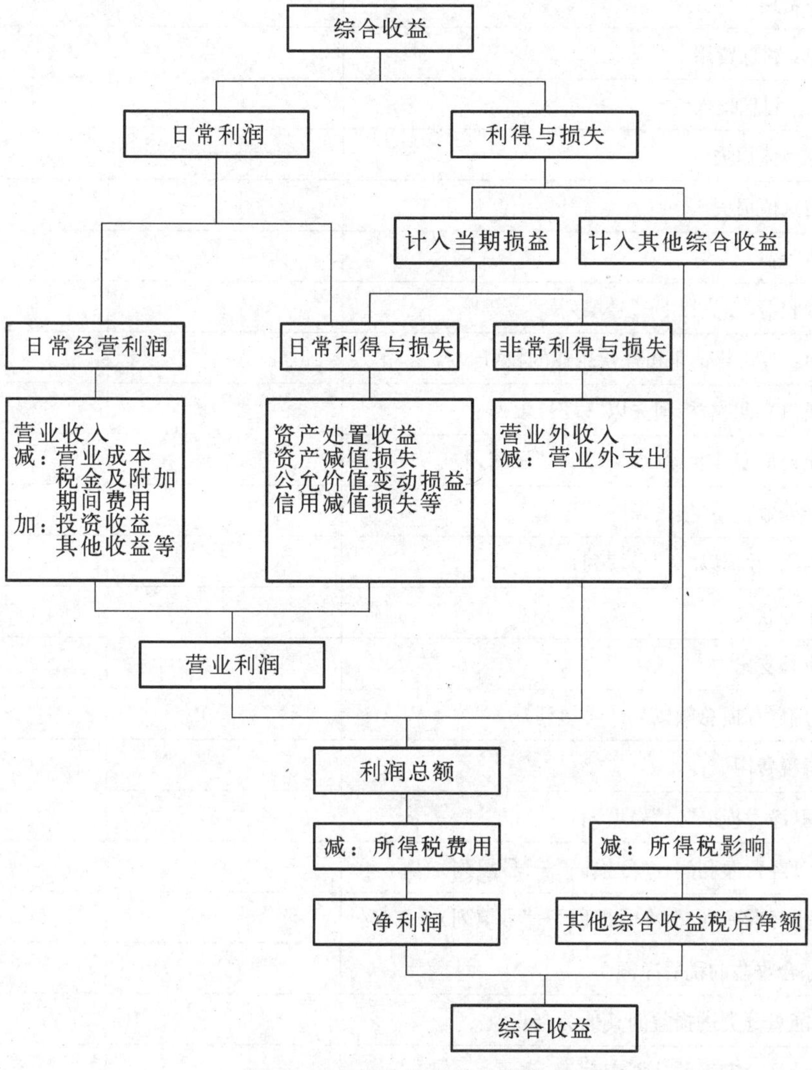

图 13 - 3　综合收益的一般构成

表13-6是一般企业利润表的参考格式。

表13-6 利润表

编制单位： 年 月 单位：元

项 目	本期金额	上期金额
一、营业收入		
减：营业成本		
税金及附加		
销售费用		
管理费用		
研发费用		
财务费用		
其中：利息费用		
利息收入		
资产减值损失		
信用减值损失		
加：其他收益		
投资收益(损失以"—"号填列)		
其中：对联营企业和合营企业的投资收益		
净敞口套期收益(损失以"—"号填列)		
公允价值变动收益(损失以"—"号填列)		
资产处置收益(损失以"—"号填列)		
二、营业利润(亏损以"—"号填列)		
加：营业外收入		
减：营业外支出		
三、利润总额(亏损总额以"—"号填列)		
减：所得税费用		
四、净利润(净亏损以"—"号填列)		
(一)持续经营净利润(净亏损以"—"号填列)		
(二)终止经营净利润(净亏损以"—"号填列)		
五、其他综合收益的税后净额		
(一)不能重分类进损益的其他综合收益		
1. 重新计量设定受益计划变动额		

续　表

项　目	本期金额	上期金额
2. 权益法下不能转损益的其他综合收益		
3. 其他权益工具投资公允价值变动		
4. 企业自身信用风险公允价值变动		
……		
（二）将重分类进损益的其他综合收益		
1. 权益法下可转损益的其他综合收益		
2. 其他债权投资公允价值变动		
3. 金融资产重分类计入其他综合收益的金额		
4. 其他债权投资信用减值准备		
5. 现金流量套期储备		
6. 外币财务报表折算差额		
……		
六、综合收益总额		
七、每股收益		
（一）基本每股收益		
（二）稀释每股收益		

三、利润总额和税后利润的计算

（一）营业利润

营业利润是企业利润的主要来源，是企业的营业收入减去为从事经营业务发生的成本、税金及附加、管理费用、销售费用、研发费用和财务费用以及资产减值损失和投资净损益后的净额。

企业可以根据业务在经营过程中的重要程度，将营业利润分为主营业务利润和其他业务利润。

主营业务利润是指企业经营活动中主营业务所产生的利润。企业的主营业务收入净额减去主营业务成本和主营业务应负担的流转税后的余额，通常称为毛利。

需要注意的是，上面所指的流转税包括诸如城市维护建设税、消费税之类的价内税及其附加，如教育费附加，但不包括增值税之类的价外税。

其他业务利润是指企业经营主营业务以外的其他业务活动所产生的利润。其他业务包括材料销售、代购代销、包装物及固定资产出租等。企业的其他业务收入减去其他业务支出后的差额，即为其他业务利润。其中，其他业务支出包括其他业务所发生的成本以及应由其他业务负担的流转税。

主营业务利润与其他业务利润之和再减去期间费用，再调整资产减值损失和投资净损益，即为营业利润。用公式表示如下：

营业利润＝主营业务利润＋其他业务利润－销售费用－管理费用－财务费用－资产减值损失＋公允价值变动收益＋投资收益

其中：

主营业务利润＝主营业务收入－主营业务成本－主营业务税金及附加

其他业务利润＝其他业务收入－其他业务成本

如果不区分经营业务的主次，则企业的营业利润可用公式表述如下：

营业利润＝营业收入－营业成本－税金及附加－销售费用－管理费用－研发费用－财务费用－资产减值损失＋公允价值变动收益＋投资收益

(二) 投资净收益

面对较为发达的证券市场，投资活动渐渐成为企业重要的经营活动之一。从投资活动中获得的收益或承担的亏损，虽不是企业通过自身的生产或劳务供应活动所得，却是企业利润总额的重要构成部分。

本书第六章曾经述及，根据企业投资目的，企业的对外投资可以分为交易性金融资产投资、债权投资、其他债券投资、其他权益工具投资以及长期股权投资等。投资的对象，除债券和股票外，还有企业在横向联营时所做的投资。房地产也是企业重要的投资对象。

对于以公允价值作为计价基础的交易性金融资产投资，其公允价值的变化涉及企业本身价值的变化，增值来源难以区分，现行会计准则将其全部作为公允价值变动损益予以单列，不计入投资收益，待相关资产处置时再从公允价值变动损益重分类为投资收益。

长期股权投资的后续计量有成本法和权益法两种会计处理方法，其相应的投资收益或亏损的确认方法也有所不同。在成本法下，各投资项目均以购取成本在账上反映，而以被投资方宣告分配的股利确认为投资收益。在权益法下，投资项目在账上应按占被投资方净权益的比例反映，所以，被投资方当年取得的税后利润(或亏损)应按照所持股份比例确认为投资收益(或投资损失)，而收到的股利则视为在被投资方中权益的减少。因此，成本法和权益法对投资收益的确认时间不尽相同，前者在宣告分配股利时，而后者则在会计期末。成本法与权益法的适用范围详见第六章的说明。

投资收益包括对外投资所分得的股利(成本法下)和收到的债券利息，以及投资到期收回或到期前转让债权所得款项高于账面价值的差额。如有溢折价，则应按一定的方法予以摊销并调整当期投资收益。投资活动也可能会遭受损失，如投资到期收回或到期前转让所得款项低于账面价值的差额，即为投资损失。将投资收益减除投资损失，即为投资净收益，用公式表示如下：

投资净收益＝投资收益－投资损失

企业可以只设置“投资收益”一个账户，将实际的投资收益记入该账户的贷方，将投资亏损记入该账户的借方，两者相抵即为投资净收益。投资净收益应在期末结转至“本年利润”账户。

诚如前述，投资净收益是企业正常利润的一部分，因此，公允价值变动损益以及投资收益均作为营业利润的项目处理。

(三) 营业外收支

作为营业外收支,必须同时具备两个特征:一是意外发生,企业无力加以控制;二是偶然发生,不重复出现。不同时具备这两个特征的项目,应当作为正常经营利润的组成部分。可见,营业外收入和支出与正常经营利润完全不同,但是它们对企业利润有影响,在利润表中应当作为企业取得最终财务成果的一个组成部分列示。

在企业的经营活动过程中,难免会遇到一些与企业经营无直接联系的经济业务或事项,如发生自然灾害、非常事项或其他客观因素造成的财产损失,以及其他各种意外收入和支出等。在计算企业利润总额时,把一些与经营活动无直接联系的收支与营业外收支区分开来,在财务报表上单独列示,目的是为了对企业经营成果进行合理的考核,同时加强各期利润信息的可比性和可预测性,向财务报表用户提供更多有用信息。从理论上讲,考核企业经营成果,其指标应是不包括营业外收支的利润额。对于营业外收支,应考虑的不是其数额,而是其合法性与合理性。

虽然可以给营业外收入和支出下一个定义,但实务上仍然很难清楚地划分究竟什么是与经营活动有直接联系的项目,什么是与经营活动无直接联系的项目,而且这种划分标准在各类企业因情况不同,相差悬殊。

企业的营业外收入主要包括非流动资产毁损报废利得、企业债务重组利得、与企业日常活动无关的政府补助、盘盈利得、捐赠利得等。

【例 14】 甲企业因自然灾害发生了重大损失,收到政府补助 300 万元。甲企业应编制会计分录如下:

借:银行存款	3 000 000	
贷:营业外收入		3 000 000

企业的营业外支出主要包括非流动资产毁损报废损失、债务重组损失、公益性捐赠支出、扣除保险公司或责任人赔偿后的非常损失、盘亏损失等。

企业应当设置“营业外收入”“营业外支出”账户,分别核算营业外收入和支出,反映营业外收入和支出的发生情况,并在利润表中分列项目反映。营业外收入和营业外支出还应当按照具体收入和支出设置明细项目,进行明细核算。

“营业外收入”和“营业外支出”账户的本期发生额,在期末应结转至“本年利润”账户。

(四) 所得税费用

对利润表中的“所得税费用”项目应当如何确认与计量,存在不同的观点。现举一简例对其进行说明。

【例 15】 甲企业 2019 年年初开始营业,税前利润为 1 000 万元,所得税税率为 25%。其中,2018 年年末购入一台专用设备 150 万元,估计使用 5 年,估计净残值为 15 万元,税法允许按年数总和法进行税前抵扣,但甲企业的会计核算采用了直线折旧法。

2020 年度,甲企业实现税前利润 2 000 万元,其他综合收益增加 100 万元。税前利润中,含投资国债的利息收入 20 万元。

1. 应付税款法

所谓“应付税款法”,即以应交所得税为基础确认所得税费用的方法。

2019 年度,甲企业的应税所得额为 982 万元,即税前利润调整税法与会计折旧的差额。甲企业购入的专用设备,会计上的折旧费用为每年 27 万元[(150－15)/5],但税法允许税前抵扣的折旧费用为45万元[(150－15)×5/15]，即如果会计上也按税法计提折旧，税前会计利润为982万元。

根据应付税款法，2019年度，甲企业的所得税费用应为245.50万元(982×25%)。甲企业应编制会计分录如下(单位：万元)：

借：所得税费用　　245.50

　贷：应交税费——应交所得税　　245.50

2020年度，甲企业的应纳税所得额为1 971万元，计算如下(单位：万元)：

税前会计利润	2 000
减：会计与税法的折旧差异[27－(150－15)×4/15]	9
不计入应纳税所得额的国债利息收入	20
应纳税所得额	1 971

根据上述计算结果，甲企业2020年度应交所得税额为492.75万元(1 971×25%)，应编制会计分录如下(单位：万元)：

借：所得税费用　　492.75

　贷：应交税费——应交所得税　　492.75

应付税款法计算简易，我国《小企业会计准则》要求采用应付税款法计算所得税费用。

但是，应付税款法在确认所得税费用时不考虑会计与税法差异的影响，会导致税率发生变动的假象发生，本例中，以所得税费用为基础计算，2019年的所得税税率为24.55%(245.55/1 000×100%)；同时，该方法不能兼顾非损益因素中所得税的影响(本例中的其他综合收益就未纳入所得税的计算)。

2. 利润表债务法

利润表债务法采用配比的概念，以企业的税前会计利润(调整永久性差异)乘以所得税税率确认所得税费用，所得税费用与应交所得税的差异调整为递延所得税。

根据利润表债务法，2019年度，甲企业的税前会计利润为1 000元，因为没有永久性差异，所得税税率为25%，则所得税费用应为250万元(1 000×25%)，其与应交所得税245.50万元的差额，应调整确认为递延所得税，会计分录为(单位：万元)：

借：所得税费用　　250.00

　贷：应交税费——应交所得税　　245.50

　　　递延所得税　　4.50

2020年度，甲企业调整永久性差异后的税前利润为1 980万元(2 000－20)，所得税税率为25%，则所得税费用应为495万元(2 980×25%)，其与应交所得税492.75万元的差额，应调整确认为递延所得税，会计分录为(单位：万元)：

借：所得税费用　　495.00

　贷：应交税费——应交所得税　　492.75

　　　递延所得税　　2.25

由于甲企业的其他综合收益不构成税前会计利润，其所得税的因素与所得税费用确认无涉，因此，需要另行编制会计分录如下(单位：万元)：

借：其他综合收益(100×25%)　　25

　贷：递延所得税　　25

可以看出，在利润表债务法下，要确认所得税费用，首先需要调整永久性差异。

永久性差异是指某一会计期间，由于会计准则和税法在计算收入、费用或损失时的口径不同，所产生的税前利润与应税利润之间的差异。这种差异在本期发生，不会在以后各期转回。

永久性差异有以下几种类型：

(1) 某些交易或事项，根据会计准则核算时作为利润，但在税法上不作为应税利润，不需要缴纳所得税。例如，我国税法规定，企业购买的国债利息收入不作为应税利润，不缴纳所得税；但根据会计准则的规定，企业购买国债产生的利息收入应计入投资收益。

(2) 某些交易或事项，根据会计准则核算时不作为利润，但在税法上作为应税利润，需要缴纳所得税。例如，企业建造固定资产领用本企业生产的产品，税法上规定应按该商品的售价与成本的差额计入应税利润；但根据会计准则的要求，只需按成本结转至在建工程即可。

(3) 某些交易或事项，根据会计准则核算时确认为费用或损失，但税法在计算应税利润时则不允许扣减。例如，各种赞助费，根据会计准则的规定，此类支出应记入利润表，减少会计利润，但在计算应税利润时，此类支出不得扣减。

(4) 某些交易或事项，根据会计准则核算时不确认为费用或损失，在计算应税利润时则允许扣减。例如，税法规定，企业开展研发活动中实际发生的研发费用，未形成无形资产计入当期损益的，在按规定据实扣除的基础上，按照本年度实际发生额的75%，从本年度应纳税所得额中扣除；形成无形资产的，按照无形资产成本的175%在税前摊销。

永久性差异在发生当期，仅使所得税费用和应交所得税同增同减，且其影响仅止于当期，不影响以后各期。当期的所得税费用和应纳所得税相同，不存在跨期分摊问题。

其次，在利润表债务法下，要确认所得税费用，还要另行考虑暂时性差异中的其他暂时性差异，即不涉及所得税费用确认的暂时性差异。如本例中的其他综合收益100万元，其所得税的影响直接借记“其他综合收益”账户，贷记“递延所得税”账户，不涉及“所得税费用”账户。

暂时性差异是指资产、负债的账面价值与其计税基础不同产生的差额。

暂时性差异按其性质不同，又分为时间性差异和其他暂时性差异。

(1) 时间性差异。时间性差异，是指由于税法与会计准则在确认收入、费用或损失时的时间不同而产生的税前会计利润与应纳税利润的差异。时间性差异发生于某一会计期间，但在以后一期或者若干期内能够转回。时间性差异主要有以下几种类型：

① 企业获得的某项收益，按照会计准则的规定，应当确认为当期收益，但按照税法的规定，需留待以后期间确认为应纳税利润，从而形成应纳税的时间性差异。例如，按照会计准则规定，对交易性金融资产，应在期末按照公允价值确认公允价值变动损益，并计入当期会计利润；但按照税法规定，这部分收益需要在企业实际处置该项交易性金融资产时才计入应税利润，从而产生应纳税时间性差异。需要注意的是，这里的应纳税时间性差异是指未来应增加应税利润的时间性差异。

② 企业发生的某项费用或损失，按照会计准则的规定，应当作为当期费用或损失，但按照税法的规定，需要留待以后期间从应纳税利润中扣减，从而形成可抵减的时间性差异。例如，产品保修费用，按照权责发生制的要求，可于产品销售的当期计提；但按照税法规定，这

些费用只能在实际发生时从应税利润中扣减,从而产生可抵减的时间性差异。需要注意的是,这里的可抵减时间性差异是指未来可以从应税利润中扣除的时间性差异。

③ 企业获得的某项收益,按照会计准则的规定,应当于以后期间确认收益,但按照税法的规定,需计入当期应纳税利润,从而形成可抵减时间性差异。例如,某些特定企业的预收账款,企业在收到款项时应作为预收账款处理;但按照税法规定,则需要缴纳所得税,从而产生可抵减的时间性差异。需要注意的是,这里的可抵减时间性差异是指未来可以从应税利润中扣除的时间性差异。

④ 企业发生的某项费用或损失,按照会计准则的规定,应当于以后期间确认为费用或损失,但按照税法的规定,可以从当期应纳税利润中扣减,从而形成应纳税时间性差异。例如,某些类型固定资产的折旧,按照税法规定可以采用加速折旧方法计提折旧;而出于财务会计目的却采用直线法,在固定资产使用初期,从应税所得中扣减的折旧金额会大于计入当期损益的折旧金额,从而产生应纳税时间性差异。需要注意的是,这里的应纳税时间性差异是指未来应增加应税利润的时间性差异。

(2) 其他暂时性差异。除上述时间性差异以外,还有其他因税法规定而使资产或负债的计税基础与账面价值不同而产生的暂时性差异。例如,企业接受一项捐赠的固定资产,在该项固定资产的使用期限内,其折旧费用在会计上是计入当期损益的,而税法规定此项折旧费用不得作为费用从收入中扣减。此外,因本期发生亏损而于将来期间可用税法利润弥补的事项也会产生暂时性差异,等等。

3. 资产负债表债务法

如前所述,所得税费用与税前利润之间并不存在一个完美的配比关系,并且利润表债务法下,递延所得税账户只是一个借贷之间的平衡账户,并不代表实际的资产或负债,因此,利润表债务法存在明显的缺陷,后来它被资产负债表债务法所取代。

资产负债表债务法是基于资产负债表中所列示的资产、负债账面价值和计税基础经济含义的基础上,分析按照会计准则列报的账面价值与税法规定的差异,并就有关差异确认相关所得税影响的会计方法。

因资产、负债的账面价值与其计税基础不同,产生了在未来收回资产价值或清偿负债的期间内,应纳税所得额增加或减少并导致未来期间应交所得税增加或减少的情况,形成企业的资产或负债,在有关暂时性差异发生的当期,符合确认条件的情况下,应当确认相关的递延所得税负债或递延所得税资产。

除因资产、负债账面价值与其计税基础不同产生的暂时性差异以外,按照税法规定可以结转以后年度的未弥补亏损和税款抵减,也视同可抵扣暂时性差异处理。

续用上例,2018 年年末,甲企业购入一台专用设备,入账价值为 150 万元,该固定资产的账面价值为 150 万元,将在未来通过折旧或出售收回其价值,计税基础也为 150 万元,即在未来可在税前抵扣的金额为 150 万元。2019 年,会计上采用直线法计提折旧,每年折旧为 27 万元(计算见前),账面价值为 123 万元(150－27);税法允许采用年数总数法计提折旧,即 2019 年可以税前抵扣的折旧为 45 万元(计算见前),未来可以予以税前抵扣的金额为 105 万元(150－45),资产的账面价值与计税基础之间存在着差异,产生了应纳税的暂时性差异 18 万元(123－105),应当确认 4.5 万元(18×25%)的递延所得税负债。

由于不同方法下应交所得税都是相同的,甲企业可以据此确认所得税费用 250 万元,可用会计分录表述如下(单位：万元)：

借：所得税费用 250.00

贷：应交税费——应交所得税 245.50

递延所得税负债 4.50

注意，分录中借方所得税费用的金额是通过资产负债表中相关项目的金额计算得出的。

2020年年末，该固定资产的账面价值为96万元，未来期间可以予以税前抵扣的金额为69万元(计算见前)，资产的账面价值与计税基础之间存在着差异，产生了应纳税的暂时性差异27万元(96－69)，应当确认6.75万元(18×25%)的递延所得税负债，由于该项固定资产的递延所得税负债的期初余额已有4.5万元，因此，本期只需确认递延所得税负债2.25万元。

同时，本年度，甲企业其他综合收益的账面价值增加100万元，但税法不认可公允价值的变动，资产的账面价值与计税之前存在着差异，产生了应纳税的暂时性差异100万元(100－0)，应当确认25万元(100×25%)的递延所得税负债，并减少其他综合收益25万元。

由于不同方法下应交所得税都是相同的，甲企业可以据此确认所得税费用的金额为495万元，可用会计分录表述如下(单位：万元)：

借：所得税费用 495.00

其他综合收益 25.00

贷：应交税费——应交所得税 492.75

递延所得税负债(2.25＋25) 27.25

同前面一样，分录中借方所得税费用的金额是通过资产负债表中相关项目的金额计算得出的。

资产负债表债务法下的递延所得税资产或负债符合资产或负债的定义。

在资产负债表债务法下，需要厘清如下概念：(1) 资产计税基础；(2) 负债计税基础；(3) 应纳税暂时性差异；(4) 可抵扣暂时性差异；(5) 未作为资产、负债确认的项目产生的暂时性差异；(6) 可抵扣亏损及税款抵减产生的暂时性差异。

兹分述之。

(1) 资产计税基础。

资产的计税基础，是指企业收回资产账面价值过程中，计算应纳税所得额时按照税法规定可以自应税经济利益中抵扣的金额，即某一项资产在未来期间计税时按照税法规定可以税前扣除的总金额。

资产在初始确认时，通常与税法一致，在后续计算中，因税法的目标与会计目标存在差异，从而两者采用了不同的摊销或减少的方法，或者由于存在减值等因素，导致资产的账面价值与计税基础产生差异。

下面说明一些常见的资产账面价值与计税基础的差异。

① 固定资产。固定资产可能因折旧方法、估计使用年限与税法规定不同而产生差异，也可能因为固定资产减值导致两者之间存在差异。

特别情况下，对有些简易固定资产，税法允许其在购置时一次性计入成本费用予以税前抵扣，但会计上为了核算的方便，仍然按固定资产核算并按期计提折旧，会导致计税基础为零。如财政部、国家税务总局2018年发布的财税字(2018)54号文件规定，企业在2018年

1月1日至2020年12月31日期间新购进的设备、器具(不包括房屋建筑物),单位价值不超过500万元的,允许一次性计入当期成本费用在计算应纳税所得额时扣除,不再分年度计算折旧。

【例16】 续用[例15]的资料,如果在2020年年末,该项固定资产的可收回金额为60万元,甲企业应当计提固定资产减值准备36万元(96−60),资产的账面价值为60万元,计税基础仍然为69万元,会产生可抵扣的暂时性差异9万元(69−60),应确认递延所得税资产2.25万元(9×25%)。假定2020年度甲企业的税前会计利润仍然为2 000万元,其他综合收益增加100万元,则甲企业应编制会计分录如下(单位:万元):

借:所得税费用	495.00	
递延所得税资产	2.25	
递延所得税负债	4.50	
其他综合收益	25.00	
贷:应交税费——应交所得税[(2 000−20+36−9)×25%]		501.75
递延所得税负债		25.00

分录中借方的递延所得税负债称为转回的应纳税暂时性差异,即该项固定资产的账面价值小于计税基础时,原确认的递延所得税负债应当予以转回。

2021年度,甲企业的会计折旧费用为15万元[(60−15)/3],账面价值为45万元(60−15),税法上可予抵扣的折旧费用为27万元,未来可予抵扣的金额为42万元(69−27),产生了应纳税暂时性差异3万元(45−42),应确认递延所得税负债0.75万元(3×25%),同时冲减2020年确认的递延所得税资产2.25万元。假定2021年度,甲企业实现税前会计利润2 000万元,除该项固定资产外,无其他纳税调整项目,甲企业应编制会计分录如下(单位:万元):

借:所得税费用	500.00	
贷:应交税费——应交所得税{[2 000−(27−15)]×25%}		497.00
递延所得税资产		2.25
递延所得税负债		0.75

② 无形资产。像固定资产一样,无形资产也会因为摊销方法、年限、减值等原因导致其账面价值与税法规定的计税基础产生差异。

例如,会计准则规定,对于使用寿命不确定的无形资产,可以不摊销(但需要进行减值测试);但税法规定,企业取得的无形资产的成本,不论是否存在有限寿命,都应当按规定的年限进行摊销,并予以税前抵扣。

③ 以公允价值计量的金融资产。以公允价值计量的金融资产,因公允价值上升或下降在会计上应予以确认,但税法只认可此类金融资产的初始成本,会导致资产的账面价值与计税基础产生差异。

④ 投资性房地产。投资性房地产可按成本模式计量,也可按公允价值模式计量。前者类似于固定资产,会因为折旧方法的不同或减值等导致资产的账面价值与计税基础产生差异;后者类似于以公允价值计量的金融资产,会因为税法不认可公允价值的变动而导致资产的账面价值与计税基础产生差异。

⑤ 计提坏账准备的应收款项、计提损失准备的存货以及其他计提减值准备的各项

资产。

(2) 负债的计税基础。

负债的计税基础，是指负债的账面价值减去未来期间计算应纳税所得额时按照税法规定可予抵扣的金额。

负债的确认与偿还一般不影响损益，如确认和偿还应付购货款等，因此，也不会影响其应纳税所得额，未来支付时也不能在税前抵扣，因此，未来期间计算应纳税所得额时按照税法规定可予抵扣的金额为零，即计税基础等于账面价值(负债的计税基础＝账面价值－0)；而有些负债的确认会影响损益，进而影响不同期间的应纳税所得额，使得其计税基础与账面价值产生差异。如企业确认的产品保质义务的负债，借记了销售费用，贷记了预计负债，这一确认的负债影响到当期损益，但因税法不认可预计负债的当期扣除，而在未来实际发生费用时才予以扣除，因此，预计负债的计税基础为零(负债的计税基础＝负债的账面价值－未来实际支付时可予抵扣的金额，通常假定实际支付等于预计负债)。

下面说明一些常见的负债账面价值与计税基础的差异。

① 预计负债。根据或有事项会计准则的规定，企业对或有事项所导致的不利影响，在存在现时义务、很可能导致经济利益流出且金额能够可靠地计量的情况下，应当确认预计负债。

② 应付职工薪酬。企业为获得职工提供的服务而给予职工的各种形式的报酬以及其他相关支出在会计上均作为企业的成本费用，在支付之前确认为负债，而税法规定应当在支付时作为税前扣除。除此之外，税法中对于合理的职工薪酬基本允许税前扣除，但税法中如果规定了税前扣除标准的，会计上仍然计入成本费用，但税法中对超过部分不允许税前扣除，也不允许转至以后期间进行税前扣除，因此，这部分差额对未来期间的计税不产生影响，所产生的应付职工薪酬负债的账面价值等于计税基础。

③ 预收账款。通常情况下，会计上确认的预收账款，税法上不计入纳税所得额，但有些特定的预收账款，税法上在取得预收款时计入当期应纳税所得额缴纳所得税。如《增值税暂行条例实施细则》(财政部、国家税务总局第 50 号令)第三十八条第四项规定，采取预收货款方式销售货物，为货物发出的当天，但生产销售生产工期超过 12 个月的大型机械设备、船舶、飞机等货物，为收到预收款或者书面合同约定的收款日期的当天，作为缴纳所得税的日期。这样，在会计上确认为收入的当期不再缴纳所得税。

④ 其他负债。其他负债，如企业应交的罚款和滞纳金，在尚未支付之前会计上确认为负债，但税法规定，罚款和滞纳金不允许税前扣除，即该种类型的负债无论是在确认为费用时还是在支付时均不能税前扣除，即该负债的账面价值等于计税基础。

(3) 应纳税暂时性差异。

应纳税暂时性差异，是指在确定未来收回资产价值或清偿负债期间的应纳税所得额时，将导致应税金额的暂时性差异，即在未来期间不考虑该事项影响的应纳税所得额的基础上，由于该暂时性差异的转回，会进一步增加转回期间的应纳税所得额和应交所得税金额，在其产生的当期确认为递延所得税负债，在转回期间，冲减递延所得税负债，确认应交所得税。

应纳税暂时性差异通常产生于以下两种情况：① 资产的账面价值大于其计税基础；② 负债的账面价值小于其计税基础。

实务中，资产的账面价值大于其计税基础的情况比较多见，而负债的账面价值小于其计税基础的情况比较少见,如以公允价值计量的金融负债的公允价值下跌等。

【例 17】 2019 年度,甲企业的税前会计利润为 1 000 万元,其中包括当期以 200 万元购入的、确认为交易性金融资产的股票投资,期末公允价值上升为 300 万元产生的公允价值变动损益 100 万元。2020 年度,甲企业的税前会计利润为 1 500 万元,其中包括前述交易性金融资产的出售损益(该交易性金融资产的出售价格为 350 万元)。甲企业的所得税税率为 25%,假定除交易性金融资产外,无其他纳税调整项目。

甲企业发生的所得税业务,2019 年度,交易性金融资产的计税基础为初始成本,即 200 万元,但账面价值为 300 万元,产生了应纳税暂时性差异,应确认递延所得税负债 25 万元(100×25%)。甲企业应编制会计分录如下(单位:万元):

借:所得税费用(1 000×25%)	250	
贷:应交税费——应交所得税[(1 000-100)×25%]		225
递延所得税负债		25

2020 年度,因该项交易性金融资产已经出售,账面价值与计税基础均为 0,因此,需要将 2019 年度确认的递延所得税负债予以转回,确认为应交所得税。甲企业应编制会计分录如下(单位:万元):

借:所得税费用	375	
递延所得税负债	25	
贷:应交税费——应交所得税		400

(4) 可抵扣暂时性差异。

可抵扣暂时性差异,是指在确定未来收回资产价值或清偿负债期间的应纳税所得额时,将导致产生可抵扣金额的暂时性差异。该差异在未来期间转回时会减少转回期间的应纳税所得额,减少未来期间的应交所得税。在可抵扣暂时性差异当期,符合确认条件时,应当确认为递延所得税资产,在转回期间,冲减递延所得税资产和应交所得税。

可抵扣暂时性差异通常产生于以下两种情况:① 资产的账面价值小于其计税基础;② 负债的账面价值大于其计税基础。

【例 18】 2019 年度,甲企业的税前会计利润为 1 000 万元,本期对成本为 500 万元的存货计提跌价准备 100 万元,预计产品保质义务负债(预计负债)为 150 万元。

2020 年度,甲企业的税前会计利润为 1 500 万元,其中,2019 年度计提跌价准备的存货本期全部对外售出,产品保质义务负债本期实际支付 80 万元。甲企业的所得税税率为 25%,已无纳税调整项目。

甲企业发生的所得税业务,2019 年度,存货计税基础为初始成本,即 500 万元,但因计提了跌价准备,存货的账面价值为 400 万元,产生了可抵扣暂时性差异 100 万元;预计负债的账面价值为 150 万元,但计税基础为 0,产生了可抵扣暂时性差异 150 万元。两项可抵扣暂时性差异应确认递延所得税资产 37.5 万元[(100+150)×25%],编制会计分录如下(单位:万元):

借:所得税费用(1 000×25%)	250.00	
递延所得税资产	37.50	
贷:应交税费——应交所得税[(1 000+100+150)×25%]		287.50

2020 年度,因不存在可抵扣暂时性差异,2019 年确认的递延所得税资产应当予以转回,

冲减当期的应交所得税，会计分录如下(单位：万元)：

借：所得税费用(1 500×25%)　　375.00

　贷：应交税费——应交所得税　　337.50

　　递延所得税资产　　37.50

(5) 未作为资产、负债确认的项目产生的暂时性差异。

实务中，某些交易或事项发生后，因不符合资产或负债的确认条件而未能确认为资产负债表上的资产或负债，但根据税法的规定能够确认其计税基础，即资产或负债的账面价值为0，但计税基础不为0，此类差异也构成暂时性差异，应确认递延所得税资产或负债。

【例19】 2019年度，甲企业的税前会计利润为1 000万元。本期发生了500万元的广告费用，按税法规定，本期可以税前抵扣的广告费用为400万元，超过部分可以在未来期间按不超过当期销售收入15%的比例进行税前扣除。甲企业的所得税税率为25%。

对于此项业务，超过计税基础的广告费用会计上仍然确认为当期销售费用，即账面价值为0，计税基础为100万元，应确认为递延所得税资产。甲企业应编制会计分录如下(单位：万元)：

借：所得税费用(1 000×25%)　　250

　　递延所得税资产(100×25%)　　25

　贷：应交税费——应交所得税[(1 000+100+150)×25%]　　275

(6) 可抵扣亏损及税款抵减产生的暂时性差异。

按税法规定可以结转至以后年度的未弥补亏损及税款抵减，虽不是由于资产、负债的账面价值与计税基础不同而产生，但与可抵扣暂时性差异具有同样的作用，均能减少未来期间的应纳税所得额，进而减少未来期间的应交所得税，如未来在可弥补期间通过实现的利润很可能弥补，企业应当将其确认为递延所得税资产，冲减所得税费用，即编制借记“递延所得税资产”账户，贷记“所得税费用”账户的会计分录。

例如，某年度，甲企业的税前会计利润为−1 000万元，预计未来经营情况会发生显著好转，该亏损可以以下一年度的税前利润弥补，所得税税率为25%，根据上述会计处理的要求，甲企业的税后净利润为亏损750万元(1 000−1 000×25%)。

企业发生的每一项递延所得税资产或负债，其转回的期限各不相同，因此，企业发生的递延所得税资产与递延所得税负债不得以净额列示，而应当分别列示为递延所得税资产和递延所得税负债。

需要注意的是，无论是递延所得税资产还是递延所得税负债，均不应考虑折现因素。

企业合并(包括合并财务报表)中涉及的所得税，可参见本系列教材《高级财务会计》相关章节的说明。

【例20】 甲企业采用资产负债表债务法核算所得税费用，所得税税率为25%。2020年度，甲企业实现税前会计利润2 000万元。

本期涉及所得税的业务有：

(1) 原购入的一项原价为500万元的固定资产，会计上按5年采用直线法折旧，税法规定可按4年采用直线法计提折旧并进行税前抵扣(假定均不考虑残值)。该项固定资产形成的递延所得税负债的年初余额为25万元。

(2) 本期坏账准备的余额为100万元(应收账款账面余额1 000万元)，年初坏账准备余额为 80 万元(应收账款账面余额 800 万元),应收账款递延所得税资产的年初余额为 20 万元。

(3) 交易性金融资产公允价值下降了 50 万元。该金融资产的原始成本为 200 万元,至上年年末,公允价值上升了 80 万元,形成的递延所得税负债的期初余额为 20 万元。

(4) 企业本期预收账款 120 万元,税法上认定其为应纳税所得,缴纳当期所得税。

(5) 年初预计产品保质义务 150 万元,递延所得税资产为 37.5 万元,本期实际发生产品保质义务 60 万元,期末预计产品保质义务(预计负债)余额为 120 万元。

(6) 本期购入 200 万元的其他债权投资,公允价值上升 60 万元,公允价值变动计入其他综合收益。

(7) 本期发生 100 万元的研究支出,按税法规定,可以加计 75%予以税前扣除。

对上述业务,首先应当计算甲企业的应纳税所得额。计算如下(单位: 万元):

税前会计利润	2 000
(1) 会计折旧(500/5)	+100
(2) 计提的坏账(100−20)	+20
(3) 公允价值下降	+50
(4) 预收账款增加	+100
(5) 预计负债减少(150−120)	−30
(6) 不影响	0
(7) 研究支出加计扣除(100×75%)	−75
应纳税所得额	2 165
所得税税率	×25%
应交所得税	541.25

计算本期应确认的递延所得税资产和递延所得税负债,计算过程如表 13-7 所示。

表 13-7　资产负债表债务法所得税费用的计算　单位: 万元

项目	账面价值	计税基础	递延所得税期末余额		递延所得税期初余额		本期应确认或转回的金额(转回用"—"号列示)	
			递延所得税资产	递延所得税负债	递延所得税资产	递延所得税负债	递延所得税资产	递延所得税负债
(1)	0	0	0			20		−20
(2)	900	1 000	25		20		5	
(3)	230	200		7.5		20		−12.5
(4)	120	0	30		30		30	
(5)	120	0	30		37.5		−7.5	
(6)	260	200		15		0		15
(7)	—	—	—	—	—	—	—	—

其中,项目(6)不涉及所得税费用,直接调整减少其他综合收益 15 万元。

根据上述计算结果,甲企业可编制会计分录如下(单位: 万元):

借：所得税费用　　481.25
　　其他综合收益　　15.00
　　递延所得税资产(5+30)　　35.00
　　递延所得税负债(20+12.5)　　32.50
　贷：应交税费——应交所得税　　541.25
　　　递延所得税负债　　15.00
　　　递延所得税资产　　7.50

分录中的所得税费用，是通过计算资产负债表中相关项目后，倒算出来的结果。

思考题

1. 确定利润量度有哪两种方法？你认为哪种方法较为合理？
2. 简述当期营业观、损益满计观、修正的损益满计观以及综合收益观的概念和优缺点。
3. 为什么说利润量度与资本保全概念有着密切的关系？存在哪几种资本保全概念？
4. 什么是收入？收入确认的标准是什么？
5. 简述收入确认的五个步骤。
6. 简述合同变更的会计处理流程。
7. 什么情况下合同应当合并？
8. 什么是明确区分的商品或服务承诺？单项履约义务是指什么？
9. 如何确定可变对价？
10. 确定单独售价的方法有哪些？
11. 什么情况下可以在某一时点确认收入？
12. 什么情况下应当在一段时间内确认收入？
13. 在一段时间内确认收入，确定履约进度的方法有哪些？应当优先使用哪一种？
14. 在按投入法确定履约进度时，如果已发生成本与履约进度不一致，应当如何处理？
15. 试阐明费用的含义，以及费用与成本、支出的关系。
16. 确认费用有什么原则？按照这一原则，应对费用如何分类？现行实务对费用又是如何分类的？
17. 什么是合同履约成本？合同履约成本应当如何确认？
18. 简述合同履约成本形成的资产(包括增量成本)的结转、摊销及减值会计处理的一般要求。
19. 何谓利得和损失？利得和损失应如何确认？
20. 如何对利润进行分类？分类的依据和原因何在？
21. 试述利润总额的构成。
22. 何谓应税利润和会计利润？为什么要做此区分？
23. 会计利润和应税利润的差异有哪些？如何引起的？对会计处理有何影响？
24. 简述资产负债表债务法的一般步骤。

阅读材料

1. 财政部：《企业会计准则第 14 号——收入》，2017 年。
2. 财政部：《企业会计准则第 30 号——财务报表列报》，2014 年。
3. 财政部：《企业会计准则第 18 号——所得税》，2006 年。

4. 国际会计准则理事会(IASB):《国际财务报告准则第 15 号——与客户合同的收入》(IFRS15: Revenue from contracts with customers),2014 年。

练习题

练习一

一、目的:练习现金制与权责发生制下利润的计算。

二、资料:甲企业收付实现制利润表的资料如表 13-8 所示。

表 13-8　　甲企业利润表(收付实现制)　　单位:元

	2019 年	2020 年
向客户收现	150 000	140 000
向债权人及员工付现等	(100 000)	(120 000)
现金制利润	50 000	20 000
其他资料:		
应收账款期初余额	20 000	60 000
应收账款期末余额	60 000	30 000
应付账款期初余额	19 000	3 000
应付账款期末余额	3 000	6 000

三、要求:计算甲企业 2019 年及 2020 年权责发生制下的利润。

练习二

一、目的:练习收入确认的会计处理。

二、资料:甲企业生产 A 商品。下面是该企业 5 年的会计资料,每只 A 商品的售价为 400 元(不考虑增值税):

(1) 2016 年,投产 1 000 只,当年投产的实际成本每只为 150 元,完工该产品估计每只还需投入成本 90 元。

(2) 2017 年,2016 年投产的产品本年全部完工。本年发生的实际成本为每只 100 元。

(3) 2018 年,赊销 400 只,收到客户现金 100 000 元。

(4) 2019 年,赊销 500 只,本年度收回现金如下:2018 年的销货 40 000 元,2019 年的销货 160 000 元。

(5) 2020 年,现销剩下的产品 100 只,并收回 2018 年及 2019 年赊销剩余款。

三、要求:根据下列收入确认的各种方法,列表计算甲企业每年应确认的利润:

(1) 在销售时点确认收入。

(2) 在履约过程中按成本法确认收入。

(3) 收取现金时确认收入。

练习三

一、目的:练习具有融资性质的收入确认的会计处理。

二、资料:2019 年 1 月 1 日,甲企业采用分期收款方式向乙企业销售一套大型设备,合同约定的销售价格为 5 000 万元,分 5 次于每年 12 月 31 日等额收取。该套大型设备的成本为 2 000 万元。该套大型设备目前的销售价格为 3 000 万元。假定甲企业发生销售时,有关增值税纳税义务已经发生,乙企业在购货时,一次性支付了增值税税款。增值税税率为 13%。

三、要求：

(1) 假定甲企业采用直线摊销法确认利息费用，为甲企业编制 2019～2023 年的相关会计分录。

(2) 假定甲企业采用实际利率法确认利息费用，为甲企业编制 2019～2023 年的相关会计分录。

练习四

一、目的：练习收入确认的会计处理。

二、资料：甲企业为增值税一般纳税人，适用的增值税税率为 13%，销售价格（市场价格）均不含增值税额。2019 年度，甲企业发生的部分交易或事项如下：

(1) 6 月 2 日，甲企业与乙企业签订产品销售合同，向乙企业销售一批 A 产品，合同约定，该批产品的销售价格为 600 万元，货款自货物运抵乙企业并通过验收后 6 个月内支付。6 月 20 日，甲企业将 A 产品运抵乙企业并通过验收，该批产品的实际成本为 560 万元，已计提跌价准备 40 万元。

至 12 月 31 日，甲企业应收乙企业货款尚未收回，经了解，乙企业因资金周转困难，无法支付甲企业到期的货款，根据乙企业年末的财务状况，甲企业预计上述应收乙企业货款的未来现金流量现值为 520 万元。

(2) 6 月 16 日，甲企业与丙企业签订产品销售合同，向丙企业销售 B 产品。合同约定，甲企业应于 11 月 30 日前提供 B 产品；该产品的销售价格为 1 000 万元，丙企业应于合同签订之日支付 600 万元，余款在 B 产品交付并验收合格时支付。当日，甲企业收到丙企业支付的 600 万元款项。

11 月 10 日，甲企业发出 B 产品并运抵丙企业，丙企业对该产品进行验收，发现某些配件缺失，当日，甲企业同意在销售价格上给予 1%的折让，并按照减让后的销售价格开具了增值税专用发票，丙企业支付了余款。

甲企业生产 B 产品的实际成本为 780 万元。

(3) 9 月 20 日，甲企业董事会通过决议，拟向每位员工发放本公司生产的 D 产品一件。甲企业共有员工 500 人，其中，车间生产工人 380 人，车间管理人员 80 人，公司管理人员 40 人。

9 月 26 日，甲企业向每位员工发放了 D 产品一件。D 产品单位成本为 3 200 元，单位销售价格为 4 600 元。

(4) 甲企业向丁企业销售 E 与 F 商品，合同约定，只有在 F 商品验收合格后，丁企业才向甲企业支付所有款项。10 月 18 日，甲企业向丁企业交付了 E 商品，商品售价为 100 万元，成本为 60 万元；11 月 18 日，甲企业向丁企业交付了 F 商品，商品售价为 200 万元，成本为 100 万元。丁企业验收合格后，将所有款项（包括增值税税额）汇解给了甲企业。甲企业对 E 与 F 商品在交付时确认收入。

三、要求：为甲企业编制上述业务的相关会计分录。

练习五

一、目的：练习收入确认的会计处理。

二、资料：甲建筑企业（以下简称甲企业）与乙企业签订一项总金额为 1 000 万元的固定造价合同，该合同不可撤销。甲企业负责工程的施工及全面管理，乙企业按照第三方工程监理公司确认的工程完工量，每年与甲企业结算一次；该工程已于 2019 年 2 月开工，预计 2022 年 6 月完工；预计可能发生的工程总成本为 500 万元。到 2020 年年末，由于材料价格上涨等因素，甲企业将预计工程总成本调整为 600 万元。2021 年年末，根据工程最新情况，将预计工程总成本调整为 700 万元。假定该建造工程整体构成单项履约义务，并属于在某一时段内履行的履约义务，甲企业采用成本法确定履约进度，不考虑其他相关因素。

该合同的其他有关资料如表 13－9 所示。

表 13－9　　甲企业建造合同相关资料　　单位：万元

项　目	2019 年	2020 年	2021 年	2022 年	2023 年
年末累计已发生成本	200	280	420	720	
预计尚需发生成本	300	320	280	—	

续 表

项　目	2019 年	2020 年	2021 年	2022 年	2023 年
本期结算合同价款	300	300	300	100	
本期实际收到合同价款	500	100	200	150	50

按照合同约定,工程质保金 50 万元需等到客户于 2023 年年末保证期结束且未发生重大质量问题,方能收款。上述价款均为不含税价款,假定不考虑相关税费的影响。

三、要求:

(1) 列表计算甲企业每年的履约进度与应确认的收入金额。

(2) 为甲企业编制相关会计分录。

练习六

一、目的:练习长期建造合同的会计处理及其报告。

二、资料:甲企业与乙企业签订了一项总金额为 5 800 000 元的固定造价合同,承建一艘船舶。工程已于 2019 年 2 月开工,预计 2021 年 8 月完工。最初,预计工程总成本为 5 500 000 元。2020 年年末,由于材料价格上涨等因素,甲企业调整了预计总成本,预计工程总成本调整为 6 000 000 元。甲企业于 2020 年 6 月提前 2 个月完成了造船合同,工程质量优良,客户同意支付奖励 200 000 元。建造该艘船舶的其他有关资料如表 13 - 10 所示。

表 13 - 10　　**甲企业建造合同相关资料**　　单位:元

	2019 年	2020 年	2021 年
到目前为止已发生的成本	1 540 000	4 800 000	5 950 000
完成合同尚需发生的成本	3 960 000	1 200 000	—
已结算合同价款	1 740 000	2 960 000	1 300 000
实际收到价款	1 700 000	2 900 000	1 400 000

三、要求:

(1) 为甲企业编制 2019～2021 年的相关会计分录。

(2) 2019～2021 年,甲企业应如何对该项工程进行信息披露?

练习七

一、目的:练习亏损合同下收入确认的会计处理。

二、资料:甲建筑企业(以下简称甲企业)与乙企业签订一项总金额为 1 000 万元的固定造价合同,该合同不可撤销。甲企业负责工程的施工及全面管理,乙企业按照第三方工程监理公司确认的工程完工量,每年与甲企业结算一次;该工程已于 2019 年 2 月开工,预计 2022 年 6 月完工;预计可能发生的工程总成本为 500 万元。到 2020 年年末,由于发生路基沉降,甲企业将预计工程总成本调整为 900 万元。2021 年年末,根据工程最新情况,将预计工程总成本调整为 1 100 万元。假定该建造工程整体构成单项履约义务,并属于在某一时段内履行的履约义务,甲企业采用成本法确定履约进度,不考虑其他相关因素。

该合同的其他有关资料如表 13 - 11 所示。

表 13-11 甲企业建造合同相关资料 单位：万元

项目	2019 年	2020 年	2021 年	2022 年	2023 年
年末累计已发生成本	200	600	990	1 150	
预计尚需发生成本	300	300	110	—	
本期结算合同价款	300	300	300	100	
本期实际收到合同价款	500	100	200	150	50

按照合同约定，工程质保金 50 万元需等到客户于 2023 年年末保证期结束且未发生重大质量问题，方能收款。上述价款均为不含税价款，假定不考虑相关税费的影响。

三、要求：

(1) 列表计算甲企业每年的履约进度与应确认的收入金额。

(2) 为甲企业编制相关会计分录。

练习八

一、目的：练习长期工程合同的会计处理及其报告。

二、资料：甲企业与乙企业签订了一份长期建造合同，合同造价为 975 000 元，该合同按工程进度付款。甲企业会计年度结束日为 12 月 31 日。该工程于 2019 年 7 月 1 日开工，预计 2021 年 7 月 1 日完工。2019～2021 年，甲企业相关汇总资料如下：

(1) 2019 年，发生工程建设成本 180 000 元，估计要完成该项工程还需成本 620 000 元。本年度按工程进度开单 250 000 元，并收到工程价款 250 000 元。

(2) 2020 年，发生工程建设成本 450 000 元，估计要完成该项工程还需增加成本 370 000 元。本年度按工程进度开单 385 000 元，并收到工程价款 385 000 元。

(3) 2021 年，本年度工程的实际成本为 300 000 元，因该项工程于本年度完工，因此，开单数为剩余工程款，并在当年收回该工程的全部余款。

三、要求：

(1) 该项合同按在某一时段内的履约义务的履约情况确认收入，为甲企业编制上述业务的相关会计分录(假定完成进度按当期实际发生成本占估计总成本的百分比计算)。

(2) 为甲企业编制 2019～2021 年资产负债表和利润表中的相关数据。

练习九

一、目的：练习售后回购业务的会计处理。

二、资料：甲企业为增值税一般纳税人，适用的增值税税率为 13%。2019 年 1 月 1 日，甲企业与乙企业签订协议，向乙企业销售一批商品，增值税专用发票上注明的销售价格为 1 000 000 元，增值税税额为 130 000 元。协议规定，甲企业应在 2023 年 1 月 1 日按约定的价格将该批商品购回，回购价格为 1 200 000 元(不含增值税)。商品已经发出，货款已经收到。

假定：

(1) 该批商品的实际成本为 800 000 元。

(2) 除增值税外不考虑其他相关税费。

(3) 利息费用的摊销采用直线法。

三、要求：

(1) 若约定的回购价格为 1 200 000 元(不含增值税)，为甲企业编制 2019～2023 年的相关会计分录。

(2) 若约定的回购价格为 800 000 元(不含增值税)，为甲企业编制 2019～2023 年的相关会计分录。

(3) 若回购是应乙企业的要求而履约的，回购价格为 1 200 000 元(不含增值税)，但回购时该商品的公开销售价格为 1 300 000 元，乙企业不存在让甲企业回购该商品的重大经济动因。为甲企业编制 2019～

2023年的相关会计分录。

练习十

一、目的：练习收入确认的会计处理。

二、资料：王先生与李先生合伙开办了王李律师事务所。2019年，该事务所与永生公司签订了一份提供法律咨询服务的合同，根据合同的规定，永生公司于2019年11月15日一揽子支付咨询服务费60 000元。假定王李律师事务所能合理地估计未来服务与其相关的直接成本。表13-12是他们估计的直接成本以及服务完成日的具体资料。

表13-12　估计的直接成本以及服务完成日的相关资料　单位：元

服务项目	估计直接成本	服务完成日
研究潜在的诉讼案件	5 000	2019年12月15日
备案文件	15 000	2020年3月1日
提供诉讼服务	15 000	2021年10月15日

三、要求：为该事务所编制确认合同收入的相关会计分录。

练习十一

一、目的：练习所得税费用的会计处理。

二、资料：2019～2021年，甲企业税前会计利润与应税利润的资料如表13-13所示。

表13-13　甲企业税前会计利润与应税利润的资料　单位：元

年份	税前会计利润	应税利润
2019	200 000	160 000
2020	240 000	210 000
2021	300 000	250 000

2019～2021年，甲企业税前利润中包括可免税的国债利息收入，分别为10 000元、15 000元和20 000元。此外，甲企业的成本中包括每年自创的非专有技术摊销成本20 000元，按税法规定，非专用技术摊销成本可以加计75%税前扣除。甲企业的所得税税率为25%。

三、要求：为甲企业编制2019～2021年有关所得税的会计分录。

练习十二

一、目的：练习所得税费用的会计处理。

二、资料：2016年12月31日，甲企业"递延所得税负债"账户的余额为25万元，累计时间性差异为100万元。其他资料如下：

(1) 甲企业2017～2021年由于时间性差异产生的在税前会计利润中扣除的费用金额与可在应纳税所得额前扣除的费用金额如表13-14所示。

表13-14　纳税影响调整项目及金额　单位：万元

项目	2017年	2018年	2019年	2020年	2021年
在税前会计利润中扣除的费用金额	1 040	1 020	1 030	1 015	1 035
可在应纳税所得额前扣除的费用金额	1 200	1 280	1 260	1 250	15

(2) 甲企业适用的所得税税率为 25%。

(3) 2017～2021 年,甲企业每年实现的税前会计利润均为 800 万元。

三、要求：为甲企业编制 2017～2021 年有关所得税费用的会计分录。

练习十三

一、目的：练习所得税费用的会计处理。

二、资料：甲企业适用的企业所得税税率为 25%,甲企业申报 2020 年度企业所得税时,涉及以下事项：

(1) 2020 年,甲企业应收账款年初余额为 3 000 万元,坏账准备年初余额为零;应收账款年末余额为 24 000 万元,坏账准备年末余额为 2 000 万元。税法规定,企业计提的各项资产减值损失在未发生实质性损失前不允许税前扣除。

(2) 2020 年 9 月 5 日,甲企业以 2 400 万元购入某公司股票,作为其他权益工具投资处理。至 12 月 31 日,该股票尚未出售,公允价值为 3 000 万元。税法规定,资产在持有期间公允价值的变动不计税,在处置时一并计算应计入应纳税所得额的金额。

(3) 甲企业于 2018 年购入的对乙企业股权投资的初始投资成本为 2 800 万元,采用成本法核算。2020 年 10 月 3 日,甲企业从乙企业分得现金股利 500 万元,计入投资收益。至 12 月 31 日,该项投资未发生减值。甲企业、乙企业均为设在我国境内的居民企业。税法规定,我国境内居民企业之间取得的股息、红利免税。

(4) 2020 年,甲企业将业务宣传活动外包给其他单位,当年发生业务宣传费 4 800 万元,至年末尚未支付。甲企业当年实现销售收入 30 000 万元。税法规定,企业发生的业务宣传费支出,不超过当年销售收入 15%的部分,准予税前扣除;超过部分,准予结转以后年度税前扣除。

(5) 其他相关资料如下：

① 2019 年 12 月 31 日,甲企业存在可于 3 年内税前弥补的亏损 2 600 万元,甲企业对这部分未弥补亏损已确认递延所得税资产 650 万元。

② 甲企业 2020 年实现利润总额 3 000 万元。

③ 除上述各项外,甲企业会计处理与税务处理不存在其他差异。

④ 甲企业预计未来期间能够产生足够的应纳税所得额用于抵扣可抵扣暂时性差异,预计未来期间适用所得税税率不会发生变化。

甲企业对上述交易或事项已按企业会计准则的规定进行处理。

三、要求：

(1) 确定甲企业 2020 年 12 月 31 日有关资产、负债的账面价值及计税基础,并计算相应的暂时性差异。

(2) 计算甲企业 2020 年应确认的递延所得税费用(或收益)。

(3) 编制甲企业 2020 年与所得税相关的会计分录。

第五篇

所 有 者 权 益

第十四章
投入资本

学习提要

在资产负债表上，资产表示企业拥有或控制的经济资源，与资产相对应的称为权益。权益表明，对企业资产有权利可以要求，有利益可以分享。资产总额和权益总额必然相等。权益按其性质可分为负债和所有者权益。所有者权益是“企业所有者权益”的简称。它有别于债权人权益，是企业所有者对企业净资产的要求权，也就是资产总额抵偿全部负债后的剩余资产的要求权，故又称为“净权益”或“净资产”。

所有者权益的构成与企业的组织形式有直接的关系。企业的组织形式主要有独资、合伙和公司三种，其中，股份有限公司是社会化大生产条件下最主要的企业组织形式，具有独资和合伙所不具备的优点。本章重点讲授股份有限公司条件下的所有者权益，而独资与合伙的相关内容则在“高级财务会计”课程中讲述。

企业的所有者权益可按形成来源与法定要求进行分类，这些分类要求构成企业所有者权益会计核算的基础。

本章主要讲述所有者权益中的投入资本、其他权益工具、其他综合收益和投入资本的变动。

投入资本按法定要求可分为股本（实收资本）和资本公积两部分。股本有普通股本和（权益工具性质的）优先股本两种，它们在公司经营、分配股利和财产清算等方面有着不同的权利。

股票可以按面值发行，也可以溢价发行，但不允许折价发行。股票可以单独发行，也可与其他有价证券一并发行，当股票与其他有价证券一并发行时，会涉及收入价款在不同证券中的分配问题。

可转换优先股本可按约定的要求转换成普通股。

企业的所有者权益还会因所有者投入资本及经营活动之外的原因而发生变动，即其他综合收益的影响。

股份有限公司自创立后，所有者权益会发生诸多变化。除留存收益会因为利润的实现或亏损的发生而变化外，投入资本也会发生变化，如股票回购、公司重组、接受捐赠、股份支付、债务重组等。

认股权是指在一定时期内，按规定价格向公司认购一定股数的权利，它是普通股的固有属性；认股权证是赋予其持有人按规定价格购买公司普通股票的权利的一种证券，它可以单独发行,也可以与其他有价证券一并发行;公司职员(特别是高级管理人员)可按一定的价格(通常低于市价),或不必支付价款,便可认购或取得一定股份,这称为员工认股计划,它分为补偿性的认股计划和非补偿性的认股计划两种。能够证明员工认股计划的凭证,称为购股权证。

以权益结算的股份支付是指企业为获取服务而以股份或其他权益工具作为对价进行结算的交易。

库存股是指公司已经发行,又因各种原因回到公司手中,但尚未注销的本公司股票。库存股有面值法与成本法两种处理方法。

除此之外,投入资本还会因为接受捐赠、资产评估等原因而发生增减变动。

通过本章学习,读者应掌握所有者权益的性质、分类,企业资本的筹集,发行价款在不同证券之间进行分配以及投入资本变动的会计处理。

第一节　所有者权益的性质和种类

一、企业组织形式与所有者权益

我国实行以生产资料公有制为基础的社会主义市场经济,同时允许和鼓励其他非公有制经济成分的企业存在和发展,形成了多种所有制并存的格局。按照所有制的形式,我国企业可分为国有企业、集体所有制企业、私有企业和混合所有制企业(如中外合资企业和股份制企业等)。但与所有者权益会计密切相关的是企业的组织形式,而不是所有制的性质。企业组织形式决定了企业所有者对企业所承担的义务、风险及应享有的权益,而这恰恰是所有者权益会计所要解决的主要问题。所有制的性质只回答企业为谁所有、其经济性质如何,但所有者究竟承担什么责任、享有何种权利,并不明确。因此,本章从企业组织形式角度论述所有者权益。

按照企业的组织形式,企业可分为独资、合伙和公司三种。

在独资企业中,所有者权益属于业主一人所独有。业主对企业债务负无限清偿责任,所以,所有者权益也称“业主权益”。在法律意义上,虽然独资企业拥有的财产和对外所负的债务,与业主个人另外所有的财产和所负的债务没有什么区别,但在会计上仍把独资企业视为一个独立的会计个体,单独予以处理。

合伙企业是由两人或两人以上订立合伙协议,共同出资经营、共负盈亏,并对合伙企业债务承担无限连带责任的营利性组织。尽管对合伙有着不同的理解,但一般认为合伙是一种以合同关系为基础的企业组织形式。在合伙企业中,所有者权益为合伙人共有,合伙人的出资额可以大小不等,利润按出资多少或协议规定分配。通常,除有限合伙外,普通合伙人对企业债务负无限连带责任而不受出资额的限制。所有者权益按合伙人分设账户,反映各合伙人的投资、提款及其权益(伙权)余额。

公司组织形式是社会化大生产的产物,是现代社会主要的、典型的组织形式。采用公司形式,可以筹集大量社会闲散资金,扩大生产经营规模,增强市场竞争能力。在公司组织中,所有者权益属于一定数目的股东,因此,也称“股东权益”。如果股东对公司承担的责任,仅以其出资额为限,公司对债权人承担的责任,以公司全部资产为限,那就是有限责任公司。反之,如果全体股东对公司债务负连带无限责任,公司对其责任负无限清偿责任,那就是无限责任公司。如果公司以发行股票的方式筹集可供长期经营用的资本,那就是股份公司。股东以其所持股份为限对公司承担责任,公司以其全部资产对公司的债务承担责任的,为股份有限公司。责任无限时为股份无限公司。既有有限责任股东,又有无限责任股东时,为股份两合公司。

1993 年 12 月 29 日,八届全国人大常委会通过了《中华人民共和国公司法》(以下简称《公司法》),指出我国的公司分为有限责任公司和股份有限公司两种形式。公司是以责任形式设立的,而不是以所有制或以行政隶属关系来建立的;公司包含多种经济成分,容纳多种来源的投资,不同的所有者都可以采用公司形式。

为适应建立现代企业制度的需要,结合我国实际情况而制定的《公司法》特别规定了国有独资公司。国有独资公司是指国家单独出资、由国务院或者地方人民政府授权本级人民政府国有资产监督管理机构履行出资人职责的有限责任公司。国有独资公司符合有限责任公司的一般特征:股东以其出资额为限对公司承担责任,公司以其全部法人财产对公司的债务承担责任。但同时,国有独资公司是一种特殊的有限责任公司,其特殊表现为该有限责任公司的股东只有一个——国家。

不同的企业组织形式,对资产和负债的会计处理并无重大影响,但涉及所有者权益方面的会计处理却大不一样。公司组织,尤其是股份有限公司,已是当今世界最广泛采用的企业组织形式,它具有独资企业和合伙企业所不具备的生命力和优点,在资本结构和筹资方式上更具灵活性。因此,本篇(含本章及下一章)主要选择公司组织,尤其是股份有限公司的股东权益,论述企业资本的筹集、利润的分配等涉及所有者权益的会计问题。

二、所有者权益的分类

企业的所有者权益可按不同的标志予以分类。在公司组织中,可以根据所有者权益的形成来源和投资主体进行分类。

所有者权益按形成来源分类,可分为投入资本、其他综合收益和留存收益。其中,投入资本为所有者初始投入资本和追加投入的资本以及其他法人或个人投入的不属于负债的资本;其他综合收益是源自所有者投入资本及交易产生的损益以外的财富变化,留存收益是企业从事经营活动实现的税后利润进行利润分配之后的留存部分。从会计上讲,这种分类的目的之一是让所有者和债权人知道,公司给所有者的款项是利润的分配还是投入资本的返还抑或是环境变化所致。根据相关法规的规定,只有当期税后利润和前期的未分配利润才可用于利润分配。企业的利润分配有限度,既是法律的约束,也反映了公司持续经营的愿望。这种分类的另一个目的在于让所有者用累积利润来判断管理层的称职程度。大多数公司的所有者并不直接参与公司的经营管理,他们将公司管理层视为投入资本的经管责任者,将累积利润与投入资本相比较即可评价管理层经营管理的成绩,反映管理层受托责任的履行情况。

所有者权益按来源分类,通常是基于法律上的规定。为了保障债权人利益(尤其在有限责任公司),通常规定,注册资本(或股本)非经申请核准,办妥减资手续,不得减少。

对所有者权益按来源分类后,通常还按用法要求对其做进一步分类,将投入资本进一步划分为股本(或实收资本)和资本公积(包括资本溢价和其他资本公积等),将留存收益进一步划分为盈余公积和未分配利润,将其他综合收益分类为可分类计入损益的其他综合收益以及不能分类为计入损益的其他综合收益。将投入资本划分为实收资本和资本公积,能解决不同时期投入资本的所有者的分配问题,否则,不同时期所有者投入资本及其分配就没有一个法律上的依据,而这正是公司制优于独资和合伙这两种企业组织形式的最主要原因。留存收益可分为盈余公积和未分配利润。盈余公积为已拨定用途的留存收益,是为维系企业的持续经营能力而设。未分配利润为未拨定用途的税后利润,仍可供以后各期分配利润之用。因此,所有者权益按其来源可分为股本(或实收资本)、资本公积、其他综合收益、盈余公积和未分配利润等。

按投资主体的性质不同,公司的股份可以分为国有股、发起人股、社会公众股。

会计上,主要采用第一种分类方法,即所有者权益按照形成来源分类。

图 14-1 列示了所有者权益的一般分类层级。

按来源分类　　按法定要求分类

- 所有者权益
  - 投入资本
    - 股本(实收资本)
    - 其他权益工具(优先股、永续债等)
    - 资本公积
  - 其他综合收益
    - 不能重分类进损益的其他综合收益
    - 将重分类进损益的其他综合收益
  - 留存收益
    - 盈余公积
    - 未分配利润

图 14-1　所有者权益分类的层级

第二节　普通股本与其他权益工具

一、普通股本

在公司组织中,无论是有限责任公司,还是股份有限公司,其投入资本均分为股本和资本公积。股份有限公司一经批准筹建,就应当确定公司股本总额以及股份总额,筹集资本,发行股票。公司的股本总额为股票面值与股份总额的乘积。在工商行政管理机关登记的股本总额,称为注册资本。注册资本不得随意变更,需要变更时,须另经申请核准。

股份有限公司是最具典型性的企业组织形式,本章所述,均以股份有限公司为基础。

股份有限公司的设立,可以采取发起设立或者募集设立的方式。所谓发起设立,是指由发起人认购公司应发行的全部股份而设立公司;募集设立,则是指由发起人认购公司应发行股份的一部分,其余股份向社会公开募集或者向特定对象募集而设立公司。为论述方便,本章所指的公司均指募集设立方式设立的股份有限公司。

核定的资本,按核定股份总额分成为数较多的较小单位,每单位称为1股。公司股份的持有人称为股东。公司发给股东的股份凭证称为股票。股票是公司签发的证明股东所持股份的凭证。在我国,股东持有的是表明其股份数额的凭证,在证券公司设有账号。核定股份总额中已由股东认股缴款并已在股东账号上加以记录的股份，称为已发行股份；尚未发行，但在公司认为必要时仍可继续发行的股份，称为未发行股份；已发行股份中经公司向外界收回，未办理注销手续，由公司持有的股份，称为库存股份或库存股；已发行股份减去库存股份后的余额，称为发行在外的股份。

公司股份按其票面是否记载名义价值，可分为有面值股票与无面值股票两种。前一种股票上载明每股的名义价值，后一种股票上不载明面值。对于无面值股票，可以为每股规定一个价值，称为设定价值；如不设定价值，则称纯粹无面值股票。我国《公司法》规定，公司发行的股票应当注明票面金额，股票发行价格可以按票面金额，也可以超过票面金额，但不得低于票面金额。

（一）普通股及其权利

公司股份按其持有者（即股东）所享有的权利，可分为普通股（common shares）和优先股（preference shares）两大类。普通股是不享受任何优先权利的股份，是股份公司的基本股份。在公司只发行一种股份时，所有股份均为普通股。

各国或地区法律对股东权利的内容一般不作列举式规定，我国《公司法》也不例外。我国《公司法》第 4 条仅规定，公司股东依法享有资产收益、参与重大决策和选择管理者等权利。择其要点，普通股股东主要有以下四项权利：

1. 参与管理权

公司组织以股东大会为最高权力机构，由普通股股东或股东代表组成。股东按其持股比例享有投票表决权，通常一股一权；并有被选举权，从而享有直接或间接参与并控制经营管理的权利。因此，取得控股权是取得控制经营管理权的手段。

2. 利润分享权

公司实现的税后利润经董事会决议并宣告分派股利时，普通股股东按其持股比例享有获得股利的权利。普通股可以分得的股利，并不预先确定，完全视经营有无利润以及利润多少等而定。

3. 优先认股权

公司因增加股本而需要增发普通股份时，为了使原来的每一普通股股东对公司净资产的权益比例保持不变，允许其享受按原来的持股比例优先认购新股份的权利。例如，公司原有股本 5 000 万元，经批准增加股本 500 万元，则持有面值为 50 万元的普通股份原股东，有权按占原股本 1%的比例，优先认购新增股本 500 万元的 1%，即 5 万元，使其持有的股本增至 55 万元，但增资后仍保持占股本总额 5 500 万元的 1%的原有权益比例不变。这样处理的目的是平衡原有股东以及新、老股东之间的利益关系。

4. 剩余财产分配权

所谓剩余财产，即公司终止营业，清算解散时全部资产在清偿了所有债务（包括优先股份）后的余额，按照规定，普通股股东有权按照其持股比例，参与剩余财产的分配。

（二）股份的发行

依照规定，经批准的核定股本总额可以在规定的期限内陆续筹集，也可以在公司成立时一次筹齐。公司可以采取发起设立或募集设立的方式，前者不向发起人之外的任何人筹集资本。募集设立方式包括定向募集和社会募集两种。采取定向募集方式设立，公司发行的股份除由发起人认购外，其余股份不向社会公众公开发行，但可以向其他法人发行股份，经批准也可以向本公司内部职工发行部分股份。采取社会募集方式设立,公司发行的股份除由发起人认购外,其余股份向社会公众公开发行。

股份的发行,实行公平、公正的原则,同种类的每一股份应当具有同等权利。

同次发行的同种类股票,每股的发行条件和价格应当相同;任何单位或者个人所认购的股份,每股应当支付相同价额。

1. 股票的认购

公司发行股票,从股东认购到实收股款、发行股票,往往要间隔一段时间。股东认购股票,只是一种承诺,尚未与公司发生财务关系。所以,股东认购股票,可以设账反映,也可以不做任何会计处理。如果认为有必要在账上反映从认购到实收股款的全过程,则可在几种处理方法中择一而行,这里介绍两种方法。

(1) 备忘账户法

备忘账户法是指专设一备忘账户,反映股东认购股票事项。备忘账户不是反映经济资财增减变动以及权益变化的账户,而仅仅是重大事项的一个记录,起一个备忘性质的作用。即在股东认购股票时,借记"应收认股款"账户,贷记"已认股本"账户。随着股款的陆续收到,直至最后收齐,随即借记"已认股本"账户,贷记"应收认股款"账户,也就是将认购时的备忘记录相互对冲。有些人不主张备忘账户法,因为股东认购,虽是缴纳股款、购取股票的允诺,但认购人缴款的责任远远不如应收账款付款人来得那样严肃。认股人原来意图投入企业的财物,可能中途改变主意,投向了别处。所以,作正式记录是不适宜的。

(2) 过渡账户法

这种方法下,也需要设置"应收认股款"和"已认股本"两个账户,但账户的性质与备忘账户已有所不同,它们属于正式账户体系,反映股票发行过程中,已认未缴股本这一过渡性情况。本章以下说明与举例,均采用过渡账户法。

在收到股款后,应注销"应收认股款"和"已认股本"账户,同时还应设置"股本""资本公积"账户,以反映已认股本股款的收缴情况。"股本"账户可按股东单位或姓名设置相应的明细账,或者按普通股和优先股设置明细账。会计部门还可设股本备查簿,详细记录股本总额、股数及每股面值等情况。

公司核定资本及每股面值,须在"股本"账户中作一备查记录。

需要注意的是,有限责任公司的注册资本,应当在"实收资本"账户中核算,超过注册资本的部分,应当在"资本公积——资本溢价"账户中核算。

【例1】 甲企业收到普通股3 000股认股书,每股面值1元,认购价格为10元,应编制会计分录如下:

借:应收认股款——普通股	30 000	
贷:已认股本		30 000

认股人缴清已认股款时:

借:银行存款	30 000	
贷:应收认股款——普通股		30 000
借:已认股本	30 000	
贷:股本——普通股		3 000
资本公积——股本溢价		27 000

倘若公司应收认股款可在短期内收齐，应收认股款可在资产负债表中列为流动资产，但需与一般应收款项分开列示。倘若应收认股款在短期内无望收齐，就不能将其列为流动资产，如果收齐的可能性较小，甚至缴纳无望时，则以“已认股本”账户冲抵“应收认股款”账户为宜。

2. 违约

认购人认股以后，有时未能缴清其所认股款，其原因可能是，认股人寻觅到了更为合适的投资场所，改变投资方向，如认购人将原来准备购买股票的资本投资于房地产；或者是认购人受到了意外变故的打击，如所办企业破产清算，要求以其私人财产抵偿企业的债务；或因认购人死亡，无力履行认购承诺；等等。按照规定，公司股份的认购人到期不能缴纳股金，视为自动放弃所认的股份。

认而不缴，如果使公司蒙受损失，认购人应负赔偿责任。我国《公司法》(2018 年修订)第 93 条规定，股份有限公司成立后，发起人未按照公司章程的规定缴足出资的，应当补缴；其他发起人承担连带责任。该违约责任除出资部分外，还包括未出资的利息。

公司对认购人违约事件的处理主要有以下三种办法：

一是将认股人在违约前已缴股款，折合股票发给原认股人，但违约费用须予扣除，未被购得的股票可继续对外发行。

二是将处理认股违约事件后的余额，退回给认股人，原认购的股票全部转给他人。

三是没收认股人违约前已缴纳的部分股款，但处理违约事件的费用由公司负担，原认购的股票仍可继续对外发行。

上述三种方法中，前两种做法较合情理，而后一种方法则过于严格，假使认购人先前已缴大量股款，仅仅因为意外变故无力继续缴纳股款，而将其已缴股款予以没收，显然不合情理。

【例 2】 张姓股东认购普通股 10 000 股，每股面值 1 元，应收认股款 10 000 元，他缴了 5 000 元股款后，余款在限期内违约未缴。于是将张姓股东认股的股票，以 9 600 元转给李姓股东。处理这一违约事件的费用为 200 元。现将张姓股东认股、缴纳部分股款、违约未缴足股款、处理违约费用以及股票转让等事项按上述三种处理办法列示相关会计分录，如表 14－1 所示。

表 14－1　　股票认购违约处理方法例示

经济事项	方法(一)	方法(二)	方法(三)
1. 认股时	借：应收认股款　10 000 　贷：已认股本　　10 000	同方法(一)	同方法(一)
2. 收到部分股款时	借：银行存款　5 000 　贷：应收认股款　5 000	同方法(一)	同方法(一)
3. 张姓股东违约时	借：已认股本　10 000 　贷：应收认股款　5 000 　　其他应付款　5 000	同方法(一)	借：已认股本　10 000 　贷：应收认股款　5 000 　　资本公积　5 000
4. 处理违约费用	借：其他应付款　200 　贷：银行存款　200	同方法(一)	借：资本公积　200 　贷：银行存款　200

续 表

经济事项	方法(一)	方法(二)	方法(三)
5. 将股票发给原认购人时	借：其他应付款 4 800 贷：股本——普通股 4 800	—	—
6. 将股票转给李姓股东时	—	借：银行存款 9 600 其他应付款 400 贷：股本——普通股 10 000	借：银行存款 9 600 资本公积 400 贷：股本——普通股 10 000
7. 将余款退回给原认购人时	—	借：其他应付款 4 400 贷：银行存款 4 400	—

在方法(一)中，公司尚余的5 000股原由张姓股东认购的股票，可继续对外发行。举例从略。

向社会募集资本的公司，如发行股票失败，公司不能成立，发起人对认股人所缴股款，负有返还股款及约定利息的连带责任。在发还股款时，应编制与收取股款相反的会计分录。同时要将发起人已缴纳的股款，转为"其他应付款"账户，会计分录如下：

借：股本——普通股 ×××
　　资本公积——股本溢价 ×××
　贷：其他应付款 ×××

支付给认股人的利息，应从发起人垫支的款项中扣除，所编制的会计分录为：

借：其他应付款 ×××
　贷：银行存款等 ×××

核销开办费等项目时，应编制的会计分录为：

借：其他应付款 ×××
　贷：长期待摊费用等 ×××

如发起人垫支的款项不足以支付利息、核销开办费等项目，需由发起人补足；如仍有剩余，应退还给发起人。进行上述会计处理后，公司筹建期的各账户应无余额。

3. 面值发行和溢价发行

公司在发行股票时，需要确定股票的发行价格。除公司本身未来盈利水平外，股票发行价格的高低还会受发行时资本市场供求关系的影响。有些公司的股票以其面值为发行价格，称为按面值发行；而另一些公司的股票以高于面值的价格发行，称为溢价发行；在有些国家，公司的股票还可以低于面值的价格发行，称为折价发行。我国《公司法》第127条规定，股票发行价格可以按票面金额，也可以超过票面金额，但不得低于票面金额。因此，我国不存在折价发行的股票。

上市公司每股市价低于1元的股票，俗称"妖股"，按相关规定，应做退市处理。

发行有面值股票时，无论发行价格与面值是否一致，记入"股本"账户的金额总是股票面值。现分述如下：

(1) 面值发行

【例3】 甲企业发行每股面值为1元的普通股票10 000 000股，每股面值为100元的

8%优先股票 100 000 股，均按面值发行，当即收到股款 20 000 000 元。甲企业的相关账务处理如下：

① 股东认缴股本时：

借：应收认股款　　20 000 000

　贷：已认股本　　20 000 000

② 收到认股款时：

借：银行存款　　20 000 000

　贷：应收认股款　　20 000 000

借：已认股本　　20 000 000

　贷：股本——普通股　　10 000 000

　　　其他权益工具——8%优先股　　10 000 000

(2) 溢价发行

当股票按高于面值的价格发行时，超过面值的部分称为“资本溢价”或“股本溢价”，应另外设置“资本公积”账户，反映股票发行的溢价收入。记入“股本”账户的仍然是股票的面值。

续【例 3】　假定普通股每股发行价格为 1.2 元，优先股每股发行价格为 110 元，共收到股东缴入的股款 23 000 000 元。为简化起见，甲企业应编制会计分录如下：

借：银行存款　　23 000 000

　贷：股本——普通股　　10 000 000

　　　资本公积——股本溢价　　3 000 000

　　　其他权益工具——8%优先股　　10 000 000

优先股股东的权益不包括公积，即不包括其中发行优先股的溢价收入，因此，优先股仅以面值列示，超面值发行的优先股，其溢价收入计入资本公积，表示均属普通股股东所拥有的权益。

(三) 股份发行费用的处理

需要注意的是，发行股票时会涉及相关费用。

采用发起式筹集资本，因股东是固定的，无须聘请证券商向社会广泛募集，一般情况下，其筹资费用很低，如果发生一些诸如股权证明、印刷费等少量费用，可以直接计入开办费或管理费用。而采用向社会发行股票的方式来募集资本，需要由企业发起人聘请证券商发行股票。我国规定，募集设立，发起人认购的股份不得少于公司发行股份总数的 35%，其他部分可向社会公众公开募集，因而发行的股票数量大、相关费用高，另外，从广大投资者认购到实际出缴股款，需要进行大量的工作。所以，支付给证券商的发行费用一般较高，在会计上应进行特别处理。采用溢价发行股票的，其应付证券商的费用可以从溢价收入中支付；采用面值发行股票的，其支付给证券商的费用列作长期待摊费用，并在开始营业的当月一次性计入损益；在经营过程中增发股票所发生的发行费用，应将其在发行溢价中扣减，不足扣减的，在发行费用发生当期直接计入当期损益(管理费用)。

(四) 两种以上证券合并发行

公司有时会用搭配方式发行股票，或者将优先股票与普通股组合发行，或者将公司债券与股票合并发行。这时可将联合发行证券所收入的款项，按公允合理的比例，分配到各种股票或债券，其方法与一次购入几种材料时的计价方法相仿。几种证券的合并发行，视情况不同，可有以下几种不同的处理方法：

(1) 各类证券均有公允市价时,可依公允市价比例分配。

【例 4】 甲企业面值为 1 元的普通股 10 000 股与面值为 100 元的公司债券 50 张一并发行,共收款 17 600 元。其中,债券为期 3 年,年率 4%(单利),一次还本付息。当时市场利率为 3.5%。在发行时,如普通股每股的市价为 1.2 元,每张债券的市价为 103 元。可按下述方法分配:

普通股市价(10 000×1.2)		12 000
公司债券市价(50×103)		5 150
		17 150
按市价分配的普通股股款:	(12 000÷17 150)×17 600=	12 315
按市价分配的公司债券款:	(5 150÷17 150)×17 600=	5 285
		17 600

根据上述分配结果,甲企业应编制会计分录如下:

借:银行存款　17 600
　贷:股本——普通股　10 000
　　资本公积——股本溢价　2 315
　　应付债券——债券面值　5 000
　　　　　——利息调整　285

(2) 合并发行的证券中,只有一种有公允市价,可按市价先确定该种证券的入账价值,将其从收入总额中扣除后的余额作为另一种证券的入账价值。

续【例 4】 假定发行的普通股目前尚不能上市流通,因而无市价可言,只有公司债券有市价,每张为 103 元。其分配方法如下:

合并发行收入总额	17 600
减:公司债券按市价计算(50×103)	5 150
普通股股款	12 450

根据上述分配结果,甲企业应编制会计分录如下:

借:银行存款　17 600
　贷:股本——普通股　10 000
　　资本公积——股本溢价　2 450
　　应付债券——债券面值　5 000
　　　　　——利息调整　150

(3) 合并发行的证券,如均无市价,则可先确定债券价值,其余额为股票的入账价值。

续【例 4】 假定股票和债券均未上市,则应先确定债券的价值。诚如本书"非流动负债"章节中所述,债券价值由债券到期时面值和利息部分的现值构成,可分别计算如下:

债券到期价值=5 000×(1+3×4%)=5 600(元)

$$\text{债券实际价值}=\frac{5\,600}{1+3\times3.5\%}\approx5\,068(\text{元})$$

据此,可得出普通股的股款约为 12 532 元(17 600-5 068),会计分录为:

借:银行存款　17 600
　贷:股本——普通股　10 000

资本公积——股本溢价　2 532
应付债券——债券面值　5 000
——利息调整　68

有时，按上述方法予以分配，可能出现分配给股票的部分低于股票面值的情形。由于我国规定禁止股票折价发行，股票均可按其面值入账，将差额冲减债券溢价或列作债券折价。

续【例 4】 如甲企业改为以 15 180 元发行这两种证券，其他条件不变，则会计分录应改为：

借：银行存款　15 180
　贷：股本——普通股　10 000
　　应付债券——债券面值　5 000
　　——利息调整　180

当普通股与优先股合并发行时，也可仿照上述方法。但如若均无市价，则可按各自的面值将收入总额分配到有关证券。

公司发行新股募足股款后，必须向公司登记机关办理变更登记，并公告。

二、其他权益工具

企业可以依照《公司法》，在一般规定的普通种类股份之外，发行其他种类股份，称为优先股。有时，企业还会发行一些具有权益工具的永续债券。按照金融负债和权益工具分类的原则分类，除普通股之外的权益工具，称为其他权益工具。

（一）金融负债与权益工具的划分

企业发行的金融工具，应当按照该金融工具的合同条款及其所反映的经济实质而非法律形式，结合金融负债和权益工具的定义，在初始确认时，将所发行的金融工具或其组成部分分类为金融负债或权益工具。

权益工具，是指能证明拥有某个企业在扣除所有负债后的资产中的剩余权益的合同。在同时满足下列条件的情况下，企业应当将发行的金融工具或其组成部分分类为权益工具：(1) 该金融工具应当不包括交付现金或其他金融资产给其他方，或在潜在不利条件下与其他方交换金融资产或金融负债的合同义务；(2) 将来须用或可用企业自身权益工具结算该金融工具。

具体而言，以下情况下，金融工具的发行方，应当将发行的金融工具分类为权益工具：

(1) 发行方无须以现金或其他金融资产回购自身的权益工具，即无条件地避免交付现金或其他金融资产来履行发行金融工具的合同义务。此类金融工具没有到期日且持有方没有回售权，或虽有固定期限但发行方有权无限期递延支付其本金的义务。

(2) 无强制付息。若为强制付息，企业应当将发行的金融工具分类为金融负债。

需要注意的是，在实务中，存在着股息支付的联动机制，即许多企业约定，如无普通股股利的支付，优先股股利或永续债券的利息也不应支付。此类联动机制不影响对强制付息的判断。

(3) 对于非衍生工具，如果发行方未来没有义务交付可变数量的自身权益工具进行结算，则该非衍生工具是权益工具；否则，该非衍生工具是金融负债。

例如，甲企业发行了一份面值 100 元的优先股，合同约定，2 年后，该优先股可以无条件转换成 10 份每股面值为 1 元的普通股。此时，甲企业将交付固定数量的自身权益工具，应当将发行的优先股分类为权益工具。

如果甲企业发行的优先股,合同约定 2 年后可以转换为 100 元等值的普通股,则在转换之时,因股票价格不确定,甲企业交付的普通股的数量也不是确定的,在这种情况下,交付的自身权益工具只是作为现金或其他金融资产的替代品。因此,甲企业发行的优先股,应当分类为金融负债。

(4) 对于衍生工具,如果发行方只能通过以固定数量的自身权益工具交换固定金额的现金或其他金融资产进行结算(即"固定换固定"),则该衍生工具是权益工具;如果发行方以固定数量自身权益工具交换可变金额现金或其他金融资产,或以可变数量自身权益工具交换固定金额现金或其他金融资产,或在转换价格不固定的情况下以可变数量自身权益工具交换可变金额现金或其他金融资产,则该衍生工具应当确认为金融负债。

例如,企业发行可转换优先股,约定在转换日以固定数量的优先股转换成固定数量的普通股,则发行的可转换优先股应当分类为权益工具;如果约定在转换日应当按照普通股的市价来确定可转换的股数,则发行的可转换优先股应当分类为金融负债。

需要注意的是,企业因配股、分配股票股利、并购等原因导致原有普通股的稀释或反稀释,从而影响未来行权的数量,即行权时的数量发生了变化,只要权益持有者的相对比例不变,仍然满足"固定换固定"的要求;如果改变了权益持有者的相对比例,如合同中有额外补偿的条款,则认为此金融工具不满足"固定换固定"的要求,企业应当将发行的可转换优先股分类为金融负债。

(二) 优先股

1. 优先股及其权利

优先股是指依照《公司法》,在一般规定的普通种类股份之外,另行规定的其他种类股份,其股份持有人优先于普通股股东分配公司利润和剩余财产,但参与公司决策管理等权利受到限制。

我国《公司法》和《证券法》都没有规定优先股,但《公司法》(2018 年修订)第 131 条规定"国务院可以对公司发行本法规定以外的其他种类股份,另外作出规定"。2013 年 11 月 30 日,国务院发布《国务院关于开展优先股试点的指导意见》。2014 年 3 月 21 日,中国证券监督管理委员会发布了《优先股试点管理办法》,为公司发行优先股提供了法律依据。

优先股的优先权是相对于普通股而言的。优先权是公司在筹集资本时,对股票认购人给以某些优惠条件的允诺。优先股股东的优先权利,最主要的是优先于普通股分得股利。这种享有某些优先权利的股份,就称为优先股。除了优先取得股利外,优先股还可给以其他优先权利,如分配剩余财产的优先权。大多数优先股具有下列一些特点:

(1) 在分得普通股股利之前,按约定的股利率或金额,优先分得股利。

(2) 在公司终止营业清算解散并清偿了企业全部债务后,先于普通股分得剩余财产。倘若剩余财产不能足额地偿还优先股本时,就按各优先股股东所持股权比例分配。

(3) 优先股股东通常不享有公司公积的权益,包括资本公积和盈余公积。优先股享有的公司净资产,以优先股份的面值为限,既无权享有资本公积部分,也无权分享从税后利润中提取的盈余公积。

(4) 优先股股东通常在股东大会上没有表决权。但按有关规定,如公司连续 3 年未支付优先股股利时,优先股股东即可出席或委托代理人出席股东大会并行使表决权,同时还可行使其他规定的权利。

优先股的发行已在前文说明，不再赘述。

2. 优先股的分类及相应的会计处理

根据允诺的优惠条件以及分派股利的优先程度，优先股可分成以下几种不同类别：

（1）累积优先股和非累积优先股

所谓累积优先股，即本期优先股未分派或分派不足规定的股利，应在下期或后期补派足额。在董事会宣告分派股利以前，积欠优先股股利不是公司的一项负债。但是，分派普通股股利要以付清积欠的优先股股利和当年的优先股股利为条件。由于积欠的优先股股利对股东投资决策有很大影响，因此，通常需要在财务报表的附注中予以披露。

非累积优先股股东不享受补派积欠股利的权利，即优先股股利按期分别计算，公司本期利润不足以分派优先股股利时，不予累积，以后不再补偿。

【例 5】 甲企业在 2019 年 1 月 1 日创建时有以下两类股份：8%累积优先股，每股面值 100 元，核定和发行在外 100 000 股，计 1 000 000 元；普通股，每股面值 1 元，核定和发行在外 10 000 000 股，计 10 000 000 元。假定甲企业在经营的前 3 年里，未赚取利润，也未宣告分派股利。直至 2022 年和 2023 年，因经营渐有起色，宣告发放各年的股利，分别为 350·000 元和 60 000 元。则优先股和普通股各年分得的股利如表 14－2 所示。

表 14－2　　累积优先股下优先股和普通股股利的计算　　单位：元

年　份	摘　　要	8%累积优先股	普 通 股	分派股利总额
2022	积欠股利	240 000①		240 000
	优先股当年股利	80 000②		80 000
	普通股股利	——	30 000③	3 000
		320 000	30 000	350 000
2023	优先股当年股利	60 000		60 000
	普通股股利	——	0	——
		60 000	0	60 000

注：① 24 000＝1 000 000×8%×3
② 80 000＝100 000×8%
③ 30 000＝350 000－(240 000＋80 000)

（2）参加优先股和非参加优先股

所谓参加优先股，即优先股除按规定先于普通股分得一定金额的股利外，还有与普通股共享剩余利润分配的权利。参加优先股又分为全部参加优先股和部分参加优先股两种。全部参加优先股的股东，在普通股东取得了与优先股股利率相等的股利以后，任何剩余利润的分配在优先股与普通股之间按相同的比例进行，也即优先股与普通股所分得的股利完全相同。而在部分参加优先股下，增派的股利则有一定的限度。所谓非参加优先股，即按规定先于普通股东分得一定金额的股利后，公司纵然尚有大量利润，也不得再参与分派。

（3）可转换优先股

优先股股东按照发行股份时的规定，在一定期限内，以一定的票面比例，可将优先股份换成一定数量的普通股。这种优先股称为可转换优先股。这类优先股在公司盈利不多时,有比普通股优先分得股利的权利。在公司盈利增多时,经过转换股票,可成为普通股股东而享有较高的股利率,并且有参与企业经营管理和决策的权利。这种股票在发行时对投资者具有较大的吸引力。

从以上论述来看,似乎向企业投资,认购优先股比普通股多得优惠,而全部参加优先股、可转换优先股更加有利于投资者。那么,非参加优先股为何会有人认购呢?普通股为何会受一部分股东的青睐呢?换个角度来说,从发行股票的公司来看,一样是筹集资本,为何要在普通股之外,允诺各种优先权利,增加责任,加重负担呢?实行市场经济,展开竞争,竞争越是充分,交易越是公平。得失同在,风险与利得共存。在正常条件下,不会只得不失,也不会只失不得。优惠条件要以一定的让步去换取,给了某种优惠,必然另有谋求,即所谓的"交易而退,各得其所"。普通股与优先股是发达市场经济条件下企业重要的融资形式,是从长期筹资实践中得出的办法,其存在的理由不能仅仅只从表面现象上去探究。

需要注意的是,对强制分红且固定股息的优先股,其本质是债务工具,应按债务工具进行会计处理,即在"应付债券"账户下设"优先股"明细科目进行核算;另外,根据企业实际经营情况支付利息或无条件递延利息支付的永续债,其本质是权益工具,应当纳入所有者权益核算。

(4) 可转换优先股的发行与转换

优先股转换为普通股,会计处理上要奉行两条原则:第一,这种股票的转换只能减少而不能增加留存收益,因为留存收益只能由经营盈利形成,不可能因为股东权益种类的改变而有所增加。把各部分可供分配股利之用的留存收益,转作普通股本,则是合乎规则的。第二,要将收回优先股的全部股本,如数转为换发的普通股股本。

【例 6】 面值为 100 元的 8%的优先股 2 000 股(发行价格 120 元),可换成面值为 1 元的普通股 150 000 股。在全部行使了转换权后,应编制会计分录如下:

借:其他权益工具——8%优先股	200 000	
贷:股本——普通股		150 000
资本公积——股本溢价		50 000

根据前面的原则,如果在转换时普通股面值超过了优先股的账面价值,则其轧差数应先冲减资本公积(股本溢价),资本公积不冲减时,冲减留存收益。

(三) 永续债

永续债券(perpetual bond),简称永续债,又称无期债券,是非金融企业(发行人)在银行间债券市场注册发行的"无固定期限、内含发行人赎回权"的债券。永续债的每个付息日,发行人可以自行选择将当期利息以及已经递延的所有利息,推迟至下一个付息日支付,且不受任何递延支付利息次数的限制。

2013 年 10 月,武汉地铁集团有限公司发行了我国证券市场上的第一只可续期债券,该债券采用浮动利率形式,以每 5 个计息年度为一个周期。期满前,发行人有权选择将本期债券期限延续 5 年,或选择到期全额兑付本期债券。

企业发行的永续债券,在发行时应当根据其经济实质而非债券这一形式,分类为金融负债或权益工具。具体需要同时考虑下列因素:

(1) 到期日。永续债合同明确规定无固定到期日且持有方在任何情况下均无权要求发行方赎回该永续债或清算,或者未规定固定到期日但仅约定未来赎回时间为发行方清算日时，则该永续债应分类为权益工具。

（2）清偿顺序。合同规定发行方清算时永续债劣后于发行方普通债券和其他债券的，则该永续债应分类为权益工具。

（3）利率跳升和间接义务。永续债合同规定没有固定到期日，同时规定了未来赎回时间、发行方有权自主决定未来是否赎回且如果发行方不赎回则永续债票息率上浮（利率跳升），如有最高票息限制（封顶）且封顶利息水平超过同期同类型工具平均的利率水平，构成了发行方的间接义务，则该永续债应分类为权益工具。

企业应当在“其他权益工具”账户下设置“永续债”明细账户，核算分类为权益工具的永续债券。永续债券的利息应当作为利润分配而不应作为利息费用处理。

【例7】 甲企业发行10亿元的永续债券，票面利率为4%，发行条款约定，企业可以自行选择将当期利息以及已经递延的所有利息推迟至下一个付息日支付，且不受任何递延支付利息次数的限制，企业可以不加限制地以固定数量的自身普通股提前赎回该债券。该债券还采用股息支付的联动机制，约定如不支付普通股的股息，也不支付永续债券的利息。

根据上述永续债券发行条款，可将该永续债券分类为权益工具。股息支付的联动机制不影响该金融工具的分类。甲企业的相关账务处理如下（单位：亿元）：

（1）发行永续债券时：

借：银行存款	10	
贷：其他权益工具——永续债券		10

（2）某一期应付永续债券利息时：

借：利润分配——永续债券利息（10×4%）	0.40	
贷：应付利息（银行存款）		0.40

（四）衍生工具

企业可能会发行认股权证、授予期权等衍生工具。企业发行的衍生工具，应当在发行时根据该衍生工具的本质而非形式，将其分类为金融负债或权益工具。

对于衍生工具，如果发行方只能通过以固定数量的自身权益工具交换固定金额的现金或其他金融资产进行结算（即“固定换固定”），则该衍生工具是权益工具。

【例8】 甲企业以10 000元向乙企业发行股票看涨期权，约定1年后，无论甲企业的股票价格为多少，乙企业都可以每股80元购入甲企业的股票100 000股。

在行权时，甲企业的股票市价为每股83元。

甲企业的相关会计处理如下：

（1）发行看涨期权时：

借：银行存款	10 000	
贷：其他权益工具——衍生工具		10 000

（2）在乙企业行权时：

借：银行存款（100 000×80）	8 000 000	
其他权益工具——衍生工具	10 000	
贷：股本——普通股		100 000
资本公积——股本溢价		7 910 000

本例中，如果合同约定，在行权日，甲、乙企业以净额结算方式支付100 000股普通股在

行权日的公允价值,则该看涨期权应分类为金融负债,并以公允价值计量。甲企业的相关会计处理如下:

(1) 发行看涨期权时:

借:银行存款　　10 000

　贷:交易性金融负债　　10 000

(2) 调整乙企业行权时该衍生工具的公允价值:

借:公允价值变动损益[100 000×(83−80)]　　30 000

　贷:交易性金融负债　　30 000

(3) 在乙企业行权时:

借:交易性金融负债(30 000−10 000)　　20 000

　贷:银行存款　　20 000

第三节　资本公积和其他综合收益

一、资本公积

资本公积(capital reserves)是企业收到投资者的超出其企业注册资本(或股本)中所占份额的投资,以及直接计入所有者权益的利得和损失等。资本公积包括资本溢价(或股本溢价)和其他资本公积。

(一) 资本溢价与股本溢价

1. 资本溢价

投资者经营的企业(不含股份有限公司),投资者依其出资份额对企业经营决策享有表决权,依其所认缴的出资额对企业承担有限责任。为反映企业的投资者对企业享有的权利与承担的义务,企业应设置"实收资本"账户核算企业的投资者按照公司章程所规定的出资比例实际缴付的出资额。在企业创立时,出资者认缴的出资额全部记入"实收资本"账户。

随着企业经营活动的开展,除投入资本外,企业的所有者权益开始包括留存收益。在企业重组并有新的投资者加入时,为了维护原有投资者的权益,新的投资者要付出大于原有投资者的出资额,才能取得与原投资者相同的投资比例。新投资者投入的资本中,按其出资比例计算的出资额部分,应记入"实收资本"账户;大于约定比例出资额的部分,应记入"资本公积——资本溢价"账户。

2. 股本溢价

诚如前述,股份有限公司是以发行股票的方式募集股本的,股票是企业签发的证明股东按其所持股份享有权利和承担义务的凭证。由于股东是按其所持企业股份享有权利和承担义务的,为了反映各股东所持股份占企业全部股本的比例,企业的股本总额应按股票的面值与股份总数的乘积计算。《公司法》规定,实收股本总额应与注册资本相等。因此,为提供企业股本总额及其构成和注册资本等信息,在采用与股票面值相同的价格发行股票的情况下,企业发行股票取得的收入,应全部记入"股本"账户;在采用溢价发行股票的情况下,企业发行股票取得的收入,相当于股票面值的部分记入"股本"账户,超出股票面值的溢价收入记入

"资本公积——股本溢价"账户。

委托证券代理发行股票而支付的手续费、佣金等，应从溢价发行收入中扣除，企业应按扣除手续费、佣金后的数额，记入"资本公积——股本溢价"账户；溢价收入不足扣除的手续费、佣金等费用，直接计入当期损益。

(二) 其他资本公积

其他资本公积，是指除资本溢价(或股本溢价)项目以外所形成的资本公积。

其他资本公积主要由以下交易或事项引起：(1) 以权益结算的股份支付；(2) 采用权益法核算的长期股权投资；(3) 国务院财政部门规定列入资本公积金的其他收入。兹分述如下：

1. 以权益结算的股份支付

股份支付，是指企业为获取职工和其他方提供服务而授予权益工具或者承担以权益工具为基础确定的负债的交易。

股份支付分为以权益结算的股份支付和以现金结算的股份支付。其中，以现金结算的股份支付详见非流动负债章节的说明。

以权益结算的股份支付，是指企业为获取服务以股份或其他权益工具作为对价进行结算的交易。

企业以权益结算的股份支付换取职工或其他方提供服务，企业应当按照确定的金额，借记"管理费用"等账户，贷记"资本公积——其他资本公积"账户(如授予日即可行权，应直接贷记"资本溢价"或"股本溢价"明细科目)。在行权日，应当按实际行权的权益工具数量计算确定的金额，借记"资本公积——其他资本公积"账户；按计入实收资本或股本的金额，贷记"实收资本"或"股本"账户；借贷双方的差额，贷记"资本公积——资本溢价"或"资本公积——股本溢价"账户。

以权益结算的股份支付的会计处理，详见第五节的说明。

2. 采用权益法核算的长期股权投资

长期股权投资采用权益法进行后续计量的，在持股比例不变的情况下，被投资方除净损益及其他综合收益以外的所有者权益的其他变动，投资企业应按持股比例计算应享有的份额，如果是利得，应当增加长期股权投资的账面价值，同时增加资本公积(其他资本公积)；如果是损失，应当同时减少长期股权投资和资本公积(其他资本公积)的账面价值。

对控制的子公司，当投资企业因减少对被投资方的持股比例，但能够对被投资方的财务和经营政策产生重大影响时，应当将长期股权投资核算的成本法变更为权益法。在变更时，对于原取得投资后至新取得投资的交易日之间被投资方可辨认净资产公允价值的变动相对于原持股比例的部分，调整长期股权投资的账面价值，其中，属于在此期间被投资方实现的净损益中应享有份额的，应当调整留存收益；属于其他综合收益变动的，应当按其份额调整其他综合收益，除损益和其他综合收益之外的原因导致的被投资方可辨认净资产公允价值变动中应享有的份额，应当调整资本公积，记入"资本公积——其他资本公积"账户。

【例 9】 2019 年 1 月 1 日，甲企业支付银行存款 100 万元取得了乙企业 100%的股权，并采用成本法核算。取得股权时，乙企业可辨认净资产的公允价值与账面价值均为 100 万元。

2019 年度，乙企业实现净收益 500 万元，宣告并分配现金股利 100 万元，其他资本公积增加 20 万元，其他综合收益增加 30 万元。

2020年1月1日,甲企业出售所持有乙企业的60%的股权,收到价款300万元。减持股权后,甲企业能够对乙企业的财务和经营政策产生重大影响,对持有的长期股权投资改为权益法核算。

甲企业应进行账务处理如下(单位:万元):

(1) 2019年1月1日,确认对乙企业的长期股权投资时:

借:长期股权投资　100

　贷:银行存款　100

(2) 按成本法确认2019年的投资收益时:

借:银行存款　100

　贷:投资收益　100

(3) 确认出售60%股权的投资收益时:

借:银行存款　300

　贷:长期股权投资(100×60%)　60

　　投资收益　240

(4) 将成本法追溯调整为权益法时:

借:长期股权投资　180

　贷:盈余公积[(500−100)×40%×10%]　16

　　利润分配——未分配利润[(500−100)×40%×90%]　144

　　资本公积——其他资本公积(20×40%)　8

　　其他综合收益(30×40%)　12

在处置持有的长期股权投资时,应当将原计入其他资本公积相关金额(按比例)结转至投资收益。

3. 国务院财政部门规定列入资本公积金的其他收入

《公司法》(2018年修订)第167条规定,股份有限公司以超过股票票面金额的发行价格发行股份所得的溢价款以及国务院财政部门规定列入资本公积金的其他收入,应当列为公司资本公积金。

(三) 资本公积转增资本

《公司法》(2018年修订)第168条规定,公司的公积金用于弥补公司的亏损、扩大公司生产经营或者转为增加公司资本。但是,资本公积金不得用于弥补公司的亏损。

法定公积金转为资本时,所留存的该项公积金不得少于转增前公司注册资本的25%。

经股东大会或类似机构决议,用资本公积转增资本时,应冲减资本公积,同时按照转增前的实收资本(或股本)的结构比例,将转增的金额贷记"实收资本"或"股本"账户。

二、其他综合收益

(一) 其他综合收益的概念及其分类

其他综合收益(other comprehensive income, OCI),是指企业根据会计准则规定未在当期损益中确认的各项利得和损失。它主要源自所有者投入资本与企业经营活动之外的其他权益变动,与持有权益工具的公允价值变动等。

其他综合收益可分为以后会计期间不能重分类进损益的其他综合收益和以后会计期间

满足规定条件时将重分类进损益的其他综合收益。

(二) 不能重分类进损益的其他综合收益

不能重分类进损益的其他综合收益主要包括：(1) 重新计量设定受益计划变动额；(2) 权益法下不能转损益的其他综合收益；(3) 其他权益工具投资公允价值变动；(4) 企业自身信用风险公允价值变动等。

上述(2)、(3)和(4)的具体内容已在本教材其他章节予以说明，重新计量设定受益计划净负债或净资产导致的变动将在本系列教材《高级财务会计》中予以说明。

(三) 将重分类进损益的其他综合收益

将重分类进损益的其他综合收益主要包括：(1) 权益法下可转损益的其他综合收益；(2) 其他债权投资公允价值变动；(3) 金融资产重分类计入其他综合收益的金额；(4) 其他债权投资信用减值准备；(5) 现金流量套期储备；(6) 外币财务报表折算差额；(7) 存货或自用房地产转换为公允价值计量的投资性房地产公允价值大于账面价值金额等。

上述(1)～(4)的具体内容已在本教材其他章节进行了说明，现金流量套期储备以及外币财务报表折算差异将在本系列教材《高级财务会计》中予以说明。

企业将作为存货的房地产或自用的建筑物转换为采用公允价值模式计量的投资性房地产时，应当按该项房地产或建筑物在转换日的公允价值，借记“投资性房地产——成本”账户；原已计提跌价准备和折旧的，借记“存货跌价准备”或“固定资产减值准备”“累计折旧”账户；按其账面余额，贷记“开发产品”或“固定资产”账户。同时，转换日公允价值大于账面价值的差额，贷记“其他综合收益”账户；公允价值小于账面价值的差额，借记“公允价值变动损益”账户。

待该项投资性房地产处置时，因转换计入资本公积的部分应当转入当期的其他业务收入，借记“其他综合收益”账户，贷记“营业收入(其他业务收入)”账户。

【例 10】 甲企业是一家房地产开发企业，2019 年 1 月 4 日，与乙企业签订了租赁协议，将其开发的一幢办公楼出租给乙企业。租赁开始日，该办公楼的账面价值为 5 000 万元，公允价值为 6 000 万元。2019 年 12 月 31 日，该办公楼的公允价值为 6 200 万元。

对此项业务，甲企业的账务处理如下(单位：万元)：

(1) 租赁开始日：

借：投资性房地产——成本	6 000	
贷：开发产品		5 000
其他综合收益		1 000

如果甲企业出租的是一幢自用的办公楼，固定资产原值为 5 500 万元，已提折旧 500 万元，则会计分录为：

借：投资性房地产——成本	6 000	
累计折旧	500	
贷：固定资产		5 500
其他综合收益		1 000

(2) 2019 年 12 月 31 日：

借：投资性房地产——公允价值变动	200	
贷：公允价值变动损益		200

(3) 假定甲企业在 2020 年 3 月 31 日将该幢办公楼对外出售,售价为 7 000 万元,增值税税率为 9%。

借:银行存款	7 630	
公允价值变动损益	200	
其他综合收益	1 000	
营业成本	5 000	
贷:投资性房地产——成本		6 000
——公允价值变动		200
营业收入		7 000
应交税费——应交增值税(销项税额)		630

第四节 投入资本的变动

一、认股权和认股权证

公司组织形式的企业除了发行股票和债券外,出于种种考虑,还会授予股东或员工一些权利,如购买股票的权利,或向社会公众出售认股权证等。

(一) 认股权

股份有限公司成立后,常常会由于经营规模的扩大或者资产负债率比例较高等原因而发行新股。根据《公司法》(2018 年修订)的第 34 条规定,公司新增资本时,股东有权优先按照实缴的出资比例认缴出资。但是,全体股东约定不按照出资比例分取红利或者不按照出资比例优先认缴出资的除外。

所谓"认股权"(stock rights),是指在一定时期内按规定价格向公司认购一定股数的权利。行使认股权可以保证原有股东继续按原持股比例保持对公司的控制权,同时也可以保护原有股东在企业的应得权益不受侵犯。在我国,原有股东认购新股的数量,是按其所持股数的一定比例配给的,因此,实务上人们将其称为增资配股。公司若要增资配股,通常应经董事会及股东大会决议通过才能进行。在决定增资配股时,公司应确定一个股权登记日,在股权登记日公司股东名册所记载的股东,有权按增资比例行使认股权,这一权利是股票中约定俗成的天然权利。从决议增资之日起至股权登记日止,公司的股票称为"含权股",即有认购新股权利的股票;股权登记日之后的股票称为"除权股",因为此时购入的股票已无认购新股的权利。由于发行新股一般都有利可图,因此,"含权股"的市场价格通常要高于"除权股"的市场价格。"含权股"和"除权股"市场价格的差异,理论上可看作认股权的价值。不过,由于公司增资配股有规定的期限,如不在规定的期限内行使这种权利,则逾期失效的认股权就无任何价值。

由于认股权是普通股股票中隐含的一种权利,它并不影响公司的财务状况和经营成果,因此,公司在授予认股权时,并不需要做任何会计记录。但公司为说明所授权利及可认购的股数和价格,可以对认股权作一备忘记录。

(二) 认股权证

认股权证(stock warrant)是赋予其持有人按规定价格在规定的期间内购买或出售公司

普通股股票的权利的一种证券。其中，含购买权的认股权证称为认购权证，又称看涨权证，其权利的实质是一个看涨期权；含出售权的认股权证称为认沽权证，又称看跌权证，其权利的实质是一个看跌期权。认股权证可以上市交易。认股权证可以单独发行，但有时也在发行其他证券，如新发行普通股票、优先股股票或公司债券时同时发行。这样，可以增强所发行优先股股票和债券对公众的吸引力。认股权证的认股期限越长，其投机性就越浓；认股权证的权利可在几年内行使，也可规定无期限地行使。

企业单独发行认股权证这种金融工具时，如果将来需用自身权益工具（如支付股份）结算的，应当将其归类为权益工具；如果将来需要用金融资产（如支付银行存款）结算的，企业应当将其作为金融工具投资，并进行相应的会计处理。

【例 11】 2019 年 4 月 1 日，甲企业向乙企业发行了以自身股票作为标的的看涨期权（认股权证）。根据该期权合同，如果乙企业行权（行权价为每股 20 元），乙企业有权以每股 20 元的价格从甲企业购入普通股 100 000 股。

其他有关资料如下：

(1) 合同签订日：2019 年 4 月 1 日。

(2) 行权日：2020 年 4 月 1 日。

(3) 行权价格：20 元/每股。

(4) 2019 年 4 月 1 日每股市价：18 元。

(5) 2019 年 12 月 31 日每股市价：25 元。

(6) 2020 年 4 月 1 日每股市价：23 元。

(7) 期权合同中约定的普通股数量：100 000 股。

(8) 2019 年 4 月 1 日期权的公允价值：2 元/每股。

(9) 2019 年 12 月 31 日期权的公允价值：4 元/每股。

(10) 2020 年 4 月 1 日期权的公允价值：3 元/每股。

假定合同约定期权采用现金换取普通股的方式结算，则甲企业的账务处理如下：

(1) 2019 年 4 月 1 日，甲企业向乙企业发行认股权证时：

借：银行存款	200 000	
贷：其他权益工具		200 000

(2) 2020 年 4 月 1 日，乙企业按约定的行权价格行权时：

借：银行存款	2 000 000	
其他权益工具	200 000	
贷：股本		100 000
资本公积——股本溢价		2 100 000

但如果合同约定期权采用现金净额结算，则甲企业的账务处理如下：

(1) 2019 年 4 月 1 日，甲企业向乙企业发行认股权证时：

借：银行存款	200 000	
贷：交易性金融负债		200 000

(2) 2019 年 12 月 31 日，反映认股权证公允价值的变动时：

借：公允价值变动损益	200 000	
贷：交易性金融负债		200 000

(3) 2020 年 4 月 1 日,乙企业行权时:

借:交易性金融负债	100 000	
贷:公允价值变动损益		100 000
借:交易性金融负债	300 000	
贷:银行存款		300 000

二、股份支付

为了增强凝聚力和员工的主人翁意识,公司可以授予公司的职工,尤其是高级管理人员,在特定时期内享有按规定价格购买一定数量公司普通股或收到相应现金的权利,这被称作股份支付。股份支付,是“以股份为基础的支付”的简称,是指企业为获取职工和其他方提供服务而授予权益工具或者承担以权益工具为基础确定的负债的交易。

(一) 股份支付工具的主要类型

股份支付是以获取职工或其他方服务为目的的交易。按照股份支付的方式和工具的类型,主要分为两大类、四小类。

1. 以权益结算的股份支付

以权益结算的股份支付是指企业为获取服务而以股份或其他权益工具作为对价进行结算的交易。

以权益结算的股份支付最常用的工具有两类:限制性股票和股票期权。所谓限制性股票,是指职工或其他方按照股份支付协议规定的条款和条件,从企业获得一定数量的本企业股票。这些股票,在一个确定的等待期内或在满足特定的业绩指标之前,职工出售股票要受到持续服务期限条款或业绩条件的限制。所谓股票期权,是指企业授予职工或其他方在未来一定期限内以预先确定的价格和条件购买本企业一定数量股票的权利。

2. 以现金结算的股份支付

以现金结算的股份支付,是指企业为获取职工或其他方的服务而承担的以股份或其他权益工具为基础计算的交付现金或其他资产的义务的交易。

以现金结算的股份支付最常用的工具有两类:虚拟股票和现金股票增值权。虚拟股票和股票增值权,均以股票为基础,但用现金支付,差别在于前者是以股票市价为基础,后者是以股票市价超过行权价格的差额为基础。

(二) 股份支付涉及的环节

典型的股份支付通常涉及 4 个环节和 4 个相应的日期,即授予(日)、可行权(日)、行权(日)和出售(日)。

1. 授予日

授予日是指股份支付协议获得批准的日期。其中“获得批准”,是指企业与职工或其他方就股份支付的协议条款和条件达成了一致,且协议获得股东大会或类似机构的批准。

2. 可行权日

可行权日是指可行权条件得到满足,职工或其他方具有从企业取得权益工具或现金权利的日期。从授予日到可行权日的时段,是可行权条件得到满足的期间,因此,这段时间称为“等待期”,又称“行权限制期”。

3. 行权日

行权日是指职工或其他方行使权利,获取权益工具或现金的日期。

4. 出售日

出售日是指股票持有人将行使期权所取得的期权股票出售的日期。我国相关法律规定,用于期权激励的股份支付,应在行权日与出售日之前设立禁售期,其中,国有控股上市公司的禁售期不得低于2年。

(三) 权益结算的股份支付的确认和计量

对于以权益结算的股份支付换取员工提供服务的,应当以授予员工权益工具的公允价值计量。

授予后即可行权的换取员工服务的以权益结算的股份支付,应当在授予日按照权益工具的公允价值计入相关成本或费用;而对完成等待期内的服务或达到规定业绩条件才可行权的换取员工服务的以权益结算的股份支付,在等待期内的每个资产负债表日,应当以对可行权权益工具数据的最佳估计为基础,按照权益工具授予日的公允价值,将当期取得的服务计入相关资产成本或当期费用,同时,计入资本公积中的其他资本公积。

【例12】 甲企业为上市公司。2019年1月3日,甲企业向其300名管理人员每人授予100份股票期权,这些职员从2019年1月3日起必须在甲企业连续服务3年,服务期满时才能以每股10元购买100股甲企业的股票。在授予日,甲企业估计该股票期权的公允价值为20元。

第一年有30名管理人员离开了企业,甲企业估计3年中离开的管理人员比例将达到20%;第二年又有16名管理人员离开了企业,公司将管理人员离开比例修正为15%;第3年又有24名管理人员离开,在行权日,甲企业的股票市价为每股35元。

甲企业每年相关费用和资本公积计算过程见表14-3。

表14-3　　甲企业每年相关费用和资本公积的计算　　单位:元

年　份	计　　算	当期费用	累计费用
2019年	300×100×(1−20%)×20×1/3	160 000	160 000
2020年	300×100×(1−15%)×20×2/3−160 000	180 000	340 000
2021年	230×100×20−340 000	120 000	460 000

根据表14-3,甲企业的账务处理如下:

(1) 2019年1月3日,甲企业授予股票期权时:

只需要对此进行备查登记,不需要编制会计分录。

(2) 2019年12月31日:

借:管理费用　　160 000

　贷:资本公积——其他资本公积　　160 000

(3) 2020年12月31日:

借:管理费用　　180 000

　贷:资本公积——其他资本公积　　180 000

(4) 2021年12月31日:

借:管理费用　　120 000

　贷:资本公积——其他资本公积　　120 000

(5) 假定甲企业的230名管理人员都在2022年1月以每股10元(每股面值1元)的价格行使了股票期权。

借:银行存款　　230 000

　　资本公积——其他资本公积　　460 000

　贷:股本　　23 000

　　　资本公积——股本溢价　　437 000

企业在可行权日之后不再对已确认的相关成本或费用及相关的所有者权益总额进行调整。

通常情况下,股份协议生效后,不应对其条款或条件随意修改。如果确实需要修改的,在企业以减少股份支付公允价值总额的方式或其他不利于职工的方式修改条款或条件,企业还应按上述方法进行会计处理,如同该变更没有发生一样。如果做出了有利于职工的修改,则应当按照权益工具公允价值的增加数相应地确认服务成本(要计入相关资产成本或当期费用)的增加,同时,计入资本公积中的其他资本公积。

(四) 现金结算的股份支付的确认和计量

对现金结算的股份支付,企业应当在等待期内的每个资产负债表日,以对可行权情况的最佳估计为基础,按照企业承担负债的公允价值,将当期取得的服务计入相关资产成本或当期费用,同时计入负债,并在结算前的每个资产负债表日和结算日对负债的公允价值重新计量,将其变动计入当期损益。

现金结算的股份支付的确认和计量详见第十二章的说明。

三、库存股

(一) 库存股的性质

库存股(treasury stock)又称库藏股票或库藏股,是指企业已经发行,又因各种原因回到企业手中,但尚未注销或再发行的企业股票。企业所持有的其他企业的股票,或者本企业尚未发行的股票以及由本企业收回并加以注销的股票均不属库存股。

企业可能会因为减资或合并等特殊原因而回购本企业股票,如果公司对收回的部分股票未及时进行注销,便会产生库存股。除此之外,公司还有可能因接受本企业股东捐赠的股票,或者收到债务人抵偿债务的本企业的股票,以及企业实施员工持股计划而从市场购回本企业股票等原因而形成库存股。我国《公司法》(2018年修订)第142条规定,公司不得收购本公司股份。但是,有下列情形之一的除外:

(1) 减少公司注册资本;

(2) 与持有本公司股份的其他公司合并;

(3) 将股份用于员工持股计划或者股权激励;

(4) 股东因对股东大会作出的公司合并、分立决议持异议,要求公司收购其股份;

(5) 将股份用于转换上市公司发行的可转换为股票的公司债券;

(6) 上市公司为维护公司价值及股东权益所必需。

《公司法》还规定,公司收购本公司股份后,属于第(1)项情形的,应当自收购之日起

10 日内注销；属于第(2)项、第(4)项情形的，应当在 6 个月内转让或者注销；属于第(3)项、第(5)项、第(6)项情形的，公司合计持有的本公司股份数不得超过本公司已发行股份总额的 10%，并应当在 3 年内转让或者注销。

尽管库存股形成的原因各不相同，但在财务上的结果却是肯定的，即库存股实质上减少了股东权益，而不是公司的一项资产。

公司也不得接受本公司的股票作为质押权的标的。

由于库存股是股东权益的减少，而股本又是偿还公司债务的基本保证，因此，各国的公司法都对库存股进行了限制。例如，有些国家的法律就规定库存股的成本不能高于留存收益或留存收益加资本公积。同时，在有库存股的情况下，公司如要分配股利，应在保留相当于库存股同额的留存收益后才能进行，以维持法定资本的完整。公司持有的本公司股份不得分配利润。我国《公司法》(2018 年修订)规定，公司需要减少注册资本，必须编制资产负债表和财产清单，公司应当自作出减少注册资本决议之日起 10 日内通知债权人，并于 30 日内在报纸上公告。债权人自接到通知书之日起 30 日内，未接到通知书的自公告之日起 45 日内，有权要求公司清偿债务或者提供相应的担保。

(二) 库存股的会计处理

基于“库存股不是资产”这一认识，库存股会计处理的原则是，凡涉及库存股的业务，只能增加或减少股东权益，不能因库存股产生收益或招致损失。

库存股的会计处理方法，可分为面值法和成本法两种。两种方法的选择需视公司取得库存股的意图而定。现分述如下：

1. 面值法

企业在经过一个时期的生产经营后，有意收缩资本，但正式的法定减资手续又一时来不及办理，或暂时不愿办理，这时多采用面值法(par-value method)。

在面值法下，取得库存股时，企业应按面值借记“库存股”账户，原发行时若有溢价，应一并冲销，即借记“资本公积——股本溢价”账户。如果回购股票的成本高于原发行价格，则差额部分可借记“盈余公积”账户。进行如此处理，是因为这些因素是支撑股票价格的最基本内核。

如果回购股票的成本低于面值，其差额应贷记“资本公积——股本溢价”账户。

成本法下，在尚未发行之前，库存股应作为股东权益中股本项目的减项。

在库存股再发行时，仍应按其面值贷记“库存股”账户；如果再发行价格高于面值，则其差额应贷记“资本公积——股本溢价”账户。

【例 13】 甲企业的普通股股票每股面值 1 元，原以每股 12 元发行，现以每股 16 元购回 1 000 股，则购回股票的会计分录为：

借：库存股	1 000	
资本公积——股本溢价	11 000	
盈余公积	4 000	
贷：银行存款		16 000

若经允许，甲企业又以每股 18 元的价格再发行上述股票，则甲企业应编制会计分录如下：

借：银行存款	18 000	
贷：库存股		1 000
资本公积——资本溢价		17 000

甲企业在办理了减资手续后,应将已收回的本企业股票予以注销,注销库存股的会计分录为:

借:股本	1 000	
贷:库存股		1 000

2. 成本法

如果公司回购本公司股票,其意并不在减资,而是出于其他原因,收回的这部分库藏股票日后肯定还会再发行,这时可采用成本法(cost method)。

成本法,又称市价法,即以回购股票的市价作为库存股成本的一种方法。在成本法下,取得库存股时,应以取得库存股的成本即市价借记"库存股"账户,再发行时即加以冲销,而尚未发行之前,库存股全部成本应作为股东权益总额的减项。

在库存股再发行时,发行价格若高于原回购价格,其差额应贷记"资本公积——资本溢价"账户;若发行价格低于原回购价格,其差额应借记"资本公积——资本溢价"账户,若仍然有差额,则应借记"盈余公积"账户。

若库存股不拟再发行而最终被注销时,除原取得的成本应予冲销外,原发行溢价也应一并冲销。当库藏股票的成本高于原发行价格时,其差额可冲销因该类库存股交易而产生的资本公积,不足时再冲销盈余公积。反之,当库藏股票的取得成本低于原发行价格时,其差额应贷记"资本公积——资本溢价"账户。

续【例 13】 甲企业在回购本企业股票时,应编制会计分录如下:

借:库存股	16 000	
贷:银行存款		16 000

再发行时,应编制会计分录如下:

借:银行存款	18 000	
贷:库存股		16 000
资本公积——股本溢价		2 000

若不拟再发行而予以销记时,应编制的会计分录为:

借:股本	1 000	
资本公积——股本溢价	11 000	
盈余公积	4 000	
贷:库存股		16 000

我国会计准则主张采用成本法核算库存股。

(三) 受赠库藏股票

企业股东有时可能会在公司营运资金发生困难时,为避免增资而向企业捐赠一部分股票,供企业再发行以获取资金。这种受赠的股票,在未发行之前也属于库藏股票。在成本法下,这部分受赠股票因系捐赠而不存在取得成本,因此,在取得时仅作备忘记录,注明受赠的股数及面值即可,而无须做正式的会计记录。当受赠的股票再发行时,可按发行收入借记"银行存款"账户,并全数贷记"资本公积——其他资本公积"账户。

在面值法下,受赠的股票可按面值借记"库存股"账户,贷记"资本公积——其他资本公积"账户。再发行时,借记"银行存款"账户,贷记"库存股"账户,发行价与面值的差额贷记"资本公积——其他资本公积"账户。

(四) 回购股份进行职工股权激励

企业以回购股份形式奖励本企业职工的，属于权益结算的股份支付。企业回购股份时，应按成本法，将回购股份的全部支出作为库存股处理，同时进行备查登记。授予职工的权益工具(通常为股票期权)应当在等待期内每个资产负债表日时按照权益工具在授予日的公允价值，将取得的职工服务计入成本费用，同时，增加资本公积(其他资本公积)。在职工行权购买本企业的股份时，企业应转销交付职工的库存股成本和等待期内的资本公积(其他资本公积)累计金额，同时，按照其差额调整资本公积(股本溢价)。

续【例 13】 2019 年 1 月 25 日，甲企业以每股 26 元购入本公司发行在外的股份 30 000 股，准备用于本企业职工的股权激励。在职工行权时，甲企业采用库存股予以支付。其他条件同[例 10]。

除[例 10]中相关会计处理外，甲企业账务处理如下：

(1) 2012 年 1 月 25 日，购入库存股时：

借：库存股	780 000	
贷：银行存款		780 000

(2) 2022 年 1 月，230 名管理人员以每股 10 元的价格行权时：

借：银行存款	230 000	
资本公积——其他资本公积	460 000	
贷：库存股		598 000
资本公积——股本溢价		92 000

四、投入资本的其他变动

除上述原因导致企业的投入资本发生变动外，企业还可能因为资产重估、直接计入所有者权益的利得或损失、资本公积转增资本等原因导致投入资本发生变动。

投入资本的其他变动，在本书相关章节中均有述及，此处不再赘述。

第五节　投入资本的列示与披露

一、列示

(一) 资产负债表上的列报

企业的投入资本，包括实收资本(或股本)、其他权益工具、资本公积及其他综合收益在资产负债表的列示(如表 14 - 4 所示)。

表 14 - 4　　资产负债表中投入资本部分的列示

所有者权益(或股东权益)	本年余额	上年余额
实收资本(或股本)		
其他权益工具		

续 表

所有者权益(或股东权益)	本年余额	上年余额
其中：优先股		
永续债		
资本公积		
减：库存股		
其他综合收益		
盈余公积		
未分配利润		
所有者权益(或股东权益)合计		

(二) 其他综合收益的列报

企业本期发生的其他综合收益，其税后净额应当在利润表中单独反映，具体列示如表14-5所示。

表14-5　其他综合收益在利润表中的列示

五、其他综合收益的税后净额	本期金额	上期金额
(一) 不能重分类进损益的其他综合收益		
1. 重新计量设定受益计划变动额		
2. 权益法下不能转损益的其他综合收益		
3. 其他权益工具投资公允价值变动		
4. 企业自身信用风险公允价值变动		
……		
(二) 将重分类进损益的其他综合收益		
1. 权益法下可转损益的其他综合收益		
2. 其他债权投资公允价值变动		
3. 金融资产重分类计入其他综合收益的金额		
4. 其他债权投资信用减值准备		
5. 现金流量套期储备		
6. 外币财务报表折算差额		
……		
六、综合收益总额		

(三) 所有者权益变动表

企业应当编制所有者权益变动表，反映一定期间内企业所有者权益的变化。所有者权益变动表是反映构成所有者权益各组成部分当期增减变动情况的一种动态报表。所有者权益变动表的格式如表14-6所示。

表 14-6　　　　　　　　　　**所有者权益变动表**

编制单位：________年　　　　　　　　　　单位：元

项目	本期金额										上期金额									
	实收资本（或股本）	其他权益工具			资本公积	减：库存股	其他综合收益	盈余公积	未分配利润	所有者权益合计	实收资本（或股本）	其他权益工具			资本公积	减：库存股	其他综合收益	盈余公积	未分配利润	所有者权益合计
		优先股	永续债	其他								优先股	永续债	其他						
一、上年年末余额																				
加：会计政策变更																				
前期差错更正																				
其他																				
二、本年年初余额																				
三、本年增减变动金额																				
（一）净利润																				
（二）其他综合收益																				
综合收益总额																				
（三）所有者投入和减少资本																				
1. 所有者投入的普通股																				
2. 其他权益工具持有者投入资本																				
3. 股份支付计入所有者权益的金额																				
4. 其他																				

续表

项目	本期金额									上期金额								
	实收资本(或股本)	其他权益工具			资本公积	减:库存股	其他综合收益	盈余公积	未分配利润	所有者权益合计	实收资本(或股本)	其他权益工具			资本公积	减:库存股	其他综合收益	盈余公积	未分配利润	所有者权益合计
		优先股	永续债	其他								优先股	永续债	其他					
(四)利润分配																			
1. 提取盈余公积																			
2. 对所有者的分配																			
3. 其他																			
(五)所有者权益内部结转																			
1. 资本公积转增资本																			
2. 盈余公积转增资本																			
3. 盈余公积弥补亏损																			
4. 设定受益计划变动额结转留存收益																			
5. 其他综合收益结转留存收益																			
6. 其他																			
四、本年年末余额																			

二、披露

(一) 其他权益工具的披露

对于其他权益工具，企业应当在财务报表附注中，披露发行在外的所有归类为权益工具或金融负债的优先股、永续债等金融工具的详细情况，包括发行时间、数量、金额、到期或日续期情况、转股条件、转换情况、会计分类以及股利或利息支付等信息。披露格式如表 14－7 所示。

表 14－7　　　期末发行在外的优先股、永续债等金融工具情况表

发行在外的金融工具	发行时间	会计分类	股利率或利息率	发行价格	数量	金额	到期日或续期情况	转股条件	转股情况
工具 1									
工具 2									
工具 3									
……									
合　计									

表 14－7 中：(1)“会计分类”栏应填写“金融负债”“权益工具”或“复合金融工具”等，对于整体指定以公允价值计量且其变动计入当期损益的金融负债，在“会计分类”栏中只需注明“整体指定”即可；(2)“转股条件”栏应当披露合同中是否包含强制转股、自愿转股等条款；(3)“金额”栏以发行价格乘以发行数量填列。

企业还应当对发行的金融工具的相关条款予以披露，如针对表 14－6 中的工具 1，可就如下主要条款进行说明：包括本金是否可赎回，企业是否有权自主决定股利或利息支付政策，是否可转换为普通股以及发行合同关于转股价格或数量的约定等其他影响该类工具会计分类的重要特征。

如果企业受特定监管规则约束，还需披露该金融工具是否被相关监管部门认定为合格的监管资本以及对本企业监管资本水平的影响。

企业还应当披露发行在外的优先股、永续债等金融工具变动情况。发行在外的优先股、永续债等金融工具变动情况表如表 14－8 所示。

表 14－8　　　发行在外的优先股、永续债等金融工具变动情况表

发行在外的金融工具	年　初		本期增加		本期减少		期　末	
	数　量	账面价值	数　量	账面价值	数　量	账面价值	数　量	账面价值
工具 1								
工具 2								
工具 3								
……								
合　计								

发行方还应披露股利(或利息)的设定机制。如果发行方发行的分类为权益工具的金融工具为累积的,即发行方当期未分配的股利或利息可累积至以后期间分配的,应当在财务报表附注中披露累积未分配的股利;如果发行方发行的其他权益工具为可参与剩余利润分配的,即可与普通股股东一起参加剩余利润分配的,应当披露可参与分配的事实及分配的方法等信息。

(二) 股份支付的披露

企业应当在附注中披露与股份支付有关的下列信息:

(1) 当期授予、行权和失效的各项权益工具总额。

(2) 期末发行在外的股份期权或其他权益工具行权价格的范围和合同剩余期限。

(3) 当期行权的股份期权或其他权益工具以其行权日价格计算的加权平均价格。

(4) 权益工具公允价值的确定方法。

企业对性质相似的股份支付信息可以合并披露。

企业应当在附注中披露股份支付交易对当期财务状况和经营成果的影响,至少包括下列信息:

(1) 当期因以权益结算的股份支付而确认的费用总额。

(2) 当期因以现金结算的股份支付而确认的费用总额。

(3) 当期以股份支付换取的职工服务总额及其他方服务总额。

思考题

1. 简述所有者权益的性质和分类,并阐明会计上对所有者权益如此分类的理由。
2. 股份有限公司的股东,享有哪些基本权利? 为什么规模较大的企业大多采用股份有限公司这一组织形式?
3. 应收认股款在资产负债表上应如何列示? 试申述之。
4. 各种不同的证券合并出售时,出售所得金额应如何分配?
5. 企业发行的金融工具,是否应当划分为金融负债与权益工具?
6. 可转换优先股在转换时为什么只能减少而不能增加留存收益?
7. 什么是认股权和认股权证? 两者有何不同?
8. 什么是股份支付? 它有哪些主要类型?
9. 简述权益结算的股份支付的确认和计量的一般程序。
10. 什么是库存股? 库藏股票为什么不能作为公司的资产?
11. 库存股的会计处理方法有哪几种? 如何选择?
12. 简述所有者权益变动表的一般结构。

阅读材料

1. 财政部:《企业会计准则——基本准则》,2014 年。
2. 财政部:《企业会计准则第 30 号——财务报表列报》,2014 年。
3. 财政部:《企业会计准则第 11 号——股份支付》,2006 年。
4. 财政部:《企业会计准则第 22 号——金融工具确认和计量》,2017 年。
5. 财政部:《企业会计准则第 37 号——金融工具列报》,2017 年。

6. 财政部:《金融负债与权益工具的区分及相关会计处理规定》,2014 年。
7. 财政部:《永续债相关会计处理的规定》,2019 年。
8. 国际会计准则理事会(IASB):《国际财务报告准则第 9 号——金融工具》(IRFS 9),2014 年。
9. 全国人大常委会:《中华人民共和国公司法》,2018 年。

练习题

练习一

一、目的:分析所有者权益的结构。

二、资料:甲企业截至 2019 年 12 月 31 日的会计资料如表 14-9 所示。

表 14-9　　**甲企业所有者权益项目**　　单位:元

项　　目	金　额
应收认股款(非流动)	5 000
未分配利润(2019 年 1 月 1 日)	450 000
普通股本,面值 1 元,核定 500 000 股	500 000
资本公积——捐赠房屋一幢	15 000
已认普通股本 10 000 股(股款收齐后发行)	10 000
资本公积——股本溢价	200 000
应收认股款,普通股本(3 个月内将收到)	2 000
应付债券(分类为权益工具)	100 000
2019 年度税后净利	95 000
2019 年间宣告分派股利	40 000

三、要求:

(1) 根据上述资料,计算下列项目:

① 2019 年 12 月 31 日的未分配利润。

② 发行在外的股份。

③ 注册资本。

④ 所有者权益总额。

⑤ 已发行股份数量。

⑥ 平均每股发行价格(包括已认股本)。

⑦ 发行股份数(包括已认股份)。

(2) 编制甲企业 2019 年 12 月 31 日资产负债表中所有者权益部分。

练习二

一、目的:熟悉优先股股票的相关概念。

二、资料:甲企业有两种股份,优先股股票核定 500 股,额定股利率为 6%,每股面值 200 元;普通股股票核定 400 000 股,每股面值 1 元,核定的股份都已发行在外。该企业 5 年内每年发放的股利分别是 4 000 元、40 000 元、32 000 元、5 000 元和 36 000 元。

三、要求：

根据下列给定的条件，列表计算每种股份每年分派的股利：

(1) 优先股为非累积、非参加。

(2) 优先股为累积、非参加。

(3) 优先股为非累积、全部参加。

(4) 优先股为累积、全部参加。

(5) 优先股为累积、部分参加(参加的最高比率为 8%，且假设第 5 年发放的股利是 42 000 元而非 36 000 元)。

练习三

一、目的：练习股本发行、认购及违约的会计处理。

二、资料：甲企业核定普通股为 1 000 000 股，每股面值 1 元，乙企业以每股 2.5 元认购了甲企业的普通股 500 股，并支付了 2 500 元的定金，余额按每月 1 000 元等额付清。甲企业等股款全部收齐后再发行股本。乙企业 3 个月以后违约，甲企业以每股 33 元将股本出售。

三、要求：

根据上述资料，为下列假定情况编制有关股本认购、违约及发行的会计分录：

(1) 假定甲企业在乙企业违约后，将其所认股款退回。

(2) 假定甲企业将乙企业已认股款等额折成股本退回给乙企业，剩余股本以 3.3 元出售。

练习四

一、目的：练习股票发行的会计处理。

二、资料：

甲企业在开业前发生如下经济业务：

(1) 以每股 1.10 元的价格出售普通股 600 000 股，每股面值 1 元。

(2) 以 160 000 股普通股股票换取投资者的一项专用设备，该设备的原账面价值 240 000 元，已提折旧 30 000 元，评估净值为 250 000 元。

(3) 在股票市场上将 4 000 000 份普通股股票与面值 1 000 000 元、票面利率 12%的公司债券一并发行。发行时甲企业普通股股票的每股市价 250 元，市场利率为 12%。证券公司在扣除发行收入的 5%将款项划转给了甲企业。

三、要求：根据上述业务，为甲企业编制相关会计分录。

练习五

一、目的：练习可转换优先股的会计处理。

二、资料：

甲企业的会计记录如下：

优先股本，每股面值 100 元，已发行在外 1 000 股	100 000
普通股本，每股面值 50 元，已发行在外 1 000 股	50 000
优先股溢价	5 000
普通股溢价	2 000
留存收益	50 000

三、要求：

根据下列情况，为甲企业编制可转换优先股的会计分录：

(1) 1 股优先股可换 1 股普通股。

(2) 1 股优先股可换 2 股普通股。

(3) 1股优先股可换3股普通股。

(4) 1股优先股可换5股普通股，另按每股普通股加付35元现金。

练习六

一、目的：练习股本交易会计处理错误的更正。

二、资料：甲企业在开业伊始，聘请了一位不熟悉会计业务的会计人员。下面是该会计人员对若干股本交易的会计记录：

(1) 发行每股面值1元的普通股10 000股，收到价款17 000元。

借：银行存款	17 000	
贷：股票		17 000

(2) 发行每股面值200元的优先股本1 000股，收到价款280 000元。该优先股应分类为权益工具。

借：银行存款	280 000	
贷：股票		280 000

(3) 回购本企业普通股500股。

借：股票	8 500	
贷：银行存款		8 500

(4) 将上述回购的本企业股票500股再出售。

借：银行存款	13 000	
贷：股票		8 500
营业外收入		4 500

三、要求：为以上会计处理编制错账更正的会计分录。

练习七

一、目的：练习其他综合收益的会计处理。

二、资料：甲企业为一家房地产开发企业，2020年3月15日，甲企业与乙企业签订了一项租赁协议，将其开发完成的一幢写字楼出租给乙企业使用。租赁开始日为2012年3月15日，租期为1年，年租金为1 000万元。

2020年3月15日，该幢写字楼的账面价值为10 000万元(其中原值15 000万元，已计提折旧5 000万元)，公允价值为18 000万元。2020年12月31日，该幢写字楼的公允价值为25 000万元。

2021年3月14日，甲企业收回该幢写字楼，并以29 000万元出售，出售款项已收讫。

甲企业在出租该幢写字楼时，将该幢写字楼分类为投资性房地产，并采用公允价值模式对其进行后续计量。

三、要求：根据上述业务，为甲企业编制相关会计分录(金额用万元表示)。

练习八

一、目的：练习附发认股权证的债券发行的会计处理。

二、资料：甲企业准备发行面值为170 000元，票面利率为5%的公司债券。为便于出售，接受专家建议，对每份面值100元的债券，附发可分离的认股权证1份。市场中不附发认股权证的相类似债券市场价格为136 000元，认股权证的市场价格为24 000元。上述证券的发行总收入为152 000元。

三、假定发行的公司债券分类为金融负债，要求：

(1) 为甲企业编制发行债券和认股权证时的会计分录。

(2) 若上述认股权证是不可分离的，则会计处理有何差别？为什么？

练习九

一、目的：练习权益工具的会计处理。

二、资料：2019 年 4 月 1 日，甲企业与乙企业签订一项期权合同。合同规定，甲企业有权要求乙企业于 2020 年 3 月 31 日购入甲企业普通股 1 000 股，每股价格 100 元。

其他有关资料如下：

(1) 合同签订日：2019 年 4 月 1 日。

(2) 行权日：2020 年 3 月 31 日。

(3) 行权价格(每股)：100 元。

(4) 2019 年 4 月 1 日每股市价：102 元。

(5) 2019 年 12 月 31 日每股市价：98 元。

(6) 2020 年 3 月 31 日每股市价：95 元。

(7) 期权合同中约定的普通股数量：1 000 股。

(8) 2019 年 4 月 1 日期权的公允价值：5 000 元。

(9) 2019 年 12 月 31 日期权的公允价值：4 000 元。

(10) 2020 年 4 月 1 日期权的公允价值：5 000 元。

三、要求：

(1) 假定合同约定期权采用现金换取普通股的方式结算，为甲企业编制上述业务的会计分录。

(2) 假定合同约定期权采用现金净额方式结算，为甲企业编制上述业务的会计分录。

练习十

一、目的：练习权益结算的股份支付的会计处理。

二、资料：2019 年 1 月 1 日，甲企业为其 100 名管理人员每人授予 1 000 份股票期权，期权协议规定，第 1 年年末的可行权条件为企业净利润增长率达到 20%；第 2 年年末的可行权条件为企业净利润两年平均增长 15%；第 3 年年末的可行权条件为企业净利润 3 年平均增长 10%。

2019 年 1 月 1 日，每份期权的公允价值为 25 元。

2019 年 12 月 31 日，甲企业的净利润增长了 18%，有 10 名管理人员离职。预计 2020 年及 2021 年还有 10 名管理人员离职。

2020 年 12 月 31 日，企业净利润增长了 10%，实际有 15 名管理人员离职。预计 2021 年还有 10 名管理人员离职。

2021 年 12 月 31 日，企业净利润增长了 8%，三年平均增长率为 12%，达到可行权条件。当年，有 10 名管理人员离职。

三、要求：根据上述业务，为甲企业编制相关会计分录。

练习十一

一、目的：练习股票增值权计划的会计处理。

二、资料：甲企业董事会于 2018 年 12 月 31 日决定，授予新上任的企业总经理 30 000 股的股票增值权计划，当该计划被行使时，将以现金向企业总经理支付行权日股票市价超过约定价格的差额(约定的价格为每股 30 元)。该计划要求企业总经理必须为甲企业效力 4 年。2023 年，这项权利被全部行使。

甲企业的股票价格变动情况如下：

2018 年 12 月 31 日，每股 36 元；

2019 年 12 月 31 日，每股 39 元；

2020 年 12 月 31 日，每股 45 元；

2021 年 12 月 31 日，每股 36 元；

2022 年 12 月 31 日，每股 48 元。

2023 年，企业总经理行权时，每股市价为 40 元。

三、要求：为甲企业编制 2018～2023 年有关股票增值权计划的会计分录。

练习十二

一、目的：练习库存股的会计处理。

二、资料：2019 年 12 月 31 日，甲企业资产负债表所有者权益部分的数据如下：

普通股本，每股面值 1 元，核定 1 000 000 股，发行在外 600 000 股	600 000
资本公积——股本溢价	150 000
未分配利润	230 000
	980 000

2020 年度，甲企业发生有关所有者权益的交易如下：

(1) 以每股 1.4 元购入本企业的普通股 20 000 股。

(2) 以每股 1.5 元购入本企业的普通股 18 000 股。

(3) 出售库存股 3 000 股，每股价格 1.6 元。

(4) 出售库存股 4 000 股，每股价格 1.55 元。

2020 年度，甲企业实现净利润 110 000 元。

三、要求：

(1) 假定甲企业库存股采用面值法核算，为甲企业编制上述库存股交易的会计分录，并编制 2020 年 12 月 31 日资产负债表中所有者权益项目。

(2) 假定甲企业库存股采用成本法核算，其成本流动采用先进先出法，为甲企业编制上述库存股交易的会计分录，并编制 2020 年 12 月 31 日资产负债表中所有者权益项目。

第十五章
留存收益与每股收益

学习提要

留存收益也称留存利润，是所有者权益的组成部分，由企业税后利润累积形成。企业在某一会计期间所实现的利润总额在缴纳了所得税后，就是税后利润，也称会计净利润。税后利润在弥补以前年度亏损(如果有)、提取了法定盈余公积等之后，加上期初未分配利润，即为可供所有者分配的利润。税后利润的形成和分配存在着内在的联系，所以，可以将税后利润的分配视为第十三章的自然延伸；另一方面，税后利润的分配或亏损的弥补又会引起所有者权益结构的变动，显然又与所有者权益密切相关；此外，留存收益的增减变动是企业净资产增减变动的主要原因。

本章从所有者权益角度，论述了股份有限公司税后利润的分配，包括盈余公积的提取和使用、股利的分配和支付、前期损益的调整以及亏损的弥补等涉及留存收益项目增减变动的事项。

每股收益是一个重要的财务指标，分简单资本结构下的每股收益和复杂资本结构下的每股收益两种。其中，简单资本结构下的每股收益称为基本每股收益，而复杂资本结构下的每股收益称为稀释每股收益。

计算简单资本结构下的每股收益，主要涉及如何确定新股、库存股、股票分割等对每股收益的影响，关键是要使计算公式的分子和分母相对应。

计算复杂资本结构下的每股收益，必须考虑可转换证券以及各种权证对每股收益的潜在稀释影响。在计算稀释每股收益时，对可转换证券的潜在影响应采用假定转换法，而对各种权证的潜在影响则应采用库存股法。

当这些潜在影响因素具有反稀释效果时，应将其排除在稀释的每股收益计算之外，除非这些因素实际上已经转换成为普通股。

通过本章学习，读者应掌握留存收益的构成、来源及运用等情况，理解每股收益的重要性与局限性，熟练掌握基本每股收益与稀释每股收益的计算。

第一节　留存收益及其分类

一、留存收益的概念

留存收益(retained earnings)是指企业从历年实现的利润中提取或形成的留存于企业的内部积累,包括盈余公积和未分配利润两类。

按照有关规定,股份有限公司缴纳所得税后的利润,应按照下列顺序分配:

(1) 弥补以前年度亏损;

(2) 提取法定盈余公积;

(3) 支付优先股股利及权益性质的其他权益工具的利息;

(4) 提取任意盈余公积;

(5) 支付普通股股利。

如果以前年度有累积亏损,首先应当用以前提取的法定盈余公积弥补亏损。《公司法》(2018 年修订)第 166 条规定,公司的法定公积金不足以弥补以前年度亏损的,在提取法定公积金之前,应当先用当年利润弥补亏损。

企业要生存和发展,就要不断地扩大生产规模。为此,有必要把税后利润的一部分留存于企业,重新投入生产经营,参加周转。这部分留存于企业的利润,称为盈余公积,它属于企业的所有者,是普通股股东共同拥有的积累。盈余公积有两种:一是国家规定必须提取的,称为法定盈余公积;另一种是企业自愿提取的,由董事会决定要留存企业里的利润,称为任意盈余公积。任意盈余公积的提取比例,由企业自行确定。

然后依顺序用来支付优先股股利或具有权益性质的其他权益工具的利息。其他权益工具并非负债,其得到的报酬与一般意义上的利息不同。优先股是指依照《公司法》,在一般规定的普通种类股份之外,另行规定的其他种类股份,其股份持有人优先于普通股股东分配公司利润和剩余财产,但参与公司决策管理等权利受到限制。企业向普通股股东分配股利,以付清当年的和积欠的优先股利为条件。所以,优先股股利的分配以及权益性质的永续债的利息偿付应先于普通股股东。

税后利润按照以上顺序分配以后,其余额加上期初未分配利润,即为可供投资者分配的利润。所以,企业如无以前年度的亏损,则本年度税后利润,扣除上述(2)、(3)、(4)、(5)项后,即为本会计期间末了时的未分配利润。由上可知,留存收益是企业积累税后利润而形成的资本。它是一个大概念,与投入资本不同。投入资本包括股东按面值缴入的股本与溢价缴入的资本,是从企业外面投入企业的,它是企业所有者权益的基本部分,是企业赖以创立的资本。留存收益也是企业资本的一部分,但它不是所有者投入企业的,而是从企业内部产生而留存下来的。

股份有限公司的分配流程可用如下等式表示:

本年净利润
加:年初未分配利润
=可供分配的利润

减：提取法定盈余公积
优先股股利
=可供投资者分配的利润
减：普通股股利
=年末未分配利润

企业的税后净利润加上年初未分配利润，经过分配后仍然保留在企业中的部分，称为留存利润（留存收益），从上面的计算等式中可以看出，留存收益包括两部分内容，即留存收益由盈余公积（法定的和任意的）和未分配利润构成。

二、留存收益的分类

如前所述，留存收益是指企业从历年实现的利润中提取或形成的留存于企业的内部积累，包括盈余公积和未分配利润两类。

从另一个角度讲，留存收益中，有拨定用途的称为盈余公积，未拨定用途的称为未分配利润。法定盈余公积和任意盈余公积为拨定用途的留存收益，未分配利润则为未拨定用途的留存收益。留存收益的具体构成及使用的会计账户名称如图 15－1 所示。

			使用的账户名称
留存收益	盈余公积	法定盈余公积（《公司法》规定）	盈余公积
		任意盈余公积（董事会决议）	
	未分配利润		利润分配——未分配利润

图 15－1 留存收益的构成及使用的账户名称

未分配利润是指可供支配的利润在提取了盈余公积和支付了股利以后的余额。它可供以后年度弥补亏损、分配股利，与盈余公积是两个不同的概念。未分配利润是留存收益的一个组成部分。

留存收益的反面为累计亏损，它表明所有者投入资本的蚀耗。企业经营如果发生亏损，而以前年度积累的留存收益不足以抵补时，账上就会出现赤字。

企业可设置“利润分配”账户，反映留存收益的形成以及税后利润分配事项。除期初余额外，该账户贷方还反映从“本年利润”账户转来本期实现的税后利润，如有以前年度损益调整事项，则调整增加记在账户贷方，调整减少记在账户借方。该账户借方还反映税后利润的分配，如应付优先股和普通股股利及提取盈余公积等，期末贷方余额表示尚未分配的利润，即“利润分配”账户的期终结余额。若企业出现亏损，则账务处理与以上相似，但余额会出现在借方，表示未弥补或尚待弥补的亏损。所以，“利润分配”账户会因按期转入税后利润而增加，因转入亏损而减少。

尽管留存收益属于股东或所有者投入资本的补充，但企业在送股、配股和收回本公司已发行股票等经济业务时，也可能直接影响留存收益。例如，公司董事会决定，依照法定手续将留存收益的一部分转增资本时，就需要将盈余公积的一部分转入“股本”账户。

第二节　盈 余 公 积

企业的税后利润，在理论上是应分配给企业的所有者的，但企业为了某种目的，对其进行部分的限制或凝固，这就是所谓的留存收益的拨定。

拨定的留存收益称为盈余公积(surplus reserve)。需要注意的是，留存收益的拨定，除很特别的情况外，对资产的用途并不加限制，只是企业的资产不能用作股利或利润分配。因此，拨定留存收益无须拨出任何资产，也无须对相关资产作特别保管或运用，但如若限制资产的特定用途，则应另行提拨特种基金。

留存收益的拨定，其性质并非企业利润的分配，而是对分配的限制。如若利润被分配，则是企业利润的永久减少；而留存收益的拨定，则是对企业未分配利润作暂时性的限制或凝固，待限制条件或目的达到时，便可消除限制，消除限制的留存收益还可用来分配股利。

留存收益可能会因种种原因而作拨定。拨定一般有三种：(1) 依法拨定，如《公司法》的要求；(2) 依约拨定，如债权人对利润分配的特定要求；(3) 任意或自愿拨定，如对不确定事项的预期而对利润分配的特定要求等。

一、依法拨定的留存收益

企业应根据国家有关法规的规定，按规定的比例，在税后利润中拨定留存收益。我国《公司法》(2018 年修订)第 166 条规定，公司分配当年税后利润时，应当提取利润的 10%列入公司法定公积金。公司法定公积金累计额为公司注册资本的 50%以上的，可以不再提取。提取法定盈余公积的主要目的是培根固基、抵销物价变动的影响以及弥补亏损等。

企业可设置“盈余公积——法定盈余公积”账户，反映法定盈余公积的提取与使用。

【例 1】　2020 年度，甲企业实现净利润 8 000 000 元，由于企业的盈余公积尚未达到注册资本的 50%，应按税后利润的 10%提取法定盈余公积。假设以前年度无未弥补的亏损，则应提取的法定盈余公积为 800 000 元(8 000 000×10%)。提取法定盈余公积的会计分录为：

借：利润分配——提取盈余公积　　800 000

　贷：盈余公积——法定盈余公积　　800 000

提取的法定盈余公积除可弥补以后年度发生的应由税后利润弥补的亏损外，还可用于发放股票股利以及转增资本等。根据我国《公司法》(2018 年修订)第 168 条规定，法定公积金转为资本时，所留存的该项公积金不得少于转增前公司注册资本的 25%。

企业提取的法定盈余公积可用于弥补公司的亏损、扩大企业生产经营或者转为增加企业的资本。

必须注意，企业的法定盈余公积不足以弥补上一年度亏损的，在依照规定提取法定盈余公积之前，应当先用当年利润弥补亏损。若有余额才可提取法定盈余公积。企业若有以前年度未弥补的亏损，并且已超过规定的税前利润弥补期限，则应当用当年的税后利润弥补。

股份有限公司在某一年度发生了亏损，应自行弥补。弥补亏损的渠道主要有三条：一是用以后年度税前利润弥补。按照现行相关制度的规定，企业发生亏损时，按《企业所得税法》(2017 年修订)第 18 条规定，企业纳税年度发生的亏损，准予向以后年度结转，用以后年度的所得弥补,但结转年限最长不得超过 5 年。即企业纳税年度发生的亏损,可以用以后 5 年内实现的税前利润弥补,税前利润弥补亏损的期限为 5 年。二是用以后年度的税后利润弥补。企业发生的亏损经过 5 年未弥补足额,未弥补亏损应用所得税后的利润弥补。三是以盈余公积弥补亏损。企业以提取的盈余公积弥补亏损时,应当由公司董事会提议,并经股东大会批准。根据《公司法》的规定,股东大会或董事会在公司弥补亏损和提取法定公积金之前向股东分配利润的,必须将违反规定分配的利润退还公司。

需要说明的是,用税前或税后利润弥补亏损的会计分录是期末的结账分录,不需要另行编制弥补亏损的会计分录。

当企业用法定盈余公积弥补亏损时,则需要编制会计分录如下:

借:盈余公积——法定盈余公积　　　　×××

　贷:利润分配——未分配利润　　　　×××

符合增资条件的企业,经股东大会决议,在修改了公司章程、办理了增资手续后,可增加股本。企业增加股本主要有三条途径:一是将资本公积和法定盈余公积转为股本;二是由新老股东投入资本;三是将一部分长期负债转为股本。在增资的任何一条途径下,公司必须发给股票,或换成较大面值的股份。新老股东投入资本的会计处理已在第十四章中说明。公司债券转换为股票已在第十二章中说明。将法定盈余公积转增为股本的分录为:

借:盈余公积——法定盈余公积　　　　×××

　贷:股本——普通股　　　　×××

盈余公积转增股本,增加了投入资本,当然要相应地增发股票或换成较大面值的股份。股东取得这种以股票替代现金的"股利",习惯称之为股票股利。本章第四节将详细说明股票股利的会计处理。

二、依约拨定的留存收益

有些企业在筹措资金时,为保护债权人的利益,在借款合同中会加上限制利润分配、在企业债务偿还前不得分配股利的条款。

【例 2】 甲企业发行 5 年期到期一次性还本付息的公司债券 1 000 万元,其发行条款中规定,甲企业每年应从税后利润中提取 200 万元的盈余公积以限制股利的分配。则甲企业在每年提取依约拨定的留存收益时,应编制的会计分录如下:

借:利润分配——提取任意盈余公积　　　　2 000 000

　贷:盈余公积——任意盈余公积　　　　2 000 000

在此项债券被偿付后,则应将依约所提取的盈余公积转回。转回的会计分录从略。

在有些情况下,债权人为了自身的利益,在借款合同中除加上有限制利润分配的条款外,还可能会规定按限制利润分配的数字提拨偿债基金。

续【例 2】 假定甲企业在提拨留存收益外,每年还需要提拨 200 万元的偿债基金,则提拨偿债基金和偿付公司债券的会计分录为:

借:偿债基金　　　　2 000 000

　贷:银行存款　　　　2 000 000

借:应付债券　　　　10 000 000

　贷:偿债基金　　　　10 000 000

通常情况下，偿债基金主要投资于能随时变现且风险较小的国债。因此，偿债基金在资产负债表上应列于债权投资项目下。

需要注意的是，有时债权人只对资产有拨定要求，而有时债权人可能只对留存收益有拨定要求。因此，企业拨定留存收益不一定要同时限制资产的使用，同样，拨定特定资产也并非一定要对留存收益进行拨定。

三、任意拨定的留存收益

企业有时会因一些特殊的原因或目的，而自行对留存收益作出限制，使企业不得以资产分配股利，称为任意或自愿拨定的留存收益，此项被限制用途的留存收益即为任意盈余公积。在大多数情况下，企业出于稳健经营的考虑，为应付将来可能发生的损失，都会预先作财力上的准备。例如，企业年终结账时，可能存在未决诉讼案件，且导致经济资源流出企业的可能性大于50%。对此事项，企业应对的方法有二：一是将该或有事项确认为负债，从而使当期的利润少计(确认负债的另一方即为损失或费用)；二是从留存收益中拨定一笔任意盈余公积。第一种方法已在第十二章中说明。若采用后一种方法，则应借记“利润分配——提取任意盈余公积”账户，贷记“盈余公积——任意盈余公积”账户。倘若以后果真败诉，则应将实际发生的败诉损失，直接记作损失或费用。同时，还应将拨定的任意盈余公积转回至“利润分配”相关明细科目。

必须注意，发生的败诉损失应当作为当期损失，而不能直接冲销任意盈余公积。与盈余公积账户相对应的只能是所有者权益的其他账户，而不可能是资产、负债、收入和费用类账户。

对于意外损失，有些企业会采用自保的办法，而不向保险公司投保意外损失险，有些企业则为可能发生的意外灾害拨定一笔用于自保的任意盈余公积。其会计处理大体上与为可能发生的败诉而拨定任意盈余公积一致，此处不再赘述。

还有些企业在计算材料耗用成本时，始终采用先进先出法。在物价持续上涨时期，通常不能重置已耗用材料。为此，这类企业可在留存收益中拨定一部分任意盈余公积，以防止利润的过量分配，保证有一定的资金去重置已耗用材料。一旦物价下跌，或者已完成生产任务，应将这部分任意盈余公积转回至“利润分配”相关明细账户。

因此，任意盈余公积的拨定，对留存收益和所有者权益的总额均无影响。通过任意盈余公积的拨定，减少了当期可以分配股利的数额，其目的在于保持财力以应付特殊情况，在资金调度上不至于捉襟见肘。如果企业估计将来有足够的现金流入，也可不提取任意盈余公积。

第三节　前期损益调整

一、前期损益调整的概念

还有个别特殊项目也会增加或减少留存收益，这个特殊项目称为前期损益调整。

所谓“前期损益调整项目”，是指那些不列入利润表而直接调整留存收益期初余额的项目。

引起前期损益调整主要有如下两种原因：(1) 本期发现与以前期间相关的重大会计差错。重大会计差错是指企业发现的使公布的财务报表不再具有可靠性和可比性的会计差错。重大会计差错一般指金额比较大(通常以某项交易或事项的金额占该类交易或事项的金额10%及以上作为判别标志)。例如，某企业以前年度漏记了一笔数额较大的固定资产而在本期被发现，在此情况下，应作为重大会计差错并直接调整年初留存收益。(2) 滥用会计政策和舞弊。会计政策是指企业在会计核算时所遵循的具体原则、计量基础以及企业所采纳的具体会计处理方法的总称。但企业有时为了达到一定的目的，而故意采用与经济业务或事项不相称的会计政策。按现行制度规定，滥用会计政策应视作一项重大的会计差错，累积影响应调整留存收益。

二、前期损益调整的会计处理

在能确定前期差错影响数的情况下，企业应当采用追溯重述法更正重要的前期差错。所谓"追溯重述法"，是指在发现前期差错时，视同该项前期差错从未发生过，从而对财务报表相关项目进行更正的方法。

除上述两个引起前期损益调整的主要原因外，还有资产负债表日后发生的需要调整的事项。所谓资产负债表日后调整事项，是指对资产负债表日已经存在的情况提供了新的或进一步证据的事项，这些事项发生后应当追溯重述报告年度的财务报表相同项目。

需要说明的是，前期损益调整是与前期经营活动有关，而与本期及以后各期的经营活动无关的项目。之所以将前期损益直接调整留存收益而不列入利润表，是因为通常认为利润是通过营业活动赚取的，它应当可以归属于某一会计期间，如果是上一期的损益计入的本期，自然就是不恰当了。因此，应当调整期初的留存收益。

因会计估计所引起的误差，不是前期损益调整项目。在会计工作中，有许多方面，需要会计人员对不确知的未来事项进行估计，如将来可能发生的坏账损失、存货跌价损失等。估计的坏账损失和存货跌价损失与后期实际发生额极可能不一致，这种误差是经常发生的，是正常的，而且一般为数不大。通常将会计估计所形成的误差在当期或以后的期间进行调整，而不属于前期损益调整项目。

当期发生的会计误差，包括当期由内部审计或外部审计发现的，也不是前期损益调整项目。例如，误用资料、计算错误、忽略当时存在的事实、会计科目使用不当、采用会计准则不允许的方法等，都会导致会计误差。这种误差的更正，只涉及当期损益，不影响前期留存收益。

当期发现与以前期间相关的非重大会计差错，理论上也应是前期损益调整项目，但根据重要性原则，实务上只调整与本期相关的项目。

会计政策变更所引起的累积影响也不是前期损益调整项目。会计政策变更是指企业对相同的交易或事项由原来采用的会计政策改用另一会计政策的行为。尽管进行会计核算应遵循可比性原则，但在法律或会计准则等行政法规、规章制度要求变更或者变更会计政策以后，能够使所提供的企业财务状况、经营成果和现金流量信息更为可靠、更为相关时，可以变更会计政策。因此，变更会计政策不是会计差错，不应归类为前期损益调整项目。然而，对会计政策变更的累积影响的处理，却有两种可供选择的方法：一是直接作为当期损益并在利润表中作为一个单独的项目列示；二是采用追溯调整法，即将会计政策变更的累积影响调整期初的未分配利润。我国现行会计准则要求，对会计政策变更应采用追溯调整法。从调整期初的留存收益这方面看，前期损益调整与会计政策变更的会计处理结果是大致相同的。唯一的差别就在前期损益调整使用“前期损益调整”账户予以反映，而会计政策变更则径直调整留存收益(包括盈余公积和未分配利润)。

【例 3】 2020 年，甲企业发现在 2019 年漏记一项固定资产的折旧费用 200 000 元，但在所得税申报表中扣除了该项目。假设适用的所得税税率为 25%，甲企业所得税会计处理方法采用资产负债表债务法，无其他纳税调整事项。甲企业按净利润的 10%提取法定盈余公积。

根据上述资料，甲企业的账务处理如下：

(1) 补提 2019 年折旧：

借：前期损益调整	200 000	
贷：累计折旧		200 000

(2) 调整所得税的影响：

借：递延所得税资产(200 000×25%)	50 000	
贷：前期损益调整		50 000

(3) 将“前期损益调整”账户余额转入留存收益：

借：利润分配——未分配利润	250 000	
贷：前期损益调整		150 000

(4) 调整提取的法定盈余公积：

借：盈余公积——法定盈余公积	25 000	
贷：利润分配——提取盈余公积		25 000

对以前年度损益的追溯重述，以及会计政策变更的追溯调整，在编制当年度的财务报表时，应调整资产负债表的年初数；利润表及所有者权益变动中的利润分配项目的上年数，也应进行相应调整。

追溯重述与追溯调整的进一步说明详见第十六章。

第四节　股利分配与股票分割

一、股利分配

税后利润在提取了法定盈余公积后，余下的部分应先发放优先股股利，然后依董事会决定提取任意盈余公积，再余下的税后利润加上以前年度累积的未分配利润即为可向普通股股东分配的利润或股利(dividends)。

(一) 影响股利政策的因素

投资者投资于企业，旨在谋取收益。因此，企业通常要依公司章程的规定，定期分配一定数额的股利给股东。发放股利通常是以现金形式，但也可以非现金形式发放。股利是否发放，以及用什么形式发放，虽然可由企业治理层作出决定，但受客观及主观上的许多制约因素的影响，企业治理层只能遵循当时的经济环境与法律环境作出有限的选择。一般认为，影响企业股利分配的因素主要有以下几个方面：

1. 法律上的限制

股份制的企业因投资者十分分散,为保障广大投资者的利益,各国的《公司法》均对公司的利润分配作了严格限制。一般认为,投入资本是债权人权益的安全边际。因此,企业不能以投入资本而只能以留存收益来分配股利,以此来保护债权人的利益。这一要求也就意味着当企业发生了累积亏损,即侵蚀了公司投入资本时,企业以后期间的盈利首先应当弥补亏损,而不应分配股利。

我国《公司法》规定的利润分配顺序及原因已在本章第一节做了说明,此处不再赘述。

对上市公司,2008 年 10 月 9 日,中国证监会发布了《关于修改上市公司现金分红若干规定的决定》,该规定要求,上市公司最近 3 年以现金方式累计分配的利润不少于最近 3 年实现的年均可分配利润的 30%。

对有限责任公司,股东按照实缴的出资比例分取红利,但全体股东约定不按照出资比例分取红利的除外;股份有限公司按照股东持有的股份比例分配,但股份有限公司章程规定不按持股比例分配的除外。

2. 债务契约的限制

企业的负债尤其是非流动负债,如发行债券或长期借款,在取得时通常需要签订债务合同,这些合同中往往载有限制企业分配股利的条款,以保护债权人的利益。常见的限制性条款包括:(1) 未来的股利只能以签订贷款合同之后的盈利来发放,即不能以过去的留存收益来发放;(2) 企业的营运资本应保持一定金额,若低于某一特定金额或比例,则不得发放股利;(3) 提拨基金或任意盈余公积以限制股利的发放。

3. 现金支付能力的限制

留存收益通常被投资于公司的资产中,过去所累积的利润总是以厂场设备、存货或其他各种资产的形式存在,而不是以现金形式持有。这样,企业若要发放股利,必然受制于其现金的支付能力。在留存收益十分充裕的前提下,企业的现金越多,支付股利的能力就越强;反之,就越弱。事实上,大部分发展中的企业,由于将大量的资金用于购置固定资产,扩大企业经营规模,都存在着资金流动性较差的问题。此类企业为了应付各种可能的扩张机会或意外情况,往往采取少发现金股利的策略。而那些较为成熟的企业,在投资机会减少的情况下,如果企业有较充裕的现金,便会采用多发现金股利的策略。此外,企业财务弹性较差的公司,即使有较充裕的现金,也会采取少发现金股利的策略。

4. 税收政策与股东要求的限制

国家的税收政策也影响到股利分配政策。例如,分配给股东个人的现金股利,需要缴纳个人所得税,而留存于企业的未分配利益则不需要缴纳个人所得税。此外,现金股利所得税率与股票转让所得税率的不一致,也会导致股东对股利的要求不是那么的强烈。因此,企业在制定股利分配政策时,应当考虑税收政策和股东的要求与偏好。

有关股利政策上理论的争议,可参见本系列教材《财务管理》中相关章节的说明。

(二) 股利的种类

通常所说的股利是现金股利,即以现金或银行存款向股东发放的股利,但企业有时也会发放非现金股利,如财产股利、负债股利及股票股利等。现分述如下:

1. 现金股利

现金股利是最常见的一种股利发放形式,也是投资者比较愿意得到的投资所得形式。

宣告了现金股利，就要向股东分派现金。董事会固然应着眼于企业长期的资金需要，保留足够的现金添置设备及偿付债务，但将股利长期压得太低，致使投资者丧失信心，直接或间接地影响公司股票的市价，会削弱公司的筹资能力，对企业不利。2000 年年末，中国证监会提出把现金分红作为上市公司再筹资的必要条件。2008 年 10 月，中国证监会修改了《上市公司证券发行管理办法》，要求最近 3 年以现金方式累计分配的利润不少于最近 3 年实现的年均可分配利润的 30%。

企业董事会应当权衡轻重，全盘考虑，制定出合理的股利分派方案。

现金股利有时候委托证券公司或银行代为发放。这时，应如数拨出一笔现款存入受托的证券公司或银行，专供发放股利之用。但这种业务，账面上并不反映，仅需作一备查记录。

在宣告发放现金股利后，如果财务发生了困难，陷入了无力偿付到期债务的窘境，包括不能如期支付已宣告的股利在内，则股东有权先行与其他有优先偿还权的债权人共同按比例分配企业的资产，因为这时股东因其拥有向企业索取股利的权利，而同时又成为企业的债权人，有权优先于股票分享企业的资产。

倘若董事会分配股利的宣告违反了国家的有关法律规定或与债权人签订的协议，则董事会的宣告就没有法律效力，企业也就不存在向股东分配股利的义务。在破产清算时，股东无权与债权人一起分享企业的资产。

已经宣告分配的股利都要借记"利润分配——向投资者分配利润(或股利)"账户，表示股利的分配减少了可供分配的利润。企业也可单设"股利"账户反映宣告和支付的股利，并在期末转入"利润分配——未分配利润"账户的借方。

【例 4】 甲企业的股本，分为 8%每股面值 100 元的优先股 10 000 股，以及面值 1 元的普通股 500 000 股。2019 年 12 月 18 日，甲企业董事会宣告分配现金股利，优先股每股 8 元，普通股每 10 股 1 元，股权登记截止日为 2019 年 12 月 22 日，凡在这一天之前拥有股权的股东有权收取当年分配的股利，股利发放的起讫日期为 2020 年 1 月 5 日至 18 日。

假定优先股分类为权益工具。

2019 年 12 月 18 日，甲企业在宣告分配现金股利时，应编制会计分录如下：

借：利润分配——向投资者分配股利	130 000	
贷：应付股利——应付优先股股利		80 000
——应付普通股股利		50 000

在股权登记日，甲企业不需要编制会计分录，只需根据股权登记日的有关资料，编制应派给现金股利的股东名册。这张股东名册，在股利委托证券公司或银行代发时，应交其掌握。

2020 年 1 月 5 日至 18 日，甲企业发放现金股利时，应编制会计分录如下：

借：应付股利——应付优先股股利	80 000	
——应付普通股股利	50 000	
贷：银行存款		130 000

2. *财产股利*

企业有时虽有留存收益，但无现金可供分配股利，这时可将现金之外的资产用于股利分配，称为财产股利。最常见的财产股利是以其他公司的证券代替现金发给股东。需要说明的是，这种财产股利应以公允价值作为入账基础，公允价值和账面价值的差额应作当期损益处理。公允价值的确定应以股利宣告日为基准,而不能以股利实际支付日为基准。这样确定公允价值的理由是用作股利分配的资产,在宣告之日起便已有了指定用途,企业不能因其市价的上下波动而获益或受损。

【例 5】 甲企业拥有乙企业 50 000 股 5%的优先股份,确认为交易性金融资产,账面价值为 128 000 元。2019 年 12 月 18 日,甲企业宣告发放股利,因现金不甚充裕,以企业拥有的 50 000 股乙企业优先股股票向股东发放。股利发放的起讫日期为 2020 年 1 月 5 日至 18 日。在宣告发放股利日,该批股票的公允价值为 160 000 元。有关会计分录如下:

(1) 2019 年 12 月 18 日,股利宣告日:

借:交易性金融资产	32 000	
贷:公允价值变动损益		32 000
借:利润分配——向投资者分配股利	160 000	
贷:应付股利——应付普通股股利		160 000

(2) 2020 年 1 月 5 日至 18 日,发放股利时:

借:应付股利——应付普通股股利	160 000	
贷:交易性金融资产		160 000

如果所分资产不易分割,或者企业有不少持有该公司少量零股的股东,则财产股利的分配较难进行。所以,财产股利实际上很少发生。

2013 年 4 月 3 日,南方食品(000716)七届九次董事会决定在公司股东中开展新产品品尝活动,具体为在股东大会股权登记日(2013 年 4 月 11 日)下午收市时登记在册的股东(除大股东黑五类集团外),每持有公司 1 000 股的股份发放 1 礼盒(12 罐装)黑芝麻乳产品品尝,广泛征集股东对公司新产品的意见。不过,南方食品随后又发布公告,认为这种分配不是财产股利。

3. 负债股利

有时企业已宣告了现金股利,但在股利发放期间,临时现金不足,难以支付。在这种特定情况下,出于无奈,可向股东开出短期应付票据,在约定的日期付款。这种股利实际上是负债股利,企业应将应付股利转为应付票据。抵作股利的票据,有的带息,有的则不带息,但按一般惯例,票据无论带息与否均以面值入账,待到期支付本息或期末结转时,利息部分作为公司的财务费用处理。

4. 股票股利

股票股利是指企业以增发股票的方式发放的股利。股票股利也就是人们通常所说的送股,如 10 送 1,即每持有 10 股可分得 1 股。与前述各种股利不同,企业宣告和分发股票股利时,既不影响公司的资产和负债,也不影响股东权益总额,它只是股东权益内部各项目之间发生的增减变动,即减少了留存收益项目,增加了投入资本项目。至于获得股票股利的股东,其所持股票数量虽有所增加,但其在企业中所占的权益份额同以前并无二致。

例如,某企业有股份 100 万股,共有 10 位股东,每位股东持股比例为 10%。2020 年度该企业宣告分配股票股利,送股比例为 10 送 2。这样,送股之后,该企业的股份共为 120 万股[100×(1+20%)],而每一股东的持股份额依然为 10%。可以看出,企业发放股票股利后,资产、负债及股东权益总额没有发生任何变化,唯一的变化就是股东权益内部各项目发生了变动。

从上面的分析可以看出，股票股利实质上是留存收益的凝固化，换言之，就是将留存收益转为投入资本，即仅是将原来属于股东所有的权益，多添几张股票加以证明而已。

企业分发股票股利可能出于以下几个方面的考虑：(1) 保留现金。当企业收益增长趋势令人乐观，而需要现金以扩展业务时，则股票股利是一种既不减少企业现金资产，又能使股东分享收益的两全其美的做法。不过，当企业过量发放股票股利时，这种让股东分享收益的做法就会过犹不及，即会导致每股市价的下跌。(2) 避免股东被课征所得税。股票股利在大多数国家并不认为是一种所得，因此股东可免缴个人所得税。此外，相比出售股票的所得，现金股利较高的个人所得税率也是人们青睐股票股利的原因之一。例如，我国自2013年1月1日起，对个人从公开发行和转让市场取得的上市公司股票，股息红利所得按持股时间长短实行差别化个人所得税政策。持股超过1年的，税负为5%；持股1个月至1年的，税负为10%；持股1个月以内的，税负为20%。而股票股利，只按照股票面额1元计算，支付20%的红利税，如持有1年以上再出售，股票上的资本利得税率就比较低。(3) 便于股票流通。类似于后文将要述及的股票分割，发放股票股利将增加流通在外的股数，从而使股票市价下降，有利于股票流通。在发放大量的股票股利时，这种影响尤为明显。

股票股利的宣告和发放，既不涉及资产的增减变动，又不会引起或导致损益，其会计处理的主要问题就是如何确定转入投入资本的数字，即到底是按股本面值，还是按股票的公允市价将留存收益结转为投入资本。

有人主张，发放股票股利，股票应按公允市价计价，因为股票可以流通，股东收到的股票股利，若需现款，随时可以抛售变现，实则股票股利与现金股利无异，差别仅在于股票股利不是企业将股票发行出去，用所得股款来支付现金股利，而是让股东自己持有并向市场出售，这是一个似是而非的诡辩。如果企业将股票发行出去，得到的则是股本款，这是不能任意动用的，更不能用来分配现金股利。况且，发放股票股利是与股东之间的关于所有者权益结构安排的更新，不是与外界交易，没有资产、负债的变动，不可能发生损益。此外，若是现金股利，股东得到股利后，其在企业中持有的份额并未减少；而在股票股利情况下，股东得到出售股票利得，则其企业中持有的份额就会减少。以市价计价(假定市价高于股票面值)，则无异于承认企业内部只要改变原来的结构安排，就可以从中产生利得。因为股票按市价计价，势必要回答：市价与面值之差是什么？以及贷方如何确认，即如果贷记资本公积，它就是股东溢价缴入的股款；若贷记盈余公积，则从盈余公积转出，又回到盈余公积，岂非自相矛盾？

如果发放股票股利的目的重在析股(股票分割)，那么按面值入账就是合乎情理的。不过，这种处理方法却会导致企业长期派发股票股利的行为，因为面值通常是微不足道的，即发放了足够数量的股票股利，结转出去的留存收益并不很多，从而不能抑制企业过量发放股票股利的行为。

实务上，只能采用折中的处理方法，即当企业发放的股票股利占原来股份数额的比例不大时，如20%或25%以下，称为小额股票股利，可采用按市价结转留存收益的方法。而当股票股利占股份总额的比例相当大时，即大额股票股利，则应按面值结转留存收益。发放大额股票股利时按面值结转留存收益，还因为在这种情况下，股票市价肯定会发生一定幅度的下跌。

根据我国相关制度的规定，企业发放股票股利，先应确定派送的金额，派送金额与派送新股面值总额的差额确认为资本公积。这样就回避了到底是按照面值结转还是按照公允价值结转留存收益的问题。

【例 6】 甲企业股本数为 1 000 万股,每股面值 1 元,股票市价为每股 1.5 元,留存收益为 1 800 000 元。3 月 18 日,企业股东大会通过了分配 10%股票股利的方案。4 月 5 日为股权登记日,5 月 10 日为股利发放日。其股票股利按公允市价处理时的有关会计分录如下(单位:万元):

(1) 3 月 18 日,宣告分配股票股利时:

借:利润分配——向投资者分配股利　　1 500
　贷:应付股利——应付股票股利　　1 500

(2) 5 月 10 日,发放股票股利时:

借:应付股利——应付股票股利　　1 500
　贷:股本——普通股本　　1 000
　　　资本公积——股本溢价　　500

若甲企业发放的是大额股票股利,则分录(1)中的应付股票股利只以面值记录,即 1 000 万元,在发放股票股利时,也不会出现贷记资本公积事项的发生。

股票股利是按股东持有的股份数发放的,当送股比例很低时,就难免出现不足一股的零股。例如,前述的 10 送 1,若股东持有的股份不足 10 股,股东就不一定能领取红股。即使超过 10 股,有的股东也可能持有的股份数不足 10 的倍数,也会出现零股。

处理零股的办法,可以将零股部分按股票的市价折算为现金发放;也可以由股东相互转售其零股部分的权利,集零为整。对零股的会计处理可参照上文"现金股利"部分的说明。

需要说明的是,应付股票股利不是负债概念,在编制资产负债表时,应将其列示于股东权益的股本项目下。

二、股票分割

当股票的价格达到了相当高的水平时,往往会影响到股票的流通。例如,1 股面值仅 1 元的股票如果达到了百元以上的高价,自然会让很多投资者望而却步,导致转手困难,交易呆滞。因此,为了满足投资者的需要,活跃市场交易,这类企业通常会将它们较大面值的股票改为较小面值。例如,将面值为 10 元的 1 股股票换成面值为 1 元的 10 股股票。将一张较大面值的股票换成几张甚至几十张较小面值的股票,这就是股票分割或股票拆细(stock split)。

我国《公司法》要求"股份有限公司的资本划分为股份,每一股的金额相等"(第 125 条),但未规定每一股股份的面值。20 世纪 80 年代,中国的股份公司的股票发行在股票面值和发行价格上的特点为:股票发行面值高,发行费用低。公司股票发行面值有 1 元、10 元、20 元、50 元、100 元、200 元共 6 种面值。最高为 200 元(1986 年、1987 年山东渤海股份有限公司发行等),最低的为 1 元(深圳万科 1988 年发行等)。如飞乐音响(600651),在 1990 年 12 月 19 日首次上市时,股票面值为 50 元,1992 年 12 月 10 日,拆细为每股 1 元。

目前,我国在沪深两市公开上市的企业股票面值基本上是 1 元,但也有像紫荆矿业(601899)股票面值为 0.1 元的上市公司。

股票分割不改变股东权益的总额,资本公积、留存收益均无增减变动。随着股份数的成倍上升,每股面值则相应地按比例减少。例如,面值 10 元的 1 股股票分割成 10 股后,其每股面值下降为1元。企业的注册资本也未有任何变化。因此，股票分割时只需在“股本”账户中作一备忘记录，注意分割后发行在外的股份数和每股面值，不必做任何正式分录。

【例7】 甲企业将原发行的每股面值为10元的普通股100 000股，按1∶10的比例予以分割，分割后的普通股每股面值1元。其分割成1 000 000股。分割前后的股东权益有关账户可对照如下：

	分割前	分割后
股本，面值为10元的普通股100 000股	1 000 000	
股本，面值为1元的普通股1 000 000股		1 000 000
资本公积	300 000	300 000
盈余公积	200 000	200 000
股东权益合计	1 500 000	1 500 000

股份数目因分割而成倍增加，势必使分割后的每股股票市价骤然下跌。前面已指出，企业分派大量股票股利，或因将资本公积转为股本而增发股票，都会导致与股票分割相同的效应。如分派100%的股票股利，股票股数增加1倍，这与将股票一股分割成两股并无不同。

股票股利与股票分割，虽然均不变动股东权益总额，仅增加股份总数，但两者之间还是存在着显著的区别。股票股利将使股本总额扩大，企业的留存收益减少，但每股面值却不变；而股票分割则不影响企业的留存收益及股本总额，仅使每股面值降低。从两者对市场的影响来看，股票分割必定导致股票的市价下跌，而股票股利则不然。例如，小额的股票股利对市价的影响就较小。但当企业发放大额的股票股利时，也肯定会导致股票市价的下跌，这与股票分割又相类似。

在有些特定的情况下，如为了保持股票市价处在预定的价位上浮动，对企业有利，则可能会采取反向分割即增加股票面值，同时等比例地减少股份数额的办法。不过，这种方法在实务中极为罕见。

有关留存收益的列报与披露，详见第十四章的说明，不赘述。

第五节　每股收益

一、每股收益的意义与局限性

股票公开上市公司的获利能力是现在和潜在的投资者十分关注的信息，而每股收益则是综合反映公司获利能力的重要指标。所谓“每股收益”(earnings per share, EPS)，是指普通股股东每持有一股股份能享有的企业净利润或需承担的净亏损，它是将企业某一期拥有的股份数与净收益(即税后利润或净利润)两个变量结合而成的一个指标，也称普通股每股净利或每股盈余。其中，股份数是指发行在外的普通股股数，在企业只有普通股而无权益性的金融工具(如优先股股票和永续债，为方便说明，以下均假定此类权益工具为优先股)时，其计算公式为：

$$每股收益=\frac{净收益}{发行在外普通股股数}$$

每股收益实质上是普通股每股收益。因此,如果企业还发行优先股股票,在计算每股收益时,应从净收益中扣除分派优先股的股利。企业的净利润扣除优先股的股利后才是归属于普通股股东的净利润。在有优先股的情况下,每股收益的计算公式为:

$$每股收益=\frac{净收益-优先股股利}{发行在外普通股股数}$$

同理,如果以合并财务报表为基础计算每股收益,公式中的净收益应当是归属于母公司普通股股东的当期合并净利润,即合并净利润扣除归属于少数股东利润后的余额。

每股收益信息可以用来判断管理部门的经营业绩,将企业获利能力综合表现为每股收益指标,使得不同规模、不同资本结构公司之间的业绩具有可比性,在其他条件一定的情况下,可将企业各期的每股收益进行比较,或将企业的每股收益与其他企业或平均的每股收益进行比较,以评定企业经营的优劣。

每股收益指标通常被认为是公司未来现金流量的综合指示器。并且,与其他财务指标不同的是,这一指标难以通过关联的数据分析比较而得出,通常需要由企业会计人员计算得出,它是企业财务报表信息的重要组成部分。中国证券监督管理委员会(以下简称中国证监会)在1995年和1996年分别颁布的《公开发行股票公司信息披露的内容与格式准则》第2号、第3号中特别规定,上市公司在其年度报告和中期报告中,均需呈报每股收益信息。在2001年1月19日中国证监会又颁布了《公开发行证券公司信息披露编报规则第9号——净资产收益率和每股收益的计算及披露》,对每股收益的计算又作了更加详细的规定。2007年2月2日及2010年1月11日,中国证监会对此项规定又进行了修订。

但从另一方面看,每股收益指标的高度综合性也产生了不可避免的局限性。

首先,每股收益中的主要参数是发行在外的股份数,但是,不同企业的每股净资产是不尽相同的,因此,每股收益高但每股净资产更高的企业,其获利能力并不见得就比其他企业好。因此,投资者在判断企业的经营业绩时,还应考虑诸如每股净资产之类的其他指标。中国证监会颁布的第9号编报规则要求同时披露每股收益和净资产收益率,其中的道理不言自明。

其次,每股收益并不能反映企业经营业务变化所蕴含的风险变化。假定两家企业每股收益相等,但两家企业经营业务所蕴含的风险肯定是不同的,而每股收益这一过于综合的指标实际上难以反映一家企业的经营特征。

此外,每股收益由各种财务数据综合而成,计算时含有一些主观估计和假定的因素,而且每股收益与股利、股价并不存在必然的联系,这会削弱每股收益信息的有用性。

二、简单资本结构下的每股收益——基本每股收益

从企业财务角度观察,通常将企业的资本结构分为简单资本结构和复杂资本结构两种。判断资本结构的简单还是复杂,取决于企业是否存在潜在稀释(也称摊薄、减匀)每股收益的有价证券。稀释,英文是dilution,原是一个化学名词,在此借用,意指假定可转换证券(包括可转换优先股和可转换债券)因持券人行使了转换权而转换成普通股,或假定认股权证和购股权证(以下简称权证)因持证人行使了购股权利而使发行在外普通股股数有所增加,从而使每股收益有所减少。稀释的反面称为反稀释,其结果是存在潜在稀释的可转换证券和权证而使每股收益有所增加。

简单资本结构，是指普通股股东权益中或者只保持一种股本——普通股，或者还包括那些非稀释潜在收益的有价证券。根据第33号国际会计准则，简单资本结构下的每股收益称为基本每股收益(primary earnings per share)。

基本每股收益只考虑当期实际发行在外的普通股股份，按照归属于普通股股东的当期净收益(或扣除非经常性损益后归属于普通股股东的净收益)除以当期实际发行在外普通股的加权平均数计算确定。

如前所述，简单资本结构下每股收益，即基本每股收益的计算公式为：

$$\text{基本每股收益}=\frac{\text{净收益}-\text{优先股股利}}{\text{发行在外普通股股数}}$$

然而，即使是简单资本结构，仍然有一些需要考虑的因素，因此，需要对上述基本计算公式加以调整。

以企业发行在外普通股股份数作为分母，意味着本期的净收益扣除优先股股利后的余额来源于与期末普通股股数相对应的资本，即普通股股数在本期内未有任何变化。但实际上这部分盈利是由整个会计期间相对应的实存资本所创造的，而实存资本在期内很可能发生增减变动，因此，分母应为普通股全年发行在外的加权平均股数。引起本期相对应的实存资本增减变化的因素主要有：

1. 新股发行或股份回购

当企业于年内扩充规模或合并其他企业而发行新股，或因收缩经营规模或调度资金收回本企业股票时，其加权平均发行在外的股数通常按月份分段计算。凡有股数增减的，即为一段计算期间，以该期间实际发行在外的股数换算为年度平均数，换算公式为：

$$\text{发行在外普通股加权平均数}=\frac{\text{发行在外股份数}\times\text{发行在外月份数}}{12}$$

上述换算公式中，如若某一股份是在月份中的某一天发行的，且发生频繁，实务上为简化计算，通常假定从次月开始计算。例如，某企业于5月20日发行新股，则该年度发行在外的月份数为7个月，即从6月开始至12月为止。

通过换算公式计算后，再将各段的换算结果相加，即为全年加权平均股数。

2. 发行股票股利、股票分割或缩股

企业派发股票股利、分割股票或缩股，在计算每股收益过程中都需要加以特殊考虑。因为在这种情况下，股份数发生了变化，但股东权益和净利润却未发生变化。所以，凡分派股票股利、股票分割或缩股，不论在年内何时发生，均应追溯调整，即视为1月1日已经发生。若企业于本年发行了新股，以后又发放了股票股利，或进行了股票分割或缩股，则相应部分也应视为新股发行日发生。若分派股票股利、股票分割或缩股以后，又发行了新股或将库存股等再发行，则新股仍按实际发行在外期间计算，折合为年度的股数；若本年没有发行新股或无库存股业务，则分派股票股利、股票分割或缩股无须进行发行在外期间加权。

每股收益计算公式中的分子，也需视优先股的类型加以调整：

(1) 若为非累积优先股，只有本年已宣告发放的优先股利才可从分子中扣除。

(2) 若为累积优先股，则当年优先股股利不论是否发放或宣告发放，均应从本年净利润中扣除，但当年补付以前年度累积的优先股股利则不能从本年净利润中扣除。

因此,在简单资本结构下,经过调整后的每股收益计算公式如下:

$$每股收益=\frac{净收益-相应的优先股股利}{发行在外普通股加权平均数}$$

中国证监会在其颁布的第9号编报规则中,要求采用如下方法计算加权平均每股收益:

$$加权平均每股股益(EPS)=\frac{P}{S_0+S_1+\frac{S_i\times M_i}{M_0}-\frac{S_j\times M_j}{M_0}-S_k}$$

式中:P 为归属于公司普通股股东的净利润或扣除非经常性损益后归属于普通股股东的净利润,为报告期净利润;

S 为发行在外的普通股加权平均数;

S_0 为期初股份总数;

S_1 为报告期因公积金转增股本或股票股利分配等增加股份数;

S_i 为报告期因发行新股或债转股等增加股份数;

S_j 为报告期因回购或缩股等减少股份数;

S_k 为报告期缩股数;

M_0 为报告期月份数;

M_i 为增加股份下一月份起至报告期期末的月份数;

M_j 为减少股份下一月份起至报告期期末的月份数。

【例8】 2020年,甲企业与股份相关的业务如下:

年初流通在外的普通股股数	240 000
2月25日按10%分派股票股利	24 000
3月20日购回库存股票	(9 000)
10月18日发行普通股	54 000
11月20日以1拆2的比例进行股票分割	309 000
年末发行在外的普通股股数	618 000

根据上述资料,2020年度甲企业发行在外的普通股加权平均股数可计算如下(见表15-1):

表15-1　新股、库存股、股票分割和股票股利对加权平均股数的影响

期间	实际流通在外股数	追溯调整倍数		等量股数	流通股权数	加权平均股数
		受股票股利影响	受股票分割影响			
1～2月	240 000	110%	2	528 000	2/12	88 000
3月	264 000		2	528 000	1/12	44 000
4～10月	255 000		2	510 000	7/12	297 500
11月	309 000		2	618 000	1/12	51 500
12月	618 000			618 000	1/12	51 500
全年流通在外加权平均股数						532 500

由于非经常性损益[①]是企业不能预期和控制的，因此，一般要计算扣除非经常性损益之后的每股收益。我国上市公司财务报告信息中要求披露归属于企业普通股股东的净利润以及扣除非经常性损益后归属于公司普通股股东的净利润这两种情况下的每股收益，但《企业会计准则第 34 号——每股收益》中只要求计算按照归属于普通股股东的当期净利润的每股收益。

三、复杂资本结构下的每股收益——稀释每股收益

（一）稀释每股收益概述

复杂资本结构是指上述简单资本结构之外的所有资本结构，具体指存在具有潜在稀释每股收益的有价证券情况下的资本结构。那些可能增加流通在外普通股股数即能稀释每股收益的有价证券一般包括可转换优先股、可转换债券、认股权证、购股权证以及其他能够届时转换或购买普通股的有价证券。考虑到复杂资本结构下对每股收益具有潜在稀释影响的每股收益，称为稀释每股收益(diluted earnings per share)。

具有潜在稀释影响的有价证券在被转换或行使之后，会增加发行在外普通股的数量和减少(稀释)每股收益。稀释每股收益的计算与前述基本的每股收益的计算相类似，其区别在于它考虑了对每股收益具有潜在稀释影响的有价证券的因素。图 15－2 列示了基本每股收益和稀释每股收益的关系。

需要注意的是，在计算稀释每股收益时，应以企业持续正常经营利润作为“控制数”，来判断其对每股收益稀释的影响。如果某企业发生了净损失，就会发生反稀释的效果，在计算

---

① 《公开发行证券的公司信息披露规范问答第 1 号——非经常性损益》(2007 年 2 月修订，2008 年 7 月重新修订)规定，非经常性损益是指公司发生的与主营业务和其他经营业务无直接关系，以及虽与主营业务和其他经营业务相关，但由于该交易或事项的性质、金额和发生频率，影响了正常反映公司经营、盈利能力的各项交易、事项产生的损益。

非经常性损益应包括以下项目：

(1) 非流动资产处置损益，包括已计提资产减值准备的转出部分；

(2) 越权审批或无正式批准文件的税收返还、减免；

(3) 计入当期损益的政府补助，但与公司主营业务密切相关，按照国家统一标准定额或定量持续享受的政府补助除外；

(4) 计入当期损益的对非金融企业收取的资金占用费，但经国家有关部门批准设立的有经营资格的金融机构对非金融企业收取的资金占用费除外；

(5) 企业取得子公司、联营企业及合营企业的投资成本小于取得投资时应享有被投资方可辨认净资产公允价值产生的收益；

(6) 非货币性资产交换损益；

(7) 委托投资损益；

(8) 因不可抗力因素，如遭受自然灾害而计提的各项资产减值准备；

(9) 债务重组损益；

(10) 企业重组费用，如安置职工的支出、整合费用等；

(11) 交易价格显失公允的交易产生的超过公允价值部分的损益；

(12) 同一控制下企业合并产生的子公司期初至合并日的当期净损益；

(13) 与公司主营业务无关的预计负债产生的损益；

(14) 除与公司主营业务相关的有效套期保值业务外，持有交易性金融资产、交易性金融负债产生的公允价值变动损益，以及处置交易性金融资产、交易性金融负债和其他债权投资或其他权益工具取得的投资收益；

(15) 单独进行减值测试的应收款项减值准备转回；

(16) 对外委托贷款取得的收益；

(17) 持有投资性房地产产生的公允价值变动损益；

(18) 根据税收、会计等法律、法规的要求对当期损益进行一次性调整对当期损益的影响；

(19) 受托经营取得的托管费收入；

(20) 除上述各项之外的其他营业外收支净额。

$$\underbrace{\underbrace{\text{每股收益}=\frac{\text{净收益}-\text{相应的优先股股利}}{\text{发行在外加权平均普通股股数}}}_{\text{基本每股收益(简单资本结构)}}-\text{可转换证券的影响(假设转换法)}-\text{权证的影响(库存股法)}}_{\text{稀释每股收益(复杂资本结构)}}$$

图 15-2　基本每股收益和稀释每股收益之间的关系

每股收益时,就应该排除在稀释每股收益计算之外,也即当出现净损失时,只有这些有价证券实际上已经转换为普通股时,才能作为计算每股收益的分母。

之所以需要计算稀释每股收益,主要基于实质重于形式和谨慎原则的考虑。例如,可转换证券的一部分价值实际上是体现在有关普通股的价值之上的。例如,当企业发行可转换证券时,发行价格往往明显高于同期相同利率(风险)水平的证券,如债券或优先股。投资者之所以会购买较一般证券收益率较低的可转换证券,是因为其预期会在普通股价值中获取回报。所以,这些有价证券尽管在形式上不是普通股,但通常含有能使持有人成为普通股股东的属性,因而在实质上等同于普通股,人们将这些有价证券称为约当普通股或标准普通股或普通股约当量。

此外,计算稀释每股收益也是及时性的要求,因为在财务报告实际披露之时,这些有价证券可能就已经转换成了普通股。

【例 9】　2020 年,甲企业税后净利润(假定均为持续经营的正常利润,下同)为 50 000 000 元,发行在外的股份为 20 000 000 股,但该年度甲企业还有发行在外的可转换债券可转换成普通股 4 000 000 股,可转换债券的年利息为 1 000 000 元。

根据上述资料,甲企业的基本每股收益为:

$$\text{基本每股收益}=\frac{50\ 000\ 000}{20\ 000\ 000}=2.5(\text{元/每股})$$

稀释每股收益是假定上述可转换债券已被转换成普通股,则普通股数就增加了 4 000 000 股(具有潜在稀释影响的有价证券均假定自年初开始就已转换或行使),由于已假设可转换债券转换成普通股,就不能再领取利息,因此,应将可转换债券的利息按扣税后的净额加回到本期净收益中,即分子为报告期净收益加上可转换债券的利息(考虑所得税的影响后)。本例中收益增加了 750 000 元[1 000 000×(1-25%),假定所得税税率为 25%]。据此,稀释每股收益为:

$$\text{稀释每股收益}=\frac{50\ 000\ 000+750\ 000}{20\ 000\ 000+4\ 000\ 000}=2.114\ 6(\text{元/每股})$$

在有些情况下,企业可能存在一些能增加每股收益或减少每股损失这类反稀释的有价证券。若出现反稀释效果,由于其与谨慎原则相悖,因此,就不应计算稀释的每股收益。续用上例,假定甲企业发行在外的股份为仍然为 20 000 000 股,但可转换债券能转换成普通股的股数为 1 400 000 股,每年的利息费用为 6 000 000 元(所得税税率为 25%)。则稀释每股收益为:

$$\text{稀释每股收益}=\frac{50\ 000\ 000+6\ 000\ 000-6\ 000\ 000\times 25\%}{20\ 000\ 000+1\ 400\ 000}\approx 2.546\ 7(\text{元/每股})$$

从计算结果可以看出，稀释的每股收益(2.546 7元/股)要大于基本每股收益(2.5元/股)。按规则，甲企业只需披露基本每股收益，而不必进行双重披露。

(二) 存在可转换证券情况下稀释的每股收益的计算

在计算稀释的每股收益时，对可转换证券可采用假定转换法。假定转换法假设可转换证券在会计期初或在发行时(在发行的年份)就被转换成了普通股。在这种方法下，由于假定可转换证券已被转换普通股，净收益自然也就需要予以调整。具体表现为，若为可转换债券，则净收益要加上债券的利息(扣除所得税的影响)；若为可转换优先股，则净收益要加上优先股的股利。

需要注意的是，若为可转换债券，需要调整的利息数字不应为票面名义利息，而是计入当期费用的实际利息，即

[当期实付利息－溢价摊销数(或＋折价摊销)]×(1－所得税税率)

由于优先股利是税后分配的，故优先股利的调整不需要考虑所得税的影响。

在计算分母的权数时，若为当年发行，则可转换证券的权数自发行的次月至会计期末；若在以前年度发行，均假定在年初就已被转换，即权重为1。

【例10】　2020年度，甲企业实现净利润32 000 000元，发行在外的普通股份为2 000 000股。除此之外，甲企业还有两种发行在外的可转换证券：一是以前年度发行的可转换累积优先股250 000股，每股约定的股利为1.5元，可以转换为500 000股普通股份；二是2020年5月初发行的可转换公司债券5 000 000元，利率为9%，该债券可转换成240 000股的普通股份。所得税税率为25%。

根据上述资料，甲企业的基本每股收益和稀释每股收益可分别计算如下：

$$\text{基本每股收益}=\frac{32\ 000\ 000-250\ 000\times 1.5}{20\ 000\ 000}=1.581\ 25(\text{元/每股})$$

$$\text{稀释每股收益}=\frac{32\ 000\ 000+5\ 000\ 000\times 9\%\times 2/3\times(1-25\%)}{20\ 000\ 000+5\ 000\ 000+2\ 400\ 000\times 2/3}=\frac{34\ 250\ 000}{26\ 600\ 000}$$

$$\approx 1.287\ 59(\text{元/每股})$$

(三) 存在权证情况下稀释的每股收益的计算

认股权证、购股权证等通常被视为具有潜在稀释效果的有价证券。具有潜在稀释效果的有价证券在转换成普通股时确实会减少每股持续正常经营净收益时，才能视为具有稀释性。前述认股权证、购股权证以及股票期权等，都具有稀释效果，在计算稀释每股收益时需要予以考虑。

在计算稀释的每股收益时，应采用库存股法考虑上述因素对每股收益的影响。

持证人行使购股权，会使公司增加发行在外的流通股，还会增加现金流入量。并且当持证人行使购股权时，行使价格会低于股票的平均市价。库存股法就是企业假定持证人在年初或发行日行使了购股权，然后将发行收入购入普通股作为库存股票。由于购入库存股票的平均市价会大于约定的行使价格，因此，将约定价格发行的收入是不能购回等量本企业股票的，两者之差实际上就增加了发行在外的普通股，在计算稀释每股收益时，分母中加权平均股票数量就应反映这一差量对每股收益的潜在影响。

【例11】　2020年度，甲企业实现净收益252 000 000元，发行在外的普通股为50 000 000股，流通在外的认股权证可认购普通股2 000 000股(以前年度发行)，每股认股价

格 20 元,甲企业股票的每股平均市价为 25 元。

根据以上资料,若假定所有的认股权证都被行使,则甲企业会取得 40 000 000 元(2 000 000×20)的发行收入,将发行收入按平均价格可以回购 1 600 000 股(40 000 000÷25)本企业的股份,这样,就增加了发行在外的流通股 400 000 股(2 000 000－1 600 000)。根据库存股法,甲企业的稀释每股收益可计算如下:

$$稀释每股收益=\frac{252\ 000\ 000}{50\ 000\ 000+400\ 000}=5(元/每股)$$

从计算结果可知,稀释的每股收益要小于基本的每股收益[252 000 000÷50 000 000=5.04(元/每股)]。显然,购股权证对每股收益具有潜在的稀释影响。

之所以采用库存股法计算稀释每股收益,是因为当股票市价大于约定的认购价格时,持证人极有可能行使这种权利,为稳健考虑,应将这一因素纳入每股收益的计算之中。而股票市价小于约定价格时持证人行使权利被认为是不符合逻辑的,并且,由于这种情况下会具有反稀释效果,根据前述规则,当存在反稀释效果(增加每股收益或减少每股损失)时,就不应披露稀释每股收益指标。

除上述权证外,其他一些具有稀释效果的金融工具也应纳入稀释每股收益的计算之中。例如,在一些收购要约中,企业可能约定当被收购方某一期间的净收益达到一定的数字时,会增加支付一定数量的普通股。在这种情况下,这一可能增发的普通股就应纳入稀释每股收益的计算之中。

(四) 将具有稀释性有价证券包括在加权平均股数计算中的顺序的确定

从前面的分析中可以看出,有诸多因素对每股收益都具有潜在的稀释影响。在这种情况下,为使基本每股收益稀释最大化,潜在的普通股的每次发行或每一系列发行应按所具稀释性最高到最低的顺序予以考虑。具体顺序如下:

第一步,计算出有对价发行的新增股份(是指潜在的具有稀释效果的有价证券假定按公允价值转换或发行了普通股)的每股收益;

第二步,将上述计算出的每股收益从小到大进行排序(从稀释角度看,每股收益小,稀释效果强);

第三步,将第一步计算出的最小的每股收益与基本每股收益进行比较,如基本每股收益大,则权证或可转换证券就具有稀释效果,就应将其纳入稀释每股收益的计算之中;反之,就没有稀释效果,则不应将其纳入稀释每股收益的计算之中。

其后的各项影响的测试与第三步相同,即选取第二最小的每股收益与包括第三步计算出的稀释每股收益进行比较,若前一步计算出的稀释每股收益大于这一数字,则证明其具有稀释效果,应将其纳入稀释每股收益的计算之中。

【例 12】 甲企业有以下三种具有潜在稀释效果的有价证券:

(1) 以前年度发行的购股权证,约定价格每股 20 元,可购入普通股 20 000 股,该股票全年每股平均市价为 25 元。

(2) 股利支付率为 8%的累积优先股,面值总计 20 000 元,可转换成普通股 2 000 股。

(3) 利率为 6%的可转换债券,可转换为 1 500 股普通股,该债券年利息费用为 450 元(减去所得税影响后)。

对于上述三种有价证券,(1)项中的购股权证若被行使,对利润的影响为 0,但可增加发行在外的普通股 20 000 股，故新增股份的每股收益为 0 元/每股(0÷20 000)。(2)项中的可转换优先股，若被转换成普通股，对利润的影响为 1 600 元(20 000×8%)，故新增股份的每股收益为 0.8 元/每股(1 600÷2 000)。(3)项中的可转换债券，若被转换成普通股，则会增加收益 450 元，增加发行在外的普通股份 1 500 股，故新增股份的每股收益为 0.3 元/每股(450÷1 500)。

根据以上计算结果，应按照(1)、(3)、(2)项的顺序排序，即按每股收益越小，稀释效果就越大的顺序排序。

假定甲企业基本每股收益为 0.4 元/每股，则(1)，即购股权证应纳入稀释每股收益的计算之中。考虑这一因素的影响后，稀释每股收益为：

$$稀释每股收益=\frac{6\,400+0}{16\,000+20\,000-20\,000\times 20/25}=\frac{6\,400}{20\,000}=0.32(元/每股)$$

再将上述(3)，即可转换债券纳入稀释每股收益的计算之中，则稀释每股收益为：

$$稀释每股收益=\frac{6\,400+450}{20\,000+1\,500}=\frac{6\,850}{21\,500}\approx 0.319(元/每股)$$

由于(2)，即可转换优先股增量的每股收益为 0.8 元，大于 0.319 元/每股，因此，它具有反稀释的效果，故不应将其纳入稀释每股收益的计算之中。可验证如下：

$$稀释每股收益=\frac{6\,850+1\,600}{21\,500+2\,000}=\frac{8\,450}{23\,500}\approx 0.36(元/每股)$$

与前述 0.319 元/每股相比，优先股若被转换，显然会具有反稀释效果，因此，在计算稀释每股收益时，就应将其排除在外。

综上所述，在发行可转换债券、股份期权、认股权证等稀释性潜在普通股的情况下，稀释每股收益可参照如下公式计算：

$$稀释每股收益=\frac{P+(已确认为费用的潜在普通股利息-转换费用)\times(1-所得税税率)}{S_0+S_1+\frac{S_i\times M_i}{M_0}-\frac{S_j\times M_j}{M_0}-S_k+认股权证、股份期权、可转换债券等增加的普通股加权平均股数}$$

其中，P 为归属于企业普通股股东的净利润或扣除非经常性损益后归属于企业普通股股东的净利润。企业在计算稀释每股收益时，应考虑所有稀释性潜在普通股的影响，直至稀释每股收益达到最小。

四、每股收益的列示与披露

企业的利润表应详细列示每股收益的有关指标。若为简单资本结构，只需披露基本每股收益的信息；若为复杂资本结构，则应进行双重披露，即既披露基本每股收益，还需要披露稀释每股收益。具体如表 15-2 所示。

表 15-2　每股收益的列示

报告期利润	每股收益	
	基本每股收益	稀释每股收益
归属于公司普通股股东的净利润		
扣除非经常性损益后归属于公司普通股股东的净利润		

企业还应当在附注中披露与每股收益有关的下列信息：

(1) 基本每股收益和稀释每股收益分子、分母的计算过程。

(2) 列报期间不具有稀释性但以后期间很可能具有稀释性的潜在普通股。

(3) 在资产负债表日至财务报告批准报出日之间，企业发行在外普通股或潜在普通股股数发生重大变化的情况。

思考题

1. 留存收益由哪几个项目构成？其各自的含义又是什么？

2. 试说明税后利润分配的顺序。在分派股利以前先提取法定盈余公积的理由何在？

3. “任意盈余公积是公司董事会根据实际经营需要任意提取的，其数额不受限制。”试评价这一说法的正确性。

4. 企业的累积盈余公积能否分派现金股利？为什么？有关法规对分派股利有何限制？

5. “股票股利和现金股利都是公司发给股东的股利，股东都能因此而得实惠，所以两者本质上没有区别。”对此，请说说你的看法。

6. 股票股利的计价方法有两种主张，一是按面值计价，二是按市价计价。你认为应按何种方法计价？为什么？

7. 试阐述股票股利和股票分割的区别和联系。

8. 试阐述每股收益的意义与局限性。

9. 为什么在计算基本每股收益的同时，还需要计算稀释每股收益？（或每股收益为什么要进行双重列示?）

10. 何谓稀释与反稀释？为什么在计算稀释每股收益时，具有反稀释效果的因素应排除在每股收益的计算之外？

11. 什么是假定转换法和库存股法？说明这两种方法的应用。

12. 简述存在多种具有稀释影响的有价证券时，计算稀释每股收益的顺序。

阅读材料

1. 财政部：《企业会计准则第 30 号——财务报表列报》，2014 年。

2. 财政部：《企业会计准则——基本准则》，2014 年。

3. 财政部：《企业会计准则第 34 号——每股收益》，2006 年。

4. 中国证监会：《公开发行证券的公司信息披露编报规则第 9 号——净资产收益率和每股收益的计算及披露》，2010 年。

5. 中国证监会：《公开发行证券的公司信息披露规范问答第 1 号——非经常性损益》，2008 年。

6. 国际会计准则委员会：《国际会计准则第 33 号——每股收益》，1998 年。

练习题

练习一

一、目的：分析影响所有者权益的交易。

二、资料和要求：试根据表 15-3 中的各种交易，分别用符号“+”“-”及“0”表示其对资产、负债及所有者权益各项目的增加、减少或没有影响。

表 15－3　　　　各项交易对资产负债表各项目的影响

项　　目	资　产	负　债	所　有　者　权　益			
			投入资本	资本公积	盈余公积	留存收益
(1) 本期税后利润						
(2) 宣布现金股利						
(3) 支付现金股利						
(4) 宣布股票股利						
(5) 支付股票股利						
(6) 股票分割为 1∶2						
(7) 前期损益调整，更正资产低估						
(8) 前期损益调整，更正负债高估						
(9) 留存收益拨定						
(10) 转回拨定的留存收益						
(11) 宣布负债股利						
(12) 宣布支付负债股利						
(13) 以前发行的零股凭证失效作废						
(14) 以低于原始发行价购入库存股本（面值法）						
(15) 以高于面值的价格出售库存股						

练习二

一、目的：练习留存收益的计算。

二、资料：2018 年年末，甲企业“利润分配——未分配利润”账户余额为 100 000 元，2019 年度，甲企业发生如下影响“未分配利润”账户的交易和事项：

(1) 2019 年度，实现税后利润 62 000 元。

(2) 宣告分派现金股利 28 000 元。

(3) 以成本 10 000 元购买库存股（面值 6 000 元），采用面值法，该股票按面值发行。

(4) 宣告并发放股票股利 3 200 元（面值 3 000 元）。

(5) 以 8 000 元的价格将上述(3)库存股出售。

(6) 为可能的投资损失作留存收益拨定 4 500 元。

(7) 宣告普通股票分割，将 10 000 股每股面值 3 元的股份，1 股分为 3 股。

(8) 更正 2018 年度的会计错误，更正分录为：

借：固定资产　　12 000

　贷：累计折旧　　4 000

　　　前期损益调整　　8 000

三、要求：假定甲企业的所得税税率为 25%，计算甲企业 2019 年年末“利润分配——未分配利润”账户的余额。

练习三

一、目的：练习股利分派的计算。

二、资料：

甲企业于2019年创立，2019～2023年，甲企业实现净利润(发生净亏损)的情况如下(单位：元)：

2019年	150 000(净损失)
2020年	130 000(净损失)
2021年	120 000(净损失)
2022年	250 000(净利润)
2023年	1 000 000(净利润)

2023年12月31日，甲企业投入资本账户余额如下(单位：元)：

普通股本，每股面值10元，核定100 000股，发行在外50 000股	500 000
优先股本，每股面值100元，额定股利率为4%，非累积非参加，核定并发行在外1 000股	100 000
优先股本，每股面值100元，额定股利率为8%，累积全部参加，核定并发行在外10 000股	1 000 000

5年间，甲企业未曾发放过现金及股票股利，自开业以来，投入资本账户未发生增减变动。按有关规定，法定盈余公积的提取不得低于核定资本的25%。

假定上述优先股均分类为权益工具。

三、要求：

(1) 计算留存收益中可用于分派的最高股利额。

(2) 列表计算每股股份的可分配的股利。

练习四

一、目的：练习股利及其留存收益拨定的计算。

二、资料：

2018年12月31日，甲企业所有者权益的资料如下(单位：元)：

优先股本，每股面值100元，额定股利率为4%，核定10 000股，发行在外5 000股	500 000
优先股本溢价	7 500
普通股本，每股面值15元，核定100 000股，发行在外50 000股	750 000
盈余公积——扩建厂房拨定	150 000
盈余公积——赎回公司债拨定	200 000
未分配利润	600 000
所有者权益合计	2 207 500

2019年度，甲企业发生如下与留存收益相关的交易或事项：

(1) 3月20日，宣布发放半年的优先股股利。

(2) 4月1日，支付上述股利。

(3) 6月15日，宣布发放半年的普通股股利，每股为0.40元。

(4) 7月10日，支付普通股股利。

(5) 9月20日，宣布发放优先股股利，数额同3月20日宣告发放的数字。

(6) 10月8日，支付上述优先股股利。

(7) 11月15日，董事会决定以下各项留存收益的拨定：

① 再拨定扩厂用留存收益50 000元；

② 拨定赎回公司债留存利润50 000元；

③ 拨定或有负债留存利润 25 000 元。

(8) 12 月 15 日，宣布发放普通股股利，数额与(3)项中的相同，并将于 2020 年 1 月 10 日支付。同日，又宣布发放 10%发行在外的普通股股票股利，股东登记日为 12 月 20 日，于 2020 年 1 月 20 日支付，宣布日的股票市价为每股 20 元。

三、假定上述优先股分类为权益工具，要求：

(1) 为上述交易或事项编制会计分录。

(2) 编制 2019 年 12 月 31 日部分资产负债表——所有者权益项目(其中 2019 年度甲企业实现净利润 165 000 元)。

练习五

一、目的：分析、更正所有者权益账务处理的错误。

二、资料：甲企业于 2017 年 1 月 1 日建立，不久便开始营业。由于该企业会计人员未受过会计职业训练，从 2017～2019 年，他编制的资产负债表只列示所有者权益的数额，分别为 137 700 元、156 000 元和 185 000 元。同时简明利润表报告：2017 年净损失为 17 500 元，2018 年净利润为 12 000 元，2019 年净利润为 40 930 元(包括累计利润 35 430 元)。企业总经理向董事会提出按累计利润 35 430 元这一基数于 2020 年 1 月发放现金股利 35 000 元。有的董事对此提出异议，因为企业的财务报表从来没经审计且又存在某些错误。假定企业财务主管请你参加这次有关财务报表的分析与更正工作，并提供这位簿记员所记录的所有者权益数据(见表 15 - 4)。

表 15 - 4　　甲企业所有者权益　　单位：元

2017 年，净损失	17 500	2017 年，普通股本，面值为 5 元，已发行 20 000 股	160 000
2018 年，购入本公司股票 200 股	2 000	2018 年，净利润(包括土地评估增值 10 000 元)	22 000
折旧费用 2017 年，1 500 元 2018 年，1 700 元 2019 年，2 300 元	5 500	发行普通股 200 股 2019 年，出售本公司股票 30 股 2019 年，净利润	1 800 270 40 930
现金短缺 2017 年，2 000 元 2018 年，2 500 元 2019 年，500 元	5 000		
2019 年，借给企业总经理现金	10 000		
	40 000		225 000

三、要求：

财务主管要求你回答如下问题：

(1) 可用于分派现金股利的未分配利润为多少？(假设无须提取盈余公积，并且上述数字计算均正确)

(2) 若未分配利润全部用于分派现金股利，试编制宣告分配股利与支付股利时的会计分录。

(3) 若未分配利润暂且不分派股利，分析所有者权益账户，根据交易的性质，试编制必要的更正分录(库存股采用成本法)。

练习六

一、目的：练习股票分割条件下普通股加权平均数的计算。

二、资料：2019 年，甲企业实现净利润 620 000 元，年初发行在外的普通股为 200 000 股，5 月 1 日又发行普通股票 30 000 股。11 月 1 日，回购本公司股份 6 000 股。12 月 1 日，甲企业宣布对股票进行分割，分割比例为1拆2。

除普通股外,甲企业还有面值100元、8%累积不可转换优先股40 000股,该优先股是以前年度发行的。假定该优先股分类为权益工具。

三、要求:计算甲企业2019年度基本每股收益,并列示普通股加权平均数是如何计算得出的(约定:加权计算以实际月份计算)。

练习七

一、目的:练习稀释每股收益的计算。

二、资料:2018年12月31日,甲企业发行在外的普通股为600 000股,2019年10月1日,又发行普通股80 000股。此外,甲企业还于2012年12月31日按面值发行了利率8%、面值10 000 000元的可转换公司债券,该债券可转换成225 000股普通股。2013年未发生可转换债券转换成普通股的业务。2019年度,甲企业税后利润为4 000 000元。假定所得税税率为25%。

三、要求:根据上述资料,计算甲企业2019年度的稀释每股收益。

练习八

一、目的:练习假定转换法的运用。

二、资料:甲企业发行在外的普通股为10 000股,此外还发行了期限20年、利率8%、面值1 000元的可转换公司债券30 000元(面值)。每份可转换公司债券可转换为100份普通股份。该可转换公司债券于2012年按97%的价格发行,折价摊销采用直线法。2019年,甲企业的税后利润为125 000元,企业的所得税税率为25%。

三、要求:为甲企业计算2019年度的基本每股收益和稀释每股收益。

练习九

一、目的:练习存在各种权证下稀释每股收益的计算。

二、资料:甲企业以前年度发行在外的普通股为200 000股,2019年,甲企业的税后净利润为520 000元,其中已扣除不可转换公司债券利息费用20 000元。有关各种权证的资料如下:

(1) A种购股权证可按每股29元的价格购买5 000股普通股份。该购股权证当年没有被行使。

(2) B种购股权证是在以前年度发行的,可按每股26元的价格购买普通股3 000元,至2019年5月31日失效。该购股权证从未有人行使。

(3) 甲企业为高级管理人员提供了红利计划,该计划约定当净利润达到600 000元以后,其超过部分会发行相应的购股权证。

2017年,由于完成了600 000元的净利润指标,发行了甲种购股权证,约定可按每股24元的价格购取普通股1 000股。该购股权证有效期为10年。至2019年年底,未被行使。

2018年,由于净利润指标又被完成,发行了乙种购股权证,约定可按每股28元的价格购买普通股1 500股,有效期为10年,至2019年年底,该购股权证也未被行使。

2019年度,甲企业股票的每股平均市价为30元,年终收盘价为每股31元。

三、要求:计算甲企业的稀释每股收益。

练习十

一、目的:练习稀释每股收益的计算。

二、资料:甲企业为上市公司,2017～2019年的有关资料如下:

(1) 2017年1月1日发行在外普通股股数为82 000万股。

(2) 2017年5月31日,经股东大会同意并经相关监管部门核准,甲企业以2017年5月20日为股权登记日,向全体股东每10股发放1.5份认股权证,共计发放12 300万份认股权证,每份认股权证可以在2018年5月31日按照每股6元的价格认购1股甲企业普通股。

2018 年 5 月 31 日，认股权证持有人全部行权，甲企业收到认股权证持有人缴纳的股款 73 800 万元。2018 年 6 月 1 日，甲企业办理完成工商变更登记，将注册资本变更为 94 300 万元。

(3) 2019 年 9 月 25 日，经股东大会批准，甲企业以 2019 年 6 月 30 日股份 94 300 万股为基数，向全体股东每 10 股派发 2 股股票股利。

(4) 甲企业归属于普通股股东的净利润 2017 年度为 36 000 万元，2018 年度为 54 000 万元，2019 年度为 40 000 万元。

(5) 甲企业股票 2017 年 6 月至 12 月平均市场价格为每股 10 元，2018 年 1 月至 5 月平均市场价格为每股 12 元。

假定不存在其他股份变动因素。

三、要求：

(1) 计算甲企业 2017 年度利润表中列示的基本每股收益和稀释每股收益。

(2) 计算甲企业 2018 年度利润表中列示的基本每股收益和稀释每股收益。

(3) 计算甲企业 2019 年度利润表中列示的基本每股收益和稀释每股收益以及经重新计算的比较数据。

第六篇

财 务 报 告

第六章

第十六章
财务报告

学习提要

财务报告，或称财务会计报告，是指企业对外提供的反映企业某一特定日期的财务状况和某一会计期间的经营成果、现金流量等会计信息的文件。

企业的财务报告应当包括财务报表及其附注和其他应当在财务报告中披露的相关信息和资料，其中财务报表至少应当包括资产负债表、利润表、所有者(股东)权益变动表、现金流量表和附注等。

企业的财务报表是对企业财务状况、经营成果和现金流量的结构性表述，为保证同一企业不同期间和同一期间不同企业的财务报表相互可比，各企业的财务报表列报应遵守一定的原则。

资产负债表是反映企业一定日期全部资产、负债和所有者权益情况的静态报表。它具有解释、评价和预测企业偿债能力等作用。

资产负债表应按流动性进行分类和列报。其格式有账户式和报告式等方式。

为说明资产负债表某些重要项目的构成，还应以文字和数字描述相结合的附注形式对资产负债表重要项目进行揭示，如资产减值明细表、应付职工薪酬明细表等。

利润表是反映企业一定期间经营成果的报表。它具有评价和预测企业经营成果和获利能力等作用。

利润表中利润量度的确定与所依恃收益概念的不同而有所不同。在很长一段时间内，企业主要采用收入费用观(也称交易观)，即通过收入和费用的配比来确定某一期间的收益量度和收益。随着经济的发展，目前采用资产负债观来确定收益已成主流范式，但对收益量度中的主要营业活动所产生的收益，还是遵从了收入费用观。

有关利润表包括的内容也存在着不同的观点，即当期营业观与损益满计观。我国实务中采用的是损益满计观，但已经向综合收益观方向发展。

为了完整与多角度地反映企业在一定期间利润(或亏损)的实际情况，利润表各项目的披露有两种方式：费用功能法与费用性质法。我国利润表的编制采用的是费用功能法，它是对影响本期净利润(或亏损)项目进行多步骤分类和计算的方法，利润表的附注信息则以费用性质法披露。利润表附注信息中需要披露的重要项目有：营业收入项目的构成、按费用性质法披露的各项费用表、终止经营的各项收入与费用表、分部报告与分部收入信息。

现金流量表是以现金流入与流出，汇总说明企业在报告期内经营活动、投资活动与筹资活动的动态报表。它是随着经济发展和社会各界对现金信息的需要而逐渐拓展出来的,对资本市场的健康发展具有重要影响。

现金流量表中的现金概念即为编表基础,其含义是广义的,包括现金及现金等价物。

现金流量可分为三类,即经营活动的现金流量、投资活动的现金流量和筹资活动的现金流量。其中,经营活动的现金流量又有直接法和间接法两种表述方式。

现金流量表可通过编制工作底稿或“T”形账户等方法进行编制。

所有者权益变动表是反映构成所有者权益各组成部分当期增减变动情况的报表,通常以矩阵形式列报。

正确地编制财务报告,还需要考虑或有事项、会计变更、前期重大差错以及资产负债表日后事项的影响。

为帮助财务报告用户更好地理解财务报表,企业需要根据要求,在财务报表附注中披露相关信息。

通过本章学习,读者应当了解财务报表编制的一般性要求,应当熟练掌握利润表、资产负债表、现金流量表、所有者权益变动表的意义、作用及各项目的填列,掌握编制财务报表中的会计调整事项以及财务报表附注中的披露事项。

第一节 财务报告概述

一、财务报告的作用及种类

(一) 财务报告及其作用

财务报告(financial reporting),或称财务会计报告(financial accounting reporting),是指企业对外提供的反映企业某一特定日期的财务状况和某一会计期间的经营成果、现金流量等会计信息的文件。

诚如第二章有关财务报告的基本目标所言,企业的财务报告能够反映企业的财务状况、经营成果和现金流量等有关的会计信息,能够反映企业管理层受托责任的履行情况,有助于财务报告使用者作出经济决策。

财务报告的使用者包括投资者、债权人、政府及其有关部门和社会公众等,这些使用者会借助企业所提供的财务报告,解释、评价和预测企业的偿债能力和获利能力,以决定其购买、出售或持有等方面的经济决策。

具有一定信息质量的会计信息能够有助于社会资源的有效配置,对增加社会财富具有十分积极的作用。

(二) 财务报告的种类

企业的财务报告应当包括财务报表及其附注和其他应当在财务报告中披露的相关信息和资料,其中财务报表至少应当包括资产负债表、利润表、所有者(股东)权益变动表、现金流量表和附注等。

利润表是指反映企业在一定会计期间的经营成果的会计报表,它是一张动态报表。

资产负债表是指反映企业在某一特定时期的财务状况的会计报表,它是一张静态报表。

所有者(股东)权益变动表是指反映企业在一定会计间的所有者权益各组成部分增减变动情况的会计报表,它是一张动态报表。

现金流量表是指反映企业在一定会计期间的现金和现金等价物流入和流出的会计报表,它也是一张动态报表。

附注是指对在财务报表列示项目所作的进一步说明,以及未能在这些报表中列示项目的说明等。

基于成本效益的考虑,小企业编制的财务报表可以不包括所有者权益变动表。

存在控制关系的母子公司,母公司还应当编制合并财务报表。合并财务报表至少也应当包括合并资产负债表、合并利润表、合并所有者(股东)权益变动表及合并现金流量表。

企业财务报表按其涵盖的期间还可以分为年度财务报表(简称年报)和中期财务报表(简称中报)。其中,中期财务报表是指短于一个完整会计年度的报告期间的会计报表,具体可以是1个月、1个季度或者半年,也可以是其他短于一个会计年度的期间,如1月1日至9月30日的期间等。

二、财务报表列报的一般原则

企业的财务报表是对企业财务状况、经营成果和现金流量的结构性表述,为保证同一企业不同期间和同一期间不同企业的财务报表相互可比,各企业的财务报表列报应遵守一定的原则。现分述如下:

(1) 企业应当以持续经营为基础,根据实际发生的交易和事项,按照企业会计准则的要求进行确认和计量,在此基础上编制财务报表。企业不应当以附注披露代替确认和计量。

会计的确认和计量要求均是在持续经营假设的前提下作出的,因此,企业管理层应当在考虑市场经营风险、企业盈利能力、偿债能力、财务弹性以及企业管理层改变经营政策的意向等的基础上,判断和评价企业的持续经营能力,如果以持续经营为基础编制财务报表已不再合理,企业应当采用其他基础,如清算基础等编制财务报表,并在附注中披露这一事实。

财务报表所反映的必须是企业实际发生的交易和事项,应当如实反映符合确认和计量要求的各项会计要素及其他相关信息,保证会计信息真实可靠、内容完整。

(2) 除下列情况外,财务报表项目的列报应当在各个会计期间保持一致,不得随意变更:

① 企业会计准则要求改变财务报表项目的列报。

② 企业经营业务的性质发生重大变化后,变更财务报表项目的列报能够提供更可靠、更相关的会计信息。

不同企业的同一期间以及同一企业不同期间的财务报表项目如果不具有可比性,财务报表的使用者就无从作出比较和判断,财务报表的信息就不再具有信息含量,就无助于报表使用者作出经济决策。

(3) 在编制财务报表的过程中,企业应当考虑报表项目的重要性。所谓“重要性”,是指财务报表使用者对财务报表某项目错报和漏报的可容忍程度。即财务报表某项目的省略或错报会影响使用者据此作出经济决策的,该项目具有重要性。重要性会因企业所处环境的不同而有所不同,因此,企业应当从项目的性质和金额大小两个方面判断哪些项目应当单独列报,哪些项目可以合并列报。

例如,对于功能和性质完全不同的项目,如存货、长期股权投资、固定资产等,应当在财务报表中单独列报;对于性质或功能类似的项目,应当视其重要性大小决定是单独列报还是合并列报,如营业收入,如果认为其他业务收入十分重要,就应当在财务报表中单独列报其他业务收入,如原材料、库存商品等,可以合并列示为存货项目。

(4) 财务报表中的资产项目和负债项目、收入项目和费用项目的金额不得相互抵销,但满足抵销条件的除外。由于资产和负债是两个不同的概念,收入与费用分开列示具有不同的经济意义,因此,项目之间不得相互抵销。

如果金融资产和金融负债同时满足下列条件,应当以相互抵销后的净额在资产负债表中列示:① 企业具有抵销已确认金额的法定权利,且该种法定权利现在是可执行的。所谓抵销的法定权利,主要是指债权人根据相关合同或规定,可以用其欠债权人的金额抵销应收同一债权人债权的权利。例如,企业委托券商发行证券,合同约定可以以发行总收入减去收取的发行费用后的净额结算,对券商而言,发行总收入是金融负债,而收取发行费用则是金融资产,两个项目的金额可以相互抵销。② 企业计划以净额结算,或者同时变现该金融资产和清偿该金融负债。例如,两家存在长期购销关系的企业,双方签订的合同约定,双方的往来款项以净额结算。

企业的财务报表,有些要求以净额列示,但不属于抵销。这些情况主要包括:① 资产项目以扣除减值准备后的净额列示,这实际上是资产概念的本质要求,即未来带来现金流量的能力。② 非日常活动产生的损益,如出售固定资产的净收益,应当以收入扣减费用后的净额列示,因其是因偶发性业务所发生,且交易并不遵循配比的要求,因此不属于抵销。

(5) 当期财务报表的列报,至少应当提供所有列报项目上一可比会计期间的比较数据,以及与理解当期财务报表相关的说明。此外,如果本期间财务报表项目的列报发生变更的,应当对上期比较数据按照当期的列报要求进行追溯调整,并在附注中披露调整的原因和性质以及被调整各项目的金额。如果难以进行追溯调整,则应在附注中披露不能调整的原因。

(6) 企业应当在财务报表的显著位置至少披露下列各项内容:

① 编制企业的名称;

② 资产负债表日或财务报表涵盖的会计期间;

③ 人民币金额单位;

④ 财务报表若是合并报表,应当予以说明。

(7) 企业至少应当按年编制财务报表。年度财务报表涵盖期间短于 1 年的,应当披露年度财务报表的涵盖期间以及短于 1 年的原因。

除现金流量信息外,企业应当按照权责发生制编制财务报表。

三、基本财务报表之间的勾稽关系

如前所述,企业的财务报表包括资产负债表、利润表、所有者权益变动表和现金流量表。这四张基本财务报表,只是从不同的角度反映一个会计主体的不同侧面,即"横看成岭侧成峰",尽管不能认为它们之间能够彼此替代,但要全面地理解一个会计主体,应当将四张基本财务报表综合在一起进行分析,否则只会"一叶障目,不见泰山"。

由于采用了复式簿记,四张基本财务报表之间存在着明显的勾稽关系。如果没有所有者投入资本(包括利润分配)的影响,期初的资产负债表加上本期利润表影响,就构成了期末资产负债表。而资产负债表各项目的分布，通常又可以用现金流量表来解释，即认为资产负债表中各项目的变化都是由现金转换而来的。本期利润表的增量会导致所有者权益总额及各组成部分的变化。

下面用一简例来说明四张基本财务报表之间的勾稽关系。

【例 1】　甲企业期初资产负债表资料如图 16－1 所示(见期初资产负债表部分)。

甲企业本期发生如下经济业务：

(1) 所有者投入现金 5 000 元。

(2) 购入商品 2 000 元，其中用现金支付 500 元。

(3) 销售商品 3 000 元，其中收到现金 2 000 元。销售成本为 1 500 元。

(4) 用现金购入固定资产 2 000 元。

截至期末，甲企业四张基本财务报表之间的勾稽关系如图 16－1 所示。

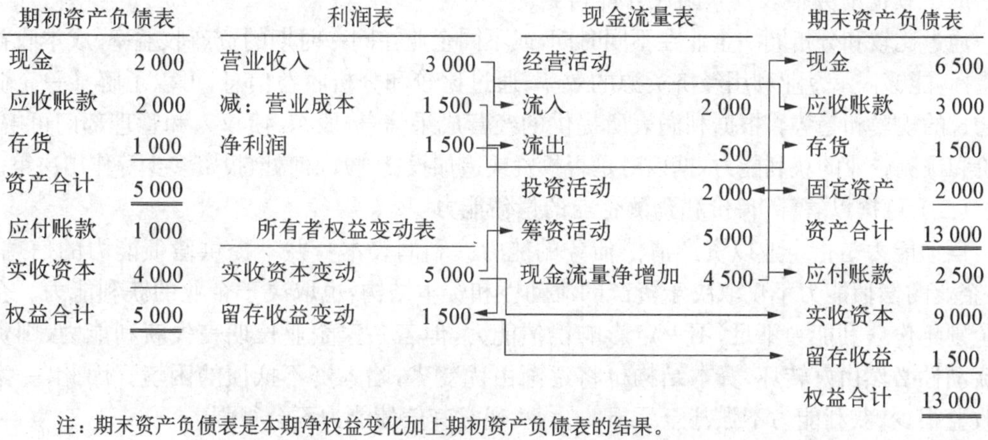

注：期末资产负债表是本期净权益变化加上期初资产负债表的结果。

图 16－1　四张基本财务报表的勾稽关系

从图 16－1 中可以看出四张基本财务报表之间的勾稽关系。资产负债表从会计等式的扩展中说明了各项业务对一个会计主体资产、负债和所有者权益的影响；利润表则从收入和费用角度说明了由产生利润的业务导致的一个会计主体财务状况(资产、负债和所有者权益)的变化，而由此产生的净利润数额代表了所有者在企业权益中的增加；现金流量表则从企业的经营活动、投资活动和筹资活动的角度说明了一个会计期间内现金的增加和减少的方式，现金的增加和减少导致企业财务状况的分布发生了变化。简单地说，如果不考虑资产负债表的权益方的变化，仅就资产而言，现金减少就会导致非现金资产的增加(如用现金购买商品)，如两者之间不相等(如将商品加价出售给客户)，之后自然导致损益的变动，诸如此类，可以类推。

第二节　利润表

一、利润表的重要性

利润表(income statement)是反映企业一定期间经营成果的报表，具体包括营业收入、成本、费用、税金、投资净收益、营业外收支和净利润或净损失等项目。编制利润表的主要目的是将企业经营成果的信息,提供给报表用户,以供他们作为决策的依据或参考。

利润表的重要性主要表现为以下几个方面:

(一)可据以解释、评价和预测企业的经营成果和获利能力

经营成果通常是指以营业收入、其他收入和非常利得扣除成本、费用、税金、非常损失等项目后的差额所表示的净利润(或净损失)的信息。经营成果是一个绝对值指标,可以反映企业财富增长的规模。获利能力是一个相对值指标,是指企业运用一定经济资源(如人力、物力)获取经营成果的能力。在这里,经济资源可以因报表用户的不同需要而有所区别,它可以是资产总额、净资产,也可以是资产的耗费(成本或费用),还可以是投入的人力(如职工人数)等。因此,衡量获利能力的指标包括总资产收益率、净资产收益率、成本收益率以及人均实现收益等指标。经营成果的信息直接由利润表反映,而获利能力的信息除利润表外,还要借助于其他财务报表及其附注才能得到。

通过比较和分析同一企业在不同时期,或不同企业在同一时期的资产收益率、成本收益率等指标,能够揭示企业利用经济资源的效率;通过比较和分析收益信息,可以了解某一企业收益增长的规模和趋势。根据利润表所提供的经营成果信息,股东、债权人和管理部门可解释、评价和预测企业的获利能力,据以对是否投资或追加投资、投向何处、投资多少等作出决策。

(二)可据以解释、评价和预测企业的偿债能力

偿债能力是指企业以资产清偿债务的能力。利润表本身并不提供偿债能力的信息,然而,企业的偿债能力不仅取决于资产的流动性和资本结构,也取决于企业的获利能力。企业在个别年份获利能力不足,不一定影响偿债能力,但若一家企业长期丧失获利能力,则资产的流动性必然由好转坏,资本结构也将逐渐由优变劣,陷入资不抵债的困境。因此,一家数年收益很少、获利能力不强甚至亏损的企业,通常其偿债能力不会很强。

债权人和管理层通过分析和比较利润表的有关信息,可以间接地解释、评价和预测企业的偿债能力,尤其是长期偿债能力,并揭示偿债能力的变化趋势,进而作出各种信贷决策和改进企业管理工作的决策,如维持、扩大或收缩现有信贷规模,应提出何种信贷条件等。管理层则可据以找出偿债能力不强的原因,努力提高企业的偿债能力,改善企业的公众形象。

(三)企业管理层可据以作出经营决策

比较和分析利润表中各种构成要素,可知悉各项收入、成本、费用与收益之间的消长趋势,发现各方面工作中存在的问题,揭露缺点,找出差距,改善经营管理,努力增收节支,杜绝损失的发生,作出合理的经营决策。

(四)可据以评价和考核管理人员的绩效

比较前后期利润表上各项收入、费用、成本及收益的增减变动情况,并考查其增减变动的原因,可以较为客观地评价各职能部门、各生产经营单位的绩效,以及这些部门和人员的绩效与整个企业经营成果的关系,以便评判各部门管理人员的功过得失,及时作出采购、生产销售、筹资和人事等方面的调整,使各项活动趋于合理。

利润表要真正地发挥上述的功能,与它所揭示的信息质量的好坏直接相关。而信息的质量则取决于企业在收入确认、费用确认以及利润表其他项目确定时所采用的方法。由于会计程序和方法的可选择性,企业可能会选用对其有利的程序和方法,从而导致收益偏高或偏低。例如,对折旧费用和已售商品成本等都可按多种会计方法计算,产生多种选择,影响会计信息的可比性和可靠性。因此，报表使用者只有结合资产负债表和现金流量表进行分析，才能全面评估一家企业经营成果的质量。

二、利润表的格式、内容与编制方法

利润量度的确定涉及一些重要的概念，这些概念在本书第十三章中已做交代，此处不再赘述。如不加说明，下面述及的利润表均以综合收益概念为基础。

如何在利润表中完整且多角度地反映企业在一定期间利润（或亏损）的实际情况是一个十分重要的问题。对利润表各项目的披露存在两种主要方式，即费用功能法与费用性质法。

所谓“费用功能法”(function-of-expense method)，是指在赚取收益的过程中，以每项费用所发挥的作用来反映费用的一种方法。而费用性质法(nature-of-expense method)，则是指以耗用的费用性质，如劳动对象、劳动者、劳动资料来反映费用的一种方法。

我国利润表采用的是费用功能法，但利润表的附注信息则以费用性质法予以披露。

不论是费用功能法还是费用性质法，对如何反映利润的形成，还存在着是以单步式还是多步式进行披露的争议。

所谓“单步式利润表”，是指将本期发生的有利因素置于利润表的上方，再减去所有不利因素以计算出当期利润的一种利润表。主张采用单步式编制利润表的主要理由是认为所有的收入和费用都是同质的，任何分类都有人为主观之嫌。

所谓“多步式利润表”，是指每项费用与收入之间的关系，分步骤披露各不同项目的利润表，如分步骤披露营业利润、利润总额、净利润等项目等。主张采用多步式编制利润表的主要理由是认为有些收入和费用是有联系的，应当将其与其他项目分开列示。此外，企业日常发生的可控制的利润项目应当优先反映。

我国企业会计准则要求采用费用功能法，对影响本期净利润（或亏损）项目进行多步骤分类和计算，并以此为基础编制利润表。费用功能法下的利润表格式见表16-2。

下面用一简例说明利润表的编制。

【例2】 甲企业是一家执行我国企业会计准则的商品流通企业，为增值税一般纳税人，增值税税率为13%，所得税税率为25%。除增值税和所得税外，假定不考虑其他税费。

2018年12月31日，甲企业的资产负债表如表16-1中的年初余额所示。

表16-1　　**甲企业资产负债表**

2018年12月31日　　单位：元

资　　产	期末余额	年初余额	负债和所有者权益（或股东权益）	期末余额	年初余额
流动资产：			流动负债：		
货币资金	1 458 800	100 000	短期借款		
交易性金融资产		300 000	交易性金融负债		
衍生金融资产			衍生金融负债		
应收票据			应付票据		
应收账款	498 000	500 000	应付账款	590 000	60 000

续 表

资　　产	期末余额	年初余额	负债和所有者权益 (或股东权益)	期末余额	年初余额
预付款项			预收款项		
其他应收款			合同负债		
存货	1 200 000	800 000	应付职工薪酬	60 000	40 000
合同资产			应交税费	53 500	50 000
持有待售资产			其他应付款		
一年内到期的非流动资产			持有待售负债		
其他流动资产			一年内到期的非流动负债		
流动资产合计	3 156 800	1 700 000	其他流动负债		
非流动资产：			流动负债合计	703 500	150 000
债权投资	104 200	105 000	非流动负债：		
其他债权投资			长期借款	400 000	500 000
长期应收款			应付债券		
长期股权投资	834 000	800 000	其中：优先股		
其他权益工具投资	70 000	60 000	永续债		
其他非流动金融资产			长期应付款		
投资性房地产			预计负债		20 000
固定资产	8 260 000	9 000 000	递延收益		
使用权资产			递延所得税负债	8 750	27 500
在建工程			其他非流动负债		
生产性生物资产			非流动负债合计	408 750	547 500
油气资产			负债合计	1 112 250	697 500
无形资产	180 000		所有者权益(或股东权益)：		
开发支出		200 000	实收资本(或股本)	10 150 000	10 000 000
商誉			其他权益工具		
长期待摊费用			其中：优先股		
递延所得税资产	23 000	5 000	永续债		
其他非流动资产			资本公积	500 000	500 000
非流动资产合计	9 471 200	10 170 000	减：库存股		
			其他综合收益	15 000	7 500
			专项储备		

续　表

资　　产	期末余额	年初余额	负债和所有者权益（或股东权益）	期末余额	年初余额
			盈余公积	126 575	100 000
			未分配利润	724 175	565 000
			所有者权益（或股东权益）合计	11 515 750	11 172 500
资产总计	12 628 000	11 870 000	负债和所有者权益（或股东权益）总计	12 628 000	11 870 000

注：固定资产原值为 10 000 000 元，累计折旧为 1 000 000 元。

2019 年度，甲企业发生如下交易和事项：

(1) 购入库存商品一批，增值税专用发票上的价格为 1 000 000 元，增值税税额为 130 000 元。用银行存款支付了 600 000 元，余款尚欠。

(2) 销售商品一批，增值税专用发票上的价格为 2 000 000 元，增值税税额为 260 000 元。收到银行存款 1 480 000 元，余款收到应收票据。

(3) 年初，自创的无形资产 200 000 元达到可使用状态，转入无形资产，税法和会计都采用 10 年按直线法进行摊销。按税法规定，在计算应纳所得税时，自创无形资产的摊销费用加计 75%税前扣除。

(4) 将持有的交易性金融资产全部处置，处置收入 350 000 元全部存入银行。该交易性金融资产的初始成本为 200 000 元。

(5) 收到法院的判决，因违反合同需要向原告赔偿 30 000 元，甲企业未提出上诉，并用银行存款支付了赔偿款。甲企业在上年年末对该项未决诉讼计提了 20 000 元的预计负债。

(6) 收到持有 40%的股权投资的被投资方分派的现金股利 34 000 元存入银行。该被投资方本期实现净利润 170 000 元，甲企业对其财务与经营政策有重大影响，该被投资方的所得税税率为 25%。

(7) 甲企业将持有的应收票据进行贴现，收到银行存款 740 000 元存入银行。

(8) 收到持有的债权投资的利息。该债权投资面值为 100 000 元，票面利率为 5%，实际利率为 4%，每年年末收到利息一次。假定该债权投资的利息调整采用实际利率法摊销。

(9) 6 月 30 日，收到投资者投入的专用设备一台，公允价值和计税价格均为 150 000 元，可使用年限为 10 年(不考虑估计净残值)。按税法规定，该专用设备可采用双倍余额递减法计提折旧进行税前扣除。甲企业所有固定资产，会计上均按 10 年直线法计提折旧。本年度，甲企业计提的折旧合计为 800 000 元，均为管理用固定资产。

假定取得该项固定资产不考虑增值税。

(10) 本期职工薪酬共计 250 000 元，其中专设销售机构人员的薪酬为 50 000 元。用银行存款支付职工薪酬 230 000 元。假定职工薪酬在应计工资时进行税前扣除。

(11) 本期销售商品的成本为 600 000 元。

(12) 收到持有 80%的股权投资的子公司分配的现金股利 80 000 元存入银行。该子公司本期实现净利润 200 000 元，分配现金股利 100 000 元。该子公司的所得税税率为25%。

(13) 本期长期借款利息费用为40 000元。用银行存款支付,同时还提前偿还了长期借款本金100 000元。

(14) 用银行存款支付如下款项:增值税150 000元;所得税50 000元,一般行政管理费用50 200元。

(15) 持有的其他权益工具投资,期末公允价值为70 000元,初始成本为50 000元。

(16) 年末,甲企业提前报废一项固定资产,原值200 000元,已提折旧150 000元,无残值收入。税法尚未确认此项损失。可以不通过"固定资产清理"账户核算。

(17) 应收账款计提坏账准备2 000元

(18) 固定资产计提减值准备40 000元。

根据上述业务,甲企业应编制会计分录如下:

业务(1):

借:库存商品	1 000 000	
应交税费——应交增值税(进项税额)	130 000	
贷:银行存款		600 000
应付账款		530 000

业务(2):

借:银行存款	1 480 000	
应收票据	780 000	
贷:营业收入		2 000 000
应交税费——应交增值税(销项税额)		260 000

业务(3):

借:无形资产	200 000	
贷:研发支出		200 000
借:管理费用	20 000	
贷:无形资产累计摊销		20 000

业务(4):

借:银行存款	350 000	
公允价值变动损益	100 000	
贷:交易性金融资产——成本		200 000
——公允价值变动		100 000
投资收益		150 000

业务(5):

借:营业外支出	10 000	
预计负债	20 000	
贷:银行存款		30 000

业务(6):

借:银行存款	34 000	
贷:长期股权投资		34 000

借：长期股权投资　68 000
　贷：投资收益　68 000

业务(7)：

借：银行存款　740 000
　　财务费用　40 000
　贷：应收票据　780 000

业务(8)：

借：银行存款(100 000×5%)　5 000
　贷：债券投资——利息调整　800
　　　投资收益(105 000×4%)　4 200

业务(9)：

借：固定资产　150 000
　贷：实收资本　150 000

借：管理费用　800 000
　贷：累计折旧　800 000

业务(10)：

借：管理费用　200 000
　　销售费用　50 000
　贷：应付职工薪酬　250 000

借：应付职工薪酬　230 000
　贷：银行存款　230 000

业务(11)：

借：营业成本　600 000
　贷：库存商品　600 000

业务(12)：

借：银行存款　80 000
　贷：投资收益　80 000

业务(13)：

借：财务费用　40 000
　　长期借款　100 000
　贷：银行存款　140 000

业务(14)：

借：应交税费——应交增值税(已交增值税)　150 000
　　　　　——应交所得税　50 000
　　管理费用　50 200
　贷：银行存款　250 200

业务(15)：

借：其他权益工具投资　10 000
　贷：其他综合收益　10 000

业务(16):

借:营业外支出	50 000	
累计折旧	150 000	
贷:固定资产		200 000

业务(17):

借:信用减值损失	2 000	
贷:坏账准备		2 000

业务(18):

借:资产减值损失	40 000	
贷:固定资产减值准备		40 000

(19) 确认应交所得税和所得税费用。

借:所得税费用	34 250	
递延所得税负债(交易性金融资产)	25 000	
递延所得税资产(提前报废损失)	12 500	
递延所得税资产(信用减值损失)	500	
递延所得税资产(资产减值损失)	10 000	
其他综合收益(其他权益工具)	2 500	
贷:应交税费——应交所得税		73 500
递延所得税资产(未决诉讼)		5 000
递延所得税负债(其他综合收益部分)		2 500
递延所得税负债(折旧差异)		3 750

注意:分录中的括号部分是用于说明其形成的原因,不是明细科目。

应交所得税与所得税费用的具体计算如下:

利润总额(见表 16-2)	300 000
减:无形资产摊销 75%	15 000
子公司分配股利	80 000
联营企业投资收益	68 000
折旧之差(30 000—15 000)	15 000
诉讼结案	20 000
加:提前报废损失	50 000
信用减值损失	2 000
资产减值损失	40 000
公允价值变动损益转回	100 000
应纳税所得额	294 000
所得税税率	25%
应交所得税	73 500

(20) 将损益类会计账户结平,并净利润结转至未分配利润。

借:营业收入	2 000 000	
投资收益	302 200	
贷:本年利润		2 302 200

借：本年利润　　　　2 036 450
　贷：营业成本　　　　600 000
　　　管理费用　　　　1 050 200
　　　销售费用　　　　50 000
　　　研发费用　　　　20 000
　　　财务费用　　　　80 000
　　　公允价值变动损益　　　　100 000
　　　营业外支出　　　　60 000
　　　信用减值损失　　　　2 000
　　　资产减值损失　　　　40 000
　　　所得税费用　　　　34 250

借：本年利润　　　　265 750
　贷：利润分配——未分配利润　　　　265 750

根据以上会计处理结果，可编制甲企业利润表如表 16 - 2 所示。

表 16 - 2　　**利润表**　　单位：元

2019 年度

项　　目	本期金额	上期金额
一、营业收入	2 000 000	
减：营业成本	600 000	
税金及附加		
销售费用	50 000	
管理费用	1 050 200	
研发费用	20 000	
财务费用	80 000	
其中：利息费用	80 000	
利息收入		
加：其他收益		
投资收益(损失以“－”号填列)	302 200	
其中：对联营企业和合营企业的投资收益	68 000	
净敞口套期收益(损失以“－”号填列)		
公允价值变动收益(损失以“－”号填列)	－100 000	
信用减值损失(损失以“－”号填列)	－2 000	
资产减值损失(损失以“－”号填列)	－40 000	
资产处置收益(损失以“－”号填列)		
二、营业利润(亏损以“－”号填列)	360 000	
加：营业外收入		
减：营业外支出	60 000	

续 表

项 目	本期金额	上期金额
三、利润总额(亏损总额以“－”号填列)	300 000	
减：所得税费用	34 250	
四、净利润(净亏损以“－”号填列)	265 750	
(一) 持续经营净利润(净亏损以“－”号填列)		
(二) 终止经营净利润(净亏损以“－”号填列)		
五、其他综合收益的税后净额		
(一) 不能重分类进损益的其他综合收益		
1. 重新计量设定受益计划变动额		
2. 权益法下不能转损益的其他综合收益		
3. 其他权益工具投资公允价值变动	7 500	
4. 企业自身信用风险公允价值变动		
……		
(二) 将重分类进损益的其他综合收益		
1. 权益法下可转损益的其他综合收益		
2. 其他债权投资公允价值变动		
3. 金融资产重分类计入其他综合收益的金额		
4. 其他债权投资信用减值准备		
5. 现金流量套期储备		
6. 外币财务报表折算差额		
……		
六、综合收益总额	273 250	
七、每股收益		
(一) 基本每股收益		
(二) 稀释每股收益		

编制利润表的方法是填列分析法。该表的“上期金额”栏的各项数字，应根据上年度利润表“本期金额”栏内所列数字填列。如果上期利润表规定的各个项目的名称和内容同本期不一致，应对上期利润表各项目的名称和数字按本年度的规定进行调整，填入本表“上期金额”栏内。

在填列分析本期利润表时，各项目数字反映的内容及填列方式如下：

(1) 营业收入。反映企业经营主要业务和其他业务所确认的收入总额。如对外销售商品或提供劳务或从事其他经营活动而取得的收入等，可以根据“营业收入”(包括主营业务收入和其他业务收入)账户的贷方发生净额增列。

(2) 营业成本。反映企业经营主要业务发生和其他业务发生的实际成本。如为销售商品、提供劳务或让渡资产使用权等日常活动而发生的实际成本等，可以根据“营业成本”(包括主营业务成本和其他业务成本)账户的借方发生净额增列。

(3) 税金及附加。反映企业经营主要业务应负担的税金,如消费税、城市建设维护税、资源税、土地增值税和教育费附加等。

(4) 销售费用。反映企业在销售商品过程中所发生的费用。例如,企业在销售商品过程中发生的运输费、装卸费、包装费、保险费、展览费和广告费,以及为销售本企业商品而专设的销售机构(含销售网点、售后服务网点等)的职工薪酬、业务费等经营费用。

(5) 管理费用。反映企业为组织和管理企业的生产经营所发生的费用。例如,企业的董事会和行政管理部门在企业的经营管理中发生的,或者应由企业统一负担的公司经费(包括行政管理部门职工工资、修理费、物料消耗、低值易耗品摊销、办公费和差旅费等)、工会经费、待业保险费、劳动保险费、董事会费(包括董事会成员津贴、会议费和差旅费等)、聘请中介机构费、咨询费(含顾问费)、诉讼费、业务招待费、房产税、车船使用税、土地使用税、印花税、技术转让费、矿产资源补偿费、无形资产摊销、职工教育经费、排污费、存货盘亏或盘盈(不包括应计入营业外支出的存货损失)等。

(6) 研发费用。反映企业本期发生的费用化的研究与开发费用以及资本化的开发费用的本期摊销额。

(7) 财务费用。反映企业在筹集和调度生产经营所需资金等而发生的费用。例如,利息支出(减利息收入)、汇兑损失(减汇兑收益)以及相关的手续费等。为购建固定资产的专门借款所发生的借款费用,在固定资产达到预定可使用状态前按规定应予资本化的部分,不包括在财务费用的范围内。此外,符合资本化条件形成资产价值的利息费用也不包括在财务费用的范围内。

财务费用中的利息收入与利息费用应当详细列示。

(8) 公允价值变动收益。反映企业按照相关准则规定应当计入当期损益的资产或负债公允价值变动金额收益,如交易性金融资产当期公允价值的变动额。如为净损失,以"－"号填列。

(9) 信用减值损失。反映企业计提的各项金融工具减值准备所形成的预期信用损失。该项目应根据"信用减值损失"科目的发生额分析填列。

(10) 资产减值损失。反映企业各项资产发生的减值损失。例如,计提的应收账款的坏账准备、存货跌价准备、固定资产与无形资产的减值损失等。

(11) 投资净收益。反映企业以各种方式对外投资所取得的收益扣除损失后的净额。如为净损失,以"－"号填列。特别需要注意的是,由于长期股权投资下权益法确认的投资收益质量要远低于成本法的投资收益质量,因此,对联营企业和合营企业的投资收益,即采用权益法确认的投资收益要单独反映。

(12) 资产处置收益。根据"资产处置收益"账户填列。

(13) 营业外收入与营业外支出。反映与企业的生产经营活动没有直接关系的各项收入与支出。例如,固定资产盘亏、非货币性交易收益或损失、罚款收入或支出、债务重组损失、非常损失等,其中处置非流动资产净损失,应当单独披露。

(14) 利润总额。反映企业实现的利润总额。如为亏损总额,以"－"号填列。

(15) 所得税费用。反映企业根据资产负债表债务法确认的应从本期利润总额中扣除的所得税费用。

(16) 其他综合收益。其他综合收益项目应当分为下列两类列报：

① 以后会计期间不能重分类进损益的其他综合收益项目；

② 以后会计期间在满足规定条件时重分类进损益的其他综合收益项目，主要包括按照权益法核算的在被投资方其他综合收益中所享有的份额、现金流量套期工具产生的利得或损失中属于有效套期的部分、外币财务报表折算差额、自用房地产转换为公允价值模式计量的投资性房地产在转换日公允价值大于账面价值部分等项目。

(17) 综合收益。反映企业净利润与其他综合收益的合计金额。

(18) 基本每股收益和稀释每股收益。反映基本每股收益和稀释每股收益。有关每股收益的计算可参见第十五章的相关内容。

三、利润表附注信息的披露

用费用功能法表示的利润表虽然能够简单清晰地披露各项收入与费用的信息，但却未揭示一些重要的收入与费用构成情况，因此，为向报表使用者提供更为详细的信息，在利润表附注信息中，应作明细披露。在利润表附注信息中需要披露的重要项目有：营业收入项目的构成、按费用性质法披露的各项费用构成表、终止经营部门的各项收入与费用表、分部报告与分部收入的披露等。

(一) 营业收入项目的构成

营业收入项目反映的是企业经营主要业务和其他业务所确认的收入总额，为完整地分析主营业务和其他业务对利润的贡献，通过营业收入构成表便能获得详细的收入构成情况。营业收入构成表的格式可参见表 16－3。

表 16－3　　营业收入构成表

项　目	本 期 发 生 额	上 期 发 生 额
1. 主营业务收入		
2. 其他业务收入		
合　计		

建筑安装企业如承担在建项目，还应按各项合同金额、累计已发生成本、累计已确认毛利(或亏损)、已办理结算的价款金额，披露在建项目对当期利润影响的信息。在建项目的收入、成本和毛利构成表的具体格式可参见表 16－4。

表 16－4　　在建项目的收入、成本和毛利构成表

<table>
<tr><th colspan="2">合 同 项 目</th><th>总金额</th><th>累计已发生成本</th><th>累计已确认毛利
(亏损以“－”号表示)</th><th>已办理结算的
价款金额</th></tr>
<tr><td rowspan="4">固定
造价
合同</td><td>1.</td><td></td><td></td><td></td><td></td></tr>
<tr><td>2.</td><td></td><td></td><td></td><td></td></tr>
<tr><td>3.</td><td></td><td></td><td></td><td></td></tr>
<tr><td>合　计</td><td></td><td></td><td></td><td></td></tr>
</table>

续 表

合同项目		总金额	累计已发生成本	累计已确认毛利（亏损以“—”号表示）	已办理结算的价款金额
成本加成合同	1.				
	2.				
	3.				
	合 计				

（二）按费用性质法披露的各项费用构成表

费用性质法是指列于利润表中的费用项目，按照其性质分类，分为耗用的原材料、职工薪酬费用、折旧费、摊销费等，而不是按照费用在企业所发挥的不同功能分类，其格式参见表16－5。

表16－5　　各项费用构成表

项　　目	本期发生额	上期发生额
1. 耗用的原材料、低值易耗品、在产品、半成品等		
2. 发生的职工薪酬费用		
3. 计提的折旧（折耗）		
4. 无形资产等的摊销		
5. 计提的资产减值准备		
6. 财务费用		
7. 其他		
合　计		

（三）终止经营部门的各项收入与费用表

终止经营是指企业已被处置或被划归为持有待售的、在经营和编制财务报表时能够单独区分的组成部分，该组成部分代表一个独立的主要业务范围或一个主要经营地区，按照企业一项单独计划将整体或部分进行处置，仅仅为了再出售而取得的子公司也属于终止经营。终止经营是一个特殊的项目，尽管在编制利润表时已将终止经营的损益计入企业利润表各项收入与费用总额中，然而将终止经营部门产生的收入、费用、所得税费用、利润等在利润表附录中单独披露，目的是引起报表使用者的注意。终止经营部门的各项收入与费用表的格式参见表16－6。

表16－6　　终止经营部门的各项收入与费用表

项　　目	本期发生额	上期发生额
终止经营收入		
终止经营费用		
终止经营利润总额		

续 表

项　目	本期发生额	上期发生额
终止经营所得税费用		
终止经营税后利润		

(四) 分部报告与分部收入的披露

企业为避免经营风险,从事多元化经营,如产业多元化和地域多元化。由于各产业、各地区发展潜力不同,为了让信息使用者完整地了解各分部的经营利润与风险,企业应单独揭示按产业和按地区的收入、成本、费用、营业利润、资产总额以及负债总额的信息,并作为利润表的一个重要附录予以表述。其中,业务分部是指企业内可区分的组成部分,该组成部分提供单项产品或劳务,或一组相关的产品或劳务,并且承担着不同于其他业务分部所承担的风险和回报。地区分部是指企业内可区分的组成部分,该组成部分在一个特定的经济环境内提供产品或劳务,并且承担着不同于其他经济环境中经营的组成部分所承担的风险和回报。如果两个或多个所考虑的因素相似,同时具有相近的长期财务业绩,包括具有相近的长期平均毛利率、资金回报率、未来现金流量等的业务分部或地区分部,可以合并为单一的业务分部和地区分部。分部报告中的分部收入按照业务分布与地区分布进行披露的具体内容可参见表 16 - 7。

表 16 - 7　　分部报告(业务分部、地区分部)　　单位:元

项　目	×业务/地区		×业务/地区		×业务/地区		其他业务/地区		抵　销		未分配项目		合　计	
一、营业收入合计	本期	上期	本期	上期	本期	上期	本期	上期	本期	上期	本期	上期	本期	上期
其中:对外交易收入														
分部间交易收入														
二、营业费用														
三、营业利润(或亏损)														
四、资产总额														
五、负债总额														
六、补充信息														
1. 折旧和摊销费用														
2. 资本性支出														
3. 折旧和摊销以外的非现金费用														

分部报告所列"营业收入",是指可归属于分部的对外交易收入和其他分部交易收入,并对此分别披露。

分部报告所列"营业费用",是指可归属于分部的对外交易费用和其他分部交易费用。分部的折旧费用、摊销费用以及其他重大的非现金费用,在补充信息中进行单独披露。

分部报告所列“营业利润(或亏损)”,是指分部收入减去分部费用后的余额。

分部报告所列“资产总额”,是指分部经营活动使用的可直接归属于该分部的资产总额,不包括递延所得税资产;资产总额的确定是扣除相关累计折旧或摊销额以及累计减值准备后的数额。

分部报告所列“负债总额”,是指分部经营活动形成的可直接归属于该分部的负债总额,不包括递延所得税负债。

如母公司的财务报表和合并财务报表一并提供时,分部报告只需在合并财务报表的基础上编制。

有关分部报告的具体编制要求详见本系列教材《高级财务会计》相关章节的说明。

第三节　资产负债表

一、资产负债表的概念、项目分类及作用

(一) 资产负债表的概念

资产负债表(balance sheet)是反映企业一定日期全部资产、负债和所有者权益情况的静态报表,它是企业根据“资产=负债+所有者权益”这一会计等式,将资产、负债和所有者权益按照一定的分类标准和次序,定期(如中期和年末)编制的对外财务报表。编制资产负债表的主要目的是将企业财务状况信息提供给各种报表用户,尤其是银行等债权人,以供他们作为决策的依据或参考。

(二) 资产负债表各项目的分类

资产负债表包括资产、负债和所有者权益三个会计要素。

其中,资产与负债项目应当根据流动性进行划分并列示,资产分为流动资产与非流动资产,负债分为流动负债与非流动负债;所有者权益应当根据其形成的来源与法定要求,分为投入资本(包括实收投资或股本和资本公积)、其他综合收益(包括可分类进损益的其他综合收益和不能分类进损益的其他综合收益)和留存收益三类(包括盈余公积和未分配利润)。

资产负债表各项目的分类依据或标准详见以前章节的说明,此处不再赘述。

(三) 资产负债表的作用

资产负债表的作用主要体现在以下几个方面:

1. 可据以解释、评价和预测企业的短期偿债能力

偿债能力(solvency)是指企业以其资产偿付债务的能力。短期偿债能力主要体现在企业资产和负债的流动性上。流动性是指资产转换成现金的速度或负债离到期清偿日的时间,也指企业资产接近现金的速度,或负债需要动用现金的期限。在资产项目中,除现金而外,资产转换成现金的时间越短,速度越快,表明其流动性越强。例如,可随时上市交易的交易性金融资产投资,其流动性一般较应收款项强,因为前者可随时变现,而应收款项的流动性又较存货项目强,因为通常应收款项能在更短的时间内转换成现金,而存货转换成现金的速度一般较慢。负债到期日越短,其流动性越强,表明越早要动用现金。

短期债权人关注的是,企业是否有足够的现金和足够的资产可及时转换成现金,以清偿

短期内行将到期的债务。长期债权人及企业所有者也要评价和预测企业的短期偿债能力，短期偿债能力越低，企业越有可能破产，越没有得到投资回报的保障，越有可能收不回投资。资产负债表分门别类地列示流动资产与流动负债，其本身虽未直接反映出短期偿债能力，但通过将流动资产与流动负债的比较，并借助于报表注释，可以解释、评价和预测企业的短期偿债能力。

2. 可据以解释、评价和预测企业的长期偿债能力和资本结构

企业的长期偿债能力主要是指企业以全部资产清偿全部负债的能力。一般认为，资产越多，负债越少，其长期偿债能力越强；反之，若资不抵债，则企业缺乏长期偿债能力。资不抵债往往由企业长期亏损、资产蚀耗引起，还可能因为举债过多所致。所以，企业的长期偿债能力一方面取决于它的获利能力，另一方面取决于它的资本结构。资本结构通常是指企业权益总额中负债与所有者权益，负债中流动负债与长期负债，所有者权益中投入资本与留存收益或普通股与优先股的关系。负债与所有者权益的数额表明企业所支配的资产有多少是债权人提供，又有多少是所有者所提供，这两者的比例关系，既影响债权人和所有者的利益分配，又牵涉债权人和所有者投资的相对风险以及企业的长期偿债能力。资产负债表按资产、负债和所有者权益三大会计要素分类，列示了重要项目，可据以解释、评价和预测企业的长期偿债能力和资本结构，为管理层和债权人信贷决策提供重要的依据。

3. 可据以解释、评价和预测企业的财务弹性

财务弹性(flexibility)是指企业迎接各种环境挑战，抓住经营机遇的适应能力，包括进攻性适应能力和防御性适应能力。所谓进攻性适应能力，是指企业能够有财力去抓住经营中所出现的稍纵即逝的获利机会，不致放任其流失。所谓防御性适应能力，是指企业能在客观环境极为不利或因某一决策失误使其陷入困境时转危为安的生存能力。

企业的财务弹性主要来自资产变现能力、从经营活动中产生现金流入的能力、对外筹集和调度资金的能力以及在不影响正常经营的前提下变卖资产获取现金的能力。财务弹性好的企业不仅能从有利可图的经营活动中获取现金，而且可以向债权人举借长期负债和向所有者筹措追加资本，投入新的有利可图事业。即使遇到经营失利，也可随机应变，及时筹集所需资金，分散经营风险，避免陷入财务困境。

资产负债表本身并不能直接提供有关企业财务弹性的信息，但是，它所列示的资财分布和对这些资财的要求权的信息，以及企业资产、负债流动性、资本结构等信息，并借助利润表及注释附表的信息，可间接地解释、评价和预测企业的财务弹性，并为管理层增强企业在市场经济中的适应能力提供指导。

4. 可据以解释、评价和预测企业的绩效，并供管理层作出合理的经营决策

诚如前述，企业的经营绩效主要表现为获利能力。而获利能力则可用资产收益率、成本收益率等相对值指标来衡量，这样将资产负债表和利润表信息结合起来，珠联璧合，可据以评价和预测企业的经营绩效，并可深入剖析企业绩效优劣的根源，寻求提高企业经济资源利用效率的良策。

资产负债表固然有上述重要作用，但其局限性也不能视而不见，其要者有四，现分述如下：

第一，资产负债表很多项目是以初始计量成本为基础的，它未能反映资产、负债和所有者权益的现行市场价值。因此，资产负债表中的信息虽有客观、可核实的优点，然而，由于通

货膨胀的影响，账面上的初始量度与资产负债表编制日的现时价值已相去甚远。例如，10年前购入的房屋，价格已涨了好几倍，甚至几十倍，但资产负债表中仍以10年前购入的成本扣除累计折旧后的净额列报，难免不符合实际，从而削弱了它对报表用户的作用。又如，账面上已资不抵债的企业，但在清算时，不仅债权人能收回全部债权，而且所有者在分配剩余财产时还能有所收获等。此类事例在实际工作中并不少见。

第二，货币计量是会计的一大特点，会计信息主要是能用货币表述的信息，因此，资产负债表难免遗漏许多无法用货币计量的重要经济资源和义务的信息，如企业的人力资源（包括人数、知识结构和工作态度），固定资产在全行业的先进程度，企业所承担的社会责任（如养老金和职工家属的医疗费支出）等。诸如此类的信息对决策均具有影响力，然而却因无法数量化，或至少无法用货币计量，现行实务并不将其作为资产和负债纳入资产负债表。

第三，资产负债表的信息包含了许多估计数。例如，坏账准备、固定资产累计折旧和无形资产摊销，分别基于对未来可收回价值、固定资产使用年限和无形资产摊销期限等因素的估计。此外，诸如预计负债等均需估计。估计的数据难免主观，从而影响信息的可靠性。

第四，理解资产负债表的含义必须依靠报表阅读者的判断。资产负债表有助于解释、评价和预测企业的长、短期偿债能力和经营绩效，然而，此表本身并不直接披露这些信息，而要依靠报表用户自己加以判断；各家企业所采用的会计政策可能不尽相同，所产生的信息当然也有所区别，因此，简单地根据报表数据评价和预测偿债能力以及经营绩效，并据以评判优劣，难免有失偏颇。所以，要理解资产负债表的含义，并作出正确的评价，并不能仅仅局限于资产负债表信息本身，而要借助其他相关信息。选择哪些信息，也要依靠报表用户判断，而这并非易事。

二、资产负债表的格式、内容与编制方法

资产负债表各类项目在表中的排列结构，就形成了各种各样的资产负债表格式。但无论采用何种格式，编制资产负债表均应列明编表企业的名称、本表的名称、资产负债表日和货币单位等。

资产负债表一般有三种格式，即账户式、报告式和财务状况式。我国资产负债格式采用的是账户式，格式参见表16-3。

账户式是按照"T"形账户的形式设计资产负债表，将资产列在左边（贷方），负债及所有者权益列在报表右边（贷方），左（借）右（贷）方总额相等，即为账户式。账户式资产负债表，其资产、负债均按流动性排列，流动性强的在先，弱的在后；偿债期限短的在先，长的在后。所有者权益按形成来源分类后，按其留在企业的永久程度排列。账户式资产负债表的优点是，能使资产和权益（包括负债和所有者权益）的恒等关系一目了然，易于比较资产、负债和所有权益之间的内在关系。

编制资产负债表也采用填列法，该表的"年初余额"栏内各项数字，根据上年末资产负债表"期末余额"栏内所列数字填列。如果上年度资产负债表规定的各个项目的名称和内容同本年度不一致，需要对上年年末资产负债表各项目的名称和数字按照本年度的规定进行调整，填入本表"年初余额"栏内。现将资产负债表"期末余额"栏内各项目的内容和填列方法说明如下：

（一）直接根据总账科目的余额填列

如交易性金融资产、长期待摊费用、递延所得税资产、短期借款、应付职工薪酬、应交税

费、应付利息、应付股利、其他应付款、递延所得税负债、实收资本、资本公积、库存股、盈余公积等项目,应当根据相关总账科目的余额直接填列。

(二) 根据几个总账科目的余额计算填列

如"货币资金"项目,反映企业库存现金、银行结算户存款、外埠存款、银行汇票存款、银行本票存款、信用卡存款、信用证保证金存款等的合计数,应根据"库存现金""银行存款""其他货币资金"等账户的期末余额合计填列。

(三) 根据有关明细科目的余额计算填列

如"应付账款"项目,应当根据"应付账款""预付账款"等账户所属明细科目期末贷方余额合计填列。

(四) 根据总账科目和明细科目的余额分析计算填列

如"长期应收款"项目,应当根据"长期应收款"总账科目余额,减去"未实现融资收益"总账余额,再减去所属相关明细科目中将于1年内到期的部分填列。如"长期应付款"项目,应当根据"长期应付款"总账科目余额,减去"未确认融资费用"总账余额,再减去所属相关明细科目中将于1年内到期的部分填列。而"长期借款""应付债券""债权投资"等项目,都应当将总账余额中1年内到期的部分减去后再进行填列。

(五) 根据总账科目与其备抵账户抵销后的净额填列

如"存货"项目,应当根据"材料采购""原材料""库存商品""发出商品""周转材料"等账户的期末余额,减去"存货跌价准备"账户期末余额后的金额填列;如果存货采用计划成本核算或售价金额核算的,"存货"项目还应加上或减去"材料成本差异""商品进销差价"期末余额后的金额填列。又如,"固定资产(无形资产)"项目,应当根据"固定资产(无形资产)"账户期末余额,减去"累计折旧(累计摊销)""固定资产(无形资产)减值准备"等账户期末余额后的金额填列。

续【例2】 假定甲企业根据税后利润提取10%的法定盈余公积,分配并支付现金股利80 000元。

甲企业利润分配及支付股利的会计处理如下:

(21) 提取法定盈余公积:

借:利润分配——提取盈余公积(265 750×10%)	26 575	
贷:盈余公积——法定盈余公积		26 575

(22) 向投资者分配股利:

借:利润分配——应付现金股利	80 000	
贷:应付股利		80 000

(23) 向投资者支付股利:

借:应付股利	80 000	
贷:银行存款		80 000

(24) 结平利润分配下除"未分配利润"外的各明细科目:

借:利润分配——未分配利润	106 575	
贷:利润分配——提取法定盈余公积		26 575
——应付现金股利		80 000

在此基础上,计算资产负债表各账户的期末余额,并按照前述相关规则,编制期末资产

负债表。为节省篇幅,本例不列示账户余额。

2019 年 12 月 31 日甲企业的资产负债表如表 16－1 所示(期末余额栏)。

除前述一般性要求外,表 16－1 资产负债表中部分项目的具体填列方法如下:

(1)“交易性金融资产”行项目,反映资产负债表日企业分类为以公允价值计量且其变动计入当期损益的金融资产,以及企业持有的直接指定为以公允价值计量且其变动计入当期损益的金融资产的期末账面价值。该项目应根据“交易性金融资产”账户的相关明细科目期末余额分析填列。自资产负债表日起超过一年到期且预期持有超过一年的以公允价值计量且其变动计入当期损益的非流动金融资产的期末账面价值,在“其他非流动金融资产”行项目反映。

(2)“债权投资”行项目,反映资产负债表日企业以摊余成本计量的长期债权投资的期末账面价值。该项目应根据“债权投资”科目的相关明细科目期末余额,减去“债权投资减值准备”账户中相关减值准备的期末余额后的金额分析填列。自资产负债表日起 1 年内到期的长期债权投资的期末账面价值,在“一年内到期的非流动资产”行项目反映。企业购入的以摊余成本计量的 1 年内到期的债权投资的期末账面价值,在“其他流动资产”行项目反映。

(3)“其他债权投资”行项目,反映资产负债表日企业分类为以公允价值计量且其变动计入其他综合收益的长期债权投资的期末账面价值。该项目应根据“其他债权投资”账户的相关明细科目期末余额分析填列。自资产负债表日起 1 年内到期的长期债权投资的期末账面价值,在“一年内到期的非流动资产”行项目反映。企业购入的以公允价值计量且其变动计入其他综合收益的一年内到期的债权投资的期末账面价值,在“其他流动资产”行项目反映。

(4)“其他权益工具投资”行项目,反映资产负债表日企业指定为以公允价值计量且其变动计入其他综合收益的非交易性权益工具投资的期末账面价值。该项目应根据“其他权益工具投资”账户的期末余额填列。

(5)“交易性金融负债”行项目,反映资产负债表日企业承担的交易性金融负债,以及企业持有的直接指定为以公允价值计量且其变动计入当期损益的金融负债的期末账面价值。该项目应根据“交易性金融负债”账户的相关明细科目期末余额填列。

(6)“合同资产”和“合同负债”行项目,应分别根据“合同资产”科目、“合同负债”账户的相关明细科目期末余额分析填列,同一合同下的合同资产和合同负债应当以净额列示,其中净额为借方余额的,应当根据其流动性在“合同资产”或“其他非流动资产”项目中填列,已计提减值准备的,还应减去“合同资产减值准备”科目中相关的期末余额后的金额填列;其中净额为贷方余额的,应当根据其流动性在“合同负债”或“其他非流动负债”项目中填列。

(7) 合同取得成本,应当根据“合同取得成本”账户的明细科目初始确认时摊销期限是否超过 1 年或一个正常营业周期,在“其他流动资产”或“其他非流动资产”项目中填列,已计提减值准备的,还应减去“合同取得成本减值准备”账户中相关的期末余额后的金额填列。

(8) 合同履约成本,应当根据“合同履约成本”账户的明细科目初始确认时摊销期限是否超过 1 年或一个正常营业周期,在“存货”或“其他非流动资产”项目中填列,已计提减值准备的,还应减去“合同履约成本减值准备”账户中相关的期末余额后的金额填列。

(9) 应收退货成本,应当根据“应收退货成本”账户是否在 1 年或一个正常营业周期内出售,在“其他流动资产”或“其他非流动资产”项目中填列。

(10) 确认为预计负债的应付退货款,应当根据"预计负债"账户下的"应付退货款"明细科目是否在1年或一个正常营业周期内清偿,在"其他流动负债"或"预计负债"项目中填列。

资产负债表除账户式外,还有报告式资产负债表和财务状况式资产负债表。

报告式资产负债表是垂直列示资产、负债和所有者权益各项目的报表,它还可分为两种:"资产=权益"式和"资产-负债=所有者权益"式。报告式资产负债表的两种格式如表16-8所示。为节省篇幅,本章省略了其中的具体项目和金额。

表16-8　报告式资产负债表的两种格式　单位:元

"资产=权益"式	"资产-负债=所有者权益"式
资产:	资产:
流动资产	流动资产
非流动资产	非流动资产
资产总计	资产总计
权益:	减:负债
负债:	流动负债
流动负债	非流动负债
非流动负债	负债合计
负债合计	等于:所有者权益
所有者权益:	实收资本
投入资本	资本公积
留存收益	盈余公积
所有者权益合计	未分配利润
权益总计	所有者权益合计

报告式资产负债表的优点是便于编制比较资产负债表,而且易于用括弧旁注方式,注明某些特殊项目。其缺点是资产和权益间的恒等关系并不一目了然。有些国家在目前的会计实务中采用了报告式资产负债表。

资产负债表的第三种格式称为财务状况式,即在资产负债表中列出营运资本,然后加减其他项目,最后列示所有者权益的报表。简要的财务状况式资产负债表可参见表16-9。

表16-9　简要的财务状况式资产负债表

____年____月____日　单位:元

流动资产
减:流动负债
等于:营运资本
加:非流动资产
减:非流动负债
所有者权益

鉴于营运资本以及营运资本比率信息的重要性，财务状况式资产负债表直接列示了营运资本信息，并可让报表用户方便地判断企业的流动性以及清偿流动负债的能力。

三、资产负债表附注信息的披露

为说明资产负债表某些重要项目的构成，还应以文字和数字描述相结合的附注形式对资产负债表重要项目进行揭示。报表重要项目的明细金额合计，应当与报表项目金额一致。表16－10和表16－11分别列示了“资产减值损失”和“应付职工薪酬”项目的披露内容。

表16－10　　资产减值准备明细表

____年度　　单位：元

项　目	年初账面余额	本期计提额	本期减少额		期末账面余额
			转　回	转　销	
一、存货跌价准备					
二、长期股权投资减值准备					
三、投资性房地产减值准备					
四、固定资产减值准备					
五、在建工程减值准备					
六、无形资产减值准备					
七、商誉减值准备					
八、合同取得成本减值准备					
九、合同履约成本减值准备					
……					
合　计					

表16－11　　应付职工薪酬明细表　　单位：元

项　目	年初账面余额	本期增加额	本期支付额	期末账面余额
一、工资、奖金、津贴和补贴				
二、职工福利费				
三、社会保险费				
其中：1. 医疗保险费				
2. 基本养老保险费				
3. 年金缴费				
4. 失业保险费				
5. 工伤保险费				
6. 生育保险费				
四、住房公积金				

续 表

项　目	年初账面余额	本期增加额	本期支付额	期末账面余额
五、工会经费和职工教育经费				
六、非货币性福利				
七、因解除劳动关系给予的补偿				
八、其他				
其中：以现金结算的股份支付				
合　计				

第四节　现金流量表

一、现金流量表的概念及演进

现金流量表(statement of cash flow)是以现金流入与流出，汇总说明企业在报告期内经营活动、投资活动与筹资活动的动态报表。1998 年，财政部颁布了《企业会计准则　—现金流量表》，随后又在 1999 年和 2001 年作了两次修订，2006 年，财政部颁布了《企业会计准则第 31 号——现金流量表》，对规范企业现金流量信息的披露、提高会计信息的质量，产生了深远的影响。

现金资金流量表最早出现在美国。据会计文献记载，1863 年，美国北方钢铁公司编制的“财务交易汇总表”就是该表的雏形。1908 年，威廉・莫斯・考尔在他撰写的会计教科书中，提出了该表的正式概念为“来自何方归于何处表”，日后，该表开始有了“资金流量表”这一正式名称。由于受社会经济环境的约束，该表在早期只有少数大公司才编报。直到 20 世纪五六十年代，编制该表的公司数量才逐渐多了起来，资金流量表所提供的企业资源的流动性、可用性信息才受到会计界的普遍关注。1963 年，美国会计原则委员会(APB)根据佩里・梅森起草的研究报告《现金流量分析及资金表》，发布了第 3 号意见书《资金来源与用途表》，该意见书建议企业提供资金来源与用途表，作为资产负债表和利润表两张传统报表的补充信息。但第 3 号意见书对该表的格式及内容的规定弹性较大，实务中更无可比性。于是，该委员会在 1972 年发布了第 19 号意见书——《财务状况变动的报告》，取代了原第 3 号意见书。第 19 号意见书将“资金来源与用途表”改名为“财务状况变动表”，同时规定企业必须提供该表。因此，自 20 世纪 70 年代以来财务状况变动表一直是西方各国企业的必须编制的主要报表之一。

20 世纪 80 年代初，由于客观经济环境的迅速变化，会计目标转向为投资者、债权人提供决策有用的信息，以帮助他们评估及预测企业未来现金流量的金额、时间及不确定性，制定合理的投资与信贷决策。1984 年，美国财务会计准则委员会(FASB)颁发了第 5 号财务会计概念公告——《企业财务会计中各种要素的确认与计量》，认为一套完整的财务报表应包括现金流量表，肯定了现金流量信息在财务报告中的地位。同时，美国财务经理协会为迎合广大投资者、债权人对现金流量信息的需求,也鼓励企业提供以现金基础的财务状况变动表。由于编制该表的企业数量骤增,美国财务会计准则委员会加快了财务状况变动表改革的步伐,1987 年 11 月,该委员会公布了第 95 号公告——《现金流量表》,要求企业以现金流量表取代财务状况变动表。

长期以来,在计划经济体制下,我国企业的固定资金以及需要部分长期占用的流动资金,只能通过国家财政这一个渠道增拨或减拨。企业短期的资金需要只能通过银行借款满足,商业信贷是不允许的,因此,似无必要提供该表。1985 年,财政部颁布的《中外合资经营企业会计制度》要求合资企业必须编制财务状况变动表,但却从未要求国有企业编报。然而,在社会主义市场经济体制下,我国正逐步形成以公有制为主体、各种经济成分并存、投资主体多元化的经济结构,企业与外部的经济关系日趋复杂,企业资金的来源渠道逐步增加,资金来源与运用更为灵活,如何经营、投资与理财也就日趋重要。要使我国财务会计报告体系符合国际通行惯例,要使会计信息也能帮助报表使用者作出合理的经济决策,有必要编报该表。据此,1992 年,财政部颁布的《企业会计准则》要求企业必须提供以营运资金为基础的财务状况变动表。但是,就我国财务状况变动表的编制方法而言,它只是对资产负债表与利润表中的数字作加减计算与组合,并未提供新的有用的信息。就财务状况变动表以营运资金概念作为编表基础而论,其缺陷是显而易见的。在经济持续稳定的条件下,资产变现速度与能力都较强,现金与营运资金的差异很小,用营运资金的增减变动可以说明企业的偿债能力与流动性。可是,在经济环境日趋复杂与剧烈变动的今天,营运资金与现金差异在扩大。大量的赊销与赊购使应收账款与存货增加了,营运资金也增加了,但企业很难确定这些资产中能转换成现金的数额有多少、时间有多长,很多营运资金状况相当好的企业,其现金流量却是严重恶化的。

提供现金流量信息符合国际惯例与国际会计发展趋势,能弥补原先财务报告信息的不足。自 1987 年美国财务会计准则委员会公布第 95 号公告——《现金流量表》以后,一些发达国家和地区也相继颁布会计准则,要求提供现金流量表,如英国、加拿大以及我国的香港和台湾地区等都要求企业提供现金流量信息,现金流量表也成为企业财务报告的重要组成部分。国际会计准则委员会也于 1989 年颁布第 7 号会计准则——《现金流量表》取代原先的财务状况变动表会计准则。就我国当前的经济环境而言,随着改革开放的不断深入与发展,在境外上市的公司不断增加,经济一体化、全球化要求企业间财务报告必须具有可比性,因此,财政部于 2006 年 2 月对我国原来的现金流量表会计准则进行了修订,发布了《企业会计准则第 31 号——现金流量表》。从会计目标而论,要求企业编制与披露现金流量信息,是为适应宏观经济环境的变化,向投资者和债权人提供有用的信息以帮助他们制定合理的经济决策,帮助他们了解和评估企业获取现金的能力,预测未来的现金流量的数额、时间及不确定性。

二、现金流量表的重要性

增加利润、创造现金是企业营运的本质。企业必须创造足够的现金以满足短期与长期经营的需要,才能延续它的生命,否则只能导致清算与破产。同时,企业的经济活动基于股东的经济利益,其利益的体现是股东与企业两者的财富分配,而关键点在于企业是否具有可分配的现金流量,而非营运资金。现金流量表以报告期内的现金流入与流出信息,通过适当的分类,可以直接评估企业的偿债能力、财务弹性、获利能力与风险。现金流量表是企业财

务报告的重要组成部分,企业提供现金流量信息的重要性主要表现在以下几个方面:

(一) 健全资本市场与规范现金流量信息披露

近 20 年来,我国资本市场的规模取得了迅猛的发展,一些经过严格筛选的优秀企业先后上市,尤其在投资基金与战略投资者相继入市后,参股、控股案例不断出现,使证券市场除了融资之外,增加了产权交易与资产重组的功能。在这种情况下,要使我国证券市场保持持续健康的发展,提高会计信息的公信度,规范现金流量信息披露,是投资者和债权人了解上市公司质量的根本保证,也是判断企业利润质量优劣的根据保证。

(二) 阻止关联企业不正常的资金往来及流向不明的资金去向

目前,我国企业不论大小纷纷采取关联经营方式,尽管这种方式可以在某种程度上达到优势互补、资源共享的目的,但由此产生的不容忽视的负面结果是,关联方之间往往存在不正当的资金往来及资金流向不明的情况。一些企业采用各种"洗钱术"将资金名正言顺地流入个人或企业的小金库。这种资金流向不明的损失或风险原来是无法察觉到的。规范上市公司现金流量的信息披露,可以增进使用者对企业个体资金流向的了解。

(三) 改善企业自有资金不足、举债经营的现象,达到资金合理配置的目的

我国目前企业普遍存在自有资金不足而举债经营的现象,资产负债率较高。巨额的债务不仅破坏了企业正常的生产经营秩序,诱发并助长相互拖欠资金现象的发生,而且直接导致企业财务状况严重恶化,使大量的利润转化为利息,经营亏损无法弥补,股东权益被严重侵蚀。因此,规范企业现金流量信息披露,使投资者、债权人及时了解企业资金的使用情况,则可避免部分风险,达到社会资源的合理分配,使它流向能产生良好效益的企业,从而优化企业自身的结构。

三、现金流量表的编表基础、分类与格式

(一) 现金流量表的编表基础

现金流量表中的现金概念即为编表基础,其含义是广义的,它包括现金及现金等价物(cash equivalents)。现金包括库存现金以及可以随时用于支付的存款,如银行存款及其他货币资金等。银行存款和其他货币资金中不能随时用于支付的存款,如定期存款等,则不能作为现金流量表中的现金。提前通知金融企业便可支取的定期存款,则应该包括在编表基础内。现金等价物包括企业持有的期限短、流动性强、易于转换为已知金额现金、价值变动风险很小的投资。期限短一般是指从投资日起算 3 个月内到期者。例如,期限为 3 个月的及离到期日还有 3 个月的债券投资均属现金等价物。如果持有 3 年前购买的、还剩 3 个月到期的债券以及权益性投资,其则不属于现金等价物。

(二) 现金流量表的分类

现金流量表将企业全部交易活动对现金的影响,分为经营活动的现金流量、投资活动的现金流量以及筹资活动的现金流量。

1. 经营活动的现金流量

经营活动是指企业投资活动和筹资活动以外的所有交易和事项。经营活动的现金流量一般包括企业销售商品、提供劳务、经营性租赁、购买商品、接受劳务、广告宣传、推销产品、缴纳税款等产生的现金流入与流出。经营活动的现金流量与当期营业观下的现金制利润大致相当,它直接与利润表中本期利润(亏损)计算及其他事项所产生的现金流入与流出相关。

2. 投资活动的现金流量

投资活动是指企业长期资产的购建和不包括在现金等价物范围内的投资及其处置活动。投资活动产生的现金流量包括流入和流出。

3. 筹资活动的现金流量

筹资活动是指导致企业资本及债务规模和构成发生变化的活动。筹资活动产生的现金流量包括流入和流出。

各项活动的具体分类详见表16－16中的列示。

4. 影响现金流量的其他因素

(1) 外币交易与汇率变动对现金流量的影响

由企业外币交易产生的现金流量应采用何种汇率折算，我国的《现金流量表》准则与目前大多数国家基本一致。例如，《国际会计准则第7号——现金流量表》规定："来自外币交易的现金流量应折算成企业的报告货币加以记录，所采用的折算汇率应为现金流量发生时的汇率。"美国财务会计准则委员会颁布的《现金流量表》准则也规定："从事外币业务或跨国经营的企业，应在其现金流量表中，将现金流量折算为以报告货币表示的现金流量，所采用的折算汇率是外币现金流量实际发生时的现行汇率。如果采用当期的加权平均汇率折算的结果与采用现金流量发生日汇率的折算结果大致相同，也可以采用当期的加权平均汇率。"

借鉴其他国家和国际会计准则，我国企业外币现金流量以及境外子公司的现金流量，以现金流量发生日的汇率或平均汇率折算。

由于外币现金流量是依存于经营活动、投资活动、筹资活动之中，本身并不构成单独一类的现金流量，因此，汇率变动对现金的影响，作为调节项目，在现金流量表中单独列示。

(2) 购买和处置子公司及其他营业单位

购买和处置子公司及其他营业单位属于投资活动。除美国以外，各国的现金流量表准则一般都对此类交易作了专门的表述，并要求单独列示。这是因为，购买和处置子公司及其他营业单位属于重大的投资活动，对当期及未来现金流量影响很大。为了便于说明这类活动对当期现金流量的影响，便于预测未来现金流量，在编制现金流量表时将购买和处置子公司及其他营业单位所产生的现金流量单独列示。

为了便于报表使用者更详细地了解当期购买和处置子公司及其他营业单位的情况，在报表附注中，还应以总额披露购买或处置价格、购买或处置价格中以现金清偿部分、购买和处置子公司及其他营业单位所取得的现金、购买和处置子公司及其他营业单位按照主要类别分类的非现金资产和负债等信息。

(3) 不涉及现金的投资与筹资活动的表述

不涉及现金收支的投资和筹资活动，如以固定资产偿还债务、以投资偿还债务、以固定资产进行投资和以存货偿还债务等，是指不涉及现金流量的交易或事项。尽管这些交易或事项与现金无关，但是若不将它们列入现金流量表，则使该表披露的内容与作用会受到很大限制，因此，要完整披露企业在报告期内的现金流入与流出，还要以补充方式揭示不涉及现金的投资与筹资活动。

(4) 现金流量应按总额反映

现金流量表分别报告各项现金流入与流出的总额而非净额，可以更全面地了解企业现金流动的全貌。

【例 3】 甲企业和乙企业本年度固定资产交易对现金流量的影响如表 16－12 所示。

表 16－12　　固定资产交易对现金流量的影响　　单位：元

	出售固定资产的现金流入	购置固定资产的现金流出	现金净流入
甲企业	10 000	5 000	5 000
乙企业	50 000	45 000	5 000

由上例可知，若以净额表示，两家企业的现金流入相同；若以现金流入与流出总额披露，乙企业出售固定资产产生的现金流入是甲企业的 5 倍，购置固定资产产生的现金流出是甲企业的 9 倍，因此，分别以总额表示现金流入与流出，可以比较全面地评估企业的各项活动。但是，对一些代客户收取或支付的现金以及周转快、金额大、期限短的项目所产生的现金流量，以总额列示则无必要。

(5) 自然灾害、保险索赔等特殊项目

自然灾害、保险索赔等特殊项目，应当根据其性质，分别归并到经营活动、投资活动和筹资活动现金流量类别中单独列报。

(三) 现金流量表的格式

现金流量信息分两部分披露，在现金流量表本表部分，企业应按直接法表达经营活动的现金流量；在现金流量表的附注部分，企业应当按间接法披露经营活动的现金流量。这种按本表与附注分别表达企业现金流量，其目的在于更完整地披露现金流量信息。

1. 现金流量表本表披露的信息与格式

本表部分要求企业采用直接法(direct method)表达经营活动的现金流量，同时揭示企业投资活动与筹资活动的现金流量。本表的表达方式如表 16－5 所示。

经营活动现金流量反映的是企业自身创造现金的能力。尽管利润对评价企业的经营成果与获利能力是很重要的，但由于会计对数值的衡量是基于收入实现、配比、成本分摊等原则，利润中包含了太多的主观判断及人为因素，因此，本期利润的增加或减少并不等于实际的经营活动的现金净增加或减少。采用直接法揭示经营活动的现金流量的主要优点是，直接表达销售收入收现、销售成本付现数等项目，通过对经营活动的现金流入与流出与利润表各个具体项目的比较，报表使用者可以分析企业的经营与资产质量如何。例如，企业销货质量如何，可以将销售收入收现数与销售收入总额相比较，若收现数所占的比例大，说明销售收入实现后所增加的资产转换成现金的速度快、质量高。但是，直接法也存在着明显的缺点，即对经济业务繁多的企业，由权责发生制转换为现金制比较烦琐。

2. 现金流量表附注披露的信息与格式

现金流量表附注披露部分要求揭示按间接法(indirect method)表达经营活动现金流量以及不涉及当期现金收支，但影响企业财务状况或在未来可能影响企业现金流量的重大投资和筹资活动，其格式如表 16－16 所示。

间接法是以本期净利润(或损失)为起算点，调整不涉及现金的收入与费用项目、非现金流动资产与负债的增减变动项目以及归属于投资活动与筹资活动的财务费用、投资损益、营业外收支等项目。根据间接法对利润进行调整，期目的在于向信息使用者揭示本期净利润与经营活动现金流量差异的原因。由于这些调整项目在企业的正常经营过程中重复发生，因此，信息使用者可根据过去的资料调整净利润（或净亏损），从而可预测未来的经营活动现金流量。

在补充资料中披露企业在一定期间发生的不涉及现金收支的投资及筹资活动，是因为这些活动对企业以后各期的现金流量会产生重大影响，如果不加以揭示，对信息使用者正确判断未来的现金流入时间、数额及不确定性会产生影响。但是，有些交易，虽然也属重大，但发生后只改变所有者权益的结构，既非流入也非流出，在这种情况下，则不必披露。例如，分配给股东的股票股利、发行可转让的优先股以及按规定从税后利润中提取的法定盈余公积和任意盈余公积、股份的正向与反向分割等，都属于这种情况。

3. *经营活动现金流量直接法的计算*

经营活动现金流量直接法的计算与利润表中确定本期利润（或亏损）的交易有关。它是以本期营业收入为起算点，调整与经营活动有关的非现金流动资产与流动负债的增减变动，直接列示各项收入收现数、各项费用付现数，并不需要调整利润表中的不涉及现金的收入与费用项目，以及不需要调整由投资活动或筹资活动所产生的损益项目。通过调整，将权责发生制利润转换为经营活动的现金流量。

对各项收入与费用的转换和调整过程，对其中的有些项目，可以直观地用会计分录的方式表述如下：

（1）销售商品、提供劳务收到的现金

该项目反映企业因销售商品、提供劳务实际收到的现金。其金额可通过下面的会计分录计算得出：

借：应收账款（本期增加数，减少数在贷方）　　××
　　应收票据（本期增加数，减少数在贷方）　　××
　　合同资产（本期增加数，减少数在贷方）　　××
　　现金——销售商品、提供劳务收到的现金（轧差数）　　××
　贷：预收账款（本期增加数，减少数在借方）　　××
　　　合同负债（本期增加数，减少数在借方）　　××
　　　营业收入（本期发生净额，包括主营业务收入和其他业务收入）　　××
　　　应交税费——应交增值税（销项税额）（本期发生额）　　××

需要注意的是，会计分录本身就是一个计算公式。分录中的现金增加数就是贷方合计减去借方除现金之外的借项。

此外，本期转销的坏账损失（坏账准备）也应当记入分录中的借方，即从销售商品、提供劳务收到的现金中减去。涉及应收账款丧失现金折扣以及应收票据贴现所产生的财务费用，也应当作为“销售商品、提供劳务收到的现金”项目的调整。

（2）收到的税费返还

该项目反映企业收到的返还的各种税费，包括收到返还的增值税、消费税、关税、所得税等。本项目可以根据“库存现金”“银行存款”等账户分析填列。

（3）收到其他与经营活动有关的现金

该项目反映企业除了上述各项目以外所收到的其他与经营活动有关的现金，如罚款、流动资产损失中应由个人赔偿的现金、短期租赁租金等。该项目可以根据“库存现金”“银行存款”“营业外收入”“其他应收款”等账户分析填列。

(4) 购买商品、接受劳务支付的现金

该项目反映企业购买商品、接受劳务实际支付的现金。其金额可通过下面的会计分录计算得出：

借：存货(本期净增加,减少在贷方)　××
　　营业成本(包括主营业务成本和其他业务成本)　××
　　应交税费——应交增值税(进项税额)(本期发生额)　××
　　预付账款(本期增加,减少在贷方)　××
　贷：应付账款(本期增加,减少在借方)　××
　　　应付票据(本期增加,减少在借方)　××
　　　累计折旧(本期计入制造费用的折旧费用)　××
　　　累计摊销(本期计入存货的无形资产摊销费用)　××
　　　应付职工薪酬(本期计入生产成本和制造费用的薪酬)　××
　　　现金——购买商品、接受劳务支付的现金(轧差数)　××

上述会计分录的意义在于,购入的商品如果没有出售(即借记的营业成本),就肯定形成本期存货的增加(即借记的存货);如果没有应付账款、应付票据及预付账款,上述购货即为现金流出。即在借方一定的情况下,应付账款等增加了,现金流出就会减少。

贷方的应付职工薪酬只是重新分类,即在现金流量表中,支付给职工以及为职工支付的现金是一个单独的项目,而在利润表中却没有这样一个单独的项目,因此,必须将计入成本(即确认应付职工薪酬时借记生产成本和制造费用部分)调整出来,作为现金流量表中的一个类别。

计入存货成本的固定资产的折旧费用以及无形资产摊销费用因为没有支付现金,也应当进行调整,以减少贷方的现金流出。

(5) 支付给职工以及为职工支付的现金

该项目反映企业实际支付给职工,以及为职工支付的现金。这一项目的金额计算比较简单,即将本期“应付职工薪酬”账户的贷方发生额减去计入在建工程及无形资产成本(此部分支出被归类为投资活动的现金流量)等之后的差额加上应付职工薪酬的期初余额再减去期末余额。

(6) 支付的各项税费

该项目反映企业按规定支付的各种税费。可用会计分录表示如下：

借：所得税费用　××
　　应交税费——应交增税费(已交增值税)　××
　　税金及附加　××
　贷：应交税费(除增值税之外的其他税费本期增加数,减少在借方)　××
　　　递延所得税资产(增加在借方)　××
　　　递延所得税负债(减少在借方)　××
　　　现金——支付的各项税费　××

需要注意的是,如果支付的税费计入固定资产或无形资产的成本,则应当予以剔除。

(7) 支付其他与经营活动有关的现金

该项目反映企业除上述各项目外所支付的其他与经营活动有关的现金,如支付的罚款、中介机构的经费等。它主要是以利润表中的管理费用、销售费用及部分的营业外支出为基础,计算分析填列。其主要调整内容可用会计分录表述如下:

借:管理费用 ××
　　销售费用 ××
　　研发费用 ××
　　营业外支出 ××
　贷:应付职工薪酬(除资本化之外的职工薪酬) ××
　　　累计折旧(与本分录借方存在对应关系的累计折旧) ××
　　　累计摊销(与本分录借方存在对应关系的累计摊销) ××
　　　现金——支付其他与经营活动有关的现金 ××

4. 经营活动现金流量间接法的计算

间接法是以本期净利润(或净损失)为起算点,调整不增加或不减少现金的收入与费用项目;调整属于投资活动、筹资活动的收益与损失;调整与经营活动有关的非现金流动资产与流动负债的增减变动。间接法计算经营活动现金流量的转换与调整过程如表16-13所示。

表16-13 间接法下将净利润调节为经营活动现金流量的主要调整项目

调整项目	本期净利润(亏损)的加项	本期净利润(亏损)的减项
(1) 不涉及现金收入与费用的项目	固定资产折旧、无形资产及长期待摊费用等的摊销、计提资产或信用减值损失、递延所得税负债、公允价值变动损失等	长期股权投资收益(权益法)、递延所得税资产、公允价值变动收益等
(2) 列于利润表但属于投资活动与筹资活动的调整项目	财务费用*、固定资产盘亏、出售固定资产或无形资产损失(资产处置损失)、长期投资或其他长期资产损失	出售固定资产、出售无形资产、长期投资或其他长期资产利益
(3) 与经营活动有关的非现金流动资产、流动负债的调整项目	应收账款减少 应收票据减少 预付账款减少 存货减少 应付账款增加 应付票据增加 应交税费增加 预收账款增加	应收账款增加 应收票据增加 预付账款增加 存货增加 应付账款减少 应付票据减少 应交税费减少 预收账款减少

* 不包括应收票据贴现、享受或丧失现金折扣而产生的财务费用,这类财务费用归类为经营活动,不需要进行调整。

现将上述转换与调整过程说明如下:

(1) 调整不涉及现金收入与费用项目的原因是因为间接法是以本期净利润为起算点,如果净利润中扣除了一些不减少现金的费用成本支出,如资产减值损失等,转换为现金制时应予以加回;反之,如果净利润中包括了不增加现金的收入,转换为现金制时应减去。

(2) 调整列在利润表但属于投资、筹资活动项目的原因是因为这些项目本身是由投资、筹资活动产生的,将本期净利润转换为经营活动的现金流量时应予以调整,如财务费用,虽然作为当期利润减项,但在现金流量表中是被分类为筹资活动的,因此,不应当包括在经营活动产生的现金流量中。

(3) 调整与经营活动有关的非现金流动资产、流动负债项目的原因是因为按照借贷原理,当非现金流动资产增加或流动负债减少时,现金必然减少,从而使现金制确认的收入收现数减少,或费用付现数增加。当非现金流动资产减少或流动负债增加时,现金必然增加,从而使现金制确认的收入收现数增加,或费用付现数减少。因此,以间接法分析非现金流动资产与流动负债增减变动时,非现金流动资产增加数或流动负债减少数应从本期净利润(或净亏损)中减去;反之,非现金流动资产减少数或流动负债增加数必须加回本期净利润(或净亏损)。

5. 投资活动现金流量的计算与填列

(1) 收到投资收到的现金

该项目反映企业出售、转让或到期收回除现金等价物以外的对其他企业的权益工具、债务工具和合营企业中的权益等投资收到的现金。由于前述出售或处置子公司及其他营业单位在现金流量表中单独反映,因此,该项目不反映这一业务收到的现金净额。该项目可以根据"其他权益工具投资""债权投资""其他债权投资""长期股权投资"等账户分析填列。

(2) 取得投资收益收到的现金

该项目反映企业除现金等价物以外的对其他企业的权益工具、债务工具和合营企业中的权益投资分回的现金股利和利息等,但不包括股票股利。

(3) 处置固定资产、无形资产和其他长期资产收回的现金净额

该项目反映企业出售、报废固定资产和无形资产以及其他长期资产收到的现金(包括因资产毁损收到的保险赔偿款),减去为处置这些资产而支付的有关费用后的净额。如为负数,直接填列至"支付其他与投资活动有关的现金"项目中。该项目可以根据"固定资产清理"等账户分析填列。

(4) 收到其他与投资活动有关的现金

该项目反映企业除了上述各项目以外所收到的其他与投资活动有关的现金流入。如企业收回购买股票和债券时支付的已宣告但尚未领取的现金股利或已到付息期但尚未领取的债券利息等。

(5) 购建固定资产、无形资产和其他长期资产支付的现金

该项目反映企业本期购买、建造固定资产,取得无形资产和其他长期资产实际支付的现金,以及用现金支付的应由在建工程和无形资产负担的职工薪酬,不包括为购建固定资产而发生的借款利息资本化部分,以及租入资产支付的租赁费。企业支付的借款利息和租入固定资产支付的租赁费,在筹资活动产生的现金流量中反映。该项目可以根据"固定资产""在建工程""使用权资产""无形资产"等账户分析填列。

(6) 投资支付的现金

该项目反映取得除现金等价物以外的对其他企业的权益工具、债务工具和合营中的权益投资所支付的现金,以及支付的佣金、手续费等交易费用,但取得子公司及其他营业单位支付的现金净额除外。该项目可以根据"其他权益工具投资""债权投资""其他债权投资""长期股权投资"等账户分析填列。

(7) 取得子公司及其他营业单位支付的现金净额

该项目反映企业购买子公司及其他营业单位购买出价中以现金支付的部分,减去子公司及其他营业单位持有现金和现金等价物后的净额。该项目可以根据"长期股权投资"等账户分析填列。

(8) 支付其他与投资活动有关的现金

该项目反映企业除上述各项以外所支付的其他与投资活动有关的现金流量。如企业在购买股票时实际支付的价款中包含的已宣告而尚未领取的现金股利,购买债券时支付的价款中包含的已到期但尚未领取的债券利息等。该项目可以根据"应收股利""应收利息"等账户分析填列。

6. 筹资活动现金流量的计算与填列

(1) 吸收投资收到的现金

该项目反映企业以发行股票筹集资金实际收到的款项,减去直接支付的佣金、手续费、宣传费、咨询费、印刷费等发行费用后的净额。该项目可以根据"股本(实收资本)"、"资本公积"、"其他权益工具"等账户分析填列。

(2) 取得借款收到的现金

该项目反映企业举借各种短期、长期借款、发行债券等方式实际收到的现金。该项目可以根据"短期借款""长期借款""应付债券"等账户分析填列。

(3) 收到其他与筹资活动有关的现金

该项目反映除上述各项以外所收到的与筹资活动有关的现金流入,如接受现金捐赠等。该项目可以根据"营业外收入"等账户分析填列。

(4) 偿还债务支付的现金

该项目反映企业偿还债务本金所支付的现金,包括偿还金融企业的借款本金、偿还债券本金等。企业支付的借款利息和债券利息不在本项目中反映。该项目可以根据"短期借款""长期借款""应付债券"等账户分析填列。

(5) 分配股利、利润或偿付利息支付的现金

该项目反映企业实际支付的现金股利、支付给其他投资单位的利润或用现金支付的借款利息、债券利息等。该项目可以根据"应付利息""应付股利""财务费用"等账户分析填列。

(6) 支付其他与筹资活动有关的现金

该项目反映企业除上述各项目之外所支付的其他与筹资活动有关的现金流量,如捐赠现金支出,租赁资产支付的租赁费以及为因筹资活动直接支付的审计、咨询等费用。该项目可以根据"营业外支出""长期应付款"等账户分析填列。

7. 汇率变动对现金的影响

编制现金流量表时,企业应当将外币现金流量以及境外子公司的现金流量折算成记账本位币。从概念上讲,汇率变动对现金的影响尽管也可以直接归类到经营活动、投资活动与筹资活动现金流量中,但做这种分类通常是得不偿失的,因此,企业会计准则将其作为一个单独的调节项目,但只冠以"汇率变动对现金的影响"的名称,而不像前述三个类别都使用产生的现金流量之类的名称。

汇率变动对现金的影响,是指企业外币现金流量及境外子公司的现金流量折算成记账本位币时,所采用的是现金流量发生日的汇率或是按照系统合理的方法确定的、与现金流量发生日即期汇率近似的汇率,而现金流量表"现金及现金等价物净增加额"项目中外币现金流量净增加额是按资产负债表日的即期折算的,这两者之间的差额即为汇率变动对现金的影响。

在实务中,该项目为现金流量表补充资料中"现金及现金等价物净增加额"数额与现金流量表中三项活动(经营活动、投资活动和筹资活动)产生的现金流量净额之和之间的差额。

四、现金流量表的编制方法与释例

现金流量表的编制方法主要有工作底稿法、“T”形账户法与分析填列法。一般来说,现金流量表正表采用工作底稿法或T形账户法,但是,只要能使现金流量表所需数据有条不紊地整理出来,用其他方法编制也未尝不可。现金流量表的附表因为只揭示不涉及现金的投资与筹资项目以及用间接法调整的本期净利润(或净损失),因此,采用分析填列法较为简便。编制现金流量表至少需要比较资产负债表、利润表和相关的资料,现分别将工作底稿法和T形账户法的编制过程说明如下:

(一) 工作底稿法及其释例

工作底稿法(worksheet method)是将资产负债表、利润表和现金流量表的所有项目及数据都汇总在一张底稿上,完整分析与记录每一账户的变动原因和现金流入与流出,并将发生交易的原分录记入工作底稿。采用工作底稿法编制现金流量表,既便于发现、纠正和减少编表过程的误差,更可以对所需要的数据进行整理与分类。

现以[例2]中的甲企业的资料为例,说明以工作底稿法编制现金流量表的步骤。

续【例2】 甲企业的利润表和资产负债表资料分别见表16-1和表16-2。

甲企业现金流量表工作底稿见表16-14(直接法)和表16-15(间接法),编制步骤如下:

第一步,分别将资产负债表的期初、期末数登入工作底稿第1栏、第4栏,利润表本期数登入工作底稿第4栏。

第二步,编制重现分录,顺序如下:

(1) 分析利润表收入、费用项目,调整资产负债表非现金的流动资产与流动负债,涉及现金的分别归入工作底稿中的经营活动、投资活动和筹资活动的现金流量,不涉及现金的,则与它产生的相关项目抵销。

(2) 分析资产负债表除非现金流动资产与流动负债以外的项目,根据其增减变动编制重现分录,涉及现金的按现金流量表分类标准,归入投资活动和筹资活动的现金流量。

第三步,将重现分录过入工作底稿。

第四步,核对重现分录,审核借方总额是否等于贷方总额。

第五步,根据工作底稿“现金流量表”项目,编制现金流量表正表。

为节省篇幅,本例将重现分录按顺序直接在工作底稿上完成,不再展现重现分录及登记重现分录的过程。

需要注意的是,在编制工作底稿时,先计算出投资活动与筹资活动的现金流量,再计算出经营活动所产生的现金流量通常是一种较为简洁的方法。

表16-14　　　　甲企业现金流量表工作底稿(直接法)

2019年度　　　　单位:元

项　目	期初数	调整分录		期末数
		借　方	贷　方	
	(1)	(2)	(3)	(4)
一、利润表项目				本期数
营业收入			(16) 2 000 000	2 000 000

续　表

项　目	期初数	调整分录		期末数
		借　方	贷　方	
	(1)	(2)	(3)	(4)
营业成本		(18) 600 000		600 000
税金及附加				
销售费用		(19) 50 000		50 000
管理费用		(8) 800 000		1 050 200
		(19) 200 000		
		(23) 50 200		
研发费用		(11) 20 000		20 000
财务费用		(15) 40 000		80 000
		(16) 40 000		
资产减值损失		(9) 40 000		40 000
信用减值损失		(17) 2 000		2 000
公允价值变动收益		(14) 100 000		－100 000
投资收益			(1) 68 000	302 200
			(3) 80 000	
			(14) 150 000	
			(4) 4 200	
营业外支出		(7) 50 000		60 000
		(23) 10 000		
所得税费用		(21) 34 250		34 250
净利润		(24) 265 750		265 750
二、资产负债表项目				
借方项目				
货币资金	100 000	(27) 1 418 800		1 458 800
交易性金融资产	300 000		(14) 300 000	
应收账款	500 000			500 000
存货	800 000	(18) 400 000		1 200 000
债权投资	105 000		(5) 800	104 200
长期股权投资	800 000	(1) 68 000	(2) 34 000	834 000
其他权益工具投资	60 000	(12) 10 000		70 000
固定资产	10 000 000	(6) 150 000	(7) 200 000	9 950 000

续 表

项　目	期初数	调整分录		期末数
		借　方	贷　方	
	(1)	(2)	(3)	(4)
无形资产		(10) 200 000		200 000
开发支出	200 000		(10) 200 000	
递延所得税资产	5 000	(21) 18 000		23 000
借方项目合计	12 870 000			14 400 000
贷方项目				
坏账准备			(17) 2 000	2 000
累计折旧	1 000 000	(7) 150 000	(8) 800 000	1 650 000
累计摊销			(11) 20 000	20 000
固定资产减值准备			(9) 40 000	40 000
应付账款	60 000		(18) 530 000	590 000
应付职工薪酬	40 000	(20) 230 000	(19) 250 000	60 000
应交税费	50 000	(18) 130 000	(16) 260 000	53 500
		(22) 200 000	(21) 73 500	
长期借款	500 000	(15) 100 000		400 000
预计负债	20 000	(23) 20 000		
递延所得税负债	27 500	(21) 21 250	(13) 2 500	8 750
实收资本	10 000 000		(6) 150 000	10 150 000
资本公积	500 000			500 000
其他综合收益	7 500	(13) 2 500	(12) 10 000	15 000
盈余公积	100 000		(25) 26 575	126 575
未分配利润	565 000	(25) 26 575	(24) 265 750	724 175
		(26) 80 000		
贷方项目合计	12 870 000			14 400 000
三、现金流量表项目				
(一) 经营活动产生的现金流量				
销售商品、提供劳务收到的现金		(16) 2 220 000		2 220 000
收到其他与经营活动有关的现金				
经营活动现金流入小计				
购买商品、接受劳务支付的现金			(18) 600 000	
支付给职工以及为职工支付的现金			(20) 230 000	

续　表

项　　目	期初数	调整分录		期末数
		借　方	贷　方	
	(1)	(2)	(3)	(4)
支付的各项税费			(22) 200 000	
支付的其他与经营活动有关的现金			(23) 80 200	
经营活动现金流出小计				1 110 200
经营活动产生的现金流量净额				1 109 800
(二) 投资活动产生的现金流量				
收回投资所收到的现金		(5) 800		200 800
		(14) 200 000		
取得投资收益所收到的现金		(2) 34 000		268 200
		(3) 80 000		
		(4) 4 200		
		(14) 150 000		
处置固定资产收回的现金净额				
投资活动现金流入小计				469 000
购建固定资产、无形资产和其他长期资产支付的现金				
投资支付的现金				
投资活动现金流出小计				
投资活动产生的现金流量净额				
(三) 筹资活动产生的现金流量				
吸收投资收到的现金				
取得借款收到的现金				
筹资活动现金流入小计				
偿还债务支付的现金			(15) 100 000	
分配股利、利润或偿付利息支付的现金			(15) 40 000	
			(26) 80 000	
筹资活动现金流出小计				220 000
筹资活动产生的现金流量净额				−220 000
(四) 现金及现金等价物净增加额			(27) 1 418 800	1 418 000
调整分录借贷合计		8 064 235	8 064 235	

相对而言,间接法下的现金流量表的编制要容易一些,原因就在于间接法下的经营活动产生的现金流量直接从净利润中调整出来,因此,很多利润表项目就不需要调整了。表 16 - 15 列示了间接法下甲企业现金流量表的工作底稿。

表 16 - 15　　甲企业现金流量表工作底稿(间接法)

2019 年度　　单位:元

项　目	期初数	调 整 分 录		期末数
		借 方	贷 方	
	(1)	(2)	(3)	(4)
一、资产负债表项目				
借方项目				
货币资金	100 000	(22) 1 358 800		1 458 800
交易性金融资产	300 000		(7) 300 000	
应收账款	500 000			500 00
存货	800 000	(15) 400 000		1 200 000
债权投资	105 000		(10) 800	104 200
长期股权投资	800 000	(8) 34 000		834 000
其他权益工具投资	60 000	(12) 10 000		70 000
固定资产原价	10 000 000	(18) 150 000	(6) 200 000	9 950 000
无形资产		(19) 200 000		200 000
开发支出	200 000		(19) 200 000	
递延所得税资产	5 000		(11) 18 000	23 000
借方项目合计	12 870 000			14 400 000
贷方项目				
坏账准备	2 000		(3) 2 000	2 000
累计折旧	1 000 000	(6) 150 000	(4) 800 000	1 650 000
累计摊销			(5) 20 000	20 000
固定资产减值准备			(2) 40 000	40 000
应付账款	60 000		(16) 530 000	590 000
应付职工薪酬	40 000		(16) 20 000	60 000
应交税费	50 000		(16) 3 500	53 500
长期借款	500 000	(17) 100 000		400 000
预计负债	20 000	(16) 20 000		
递延所得税负债	27 500	(14) 21 250	(13) 2 500	8 750
实收资本	10 000 000		(18) 150 000	10 150 000

续　表

项　目	期初数	调整分录		期末数
		借　方	贷　方	
	(1)	(2)	(3)	(4)
资本公积	500 000			500 000
其他综合收益	7 500	(13) 2 500	(12) 10 000	15 000
盈余公积	100 000		(20) 26 575	126 575
未分配利润	565 000	(20) 26 575	(1) 265 750	724 175
		(21) 80 000		
贷方项目合计	12 870 000			14 400 000
二、现金流量表项目				
(一) 将净利润调节为经营活动的现金流量				
净利润		(1) 265 750		
加：资产减值准备		(2) 40 000		
信用减值准备		(3) 2 000		
固定资产折旧		(4) 800 000		
无形资产摊销		(5) 20 000		
处置固定资产、无形资产和其他长期资产的损失(收益以"－"号填列)				
固定资产报废损失(收益以"－"号填列)		(6) 50 000		
公允价值变动损失(收益以"－"号填列)		(7) 100 000		
财务费用(收益以"－"号填列)		(17) 40 000		
投资损失(收益以"－"号填列)			(7) 150 000	
			(8) 68 000	
			(9) 80 000	
			(10) 4 200	
递延所得税资产减少(增加以"－"号填列)			(11) 18 000	
递延所得税负债增加(减少以"－"号填列)			(14) 21 250	

续 表

项　目	期初数	调整分录		期末数
		借　方	贷　方	
	(1)	(2)	(3)	(4)
存货的减少(增加以“—”号填列)			(15) 400 000	
经营性应收项目的减少(增加以“—”号填列)				
经营性应付项目的增加(减少以“—”号填列)		(16) 533 500		
其他		1 911 250	741 450	
经营活动产生的现金流量净额				1 109 800
(二) 投资活动产生的现金流量				
收回投资所收到的现金		(7) 200 000		200 800
		(10) 800		
取得投资收益所收到的现金		(7) 150 000		268 200
		(8) 34 000		
		(9) 80 000		
		(10) 4 200		
处置固定资产收回的现金净额				
投资活动现金流入小计				469 000
购建固定资产、无形资产和其他长期资产支付的现金				
投资支付的现金				
取得子公司及其他营业单位支付的现金净额				
支付其他与投资活动有关的现金				
投资活动现金流出小计				469 000
投资活动产生的现金流量净额				
(三) 筹资活动产生的现金流量				
吸收投资收到的现金				
取得借款收到的现金				
筹资活动现金流入小计				
偿还债务支付的现金			(17) 100 000	
分配股利、利润或偿付利息支付的现金			(17) 40 000	

续 表

项目	期初数	调整分录		期末数
		借方	贷方	
	(1)	(2)	(3)	(4)
			(21) 80 000	
筹资活动现金流出小计				220 000
筹资活动产生的现金流量净额				−220 000
(四) 现金及现金等价物净增加额			(22) 1 358 800	1 358 800
调整分录借贷合计		4 551 375	4 551 375	

根据表 16－14 和表 16－15，可以编制甲企业 2019 年度的现金流量表，如表 16－16 所示。

表 16－16　　现金流量表

编制单位：甲企业　　2019 年度　　单位：元

项目	金额
一、经营活动产生的现金流量	
销售商品、提供劳务收到的现金	2 200 000
收到其他与经营活动有关的现金	
经营活动现金流入小计	2 200 000
购买商品、接受劳务支付的现金	600 000
支付给职工以及为职工支付的现金	230 000
支付的各项税费	200 000
支付的其他与经营活动有关的现金	80 200
经营活动现金流出小计	1 110 200
经营活动产生的现金流量净额	1 109 800
二、投资活动产生的现金流量	
收回投资所收到的现金	200 800
取得投资收益所收到的现金	268 200
处置固定资产收回的现金净额	469 000
投资活动现金流入小计	
购建固定资产、无形资产和其他长期资产支付的现金	
投资支付的现金	
投资活动现金流出小计	
投资活动产生的现金流量净额	469 000

续　表

项　　目	金　额
三、筹资活动产生的现金流量	
吸收投资收到的现金	
取得借款收到的现金	
筹资活动现金流入小计	
偿还债务支付的现金	100 000
分配股利、利润或偿付利息支付的现金	120 000
筹资活动现金流出小计	220 000
筹资活动产生的现金流量净额	−220 000
四、汇率变动对现金的影响	
五、现金及现金等价物净增加额	1 358 800
补充资料	
1. 将净利润调节为经营活动的现金流量：	
净利润	265 750
加：资产减值准备	40 000
信用减值准备	2 000
固定资产折旧	800 000
无形资产摊销	20 000
固定资产报废损失(收益以“－”号填列)	50 000
公允价值变动损失(收益以“－”号填列)	100 000
财务费用(收益以“－”号填列)	40 000
投资损失(收益以“－”号填列)	−302 200
递延所得税资产减少(增加以“－”号填列)	−18 000
递延所得税负债增加(减少以“－”号填列)	−21 250
存货的减少(增加以“－”号填列)	−400 000
经营性应收项目的减少(增加以“－”号填列)	
经营性应付项目的增加(减少以“－”号填列)	533 500
其他	
经营活动产生的现金流量净额	1 109 800
2. 不涉及现金收支的投资和筹资活动：	
债务转为资本	

续　表

项　　目	金　　额
一年内到期的可转换公司债券	
租入使用权资产	
3. 现金及现金等价物净增加情况：	
现金的期末余额	1 458 800
减：现金的期初余额	100 000
加：现金等价物的期末余额	0
减：现金等价物的期初余额	0
现金及现金等价物净增加额	1 358 800

(二)"T"形账户法及其释例

"T"形账户法是为资产负债表每一个非现金账户以及利润表的收入费用账户设置"T"形账户，过入各个账户的期初与期末的增减变动数。如果账户的期末数大于期初数，则将差额过入与账户余额相同的方向；反之，则过入相反的方向。此外，为反映经营活动、投资活动以及筹资活动的现金流量，还需要设置一个大的"现金"账户，涉及现金增加或流入的，记入账户的左边；涉及现金减少或流出的，记入账户的右边。然后，按借贷法则编制重现分录，追溯与分析现金与每个非现金账户、收入、费用账户变动的原因。现金流量表正表则依据大的"现金"账户的借贷方进行汇总与整理而成。

下面仍以上述甲企业为例，以直接法下相同的顺序，用"T"形账户法编制现金流量表的过程及其相关数据的计算如下：

营业收入

(24)	2 000 000	(16)	2 000 000
合计	2 000 000	合计	2 000 000

营业成本

(18)	600 000	(24)	600 000
合计	600 000	合计	600 000

销售费用

(19)	50 000	(24)	50 000
合计	50 000	合计	50 000

管理费用

(8)	800 000	(24)	1 050 200
(19)	200 000		
(23)	50 200		
合计	1 050 200	合计	1 050 200

研发费用

(11)	20 000	(24)	20 000
合计	20 000	合计	20 000

财务费用

(15)	40 000	(24)	80 000
(16)	40 000		
合计	80 000	合计	80 000

资产减值损失

(9)	40 000	(24)	40 000
合计	40 000	合计	40 000

信用减值损失

(17)	2 000	(24)	2 000
合计	2 000	合计	2 000

公允价值变动损益

(14)	100 000	(24)	100 000
合计	100 000	合计	100 000

投资收益

(24)	302 200	(1)	68 000
		(3)	80 000
		(4)	4 200
		(14)	150 000
合计	302 200	合计	302 200

营业外支出

(7)	50 000	(24)	60 000
(23)	10 000		
合计	60 000	合计	60 000

所得税费用

(21)	34 250	(24)	34 250
合计	34 250	合计	34 250

交易性金融资产

期初	300 000	期末	0
		(14)	300 000
合计	300 000	合计	300 000

应收账款

期初	500 000	期末	500 000
合计	500 000	合计	500 000

存　货

期初	800 000	期末	1 200 000
(18)	400 000		
合计	1 200 000	合计	1 200 000

债权投资

期初	105 000	期末	104 200
		(5)	800
合计	105 000	合计	105 000

长期股权投资

期初	800 000	期末	834 000
(1)	68 000	(2)	34 000
合计	868 000	合计	868 000

其他权益工具投资

期初	60 000	期末	70 000
(12)	10 000		
合计	70 000	合计	70 000

固定资产

期初	1 000 000	期末	9 950 000
(6)	150 000	(7)	200 000
合计	1 150 000	合计	1 150 000

无形资产

期初	0	期末	180 000
(10)	200 000		
合计	200 000	合计	200 000

开发支出

期初	200 000	期末	0
		(10)	200 000
合计	200 000	合计	200 000

递延所得税资产

期初	5 000	期末	23 000
(21)	18 000		
合计	23 000	合计	23 000

累计折旧

期末	1 650 000	期初	1 000 000
(7)	150 000	(8)	800 000
合计	1 800 000	合计	1 800 000

累计摊销

期末	20 000	期初	0
		(11)	20 000
合计	20 000	合计	20 000

坏账准备

期末	2 000	期初	0
		(17)	2 000
合计	2 000	合计	2 000

固定资产减值准备

期末	40 000	期初	0
		(9)	40 000
合计	40 000	合计	40 000

应付账款

期末	590 000	期初	60 000
		(18)	530 000
合计	590 000	合计	590 000

应付职工薪酬

期末	60 000	期初	40 000
(20)	230 000	(19)	250 000
合计	290 000	合计	290 000

应交税费

期末	53 500	期初	50 000
(18)	130 000	(16)	260 000
(22)	200 000	(21)	73 500
合计	383 500	合计	383 500

长期借款

期末	400 000	期初	500 000
(15)	100 000		
合计	500 000	合计	500 000

预计负债

期末	0	期初	20 000
(23)	20 000		
合计	20 000	合计	20 000

递延所得税负债

期末	8 750	期初	27 500
(21)	21 250	(13)	2 500
合计	30 000	合计	30 000

实收资本

期末	10 150 000	期初	10 000 000
		(6)	150 000
合计	10 150 000	合计	10 150 000

资本公积

期末	500 000	期初	500 000
合计	500 000	合计	500 000

其他综合收益

期末	15 000	期初	7 500
(13)	2 500	(12)	10 000
合计	17 500	合计	17 500

盈余公积

期末	126 575	期初	100 000
		(25)	26 575
合计	126 575	合计	126 575

未分配利润

期末	724 175	期初	565 000
(25)	26 575	(24)	265 750
(26)	80 000		
合计	830 750	合计	830 750

现金(含现金等价物)

现金流入项目		现金流出项目	
经营活动现金流入:		经营活动现金流出:	
销售商品、提供劳务收到的现金	(16) 2 220 000	购买商品、接受劳务支付的现金	(18) 600 000
其他经营活动收到的现金		支付给职工以及为职工支付的现金	(20) 230 000
		支付的各项税款	(22) 200 000
		支付的其他与经营活动有关的现金	(23) 80 200
投资活动现金流入:		投资活动现金流出:	
收回投资所收到的现金	(4) 4 200		
	(14) 200 000		
取得投资收益所收到的现金	(2) 34 000		
	(3) 80 000		
	(5) 800		
	(14) 150 000		

续　表

现金流入项目		现金流出项目	
处置固定资产收回的现金净额			
筹资活动现金流入：		筹资活动现金流出：	
借款所收到的现金		偿还债务所支付的现金	(15) 100 000
		偿还利息所支付的现金	(15) 40 000
		分配股利所支付的现金	(26) 80 000
现金流入合计	2 689 000	现金流出合计	1 330 200
现金流入净额	1 358 800		
加：期初余额	100 000	期末余额	
等于：期末余额	1 458 800	合计	

根据“现金”“T”形账户即可编制正式的现金流量表，如表 16 - 16 所示。

可以看出，工作底稿法与“T”形账户法没有本质区别，即每个“T”形账户的名称即为工作底稿法第一列中的项目名称，期初余额、本期增加、本期减少以及期末余额即为工作底稿中的后面的四列内容。

需要注意的是，无论是工作底稿法还是“T”形账户法，其中的调整分录次序没有强制性的要求，可因编制者的习惯不同而异。

第五节　所有者权益变动表

一、所有者权益变动表的内容及结构

（一）所有者权益变动表及其内容

所有者权益变动表是指反映构成所有者权益各组成部分当期增减变动情况的财务报表。

财务报告用户的类型很多，所有者是其中主要的用户，他们不仅关心企业的获利能力（利润表）、偿债能力（资产负债表），还关心其在企业中所拥有的权益的变动情况，因此，企业应当编制所有者权益变动表反映所有者权益的变动情况。

所有者权益变动表应当全面反映一定时期所有者权益的变动情况，不仅包括所有者权益总量的增减变动，还包括所有者权益增减变动的重要结构性信息，让财务报告的用户准确理解所有者权益增减变动的原因。

所有者权益变动表至少应当单独反映如下导致一定期间内所有者权益变动的项目：(1) 综合收益总额；(2) 会计政策变更和前期差错更正的累积影响金额；(3) 所有者投入资本和向所有者分配利润等；(4) 提取盈余公积；(5) 所有者权益各组成部分的期初和期末余额及内部调整情况等。

（二）所有者权益变动表的结构

为全面地反映如上内容，所有者权益变动表应当以矩阵的形式列示。

1. 矩阵中的行列示所有者权益的存在形式

如前所述,无论如何增减变动,企业的所有者权益在期末总会以一定的形式存在,包括实收资本、其他权益工具、资本公积、其他综合收益、盈余公积、未分配利润等。

2. 矩阵中的列列示所有者权益本期增减变动的原因

导致企业所有者增减变动的原因无外乎如下几种:(1) 本期所形成的综合收益;(2) 所有者投入或减少资本;(3) 提取盈余公积;(4) 对所有者的分配;(5) 其他,如发行其他权益工具、资本公积或盈余公积转增资本以及盈余公积弥补亏损等。

所有者权益变动表的结构见表 16-17。

表 16-17 **甲企业所有者权益变动表**

2019 年度 单位:元

项目	本期金额									
	实收资本(或股本)	其他权益工具			资本公积	减:库存股	其他综合收益	盈余公积	未分配利润	所有者权益合计
		优先股	永续债	其他						
一、上年年末余额	10 000 000				500 000		7 500	100 000	565 000	11 172 500
加:会计政策变更										
前期差错更正										
其他										
二、本年年初余额	10 000 000				500 000		7 500	100 000	565 000	11 172 500
三、本年增减变动金额										
(一) 净利润									265 750	
(二) 其他综合收益							7 500			
综合收益总额							7 500		265 750	
(三) 所有者投入和减少资本										
1. 所有者投入的普通股	150 000									
2. 其他权益工具持有者投入资本										
3. 股份支付计入所有者权益的金额										
4. 其他										
(四) 利润分配										
1. 提取盈余公积								26 575	26 575	
2. 对所有者的分配									80 000	
3. 其他										

续　表

项　目	本　期　金　额									
	实收资本（或股本）	其他权益工具			资本公积	减：库存股	其他综合收益	盈余公积	未分配利润	所有者权益合计
		优先股	永续债	其他						
（五）所有者权益内部结转										
1. 资本公积转增资本										
2. 盈余公积转增资本										
3. 盈余公积弥补亏损										
4. 设定受益计划变动额结转留存收益										
5. 其他综合收益结转留存收益										
6. 其他										
四、本年年末余额	10 150 000				500 000		15 000	126 575	724 175	11 515 750

二、所有者权益变动表的编制

（一）上年金额栏的填列方法

所有者权益变动表“上年金额”栏内各项数字，应根据上年度所有者权益变动表“本年金额”栏内所列数字填列。

如果上年度所有者权益变动表规定的项目的名称和内容与本年度不一致，应对上年度所有者权益变动表各项目的名称和金额按照本年度的规定进行调整，填入所有者权益变动表“上年金额”栏内。

（二）本年金额栏的填列方法

所有者权益变动表“本年金额”栏内各项数字，一般应根据“实收资本（或股本）”“其他权益工具”“资本公积”“其他综合收益”“盈余公积”“利润分配——未分配利润”“库存股”“前期损益调整”等账户及其明细科目余额或发生额分析填列。

续【例 2】 根据［例 2］中的资料，可编制甲企业 2019 年度所有者权益变动表，如表 16－17 所示（只列示本期金额，完整的所有者权益变动表可参见第十四章表 14－6）。

第六节　会 计 调 整

在编制财务报表的过程中，还需要考虑一些调整事项对财务报表编制的影响，主要包括会计变更、差错与更正以及资产负债表日后事项等。现分述如下：

一、会计变更

(一) 会计变更及其变更条件

可比性原则要求企业在不同时期使用相同的会计程序与方法,否则,财务报表就无法进行比较。但是,可比性原则并不意味着前后各期的会计程序、方法等一旦确定就永远不能改变。当会计工作为适应经济环境的变化而必须作出会计变更时,应将变更的情况、原因及其对企业财务状况、经营成果、现金流量的影响予以披露。随着市场经济的发展,会计的环境以及会计所服务的对象也会发生变化,会计准则与会计制度为适应社会经济环境的变化而需要不断地进行修正,在这种情况下,会计变更就是要在保证会计信息相关性与可靠性的前提下,规范企业会计信息的完整披露。

会计变更(accounting changes)可分为三种,即会计政策变更、会计估计变更和会计主体变更(accounting entity change)。其中,会计主体变更将在本系列教材《高级财务会计》课程中说明。

1. 会计政策变更

会计政策(accounting policy)是指企业在会计确认、计量和报告中采用的原则、基础和会计处理方法。也就是说,会计政策包括会计原则、基础与会计处理方法三个方面的内容。会计政策变更(accounting policy change)是指企业对相同的交易或事项由原来采用的会计政策改用另一种会计政策的行为。

会计政策变更的条件主要有两种情形:

(1) 按照法律或会计准则等行政法规、规章的要求,企业必须改变原来的会计政策,按新的会计政策执行。

这种情形下的会计政策变更,称为会计政策的强制变更。

(2) 会计政策的变更能够提供有关企业财务状况、经营成果和现金流量等更可靠、更相关的会计信息。

此处所言,是指由于经济环境、客观情况的改变,使企业原来采用的会计政策所提供的会计信息,已不能恰当地反映企业的财务状况、经营成果和现金流量等情况。在这种情况下,应改变原来的会计政策,按变更后新的会计政策进行核算,以对外提供更可靠、更相关的会计信息。

这种情形下的会计政策变更,称为会计政策的自愿变更。

然而,在具体判断是否符合会计政策变更的条件时,还需辨别那些不属于会计政策变更的交易与事项以及会计政策变更与会计差错的区别。如果发生的交易或事项与以前相比,因本质不同而采用新的会计政策时,或者企业对初次发生的或不重要的交易与事项采用新的会计政策时,均不能列为会计变更。

例如,某企业原对联营企业的投资,因追加投资形成了对被投资方的控制,应当将长期股权投资后续计量的权益法调整为权益法。诸如此类,则不属于会计政策变更。

因此,会计政策变更的条件在于会计方法、程序的变化而不是交易或事项本质的变化。如果企业原来对某项业务采用的不是会计准则所允许的方法,现改用会计准则所允许的方法,则属于会计差错的更正。例如,某企业原来采用收付实现制,现改用权责发生制,由于收付实现制不是会计准则所允许的确认基础,前后两种会计方法的改变当属差错更正;反之,原采用权责发生制，后改用收付实现制，则为错误的发生。

2. 会计估计变更

会计估计(accounting estimate)是会计工作中无法避免的，当企业对财务状况和经营成果进行定期确认和计量时，某些交易或事项对未来的影响具有不确定性，在这种情况下，必须予以估计入账。因此，会计估计变更(accounting estimate change)就是指由于资产和负债的当前状况及预期经济利益和义务发生了变化，从而对资产和负债的账面价值或者资产的定期消耗金额进行的调整。由于预期结果的不确定性，企业应当以最近可利用的信息为基础作出判断。但是，随着时间的推移和环境的变化或其他新技术或信息的获得，重新估计与修正原来的数据，也许更能客观地反映经济状况，此时就需要对原来的会计估计作出变更与修正。

不过，需要说明的是，变更与修正原来的会计估计并不表明估计方法有问题或不恰当，只是表明原来的会计估计已经不能适应目前的实际情况或在目前已经失去了继续沿用的依据。例如，企业期末对应收账款确认信用减值损失，如果前后两期的经济状况相同，期末发生应收账款信用风险的概率可以不变；如果以后年度企业因放宽了对客户的授信额度或者外部的经济环境变差，就需要变更计算应收账款信用风险的概率大小，如果不更正反而不能反映企业的现存经济状况。又如，固定资产估计使用年限及其残值、无形资产及其他长期资产受益期等估计的变更都可以依据经济环境的变化作出相应的改变。

在有些情况下，会计政策变更和会计估计变更很难区分。例如，企业对某项固定资产原采用了直线法计提折旧，但由于该项固定资产未来预期经济利益发生了变化，企业将折旧方法改为加速折旧法。如果仅从会计政策变更角度考虑，由于折旧计算方法发生了变更，因此，这一事项应属于会计政策变更；但若从折旧金额调整上看，只是每期的金额有所调整，并且是因为对未来预期经济利益的估计发生了变化，因此，当属会计估计变更。在这种情况下，如果不易区别会计政策变更和会计估计变更，则均视为会计估计变更。我国企业会计准则明确规定，固定资产折旧方法的变更视为会计估计变更。

尽管如此，企业还是应当以变更事项的会计确认、计量基础和列报项目是否发生变更作为判断该变更是会计政策变更，还是会计估计变更的划分基础。现分述如下：

(1) 以会计确认是否发生变更作为判断基础

企业会计准则规定了资产、负债、所有者权益、收入、费用和利润共六项会计要素的确认标准，是会计处理的首要环节。一般而言，对会计确认的指定或选择是会计政策，其相应的变更是会计政策变更。会计确认的变更一般会引起列报项目的变更。

例如，发生的固定资产大修理费用，以前确认为长期资产(长期待摊费用)，而目前却确认为当期费用，因此，是确认的标准发生了变更，当属会计政策变更。

(2) 以计量基础是否发生变更作为判断基础

企业会计准则规定了历史成本、重置成本、可变现净值、现值和公允价值共五项会计计量属性，是会计处理的计量基础。一般而言，对会计计量基础的指定或选择是会计政策，其相应的变更是会计政策变更。

例如，对投资性房地产，原以历史成本作为计量基础，现改为以公允价值作为计量基础，计量基础发生了变更，当属会计政策变更。

(3) 以列报项目是否发生变更作为判断标准

这一判断标准通常伴随着会计确认的变更。

例如,某商业企业在前期将商品采购费用列入当期期间费用,而根据存货会计准则的规定,商品采购费用应当计入外购存货的成本,从而导致列报项目的变化,这种当属会计政策变更。

根据会计确认、计量基础和列报项目所选择的为取得与该项目有关的金额或数值所采用的处理方法,不是会计政策,而是会计估计,其相应的变更是会计估计变更。如前述折旧方法的变更,既不涉及会计确认(包括列报项目),也没有改变计量基础,因此,应当作为会计估计变更。

3. 会计主体变更

它是指由于编制报表的会计主体增减,导致当年度财务报表的会计主体与以前年度发生了变化。例如,某企业本年度收购了一家控股50%以上的子公司,则应当编制合并财务报表,而上期还没有这家子公司,则上期仅编制的是单个企业的报表,同样是这家企业,但前后会计年度所提供的报表已发生改变。

有关合并财务报表的编制及其变更的记录与报告,详见本系列教材《高级财务会计》的相关内容,本章不赘述。

(二) 会计政策变更的处理方法

对会计政策变更,如果国家在发布新的法律法规的同时,规定了相应的会计处理办法的,应当按照国家规定的办法进行处理。如果会计政策变更能够为企业提供更可靠、更相关的信息,应该采用追溯调整法。如果会计政策变更对列报前期影响数不切实可行的,则应当采用未来适用法。

1. 追溯调整法

追溯调整法(retrospective approach),是指对某项交易或事项变更会计政策时,视同该交易或事项初次发生时即采用新的会计政策,并以此对财务报表相关项目进行调整的方法。

在追溯调整法下,应计算会计政策变更的累积影响数,并调整变更年度的期初留存收益以及相关的财务报表项目。会计政策变更的累积影响数实际上是指以下两项差额的税后数额:

(1) 会计变更年度的期初留存收益;

(2) 若自开始就改用新的会计政策追溯计算的期初留存收益的应有数额。

【例 4】 2020 年年初,甲企业决定执行新的会计政策,将存货发出成本由原来的后进先出法改为先进先出法(假定不存在暂时性差异),所得税税率为 25%,每年年末按税后利润的10%提取法定盈余公积。甲企业与存货相关的会计记录如表 16 - 18 所示。

表 16 - 18　　甲企业存货相关的会计记录　　单位:元

项　目	2019 年		2020 年	
	先进先出法	后进先出法	先进先出法	后进先出法
期初存货	47 000	45 000	60 000	50 000
期末存货	60 000	50 000	80 000	68 000
净利润(税后)			160 000	176 000
年初未分配利润			86 000	169 000
分配现金股利		80 000		88 000

根据上述会计记录，存货成本由后进先出法改为先进先出法可以进行追溯调整，变更分析如表16－19所示。

表16－19　　会计政策变更的累计影响数计算表　　单位：元

时　　间	存货方法		新、旧方法的差异	
	先进先出法(新)	后进先出法(旧)	税前利润增加	税后利润增加
2019年年末	47 000	45 000	2 000	1 500
2020年年末	60 000	50 000	10 000	7 500

根据表16－18的计算结果，甲企业的会计处理如下：

(1) 2020年年初，对因会计政策变更产生累计的影响数，编制追溯调整分录。

借：存货(60 000－50 000)　　10 000

　贷：应交税费——应交所得税(10 000×25%)　　2 500

　　盈余公积(10 000×75%×10%)　　750

　　利润分配——未分配利润(10 000×75%×90%)　　6 750

需要注意的是，如果税法要求以后进先出法为基础计征所得税，则贷方的“应交税费”账户应当改为“递延所得税负债”账户。此外，盈余公积和未分配利润是两年的累积结果，在编制比较财务报表时必须区分不同年份分别填列。

(2) 编制2019年和2020年的比较财务报表，如表16－20所示(为简化起见，仅列示受变更影响的项目)。

表16－20　　甲企业比较财务报表(简表)　　单位：元

	2019年(先进先出法基础)	2020年(后进先出法基础)
资产负债表		
存货	60 000	80 000
利润表		
净利润	166 000②	176 000
所有者权益变动表①		
一、上年年末余额	86 000	156 750
加：会计政策变更累积影响数	1 350③	
二、本年年初余额	87 500	156 750
三、本年增减变动金额		
(一) 净利润	166 000	176 000
……	……	……
(四) 利润分配		
1. 提取盈余公积	16 600	17 600

续 表

	2019 年(先进先出法基础)	2020 年(后进先出法基础)
2. 分配现金股利	80 000	88 000
(五) 年末未分配利润余额	156 750	227 150

注:① 为简化起见,此处的所有者权益变动表中的数字均假定为“未分配利润”栏目;
② 166 000=160 000+7 500−1 500;
③ 1 350=2019 年度的存货差异 2 000×75%×90%。

2. *未来适用法*

未来适用法(prospective approach),是指将变更后的会计政策应用于变更日及以后发生的交易或者事项,或者在会计估计变更当期或未来期间确认会计估计变更影响数的方法。

从严格意义上讲,会计变更的处理有三种方法:一是前面所述及的追溯调整法,二是当期确认法,三是未来适用法即狭义上的未来适用法。但由于变更既涉及当期又涉及未来期间,因此,从实用角度出发,将当期确认法和狭义上的未来适用法统称为未来适用法。

当客观经济环境改变或国家发布新的法律法规而需要变更原来的会计政策时,如果新旧会计政策产生的会计政策累积影响数无法计算或不能合理确定,无论是属于法规、规章要求变更会计政策,还是因客观经济环境改变而变更会计政策,均应当采用未来适用法。

在未来适用法下,不需要计算会计政策变更产生的累积影响数,也不必重编以前年度的财务报表。会计账簿记录及会计报表上反映的金额,在变更之日仍保留原有的金额,不因会计政策变更而改变以前年度的既定结果,直接在现有金额的基础上按新的会计政策进行核算。

例如,甲企业如果是一家已营业十几年的企业,原来存货一直采用先进先出法,某年因物价上涨等原因改用后进先出法。十几年来,原先进先出法下的期末存货均为最后几年的,若采用追溯调整法,需要追溯数年前或十几年前的购货成本和各年存货的增减变动,才能将其调整为后进先出法的存货金额。对大部分企业来说,此项工作不切实可行,因此,从其他存货计价方法改为后进先出法时,变更年度的基期存货只能按变更前其他存货计价方法所计算出来的存货金额。在[例 4]中,甲企业若从 2020 年起将存货发出计价方法从先进先出法改为后进先出法,原先进先出法的存货数额即为 2020 年年初改用后进先出法的期初存货,计 60 000 元。像这种无法合理确认会计政策变更累积影响数的例子还有:企业如果因账簿、凭证超过法定保存期限而销毁,或因不可抗拒力而毁坏、遗失,或因人为因素,如盗窃、故意毁坏等,可能使当期期初确定会计政策变更对以前各期累积影响数无法计算,即不切实可行,因此,都适用于未来适用法进行处理。

(三) 会计估计变更的处理方法

会计估计变更应当采用未来适用法。它不需要计算变更产生的累积影响数,也不需要重编以前年度的财务报表。在未来适用法下,自会计估计变更年度起,账上原有余额按新的估计基础记录与报告,不论会计估计的变更是影响当期损益还是既影响当期也影响以后各期,均在会计变更当期或以后期间确认相关的损益,并记入与原会计估计变更前相同的账户。同时,在会计报表附注中说明会计估计变更的内容和理由、会计估计变更的影响数以及影响数不能确定的理由。

【例 5】 2013 年 12 月 31 日，甲企业购入一台机器，成本为 120 000 元，原估计使用年限 10 年，无残值，采用直线法计提折旧。假定甲企业根据获得的新资料，决定从 2020 年 1 月 1 日起，改变原来的会计估计，将该机器使用年限改为 12 年。因此，自第 7 年起使用年限改变后每年的折旧为：

原始成本	120 000
减：会计估计变更年度止累计折旧(120 000÷10×6)	72 000
会计估计变更期初固定资产账面值(120 000－72 000)	48 000
自 2018 年起每年提折旧额(48 000÷6)	8 000

对该项固定资产，甲企业的会计附注如下：

本企业生产用机器设备，成本为 120 000 元，原估计使用年限为 10 年，无残值，采用直线法计算折旧。6 年后，根据获得的新资料，决定将该机器使用年限改为 12 年。因此，此项使用年限的改变使年折旧费为 8 000 元，又因折旧计提数降低使年利润增加 3 000 元(假定该企业的所得税税率为 25%)。

需要说明的是，企业应当披露重要的会计估计，不具有重要性的会计估计可以不披露。判断会计估计是否重要，应当考虑与会计估计相关的报表项目的性质和金额。企业应当披露重要的会计估计包括：

(1) 存货可变现净值的确定。

(2) 采用公允价值模式下的投资性房地产公允价值的确定。

(3) 固定资产的预计使用寿命与净残值，以及固定资产的折旧方法。

(4) 生物资产的预计使用寿命与净残值，以及各类生产性生物资产的折旧(耗)方法。

(5) 使用寿命有限的无形资产的预计使用寿命与净残值。

(6) 可收回金额按照资产组的公允价值减去处置费用后的净额确定的，确定公允价值减去处置费用后的净额的方法。

可收回金额按照资产组预计未来现金流量的现值确定的，预计未来现金流量及其折现率的确定。

(7) 合同完工进度的确定。

(8) 权益工具公允价值的确定。

(9) 债务人债务重组中转让的非现金资产的公允价值、由债务转成的股份的公允价值和修改其他债务条件后债务的公允价值的确定。

债权人债务重组中受让的非现金资产的公允价值、由债权转成股份的公允价值和修改其他债务条件后债权的公允价值的确定。

(10) 预计负债初始计量的最佳估计数的确定。

(11) 金融资产公允价值的确定。

(12) 承租人对未确认融资费用的分摊；出租人对未实现融资收益的分配。

(13) 探明矿区权益、井及相关设施的折耗方法。与油气开采活动相关的辅助设备及设施的折旧方法。

(14) 非同一控制下企业合并成本的公允价值的确定等。

二、会计差错及更正

(一) 会计差错的原因与分类

企业在日常会计处理中会出现会计差错,日常的会计差错更正方法,如红字更正法、划线更正法及补充登记法等,已在本系列教材《基础会计》中说明,本处所言的会计差错专指前期会计差错。

前期会计差错(prior period accounting errors)是指由于没有运用或错误地运用下列两种信息,而对前期财务报表造成的省略或错报:(1) 编报前期财务报表时预期能够取得并加以考虑的可靠信息;(2) 前期财务报告批准报出时能够取得的可靠信息。

可靠性原则要求企业提供的会计信息必须符合实际的财务状况和经营成果,从会计记录到编制报表的全部操作都应该真实、正确。因此,会计准则要求一经发现前期差错,应立即查明原因,予以更正。常见的前期差错包括采用会计准则错误、疏忽或曲解事实、舞弊产生的影响以及固定资产盘盈等。

上述错误,按会计差错对财务报表本身的影响,可分为以下两大类:

1. 账户分类错误,但对损益无影响的会计差错

有些会计差错是错用账户而使资产、负债及所有者权益分类不正确,但对损益并无影响。例如,股票溢价发行,超面值部分误记了“股本”账户而非“资本公积”账户,这种错误只影响资产负债表上项目的分类,而不涉及损益。又如,一项费用支出应记为管理费用,误记为营业成本。这种误差如在当期发现,应立即更正;如在以后才被发现,也不需编制更正分录,因为收入、费用等虚账户在前期已被结清。

2. 对损益及财务报表账户均有影响的会计差错

这种差错又可分为两类,即自动抵销的会计错误和非自动抵销的会计错误。

(1) 自动抵销的会计差错。它是指在连续的两个会计期内自动更正或抵销的错误。例如,第 1 年期末存货多计,虚增当期利润;由于第 1 年期末存货为第 2 年期初存货,所以,至第 2 年,多计期初存货,即多计营业成本及利润的影响正好相反而自动抵销。

大部分会计差错属于这种类型。这种会计差错在连续两个会计期间发现,就应该在错误发现年度编制更正分录;若在两个会计期以后发现,则不必编制更正分录,因为至第 2 年,该项错误已自动抵销。若编制比较财务报表,则应该重新加以更正。常见的自动抵销的会计差错还有:调整应计项目及递延项目的错误等。

(2) 非自动抵销的会计差错。与前述自动抵销的会计差错相反,此种错误如未发现也未更正,财务报表以及受其影响的账户余额会持续若干个会计期间都不正确。例如,折旧费用的高估或低估。除非发现后立即更正,否则受其影响的资产负债表及其累计折旧、未分配利润账户的余额,就一直是错误的,直至固定资产处置或报废。在固定资产全部使用年限内,利润表所列折旧费用也同样不正确。

(二) 前期差错更正的基本程序、会计处理方法与释例

1. 分析与更正前期差错的基本程序

第一步,分析会计差错发生与发现是否在相同的会计期间还是在不同的会计期间;以及差错发现年度所有虚账户是否已调整或结账。

第二步,分析账上原编制的错误分录或漏记的分录。

第三步，考虑正确分录应如何编制以及应在何时编制。

第四步，分析错误发生日与发现日之间受其影响的所有账户，比较原编制的错误分录与正确分录的差异，然后编制更正与调整分录，消除会计误差所产生的差异，使所有账户均调整正确。

第五步，对本期发现的重要的前期差错，企业应当采用追溯重述法进行更正。

所谓“追溯重述法”(retrospective restatement approach)，是指在发现前期差错时，视同该项差错从未发生过，从而对财务报表相关项目进行更正的方法。具体进行会计处理时，调整错误发现年度期初未分配利润余额的调整数，借记或贷记“盈余公积”及“利润分配——未分配利润”账户。如果确定差错对列报的某一期或某几期的特定期间比较信息的影响不切实可行时，企业应当重述“追溯重述法”切实可行的最早期间(也可能是发现差错当期)的资产、负债和所有者权益的期初余额；如果在当期期初确定差错对所有前期的累积影响不切实可行时，企业应当自最早的切实可行日重述比较信息，采用未来适用法更正差错。

需要注意的是，上述对会计差错的会计处理程序均是针对重要的前期差错的。所谓重要的前期差错，是指足以影响财务报表使用者对企业财务状况、经营成果和现金流量作出正确判断的前期差错。不重要的前期差错，是指不足以影响财务报表使用者对企业财务状况、经营成果和现金流量作出正确判断的前期差错。

对不重要的前期差错，企业不需要调整财务报表相关项目的期初数，但应调整发现当期与前期相同的相关项目。属于影响损益的，应直接记入本期与上期相同的净损益项目；属于不影响损益的，应调整本期与前期相同的相关项目。

2. 前期差错更正释例

【例 6】 表 16-21 是甲企业提供的 2019 年和 2020 年的部分会计记录。

表 16-21　　**甲企业部分会计记录**　　单位：元

项　　目	2019 年	2020 年
营业收入	450 000	480 000
营业成本(不包括折旧费用)	300 000	310 000
折旧费用	20 000	25 000
管理费用	20 000	28 000
销售费用	30 000	32 000
财务费用	5 000	5 000
利润总额	75 000	80 000
所得税费用(税率为 25%)	18 750	20 000
净利润	56 250	60 000
期初未分配利润	135 000	170 625
提取盈余公积	5 625	6 000
分配现金股利	15 000	17 000
期末未分配利润	170 625	147 625

2020 年 12 月 5 日,甲企业在内部审计时发现,2018 年和 2019 年折旧费用每年少计 5 000 元(假定无暂时性差异),使税前净利润共少计 10 000 元。根据现有的会计记录,该项差错可以进行追溯重述,现将该差错分析如下:

(1) 2019 年 12 月 5 日,分析、计算该差错的累积影响数并编制更正分录如下:

借:前期损益调整(5 000×2)　　10 000

　贷:累计折旧　　10 000

借:应交税费——应交所得税[(5 000×2)×25%]　　2 500

　贷:前期损益调整　　2 500

借:盈余公积　　750

　　利润分配——未分配利润　　6 750

　贷:前期损益调整　　7 500

(2) 编制 2019 年和 2020 年的比较财务报表(见表 16-22)。

甲企业因 2018 年和 2019 年折旧费用每年少计,2019 年的财务报表应当追溯重编。

假定甲企业 2020 年没有发生会计差错,则直接按甲企业提供的 2020 年会计记录编制财务报表。

表 16-22　　甲企业比较财务报表　　单位:元

	2019 年	2020 年
营业收入	450 000	480 000
营业成本(不包括折旧费用)	300 000	310 000
折旧费用	25 000	25 000
管理费用	20 000	28 000
销售费用	30 000	32 000
财务费用	5 000	5 000
利润总额	70 000	80 000
所得税费用(税率为 25%)	17 500	20 000
净利润	52 500	60 000
期初未分配利润	131 625①	163 875
提取盈余公积	5 250②	6 000
分配现金股利	15 000	17 000
期末未分配利润	163 875	140 875

注:① 131 625=135 000-5 000×75%×90%。

② 3 375=5 625-375(2019 年的会计差错更正的影响即 5 000×75%×10%)。

三、资产负债表日后事项

(一) 资产负债表日后事项的概念

资产负债表日后事项是指资产负债表日至财务报告批准报出日之间发生的有利或不利

事项。

1. 资产负债表日后事项涵盖的期间

资产负债表日后事项涵盖的期间是自资产负债表日次日起至财务报告批准报出日止的一段时间。具体是指报告年度次年的 1 月 1 日或报告期下一期间的第一天至董事会或类似权力机构批准财务报告对外公布的日期。财务报告批准报出以后、实际报出之间又发生的与资产负债表日后事项有关的事项，并由此影响财务报告对外公布日期的，应以董事会或类似机构再次批准财务报告对外公布的日期为截止日期。

2. 资产负债表日

资产负债表日是指会计年度末和会计中期期末。其中，年度资产负债表日是指公司 12 月 31 日；会计中期通常包括半年度、季度和月度等。会计中期期末相应地是指公历半年末、季末和月末等。

如果母公司或者子公司在国外，无论该母公司或子公司如何确定会计年度和会计中期，其向国内提供的财务报告都应根据我国的会计规范要求确定资产负债表日。

3. 财务报告批准报出日

财务报告批准报出日是指董事会或类似机构权力批准财务报告报出的日期。

财务报告批准报出日通常是指对财务报告的内容负有法律责任的单位或个人批准财务报告对外公布的批准日期。例如，公司制企业的董事会有权批准对外财务报告，因此，公司制企业财务报告的批准报出日是指董事会批准财务报告报出的日期；对于非公司制企业，财务报告批准报出日是指经理(厂长)会议或类似权力机构批准财务报告报出的日期。

4. 有利或不利事项

资产负债表日后事项中的有利事项是指对资产负债表日财务状况以及该期经营成果肯定能产生有利影响的事项，而不利事项则是指对资产负债表日财务状况以及该期经营成果肯定能产生不利影响的事项。

(二) 资产负债表日后事项的内容

资产负债表日后事项可分为两类，即资产负债表日后调整事项和资产负债表日后非调整事项。

1. 资产负债表日后调整事项

(1) 资产负债表日后调整事项的含义

资产负债表日后调整事项(adjustment events)是指对资产负债表日已经存在的情况提供了新的或进一步证据的事项。这类事项所提供的新的或进一步的证据，有助于对资产负债表日存在状况的有关金额作出重新估计，并据以对资产负债表日所反映的收入、费用、资产、负债以及所有者权益进行调整。会计上一旦确定为资产负债表日后调整事项，就需要对财务报表相关项目作出调整。

(2) 常见的资产负债表日后调整事项

常见的资产负债表日后调整事项有以下几项：

① 资产负债表日后取得确凿证据，表明某项资产在资产负债表日发生了减值或者需要调整该项资产原先确认的减值金额。

这一事项是指在年度资产负债表日以前，或在年度资产负债表日，根据当时资料判断某项资产可能发生了损失或永久性减值，但是没有最后确定是否会发生，因而按照当时最好的估计金额反映在财务报表中。然而,在年度资产负债表日至财务报告批准报出日期间,所取得的新的或进一步的证据已证明该事实成立,即某项资产已经发生损失或永久性减值,则应对资产负债表日所做的估计予以修正。

② 资产负债表日后进一步确定了资产负债表日前购入资产的成本或售出资产的收入。

这一事项是指在资产负债表日以前或资产负债表日,根据合同规定所销售的存货已经发出,与该项存货所有权相关的风险和报酬本质上也已经转移,货款能够收回,根据收入确认原则确认了收入并结转了相关成本。但在资产负债表日后至财务报告批准报出日期间所取得的证据证明,该批已确认为销售收入的存货确实已经退回,此时应作为调整事项并进行相关的会计处理,调整资产负债表日编制的财务报表有关收入、费用、资产、负债、所有者权益等项目的数字。值得说明的是,资产负债表日后事项中的销售退回,既包括报告年度销售的存货在报告年度的资产负债表日后的退回,也包括报告年度前销售的存货在报告年度的资产负债表日后的退回。

对于资产负债表日后的销售折扣和折让,由于这两种情况在企业较少发生,对企业的损益影响不大,会计准则要求根据重要性原则,可以作为非调整事项在会计报表附注中说明,或在发生销售折扣和折让的年度财务报表中反映。

③ 资产负债表日后诉讼案件结案,法院判决证实了企业在资产负债表日已经存在现时义务,需要调整原先确认的与该诉讼案件相关的预计负债,或确认一项新负债。

这一事项是指在资产负债表日前或资产负债表日已经存在的赔偿事项,资产负债表日至财务报告批准报出日之前提供了新的证据,表明企业能够收到赔偿款或需要支付赔偿款。如果这一新的证据对资产负债表日所作的估计需要调整的,应对财务报表进行调整。

例如,甲企业(承包方)与乙企业(发包方)于 2018 年 10 月和 2019 年 11 月分别签订了有关建筑施工合同,在此期间,乙企业已分别向甲企业支付了工程款 500 000 元和 400 000 元。余款因工程质量等问题存在争议未付。2020 年 11 月,甲企业通过向乙企业提起诉讼,乙企业也聘请律师代理应诉。由于此案尚在审理过程中,未作出终审判决,2020 年年末,甲企业根据当时的资料判断这一诉讼事项很可能败诉,能合理估计的损失金额为乙企业应该支付的工程余款和利息计 560 000 元,并按此估计数记入相关账户。但在 2021 年 3 月 5 日财务报告批准报出日前,双方已庭外达成和解协议,双方同意,乙企业再支付人民币 500 000 元,解决所有遗留问题。这一事项表明,资产负债表日后至财务报告批准报出日期间有了最终的结果,对资产负债表日存在的状况提供了进一步证据。因此,需要对资产负债表日所作的估计进行调整。

上述资产负债表日后的赔偿诉讼事项往往与资产负债表日的或有事项相关联。有关或有事项的会计处理详见非流动负债章节的说明。

④ 资产负债表日后发现了财务报表舞弊或差错。

如果在资产负债表日后发现了财务报表舞弊或差错,则应当根据前述有关重要前期会计差错的会计处理要求,采用追溯重述法对财务报表相关项目进行更正。

2. 资产负债表日后非调整事项

(1) 资产负债表日后非调整事项的含义

资产负债表日后非调整事项(non-adjustment events)是指表明资产负债表日以后发生的情况的事项,这类事项不影响资产负债表日存在的状况,但如不加以说明,将会影响财务报告使用者作出正确估计和决策，因此，需要在财务报表附注中予以披露。

对资产负债表日后事项性质的认定，需要运用会计职业判断能力。同一性质的事项可能是调整的，也可能是非调整的，这两种事项的区分和判断取决于有关状况是在资产负债表日或资产负债表日以前存在，还是在资产负债表日后存在或发生。若该情况在资产负债表日或资产负债表日之前已经存在，即属于调整事项；反之，则属于非调整事项。

例如，因债务人破产而使应收账款发生损失。如果债权人在12月31日或之前根据所掌握的资料判断债务人有破产清算的可能，或债务人正处于破产清算过程，在资产负债表日债权人已经对该项应收账款计提了坏账准备。在资产负债表日后至财务报告批准报出日期间，接到债务人通知已宣告破产清算，债权人无法收回全部应收账款。由于应收账款可能受到损失的状况在资产负债表日已经存在，只是在资产负债表日后提供了受损失的进一步证据，表明原计提的坏账准备不足，应重新调整。因此，这一事项应当作为调整事项。如果在12月31日债务人财务状况良好，没有任何财务情况恶化的迹象，债权人按照当时所掌握的资料未对该应收账款计提坏账准备，但在债务人财务报告批准报出日前，有资料证明债务人由于火灾发生重大损失，债权人的应收账款有可能收不回来，由于这一情况在资产负债表日并不存在，是资产负债表日后才能发生存在的事项，因此，应作为非调整事项在财务报表附注中披露。

(2) 资产负债表日后常见的非调整事项

资产负债表日后常见的非调整事项包括：资产负债表日后发生重大诉讼、仲裁、承诺；资产负债表日后资产价格、税收政策、外汇汇率发生重大变化；资产负债表日后因自然灾害导致资产发生重大损失；资产负债表日后发行股票和债券以及其他巨额举债；资产负债表日后资本公积转增资本；资产负债表日后发生巨额亏损；资产负债表日后发生企业合并或处置子公司等。

3. 资产负债表日后拟分配的股票股利和现金股利事项

资产负债表日后至财务报告批准报出日期间，董事会利润分配方案中拟分配的以及经审议批准宣告发放的股利或利润，是资产负债表日以后发生或存在的，但不影响资产负债表日存在状况的重要事项，虽然不确认为资产负债表日的负债，但是应当在财务报表附注中进行单独披露。

4. 表明持续经营假设不再适用的事项

资产负债表日后事项表明持续经营假设不再适用时，企业不应当在持续经营基础上编制财务报表，而应当以清算价值或其他非持续经营的计价基础对财务报表进行重新分类和计价。

(三) 资产负债表日后事项的会计处理程序

1. 调整事项的会计处理程序

资产负债表日后如果属于调整事项，应对照资产负债表日已编制的财务报表所反映的收入、费用、资产、负债以及所有者权益作相应的调整，并按调整后的数额重新编制财务报表，如属非重要的调整事项，则在报告年度的财务报表附注中予以披露。

资产负债表日后调整事项的会计处理程序如下：

(1) 如果调整事项增加以前年度利润或减少以前年度亏损，应借记相关账户，贷记“前期损益调整”账户；如果调整事项减少以前年度利润或增加以前年度亏损，则编制相反的会计分录。

(2) 由于调整使以前年度利润增加或亏损减少，则所得税费用也相应增加，会计处理时，借记“前期损益调整”账户，贷记“应交税费——应交所得税”或“递延所得税负债”账户；反之，由于调整使以前年度利润减少或亏损增加，所得税费用也相应减少，会计处理时，应编制相反的分录。经上述调整后,应同时将“前期损益调整”账户的余额转入“盈余公积”和“利润分配——未分配利润”项目。如果“前期损益调整”为贷方余额,借记该账户,贷记“盈余公积”账户;反之,则编制相反的会计分录。“前期损益调整”账户在结转后应无余额。

(3) 完成上述调整事项的会计程序后,再重新编制财务报表。

2. 调整与非调整事项例示

【例 7】 甲企业 2019 年度财务报告的批准报出日为 2020 年 4 月 20 日。在资产负债表日后到财务报告批准报出日期间,甲企业发生了如下调整与非调整事项(假定所得税税率为 25%,下列业务均发生在所得税汇算清缴之前,所有的递延所得税资产预期都可以转回):

(1) 2019 年年末,累计确认的坏账准备为应收账款余额的 5%。应收账款余额包括 A 企业拖欠款 140 000 元(含增值税销项税额),该笔货款于 2019 年 10 月 2 日入账,后因 A 企业财务状况不佳,至 2019 年年末仍未支付。2020 年 1 月 25 日,甲企业收到 A 企业已接受法院清算破产的通知,甲企业作为 A 企业的第一债权人,预计只能得到该笔货款的 30%。假定税法可予税前抵扣的坏账损失为应收账款余额的 5%。

(2) 甲企业持有 B 企业 15%股份的长期股权投资计 400 000 元。2019 年年末,甲企业对 B 企业的投资状况进行检查,获知该企业受宏观调控的影响,经营状况恶化,股票市价持续下跌,导致甲企业可收回的数额远低于账面价值,并且这种减值在预计的未来期间内不可恢复。因此,甲企业于 2019 年年末按股票市价与投资成本的差额计提减值准备 100 000 元。2020 年 3 月,甲企业根据确切的会计资料预计对 B 企业的投资至多能收回成本的 40%(假定提取的长期股权投资减值准备不列为减税项目)。

(3) 2019 年 12 月 25 日,甲企业销售给 C 企业一批产品,售价 200 000 元(不含增值税,增值税税率为 13%),销售成本 140 000 元,现金折扣为 2/10,n/30。2020 年 1 月 2 日,C 企业在验收产品时发现,该批产品的 50%有严重的质量问题,经协商公司同意退货 50%,所退货物和有关发票、税款抵扣单等公司于 2020 年 1 月 10 日收到。另 50%的货款 C 企业已于折扣期内偿付。

(4) 2019 年 11 月 5 日,甲企业一建筑工地发生一起工伤事故。当时估计赔偿金款为 40 000 元,并于年末确认为预计负债。2020 年 3 月 8 日,经法院民事调解,甲企业承担赔偿责任 36 000 元,并用银行存款予以支付。

(5) 2020 年 4 月 17 日,甲企业召开董事会议,确定 2019 年度利润及利润分配方案。2019 年度实现净利润 206 896 元,按 2019 年实现净利润的 10%提取法定盈余公积,分配现金股利 100 000 元和股票股利 60 000 元。

(6) 2020 年 2 月 15 日,甲企业的材料仓库发生火灾,损失金额 80 000 元。

(7) 2020 年 3 月 20 日,甲企业向国家开发银行借款 1 000 000 元,用于技改项目,年利率 8%,到期日 2021 年 3 月 20 日。同日,又向工商银行借款 600 000 元。

(8) 2020 年 4 月 10 日,经国家商务部 10 号文件批复,同意与德国公司合资建立 E 公司,该中外合资企业投资总额 1 760 000 元,注册资本 1 600 000 元。甲企业拟定出资比例为 45%,但尚未办理中外合资经营企业工商登记手续,甲企业也未向其实际缴付出资额。

根据资产负债表日后调整与非调整项目的定义,本例中第(1)、(2)项业务属于已证实资产发生减值的调整事项;第(3)项业务是销售退回调整事项;第(4)项业务是预计负债的调整事项;第(2)项中的销售折扣、第(5)、(6)及(8)项业务符合非调整事项定义。

现将甲企业调整事项的会计处理程序分述如下：

资产发生减值的调整

(1) 应收账款减值。

① 补提坏账准备。

借：前期损益调整(140 000×70%－140 000×5%)　　91 000

　贷：坏账准备　　91 000

② 调整所得税的影响。

借：递延所得税资产(91 000×25%)　　22 750

　贷：前期损益调整　　22 750

③ 将“前期损益调整”账户余额结转至未分配利润。

借：利润分配——未分配利润　　68 250

　贷：前期损益调整　　68 250

④ 调整提取的盈余公积。

借：盈余公积(68 250×10%)　　6 825

　贷：利润分配——未分配利润　　6 825

(2) 长期股权投资减值。

① 调整长期投资减值准备。

借：前期损益调整[(400 000－100 000)－400 000×40%]　　140 000

　贷：长期股权投资减值准备　　140 000

② 调整所得税的影响。

借：递延所得税资产(140 000×25%)　　35 000

　贷：前期损益调整　　35 000

③ 将“前期损益调整”账户余额结转至未分配利润。

借：利润分配——未分配利润　　105 000

　贷：前期损益调整　　105 000

④ 调整提取的盈余公积。

借：盈余公积(105 000×10%)　　10 500

　贷：利润分配——未分配利润　　10 500

销售退回的调整

① 调整销售收入。

借：前期损益调整(200 000×50%)　　100 000

　　应交税费——应交增值税(销项税额)　　13 000

　贷：应收账款　　113 000

② 调整坏账准备。

借：坏账准备(113 000×5%)　　5 650

　贷：前期损益调整　　5 650

③ 调整销售成本。

借：库存商品(140 000×50%)　　70 000

　贷：前期损益调整　　70 000

④ 调整应交所得税。

借：应交税费——应交所得税[(100 000－70 000－5 600)×25%]　　6 087.5

　贷：前期损益调整　　6 087.5

⑤ 将“前期损益调整”账户余额结转至未分配利润。

借：利润分配——未分配利润　　18 262.5

　贷：前期损益调整　　18 262.5

⑥ 调整提取的盈余公积。

借：盈余公积(18 262.5×10%)　　1 826.25

　贷：利润分配——未分配利润　　1 826.25

预计负债的调整

① 调整多估计的赔偿额。

借：预计负债　　40 000

　贷：前期损益调整　　4 000

　　　其他应付款　　36 000

借：其他应收款　　36 000

　贷：银行存款*　　36 000

*已于付款时入账，不属于报告年度的调整金额。

② 调整所得税的影响。

借：应交税费——应交所得税(36 000×25%)　　9 000

　　前期损益调整　　1 000

　贷：递延所得税资产(40 000×25%)　　10 000

③ 将“前期损益调整”账户余额结转至未分配利润。

借：前期损益调整　　3 000

　贷：利润分配——未分配利润　　3 000

④ 调整提取的盈余公积。

借：利润分配——未分配利润　　300

　贷：盈余公积　　300

在进行了上述处理后，甲企业应对 2020 年度财务报表进行调整。受篇幅限制，甲企业财务报表调整从略。

非调整事项应当在财务报表附注中予以披露。

第七节　财务报表附注

一、财务报表附注及其披露的总体要求

(一) 财务报表附注的含义

财务报表附注(notes)是财务报告不可或缺的组成部分，是对在资产负债表、利润表、现金流量表和所有者权益变动表等报表中列示项目的文字描述或明细资料，以及对未能在这

些报表中列示项目的说明等。

财务报表附注是财务报告的重要组成部分，它以有助于财务报表用户理解财务报表的内容为目的而对财务报表的编制基础、编制依据、编制方法及主要项目所作的解释。财务报表附注有助于提高财务报表内信息的可比性，增进财务报表内信息的可理解性以及突出财务报表信息的重要性。

（二）财务报表附注披露的总体要求

财务报表附注的相关信息应当与资产负债表、利润表、现金流量表和所有者权益变动表等财务报表中列示的项目相互参照，旨在让财务报表用户联系相关联的信息，更好地理解财务报表，以帮助其作出相应的经济决策。

企业财务报表附注的披露（disclosure），应当遵循《企业会计准则第 30 号——财务报表列报》中有关的披露要求，以可理解性为宗旨，应当以定量、定性信息相结合，按照一定的结构对附注信息进行系统合理的排列和分类，以便于财务报表用户更好地理解和掌握财务报表中所蕴含的信息。

二、财务报表附注的主要内容

财务报表的附注应当按照如下顺序至少披露下列内容：

（一）企业的基本情况

（1）企业注册地、组织形式和总部地址。

（2）企业的业务性质和主要经营活动。

（3）母公司以及集团最终母公司的名称。

（4）财务报告的批准报出者和财务报告批准报出日，或者以签字人及其签字日期为准。

（5）营业期限有限的企业，还应当披露有关其营业期限的信息。

（二）财务报表的编制基础

企业应当以持续经营作为财务报表的编制基础。

（三）遵循企业会计准则的声明

企业应当声明编制的财务报表符合企业会计准则的要求，真实、完整地反映了企业的财务状况、经营成果和现金流量等有关信息。

（四）重要会计政策和会计估计

重要会计政策的说明，包括财务报表项目的计量基础和在运用会计政策过程中所做的重要判断等。重要会计估计的说明，包括可能导致下一个会计期间内资产、负债账面价值重大调整的会计估计的确定依据等。

企业应当披露采用的重要会计政策和会计估计，并结合企业的具体实际披露其重要会计政策的确定依据和财务报表项目的计量基础，及其会计估计所采用的关键假设和不确定因素。

（五）会计政策和会计估计变更以及差错更正的说明

企业应当按照《企业会计准则第 28 号——会计政策、会计估计变更和差错更正》的规定，披露会计政策和会计估计变更以及差错更正的情况。

（六）报表重要项目的说明

企业应当按照资产负债表、利润表、现金流量表、所有者权益变动表及其项目列示的顺序,对报表重要项目的说明采用文字和数字描述相结合的方式进行披露。报表重要项目的明细金额合计,应当与报表项目金额相衔接。

企业应当在附注中披露费用按照性质分类的利润表补充资料,可将费用分为耗用的原材料、职工薪酬费用、折旧费用、摊销费用等。

(七) 或有和承诺事项、资产负债表日后非调整事项、关联方关系及其交易等需要说明的事项

(八) 有助于财务报表使用者评价企业管理资本的目标、政策及程序的信息

除上述要求外,企业应当在附注中披露下列关于其他综合收益各项目的信息:

(1) 其他综合收益各项目及其所得税影响;

(2) 其他综合收益各项目原计入其他综合收益、当期转出计入当期损益的金额;

(3) 其他综合收益各项目的期初和期末余额及其调节情况。

企业应当在附注中披露终止经营的收入、费用、利润总额、所得税费用和净利润,以及归属于母公司所有者的终止经营利润。

终止经营,是指满足下列条件之一的已被企业处置或被企业划归为持有待售的、在经营和编制财务报表时能够单独区分的组成部分:

(1) 该组成部分代表一项独立的主要业务或一个主要经营地区;

(2) 该组成部分是拟对一项独立的主要业务或一个主要经营地区进行处置计划的一部分;

(3) 该组成部分是仅仅为了再出售而取得的子公司。

同时满足下列条件的企业组成部分(或非流动资产,下同)应当确认为持有待售:① 该组成部分必须在其当前状况下仅根据出售此类组成部分的惯常条款即可立即出售;② 企业已经就处置该组成部分作出决议,如按规定需得到股东批准的,应当已经取得股东大会或相应权力机构的批准;③ 企业已经与受让方签订了不可撤销的转让协议;④ 该项转让将在1年内完成。

企业应当在附注中披露在资产负债表日后、财务报告批准报出日前提议或宣布发放的股利总额和每股股利金额(或向投资者分配的利润总额)。

本教材的大部分章节都列示了所在章节内容的披露要求,读者可以参照各章节的具体说明。

三、关联方披露

(一) 关联方关系及其交易披露的意义

在企业财务和经营决策中,一方控制、共同控制另一方或对另一方施加重大影响,以及两方或两方以上同受一方控制、共同控制另一方或对另一方施加重大影响的,构成关联方(related party)。

关联方关系及其交易是随着世界范围内公司组织形式和治理结构的演变,在跨国公司、母子公司制及总分公司制得到广泛运用时出现的。在西方发达国家或地区,跨国集团公司常常运用关联交易在高税区与低税区转移收入与费用,以达到合理避税的目的。而在亚洲由于存在较多的家族性企业或官僚企业,关联交易的目的就不仅仅是为了避税,尤其是东南亚金融危机发生之后,对关联方关系及其交易的监管与规范日益成为各国监管当局关注的焦点。

1993年之前,我国大多数上市公司采用整体上市的方式上市。自1994年起,证券监管部门开始对上市公司的配股条件作出“必须最近3年连续盈利且净资产收益率3年平均在10%以上”的要求,同时对新股发行额度予以限制,大多数公司选择了“主体上市,原企业改造为母公司”的模式。集团公司将其总资产中最优质的一部分“剥离”出来,模拟其营业收入和费用,虚拟出一个新的会计实体——股份公司,这种有违资产盈利整体性规律的人为“剥离”与上市方式,使上市公司一开始就和集团公司、各关联公司存在密不可分的关联关系。企业改制上市后虽然形成两个独立的法人实体,而实质上却是“两块牌子,一班人马”,集团公司与上市公司的董事长、总经理常由一人担任,管理非独立化使两者在经营中难以保持真正的独立。

以资本市场为依托的企业改制上市从一定程度上决定了我国资本市场关联关系及其交易存在的客观性。上市公司为了少数大股东的利益,利用关联交易侵害中、小股东利益,已成为中国证券市场监管当局和广大投资者关注的问题。有关关联交易的信息披露制度始于中国证监会1995年报2月发布的《年度报告的内容与格式》,该文件规定,上市公司在定期报告中只需披露关联企业。至1997年中报,财政部颁布了《关联方关系及其交易的披露》会计准则,上市公司首次实行强制性关联交易的披露。针对近年来出现的上市公司新的关联重组,如托管、承包、租赁,以及上市公司与控股股东在人员、资产、财务上是否“三分开”,1999年12月中国证监会发布《年度报告的内容与格式》,对关联交易的信息披露作了重要补充。2001年12月财政部又印发了关于《关联方之间出售资产等有关会计处理问题的暂行规定》的通知,这一系列的行政法规对规范上市公司关联方关系及其交易、保证会计信息真实性和可靠性、完善上市公司关联方关系及其交易的披露以及有效监管有着十分重要的意义。

2006年2月,财政部颁布了《企业会计准则第36号——关联方披露》,进一步规范了关联方及其交易的信息披露。

(二) 关联方关系及其披露

企业的关联方有以下形式:(1) 该企业的母公司;(2) 该企业的子公司;(3) 与该企业受同一母公司控制的其他企业;(4) 对该企业实施共同控制的投资方;(5) 对该企业施加重大影响的投资方;(6) 该企业的合营企业;(7) 该企业的联营企业;(8) 该企业的主要投资者个人及与其关系密切的家庭成员;(9) 该企业或其母公司的关键管理人员及与其关系密切的家庭成员;(10) 该企业主要投资者个人、关键管理人员或与其关系密切的家庭成员控制、共同控制或施加重大影响的其他企业。

上述主要投资者个人,是指能够控制、共同控制一个企业或者对一个企业施加重大影响的个人投资者。关键管理人员,是指有权力并负责计划、指挥和控制企业活动的人员。与主要投资者个人或关键管理人员关系密切的家庭成员,是指在处理与企业的交易时可能影响该个人或受该个人影响的家庭成员。

但仅与企业存在下列关系的各方,不构成企业的关联方:(1) 与该企业发生日常往来的资金提供者、公用事业部门、政府部门和机构;(2) 与该企业发生大量交易而存在经济依存关系的单个客户、供应商、特许商、经销商或代理商,与该企业共同控制合营企业的合营者;(3) 同受国家控制而不存在其他关联方关系的企业。

《企业会计准则第36号——关联方披露》要求,企业无论是否发生关联方交易,均应当在财务报表附注中披露与母公司和子公司有关的以下三项信息：

(1) 母公司和子公司的名称；

(2) 母公司和子公司的业务性质、注册地、注册资本及其变化；

(3) 母公司对该企业或者该企业对子公司的持股比例和表决权比例。

(三) 关联方交易及其披露

1. 关联方交易的基本特点和交易类型

关联方交易，是指在关联方之间发生的转移资源、劳务或义务的行为，而不论是否收取价款。按照这一定义，关联方交易的基本特点是：关联方关系已经存在；在关联各方发生交易时，随着资源、劳务或义务的转移，风险和报酬也作相应转移。其中，关联方之间转移资源、劳务或义务价格的确定，是决定关联方交易是否公平的关键。如果转移价格偏离了公允价值，很可能构成非公平关联交易。倘若以上市公司作为分析关联交易的主体，非公平关联交易按利益的转移方向则可能产生两种互为相反的情形：一种是索取型关联交易，大股东或其他关联方利用其控制地位，通过抬高关联交易的价格来占有上市公司的资源或直接将上市公司的利润转移至母公司或其他关联公司。另一种是付出型关联交易，在上市公司经营业绩不佳时，母公司为保住上市公司的配股资格或实现扭亏为盈，避免摘牌，通过压低关联交易的价格由母公司向上市公司转移经营利润，以求在短期内人为地提高上市公司的经营业绩。索取型与付出型的关联交易所采取的主要形式包括：(1) 购买或销售商品；(2) 购买或销售除商品以外的其他资产；(3) 提供或接受劳务；(4) 担保；(5) 提供资金(包括以现金或实物形式的贷款或股权投资)；(6) 租赁；(7) 代理；(8) 研究与开发项目的转移；(9) 许可协议；(10) 代表企业或由企业代表另一方进行债务结算；(11) 关键管理人员报酬等。

2. 关联方交易的披露要求和内容

企业关联方交易应披露以下内容：

(1) 零星的关联方交易，如果对企业财务状况和经营成果影响较小的或几乎没有影响的，可以不予披露。

例如，乙企业为甲企业的联营企业，乙企业当期从甲企业购入一台闲置不用的设备，其账面价值为 3 万元，经双方协议，乙企业按照市场公允价格 2 万元购入。由于甲、乙企业日常经营中很少有业务往来，这次交易是其成为关联方关系最近 5 年来的第一次，并且对甲、乙企业的财务状况和经营成果影响较小或几乎没有影响，对这一交易可以不予披露。

(2) 对企业财务状况成果有影响的关联方交易，如果属于重大交易(主要指交易金额较大的，如销售给关联方产品的销售收入占有本企业销售收入 10%及以上的)，应当分别关联方以及交易类型披露。

如果关联方之间属于非重大交易，类型相同的非重大交易可以合并披露，但以不影响财务报表阅读者正确理解企业财务状况、经营成果为前提。

在企业与关联方发生交易的情况下，企业应当在财务报表附注中披露关联方关系的性质、交易类型及其交易要素。这些要素至少应当包括：

(1) 交易的金额或相应比例。在披露时要求披露两年期的比较数据，两年期的比较数据是指各期的实际发生额或各期实际发生额占该类交易金额的比例。如果两年比较资料中有一年属于重大交易，另一年属于非重大交易，视为重大交易，应分别关联方和交易类型予以披露，不能采用合并披露的方法。

（2）未结算项目的金额、条款和条件，以及有关提供或取得担保的信息。

（3）未结算应收项目的坏账准备金额。

（4）定价政策（包括没有金额或只有象征性金额的交易）。

不需要披露的关联方交易有：

（1）在合并财务报表中披露包括在合并会计报表中的企业集团成员之间的交易。集团内的交易已不属于交易，已经在编制合并会计报表时予以抵销。因此，在正确编制的合并财务报表中，已没有集团内部交易可以披露。

（2）在与合并财务报表一同提供的母公司会计报表中披露关联交易。因为母公司财务报表与合并财务报表一并向外提供，而在合并财务报表中，母公司与其关联方之间的交易，有的被抵销，有的已经如实反映；而且财务报表阅读者主要是看整个集团的合并财务报表，与合并财务报表一同提供的母公司的财务报表在这种情况下并不是很重要。

思考题

1. 什么是财务报告？简要说明财务报告的一般构成。
2. 简要说明财务报表列报的一般原则。
3. 简述综合收益的概念。
4. 编制利润表有哪两种观点？试结合利润表的作用对两种观点加以评述。
5. 简要说明资产负债表的优点与局限性。
6. 现金流量表的编表基础是什么？现金等价物应具备哪些条件？
7. 企业现金流量分为哪三类，除此之外，还有哪些分类？
8. 为什么在现金流量正表与附表中要同时表达经营活动的现金流量？
9. 间接法下计算由经营活动所产生的现金流量时，需要对本期净损益做哪些调整？
10. 什么是会计政策？会计政策变更有哪些表现方式？对会计政策变更，应当采用什么会计方法进行账务处理？请给出详细说明。
11. 什么是会计估计？对会计政策变更，应当采用什么会计方法进行账务处理？请给出详细说明。
12. 什么是资产负债表日后事项？什么情况下应当分类为调整事项？对调整事项，应当采用什么会计方法进行账务处理？请给出详细说明。
13. 什么是财务报表附注？其披露的总体要求是什么？
14. 财务报表附注通常应当至少披露哪些内容？

阅读材料

1. 财政部：《企业会计准则第 30 号——财务报表列报》，2014 年。
2. 财政部：《企业会计准则第 31 号——现金流量表》，2006 年。
3. 财政部：《企业会计准则第 28 号——会计政策、会计估计变更和差错更正》，2006 年。
4. 财政部：《企业会计准则第 29 号——资产负债表日后事项》，2006 年。
5. 财政部：《企业会计准则第 36 号——关联方披露》，2006 年。
6. 财政部：《关于修订印发 2018 年度一般企业财务报表格式的通知》，2018 年。

练习题

练习一

一、目的：练习利润总额及税后利润的确定。

二、资料：甲企业截至 2019 年 12 月 31 日的相关资料如表 16－23 所示。

表 16－23　　甲企业相关资料　　单位：元

项　　目	金　额
营业收入	800 000
营业成本	170 000
销售费用	80 000
管理费用	6 000
研发费用	10 000
投资收益	6 000
财务费用	4 000
资产处置收益——出售固定资产损失(税前)	24 000
支付现金股利	8 000
前期损益调整项目——前期会计错误更正,税前(借方)	12 000
未分配利润(2019 年 1 月 1 日)	80 300
普通股,每股面值 1 元,发行在外 30 000 股	30 000
盈余公积拨定,偿付应付债券 50 000 元	50 000

假定所得税税率为 25%,研发费用可以加计 75%税前扣除,投资收益为长期股权投资权益法下投资收益,被投资方的所得税税率为 25%。

三、要求：为甲企业编制 2019 年度的利润表。

练习二

一、目的：练习利润表和资产负债表的编制。

二、资料：甲企业为一家批发企业,2019 年 3 月 31 日结账后试算表如表 16－24 所示。

表 16－24　　2019 年甲企业结账后试算表　　单位：元

项　　目	借方金额	贷方金额
库存现金	2 500	
应收账款	12 000	
坏账准备		2 400
应收股利	150	
应收票据	4 000	

续　表

项　目	借方金额	贷方金额
长期股权投资	5 000	
存货	29 500	
固定资产	50 000	
累计折旧		15 000
应付账款		3 300
应付职工薪酬		600
应付利息		250
长期应付票据，利率为 15%		20 000
普通股本		40 000
未分配利润		21 600
合　计	103 150	103 150

2019 年 4 月，甲企业发生以下交易或事项：

(1) 1 日，编制应收股利、应付职工薪酬及应付利息的转回分录。

(2) 2 日，支付长期应付票据当月的利息 250 元(20 000×15%×1/12)。

(3) 3 日，以成本 17 500 元赊购存货。

(4) 5 日，本期应付工资 8 000 元，其中销售人员工资 4 000 元。

(5) 6 日，出售存货 21 500 元，其中 13 500 元为赊销，其余为现销。

(6) 8 日，支付工资 6 000 元。

(7) 9 日，向客户收回应收账款 11 600 元。

(8) 10 日，以成本 13 000 元现购存货。

(9) 12 日，转销不可收回的应收账款 300 元。

(10) 16 日，出售存货 16 500 元，其中 6 500 元为赊销，其余为现销。

(11) 19 日，支付应付账款 18 000 元，享受 2%的购货折扣(现金折扣)。

(12) 21 日，收到赊销客户的退货，数额为 150 元。

(13) 25 日，以成本 5 400 元赊购存货。

(14) 29 日，出售存货 17 400 元，其中 12 000 元为赊销，5 400 元为现销。

(15) 30 日，收到股利 150 元；并向客户收回账款 8 000 元；宣布现金股利 5 000 元，并于 5 月发放。

三、要求：

(1) 为上述交易或事项编制相关会计分录(假定存货购销不考虑增值税等因素)。

(2) 为甲企业编制 2019 年 4 月的利润表及当月末的资产负债表(假定期末存货为 39 000 元，不考虑提取盈余公积)。

练习三

一、目的：练习利润表的编制。

二、资料：2019 年 12 月 31 日，甲企业部分账户记录如表 16－25 所示。

表 16-25　　**2019 年 12 月 31 日甲企业部分账户记录**　　单位：元

账户记录	借方	贷方
存货(期初)	48 000	
存货(期末)	45 000	
未分配利润(期初)		114 000
未分配利润(期末)		110 000
本年购货	190 000	
购货退回		17 200
购货运费	10 200	
本年销货		390 000
销货退回	8 000	
销货折扣	21 000	
销售费用	88 600	
租金收入		7 500
管理费用	78 500	
财务费用	9 600	
所得税费用	3 800	

三、要求：

(1) 根据上述资料，计算产品销售成本。

(2) 编制甲企业 2019 年度利润表。

练习四

一、目的：练习资产负债表的编制。

二、资料：甲企业与乙企业均为增值税一般纳税人，甲企业销售的产品，材料均为应纳税增值税货物，增值税税率为 13%，产品、材料销售价格中均不含增值税。甲企业材料和产成品均按实际成本核算，其销售成本随着销售同时转结。

1. 甲企业 2019 年 1 月 1 日有关账户余额如表 16-26 所示。

表 16-26　　**甲企业 2019 年 1 月 1 日有关账户余额**　　单位：元

账户名称	借方余额	科目名称	贷方余额
库存现金	500	短期借款	300 000
银行存款	400 000	应付票据	50 000
应收票据	30 000	应付账款	180 000
应收账款	200 000	应付职工薪酬	5 000

续　表

账户名称	借方余额	科目名称	贷方余额
其他应收款	200	应交税费	12 000
原材料	80 000	长期借款	1 260 000
周转材料	30 000	坏账准备	1 000
库存商品	350 000	累计折旧	560 000
长期股权投资——乙企业	600 000	实收资本	2 000 000
固定资产	2 800 000	盈余公积	120 000
无形资产	5 000	利润分配(未分配利润)	7 700
合　计	4 495 700	合　计	4 495 700

2. 2019 年度，甲企业发生以下经济业务：

(1) 购入原材料一批，原材料实际成本 300 000 元，增值税专用发票上注明的增值税额 39 000 元。材料已经到达，并验收入库。企业开出商业承兑汇票。

(2) 销售给乙企业一批产品，销售价格 400 000 元，产品成本 320 000 元。产品已经发出，开出增值税专用发票，款项尚未到达。

(3) 对外销售一批原材料，销售价格为 260 000 元，材料实际成本 180 000 元。销售材料已经发出，开出增值税专用发票。款项已经收到，并存入银行。

(4) 出售一台不需用非生产用设备给乙企业，设备原账面价值 150 000 元，已计提折旧 24 000 元，出售价格 180 000 元，增值税税率为 13%。出售设备价款已经收到，并存入银行。

(5) 坏账损失约为应收账款年末余额的 0.5%，计提本期坏账准备。

(6) 用银行存款偿还到期应付票据 20 000 元，缴纳所得税 2 300 元。

(7) 乙企业本年实现净利润 70 000 元，分配现金股利 50 000 元。甲企业对乙企业的投资占乙企业有表决权资本的 100%，甲企业对乙企业的长期股权投资采用成本法核算。甲企业收到了乙企业分配的现金股利。

(8) 摊销无形资产价值 1 000 元，计提管理用固定资产折旧 8 000 元。

(9) 本年度应交所得税为 5 000 元。甲企业所得税费用采用应付税款法核算。

(10) 按税后利润提取 10%法定盈余公积。

(11) 分配现金股利 10 000 元。

三、要求：

(1) 假定除增值税外，不考虑其他税费，为甲企业上述业务编制相关的会计分录。

(2) 将各损益类账户结转至“本年利润”账户，将利润分配各明细科目发生额结转至未分配利润明细科目。

以及与利润分配(包括提取 10%的法定盈余公积)有关的会计分录除外。

(3) 编制期末科目余额表，进行试算平衡。

(4) 为甲企业编制 2019 年 12 月 31 日的资产负债表。

练习五

一、目的：练习经营活动现金流量的计算。

二、资料：甲企业本年度的相关资料如表 16 - 27 所示。

表 16－27　　甲企业本年度相关资料　　单位：元

序　号	项　目	金　额	经营活动的现金流量计算
(1)	本期净利润	180 000	
(2)	折旧费用	36 000	
(3)	管理人员工资费用	25 000	
(4)	公司债券溢价摊销	5 500	
(5)	出售长期投资利益	8 000	
(6)	购买土地使用权	12 000	
(7)	本期计提坏账损失	3 200	
(8)	发行公司债券	30 000	
(9)	成本法下股利收入	4 000	
(10)	存货增加	5 000	
(11)	递延所得税资产减少	4 000	
(12)	应收账款减少	10 000	
(13)	发行股票交换固定资产	34 000	
(14)	宣布但尚未支付现金股利	13 000	
经营活动的现金流量			

三、要求：在表 16－27 的最后一列中计算甲企业本年度经营活动产生的现金流量。

练习六

一、目的：分析营业收入与现金流量的关系。

二、资料：甲企业每项业务的营业收入均为 100 000 元，假设下列 5 个案例互为独立，增值税税率为 13%，坏账计提比例为应收账款账户余额的 10%，本期 D 项目转销坏账 1 000 元。各项目的相关资料见表 16－28。

表 16－28　　甲企业营业收入与现金流量　　单位：元

业　务	营业收入(利润表)	应收账款增加(减少)	算　式	营业收入收现数
A	100 000	0		
B	100 000	9 000		
C	100 000	(18 000)		
D	100 000	9 000		
E	100 000	(9 000)		

表 16－28 中的应收账款为应收账款的账面价值，即应收账款账户余额减去坏账准备后的余额。

三、要求：分析营业收入与下列应收账款余额增减的变动，确定营业收入的收现数，并填入表 16－28 中。

练习七

一、目的：分析营业成本与现金流量的关系。

二、资料：甲企业本年度每项业务的营业成本均为 60 000 元，购货的增值税税率为 13%，每个项目互为独立。各项目的相关资料见表 16－29。

表 16－29　　营业成本与现金流量　　单位：元

项　目	营业成本	存货增加(减少)	应付账款增加(减少)	算　式	购货付现数
A	60 000	0	0		
B	60 000	6 000	0		
C	60 000	(6 000)	0		
D	60 000	0	4 000		
E	60 000	0	(4 000)		
F	60 000	6 000	4 000		
G	60 000	(6 000)	(4 000)		
H	60 000	(6 000)	(6 000)		

三、要求：分析营业成本与存货及应付账款余额增减的变动，确定购货付现数，并填入表 16－29 中。

练习八

一、目的：练习现金流量表的编制。

二、资料：甲企业资产负债表相关资料如表 16－30 所示。

表 16－30　　甲企业资产负债表提供的信息　　单位：元

	2019 年 12 月 31 日	2020 年 12 月 31 日
借方账户：		
银行存款	8 000	22 000
应收账款(净额)	18 000	24 000
存货	16 000	10 000
债权投资	4 000	0
固定资产	120 000	184 000
无形资产——专利权	16 000	14 000
借方账户合计	182 000	254 000
贷方账户：		
累计折旧——固定资产	34 000	36 000
应付账款	16 000	4 000
应付职工薪酬	2 000	0
长期应付票据	20 000	38 000
普通股本(无面值)	100 000	150 000
留存收益(含盈余公积和未分配利润)	10 000	26 000
贷方账户合计	182 000	254 000

2020年度,甲企业的其他资料如下:

(1) 实现净利润24 000元。

(2) 固定资产折旧10 000元。

(3) 专利权摊销2 000元。

(4) 赊销总额134 000元。

(5) 赊购总额70 000元。

(6) 管理费用付现20 000元。

(7) 年末,以6 000元价格出售成本为16 000元的固定资产,其累计折旧是原始成本的50%。

(8) 购买一项固定资产,其公允价值为40 000元,付现14 000元,余额出具一张长期应付票据。

(9) 偿还长期应付票据8 000元。

(10) 发行普通股本换取现金20 000元。

(11) 发行普通股本300股换取固定资产。固定资产的公允价值为40 000元,普通股本每股的交易价格为100元,余款付现。

(12) 应收账款收现128 000元。

(13) 支付应付账款82 000元。

(14) 出售债权投资,得款4 000元。

(15) 宣告并分派现金股利8 000元。

三、要求:根据上述资料,分别用直接法和间接法为甲企业编制2020年度的现金流量表。

练习九

一、目的:练习现金流量表的编制。

二、资料:甲企业2019年及2020年财务报表的资料如表16-31和表16-32所示。

1. 比较资产负债表(见表16-31)。

表16-31　　甲企业2019年及2020年的比较资产负债表　　单位:万元

	2019年12月31日	2020年12月31日	增加(减少)
借方账户:			
库存现金	30 000	69 000	39 000
交易性金融资产	10 000	8 000	(2 000)
应收账款	56 000	86 000	30 000
存货	20 000	30 000	10 000
预付费用——租金	0	2 000	2 000
固定资产——设备	80 000	90 000	10 000
无形资产——土地使用权	60 000	25 000	(35 000)
其他非流动资产	29 000	39 000	10 000
应付债券——利息调整(折价)	1 000	900	(100)
借方合计	286 000	349 900	63 900
贷方账户:			
坏账准备	6 000	7 000	1 000

续　表

	2019 年 12 月 31 日	2020 年 12 月 31 日	增加(减少)
累计折旧——设备	20 000	26 900	6 900
应付账款	33 000	45 000	12 000
应付职工薪酬	5 000	2 000	(3 000)
应交税费——所得税	2 000	8 000	6 000
应付债券	70 000	55 000	(15 000)
普通股本	100 000	131 000	31 000
优先股本	20 000	30 000	10 000
利润分配	30 000	45 000	15 000
贷方合计	286 000	349 900	63 900

2. 利润表(见表 16－32)。

表 16－32　　甲企业 2020 年度利润表　　单位：万元

项　　目	金　　额
营业收入	180 000
营业成本	(90 000)
税金及附加	(4 000)
管理费用——折旧	(6 900)
销售费用	(32 900)
财务费用——债券折价摊销	(100)
——利息费用	(6 000)
信用减值损失——坏账	(1 000)
所得税费用	(12 100)
资产处置收益——转让土地使用权	18 000
营业外支出——赎回公司债损失	(1 000)
税后净利润	44 000

3. 分析有关账户及交易，得到以下信息：

(1) 发行公司债换取现金 5 000 万元。

(2) 政府以 53 000 万元的价格征收本公司土地使用权，该土地使用权的账面价值为 35 000 万元。

(3) 以现金 10 000 万元购买固定资产。

(4) 以现金 2 000 万元购入 A 企业的股票，作为交易性金融资产。

(5) 以持有 A 企业的股票宣布发放优先股财产股利，股票市价与账面价值均为 4 000 万元。

(6) 发行普通股本提前赎回公司债券 20 000 万元，赎回时股票市价为 21 000 万元。

三、要求：根据上述资料，为甲企业编制 2020 年度的现金流量表(单位以万元表示)。

练习十

一、目的：练习会计变更的会计处理。

二、资料：2019 年年末，甲企业以 250 000 元购入基本生产车间所需的一台设备，当时估计设备的使用年限为 10 年，残值为 10 000 元，采用双倍余额定递减法计提折旧。使用 5 年后的年初，甲企业决定改用直线法折旧，设备的剩余使用年限估计还有 5 年，残值为 5 000 元。

三、要求：

(1) 判断该项变更的性质，并说明理由。

(2) 编制会计变更年度计提折旧的分录。

练习十一

一、目的：练习会计政策变更的会计处理。

二、资料：2019 年 1 月 1 日，甲企业以 9 000 万元取得了乙企业 100%的股权，确认为长期股权投资，并按成本法核算。取得投资时，乙企业可辨认净资产的账面价值和公允价值均为 8 400 万元。

2019 年度，乙企业实现净收益 900 万元，持有的其他权益工具投资的公允价值净增加 100 万元，宣告并分配现金股利 400 万元。

2020 年 1 月 1 日，甲企业 8 000 万元出售持有的乙企业 60%的股权，但仍然能对乙企业的财务与经营政策产生重大影响。

三、要求：根据上述资料，为甲企业编制必要的会计分录。

练习十二

一、目的：练习会计政策变更的会计处理。

二、资料：表 16－33 是甲企业对某一商品存货采用先进先出法、加权平均成本法和后进先出法时 2019～2021 年的存货金额(假定所得税税率为 25%)。

表 16－33　　甲企业不同方法下的存货金额　　单位：元

年　　度	先进先出法	加权平均法	后进先出法
2019 年 12 月 31 日	1 620 000	1 440 000	1 240 000
2020 年 12 月 31 日	1 660 000	1 450 000	1 200 000
2021 年 12 月 31 日	1 688 000	1 480 000	1 260 000

三、要求：

根据下列假设，计算甲企业存货方法在 2022 年 1 月 1 日变更时对 2020 年与 2021 年净损益的影响并编制相关会计分录：

(1) 先进先出法改为加权平均法。

(2) 加权平均法改为后进先出法。

(3) 后进先出法改为先进先出法。

练习十三

一、目的：练习会计政策、会计估计变更的会计处理。

二、资料：甲企业于 2017 年年初开业。2020 年年初，为配合资产重组与增资扩股，甲企业根据客观上已改变的经济环境对原先一贯采用的会计政策作了某些变更，下面是甲企业提供的有关数据与信息：

(1) 甲企业原按应收账款余额的 3%计提坏账准备，由于近年来客户拖欠账款的现象日趋严重，按应收账款余额百分比法计算的坏账数额与实际发生的差异太大。2020 年年初，企业财务部门根据信用部提供的各个客户的信用情况，决定按照应收账款账龄的长短重新确定坏账比率。甲企业近年来客户拖欠的应收账款金额与账龄及估计的坏账率如表 16－34 所示(假定所得税税率为 25%)。

表 16－34　　甲企业的应收账款情况　　单位：元

客　户	拖欠金额	不到 1 年的	逾期 1 年至 2 年的	逾期 2 年至 3 年的	逾期 3 年以上的
A	80 000	40 000	20 000	10 000	10 000
B	74 000	39 000	18 000	15 000	2 000
C	62 000	34 000	12 000	9 000	7 000
E	350 000	125 000	150 000	31 000	44 000
F	214 000	204 000	10 000	0	0
合　计	780 000	442 000	210 000	65 000	63 000
坏账率		5%	15%	30%	60%

(2) 甲企业对存货历来采用加权平均法，期末存货按实际成本计价。2020 年年初，甲企业决定改按成本与可变现净值孰低法计价。表 16－35 是甲企业提供的存货成本与可变现净值的数据。

表 16－35　　甲企业存货成本与可变现净值　　单位：元

存 货 种 类	原 始 成 本	可变现净值
A 存货	50 000	48 000
B 存货	75 000	67 000
C 存货	43 000	42 000
D 存货	90 200	85 000
E 存货	25 500	25 000

(3) 2017 年年初，甲企业对乙企业进行长期股权投资，以每股 6 元的价格计 2 100 000 元购入乙企业 35%的表决权资本，并采用权益法进行后续计量。2020 年 1 月 1 日，甲企业将持有的乙企业 8%的股票转让给丙企业，转让价每股 10.5 元。2020 年年初，甲企业在乙企业中委派了董事长、总经理和财务总监，完成了对乙企业的控制，决定将权益法变更为成本法，有关被投资方 2017～2019 年实现的净利润、每股利润与利润分配的会计数据如表 16－36 所示。

表 16－36　　乙企业 2017～2019 年实现的净利润、每股利润与利润分配情况

年　度	实现的净利润(元)	每 股 利 润	利润分配情况
2017 年	250 000	0.25 元/股	现金股利：0.05 元/股
2018 年	400 000	0.40 元/股	股票股利：10 送 4
2019 年	739 200	0.528 元/股	现金股利：0.15 元/股

(4) 甲企业对建造合同的收入确认原来采用完成交付时点确认收入，2020 年年初，决定改为在一段时间内按投入法(成本法)确认收入。工程完工情况及营业利润情况如表 16－37 所示。

表 16 - 37　　完工情况及营业利润　　单位：元

	2017 年	2018 年	2019 年
已完工程的收入	300 000	450 000	600 000
已完工程的成本	210 000	340 000	260 000
营业利润	90 000	110 000	400 000

若改为新方法确认收入，则 2017～2019 年各建造合同的营业利润如表 16 - 38 所示。

表 16 - 38　　各建造合同的营业利润　　单位：元

	2017 年	2018 年	2019 年
＃1 建造合同	60 000	30 000	0
＃2 建造合同	50 000	40 000	20 000
＃3 建造合同	0	25 000	120 000

(5) 甲企业按净利润的 10％提取法定盈余公积。

三、要求：根据上述业务，为甲企业编制 2020 年会计变更时的相关会计分录。

练习十四

一、目的：练习会计差错更正的会计处理。

二、资料：某会计公司在审核甲企业 2019 年的财务报表时，发现甲企业以前年度及 2019 年度漏记一些重大的递延和应计项目，具体见表 16 - 39。

表 16 - 39　　甲企业漏记的重大递延和应计项目　　单位：元

项　　目	2016 年年末	2017 年年末	2018 年年末	2019 年年末
预付租金	140 000	120 000	150 000	380 000
预收租金	28 000	0	0	84 000
应收利息	0	30 000	25 000	40 000
应付利息	100 000	160 000	190 000	200 000

2016 年 12 月 31 日，甲企业未分配利润为 5 120 000 元，2017 年及 2018 年的净利润分别为 1 900 000 元和 245 000 元。在错误更正前，2019 年度的收入和费用结转至“利润分配——未分配利润”账户后，该账户的贷方余额为 2 500 000 元。甲企业 3 年内从未分配过股利。

三、要求：

(1) 若不考虑所得税和提取盈余公积的影响，计算 2016 年 12 月 31 日更正后的未分配利润及 2017 年度、2018 年度、2019 年度更正后的净利润。

(2) 编制 2019 年 12 月 31 日会计差错更正的会计分录。

练习十五

一、目的：练习会计差错更正的会计处理。

二、资料：2020 年年初，某审计师对甲企业的财务报表进行审查，发现该企业 2017～2019 年有以下一些会计误差(假定不考虑所得税的影响)：

(1) 2017 年年初，企业购入一台设备，成本为 150 000 元，估计使用年限为 5 年，无残值，应该采用年限积数法计提折旧。至2020年年初审计时才发现当时购入的设备被企业会计误记为管理费用。此项差错属重大会计差错。

(2) 自2017年开始,企业对商品存货提供售后服务,服务期为1年,经验估计售后服务费用一般为年销售额的5%。2018年与2019年的销售额分别是500 000元和780 000元。由于会计人员的一时疏忽,2018年与2019年的售后服务费漏记,并在2020年年初发现。此项误差属非重大会计差错。

(3) 2019年9月初,企业将一间仓库临时出租给某公司,租期1年,年租费120 000元,每半年支付一次。经审计发现,企业将预收款全部列为2019年的营业收入。此项差错属非重大会计差错。

(4) 2018年年初,甲企业以400 000元向某公司投资并获取40%的股权,并能对该企业的财务与经营政策产生重大影响。2020年年初审计时发现,甲企业以成本法处理该项投资。2018年与2019年被投资公司净利润与股利分配的资料如下:

2018年实现净利润100 000元,分配现金股利40 000元;2019年发生净亏损100 000元,分配现金股利10 000元。此项差错属重大会计差错。

三、要求:根据上述资料,对上述事项编制更正会计分录。

练习十六

一、目的:练习资产负债表日后事项的会计处理与披露。

二、资料:甲企业在资产负债表日(2019年12月31日)至财务会计报告批准报出日(2020年4月1日)期间发生如下一些事项:

(1) 甲企业于2019年6月1日销售给乙企业一批货品,信用条件为2/30、n/60,价税合计为113 000元(包括13 000元的增值税销项税额),乙企业于当年6月25日便收到所购货物。经查收,发现其中30%的货物存在严重的质量问题,乙企业要求退货,后来经两家公司协商,决定30%有质量问题的货物予以折价50%。6月30日,乙企业即刻付出货款70 000元。余款经数次催收均未见果。2019年年末,甲企业应收账款余额为300 000元,并按其余额的6%提取了坏账准备。2020年3月25日,收到乙企业所在地法院和公证机关的通知,乙企业目前已严重资不抵债,正在申请破产清算,有证据表明乙企业已无法清偿所欠余款的60%。

(2) 甲企业的控股股东是G集团公司,两年之前,G集团公司将其所持有的占总股本40%的法人股计1 800千股,以协议价每股1.5元的价格全部转让给H公司,H公司随即成为甲企业的控股股东。同时,向G集团公司出示一张170万元的银行汇款单和一份80万美元的银行存款证明。然而,到2020年2月,甲企业收到某银行关于企业70万贷款到期的还款通知书,由于甲企业并未向该银行贷过款,感到十分蹊跷。这个消息反馈到G集团公司后,经有关部门查实,结果是H公司巨额银行电汇凭证和银行存款证明纯属伪造。

(3) 甲企业于3年前向某银行借款200 000元,按原借款协议规定借款期限为3年,利率为10%,每半年支付一次,到期日为2019年10月1日。由于2019年甲企业正在投资兴建一项目,资金极为紧张,提请银行延长借款期限至2023年10月1日。2020年2月,该银行同意了甲企业的这一债务修改协议。

(4) 2019年2月1日,F公司以20%的股权进行置换而成为甲企业的子公司。同日,F公司与某外贸公司签订了出口协议,将W公司该年2月1日支付的9 600万元计入当年销售收入,并向W公司开具软件产品销售发票,而此时软件产品刚处于开发阶段。F公司在尚未完全履行合同约定义务、商品所有权尚未转移的情况下,即作为收入列账,但却未结转相应的成本,由此导致母公司甲企业当年利润虚增,从根本上改变了母公司的经营成果。2020年3月,中国证监会对甲企业利润虚增一案作出调查并予以处罚。

(5) 甲企业于2020年2月5日经有关部门批准按面值100元发行3年期、年率4.5%的公司债3 000 000元,并于2020年3月6日发行结束。

(6) 2019年度,甲企业实现净利润5 000 000元。2020年3月10日,召开董事会,决定2019年利润分配方案如下:按2019年实现净利的10%提取法定盈余公积金,分派普通股现金股利2 000 000元。

(7) 甲企业2019年12月31日资产负债表和2019年度利润表数据如表16-40和表16-41所示。

表 16-40 甲企业资产负债表

2019 年 12 月 31 日 单位：元

资　产	
货币资金	150 000
交易性金融资产	400 000
应收票据	1 600 000
应收账款	2 460 000
减：坏账准备	(760 000)
应收账款净额	1 700 000
存货	280 000
长期股权投资	4 850 000
固定资产净值	5 200 000
无形资产	1 800 000
资产合计	18 500 000
负债和所有者权益	
短期借款	210 000
应付票据	1 850 000
应付账款	2 590 000
其他应付款	400 000
应交税费	440 000
应付利息	610 000
长期借款	2 200 000
普通股本	4 500 000
盈余公积	2 700 000
未分配利润	3 000 000
负债和所有者权益合计	18 500 000

表 16-41 甲企业利润表

2019 年度 单位：元

一、营业收入	13 597 000
减：营业成本	5 050 000
税金及附加	25 000
销售费用	120 000

续　表

管理费用	1 550 000
财务费用	20 000
加：投资收益	260 000
二、营业利润	7 092 000
加：营业外收入	140 352
减：营业外支出	1 350 000
三、利润总额	5 882 352
减：所得税费用(所得税税率为 25%)	882 352
四、净利润	5 000 000

三、要求：

(1) 根据上述资料，判断甲企业资产负债表日后事项的性质，并编制相应的调整分录及说明应当如何披露。

(2) 重新编制调整后的 2019 年度甲企业的利润表。

第十七章
财务报告分析

学习提要

财务报告分析是指应用分析工具和方法，从财务报告特别是财务报表中寻求有用的信息，从而对企业的财务状况、经营成果和现金流量作出判断、评价和预测的过程。

财务报告分析包括会计分析和财务分析。

会计分析是指对注册会计师出具了审计报告的财务报表及其附注所依据的会计政策、方法以及与此相关的其他报告所做的定性分析。其目的是增强财务分析数字的可靠性，使分析结果更准确、真实，以完整地评估企业会计信息的质量。

会计分析的内容包括对注册会计师出具的审计报告的审阅，财务报表及其附注所依据的会计原则、政策和方法等的分析。

财务分析是指对财务报表中有关数据资料的确认、比较并作定性与定量的研究，以此判断企业的财务状况与偿债能力、经营成果与获利能力，以及预测企业的未来发展趋势，为作出正确的投资和信贷决策提供依据。

实务中较为常用的财务分析工具有比较分析法、比率分析法、杜邦分析法和现金流量分析法等。

通过本章学习，读者应当了解财务报告分析的基本方法，并能对财务报告所处环境有深刻的了解。

第一节　财务报告分析的目的与方法

一、财务报告分析的目的

财务报告是企业经营活动的缩影，是传递会计信息的工具。但是，就财务报告本身而言，它只是企业经营活动的反映，并不能确定或影响会计信息使用者决策的结果，尤其是随着社会经济现象的复杂多变，财务报告已成为反映企业各项经营与财务活动的高技术、多功能报告。不同的会计技术与语言的使用，往往使想了解与研究会计信息的使用者捉襟见肘。因此，要使财务报告与其他工具一样，能对那些有能力并且愿意用心去研究的用户有直接的助益，成为其制定决策的有用工具，就需要对财务报告加以整理分析，找出其中所包含的意义。因此，财务报告分析就是指应用分析的工具和方法，从财务报告中寻求有用的信息，从而对企业的财务状况、经营成果和现金流量作出判断、评价和预测的过程。

财务报告的用户包括债权人、投资者、税务机构、管理层、政府监管机构、财务和证券分析师等。财务报告分析的目的就是通过对财务报表及其附注所提供的信息进行比较与分析，评价和预测企业的财务状况、经营成果、现金流量，为信息使用者提供决策依据。

二、财务报告的分析方法

财务报告分析(financial reporting analysis)包括会计分析和财务分析。

(一) 会计分析

会计分析(accounting analysis)是指对注册会计师出具的审计报告，财务报表附注所依据的会计政策、方法以及与此相关的其他报告所做的定性分析，其目的是增强财务分析数字的可靠性，使分析结果更准确、真实，以完整地评估企业会计信息的质量。

财务报表及其编制需要遵循一系列会计准则或规范，会计准则或规范的不断推出、会计技术规则的不断修改、独立审计准则的陆续出台等，也提高了财务报表用户进行会计分析的可靠性与真实性。会计分析的内容包括对注册会计师出具的审计报告的审阅，财务报表及其附注所依据的会计原则、政策和方法等的分析。

1. 审计报告的审阅

审计报告(auditor's report)是注册会计师在完成审计程序后，对被审计单位财务报表或特定的审计对象发表意见的书面文件。注册会计师根据不同的审计结果对被审计单位财务报表的合法性和公允性出具一个真实和合法的审计意见。审计报告按其出具意见的类型分为四种：无保留意见的审计报告、保留意见的审计报告、否定意见的审计报告和无法表示意见的审计报告。其中，后三项审计意见统称非无保留意见。

审计意见不仅与注册会计师的切身利益息息相关，更为财务报表用户与提供者关注。

企业最希望获得无保留意见的审计报告。如果注册会计师出具这种类型的审计报告，说明被审计单位采用的会计处理方法符合会计准则及有关规定；财务报表反映的内容与被审计单位的实际情况一致；财务报表内容完整、表达清楚、无重大遗漏，报表项目的分类和编制方法符合规定要求。当然，使用者审阅这种审计报告后，对企业的财务状况、经营成果和资金变动情况具有较高的可信赖度。

随着现代企业制度的建立与不断完善，我国会计法规、制度需要逐步完善与修订。当注册会计师认为被审计单位的财务报告总体合法而且是公允的，但又需要对被审计单位的某些重要信息加以说明；如果注册会计师出具标准式的无保留意见审计报告有违充分披露原则，但出具保留意见的审计报告又不恰当，这时，注册会计师可以在审计报告的意见段之后增加一强调事项段予以强调或解释，即出具带强调事项段的无保留意见报告。

审计报告中，还有关键事项说明，通常也具有很重要的信息内涵。

当存在可能导致对持续经营能力产生重大疑虑的事项或情况，以及当存在对财务报表产生重大影响的不确定事项(持续经营问题除外)，但不影响已发表的审计意见时，注册会计师应当考虑在审计意见段之后增加强调事项对此予以强调。

这些重要信息也有可能在财务报告附注或其他报告中已经披露，但注册会计师的再次说明,足以引起信息使用者对企业经济事项的关注,或者可消除信息使用者对企业某些经济事项记载的误解。

注册会计师在以下情况下才出具保留意见的审计报告:

(1) 会计政策的选用、会计估计的作出或财务报表的披露不符合适用的会计准则和相关会计制度的规定,虽影响重大,但不至于出具否定意见的审计报告;

(2) 因审计范围受到限制,不能获取充分、适当的审计证据,虽影响重大,但不至于出具无法表示意见的审计报告。

如果财务报表用户不仔细审阅该企业的审计报告,仍按照未经调整的利润进行判断,有可能发生决策失误。

在注册会计师审计过程中,由于受委托人、被审计单位或客观环境的严重限制,搜集不到充分适当的审计证据,以致无法对财务报表的整体发表审计意见时,为避免作出错误的结论,注册会计师则出具无法表示意见的审计报告。

如果认为财务报表没有按照适用的会计准则和相关会计制度的规定编制,未能在所有重大方面公允反映被审计单位的财务状况、经营成果和现金流量,注册会计师应当出具否定意见的审计报告。

财务报表的用户若能仔细地审阅审计报告,就能对企业的财务状况、经营成果和现金流量的情况有更为深入的了解,从而作出相关的经济决策。

2. 财务报表附注的分析

财务报表附注是对前后两期会计报表数据所做的详细解释。它揭示财务报表中未提供的与企业财务状况、经营成果和现金流量有关的,有助于财务报表用户更好地了解财务报表且可以公开的重要信息。

如上一章所述,财务报表附注主要包括:(1) 企业简介;(2) 财务报表的编制基础;(3) 遵循企业会计准则的声明;(4) 重要会计政策和会计估计;(5) 会计政策和会计估计变更以及差错更正的说明;(6) 报表重要项目的说明;(7) 其他需要说明的重要事项;(8) 有助于财务报表用户评价企业管理资本的目标、政策及程序的信息等。

分析财务报表附注揭示的企业概况,有助于财务报告使用者从宏观方面去考察、分析社会经济环境对企业生产经营情况的影响,再结合附注所揭示的分行业情况以及分部门财务资料揭示的各个产业部门的营业收入、营业成本和利润率,以及未来前景和投资风险,评定一个多元化经营企业的前途和风险,以便对整个企业作出更有价值的判断。

分析企业所采用的主要会计政策,有助于财务报告使用者了解企业选用各种会计方法的目的与动机,以及不同会计政策对财务状况与经营成果的影响。

分析财务报表附注中重要项目说明以及重要事项,有助于财务报告使用者对会计报表数字的来龙去脉作更详细的分析。例如,财务报表的项目说明对应收款项披露的要求是:如果持有公司5%(含5%)以上股东单位的欠款,应在财务报表附注——重要事项"关联方关系及其交易"中披露,并在应收款项这一项目做附注说明;其他应收款中若有非关联往来欠款的,应根据重要性原则详细披露各欠款单位所欠款项的性质与内容。

【例1】 甲企业于2016年6月上市,审阅其年度报告中披露的应收款项附注,通过会计分析,可以发现该企业应收款项数字变动的真实细节。

甲企业2019年的年报揭示,该企业主营业务收入11 000万元,同比增长近5%;主营业务利润 4 100 万元,同比增长达 19%。按理说,在该行业多年来一直低迷不振、持续下滑的情况下,利润增长来之不易。但是,财务报表应收款项附注对应收款项披露的数据却令人担心:2019 年年初,应收账款余额为 18 万元,年末达到 3 840 万元,仅一年时间,应收账款增幅为 21 233.33%。此外,再分析一下该企业 2016 年的"上市公告书":上市之前,应收账款中没有持股 5%以上股东单位的往来款,但至 2018 年年末,应收账款余额中有 1 440 万元是其控股集团公司所欠,占 37.5%。同样,该企业的其他应收款也存在类似现象,这一项目期初为 89 万元,期末为 4 872 万元,增幅达 5 374.15%。对此,财务报表附注指出:"其他应收款增加主要是因为增加了与集团公司的代垫款"。再由该企业年度报告"投资情况"一栏披露,募集资金的使用情况与上述应收账款和其他应收款增加存在着密切联系。

对此,再仔细分析募集使用资金和有关的其他项目获知:该企业 2019 年通过发行新股实际募集资金 19 780 万元,并在发行中获得利息收入 612 万元,到年末,实际投入使用的募股资金仅 3 790 万元,不到实募资金的 20%,而且在已投入使用的募股资金中,补充流动资金占了 2 000 万元,真正投入项目建设的资金仅 1 790 万元,相当于实募资金的 9%。再对照该企业"上市公告书"和 2016 年年报"长期投资项目"与"关联方关系及其交易附注"发现,该企业原来无长期股权投资和债权投资,但到 2019 年年末,这两项投资资金就达到了 2 140 万元,而债权投资所对应的借款单位都是其控股集团公司下属企业。再与前文提到的应收账款中集团公司所欠的 1 440 万元以及其他应收款中数额巨大但用途不明且替公司支付的"代垫款"相对照,这一切都发生在甲企业新股发行之后,由此看来,上市公司发行股票所得资金被它的关联方占用了。

事实上,上市公司向母公司提供资金是"母子"互相支持的方式之一。脱胎于母公司的上市公司与母公司互惠互利也无可厚非,但如果双方交易增多,使应收账款也越来越多,无论是报表用户还是其提供者,都需要谨慎对待。

又如,对某上市公司财务报表附注"关联方关系及其交易"分析获知:该企业生产的 A 原料基本上是销售给同一集团的子公司的,年报披露当年 1～7 月为 1 900 元/吨。同年 8～12 月调整为 1 670 元/吨。而据有关部门统计,上一年 A 原料生产企业的出厂价普遍在 1 300 元/吨,市场零售价也只在 1 500 元/吨～1 600 元/吨。全国主要省份的出厂价和零售价也大多如此。由此可见,这一关联交易的定价远远超出了正常的出厂价,甚至高出市场零售价。值得注意的是,该产品销售收入占这家上市公司总销售收入的 79.8%,生产销售该产品是其利润的主要来源。类似这种关联交易,其实质就是借交易价格的杠杆,巧妙地向上市公司转移利润。因此,使用者通过对财务报表附注及其关联方交易价格定位的仔细分析,在某种程度上可以判断关联方之间商品购销是否公平。人为抬高或压低交易价格,都会影响会计信息的质量和投资者的决策。

财务报表附注是对财务报表数字的补充说明,信息使用者通过对会计报表附注的剖析,可以清楚地看到会计数字后面所隐含的丰富内容,从而充分了解自己所关心的某一会计实体的财务状况和经营成果,同时作出正确、可靠的判断。

(二) 财务分析

财务分析(financial analysis)是指对财务报表中有关数据资料的确认、比较并作定性与定量的研究,以此判断企业的财务状况与偿债能力、经营成果与获利能力,以及预测企业的未来发展趋势,为作出正确的投资和信贷决策提供依据。

尽管可资选择的财务分析方法汗牛充栋,但实务中较为常用的工具是比较分析法、比率分析法、杜邦分析法和现金流量分析等。在财务报告分析过程中,把建立在权责发生制基础上的比较分析法、比率分析法评估指标与建立在现金制基础上的现金流量分析评估指标结合起来,可以立体透视企业经济活动的全貌。

有关财务分析的具体方法,在本章以后几节阐述。

会计分析与财务分析是企业财务会计报告分析的有机整体,其中,会计分析是增强财务分析结论可靠性的前提。这是因为财务分析所确认与比较的数值和现金流量的大小,在某种程度上完全取决于数据的准确度与真实性,即使财务分析的结果看上去很好,如果所依据的是被扭曲、误解的会计原则和会计政策,也不会是可靠的。因此,使用者在分析财务报告时,既要做会计分析又要做财务分析,简单、孤立的财务分析数字是概括不了企业经营质量好坏与经济活动全貌的,也是不具有充分说服力的。

第二节 比较分析法

比较分析法(comparative analysis)是将实际达到的数据同特定的各种标准相比较,从数量上确定其差异,并进行差异分析或趋势分析的一种分析方法。比较分析法有两种具体的方法,即横向比较分析法和纵向比较分析法。

一、横向比较分析法

横向比较分析法(horizontal analysis)又称水平分析法,是将实际达到的结果同某一标准,包括某一期或数期财务报表中相同项目的实际数据进行比较的方法,它可以采用绝对数比较,也可以用相对数比较。

【例 2】 甲企业 2019 年的净利润为 150 万元,2020 年的净利润为 250 万元。2020 年与 2019 年比较,净利润增加 100 万元,或者说甲企业 2020 年的净利润是 2019 年的 167%,增长了 67%。这是一种简单的横向比较,常用于差异分析,也可以利用企业连续几年的数据进行趋势分析。

【例 3】 甲企业 2016~2020 年连续 5 年的销售收入和净利润如表 17-1 所示。

表 17-1　　甲企业 2016~2020 年销售收入和净利润资料　　单位:万元

年份 / 项目	2016	2017	2018	2019	2020
销售收入	500	555	555	648	800
净利润	50	55	45	84	100

从表 17-1 中可以看出,甲企业除 2018 年净利润略有下降外,一般呈上升增长的趋势。如果以 2016 年为基年,用每年的数字除以基年的数字,则可得出表 17-2 描述的趋势百分比。

表 17－2　　　　甲企业 2016～2020 年销售收入和净利润趋势表　　　　单位：%

项目＼年份	2016	2017	2018	2019	2020
销售收入	100	111	111	130	160
净利润	100	111	90	168	200

表 17－2 的趋势百分比表明，在 5 年的时间内，甲企业总的发展趋势是销售收入和净利润同步增长，并且净利润的增长超过了销售收入的增长幅度，2020 年的净利润比 2016 年增长了 1 倍，而销售收入仅增长 0.6 倍。此外，2018 年却比较特殊，这一年的销售收入增长了 11%，但是净利润却下降了 10%，应该根据其他资料对此作进一步的分析。因此，用百分比来分析趋势，不仅能看出总的发展规律，还能更直观、精确地揭示各年的变动程度。

横向比较分析法经常采用的一种形式是编制比较财务报表。这种比较财务报表可以选取最近两年的数据并列编制。前者一般作差异分析，后者则可作趋势分析。

【例 4】 表 17－3 和表 17－4 是甲企业 2019 年和 2020 年的比较资产负债表和利润表，它以 2019 年为基期，揭示了甲企业报表各项目的增减变动及其变动的比例。

表 17－3　　　　甲企业比较资产负债表　　　　单位：万元

资　　产	2020 年	2019 年	增加(减少)	
			金　额	百分比
流动资产：				
货币资金	79.2	34.4	44.8	130.2%
交易性金融资产	177.2	57	120.2	210.9%
应收账款净额	25.2	35	－9.8	－28%
存货	60.4	114.2	－53.4	－46.8%
其他流动资产	7.6	8.4	－0.8	－9.5%
流动资产合计	350	249	101	40.6%
长期股权投资	250	250	—	—
固定资产：				
固定资产净额	800	825	－25	－3%
在建工程	50	40	10	25%
固定资产合计	850	865	15	－1.7%
无形资产和其他资产：				
无形资产	220	220	—	—
其他资产	20	20	—	—
无形资产和其他资产合计	240	240	—	—
资产合计	1 690	1 604	86	5.4%

续 表

资　产	2020 年	2019 年	增加(减少)	
			金　额	百分比
负债及所有者权益				
流动负债：				
短期借款	194	170	24	14.1%
应付账款	57.3	39	—11.7	—17%
应付职工薪酬	24.8	31	—6.2	—37.9%
应交税费	8.9	5	3.9	78%
流动负债合计	285	275	10	3.6%
长期负债：				
长期借款	260	176	84	47.7%
应付债券	113	137	—24	—17.5%
长期负债合计	373	313	60	19.2%
所有者权益：				
实收资本	900	900		—
盈余公积	46	76	10	13.2%
未分配利润	46	40	6	15%
所有者权益合计	1 032	1 016	16	1.6%
负债及所有者权益合计	1 690	1 604	86	5.4%

表 17-4　　**甲企业比较利润表**　　单位：万元

项　目	2020 年	2019 年	增加(减少)	
			金　额	百分比
一、营业收入	8 794	6 416	2 378	37.1%
减：营业成本	4 930	3 692	1 238	33.5%
税金及附加	290	216	74	34.3%
销售费用	324	248	76	30.6%
管理费用	306	272	34	12.5%
财务费用	104	108	—4	—3.7%
二、营业利润	2 840	1 880	960	51.1%
加：营业外收入	200	168	32	19%
减：营业外支出	40	48	—8	16.7%

续　表

项　　目	2020 年	2019 年	增加(减少)	
			金　额	百分比
三、利润总额	3 000	2 000	1 000	50%
减：所得税费用	900	600	300	50%
四、净利润	2 100	1 400	700	50%

二、纵向比较分析法

纵向比较分析法(vertical analysis)又称垂直分析法或动态分析法，它以资产负债表、利润表等财务报表中的某一主要项目为基数项目，例如，资产负债表通常以资产总额为基数，利润表通常以产品销售收入总额为基数，分别计算出其他项目占资产或销售收入比重或百分比，以此对企业的财务状况和经营成果作出判断和评价。这种仅有百分比而不表示金额的财务报表又称共同比[percentage(common-size)]财务报表，它是纵向分析的一种重要形式。现以[例 4]甲企业利润表中的 2020 年数据为例，编制共同比利润表，如表 17－5 所示。

表 17－5　　　　甲企业共同比利润表

2020 年度

一、营业收入	100.00%
减：营业成本	56.06%
税金及附加	3.30%
销售费用	3.68%
管理费用	3.48%
财务费用	1.18%
二、营业利润	32.29%
加：营业外收入	2.27%
减：营业外支出	0.45%
三、利润总额	34.11%
减：所得税费用	10.23%
四、净利润	23.88%

共同比财务报表也可用于几个会计期间的比较，为此而编制的财务报表称为比较共同比财务报表。通过报表中各项目所占百分比的比较，不仅可以看出其差异，而且通过数期比较，还可以看出它的变化趋势。现仍以[例 4]甲企业 2020 年和 2019 年两年的数据为例，编制共同比利润表，如表 17－6 所示。

表 17-6　　　　　　　　甲企业比较共同比利润表

项　目	2019 年	2020 年
一、营业收入	100.00%	100.00%
减：营业成本	56.06%	57.54%
税金及附加	3.30%	3.37%
销售费用	3.68%	3.87%
管理费用	3.48%	4.24%
财务费用	1.18%	1.68%
二、营业利润	32.29%	29.30%
加：营业外收入	2.27%	2.62%
减：营业外支出	0.45%	0.75%
三、利润总额	34.11%	31.17%
减：所得税费用	10.23%	9.35%
四、净利润	23.88%	21.82%

从表 17-6 中可以看出，甲企业 2020 年的各项费用、成本项目的比重均略有降低，从而使税前利润和净利润有所上升。联系营业收入的绝对金额，主要是甲企业 2020 年的营业收入有较大增长的结果。

共同比财务报表分析的主要优点是便于对不同时期报表的相同项目进行比较，如果能对数期报表的相同项目作比较，可以观察到相同项目变动的一般趋势，有助于评价和预测。但无论是金额、百分比或共同比的比较，都只能作出初步分析和判断，还需在此基础上做进一步分析，才能对变动的有利或不利的因素作出较明确的判断。

在运用比较分析法时应注意的问题是相关指标的可比性。具体包括以下几点：

(1) 指标内容、范围和计算方法的一致性。例如，在运用比较分析法时，必须大量运用资产负债表、利润表、现金流量表等财务报表中的项目数据。必须注意这些项目的内容、范围以及使用这些项目数据计算出来的经济指标的内容、范围和计算方法的一致性，只有一致才具有可比性。

(2) 会计计量基础、会计政策和会计处理方法的一致性。财务报表中的数据来自账簿记录，而在会计核算中，会计计量基础、会计政策和会计处理方法都有变动的可能，若有变动，则必然要影响数据的可比性。因此，在运用比较分析法时，对由于会计计量基础、会计政策和会计处理方法的变动而不具可比性的会计数据，就必须进行调整，使之具有可比性。

(3) 时间单位和长度的一致性。在采用比较分析法时，不管是实际与实际的对比、实际与预定目标或计划的对比，还是本企业与先进企业的对比，都必须注意所使用的数据的时间及其长度的一致，包括月、季、年度的对比，不同年度的同期对比，特别是本企业的数期对比或本企业与先进企业的对比，所选择的时间长度和所选择的年份都必须具有可比性，以保证通过比较分析所作出的判断和评价具有可靠性和准确性。

(4) 企业类型、经营规模和财务规模以及目标大体一致。这主要是指本企业与其他企业对比时应当注意的一点。只有大体一致，企业之间的数据才有可比性，比较结果才具有使用性。

第三节 比率分析与杜邦分析

一、比率分析与杜邦分析概述

比率分析(ratio analysis)就是将财务报表中有意义的两个相关项目进行比较,计算其比率,以反映和判断某种隐含的意义。债权人出借资金的目的,是期望债务人能够按照规定的期限还本付息,如果债务人到期不能还本付息,那么债权人不仅不能从这种资金借贷业务中获得收益,反而会遭受损失;如果债务人资不抵债甚至破产,那么债权人的损失会更大,甚至无法收回全部贷款。所以,对债权人来说,他们最关心的就是债务人现在和未来的偿债能力。股票投资者进行投资的目的,不外是获取投资回报以及股票市价变动利得。这两者与企业的获利能力和股利政策密切有关。如果企业有良好的经营业绩和财务状况,则必然会影响股票市价以及股利分配政策。因此,对投资者来说,在判断未来投资报酬与风险从而决定股票投资价值时,他们最关心的是企业现在和未来的获利能力。但是,偿债能力与获利能力并不是孤立的、不相关的,如果企业获利能力强,债权人还本付息的资金来源就越有保障,风险也就越少;如果企业具有良好的偿债能力和获利能力,投资者定期获取股利的可能性就大,股价就有可能上升。因此,获利能力和偿债能力是相辅相成的。同时,支撑企业获利能力与偿债能力的另一因素是企业资产的营运效率,营运效率高意味着资产周转速度快,这必然会促使企业获利能力与偿债能力增加;反之,则会降低这两种能力。

比率分析的优点是计算简单,每一项分析指标都是就企业某一方面的经营活动进行分析,不足以评价一个企业的总体财务状况与经营成果,因此,要对一个企业作出综合评价,可利用杜邦分析来弥补比率分析的缺陷。杜邦分析就是在比率分析的基础上,将主要的财务指标及其内在联系有机地结合起来,以综合评价企业财务状况经营成果的方法。

然而,不论是比率分析还是杜邦分析,都有其局限性,如果解释不当,极易引起误解。因此,财务报告使用者对比率计算的结果还要多加分析,具体来说,分析时应注意以下几个方面:

(1) 与现金流量进行比较。本节比率分析与杜邦分析的基础是权责发生制,然而,企业财富的增加最终取决于是否有真实的现金收益。因此,除对资产负债表和利润表相关项目作比率分析外,还要与评估企业现金流量的有关指标做比较。

(2) 与行业平均水平进行比较。简单的比率计算结果与杜邦分析说明不了什么问题,只有与同行业的平均水平相比,才能看出差异。目前我国深圳和上海证交所公布的上市公司统计信息和财务资料可以作为行业水平来对比。

(3) 与各会计期间进行比较。由于比率分析与杜邦分析未涉及不同期间的增减变动,是一种静态的计算结果,无法据此判断和比较企业前后期的变动趋势。因此,使用者在对某一比率进行分析时,应进行跨期比较。

(4) 分析会计影响。会计方法、政策、计量基础等都会影响比率的计算和分析,因此使用者在分析某一指标时,应进行会计分析。

下面分别对评估短期偿债能力、长期偿债能力、资产营运能力以及获利能力的主要比率分析指标进行说明。

二、短期偿债能力分析——流动比率

短期偿债能力是表明企业用流动资产偿还流动负债的能力。影响企业短期偿债能力的因素有很多,但流动资产与流动负债的关系以及资产的变现速度是其最主要的方面,因为在大多数情况下,短期债务需要用现金来偿还。因此,短期偿债能力的分析就是对企业流动资产与流动负债的分析,常用的分析指标是流动比率、速动比率和经营活动净现金比率。

(一) 流动比率

流动比率(current ratio)又称营运资金比率,它是由流动资产除以流动负债而得,这一指标表明每元流动负债有多少流动资产可以作为偿还债务的保证。其计算公式为:

$$流动比率=\frac{流动资产}{流动负债}$$

一般情况下,流动比率越高,反映企业短期偿债能力越强,债权人的权益越有保证。流动比率高,不仅反映企业拥有的营运资金多,可用以抵偿短期债务,而且表明企业可以变现的资产数额大,债权人遭受风险小。但是,流动比率过高也有其不利的方面,过高的流动比率不仅说明企业流动资产占用较多,影响资产的使用效率和获利能力,而且可能是应收账款或存货过多所致。因此,分析流动比率还需要注意流动资产的结构、流动资产与流动负债的时间配合以及流动资产与非流动资产的划分标准,这些因素都会影响流动比率的高低,同时还要考虑行业特性,因为行业性质不同,流动比率的差别很大。

(二) 速动比率

速动比率(quick ratio)又称酸性试验比率(acid-test ratio),它是将流动资产中那些"放久了容易变酸的东西"(指存货和待摊费用这些变现性相对差的项目)予以剔除后剩下的资产,如现金、交易性金融资产投资以及应收款项等速动资产除以流动负债而得,它是衡量企业短期偿债能力的另一项指标。其计算公式为:

$$速动比率=\frac{速动资产}{流动负债}$$

速动比率可用作流动比率的辅助指标,有时流动比率高恰是流动资产中易于变现、具有即时支付能力的资产少,企业的短期偿债能力仍然较差。因此,速动比率与流动比率相比,能够更加准确、可靠地评价企业流动性及其偿还短期债务的能力。但是,速动比率过高或过低,同流动比率过高或过低一样都有其不利的方面。速动比率过低,说明短期偿债能力存在问题;速动比率过高,则又说明企业持有过多的速动资产,可能会失去一些有利的投资与获利机会。有人把速动比率的标准定为100%,亦为无稽之谈,因为行业特性对速动比率的要求是不一样的。其次,计算速动比率时剔除了存货和待摊费用项目,但速动资产中的应收款项本身也有很大的不确定性,它的变现能力对速动比率的准确性和真实性有很大的影响,所以在评价速动比率时还应结合应收账款周转率指标,分析应收账款的质量。

由于流动比率与速动比率都是某一时点的而非企业长期的财务状况,因此它们极易被粉饰,在分析财务报表时,使用者还应对不同会计期间流动资产、流动负债和速动资产的变化进行比较分析。

(三) 经营活动净现金比率

经营活动净现金比率(current cash debt coverage)是企业现金类资产与流动负债的比

率，它是衡量短期偿债能力的参考性指标。式中的经营活动净现金流量，可以直接从现金流量表中获得。其计算公式为：

$$经营活动净现金比率=\frac{经营活动净现金流量}{流动负债}$$

经营活动净现金流量是现金制利润，它最能反映企业在报告期内实际创造现金的能力，与速动比率相比，现金比率说明的是企业直接支付流动负债的能力。

在分析短期偿债能力时，流动比率、速动比率和经营活动净现金比率都是评价短期偿债能力的相对数，如果再与评价短期偿债能力的绝对数——营运资金结合起来，则使流动性指标评价体系更全面，当然资产的流动性并不是孤立存在的，可能受报表以外的其他因素影响，例如，或有负债和企业为他人提供担保质押，一旦成为真正的负债，都会加重债务负担，影响短期偿债能力。因此，报表使用者还应注意其他方面的资料，以便作出正确评价。

三、长期偿债能力分析——杠杆比率

长期偿债能力是指企业偿还长期债务的能力，包括企业对债务的承受能力和偿还债务的保障能力。长期偿债能力的强弱是反映财务状况稳定和安全程度的重要标志。评价长期偿债能力的指标是财务杠杆比率。根据物理学杠杆原理“力矩＝力×力臂”，欲获得相同的力矩，如果力臂越长，则作用的力越小。财务上杠杆比率的原理与物理学杠杆作用相似，所以，杠杆比率就是以借款利率为支点，通过分析资本结构来比较负债和股东权益的关系，评价企业负债经营的能力。

负债形同力臂，股东权益是力，借款利率如同一支杠杆上的支点，在不偏离最佳资本结构的情况下，会计信息使用者要分析的是企业怎样用较少的力（自有资本）为股东获得较多的报酬，同时举债风险又最低。

评价企业长期偿债能力，从偿债义务看，包括按期支付利息与到期还本两个方面：从偿债的资金来源看，应该是企业的经营利润及经营活动产生的现金，这是因为在企业正常的生产经营过程中，不可能靠变卖资产还债，而应该主要靠实现的利润和现金来还债。如果企业具有足够的获利能力，又能从经营活动中获取足够的现金资源，则偿还债务就有了保障；反之，债权人要承担这种风险。

评价企业长期偿债能力的指标有资产负债率、负债与股东（或所有者）权益比率、负债与有形净资产比率、利息保障倍数等，现分述如下：

（一）资产负债率

资产负债率（debt to assets ration）又称负债比率，是企业负债总额对资产总额的比率，它说明在企业总资产中债权人提供资金所占的比重以及企业资产对债权人权益的保障程度。对债权人来讲，负债比率越低越好。因为负债比率低，说明负债占企业全部资产的比重就小，这样，债权人的保障程度就高，风险也就小；反之，负债比率高，说明负债在全部资产中的比重就大，则表明企业债务负担就重，这样债权的保障程度就低，债权人的权益就存在风险。其计算公式为：

$$资产负债率=\frac{负债总额}{资产总额}\times 100\%$$

举债经营对企业来说是有一定风险的,因此,负债经营的规模和比重应该控制在合理的水平上。过去人们一般认为负债控制在30%左右比较稳健,但是,如果企业效益滑坡,负债比率上升,那么举债人的风险就会加大,稍有不慎就有破产的危险。因此,债权人应根据举债人的财务状况和获利能力,正确测算负债比率,以保证其权益得到根本保障。

(二) 负债与股东(或所有者)权益比率

负债与股东权益比率是指负债总额与股东权益总额的比例关系,用以表示股东权益的保障程度。其计算公式为:

$$负债与股东权益比率=\frac{负债总额}{股东权益总额}\times 100\%$$

该比率越低,表明企业长期偿债能力越强,债权人权益保障程度越高,承担的风险越小;反之,比率越高,则表明企业的长期偿债能力越低。当然,这一比率也不能过低,也就是说,如果股东权益比重过大,尽管偿还长期债务的能力很强,但企业财务杠杆的作用就会削减;同时,这一比率也不能过高,如果企业的投资报酬率小于借款利率,固定的利息费用就会成为债务人的沉重负担,同时债权人贷款的风险会加大。

(三) 负债与有形净资产比率

负债与有形净资产是负债与有形净资产的比例关系,用以表示有形净资产对债权人权益的保障程度,有形净资产=股东权益-无形资产-递延资产(如长期待摊费用等)。其计算公式为:

$$负债与有形净资产比率=\frac{负债总额}{有形净资产}$$

该比率的分母剔除了资产总额中那些价值存在着极大的不确定性的资产,与资产负债率相比,它更能合理稳健地衡量企业在清算时对债权人权益的保障程度。

(四) 利息保障倍数

利息保障倍数是指企业生产经营所获得的息税前利润与利息费用的比率,用以衡量企业偿还负债利息的程度。其计算公式为:

$$利息保障倍数=\frac{本期净利润+所得税+利息费用}{利息费用}$$

公式中的分子,即息税前利润(EBIT),把所得税费用和利息费用加回本期净利润,是因为所得税不影响企业支付利息的安全性,利息费用本身是公司要偿还的,如果不作调整则会低估这一指标。公式中的分母,即利息费用,一般包括流动负债利息费用、长期负债中计入损益的利息费用以及资本化利息等。

企业生产经营所获得的息税前利润对于利息费用的倍数越高,说明支付利息的能力越强,因此,它既是企业潜在经营的前提,又是衡量企业长期偿债能力强弱的标志。利息倍数究竟多大为宜,这要根据企业的历史经验并结合行业特点判断。根据稳健性原则,应以倍数较低的年度为评价依据。但如果评价的结果是利息保障倍数小于1,则意味着企业利息都无法保证偿还,更别说偿还本金了,此时,债权人就要考虑是否应该采取必要的法律行动,如迫使企业破产或进行债务重组等。

实际上,上述公式的分子同样可以用现金流量表中经营活动的现金流量来代替,更直观地反映实际偿还利息的保障程度。

四、营运能力分析——效率比率

营运能力是指通过与资产周转速度有关的指标来反映企业经营、管理和使用资产效率的能力。企业偿债能力和获利能力的大小，在很大程度上取决于管理层对资产的有效利用。资产利用效率高，资产周转速度和资产变现的速度也就会加快，获取的收入和利润也就会增多，因而偿债能力和获利能力也就会增强。营运能力分析常用的指标主要有应收账款周转率、平均收账期、存货周转率、存货周转天数、固定资产周转率、总资产周转率、股东权益（净值）周转率，现分述如下：

（一）应收账款周转率

应收账款与应收票据是企业因实施信用政策与赊销商品而产生的债权，因此，在计算应收账款周转率（accounts receivable turnover）时，比较严格精确的计算应以报告期内赊销净额除以应收账款和应收票据的平均余额。其计算公式为：

$$应收账款周转率=\frac{赊销收入净额}{应收账款和应收票据的平均余额}$$

式中：

$$赊销收入净额=销售收入-现销收入-(销售退回+销售折扣+销售折让)$$

$$应收账款和应收票据平均余额=\frac{期初应收账款和应收票据净额+期末应收账款和应收票据净额}{2}$$

上面的应收账款周转率是以年为计算基础的，如果是季节性生产或销售的企业，每月、每季的销售收入和应收账款都不一样，这时也可按月、按季计算，那么上述公式的分子和分母都应按月、按季折算。

应收账款周转率反映了企业在报告期内从赊销开始至收款为止的周转次数。周转率越快，周转所需要的时间越短，企业应收账款回收速度也就越快，信用管理工作的效率就越高，这不仅将减少或避免发生坏账的可能性，而且有利于提高企业资产的流动性和企业短期债务的偿还能力。

（二）平均收账期

应收账款周转率是指应收账款的周转次数，即在报告期内应收账款平均周转了几次。另外，还可以通过计算应收账款平均收账期来测试企业应收账款转换成现金的平均天数。其计算公式为：

$$平均收账期或应收账款周转天数=\frac{360\text{ 天或 }365\text{ 天}}{应收账款周转率}$$

如果平均收账期长于企业通常的放款期或信用期，可能表明企业信用管理欠佳，收账不力，以致资金沉淀于应收账款中；反之，平均收账期越短，销货之后能迅速收回现金，则可加速资金周转。当然，也不能一概而论，如果平均收账期低于同行业太多，可能是该企业的信用政策偏紧，从而影响销售或更有利于竞争对手。因此，如果边际收益（放宽信用后增加的销货及利润）能等于边际成本（即放宽信用增加的应收账款，包括增加的资金成本和坏账费用），则此时信用政策最恰当，可使利润最大化。

(三) 存货周转率

存货周转率(inventory turnover)是指企业从购入商品(商业企业)或购入原材料(制造业),至商品转售出去,或原材料经加工变成在产品、产成品,至产成品出售为止,1 年内的周转次数。它是衡量企业生产环节或销售环节中存货营运效率的一个综合性指标。其计算公式为:

$$存货周转率=\frac{销售成本}{存货平均余额}$$

式中:

$$存货平均余额=\frac{销售成本}{(期初存货余额+期末存货余额)\div 2}$$

在制造业中,为分析各项存货的运营情况,上述存货周转率又可分为以下几个指标:

$$原材料周转率=\frac{原材料耗用的成本}{原材料平均余额}$$

$$在产品周转率=\frac{制造成本}{在产品平均余额}$$

$$产成品周转率=\frac{销售成本}{产成品平均余额}$$

以上存货周转率均是按年计算的,如果要计算月度、季度的存货周转率,也可比照前述按月、按季计算应收账款周转率的方法来计算。

通常情况下,存货周转率越高,表示企业存货管理效率越佳,存货从资金投入到销售收回的时间越短,在销售利润率相同的情况下,获取的利润也就越多;反之,存货周转率过低,表示企业的存货管理效率欠佳,产销配合不好,存货积压过多,致使资金冻结在存货上,仓储费用及利息负担沉重。再说,积压太多的存货也有可能是过时所致,这势必使存货的实际价值减少。

存货是企业资产的重要组成部分,因此,存货质量好坏和周转快慢,对企业经营效率的好坏有着直接的影响。

(四) 存货周转天数

存货周转率也可以用存货周转天数表示。其计算公式如下:

$$存货周转天数=\frac{360天或365天}{存货周转率}=\frac{360天或365天}{销售成本/存货平均余额}=\frac{平均存货}{平均每日销售额(以成本计)}$$

从上面公式的推导过程中可知,存货周转天数也就是存货可出售天数。就商业企业而言,存货周转天数代表购入商品至转售为止平均需要的天数,或表示商品存货可供出售的平均天数。就制造业而言,存货周转天数代表购入原材料,转换成在产品、产成品,以至出售为止平均需要的天数,但并不表示所有存货可供出售的天数,因为制造业立即可出售的存货仅仅指产成品。

因此,制造业产成品存货周转天数为:

$$产成品存货周转天数=\frac{360天或365天}{产成品存货周转率}=\frac{产成品存货平均余额}{平均每日销售额(以成本计)}$$

毋庸置疑，存货周转天数越少的企业，收回资金投入营业或生产所需要的时间就越短，资金周转也就越顺畅。

（五）固定资产周转率

固定资产周转率是用以衡量固定资产使用效率的指标，是企业销售收入净额与固定资产平均净值的比率。其计算公式为：

$$固定资产周转率=\frac{销售收入净额}{固定资产平均净值}$$

式中：

$$固定资产平均净值=\frac{年初固定资产净值+年末固定资产净值}{2}$$

固定资产周转率高，不仅表明企业固定资产利用较充分，同时也表明企业固定资产投资得当，固定资产结构合理，能够发挥效率。然而，分析这一比率时需要考虑以下几个问题，以便真实地反映固定资产的使用效率：

(1) 固定资产的净值随着折旧时间推移而减少，随固定资产更新改造而增加，这些都会影响固定资产周转率。

(2) 在进行同行业比较时，还要考虑采用不同折旧方法对固定资产净值的影响。

(3) 在比较不同行业时，由于生产经营特点不同，因而固定资产状况也不同，如制造业与商业企业，在销售收入净额相同的情况下，固定资产占总资产的比例各异，因此固定资产周转率也会相差很大。在通常情况下，制造业固定资产周转率比商业企业固定资产周转率要低。

（六）总资产周转率

总资产周转率(asset turnover)是指销售收入净额与资产平均总额的比率。其计算公式为：

$$总资产周转率=\frac{销售收入净额}{资产平均总额}$$

式中：

$$资产平均总额=\frac{期初余额+期末余额}{2}$$

总资产周转率是衡量企业在报告期内对其全部资产使用的效率。如果总资产周转率高，说明全部资产经营效率好，取得的销售收入高；反之，如果总资产周转率低，说明全部资产经营效率差，取得的销售收入也少。因此，这一指标的高低最终会影响企业的获利能力。

（七）股东权益(净值)周转率

股东权益周转率又称净值或净资产周转率，是销售收入净额与股东权益平均总额的比率。其计算公式为：

$$股东权益周转率=\frac{销售收入净额}{股东权益平均总额}$$

式中：

$$股东权益平均总额=\frac{期初余额+期末余额}{2}$$

股东权益周转率是衡量企业在报告期内对其自有资本的使用效率。然而,该比率可能因下列不利因素而提高:(1) 营业发生亏损;(2) 负债比率提高。例如,销售收入不变,本期亏损则使股东权益减少(假设本期股本不变);又如,宣布发放的股利超过本期利润,但尚未发放,此时留存收益减少,应付股利增加,负债比例上升,如果销货收入和股本都不变,仍然会使净值周转率提高。反之,净值周转率由于资产重估价而下降,但这种下降也并不意味着自有资本使用效率差,因此,股东权益周转率的增减,应特别注意其发生的原因,不能武断地说股东权益周转率越高越好。

五、获利能力分析——盈利比率

获利能力简单地说是企业获取利润的能力。获利能力与偿债能力是同等重要的,尽管企业正常经营所产生的利润是偿还债务的前提条件,但有利润即所谓"赚钱",并不一定真的有"钱"(现金),因此在评价企业获利能力时,最好分析企业的现金流量,才能比较完整地评估相关的指标。企业获利能力大小可以从这些比率分析中看到:销售毛利率、销售利润率、资产报酬率、股东权益报酬率、普通股每股收益、市盈率、股利发放率、股利实得率。

(一) 销售毛利率

销售收入净额减去销售成本为销售毛利。销售毛利率(profit margin on sales)是指销售毛利与销售收入净额对比的结果。销售毛利率的计算公式为:

$$\text{销售毛利率}=\frac{\text{销售毛利}}{\text{销售收入净额}}\times 100\%$$

该比率反映每元产品或商品销售收入净额中所实现的销售毛利为多少,用来评价企业产品销售收入净额的获利能力。销售毛利率的变动是销售收入与销售成本两者变动的综合结果。例如,外界经济环境的变动,对企业的影响首先反映在毛利率上。某项商品的价格上涨必然带动成本上涨,此时销货成本率(即1－毛利率)上升,导致毛利率下降;反之,毛利率上升或是企业内部降低成本所致,或是因行业垄断的价格优势使售价上升或通货膨胀所致。因此,分析销售毛利率的高低,要把影响企业毛利率的外界因素与内部因素一并考虑,才更加有意义。如果要分析、判断企业因销售而产生的获利趋势,可将连续几年的销售毛利率进行分析比较。

(二) 销售利润率

销售利润率又称利润边际,它是企业本期净利润与销售收入净额的比率。由于利润表中非常项目具有不常发生、性质特殊的特点,为恰当评估企业正常经营的利润质量,应从净利润中剔除非常项目。因此,除特别说明外,以下本期净利润与相关项目之比均指的是剔除非常项目前的净利润。其计算公式为:

$$\text{销售利润率}=\frac{\text{本期净利润}}{\text{销售收入净额}}\times 100\%$$

销售利润率反映每元销售收入净额所能产生的净利润。报表使用者在分析这一指标时,应重视净利润这一绝对数。卖100元赚20元,销售利润率为20%;卖500元赚50元,销售利润率为10%,同一企业面临这两种情况,孰优孰劣一看便知,因此,单看销售利润率是不全面的。

评价利润质量好坏，还应该结合企业现金流量。例如，可以将上式的分母改为经营活动的现金流量，以判断企业净利润与现金利润的差异等。若差异过大，则表明企业利润变成现金的质量差，从而会影响其偿债能力；反之，则表明企业利润质量好，在获取利润的同时具有偿还债务的能力。

（三）资产报酬率

净利润是企业在报告期内动用一切可用的经济资源所获得的最终结果。因此，用资产报酬率（return on assets）来衡量企业的获利能力是基于整体的考虑。资产报酬率是本期净利润加上利息费用除以资产平均总额的比率。其计算公式为：

$$资产报酬率=\frac{本期净利润+利息费用(税后)}{资产平均总额}\times 100\%$$

式中：

$$资产平均总额=\frac{期初资产余额+期末资产余额}{2}$$

由于上述分母中已包括债权人投入的资金，为衡量企业运用资产的获利能力，分子中也应将支付给债权人的税后利息费用加回本期净利。如果分子不作上述调整，则使企业获利能力和举债经营能力混同。

（四）股东权益报酬率

股东权益报酬率又称净值报酬率或净资产报酬率，它是从股东的立场来分析企业的获利能力。其计算公式为：

$$股东权益报酬率=\frac{本期净利润}{股东权益平均总额}\times 100\%$$

式中：

$$股东权益平均总额=\frac{期初股东权益余额+期末股东权益余额}{2}$$

实际上，该比率是资产报酬率与负债比率的函数：

$$\begin{aligned}股东权益报酬率&=\frac{本期净利润}{股东权益平均总额}\\&=\frac{本期净利润/资产平均总额}{股东权益平均总额/资产平均总额}\\&=\frac{资产报酬率}{1-资产负债率}\end{aligned}$$

确切地说，如果举债经营有利，当资产报酬率为正值时，负债比率越高，股东权益报酬率也就越大。股东权益报酬率与资产报酬率成正比，与负债比率也成正比。如果举债经营不利，当资产报酬率为负值时，负债比率越高，股东权益报酬率也就越差。但这种说法不太严密，使用者在分析这一指标时，还应考虑其他因素，才能作出比较合理的判断。

（五）普通股每股收益

普通股每股收益（earnings per share）是根据属于普通股的收益除以流通在外普通股股数计算的。该指标是股东衡量企业获利能力的重要指标，每股利润水平高低和分红方案好

坏,直接影响证券市场股票价格和投资者在二级市场的收益,是股东或潜在投资者进行股票投资的重要参考依据。其计算公式为:

$$普通股每股收益=\frac{净利润}{发行在外普通股股数}$$

此处的每股收益为基本每股收益,稀释的每股收益的计算见第十五章中的说明。

(六) 市盈率

市盈率(price earnings ratio, P/E ratio)又称本益比,它是每股市价与每股收益的比率,用于衡量股票投资报酬与风险。其计算公式为:

$$市盈率=\frac{普通股每股市价}{普通股每股收益}$$

显然,市盈率的倒数即为股票投资报酬率。市盈率越大,表示股票投资报酬率越低。例如,每股股票市价是30元,每股利润为1元,市盈率为30倍,它表示对公司所赚的每1元利润,股东愿意付出30倍的代价,其投资报酬率仅为1/30,或3.33%。市盈率高通常表示股东对该企业每股收益的质量及发展前景有信心;反之亦然。因此,市盈率也是衡量企业获利能力的重要指标。如果证券市场是健全的,股票价格由公司业绩支撑,则市盈率的代表性就高;反之,证券市场本身不健全,人为操纵的投机性大,则股票价格与每股收益的比率自然无多大意义。

(七) 股利发放率

股利发放率(payout ratio)是报告期公司董事会公布发放的股利与该期可供普通股分派的利润之比,或是报告期普通股每股股利与每股收益之比。其计算公式为:

$$股利发放率=\frac{发放的股利总额}{可供普通股分配的利润}=\frac{普通股每股股利}{普通股每股利润}$$

股利有现金股利、财产股利、负债股利和股票股利之分。除股票股利外,投资者获得的其余三种股利均有实际利益。股票股利在健全的证券市场之下,只是画饼充饥,股东并无实际利益可言。然而,我国情况比较特殊,股票市场对股票股利之股价降低作用并不太灵敏。因此,投资者对现金股利或股票股利的偏好,没有多大区别,而且我国的股票股利一律按面值而非按市价计算,股东往往认为只要有利润分配即可,而不论发放的标的物是什么,根据这种现状,发放股利总额包括股票股利为宜。

股利发放率的高低,与企业盈利情况、股利政策和成长性有关。一般新设立或发展中的企业,其股利发放率较低。此外,不同的股东对该指标要求不一。希望股票升值、寻求资本利得报酬方式的股东,要求该指标低些,企业积累可多些,用于扩大再生产以利股票增值。希望多发放现金股利、寻求股利报酬方式的股东,则要求该指标高些,以期获得更大的短期效益。显然,该指标的最大值只能为100%,超过此数即为清算。

(八) 股利实得率

股利实得率是普通股每股股利在每股市价中的比例。其计算公式为:

$$股利实得率=\frac{普通股每股股利}{普通股每股市价}$$

股利实得率取决于企业股利发放政策和股票市场价格两个因素。一般来说,该比率越高,表明股票投资得益越大。但是该指标并非股票投资的全部实得利益,它不包括股价变动因素。

六、杜邦分析法

杜邦分析法(DuPont analysis)又称财务比率综合分析法,它是将企业主要的财务指标按内在联系将其有机地结合起来,以股东权益报酬率为分析起点,对各项指标作层层分解,形成一个完整的指标分析体系,综合评价企业财务状况与经营成果的方法。采用这一方法,使财务比率分析的层次更分明、条理更清晰,为报表使用者全面地了解企业的经济活动提供方便。由于这一分析模型最先由美国杜邦公司设计使用,故称为杜邦分析法。

杜邦分析法的第一步是对股东权益报酬率进行分解。由股东权益报酬率可知:

$$\text{股东权益报酬率}=\frac{\text{本期净利润}}{\text{股东权益平均总额}}$$

这一比率与资产报酬率和股东权益的结构即股东权益乘数有着密切的联系,因为:

$$\frac{\text{本期净利润}}{\text{股东权益平均总额}}=\frac{\text{本期净利润}+\text{利息费用}}{\text{资产平均总额}}\times\frac{\text{资产平均总额}}{\text{股东权益平均总额}}$$

由此可见:

$$\text{股东权益报酬率}=\text{资产报酬率}\times\text{股东权益乘数}$$

通过对股东权益报酬率进行分解,丰富了仅用单一的比率来分析给予股东回报的情形。这一比率说明,股东权益报酬率不仅取决于资产报酬率,还取决于股东权益乘数。在股东权益乘数至少大于等于1的情况下,如果企业融资状况良好,举债越多,乘数也就越大,对股东权益报酬的贡献也就越大。然而,它又与企业举债后能否获利有关,如果企业融资后资产使用效率并没有提高或者投资失误而得不到回报,那么,对股东来说就是风险。因此,信息使用者通过对股东权益报酬率的综合分析,可以判断企业合理使用资产的效率、资本结构以及融资状况与风险。

杜邦分析法的第二步是对资产报酬率作进一步分解。资产报酬率可以表达为销售利润率和总资产周转率之乘积,即

$$\frac{\text{本期净利润}}{\text{资产平均总额}}=\frac{\text{本期净利润}}{\text{销售收入净额}}\times\frac{\text{销售收入净额}}{\text{资产平均总额}}$$

或者:

$$\text{资产报酬率}=\text{销售利润率}\times\text{总资产周转率}$$

显然,要提高资产报酬率,取决于销售利润率与总资产周转率,只有增加销售量或销售额,加快总资产周转速度,才能促使资产报酬率上升。因此,资产报酬率是销售成果与资产管理的综合体现。

杜邦分析法的第三步是对销售利润率进行分解。销售利润率反映企业本期净利润与销售收入的关系,它取决于收入总额与成本总额的高低,因为:

$$\text{收入总额}=\text{营业收入}+\text{投资净收益}+\text{营业外净收入}$$

$$\text{成本总额}=\text{营业成本}+\text{期间费用}+\text{税金及附加}$$

因此,要提高销售利润率,重点在于扩大销售收入与降低各种成本。通过杜邦分析法可以研究企业各项成本、费用的结构是否合理,从而加强成本控制以及寻求降低成本的途径。

杜邦分析法的第四步是对总资产周转率中的总资产做进一步分解,因为:

总资产=流动资产+非流动资产

式中:

流动资产=货币资金+交易性投资+应收项目+存货+其他流动资产等

非流动资产=长期投资+固定资产+无形资产及其他长期资产等

影响总资产周转率的一个重要因素是总资产。它由流动资产与长期资产组成,其结构是否合理将直接影响总资产的周转速度。一般来说,流动资产直接体现企业的短期偿债能力或变现能力,而长期资产则体现为企业的经营规模、发展潜力,两者之间应该有一个合理的比率关系。如果发现某项资产比重过大,影响资金周转,就应深入分析原因。例如,当企业持有的货币资金超过了经营业务的需要,就会影响企业的盈利能力;如果企业占有过多的存货和应收账款,既会影响获利能力,又会影响偿债能力。因此,要深入分析总资产周转率,还需要进一步分析各项资产的占用额和周转速度。

通过上面层层分析,股东权益报酬率与以下三个指标密切相关,它可以表述为:

股东权益报酬率=销售利润率×总资产周转率×股东权益乘数

上述杜邦分析各指标之间的关系可用图 17-1 表示。

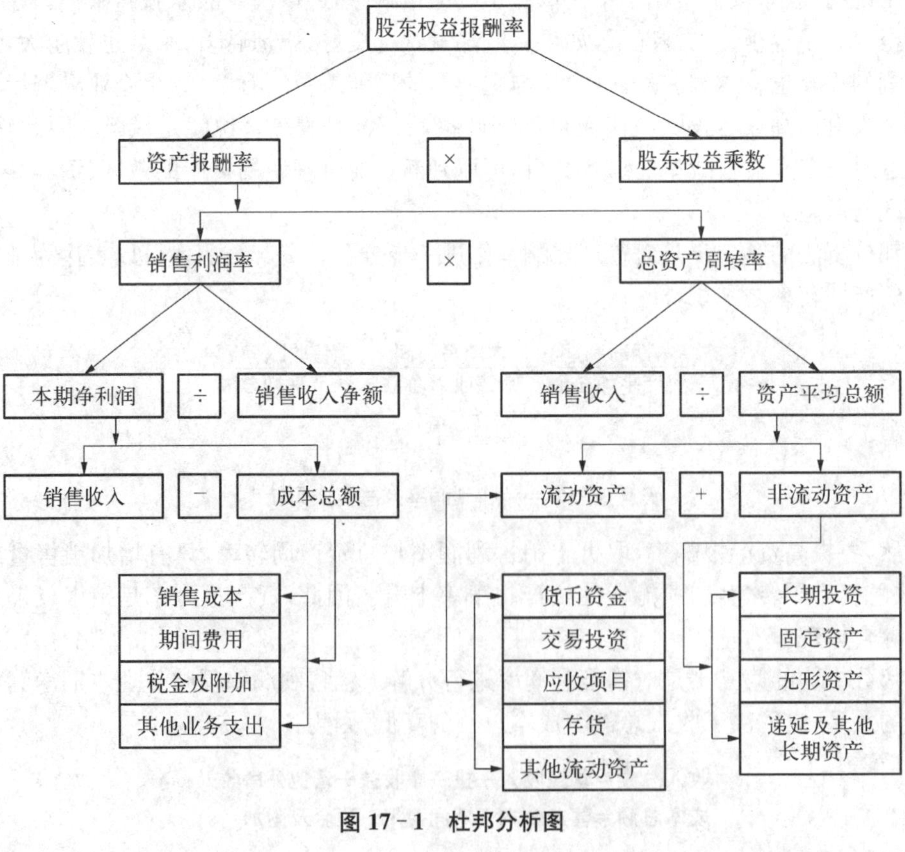

图 17-1 杜邦分析图

杜邦分析体系所提供的财务信息，比较全面地解释了指标变动的原因，这为企业进一步采取具体措施指明了方向。在具体应用杜邦分析法时应注意，这一方法不是另外建立新的财务指标，它只是一种对财务比率进行分解的方法。因此，它既可通过股东权益报酬率的分解来说明问题，也可通过分解其他财务指标来说明问题。总之，杜邦分析法和其他财务分析方法一样，关键不在于指标的计算而在于对指标的理解和运用。

第四节　现金流量分析

一、现金流量分析概述

现金流量分析是根据现金流量表所提供的信息，分析企业在报告期内经营活动、投资活动和筹资活动的现金流量，并结合资产负债表和利润表来完整地评估企业的获利能力与偿债能力。

二、现金流量分析的主要指标

(一) 现金制获利能力的评估指标

1. 现金销货率

现金销货率是说明报告期内由销售收入净额所实现的实际的销售现金，以此衡量企业的销货质量。其计算公式为：

$$现金销货率=\frac{销货收现数}{销售收入净额}\times 100\%$$

一般而言，销售实现后所增加的资产转换成现金的速度越快、数量越多，则收益质量越多。如果现金销货率大于100%，则表明本年的销售收入不仅全部收现，而且上年拖欠的货款也于本年收回；反之，则说明尽管销售收入实现了，但并未获取真实的现金收入，收益的质量就会受影响。当然，在分析这一指标时，还应该与应收账款周转率、平均收账期以及销售毛利率等结合起来进行综合的分析与评估。

2. 现金利润率

现金利润率是指报告期内营业净利润中所实现的现金利润，用以衡量企业利润的质量。其计算公式为：

$$现金利润率=\frac{经营活动现金流量}{营业净利润}\times 100\%$$

3. 现金报酬率

企业创造现金的能力与获利能力和支付给投资者潜在报酬的能力密切相关。现金报酬率的计算方法与权责发生制下反映获利能力的各项指标相似，它主要包括：

(1) 每股现金流量。每股现金流量是指流通在外的普通股可获得的现金。其计算公式为：

$$每股现金流量=\frac{经营活动现金流量-优先股股利}{流通在外的普通股股数}$$

谨慎地分析该比率,可以衡量企业经营活动的现金流量对每股普通股的贡献。将这一比率与前述现金股利率进行比较,还可以计算现金股利支付率,即每股可得现金与实际支付现金之比。

(2) 现金投资报酬率。现金投资报酬率有三种表达方式:现金资产报酬率、现金权益报酬率与现金股东权益报酬率。其计算公式为:

$$现金资产报酬率=\frac{经营活动现金流量}{资产平均总额}\times 100\%$$

$$现金权益报酬率=\frac{经营活动现金流量}{权益平均总额}\times 100\%$$

$$现金股东权益报酬率=\frac{经营活动现金流量}{股东权益平均总额}\times 100\%$$

现金资产报酬率与资产报酬率相似。一般而言,可以用资产报酬率测试总资产的获利能力,而现金资产报酬率是表达资产创造现金的能力,良好的现金资产报酬率更能刺激未来有利的投资。

现金权益报酬率和现金股东权益报酬率都表示一个实体为投资者创造收益的能力。在计算普通股股东现金权益报酬率时,若有优先股股利,应该从分子(经营活动现金流量)中扣除优先股股利,分母(股东权益)也应减去优先股权益。

(二) 现金制偿债能力的评估指标

用现金流量分析企业偿债能力的指标包括现金利息保障倍数、现金负债率和现金股利率。

1. 现金利息保障倍数

现金利息保障倍数是指税前经营活动现金流量与本期利息费用之比。其计算公式为:

$$现金利息保障倍数=\frac{经营活动现金流量+利息费用付现}{本期利息费用}$$

该比率表明用经营活动现金流量支付利息的能力,它补充了权责发生制下利息保障倍数这一指标的不足。在权责发生制下,利息保障倍数是测试企业经营活动利润支付利息的能力。但权责发生制利润中包括了许多非现金项目,如资产减值损失、处置资产利益或损失等,无法确切地表达企业实际支付利息的能力,而现金利息保障倍数能真实地揭示这一信息。

在公式的分子中,利息费用付现应加回经营活动的现金流量,理由与权责发生制的调整原因相同。当这一指标与同行业标准相比较时,还能反映企业的流动性,同时能帮助投资者或债权人确定公司利息违约的风险以及现金流量减少的程度。

2. 现金负债率

一家企业持续经营的能力不仅看它能否支付当期的利息,而且还要看它能否偿还债务本金,现金负债率是指留存的经营活动现金流量与负债总额之比。其计算公式为:

$$现金负债率=\frac{留存的经营活动的现金流量}{负债总额}\times 100\%$$

留存的经营活动现金流量表示经营活动创造的可支用现金的再投资,它是经营活动所得现金扣除全部股利后的剩余额。该比率又可分解为另一个指标,即留存的经营活动的现金流量与本期到期的负债额之比,它表示留存的经营活动的现金流量是否足以偿付长期负债本期到期部分。这两个指标通常被银行用来衡量企业个体的偿债能力。

3. 现金股利率

这一比率是用于评估企业用经营活动现金流量支付股利的能力。其计算公式为：

$$现金股利率=\frac{经营活动的现金流量-优先股股利}{普通股股利}\times 100\%$$

或：

$$现金股利率=\frac{经营活动的现金流量}{股利支出总额}\times 100\%$$

分析这一指标时，应注意该公式的分子，如果衡量支付全部股利的能力，应以经营活动现金流量除以全部股利(包括普通股与优先股)。如果衡量企业支付普通股股利的能力，则以经营活动现金流量减去优先股股利和附属公司少数股权后，再除以支付给普通股的股利。关于该公式的分母，可以采用不同的方法确定股利发放额，但主要取决于企业是否具有支付当期或未来股利的能力以及企业所制定的股利分配政策。企业的股利分配政策受各种因素制约，如果采用不固定股利政策，那么使用这一比率时，应该以正常情况下定额股利政策来预测企业未来的股利发放额。如果股利发放采用定额股利与额外股利并行的政策，即企业除按期支付定额股利外，还要视盈利多少再加发额外股利，那么要预测未来股利的金额，最好的衡量基础是本期宣告发放的股利。

(三) 资本投资分析

一家企业自身创造现金能力不仅包括偿还债务、支付利息与股利的能力，还应该包括为保持竞争优势所具有的通过内部来源进行资本投资的能力，这方面的分析可用现金流量表揭示的购置或处置固定资产、无形资产等现金流入与流出的信息以及企业各部门有关资本支出的详细信息来计算资本资产购置率。

资本资产购置率是表达企业满足短期资本投资需要的能力，其分子是经营活动现金流量扣除股利后用于资本投资的现金，分母是购置资产付现总额。其计算公式为：

$$资本资产购置率=\frac{经营活动现金流量-股利总额}{购置资产付现总额}\times 100\%$$

以上阐述的是利用现金流量表提供的信息进行现金流量分析的各种指标，诚如前述，孤立的比率分析是毫无说服力的，只有与同行业、与分析资产负债表和利润表的各种比率联系起来，才有实际的指导意义。

有关企业业绩的更进一步的分析方法，如经济增加值(EVA)、平衡计分卡等，可参见本系列教材《管理会计》《财务管理》相关章节的说明。

思考题

1. 财务报告分析的作用是什么？
2. 为什么对财务分析前先要做会计分析？
3. 会计分析的主要内容包括哪些？
4. 注册会计师出具审计意见的种类有哪些？其意义是什么？
5. 比率分析有哪些指标？各项评估指标的意义是什么？
6. 在进行比率分析时，应该注意哪些问题？
7. 如何分析企业经营活动、投资活动以及筹资活动现金流量之间的关系？

8. 如何分析比较经营活动现金流量与资产负债表、利润表相关项目的关系?
9. 现金流量分析有哪些指标?各项评估指标的意义是什么?
10. 在进行现金流量比率分析时,应该注意哪些问题?
11. 杜邦分析法是如何分析财务报告的?它有哪些优点?

阅读材料

1. 财政部:《中国注册会计师审计准则第1501号——审计报告》,2006年。
2. 霍金斯著,孙铮等译:《公司财务报告与分析》,东北财经大学出版社2000年版。

练习题

练习一

一、目的:练习比率分析指标的计算。

二、资料:甲企业2019年12月31日一张不完整的资产负债表如表17-7所示。

表17-7　　甲企业2019年12月31日资产负债表(不完整)　　单位:元

资　产	金　额	负债和所有者权益	金　额
货币资金	300 000	应付账款	(　)
应收账款(净额)	(　)	应付职工薪酬	20 000
存货	(　)	长期借款	(　)
固定资产原价	500 000	实收资本	350 000
减:累计折旧	100 000	资本公积	50 000
固定资产净值	400 000	未分配利润	(　)
合　计	900 000	合　计	900 000

其他资料如下:

(1) 流动比率5∶1。

(2) 资产负债率20%。

(3) 存货周转率15次。

(4) 本年销售成本1 650 000元。

(5) 存货期初余额80 000元。

三、要求:计算表17-6中括号内的数字。

练习二

一、目的:练习比率分析指标的计算。

二、资料:

甲企业年末资产负债表、利润表、利润分配表中有关项目的数据如下:

(1) 资产负债表有关项目的数据(单位:元):

期初资产总额	1 000 000
期末资产总额	1 200 000
期初股东权益总额	400 000
期末股东权益总额	500 000

(2) 利润表与利润分配表中有关项目的数据(单位：元)：

营业收入	24 500 000
营业成本	23 205 000
销售费用	39 000
税金及附加	980 000
管理费用	16 000
财务费用	15 000
利润总额	245 000
减：所得税费用	80 850
净利润	164 150

三、要求：

根据上述资料，计算甲企业获利能力分析的下列指标：

(1) 资产报酬率(按税前、税后分别计算)。

(2) 销售净利率。

(3) 股东权益报酬率(按税前、税后分别计算)。

练习三

一、目的：练习比率分析指标的计算。

二、资料：甲企业 2019 年销售净利润率为 4%，销售毛利率为 20%，没有发生固定资产盘亏盘盈，也未发生固定资产清理损益，所得税费用为 11 万元，营业成本为 473 万元，销售费用为 5 万元，管理费用为 35 万元，没有无形资产摊销和长期待摊费用，其余费用为财务费用(假设为利息费用)。应收账款年初数为 95 万元，年末数为 125 万元；速动资产年末数为 144 万元。速动比率为 1.2；流动比率为 2.3。

三、要求：

根据上述资料，计算甲企业本期：

(1) 利息保障倍数。

(2) 应收账款周转率。

(3) 营运资金期末数。

练习四

一、目的：练习比率分析指标的计算。

二、资料：甲企业目前正准备投资一新项目。有关专家估计，若该项目一旦投产，将使企业利息及所得税前的净利润增加 1 100 000 元。企业本年度流通在外的普通股为 500 000 股，每年净利润基本稳定。投资之前，企业的资本结构是：负债总额为 12 500 000 元，股东权益为 37 500 000 元。

甲企业进行投资的资金来源有两个：以每股 20 元增发普通股 150 000 股，或发行 8%公司债。甲企业近期的利润表资料如下(单位：千元)：

营业收入	50 000
变动成本	32 500
固定成本	14 500
利息及所得税前利润	3 000
财务费用	1 000
税前利润	2 000
所得税(税率为 25%)	500
净利润	1 600

三、要求：

(1) 假定完成该项目的投资后,企业不但能够保持原来的收益水平,而且能实现预期的利润,那么,以发行公司债的方式筹资,或以发行股本的方法筹资,每股收益各为多少?

(2) 假定无论采用上述哪一种方案,每股收益都相同,试计算利息及所得税前的净利润。

(3) 在选择上述两种方案时,还需要考虑哪些因素?

练习五

一、目的：练习比率分析指标的计算。

二、资料：

甲企业 2019 年财务报表中各项目之间的比例关系如下：

销售毛利率	32%
销售利润率	8%
销售费用占销售收入净额的比例	16%
应收账款周转率	8 次/年
存货周转率	10 次/年
速动比率	2
流动比率	3
速动资产各项目占速动资产总额的比例：	
库存现金	7%
交易性金融资产	28%
应收账款	65%
总资产与无形资产的比例	25∶1
累计折旧与固定资产原始成本的比例	1∶4
应收账款与应付账款的比例	2∶1
营运资金与股东权益的比例	1∶1.95
总负债与股东权益的比例	3

其他资料如下：

(1) 核定并流通在外的股本(均在 2019 年之前发行)：

① 普通股本,每股面值 10 元,按高于面值 10%的价格溢价发行;

② 11%非参加优先股本,每股面值 100 元,按高于面值 10%的价格溢价发行;

③ 2013 年年末,普通股每股市价 107.35 元;

④ 2019 年的利息保障倍数为 28.73;

⑤ 2019 年支付优先股股利 33 000 元。

假定优先股分类为权益工具。

(2) 下列项目在 2019 年年初与 2019 年年末相同：

① 存货、应收账款、10%应付公司债(于 2023 年到期)以及股东权益总额;

② 所有销货与购货均为赊账。

(3) 2019 年度,甲企业的净利润为 520 000 元,普通股每股利润为 9.74 元。

三、要求：

(1) 编制 2019 年企业的利润表和资产负债表,并列出各个项目的计算过程。

(2) 计算 2019 年甲企业的下列指标：

① 普通股市盈率。

② 普通股股利发放率。

③ 优先股股利发放率。

④ 股利实得率。

练习六

一、目的：练习比率分析与现金流量分析。

二、资料：甲企业2019年与2020年比较资产负债表、2020年度利润表和现金流量表数据如表17-8、表17-9、表17-10所示。

表17-8 **甲企业比较资产负债表** 单位：元

	2020年12月31日	2019年12月31日
资 产		
货币资金	26 000	13 000
交易性金融资产	130 000	25 000
应收账款	251 650	170 800
减：坏账准备	(40 000)	(30 000)
应收账款净值	211 650	140 800
存货	10 000	70 500
预付费用	1 000	16 000
长期股权投资	123 000	85 000
固定资产原价	237 900	175 000
减：累计折旧	(38 000)	(35 000)
固定资产净值	199 900	140 000
无形资产	56 748	40 000
资产合计	758 298	530 300
负债和所有者权益		
短期借款	78 000	50 000
应付账款	22 000	84 100
应付职工薪酬	35 000	21 000
应交税费	170 850	6 200
其他应付款	4 000	11 000
长期借款	10 000	70 000
普通股本	200 000	150 000
盈余公积	70 000	50 000
未分配利润	168 448	88 000
负债和所有者权益合计	758 298	530 300

表 17-9

甲企业利润表

2020 年度

单位：元

项　　目	金　额
一、营业收入	1 005 000
减：营业成本	735 000
税金及附加	5 000
销售费用	20 000
管理费用	53 400
财务费用	1 000
加：投资收益	16 000
二、营业利润	206 600
加：营业外收入	3 800
减：营业外支出	56 000
三、利润总额	154 400
减：所得税费用	50 952
四、净利润	103 448

表 17-10

现金流量表

2020 年度

单位：元

一、经营活动产生的现金流量		
销售商品、提供劳务收到现金	1 095 000	
现金收入小计		1 095 000
购买商品、接受劳务支付现金	614 400	
支付给职工以及为职工支付的现金	100 000	
支付的所得税款	40 152	
支付除所得税以外的其他税费	5 000	
支付的其他与经营活动有关的现金	2 600	(787 152)
现金支出小计		307 848
经营活动产生的现金净额		
二、投资活动产生的现金流量		
收回投资所收到的现金	80 000	
取得投资收益所收到的现金	16 000	
处置固定资产收回的现金净额	82 800	

续　表

现金收入小计		178 800
购建固定资产所支付的现金	219 900	
购买无形资产所支付的现金	37 748	
购买交易性投资所支付的现金	105 000	
购买长期投资所支付的现金	118 000	
现金支出小计		(480 648)
投资活动产生的现金净额		
三、筹资活动产生的现金流量		
吸收权益性投资所收到的现金	50 000	
借款所收到的现金	28 000	
现金收入小计		78 000
偿还短期债务所支付的现金	1 000	
偿还长期债务所支付的现金	60 000	
偿还利息所支付的现金	7 000	
分配股利所支付的现金	3 000	
现金支出小计		(71 000)
筹资活动产生的现金净额		7 000
现金及现金等价物净额		13 000
附注：将本期利润调节为经营活动现金流量本期净利润		103 448
加(减)：不涉及现金的收入与费用		
计提坏账准备	10 000	
计提折旧费用	25 000	
无形资产摊销	21 000	
预付费用的摊销	15 000	71 000
加(减)：属于投资、筹资活动的利得与损失		
投资收益	(16 000)	
利息费用	1 000	
营业外收入	(3 800)	
营业外支出		
加(减)：非现金流动资产、流动负债变动	5 600	37 200
存货减少	60 500	

续 表

经营性应收项目的增加	(80 850)	
经营性应付项目的减少	116 550	96 200
经营活动现金流量净增加		307 848

三、要求：根据以上三张报表，分析、判断和解释甲企业的财务状况与偿债能力、经营成果和获利能力。

附　　录

附录一

会计循环

学习提要

作为一门专门技术的会计信息系统，除了有一套用于指导会计实务的理论外，还必须有一套具有广泛约束力的会计准则和一套可检验的会计信息生成系统。会计信息生成系统就是会计处理过程，而循环往复的会计处理过程就称为会计循环。

会计等式能够使会计报表浑然一体，而借贷记账法则为之提供了技术支持。同时，借贷记账法还为试算平衡提供了可能。

会计处理过程必须遵循从凭证到账表的程序。为定期计算出经营成果，期末还需按照权责发生制的要求进行相关费用的摊提。为简化账务处理，提高账务处理的正确性，一般应采用工作底稿进行各项试算与调整，并最终编制出财务会计报表。

通过本章学习，读者应较熟练地了解会计处理的过程、会计循环、试算平衡、结账等业务。

第一节　会计等式与借贷记账法

在第一章有关会计概念的讨论中，我们指出，财务会计是一个以提供财务会计信息为主的经济信息系统。在第二章有关财务会计目标的讨论中，我们还指出，财务会计目标的实现，除有一套用于指导会计实务的理论外，还必须有一套具有广泛约束力的会计准则以及一套可检验的会计信息生成系统。

无论是营利企业还是非营利组织，也不论企业规模的大小，所有的企业或组织均应有一套完整可信的会计记录。为了实现会计目标，会计人员要对企业的经济业务或事项加以鉴别、收集、分析和计量，然后记录、分类和汇总编制财务报表，把会计信息传达给报表使用者。这些工作形成了相互联系的、有一定顺序的多个环节的会计工作，先做什么、后做什么，都要按规定的程序进行，不能颠倒和遗漏，否则会计工作就不能正常进行。由于这些会计工作是按规定的顺序进行的，故称为会计处理过程(accounting process)。这些会计工作在每个会计期间内，都要从头到尾按顺序进行，如果将若干个会计期间综合进行观察，就可看到一个会计期间开始时第一个会计环节的工作，接上了上一个会计期间最后一个环节的会计工作，如此周而复始，不断循环往复，故又称为会计循环(accounting cycle)。

尽管规模大的企业比规模小的企业有更复杂的会计记录,但其会计系统和相关程序都应具有以下几个方面的特征:

(1) 可以纳入该会计系统进行反映的交易或事项的类型;

(2) 用于反映上述交易或事项财务影响的会计模式;

(3) 用于记录和处理数据的会计处理过程或循环。

对第一个特征,需要指出的是,并不是所有的交易或事项都应反映在财务报表之中,财务报表中反映的只是那些符合会计要素定义且能可靠计量、很可能导致经济利益流入或流出的交易或事项。

我们首先从会计等式开始,对企业财务会计的基本程序和方法做一个简单回顾。

用来表述交易或事项对财务报表影响的最基本等式是:

资产 = 负债 + 所有者权益

诚如第二章所述,资产是企业拥有或控制、因过去交易或事项引起且能为企业带来利益的经济资源;负债是企业因过去交易或事项引起、能够招致企业资财减少的现时义务;所有者权益则是企业资产减去负债后的净额,也称净权益或净资产。对营利企业而言,净权益归业主所有,称为业主权益或所有者权益;在股份有限公司,则称为股东权益。

企业无论发生何种类型的交易或事项,只要这些交易或事项符合会计要素定义且能够可靠地计量,都不会打破“资产=负债+所有者权益”这一基本等式。

一、交易和非交易事项对会计等式的影响

在理解交易和非交易事项对会计等式的影响之前,首先必须了解一下事项和交易的含义。

所谓“事项”(events),是指能引起一系列财务后果的事件。事项是资产、负债和所有者权益变化的原因,它可以是内部的,也可以是外部的。例如,从外单位购买原材料就是外部事项,本企业领用原材料制造产品则为内部事项。

外部事项可分为交易事项和非交易事项两种。

所谓“交易”(transaction),是指涉及两个或两个以上主体之间转移或交易的对外事项。如果交易双方均认为物有所值,则该交易就被认为是对等的,否则就被认为是不对等的。前者如购买商品,后者如接受捐赠、没有商业实质的非货币性资产交换等。

非交易事项是指除交易之外能引起企业财务后果的事项,主要包括物价变动、市场利率变动和自然灾害等。

为叙述方便,下文不再对交易事项与非交易事项做严格划分,而统以交易或事项称之。

所有事项对会计等式都会产生双重影响,但这些都是等式内部各项目的变化,会计等式依然保持平衡关系。下列用一简例来说明不同事项对会计等式的影响。

【例 1】 某企业发生如下业务,其对会计等式的影响就置于该业务之下:

(1) 收到投资者投入资本 100 000 元,存入银行。

资产	=	负债	+	所有者权益
+100 000				+100 000

(2) 企业赊购存货 10 000 元(不考虑增值税的影响)。

资产＝负债＋所有者权益

＋10 000 ＋10 000

(3) 取得赊销收入 10 000 元(不考虑增值税的影响)。

资产＝负债＋所有者权益

＋10 000　　　＋10 000

(4) 为取得收入所发生商品成本为 8 000 元。

资产＝负债＋所有者权益

－8 000　　　－8 000

(5) 用银行存款向客户支付所欠购货款 6 000 元。

资产＝负债＋所有者权益

－6 000 －6 000

从[例 1]中可以看出：

第(1)项交易是资本交易，它同时引起资产和所有者权益的增加；第(2)项交易是导致资产和负债同时增加的购货交易；第(3)项和第(4)项分别是收入和费用交易，它们均能满足第二章所阐述的收入和费用的定义；第(5)项交易同时导致了资产和负债的减少。

对一家股份有限公司而言，所有者权益被称为股东权益，且上述会计等式还会有所扩大。归属于股东的资产有两个增加来源——股东投资和盈利，在会计术语上分别将其称为投入资本和留存收益。其中，投入资本是股东对公司的投资，留存收益则是公司累积盈利(余)减去股利分配后的余额部分。股份有限公司中会计等式的变化形式如图 3-1 所示。

会计等式	相关时间或期间
资产 ＝ 负债 ＋ 股东权益	期末
↓ 股东权益 ＝ 投入资本 ＋ 留存收益	期末
↓ 留存收益 ＝ 期初留存收益 ＋ 净收益 － 股利	期间内
↓ 净收益 ＝ 收入 － 费用 ＋ 利得 － 损失	期间内

图 1　股份有限公司会计等式的演变

为了提供相关和及时的会计信息，股份有限公司应根据会计分期的假设定期编制财务报表。图 1 中的前两个会计等式适用的是期末这一特定时点，后三个会计等式则反映了一定的会计期间内除投入资本外股东权益的变化方式。

二、借贷记账法

所有能引起企业财务报表要素变化的交易或事项，其结果均应汇总反映在账户中。账户(accounts)是用来反映交易或事项对企业财务报表要素影响的，是揭示交易或事项对一项具体资产、负债或权益影响的系统安排。对于每项资产、负债、收入、费用及资本，应设立不同的账户。因此,从一定意义上讲,账户是对会计对象或会计要素所做的科学分类。

一般来说,把会计要素或会计对象的具体内容进行分类核算的项目,称为会计科目(account title)。会计科目既有助于辨别各种经济事项的性质,又有助于对性质相同的经济事项进行分类归集和汇总。但是,要反映会计科目,必须要有一定的载体,这就是账户。因此,账户的名称就是会计科目,而在实务上,人们对会计科目和账户这两个概念并不做严格区分。

设置账户的实质就是根据会计科目,并以账簿为载体,以一定的结构,分类、连续、系统地记录经济事项和监督经济活动的一种手段和形式。以资产负债表项目为例,每个账户一般有四个金额要素,即期初余额、本期增加额、本期减少额和期末余额,其关系为:

期末余额＝期初余额＋本期增加额－本期减少额

如前所述,经济事项对企业财务报表要素会产生两重影响,也就是说,一项经济业务发生之后,其影响要分别反映在两个不同的账户中,这就是所谓的复式记账(double-entry bookkeeping)。所谓"复式记账",是指每一项交易或事项,都以相同的金额,在相互联系的两个或两个以上账户中进行记录的一种方法。

从复式记账的发展历史看,曾经历过借贷记账法、增减记账法和收付记账法等形式,我国《企业会计准则——基本准则》第 11 条规定,企业应当采用借贷记账法记账。

所谓"借贷记账法"(debit-credit bookkeeping),就是以"借"和"贷"作为记账符号,对每一项交易或事项都采用方向相反、金额相等的方式,在两个或两个以上相关账户中,全面、相互联系地进行记录的一种复式记账方法。其基本特征有:

(1) 在借贷记账法下,账户有左方称为"借方"(debit,简写为 Dr.),右方称为"贷方"(credit,简写为 Cr.)。其格式如图 2 所示。

会计科目	编号:
借方	贷方

图 2　借贷记账法的借贷方向

需要注意的是,借贷记账法下的"借"和"贷"仅仅是记账符号,并不含有增减之意。不同性质的账户,其表示增减的方向是不相同的。表 1 列示了不同会计要素增减变动在账户中的列示方向。

表 1　　不同会计要素借方/贷方与增加/减少之间的关系

会计要素	借　方	贷　方
资产	增加(以"＋"表示)	减少(以"－"表示)
负债	减少(以"－"表示)	增加(以"＋"表示)
权益(股东权益)	减少(以"－"表示)	增加(以"＋"表示)
收入	减少(以"－"表示)	增加(以"＋"表示)
费用	增加(以"＋"表示)	减少(以"－"表示)
利得	减少(以"－"表示)	增加(以"＋"表示)
损失	增加(以"＋"表示)	减少(以"－"表示)

为使读者对账户结构有一个动态的了解,图 3 用账户结构的方式列示了财务报表要素和借贷方向的关系。

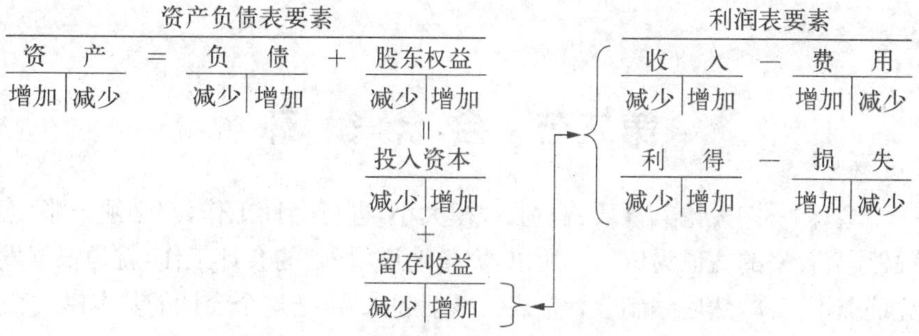

图 3　各会计要素增减变动与借贷方向之间的关系

(2) 借贷记账法的记账规则是“有借必有贷，借贷必相等”。

(3) 定期试算平衡(trial balance)比较简单。在借贷记账法下，由于其记账规则是“有借必有贷，借贷必相等”，因此，就存在以下两个较为直观的平衡公式：

所有账户的本期借方发生额合计＝所有账户的本期贷方发生额合计

所有账户的借方余额合计＝所有账户的贷方余额合计

前者称为发生额平衡法，后者称为余额平衡法。运用以上两种方法进行试算以后，说明账簿记录基本正确。需要注意的是，试算平衡并不能保证账簿记录完全正确，比如将一笔业务的金额记录错误，只要借贷双方都错误地登记了这一金额，则它依然是平衡的。

下面就[例 1]中的相关业务，说明借贷记账法的具体运用(见表 2)。注意，无论发生何种经济业务，会计等式总能保持平衡。

表 2　　借贷记账法的运用

经济业务	业务的分析	会计分录	会计等式的累积余额		
			资产＝负债＋权益		
1. 投资者投入现金 100 000 元	资产(现金)和股东权益(股本)同时增加	借：银行存款 100 000 贷：股本 100 000	＋100 000		＋100 000
2. 赊购存货10 000 元	资产(存货)和负债(应付账款)同时增加	借：存货 10 000 贷：应付账款 10 000	＋10 000	＋10 000	
3. 取得赊销收入 10 000 元	资产(应收账款)和权益(收入)同时增加	借：应收账款 10 000 贷：营业收入 10 000	＋10 000		＋10 000
4. 销售成本为 8 000 元	资产(存货)和权益同时减少	借：营业成本 8 000 贷：存货 8 000	－8 000		－8 000
5. 用现金向客户支付欠款 6 000 元	资产(现金)和负债(应付账款)同时减少	借：应付账款 6 000 贷：银行存款 6 000	－6 000	－6 000	
总影响			106 000	＝4 000	＋102 000

在讲述会计循环之前，还有必要指出，账户按其是否具有永久性，可分为实账户和虚账户两类。所谓“实账户”(real accounts)，也称永久账户(permanent accounts)，是指资产、负债和所有者权益账户，这些账户期末一般都有结余，具有连续结转的特征，均体现在资产负债表中；所谓“虚账户”(nominal accounts)，也称暂时账户(temporary accounts)，是指收入、费用、利得、损失及股利等账户，除股利账户外，它们都体现于利润表中。虚账户必须在期末结平，实账户则应在期末结出余额并结转至下一会计期间。

第二节 会计循环

任何一个会计主体,无论其性质、业别、规模大小,进行会计工作,都必须记账、编制会计报表,而记账必须有合格的凭证为依据。所以,完整地说,基础的会计工作,就是根据发生的交易或事项的凭证登记账簿,然后编制会计报表。概括起来,可把这个会计的基本模式表述为:

凭证→账簿(账户)→会计报表

以上模式也可以简写为:

证→账→表

以上模式表明:(1) 会计模式由凭证、账簿、报表三个因素构成。(2) 会计工作要有一定的顺序,必须依次按顺序进行,就是先取得合格的凭证,然后分析经济业务对会计要素产生的影响,增加或减少,编制成会计分录,记入账簿(其实是记入账户)。待期末,汇集账簿(账户)中的资料,编制会计报表。不可能也不允许逆流而行。不可能,是因为逆流不合原理,且事实上做不到;不允许,指的是如果先确定报表项目,或主观想象的金额,倒过来补记账或修改账面的金额、改换凭证,这是窜改账目、伪造虚构账面记录的违法行为。

会计分期这一前提,把延续不断的时间划分为会计期(月、季、年度)。会计期规定了会计工作的时间范围。在每一个会计期内,会计工作都依据上述顺序进行,循环往复,周而复始,这就叫会计循环。换言之,会计循环就是周而复始地进行的会计工作的顺序。

构成会计循环的步骤,大致可以分为两个相互联系的部分,即记录阶段和汇总阶段。具体环节如图 4 所示。

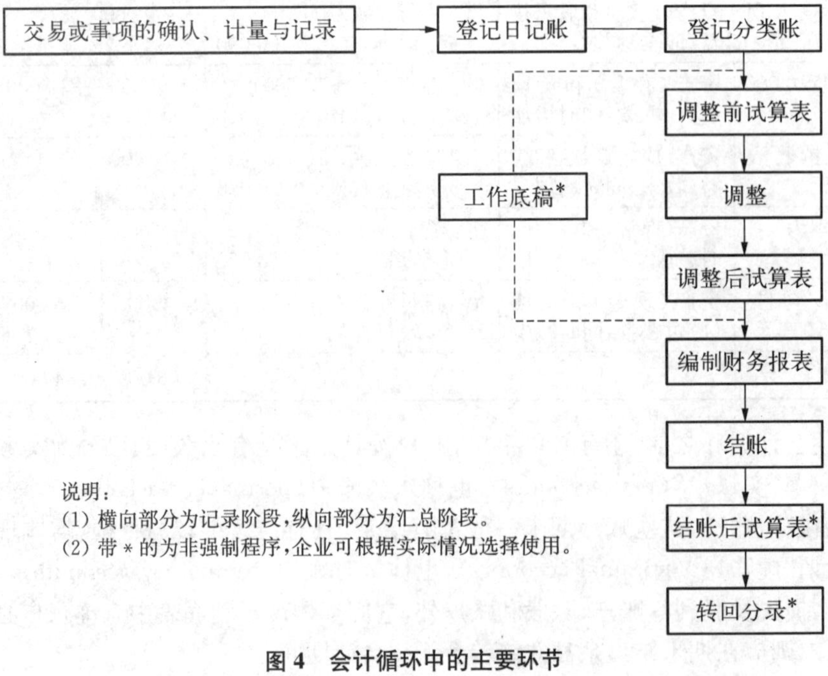

图 4 会计循环中的主要环节

对图 4 中的主要环节，现分述如下：

一、交易或事项的确认、计量与记录

会计循环的第一步是收集交易或事项的数据来源。企业交易或事项的数据大部分源自原始凭证(original documents)，对影响企业会计要素的交易或事项，企业必须取得或者填制原始凭证。例如，企业必须取得诸如销售部门的销售发票以及采购部门的购货发票之类的外来原始凭证，或者填制诸如折旧计算表之类的自制原始凭证。

对收集的原始凭证，会计人员应对其进行分析，以确定交易或事项对财务报表要素的影响。需要注意的是，某一交易或事项对会计要素的影响，应遵循通用财务报告的编制基础(即企业会计准则)进行确认和计量，这是非常重要的一个步骤，也是本课程的重点所在。

为防止和减少差错，保证账簿记录的正确性，在对原始凭证进行分析后，应将确定记载交易或事项的账户、方向和金额等，填制在记账凭证中。记账凭证(voucher)是登记账簿的主要依据。

记账凭证可以分为收款凭证、付款凭证和转账凭证，也可以使用通用记账凭证。

二、登记日记账

企业在对原始凭证进行审核后，应将交易或事项登记入账。在早期，登记入账的第一本账簿就是日记账(ledger)，日记账按时间顺序对交易事项进行登记，即做出分录(entry)，指明应借、应贷账户的名称和金额，并作出简要说明。

日记账有普通日记账和特种日记账之分。普通日记账又称分录簿，是按时间顺序列示，根据借贷规则用具体账户将企业所有交易或事项反映在一起的账册。特种日记账则是将一些相类似业务登记在一本账册的日记账，主要有现金日记账、银行存款日记账、购货日记账和销货日记账等。特种日记账有利于会计工作的分工，简化过账工作，还可以综合反映某一特定事项的增减变动情况。

需要注意的是，普通日记账现已被上面提到的记账凭证所取代，而特种日记账已演变为一种特殊的明细(分类)账。换言之，现行实务上是以审核无误的原始凭证填制记账凭证，再根据记账凭证直接登记分类账的[包括总分类账(general ledger)和明细分类账(subsidiary ledger)]。

三、过账

会计账簿是指由一定格式账页组成，以会计凭证为依据，全面、系统、连续地记录各项经济业务的簿记，以用于记录和汇总同类经济事项及其结果。设置和登记账簿是编制会计报表的基础。

会计账簿除前述日记账外，还有分类账和备查簿等。

根据前述日记账上的每笔分录过入各分类账户，可以对交易或事项进行归类，这一过程称为过账(posting)。

分类账可以分为两类：一类是总分类账，一类是明细分类账。

总分类账也称总账，它是按照总分类账户(也称控制账户)开设账页，对经济事项或交易进行分类登记的。总分类账能够提供各类经济业务总的情况，是进行总分类核算的账簿。每个企业都应设置总分类账簿。

明细分类账是按总账所属的明细分类账户开设账页进行明细分类登记的账簿。它与总账相辅相成，互为补充。

下面用一简例对以上三个步骤进行说明。

【例 2】 甲企业是一家从事商品零售的企业，每年年末结账一次。2019 年 3 月 17 日，赊购 A 商品 10 000 元(数量 500 千克，单价 20 元/千克)、B 商品 20 000 元(数量 2 500 千克，单价 8 元/千克)，商品验收入库(均不考虑增值税)。

对该交易事项，甲企业的会计人员应对其分析，确认应借、应贷的科目，并将其记入普通日记账中，然后将普通日记账中的数据过入库存商品总账和库存商品明细分类账。具体如图 5 所示。

甲企业普通日记账　　第 4 页

2019 年		凭证号	会计分录与摘要	备注	借方	贷方	过账
月	日						
3	1		……				
	17	略	借：库存商品——A	1211	10 000		√
			——B	1211	20 000		√
			贷：应付账款——乙企业	2121		30 000	√
			从乙企业赊购商品				

账号 1211　　库存商品总分类账

2019 年		凭证号	摘　　要	账页	借方	贷方	借/贷	余额
月	日							
3	1		月初余额				借	40 000
	17	略	从乙企业赊购商品	4	30 000		借	70 000

库存商品明细账

库存商品名称：A　　计量单位：千克

2019 年		凭证号	摘　　要	单价	收　入		发　出		结　存	
月	日				数量	金额	数量	金额	数量	金额
3	1		月初结存	20					1 000	20 000
	17		从乙企业赊购商品	20	500	10 000			1 500	30 000

库存商品明细账

库存商品名称：B　　计量单位：千克

2019 年		凭证号	摘　　要	单价	收　入		发　出		结　存	
月	日				数量	金额	数量	金额	数量	金额
3	1		月初结存	10					2 000	20 000
	17		从乙单位赊购商品	8	2 500	20 000			4 500	40 000

账号 2121　　应付账款总分类账

2019 年		凭证号	摘　　要	账页	借方	贷方	借/贷	余额
月	日							
3	1		月初余额				贷	60 000
	17	略	从乙企业赊购商品	4		30 000	贷	90 000

注：应付账款明细账从略。

图 5　会计循环记录阶段的主要程序

四、编制调整前的试算表

日记账中的所有分录都过入分类账后，总分类账上的各账户将会出现新的余额。账户的余额不外乎三种情况，即借方余额、贷方余额或余额为零。为了保证总分类账借贷双方总金额相等，可以编制试算表，以验证过账的正确性，这也是编制财务报表的一个重要步骤。

由于复式记账法的记账规则是“有借必有贷、借贷必相等”，因此，分类账全部账户借方合计数应与贷方合计数相等。试算表就是用来验证借贷双方合计数是否相等的表格。通过试算，用于检查过账有无错误，便于及时发现并予以更正。

【例 3】 表 3 中的第二栏和第三栏是甲企业根据过账后的分类账户余额编制的试算表（假定存货采用实地盘存制）。

表 3　　　　**甲企业工作底稿**

2019 年 12 月 31 日　　　　单位：元

账户名称	调整前试算表		调整分录		调整后试算表		利润表		资产负债表	
	借方	贷方	借方	贷方	借方	贷方	借方	贷方	借方	贷方
库存现金	6 200				6 200				6 200	
银行存款	25 000				25 000				25 000	
应收账款	30 000				30 000				30 000	
坏账准备				1 500		1 500				1 500
其他应收款			25 000		25 000				25 000	
预付保险费	3 600			1 200	2 400				2 400	
存货(1 月 1 日)	68 000			68 000						
存货(12 月 31 日)			18 000		18 000				18 000	
办公用品	1 200			800	400				400	
固定资产	100 000				100 000				100 000	
累计折旧				10 000		10 000				10 000
短期借款		100 000				100 000				100 000
应付账款		5 000				5 000				5 000
预收租金		6 000	2 000			4 000				4 000
应付利息				500		500				500
股本		50 000				50 000				50 000
留存收益		10 000				10 000				10 000
营业收入		120 000				120 000		120 000		
销售退回	1 000				1 000		1 000			

续 表

账户名称	调整前试算表		调整分录		调整后试算表		利润表		资产负债表	
	借方	贷方	借方	贷方	借方	贷方	借方	贷方	借方	贷方
租金收入				2 000		27 000		27 000		
				25 000						
营业成本			100 000		100 000		100 000			
购货	50 000			50 000						
购货退回		2 000	2 000							
购货运费	2 000			2 000						
折旧费用			10 000		10 000		10 000			
销售费用	4 000				4 000		4 000			
管理费用	2 000		800		5 500		5 500			
			1 200							
信用减值损失			1 500							
财务费用			500		500		500			
合计	293 000	293 000	161 000	161 000	328 000	328 000				
合计							121 000	147 000		
税前利润							26 000	—		
合 计							147 000	147 000		
所得税费用 (税率为25%)			6 500				6 500			
应交所得税				6 500						6 500
净利润							19 500	—	—	19 500
合 计							147 000	147 000	207 000	207 000

在编制试算表时,如果发现借贷方差额或余额不平衡,或明细分类账余额合计数与总分类账户余额不相符,应采取下列步骤检查错误:

1. 试算表上借方、贷方数额不平衡时,可采取逆向方法检查其错误:

(1) 重新加计试算表上的总数。

(2) 将总分类账账户的数额与试算表上的有关数字逐一核对。

(3) 重新计算总分类账户的余额。

(4) 检查过入总分类账的记录。

(5) 重新加计日记账的记录。

(6) 检查日记账借贷数字是否相符。

(7) 检查会计分录借贷方记录是否正确。

2. 明细分类账余额合计数与总分类账余额不符时,可采用下列方法检查其错误:

(1) 重新加计明细分类账户余额总数。

(2) 逐一核对试算表与明细分类账的过账记录。

在发现错误时,应按规定的更正方法进行更正。根据财政部颁布的《会计基础工作规范》的要求,企业发生错账时,可采用红字更正法、补充更正法、划线更正法予以更正。具体更正方法可参见《基础会计》教材中的相关内容。

需要注意的是,即使试算表中的借方余额等于贷方余额,也并不能保证账户记录完全正确,因为有些错误并不会影响借贷双方的平衡关系。例如: ① 漏记某项经济业务,将本期借贷双方的发生额等额减少,借贷双方仍然平衡;② 重复记录某项经济业务,将本期借贷双方的发生额等额虚增,借贷双方仍然平衡;③ 某项经济业务记错有关账户,借贷双方仍然平衡;④ 某项经济业务颠倒了记账方向,仍然能使借贷双方保持平衡;⑤ 借方或贷方发生额中,偶然一多一少并相互抵销,借贷仍然平衡;等等。

在计算机信息系统企业,通常不会发生过账差错。因此,信息化能极大地提高记账效率。

五、编制调整分录

对于经营性企业而言,会计准则要求采用权责发生制作为确认的基础,即本会计期间内实现的收入和本会计期间内发生的费用应当计入本会计期间,而不论实际的款项收付发生在哪一个会计期间。因此,对于那些应计入本期但尚未入账的收入和费用,以及已入账但不属于本期的收入和费用,要编制调整分录(adjustment entry)予以调整,使每一账户余额都能符合权责发生制的要求,为正确编制财务报表做好准备。

通常情况下,调整事项可分为以下几种类型:

(1) 已入账成本的摊配,如预付费用的分摊等;

(2) 计提折旧费用和坏账损失等;

(3) 调整已实现的收入或款项;

(4) 应计未入账的费用;

(5) 应计未入账的收入。

现具体说明如下:

(一) 需要在将来受益期内摊配的预付费用

支出现金不一定立即导致费用的发生,它有时表现为用现金去交换另一种资产;只有当该项资产被耗用时,才发生费用。例如,企业购入一大批办公用品,通常是在领用该批办公用品时才将其作为费用,而在购买该批办公用品时,则将其作为一项资产或预付费用。

1. 办公用品的摊销

续【例 3】 甲企业于年初用现金购入办公用品 1 200 元,在年末对其盘点后发现尚有 400 元办公用品未被耗用。据此,甲企业在年末应编制调整分录如下:

借: 管理费用	800	
贷: 办公用品		800

2. 预付费用的摊销

续【例 3】 甲企业于年初支付银行存款 3 600 元购买了 3 年的保险。甲企业在购买保险时,应编制会计分录如下:

借：预付保险费　　3 600

　贷：银行存款　　3 600

至当年年末，应分摊其中的三分之一，并将其计入管理费用。应编制调整分录如下：

借：管理费用　　1 200

　贷：预付保险费　　1 200

(二) 估计项目

固定资产折旧以及坏账(不可收回的账款)，由于在记录它们时并不能确切地确定其金额，通常被称为估计项目。

1. 固定资产折旧

企业在购置房屋、机器设备等固定资产时，总指望它能使用若干年，能使企业在一个相当长的时期内受益。由于固定资产的使用期限超过一个会计期，企业在购置固定资产时不论是否支付了现金，固定资产的全部成本应作为一项资产入账，并在受益期内进行系统的分配，即在每期计提固定资产折旧。

续【例 3】 甲企业于 2018 年年末支付银行存款 100 000 元购置了一台可使用 10 年的设备。若采用直线法计提折旧，假定不考虑净残值，则当年应计提的折旧费用为 10 000 元。甲企业应根据这一估计数字，编制调整分录如下：

借：折旧费用　　10 000

　贷：累计折旧　　10 000

2. 坏账损失

企业赊销商品或劳务，其中一部分欠账往往会因个别顾客无力支付而收不回来。企业不能收回现金的账款，称为坏账。在某些应收账款不能收回的情况下，资产的账面价值明显被高估了，因此需要对其进行调整，以使账面反映出预期可能收回的金额。这样，就需要在每期期末，根据以前若干年度发生坏账的概率，按应收款项的一定比例或销售(赊销)百分比，计提坏账准备。

续【例 3】 甲企业有应收账款 30 000 元，估计有 1 500 元不能收回。在这种情况下，甲企业应编制调整分录如下：

借：信用减值损失　　1 500

　贷：坏账准备　　1 500

需要注意的是，对于估计项目，在调整时是不能直接减记被调整资产的账面价值的。如固定资产折旧，不能直接贷记“固定资产”；如坏账准备，不能直接贷记“应收账款”；等等。

(三) 调整已实现的收入或款项

企业收到属于以后会计期的收入或款项，如预收款和各种预收收入等，在收到款项时是作为一项负债的，这类负债表示企业在未来提供商品或劳务的责任。随着应尽义务的履行或确认收入的条件已经满足，企业应在每期期末，对那些已经实现的收入或款项进行调整，将其作为当期的营业收入，以正确计算本期损益。

续【例 3】 甲企业于年初收到乙企业预付租金 6 000 元，租期 3 年。收到租金时，甲企业应编制会计分录如下：

借：银行存款　　6 000

　贷：预收租金　　6 000

当年年末，由于甲企业已向乙企业提供了一年的服务，因此，应编制调整分录如下：

借：预收租金　　2 000

　贷：租金收入　　2 000

(四) 应计未入账的负债或费用

已经发生但在资产负债表编制日未登记入账的费用，称为应计费用(借方反映的内容)或应计负债(贷方反映的内容)。最典型的应计负债或费用有应计利息、应付职工薪酬和应交所得税等。在会计期末，企业应将那些虽未支付但应由本期承担的费用调整入账。

续【例 3】 甲企业于 12 月 1 日从银行借款 100 000 元，期限 1 年，到期一次性偿付本息，借款(年)利率为 6%。由于该笔借款在当年受益一个月，因此，甲企业在当年年末应计提利息费用 500 元($100\ 000\times6\%\times1/12$)，并编制调整分录如下：

借：财务费用　　500

　贷：应付利息　　500

此外，诸如工资费用，大部分企业是在第 2 个月月初支付上一个月的工资，因此，企业应在每月月末计算当月应付工资的数额，并调整入账。

(五) 应计未入账的资产或收入

在报表编制日已赚取但尚未登记入账的收入，称为应计资产(借方反映的内容)或收入(贷方反映的内容)。最典型的应计资产或收入有应计租金收入、应计利息收入等。在会计期末，企业应将那些本期虽未收到但应由本期受益的收入调整入账。

续【例 3】 甲企业在 12 月 1 日将闲置的一间办公室出租给丁企业，租期 2 个月，至租期终了时一并支付租金，每月租金 25 000 元，至年末，丁企业尚未支付租金。对此，甲企业应编制调整分录如下：

借：其他应收款——应收租金　　25 000

　贷：租金收入　　25 000

(六) 存货成本的结转

存货存在两种不同的盘存制度——实地盘存制和永续盘存制。在永续盘存制下，存货的购入及发出在发生时均已记入存货账户之中，因此，存货账户的余额应代表期末存货数额，因此，无须编制调整分录。

而在实地盘存制下，由于只有通过期末盘点的存货才能记录为存货，因此，企业购入的存货，应记入购货账户。在会计期内，存货账户保持不变，自始至终代表着企业的期初存货。等到会计期末，存货账户必须通过结平期初存货并记录期末存货来进行调整。在实地盘存制下，一定期间的销售成本是通过将期初存货加上净购货再减去期末存货来确定的。

续【例 3】 在年末，甲企业对存货进行盘点的数额为 18 000 元。甲企业应编制调整分录如下：

借：存货(12 月 31 日)　　18 000

　　购货退回　　2 000

　　营业成本　　100 000

　贷：购货　　50 000

　　　购货运费　　2 000

　　　存货(1 月 1 日)　　68 000

六、编制调整后试算表

一旦上述调整分录已被记录并过入分类账,为验证调整分录及过账的正确性,在结账之前还需要编制一张调整后的试算表。调整后的试算表如表 3 所示。

七、编制财务报表

在编制调整后试算表后,如若正确无误,企业可以根据其中的账户余额编制财务报表。不过,一般情况下,在编制财务报表之前,企业往往需要编制一张工作底稿,而这一工作底稿与前述调整前试算表、调整后试算表形成一个有机的整体。具体如表 3 所示,根据表 3 中的最后两栏,可以编制正确的利润表(表 4)和资产负债表(表 5)。

表 4 **甲企业利润表**

2019 年度 单位:元

营业收入		120 000	
减:销售退回		(1 000)	119 000
租金收入			27 000
收入合计			146 000
营业成本			
年初存货	68 000		
加:本期购货	50 000		
购货费用	2 000		
减:购货退回	2 000		
年末存货	18 000	100 000	
折旧费用		10 000	
销售费用		4 000	
管理费用		4 000	
财务费用		500	
信用减值损失		1 500	120 000
税前利润			26 000
减:所得税费用			6 500
净利润			19 500

表 5　　甲企业资产负债表

2019 年 12 月 31 日　　单位：元

资　产	金　额	负债和所有者权益	金　额
货币资金	31 200	短期借款	100 000
应收账款	30 000	应付账款	5 000
减：坏账准备	(1 500)	应交税费	6 500
应收账款净额	28 500	预收租金	4 000
其他应收款	25 000	应付利息	500
预付保险费	2 400	负债合计	116 000
存货	18 000		
办公用品	400	股本	50 000
固定资产	100 000	留存收益	29 500
减：累计折旧	(10 000)		
固定资产净值	90 000	所有者权益合计	79 500
资产合计	195 500	负债和所有者权益合计	195 500

八、结账

年终调整后，收入、费用等虚账户的余额应结转至收益汇总（本年利润）账户，并使这些账户的余额为零，这一将所有虚账户结清并转入本期损益的程序称为结账（closing），它包括结账分录和结清账户两部分内容。

（一）结账分录

1. 收入账户的结账分录

在未结账前，相关收入账户系贷方余额，因此，在结清收入账户将其余额结转到收益汇总账户时，应借记收入类账户余额，贷记“本年利润”总账户。

续【例 3】 甲企业应编制收入账户结账分录如下：

借：营业收入　　120 000

　　租金收入　　27 000

　贷：销售退回　　1 000

　　　本年利润　　146 000

将以上分录过账后，收入类账户的余额均为零。

2. 费用账户的结账分录

在未结账前，相关费用账户系借方余额，因此，结清费用账户应借记“本年利润”账户，贷记相关费用账户。

续【例 3】 甲企业应编制费用账户结账分录如下：

借：本年利润　　126 500
　贷：营业成本　　100 000
　　折旧费用　　10 000
　　销售费用　　4 000
　　管理费用　　4 000
　　财务费用　　500
　　所得税费用　　6 500
　　信用减值损失　　1 500

将以上分录过账后，费用类账户的余额均为零。

3. 本年利润账户的结账分录

以上结账分录过账后，"本年利润"账户的余额就代表本期损益。如账户余额在贷方，即为本期利润；如账户余额在借方，则为本期损失。

续【例 3】 上述甲企业"本年利润"账户为贷方余额 19 500 元，即为本年实现的净利润，并在年末将其结转至"留存收益"账户。结账分录如下：

借：本年利润　　19 500
　贷：留存收益　　19 500

(二) 结清账户

当调整分录及结账分录均已过入分类账户后，所有的账户均应划线结清。损益类虚账户在结账日计算经营成果，最后结平账户而无余额；资产负债表类实账户在结账日应结出余额并结转至下一期，以作为下一期的期初余额。具体要求如下：

(1) 在结账前，必须将本期内所发生的各项经济业务全部登记入账。

(2) 结账时，应当结出每个账户的期末余额。需要结出当月发生额的，应当在"摘要"栏内注明"本月合计"字样，并在下面通栏划单红线。需要结出本年累计发生额的，应当在"摘要"栏内注明"本年累计"字样，并在下面通栏划单红线；12 月末的"本年累计"就是全年累计发生额。全年累计发生额下面应当通栏划双红线。年度终了结账时，所有总账账户都应当结出全年发生额和年末余额。

(3) 年度终了，要将各账户的余额结转至下一会计年度，并在"摘要"栏注明"结转下年"字样；在下一会计年度新建有关会计账簿的第一行"余额"栏内填写上年结转的余额，并在"摘要"栏注明"上年结转"字样。

九、编制结账后试算表

当各分类账户结清并划线后，通常要编制结账后试算表，用于验证经过调整、结账和结平等一系列步骤后，分类账户借贷双方是否依然保持平衡关系。由于虚账户已经结清，在结账后的试算表中就只有资产负债表账户了。续用[例 3]中的资料，甲企业结账后的试算表如表 6 所示。

表 6　　甲企业结账后试算表

2019 年 12 月 31 日　　单位：元

账户名称	借方余额	贷方余额
库存现金	6 200	
银行存款	25 000	
应收账款	30 000	
坏账准备		1 500
其他应收款	25 000	
预付保险费	2 400	
存货	18 000	
办公用品	400	
固定资产	100 000	
累计折旧		10 000
短期借款		100 000
应付账款		5 000
应交所得税		6 500
预收租金		4 000
应付利息		500
股本		50 000
留存收益		29 500
合　计	207 000	207 000

十、转回分录

为了提高记账效率并避免干扰常规的记账工作，日记账所记的某些调整分录要在期末结账后转回过来。这种转回过来的分录，就称为转回分录(reversing entry)。转回分录的借方与贷方跟前述所编制的调整分录正好相反。编制转回分录的目的在于下一会计期间未发生任何经济业务之前开立了该期的暂时性账户，使企业在实际收取或支付时直接作为当期的收入或费用处理，以简化企业的账务处理。

续【例 3】 甲企业在 12 月 1 日将闲置的一间办公室出租给丁企业，租期 2 个月，至租期终了时一并支付租金，每月租金 25 000 元，至年末，丁企业尚未支付租金。对此，甲企业应编制调整分录如下：

借：其他应收款——应收租金　　25 000

　贷：租金收入　　25 000

如果不编制转回分录，则甲企业到第二年租期终了收到租金时，应编制会计分录如下：

借：银行存款　　　　50 000
　贷：其他应收款——应收租金　　　　25 000
　　　租金收入　　　　25 000

其结果势必要求企业会计人员在收到租金时，还要翻看以前年度的账簿记录。一项经济业务跨越的期间越长，记账工作就越显困难，即会计人员在收到租金之类的款项时，一定要记住不能将其全部计入当期收入，这实在是一件困难的事。如果在每期期末编制转回分录，则可以解决这一困难。续用[例 3]，假定甲企业在第二年的年初编制转回分录如下：

借：租金收入　　　　25 000
　贷：其他应收款——应收租金　　　　25 000

则甲企业在第二年收到租金时，只需要编制如下会计分录即可，而不必顾及以前的会计记录：

借：银行存款　　　　50 000
　贷：租金收入　　　　50 000

可以看出，上述两种方法下的结果是完全相同的，它并不改变财务报表中的金额，不同的只是记账效率。换言之，转回分录并非一定要编制，只是不编制转回分录，账务处理就显得较为复杂一些而已。

需要注意的是，并非所有的调整分录都需要编制转回分录。一般而言，所有应计的项目应予以转回，所有最初现金交易被借记或贷记入一个费用或收入账户的预付或预收项目等应予以转回，而诸如像折旧、坏账及实地盘存制下存货销售成本的调整分录等则不需要转回。

在实务工作中，对需要转回的调整分录只需在工作底稿中进行调整即可，而不是像前面所言的先编制调整分录，再过账，然后再编制转回分录。

但对于不能编制转回分录的调整分录，还是应当编制调整分录并过入分类账户。

需要说明的是，例 3 主要是用来说明会计程序中的若干概念的，对其中的账户名称和报表项目采用了较直观的表述，某些计算(如应交所得税等)也采用简单的方式进行。对相同的业务，较为规范的名称和计算将在以后章节中详述。

思考题

1. 简述会计系统应具有的主要特征。
2. 何谓会计事项？交易事项与非交易事项有何区别？
3. 什么是借贷记账法？借贷记账法有哪些主要特征？
4. 什么是实账户？什么是虚账户？它们有何区别？
5. 什么是会计循环？简述会计循环的主要步骤。
6. 什么是过账？
7. 什么是调整事项？调整事项主要有哪些？
8. 什么是结账？结账的主要内容有哪些？
9. 什么是转回分录？为什么需要编制转回分录？哪些分录需要转回？

阅读材料

1. 财政部：《会计基础工作规范》，1997 年。

2. 孙铮主编:《基础会计》(第三版),上海财经大学出版社 2007 年版。

练习题

练习一

一、目的:练习重要会计概念的理解。

二、资料:甲企业是一家小企业,由张三拥有并管理。甲企业拥有若干职工,有几个债权人而没有其他投资者。

三、要求:回答以下问题:

(1) 尽管甲企业没有向债权人公布财务报表的义务,是否就意味着该企业没有保持会计记录的必要?

(2) 在最简单的形式中,甲企业财务报表的三个最基本要素是什么?

(3) 在年初,甲企业存货账户的借方余额为 150 000 元。在当年,该账户的借方发生额为 120 000 元,贷方发生额为 170 000 元,则甲企业存货账户的年末余额为多少?

(4) 如果你是甲企业聘请的会计人员,请指出下面每一笔交易括号中的账户应当是借记还是贷记,并说明理由:

① 用现金购入办公用品(库存现金)。

② 出售存货,款项尚未收回(存货)。

③ 从银行借款存入银行(银行借款)。

④ 业主张三追加投入资本(资本)。

(5) 年初,甲企业向保险公司支付了受益期限为 3 年的保险费,金额为 6 000 元。按照权责发生制,当年,甲企业应确认的费用为多少元?若采用现金收付制,则当年甲企业应确认的费用为多少元?对于此类小企业,你认为是采用权责发生制好,还是现金收付制好?为什么?

(6) 张三常常将甲企业的财物拿回自己的住处,他这样的行为是否正确?请说出你的理由。

练习二

一、目的:练习在日记账中记录交易。

二、资料:张先生是一名颇负盛名的律师,并于 2019 年 3 月开办了自己的律师事务所——张记律师事务所。当月,张记律师事务所发生业务如下:

(1) 以张记律师事务所的名义开立了一个银行账户,存入现金 800 000 元。

(2) 用银行存款购买了一间办公室,金额为 300 000 元。

(3) 用银行存款从计算机公司购买了两台计算机,金额为 20 000 元。

(4) 向乙企业购买办公用品,价值 5 760 元。其中,支付现金 960 元,余款分三期等额支付。

(5) 前述购入的计算机中,其中一个显示器无法工作,金额 2 000 元,退回计算机公司。计算机公司承诺 5 天内全额退款。

(6) 支付乙企业第一期分期付款数 1 600 元。

(7) 收到计算机公司退回的 2 000 元现金,冲销计算机公司承诺退款时确认的应付账款。

三、要求:在普通日记账上为上述业务编制必要的会计分录。假定购货不考虑增值税因素。

练习三

一、目的:练习编制日记账分录、过账和编制试算表。

二、资料:2019 年 3 月,张三开设了一家搬运公司并立即投入营业。3 月份,张记搬运公司发生的业务如下:

(1) 1 日,以张记搬运公司的名义存入现金 400 000 元。

(2) 4 日,以银行存款 120 000 元购入卡车一辆。

(3) 4 日,向甲企业支付本年度办公室租金及车库费用,每月 2 000 元,共计 20 000 元。

(4) 9 日,支付司机及搬运人员工资 8 000 元。

(5) 12 日,因提供搬运服务,取得营业收入 7 000 元,存入银行。

(6) 19 日,用银行存款支付卡车修理费用 800 元。

(7) 22 日,为乙企业搬运大宗物品,收入总计 22 000 元,款项尚未收到。

(8) 26 日,用银行存款支付汽油费 1 500 元。

(9) 28 日,张三个人从搬运公司提取现金 3 000 元供个人使用。

三、要求:假定购货与销货不考虑增值税因素,做如下练习:

(1) 为上述业务编制日记账分录。

(2) 将上述分录过入(总)分类账。

(3) 编制 2019 年 3 月 31 日的试算表。

练习四

一、目的:练习结账分录和财务报表的编制。

二、资料:表 7 是甲企业调整后试算表。

表 7　　甲企业调整后试算表

2019 年 1 月 1 日～12 月 31 日　　单位:元

会计科目	借方余额	贷方余额
银行存款	4 400	
应收账款	3 200	
预付保险费	180	
固定资产	68 000	
累计折旧		9 600
应付账款		1 960
长期借款		44 000
股本		10 000
留存收益		8 400
营业收入		95 820
租金收入		2 400
股利	32 000	
营业成本	58 300	
利息费用	4 170	
管理费用	2 040	
预收租金		200
应付职工薪酬		2 300
办公用品	140	
保险费用	180	

续　表

会计科目	借方余额	贷方余额
折旧费用	2 400	
应付利息		330
合　计	175 010	175 010

三、要求：

(1) 根据上述业务，为甲企业编制 2019 年 12 月 31 日资产负债表和 2019 年度利润表。

(2) 为甲企业编制结账分录。

练习五

一、目的：练习完整工作底稿的编制。

二、资料：见练习四。

三、要求：完成工作底稿中利润表和资产负债表两栏内容的填列。

练习六

一、目的：练习转回分录的编制。

二、资料：见练习四。

三、要求：指出需要编制转回分录的项目，并编制转回分录。

附录二

复利与年金

学习提要

进行经济决策时，通常要考虑时间对货币价值的影响，即货币有时间价值。货币的时间价值是指在正常情况下，两个不同时点的同等数额的货币，其价值是不相等的。

货币的时间价值有两种表述形式：利息和利息率。

利息的计算有单利和复利两种。在决策时一般采用复利形式。

根据计算时点的不同，货币价值有终值和现值两种。其中，终值是目前的若干金额换算到将来某一时点的数额，而现值则是将来若干金额换算到现在的数额。

若是一次的收款或付款行为，则称为复利终值或复利现值；若为一系列的等额的收款或付款行为，则称为年金终值或年金现值。其中，等额的收付款项称为年金。除普通年金外，还有预付年金、递延年金和永续年金等变化形式。

为方便计算，通常将1元钱的(年金)终值或现值列表以供查找。

通常情况下，计算终值或现金涉及四个参数，即现值、终值、期限和利息率。当知道其中三个参数时，就可以计算出另外一个参数，这就产生了这些概念在实务中的运用问题。

通过对以下内容的学习，读者应当掌握货币的时间价值、单利与复利、终值与现值以及年金等概念及其运用。

第一节　货币的时间价值

在日常生活中，如果你到银行存款，银行会支付给你一定数额的利息。在本金、利率相同的情况下，存款的时间越长，存款所得到的利息就越多。同样，当你从银行借款时，你要向银行支付借款利息。企业若要发行债券，也要向债券持有者支付债券的利息。这里的银行借款利息和债券利息就是使用资金的成本。借用资金的时间越长，资金的成本就越高。

当考虑时间对货币价值的影响时，可以用“货币的时间价值”方(time value of money)这个概念来表达。从上面的叙述中可以知道，货币的时间价值是指在正常情况下，两个不同时点的同等数额的货币，其价值是不相等的，换言之，是指货币随着时间的推延而形成的增值。也就是说，今年的1元钱与去年的1元钱，其价值是不相等的。如果你将1 000元存入银行，存期是1年，当年利率为5%，1年之后，银行将给你1 050元，而不是1 000元。这里的50元就是银行利用了你存入的1 000元而付给你的报酬，即存款利息。从这个例子可以看出，货币的时间价值既可表述为年初的1 000元与年末的1 000元，其价值量是不相同的；也可表述为货币随着时间的推延会形成增值(50元)。

这一随时间变化的差额就是货币的时间价值。它有两种表示形式：绝对数形式(利息)和相对数形式(利息率)。上例中，用绝对数表示的是50元，用相对数表示的是5%，即这个差额与本金的比率$\left(\frac{50}{1\,000}\times 100\%\right)$。

货币的时间价值往往指随着时间的推延，货币能够增值。但要说明的是，作为一般等价物的货币本身并不具备这种增值能力，只有在货币作为资金使用，并与劳动要素相结合的条件下，才能使价值增值。货币的时间价值指的便是这种增值现象。

第二节　单利和复利

由于利息是货币时间价值的一种表现形式，因此，可以通过利息计算来确定货币的时间价值量的多少。利息的计算按基数的不同，可分为单利(single interest)与复利(compound interest)。

为便于说明，我们先将计算中使用的符号定义如下：

P 表示本金，即款项目前的价值——现值；

F 表示本金的终值，即款项的将来价值；

i 表示所支付或承担的利息率；

n 表示交易中所涉及的年数或期数；

I 表示获取或支付的利息；

A 表示每年等额支付或收到的款项。

一、单利

单利是指以本金为基础计算的利息。其计算公式如下：

$$I = P \times i \times n$$

【例1】 年初存入1 000元，第二年年末到期，年利率为10%，若按单利计算，到期时的利息应是：

$I = 1\,000 \times 10\% \times 2 = 200$(元)

可以看出，若按单利计息，各计息期的本金和利息都是相同的。

二、复利

复利是根据本金和前期利息之和计算的利息，也就是说，不仅要计算本金的利息，还要计算利息的利息。复利俗称“利滚利”。

若按复利计算，上例中的利息应这样计算：

第一年的利息：$I_1 = 1\,000 \times 10\% = 100$(元)

第二年的利息：$I_2 = (1\,000 + 100) \times 10\% = 110$(元)

到期时的利息：$I=I_1+I_2=100+110=210$(元)

显然，按复利计算的利息比按单利计算的利息要多。

三、终值和现值

(一) 终值

终值(final value)又称到期值(maturity value)或本利和，是指一定期间后，本金与利息的和。按不同的利息计算方式，终值包括单利终值和复利终值。从表1中可见两者的区别。

表1　单利终值与复利终值的计算

	单利终值	复利终值
第一年年末	$F=P+P\times i=P(1+i)$	$F=P(1+i)$
第二年年末	$F=P+P\times 2i=P(1+2i)$	$F=P(1+i)(1+i)=P(1+i)^2$
……	……	……
第 n 年年末	$F=P+P\times ni=P(1+ni)$	$F=P(1+i)(1+i)\cdots(1+i)=P(1+i)^n$

在实际工作中，复利终值应用较广，若不加说明，以后所涉及的均指复利终值。

复利终值的计算公式为 $F=P(1+i)^n$，其中的 $(1+i)^n$ 被称为复利终值系数或1元的复利终值，用符号 $(F/P, n, i)$ 表示。例如，$(F/P, 6, 8\%)$ 表示6年期、利率为8%的复利终值的系数。为了方便计算，可编制"复利终值系数表"备用(见本书附录)。如表的第一行是利率 i，第一列是计息期数 n，相应的 $(1+i)$ 的 n 值在其纵横相交处。通过查该表可知，$(F/P, 6, 8\%)=1.586\,87$。这一结果表明，在时间价值为8%的情况下，现在1元和6年后的1.586 87在经济上是等值的。在后面的叙述中，可以发现，根据这个系数，还可以将终值换算成现值。

复利终值系数表的作用不仅在于已知 i 和 n 时查找1元的复利终值，而且可在已知1元复利终值和 n 时查找 i，或已知1元复利终值和 i 时查找 n。

【例2】 如果你想存入1 000元，将来收回2 000元，当年利率为10%时，要存几年？

因为：$F=P(1+i)^n$，即 $2\,000=1\,000\times(1+10\%)^n$

所以：$(1+10\%)^n=2\,000/1\,000=2$

在复利终值系数表10%这一栏，查得期限为7年时的终值系数为1.948 72，期限为8年的终值系数为2.143 59，这说明存储期在7～8年内，可使将来收到的本利和为2 000元。具体可采用内插法求得。

上述若干数字可用图1表示如下：

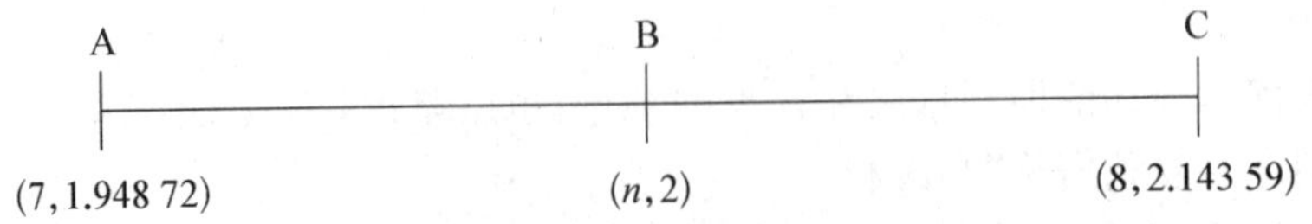

图1　内插法的运用

应用等比公式，可求得 n：

$$\frac{8-n}{2.14359-2}=\frac{8-7}{2.14359-1.94872}$$

$$n=7.263(\text{年})\approx 7\text{年}3\text{个月}$$

同理，在已知本金(P)、终值(F)、期限(n)的条件下，可求出预期的报酬率(i)。

(二) 现值

现值(present value)是指一定期间后，一定量的货币(终值)在现在的价值。

假定你想在将来得到一笔钱(终值)，按一定的利率，现在一次应存入多少钱？按单利计算，公式如下：

$$P=\frac{F}{1+ni}$$

若按复利计算，则公式如下：

$$P=\frac{F}{(1+i)^{n}}=F(1+i)^{-n}$$

复利现值计算公式中的$(1+i)^{-n}$是将终值折算为现值的系数，称为复利现值系数，或称1元的复利现值，用符号$(P/F, n, i)$来表示。例如，$(P/F, 6, 8\%)$表示6年期、利率为8%的复利现值的系数。为了方便计算，可编制“复利现值系数表”做备查之用(见本书附录三)。如表的第一行是利率i，第一列是计息期数n，相应的$(1+i)^{-n}$值在其纵横相交处。通过查该表可知，$(P/F, 6, 8\%)=0.63017$。这一结果表明，在时间价值为8%的情况下，现在的0.630 17元和6年后的1元在经济上是等值的。

同理，在复利现值计算的四个参数中，如果知道其中的三个参数，就可以计算出另外一个参数。

【例3】 某企业存款52 000元，希望5年后得到80 000元，那么，该企业期望的利息率应为多少？

因为：$P=F(1+i)^{-n}$

所以：$(1+i)^{-n}=P/F=52000/80000=0.65$

查复利现值系数表，在5年这一行，利率8%时的现值系数为0.680 58，利率9%时的现值系数为0.649 93。可知该企业期望的报酬率在8%～9%，用内插法可计算如下：

$$\frac{9\%-i}{0.64993-0.65}=\frac{9\%-8\%}{0.64993-0.68058}$$

$$i=8.998\%\approx 9\%$$

(三) 实际利率与名义利率

复利的计息期不一定总是一年，有可能是季度、月度或日，当利息在一年内要复利几次时，给出的年利率称为名义利率。

【例4】 有一笔两年期存款，存款本金为100元，年利率10%。现假定每半年复利一次，则半年期的利率为5%，复利次数为4次，则其利息之和为21.550 625元。具体计算如下：

第1次计息：$100\times 5\%=5$

第2次计息：$105\times 5\%=5.25$

第3次计息：110.25×5%=5.512 5

第4次计息：115.762 5×5%=5.788 125

可见，比年复利计算的利息21元要高出0.550 625元，即实际利息率要比名义利息率高。计算如下：

已知 $F=121.550\,625, P=100, n=2$，求 i。

注意，此例可按前述终值方式计算，也可按前述现值方式计算。现采用终值方式计算：

终值系数为1.215 506 25，查表2年期、利率10%时的终值系数为1.21，利率11%时的终值系数为1.232 10。用内插法可计算出实际利率 i 等于10.25%。

实际利率与名义利率之间的关系可用公式表示如下：

$$1+i=\left(1+\frac{r}{M}\right)^{M}$$

式中，r 代表名义利率，M 代表每年复利次数。

将上例数据代入该公式：

$$i=\left(1+\frac{r}{M}\right)^{M}-1=\left(1+\frac{10\%}{2}\right)^{2}-1=1.102\,5-1=10.25\%$$

实际上，在按半年、季、月来计算利息时，利息率应相应地调整为半年、季、月利息率。在单位计息期的利息率既定的条件下，期数越多，计算利息的次数就越多，终值就越大，现值就越小；反之，期数越少，计算利息的次数就越少，终值就小，现值就大。表2列示了利率和期数的调整。在计算现值或终值时，只需按调整后利息率和期数，查年复利现值或终值系数表即可。

表2　　利息率和时期数调整

举　例	年复利	半年复利	季度复利	每月复利
1	$i=6\%, n=10$	$i=3\%, n=20$	$i=1.5\%, n=40$	$i=0.5\%, n=120$
2	$i=12\%, n=5$	$i=6\%, n=10$	$i=3\%, n=20$	$i=1\%, n=60$
3	$i=24\%, n=3$	$i=12\%, n=6$	$i=6\%, n=12$	$i=2\%, n=36$

第三节　年　金

年金(annuity)是指在一定时期内，每隔相等的时间，连续收入或付出相等金额的款项。日常生活中的债券利息、租金、保险费等都是常见的年金形式。按收付情况的不同，年金可分为普通年金、预付年金、递延年金和永续年金等数种。

一、普通年金

普通年金(ordinary annuity)是指收入或支付款项的时间均在每期期末的年金。如果某企业于某年1月1日租入一台设备，期限3年，每半年支付一次租金，并规定在期末支付，第一次付款的时间应是6月30日，第二次付款的时间应是12月31日，则这种租金就是普通年金。因此，普通年金有时也称为后付年金。

(一) 普通年金终值

普通年金终值是指在一定期间内，每期期末等额收入或支出的本利和，也就是将每一期的金额，按复利换算到最后一期期末的终值，然后加总，就是该年金的终值。

由于普通年金是后付年金，即最后一期是不计息的，因此，计息期为总期数减 1，即 $n-1$。

设某企业于每年年末在银行存款 1 元，连续存 4 年，按年利息率 i 计息，则第 4 年年末该项年金的终值可用图 2 表示如下：

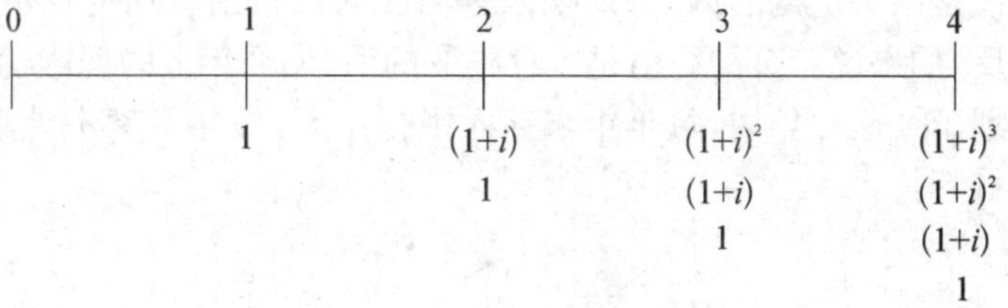

图 2 普通年金终值

第 1 年年末存入 1 元，每年以 i 复利 3 次，到第 4 年年末的终值为 $(1+i)^3$。第 2 年、第 3 年分别存入 1 元的终值类推。第 4 年年末存入的 1 元因已到期，不再计息。设 $(F/A, n, i)$ 代表每期支付 1 元，连续支付 n 期，按利率 i 计息的年金终值，则上列终值可用下式计算：

$$(F/A,\ 4,\ i) = 1 + (1+i) + (1+i)^2 + (1+i)^3 \tag{1}$$

将(1)式两边均乘以 $(1+i)$，得：

$$(F/A,\ 4,\ i)(1+i) = (1+i) + (1+i)^2 + (1+i)^3 + (1+i)^4 \tag{2}$$

(2) 式减(1)式，得：

$$(F/A,\ 4,\ i)(1+i) - (F/A,\ 4,\ i) = (1+i)^4 - 1$$
$$(F/A,\ 4,\ i)(1+i-1) = (1+i)^4 - 1$$
$$(F/A,\ 4,\ i) = \frac{(1+i)^4 - 1}{i}$$

将上式一般化，可得普通年金终值系数的公式如下：

$$(F/A,\ n,\ i) = \frac{(1+i)^n - 1}{i} \tag{3}$$

式中的 $\frac{(1+i)^n - 1}{i}$ 就是普通年金终值系数，表示利率为 i 时，1 元普通年金在 n 期后的终值。

设年金为 A，年金终值为 F/A，则 F/A 的计算公式为：

$$F/A = A \times (F/A,\ n,\ i)$$

【例 5】 某人在每期期末存款 100 元，利率为 10%，5 年期后的年金终值就是 100×(F/A,5,10%)。查 5 年期、利率 10% 的年金终值系数表的系数为 6.105 10，则知其终值为

610.51 元,其中本金 500 元,利息合计 110.51 元。

年金终值系数表有很好的应用价值,最典型的就是计算偿债基金。

【例 6】 某人拟在 5 年后还清 10 000 元的债务,从现在起每年年末等额存入银行一笔款项。假设银行存款利率为 10%,每年需要存入多少钱?

根据上面的公式,终值为 10 000 元,查表得出 5 年期、利率 10%的终值系数为 6.105 10,则此人每年年末应存入 1 638 元(10 000/6.105 10),即可在 5 年后偿还 10 000 元的债务(此例中未考虑利息税因素)。

(二) 普通年金现值

普通年金现值是指一定期间内,每期期末等额收入或付出款项的现值之和。它和普通年金终值正好相反,如果说年金的终值是零存整取的话,那么年金的现值就像是整存零取。

设某企业计划于今后 4 年内,每年年末存入银行 1 元,按年利率 i 计息,则该年金的现值可用图 3 表示如下:

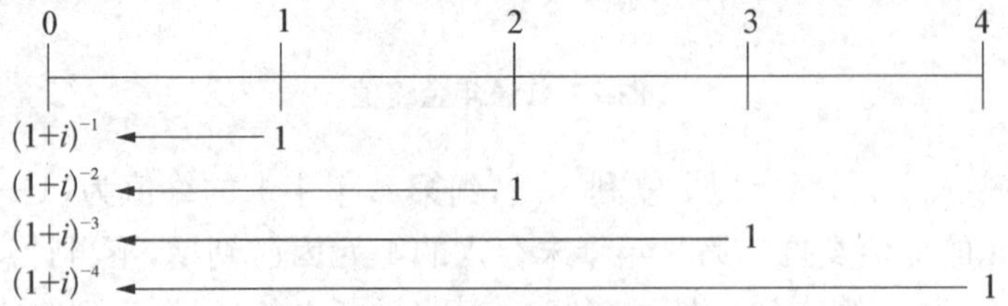

图 3 普通年金现值

设$(P/A, n, i)$代表每期 1 元、n 期、按利率 i 计息的年金现值,则上例中的年金现值可计算如下:

$$(P/A, 4, i)=\frac{1}{(1+i)}+\frac{1}{(1+i)^2}+\frac{1}{(1+i)^3}+\frac{1}{(1+i)^4} \tag{4}$$

两边各乘以$(1+i)$,得:

$$(P/A, 4, i)(1+i)=1+\frac{1}{(1+i)}+\frac{1}{(1+i)^2}+\frac{1}{(1+i)^3} \tag{5}$$

(5) 式减(4)式,得:

$$(P/A, 4, i)(1+i)-(P/A, 4, i)=1-\frac{1}{(1+i)^4}$$

$$(P/A, 4, i)(1+i-1)=1-\frac{1}{(1+i)^4}$$

$$(P/A, 4, i)=\frac{1-(1+i)^{-4}}{i}$$

将上式一般化,可得普通年金现值系数的公式如下:

$$(P/A, n, i)=\frac{1-(1+i)^{-n}}{i} \tag{6}$$

式中的 $\frac{1-(1+i)^{-n}}{i}$ 就是普通年金现值系数,表示利率为 i 时,n 期 1 元普通年金的现值。

设 P/A 为任意普通年金 A 的现值，则 P/A 的计算公式如下：

$$P/A = A \times (P/A,\ n,\ i)$$

普通年金现值系数在财务管理、财务会计等经济工作中具有广泛的应用价值。典型的应用有计算项目年投资回收额、投资回收期以及投资报酬率等，而这些指标又是决策中的主要参数。

【例 7】 某企业准备一次投入资金 100 000 元，改造通风设备，改造后可使每月净现金流量增加 3 874.80 元，假定月利率为 1%，问设备至少要使用多少时间才合算？

根据公式 $P/A = A \times (P/A,\ n,\ i)$，已知年金 $A = 3\,874.80$，$i = 1$，求 n。

$(P/A,\ n,\ i) = 100\,000/3\,874.80 = 25.808$

查 1 元普通年金现值系数表 1%这一栏与系数 25.808 对应的期数是 30 期，说明设备至少要使用 30 个月，才能使增加的净现金流量充抵完最初的投资。

二、预付年金

预付年金(prepaid annuity)也称先付年金或即付年金，是指收入或支付的时间均在每期期初的年金。

(一) 预付年金终值

预付年金终值(F/A')是指在一定期间内，按一定的利率，在每期期初存入或支取相等的金额，到期时的本利和。

设某企业每年年初去银行存款 1 元，连续存入 4 年，按年利率 i 计息，则其终值可用图 4 表示如下：

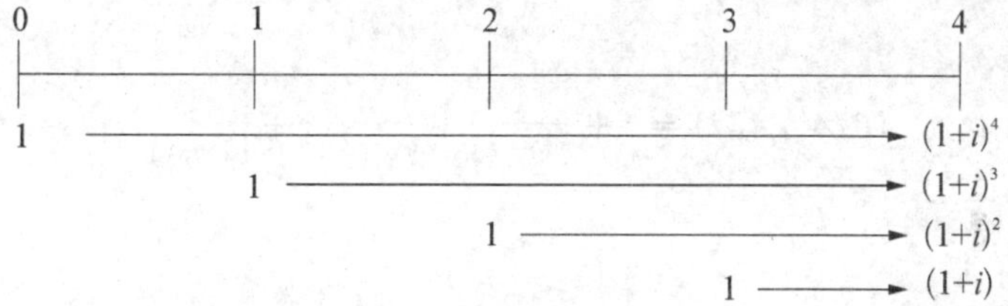

图 4 预付年金终值

设(F/A', 4, i)代表每期 1 元、n 期、利率为 i 的预付年金终值，则上例中的年金终值可计算如下：

$$(F/A',\ 4,\ i) = (1+i) + (1+i)^2 + (1+i)^3 + (1+i)^4 \tag{7}$$

两边均加 1，得：

$$(F/A',\ 4,\ i) + 1 = 1 + (1+i) + (1+i)^2 + (1+i)^3 + (1+i)^4 \tag{8}$$

上式右边等于普通年金 5 期的终值，即

$$(F/A',\ 4,\ i) + 1 = F/A,\ 5,\ i$$
$$(F/A',\ 4,\ i) = (F/A,\ 5,\ i) - 1$$

一般地：

$$(F/A',\ n,\ i) = (F/A,\ n+1,\ i) - 1 \tag{9}$$

(9)式中的$[(F/A,\ n+1,\ i)-1]$为预付年金的终值系数。设年金为A，F/A'为预付年金的终值，则其公式如下：

$$F/A' = A \times [(F/A,\ n+1,\ i) - 1]$$

【例 8】 某人于每年年初存款 1 000 元，年利率为 12%，问 3 年后的本利和是多少？

因为：$F/A' = A \times [(P/A,\ n+1,\ i) - 1]$

所以：$F/A' = 1\,000[(P/A,\ 4,\ 12\%) - 1]$

查普通年金终值系数表，期数为 4、利率为 12%的终值系数是 4.779 33。代入上式，则：

$F/A' = 1\,000 \times (4.779\,33 - 1) = 1\,000 \times 3.779\,33 = 3\,779.33$(元)

(二) 预付年金现值

与预付年金终值一样，预付年金现值也可借助普通年金现值表求得。利率为i、期数为 4、每期 1 元的预付年金的现值可用图 5 表示如下：

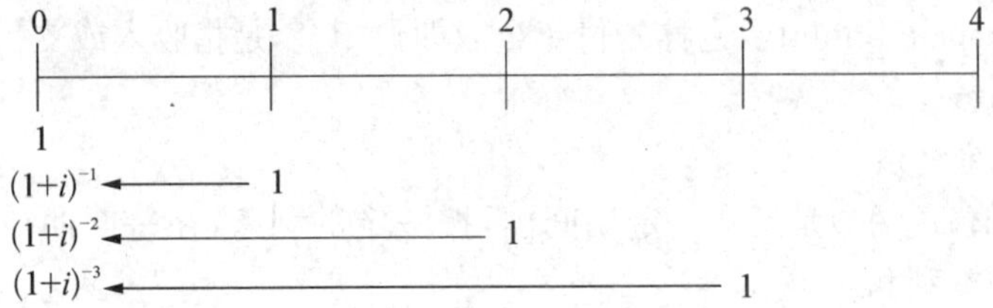

图 5 预付年金现值

设$(P/A',\ 4,\ i)$代表每期 1 元、n 期、利率为 i 的预付年金现值，则上例中的年金现值可计算如下：

$$(P/A',\ 4,\ i) = 1 + \frac{1}{(1+i)} + \frac{1}{(1+i)^2} + \frac{1}{(1+i)^3} \tag{10}$$

两边各减 1，得：

$$(P/A',\ 4,\ i) - 1 = \frac{1}{(1+i)} + \frac{1}{(1+i)^2} + \frac{1}{(1+i)^3} \tag{11}$$

上式的右边恰好等于 3 年期普通年金的现值，则：

$$(P/A',\ 4,\ i) - 1 = (P/A,\ 3,\ i)$$
$$(P/A',\ 4,\ i) = (P/A,\ 3,\ i) + 1$$

一般地：

$$(P/A',\ n,\ i) = (P/A,\ n+1,\ i) + 1 \tag{12}$$

(12)式中的$(P/A,\ n+1,\ i)+1$为预付年金的现值系数。设P/A'代表任意预付年金A的现值，则：

$$P/A' = A \times [(P/A,\ n+1,\ i) + 1]$$

【例 9】 某人想在今后 5 年的每年年初到银行提取 2 000 元，利率为 8%，问他现在至少要先存入多少钱？

$P/A' = A \times [(P/A, n+1, i)+1]$
$= 2\,000 \times (3.312\,13 + 1)$
$= 2\,000 \times 4.312\,13$
$= 8\,624.16$(元)

三、递延年金

递延年金(deferred annuity)是指推迟数期之后收入或支付的年金,它可能是普通年金的递延,也可能是预付年金的递延。

递延年金的终值不受递延期的影响,计算方法与普通年金终值相同。

递延年金的现值有两种计算方法。一种方法是先计算普通年金的现值,再将这个数值从递延期按复利现值系数折算到现在。另一种方法是先计算包括递延期在内的年金现值,再减去按递延期计算的年金现值。

【例 10】 以普通年金的递延为例,如果某人想从第 3 年年末开始,每年得到 1 000 元,总共 5 期,银行利率 10%,那他现在必须存入多少钱?

在第一种方法下,先计算 2 年期的普通年金现值,再将这一数额按复利现值系数折算为现在的价值,即现值。

第一步,计算出 5 年的普通年金现值。

$P = 1\,000 \times 3.790\,79 = 3\,790.79$(元)

第二步,计算出 2 年期、终值为 3 790.79 元的复利现值。

$P = 3\,790.79 \times 0.826\,45 = 3\,132.90$(元)

经计算,该年金的现值是 3 132.90 元。

在第二种方法下,先计算出 7 年期的普通年金现值,再减去 2 年期的年金现值,即

$P = 1\,000 \times (4.868\,42 - 1.735\,54) = 1\,000 \times 3.132\,88 \approx 3\,132.90$(元)

可见,两种计算方法的结果是一致的。

实际工作中,常常涉及递延年金的运用。例如,一些投资项目,在投资时或投资后的若干年内可能并无现金流量的流入,而在若干年后,可能会产生基本稳定的净现金流量。在这种情况下,可以采用递延年金的方式计算出投资项目的净现值,并藉此作出投资决策。

四、永续年金

在一些特殊的情况下,可能会出现永续年金。所谓永续年金(perpetuity annuity),是指无限期地定期支取的年金。现实中的存本取息可视为永续年金的一个例子,而最典型的例子莫过于土地使用权的收入。

永续年金没有终止的时间,也就没有终值。1 元钱的永续年金的现值可以通过普通年金现值的计算公式导出:

$$(P/A,\ n,\ i) = \frac{1-(1+i)^{-n}}{i} \tag{13}$$

当 $n \to \infty$ 时,$(1+i)^{-n}$ 的极限为零,故上式可写成:

$$(P/A,\ n,\ i) = \frac{1}{i}$$

【例 11】 某人想给希望小学建立一笔专项奖学金，预计每年的奖金额为 20 000 元。假定银行利率为 10%，则他现在应存入多少钱？

$P=20\,000\times 1/10\%=200\,000$(元)

该结果反过来理解可能更加容易一点，即此人现在永久性地存入 200 000 元，在利率为 10%的情况下，则每年年末可提取 20 000 元的利息来颁发该专项奖学金。

思考题

1. 什么是货币的时间价值？
2. 什么是单利？什么是复利？为什么经济学上的计算大多采用复利？
3. 什么是复利终值？什么是复利现值？它们应如何计算？
4. 什么是年金？年金可分为哪几种？
5. 预付年金和递延年金有何不同？
6. 怎样计算普通年金的终值和现值？
7. 怎样计算预付年金的终值和现值？
8. 计算递延年金现值有哪两种方法？具体是怎么计算的？试举例说明。
9. 什么是永续年金？能否计算出永续年金的终值？
10. 什么是名义利率和实际利率？名义利率如何调整为实际利率？

练习题

练习一

一、目的：理解终值与现值的概念。

二、资料：张三刚从大学毕业，欲在 10 年后购置一套公寓，标价为 100 万元，假定银行存款利息率为 8%。

三、要求：

在复利条件下，试计算：

(1) 若每年计息一次，张三每期期末应等额存入银行多少钱？

(2) 若半年计息一次，张三每期期末应等额存入银行多少钱？

(3) 若每年计息一次，张三每期期初应等额存入银行多少钱？

(4) 若半年计息一次，张三每期期末应等额存入银行多少钱？

练习二

一、目的：练习复利终值和现值的计算。

二、资料与要求：

(1) 设有一笔 50 000 元存款，年利率为 10%，如果连续 5 年于每年年初提取等额的款项，则每年年初的提款数应为多少？

(2) 设有一笔 50 000 元存款，年利率为 10%，如果于每年年初提取等额 10 000 元，可连续提取多少年？

(3) 设于第 1 年年初开始，每半年终了时存款 5 000 元，年利率为 6%，那么第 10 年年末这笔钱的本利之和为多少？

(4) 企业购买了一套专用设备，标价 100 万元，企业开出了一张 5 年期、不带息的票据，票据面值 100 万元，则该套专用设备的真实价格应为多少(假定市场利率为 10%)？

(5) 企业于某年年初购买了一套专用设备，标价 100 万元，企业开出了一张 4 年期、利率为 10%的分期付款的票据，并于每季季末时分 8 次等额付清，则每季季末时企业支付的金额应是多少？

练习三

一、目的：练习年金现值的应用。

二、资料：甲企业正考虑向另一家企业购入一台专用设备，以提高公司的产品产量和降低经营成本。经测算，若干年后的相关数据如表 3 所示。

表 3　　甲企业使用专用设备后的未来现金流量　　单位：元

预计净现金流入量：	
第 1 年至第 5 年每年年末	500 000
第 6 年至第 10 年每年年末	400 000
第 11 年年末	300 000
第 12 年年末	100 000
预计第 12 年年末设备报废时的净残值	30 000

三、要求：

(1) 假设预期投资报酬率为 8%，计算甲企业为购买该项专用设备应支付多少价款？

(2) 假设该公司支付定金 1 500 000 元，余额由银行贷款，年利率为 8%，甲企业从专用设备购买年份开始，分 5 年于每年年末等额清偿贷款(包括本金与利息)，计算这笔年金和利息总额。

练习四

一、目的：练习现值的计算与运用。

二、资料与要求：

以下五组资料互为独立，在复利情况下，根据所给资料解答问题：

(1) 甲企业现存入一笔现金 12 500 元，14 年后将增至 53 880 元，试求这笔存款的利率。

(2) 甲企业持一张不附息的应付票据 20 400 元，于若干年后到期。持券人提出，若现在清偿这张票据，只要付现 5 364 元。试计算该张票据的到期时间(假定年利息率为 16%)。

(3) 甲企业连续 20 年于每年年末存款 5 000 元，至最后一个存款日，存款总额达到 228 810 元。试计算该存款的利率。

(4) 甲企业向外借款 17 950 元，借款合同要求按年利率 15%于每年年末等额清偿 4 000 元，试计算该笔借款的期数。

(5) 甲企业向外借款 20 200 元，借款合同要求按 12%于每年年初等额清偿 3 192 元，试计算该笔借款的期数。

练习五

一、目的：练习货币时间价值的应用。

二、资料：甲企业某台机器价值 40 000 元，可使用 10 年(无残值)，每年生产 A 产品 10 000 件，每件售价 10 元，原材料、工资等与产品生产数量直接相关的单位成本为 4 元，而如折旧等与产量无关但稳定发生的管理费用(包括机器折旧)总额为 30 000 元。从第 6 年开始，由于该产品市场销售有不断增加的趋势，甲企业决定扩大 A 产品的生产，现提出以下两个方案：

(1) 用 20 000 元改造旧机器，改造后仍能继续使用 5 年，年产量可增加 2 000 件，固定管理费用每年增加到 35 000 元。

(2) 将旧机器出售，可得 10 000 元，另以 50 000 元购买新机器，可使用 5 年，年产量为 15 000 件，预计售价下降为每件 9 元，所生产产品能全部售出，每年的固定管理费用为 25 000 元。

三、要求：假定企业期望的报酬率为 10%，试决策甲企业采用哪一个方案为好。

附录三

1元的终值、现值及1元的年金终值、现值

1. 复利终值系数表

期数	1%	2%	3%	4%	5%	6%	7%	8%	9%	10%	11%	12%	13%	14%	15%
1	1.01	1.02	1.03	1.04	1.05	1.06	1.07	1.08	1.09	1.1	1.11	1.12	1.13	1.14	1.15
2	1.0201	1.0404	1.0609	1.0816	1.1025	1.1236	1.1449	1.1664	1.1881	1.21	1.2321	1.2544	1.2769	1.2996	1.3225
3	1.0303	1.0612	1.0927	1.1249	1.1576	1.191	1.225	1.2597	1.295	1.331	1.3676	1.4049	1.4429	1.4815	1.5209
4	1.0406	1.0824	1.1255	1.1699	1.2155	1.2625	1.3108	1.3605	1.4116	1.4641	1.5181	1.5735	1.6305	1.689	1.749
5	1.051	1.1041	1.1593	1.2167	1.2763	1.3382	1.4026	1.4693	1.5386	1.6105	1.6851	1.7623	1.8424	1.9254	2.0114
6	1.0615	1.1262	1.1941	1.2653	1.3401	1.4185	1.5007	1.5869	1.6771	1.7716	1.8704	1.9738	2.082	2.195	2.3131
7	1.0721	1.1487	1.2299	1.3159	1.4071	1.5036	1.6058	1.7138	1.828	1.9487	2.0762	2.2107	2.3526	2.5023	2.66
8	1.0829	1.1717	1.2668	1.3686	1.4775	1.5938	1.7182	1.8509	1.9926	2.1436	2.3045	2.476	2.6584	2.8526	3.059
9	1.0937	1.1951	1.3048	1.4233	1.5513	1.6895	1.8385	1.999	2.1719	2.3579	2.558	2.7731	3.004	3.2519	3.5179
10	1.1046	1.219	1.3439	1.4802	1.6289	1.7908	1.9672	2.1589	2.3674	2.5937	2.8394	3.1058	3.3946	3.7072	4.0456
11	1.1157	1.2434	1.3842	1.5395	1.7103	1.8983	2.1049	2.3316	2.5804	2.8531	3.1518	3.4786	3.8359	4.2262	4.6524
12	1.1268	1.2682	1.4258	1.601	1.7959	2.0122	2.2522	2.5182	2.8127	3.1384	3.4985	3.896	4.3345	4.8179	5.3503
13	1.1381	1.2936	1.4685	1.6651	1.8856	2.1329	2.4098	2.7196	3.0658	3.4523	3.8833	4.3635	4.898	5.4924	6.1528
14	1.1495	1.3195	1.5126	1.7317	1.9799	2.2609	2.5785	2.9372	3.3417	3.7975	4.3104	4.8871	5.5348	6.2613	7.0757
15	1.161	1.3459	1.558	1.8009	2.0789	2.3966	2.759	3.1722	3.6425	4.1772	4.7846	5.4736	6.2543	7.1379	8.1371
16	1.1726	1.3728	1.6047	1.873	2.1829	2.5404	2.9522	3.4259	3.9703	4.595	5.3109	6.1304	7.0673	8.1372	9.3576
17	1.1843	1.4002	1.6528	1.9479	2.292	2.6928	3.1588	3.7	4.3276	5.0545	5.8951	6.866	7.9861	9.2765	10.7613
18	1.1961	1.4282	1.7024	2.0258	2.4066	2.8543	3.3799	3.996	4.7171	5.5599	6.5436	7.69	9.0243	10.5752	12.3755
19	1.2081	1.4568	1.7535	2.1068	2.527	3.0256	3.6165	4.3157	5.1417	6.1159	7.2633	8.6128	10.1974	12.0557	14.2318
20	1.2202	1.4859	1.8061	2.1911	2.6533	3.2071	3.8697	4.661	5.6044	6.7275	8.0623	9.6463	11.5231	13.7435	16.3665
21	1.2324	1.5157	1.8603	2.2788	2.786	3.3996	4.1406	5.0338	6.1088	7.4002	8.9492	10.8038	13.0211	15.6676	18.8215
22	1.2447	1.546	1.9161	2.3699	2.9253	3.6035	4.4304	5.4365	6.6586	8.1403	9.9336	12.1003	14.7138	17.861	21.6447
23	1.2572	1.5769	1.9736	2.4647	3.0715	3.8197	4.7405	5.8715	7.2579	8.9543	11.0263	13.5523	16.6266	20.3616	24.8915
24	1.2697	1.6084	2.0328	2.5633	3.2251	4.0489	5.0724	6.3412	7.9111	9.8497	12.2392	15.1786	18.7881	23.2122	28.6252
25	1.2824	1.6406	2.0938	2.6658	3.3864	4.2919	5.4274	6.8485	8.6231	10.8347	13.5855	17.0001	21.2305	26.4619	32.919
26	1.2953	1.6734	2.1566	2.7725	3.5557	4.5494	5.8074	7.3964	9.3992	11.9182	15.0799	19.0401	23.9905	30.1666	37.8568
27	1.3082	1.7069	2.2213	2.8834	3.7335	4.8223	6.2139	7.9881	10.2451	13.11	16.7387	21.3249	27.1093	34.3899	43.5353
28	1.3213	1.741	2.2879	2.9987	3.9201	5.1117	6.6488	8.6271	11.1671	14.421	18.5799	23.8839	30.6335	39.2045	50.0656
29	1.3345	1.7758	2.3566	3.1187	4.1161	5.4184	7.1143	9.3173	12.1722	15.8631	20.6237	26.7499	34.6158	44.6931	57.5755
30	1.3478	1.8114	2.4273	3.2434	4.3219	5.7435	7.6123	10.0627	13.2677	17.4494	22.8923	29.9599	39.1159	50.9502	66.2118

续　表

期数	16%	17%	18%	19%	20%	21%	22%	23%	24%	25%	26%	27%	28%	29%	30%
1	1.16	1.17	1.18	1.19	1.2	1.21	1.22	1.23	1.24	1.25	1.26	1.27	1.28	1.29	1.3
2	1.345 6	1.368 9	1.392 4	1.416 1	1.44	1.464 1	1.488 4	1.512 9	1.537 6	1.562 5	1.587 6	1.612 9	1.638 4	1.664 1	1.69
3	1.560 9	1.601 6	1.643	1.685 2	1.728	1.771 6	1.815 8	1.860 9	1.906 6	1.953 1	2.000 4	2.048 4	2.097 2	2.146 7	2.197
4	1.810 6	1.873 9	1.938 8	2.005 3	2.073 6	2.143 6	2.215 3	2.288 9	2.364 2	2.441 4	2.520 5	2.601 4	2.684 4	2.769 2	2.856 1
5	2.100 3	2.192 4	2.287 8	2.386 4	2.488 3	2.593 7	2.702 7	2.815 3	2.931 6	3.051 8	3.175 8	3.303 8	3.436	3.572 3	3.712 9
6	2.436 4	2.565 2	2.699 6	2.839 8	2.986	3.138 4	3.297 3	3.462 8	3.635 2	3.814 7	4.001 5	4.195 9	4.398	4.608 3	4.826 8
7	2.826 2	3.001 2	3.185 5	3.379 3	3.583 2	3.797 5	4.022 7	4.259 3	4.507 7	4.768 4	5.041 9	5.328 8	5.629 5	5.944 7	6.274 9
8	3.278 4	3.511 5	3.758 9	4.021 4	4.299 8	4.595	4.907 7	5.238 9	5.589 5	5.960 5	6.352 8	6.767 5	7.205 8	7.668 6	8.157 3
9	3.803	4.108 4	4.435 5	4.785 4	5.159 8	5.559 9	5.987 4	6.443 9	6.931	7.450 6	8.004 5	8.594 8	9.223 4	9.892 5	10.604 5
10	4.411 4	4.806 8	5.233 8	5.694 7	6.191 7	6.727 5	7.304 6	7.925 9	8.594 4	9.313 2	10.085 7	10.915 3	11.805 9	12.761 4	13.785 8
11	5.117 3	5.624	6.175 9	6.776 7	7.430 1	8.140 3	8.911 7	9.748 9	10.657 1	11.641 5	12.708	13.862 5	15.111 6	16.462 2	17.921 6
12	5.936	6.580 1	7.287 6	8.064 2	8.916 1	9.849 7	10.872 2	11.991 2	13.214 8	14.551 9	16.012	17.605 3	19.342 8	21.236 2	23.298 1
13	6.885 8	7.698 7	8.599 4	9.596 4	10.699 3	11.918 2	13.264 1	14.749 1	16.386 3	18.189 9	20.175 2	22.358 8	24.758 8	27.394 7	30.287 5
14	7.987 5	9.007 5	10.147 2	11.419 8	12.839 2	14.421	16.182 2	18.141 4	20.319 1	22.737 4	25.420 7	28.395 7	31.691 3	35.339 1	39.373 8
15	9.265 5	10.538 7	11.973 7	13.589 5	15.407	17.449 4	19.742 3	22.314	25.195 6	28.421 7	32.030 1	36.062 5	40.564 8	45.587 5	51.185 9
16	10.748	12.330 3	14.129	16.171 5	18.488 4	21.113 8	24.085 6	27.446 2	31.242 6	35.527 1	40.357 9	45.799 4	51.923	58.807 9	66.541 7
17	12.467 7	14.426 5	16.672 2	19.244 1	22.186 1	25.547 7	29.384 4	33.758 8	38.740 8	44.408 9	50.851	58.165 2	66.461 4	75.862 1	86.504 2
18	14.462 5	16.879	19.673 3	22.900 5	26.623 3	30.912 7	35.849	41.523 3	48.038 6	55.511 2	64.072 2	73.869 8	85.070 6	97.862 2	112.455 4
19	16.776 5	19.748 4	23.214 4	27.251 6	31.948	37.404 3	43.735 8	51.073 7	59.567 9	69.388 9	80.731	93.814 7	108.890 4	126.242 2	146.192
20	19.460 8	23.105 6	27.393	32.429 4	38.337 6	45.259 3	53.357 6	62.820 6	73.864 1	86.736 2	101.721 1	119.144 6	139.379 7	162.852 4	190.049 6
21	22.574 5	27.033 6	32.323 8	38.591	46.005 1	54.763 7	65.096 3	77.269 4	91.591 5	108.420 2	128.168 5	151.313 7	178.406	210.079 6	247.064 5
22	26.186 4	31.629 3	38.142 1	45.923 3	55.206 1	66.264 1	79.417 5	95.041 3	113.573 5	135.525 3	161.492 4	192.168 3	228.359 6	271.002 7	321.183 9
23	30.376 2	37.006 2	45.007 6	54.648 7	66.247 4	80.179 5	96.889 4	116.900 8	140.831 2	169.406 6	203.480 4	244.053 8	292.300 3	349.593 5	417.539 1
24	35.236 4	43.297 3	53.109	65.032	79.496 8	97.017 2	118.205	143.788	174.630 6	211.758 2	256.385 3	309.948 3	374.144 4	450.975 6	542.800 8
25	40.874 2	50.657 8	62.668 6	77.388 1	95.396 2	117.390 9	144.210 1	176.859 3	216.542	264.697 8	323.045 4	393.634 4	478.904 9	581.758 5	705.641
26	47.414 1	59.269 7	73.949	92.091 8	114.475 5	142.042 9	175.936 4	217.536 9	268.512 1	330.872 2	407.037 3	499.915 7	612.998 2	750.468 5	917.333 3
27	55.000 4	69.345 5	87.259 8	109.589 3	137.370 6	171.871 9	214.642 4	267.570 4	332.955	413.590 3	512.867	634.892 9	784.637 7	968.104 4	1 192.533 3
28	63.800 4	81.134 2	102.966 6	130.411 2	164.844 7	207.965 1	261.863 7	329.111 5	412.864 2	516.987 9	646.212 4	806.314	1 004.336 3	1 248.854 6	1 550.293 3
29	74.008 5	94.927 1	121.500 5	155.189 3	197.813 6	251.637 7	319.473 7	404.807 2	511.951 6	646.234 9	814.227 6	1 024.018 7	1 285.550 4	1 611.022 5	2 015.381 3
30	85.849 9	111.064 7	143.370 6	184.675 3	237.376 3	304.481 6	389.757 9	497.912 9	634.819 9	807.793 6	1 025.926 7	1 300.503 8	1 645.504 6	2 078.219	2 619.995 6

2. 复利现值系数表

期数	1%	2%	3%	4%	5%	6%	7%	8%	9%	10%	11%	12%	13%	14%	15%
1	0.990 1	0.980 4	0.970 9	0.961 5	0.952 4	0.943 4	0.934 6	0.925 9	0.917 4	0.909 1	0.900 9	0.892 9	0.885	0.877 2	0.869 6
2	0.980 3	0.961 2	0.942 6	0.924 6	0.907	0.89	0.873 4	0.857 3	0.841 7	0.826 4	0.811 6	0.797 2	0.783 1	0.769 5	0.756 1
3	0.970 6	0.942 3	0.915 1	0.889	0.863 8	0.839 6	0.816 3	0.793 8	0.772 2	0.751 3	0.731 2	0.711 8	0.693 1	0.675	0.657 5
4	0.961	0.923 8	0.888 5	0.854 8	0.822 7	0.792 1	0.762 9	0.735	0.708 4	0.683	0.658 7	0.635 5	0.613 3	0.592 1	0.571 8
5	0.951 5	0.905 7	0.862 6	0.821 9	0.783 5	0.747 3	0.713	0.680 6	0.649 9	0.620 9	0.593 5	0.567 4	0.542 8	0.519 4	0.497 2
6	0.942	0.888	0.837 5	0.790 3	0.746 2	0.705	0.666 3	0.630 2	0.596 3	0.564 5	0.534 6	0.506 6	0.480 3	0.455 6	0.432 3
7	0.932 7	0.870 6	0.813 1	0.759 9	0.710 7	0.665 1	0.622 7	0.583 5	0.547	0.513 2	0.481 7	0.452 3	0.425 1	0.399 6	0.375 9
8	0.923 5	0.853 5	0.789 4	0.730 7	0.676 8	0.627 4	0.582	0.540 3	0.501 9	0.466 5	0.433 9	0.403 9	0.376 2	0.350 6	0.326 9
9	0.914 3	0.836 8	0.766 4	0.702 6	0.644 6	0.591 9	0.543 9	0.500 2	0.460 4	0.424 1	0.390 9	0.360 6	0.332 9	0.307 5	0.284 3
10	0.905 3	0.820 3	0.744 1	0.675 6	0.613 9	0.558 4	0.508 3	0.463 2	0.422 4	0.385 5	0.352 2	0.322	0.294 6	0.269 7	0.247 2
11	0.896 3	0.804 3	0.722 4	0.649 6	0.584 7	0.526 8	0.475 1	0.428 9	0.387 5	0.350 5	0.317 3	0.287 5	0.260 7	0.236 6	0.214 9
12	0.887 4	0.788 5	0.701 4	0.624 6	0.556 8	0.497	0.444	0.397 1	0.355 5	0.318 6	0.285 8	0.256 7	0.230 7	0.207 6	0.186 9
13	0.878 7	0.773	0.681	0.600 6	0.530 3	0.468 8	0.415	0.367 7	0.326 2	0.289 7	0.257 5	0.229 2	0.204 2	0.182 1	0.162 5
14	0.87	0.757 9	0.661 1	0.577 5	0.505 1	0.442 3	0.387 8	0.340 5	0.299 2	0.263 3	0.232	0.204 6	0.180 7	0.159 7	0.141 3
15	0.861 3	0.743	0.641 9	0.555 3	0.481	0.417 3	0.362 4	0.315 2	0.274 5	0.239 4	0.209	0.182 7	0.159 9	0.140 1	0.122 9
16	0.852 8	0.728 4	0.623 2	0.533 9	0.458 1	0.393 6	0.338 7	0.291 9	0.251 9	0.217 6	0.188 3	0.163 1	0.141 5	0.122 9	0.106 9
17	0.844 4	0.714 2	0.605	0.513 4	0.436 3	0.371 4	0.316 6	0.270 3	0.231 1	0.197 8	0.169 6	0.145 6	0.125 2	0.107 8	0.092 9
18	0.836	0.700 2	0.587 4	0.493 6	0.415 5	0.350 3	0.295 9	0.250 2	0.212	0.179 9	0.152 8	0.13	0.110 8	0.094 6	0.080 8
19	0.827 7	0.686 4	0.570 3	0.474 6	0.395 7	0.330 5	0.276 5	0.231 7	0.194 5	0.163 5	0.137 7	0.116 1	0.098 1	0.082 9	0.070 3
20	0.819 5	0.673	0.553 7	0.456 4	0.376 9	0.311 8	0.258 4	0.214 5	0.178 4	0.148 6	0.124	0.103 7	0.086 8	0.072 8	0.061 1
21	0.811 4	0.659 8	0.537 5	0.438 8	0.358 9	0.294 2	0.241 5	0.198 7	0.163 7	0.135 1	0.111 7	0.092 6	0.076 8	0.063 8	0.053 1
22	0.803 4	0.646 8	0.521 9	0.422	0.341 8	0.277 5	0.225 7	0.183 9	0.150 2	0.122 8	0.100 7	0.082 6	0.068	0.056	0.046 2
23	0.795 4	0.634 2	0.506 7	0.405 7	0.325 6	0.261 8	0.210 9	0.170 3	0.137 8	0.111 7	0.090 7	0.073 8	0.060 1	0.049 1	0.040 2
24	0.787 6	0.621 7	0.491 9	0.390 1	0.310 1	0.247	0.197 1	0.157 7	0.126 4	0.101 5	0.081 7	0.065 9	0.053 2	0.043 1	0.034 9
25	0.779 8	0.609 5	0.477 6	0.375 1	0.295 3	0.233	0.184 2	0.146	0.116	0.092 3	0.073 6	0.058 8	0.047 1	0.037 8	0.030 4
26	0.772	0.597 6	0.463 7	0.360 7	0.281 2	0.219 8	0.172 2	0.135 2	0.106 4	0.083 9	0.066 3	0.052 5	0.041 7	0.033 1	0.026 4
27	0.764 4	0.585 9	0.450 2	0.346 8	0.267 8	0.207 4	0.160 9	0.125 2	0.097 6	0.076 3	0.059 7	0.046 9	0.036 9	0.029 1	0.023
28	0.756 8	0.574 4	0.437 1	0.333 5	0.255 1	0.195 6	0.150 4	0.115 9	0.089 5	0.069 3	0.053 8	0.041 9	0.032 6	0.025 5	0.02
29	0.749 3	0.563 1	0.424 3	0.320 7	0.242 9	0.184 6	0.140 6	0.107 3	0.082 2	0.063	0.048 5	0.037 4	0.028 9	0.022 4	0.017 4
30	0.741 9	0.552 1	0.412	0.308 3	0.231 4	0.174 1	0.131 4	0.099 4	0.075 4	0.057 3	0.043 7	0.033 4	0.025 6	0.019 6	0.015 1

续　表

期数	16%	17%	18%	19%	20%	21%	22%	23%	24%	25%	26%	27%	28%	29%	30%
1	0.862 1	0.854 7	0.847 5	0.840 3	0.833 3	0.826 4	0.819 7	0.813	0.806 5	0.8	0.793 7	0.787 4	0.781 3	0.775 2	0.769 2
2	0.743 2	0.730 5	0.718 2	0.706 2	0.694 4	0.683	0.671 9	0.661	0.650 4	0.64	0.629 9	0.62	0.610 4	0.600 9	0.591 7
3	0.640 7	0.624 4	0.608 6	0.593 4	0.578 7	0.564 5	0.550 7	0.537 4	0.524 5	0.512	0.499 9	0.488 2	0.476 8	0.465 8	0.455 2
4	0.552 3	0.533 7	0.515 8	0.498 7	0.482 3	0.466 5	0.451 4	0.436 9	0.423	0.409 6	0.396 8	0.384 4	0.372 5	0.361 1	0.350 1
5	0.476 1	0.456 1	0.437 1	0.419	0.401 9	0.385 5	0.37	0.355 2	0.341 1	0.327 7	0.314 9	0.302 7	0.291	0.279 9	0.269 3
6	0.410 4	0.389 8	0.370 4	0.352 1	0.334 9	0.318 6	0.303 3	0.288 8	0.275 1	0.262 1	0.249 9	0.238 3	0.227 4	0.217	0.207 2
7	0.353 8	0.333 2	0.313 9	0.295 9	0.279 1	0.263 3	0.248 6	0.234 8	0.221 8	0.209 7	0.198 3	0.187 7	0.177 6	0.168 2	0.159 4
8	0.305	0.284 8	0.266	0.248 7	0.232 6	0.217 6	0.203 8	0.190 9	0.178 9	0.167 8	0.157 4	0.147 8	0.138 8	0.130 4	0.122 6
9	0.263	0.243 4	0.225 5	0.209	0.193 8	0.179 9	0.167	0.155 2	0.144 3	0.134 2	0.124 9	0.116 4	0.108 4	0.101 1	0.094 3
10	0.226 7	0.208	0.191 1	0.175 6	0.161 5	0.148 6	0.136 9	0.126 2	0.116 4	0.107 4	0.099 2	0.091 6	0.084 7	0.078 4	0.072 5
11	0.195 4	0.177 8	0.161 9	0.147 6	0.134 6	0.122 8	0.112 2	0.102 6	0.093 8	0.085 9	0.078 7	0.072 1	0.066 2	0.060 7	0.055 8
12	0.168 5	0.152	0.137 2	0.124	0.112 2	0.101 5	0.092	0.083 4	0.075 7	0.068 7	0.062 5	0.056 8	0.051 7	0.047 1	0.042 9
13	0.145 2	0.129 9	0.116 3	0.104 2	0.093 5	0.083 9	0.075 4	0.067 8	0.061	0.055	0.049 6	0.044 7	0.040 4	0.036 5	0.033
14	0.125 2	0.111	0.098 5	0.087 6	0.077 9	0.069 3	0.061 8	0.055 1	0.049 2	0.044	0.039 3	0.035 2	0.031 6	0.028 3	0.025 4
15	0.107 9	0.094 9	0.083 5	0.073 6	0.064 9	0.057 3	0.050 7	0.044 8	0.039 7	0.035 2	0.031 2	0.027 7	0.024 7	0.021 9	0.019 5
16	0.093	0.081 1	0.070 8	0.061 8	0.054 1	0.047 4	0.041 5	0.036 4	0.032	0.028 1	0.024 8	0.021 8	0.019 3	0.017	0.015
17	0.080 2	0.069 3	0.06	0.052	0.045 1	0.039 1	0.034	0.029 6	0.025 8	0.022 5	0.019 7	0.017 2	0.015	0.013 2	0.011 6
18	0.069 1	0.059 2	0.050 8	0.043 7	0.037 6	0.032 3	0.027 9	0.024 1	0.020 8	0.018	0.015 6	0.013 5	0.011 8	0.010 2	0.008 9
19	0.059 6	0.050 6	0.043 1	0.036 7	0.031 3	0.026 7	0.022 9	0.019 6	0.016 8	0.014 4	0.012 4	0.010 7	0.009 2	0.007 9	0.006 8
20	0.051 4	0.043 3	0.036 5	0.030 8	0.026 1	0.022 1	0.018 7	0.015 9	0.013 5	0.011 5	0.009 8	0.008 4	0.007 2	0.006 1	0.005 3
21	0.044 3	0.037	0.030 9	0.025 9	0.021 7	0.018 3	0.015 4	0.012 9	0.010 9	0.009 2	0.007 8	0.006 6	0.005 6	0.004 8	0.004
22	0.038 2	0.031 6	0.026 2	0.021 8	0.018 1	0.015 1	0.012 6	0.010 5	0.008 8	0.007 4	0.006 2	0.005 2	0.004 4	0.003 7	0.003 1
23	0.032 9	0.027	0.022 2	0.018 3	0.015 1	0.012 5	0.010 3	0.008 6	0.007 1	0.005 9	0.004 9	0.004 1	0.003 4	0.002 9	0.002 4
24	0.028 4	0.023 1	0.018 8	0.015 4	0.012 6	0.010 3	0.008 5	0.007	0.005 7	0.004 7	0.003 9	0.003 2	0.002 7	0.002 2	0.001 8
25	0.024 5	0.019 7	0.016	0.012 9	0.010 5	0.008 5	0.006 9	0.005 7	0.004 6	0.003 8	0.003 1	0.002 5	0.002 1	0.001 7	0.001 4
26	0.021 1	0.016 9	0.013 5	0.010 9	0.008 7	0.007	0.005 7	0.004 6	0.003 7	0.003	0.002 5	0.002	0.001 6	0.001 3	0.001 1
27	0.018 2	0.014 4	0.011 5	0.009 1	0.007 3	0.005 8	0.004 7	0.003 7	0.003	0.002 4	0.001 9	0.001 6	0.001 3	0.001	0.000 8
28	0.015 7	0.012 3	0.009 7	0.007 7	0.006 1	0.004 8	0.003 8	0.003	0.002 4	0.001 9	0.001 5	0.001 2	0.001	0.000 8	0.000 6
29	0.013 5	0.010 5	0.008 2	0.006 4	0.005 1	0.004	0.003 1	0.002 5	0.002	0.001 5	0.001 2	0.001	0.000 8	0.000 6	0.000 5
30	0.011 6	0.009	0.007	0.005 4	0.004 2	0.003 3	0.002 6	0.002	0.001 6	0.001 2	0.001	0.000 8	0.000 6	0.000 5	0.000 4

3. 年金终值系数表

期数	1%	2%	3%	4%	5%	6%	7%	8%	9%	10%	11%	12%	13%	14%	15%
1	1	1	1	1	1	1	1	1	1	1	1	1	1	1	1
2	2.01	2.02	2.03	2.04	2.05	2.06	2.07	2.08	2.09	2.1	2.11	2.12	2.13	2.14	2.15
3	3.0301	3.0604	3.0909	3.1216	3.1525	3.1836	3.2149	3.2464	3.2781	3.31	3.3421	3.3744	3.4069	3.4396	3.4725
4	4.0604	4.1216	4.1836	4.2465	4.3101	4.3746	4.4399	4.5061	4.5731	4.641	4.7097	4.7793	4.8498	4.9211	4.9934
5	5.101	5.204	5.3091	5.4163	5.5256	5.6371	5.7507	5.8666	5.9847	6.1051	6.2278	6.3528	6.4803	6.6101	6.7424
6	6.152	6.3081	6.4684	6.633	6.8019	6.9753	7.1533	7.3359	7.5233	7.7156	7.9129	8.1152	8.3227	8.5355	8.7537
7	7.2135	7.4343	7.6625	7.8983	8.142	8.3938	8.654	8.9228	9.2004	9.4872	9.7833	10.089	10.4047	10.7305	11.0668
8	8.2857	8.583	8.8923	9.2142	9.5491	9.8975	10.2598	10.6366	11.0285	11.4359	11.8594	12.2997	12.7573	13.2328	13.7268
9	9.3685	9.7546	10.1591	10.5828	11.0266	11.4913	11.978	12.4876	13.021	13.5795	14.164	14.7757	15.4157	16.0853	16.7858
10	10.4622	10.9497	11.4639	12.0061	12.5779	13.1808	13.8164	14.4866	15.1929	15.9374	16.722	17.5487	18.4197	19.3373	20.3037
11	11.5668	12.1687	12.8078	13.4864	14.2068	14.9716	15.7836	16.6455	17.5603	18.5312	19.5614	20.6546	21.8143	23.0445	24.3493
12	12.6825	13.4121	14.192	15.0258	15.9171	16.8699	17.8885	18.9771	20.1407	21.3843	22.7132	24.1331	25.6502	27.2707	29.0017
13	13.8093	14.6803	15.6178	16.6268	17.713	18.8821	20.1406	21.4953	22.9534	24.5227	26.2116	28.0291	29.9847	32.0887	34.3519
14	14.9474	15.9739	17.0863	18.2919	19.5986	21.0151	22.5505	24.2149	26.0192	27.975	30.0949	32.3926	34.8827	37.5811	40.5047
15	16.0969	17.2934	18.5989	20.0236	21.5786	23.276	25.129	27.1521	29.3609	31.7725	34.4054	37.2797	40.4175	43.8424	47.5804
16	17.2579	18.6393	20.1569	21.8245	23.6575	25.6725	27.8881	30.3243	33.0034	35.9497	39.1899	42.7533	46.6717	50.9804	55.7175
17	18.4304	20.0121	21.7616	23.6975	25.8404	28.2129	30.8402	33.7502	36.9737	40.5447	44.5008	48.8837	53.7391	59.1176	65.0751
18	19.6147	21.4123	23.4144	25.6454	28.1324	30.9057	33.999	37.4502	41.3013	45.5992	50.3959	55.7497	61.7251	68.3941	75.8364
19	20.8109	22.8406	25.1169	27.6712	30.539	33.76	37.379	41.4463	46.0185	51.1591	56.9395	63.4397	70.7494	78.9692	88.2118
20	22.019	24.2974	26.8704	29.7781	33.066	36.7856	40.9955	45.762	51.1601	57.275	64.2028	72.0524	80.9468	91.0249	102.4436
21	23.2392	25.7833	28.6765	31.9692	35.7193	39.9927	44.8652	50.4229	56.7645	64.0025	72.2651	81.6987	92.4699	104.7684	118.8101
22	24.4716	27.299	30.5368	34.248	38.5052	43.3923	49.0057	55.4568	62.8733	71.4027	81.2143	92.5026	105.491	120.436	137.6316
23	25.7163	28.845	32.4529	36.6179	41.4305	46.9958	53.4361	60.8933	69.5319	79.543	91.1479	104.6029	120.2048	138.297	159.2764
24	26.9735	30.4219	34.4265	39.0826	44.502	50.8156	58.1767	66.7648	76.7898	88.4973	102.1742	118.1552	136.8315	158.6586	184.1678
25	28.2432	32.0303	36.4593	41.6459	47.7271	54.8645	63.249	73.1059	84.7009	98.3471	114.4133	133.3339	155.6196	181.8708	212.793
26	29.5256	33.6709	38.553	44.3117	51.1135	59.1564	68.6765	79.9544	93.324	109.1818	127.9988	150.3339	176.8501	208.3327	245.712
27	30.8209	35.3443	40.7096	47.0842	54.6691	63.7058	74.4838	87.3508	102.7231	121.0999	143.0786	169.374	200.8406	238.4993	283.5688
28	32.1291	37.0512	42.9309	49.9676	58.4026	68.5281	80.6977	95.3388	112.9682	134.2099	159.8173	190.6989	227.9499	272.8892	327.1041
29	33.4504	38.7922	45.2189	52.9663	62.3227	73.6398	87.3465	103.9659	124.1354	148.6309	178.3972	214.5828	258.5834	312.0937	377.1697
30	34.7849	40.5681	47.5754	56.0849	66.4388	79.0582	94.4608	113.2832	136.3075	164.494	199.0209	241.3327	293.1992	356.7868	434.7451